中财传媒版 2020年注册会计师全国统一考试辅导系列丛书

财务成本管理
应试指导

财政部中财传媒 注册会计师考试辅导丛书编写组 编

中国财经出版传媒集团
中国财政经济出版社

图书在版编目（CIP）数据

财务成本管理应试指导／财政部中财传媒 注册会计师考试辅导丛书编写组编．-- 北京：中国财政经济出版社，2020.3
（中财传媒版 2020 年注册会计师全国统一考试辅导系列丛书）
ISBN 978－7－5095－9621－0

Ⅰ.①财…　Ⅱ.①财…　Ⅲ.①企业管理－成本管理－资格考试－自学参考资料　Ⅳ.①F275.3

中国版本图书馆 CIP 数据核字（2020）第 029404 号

责任编辑：卢关平　　　　　　　　责任校对：胡永立

中国财政经济出版社 出版
URL：http：//www.cfeac.com

社址：北京市海淀区阜成路甲 28 号　邮政编码：100142
营销中心电话：010－88191522
天猫网店：中国财政经济出版社旗舰店
https：//zgczjjcbs.tmall.com
北京鑫海金澳胶印有限公司印刷　各地新华书店经销
787×1092 毫米　16 开　29.5 印张　793 000 字
2020 年 3 月第 1 版　2020 年 3 月北京第 1 次印刷
定价：76.00 元
ISBN 978－7－5095－9621－0
（图书出现印装问题，本社负责调换）
质量投诉电话：010－88190744
打击盗版举报热线：010－88191661，QQ：2242791300

前言 Preface

为帮助广大考生全面理解2020年注册会计师考试大纲和考试教材内容，在有限的复习时间内掌握教材的重、难点知识，顺利通过考试。中国财经出版传媒集团组织常年从事注册会计师考试辅导的名师、专家编写了“中财传媒版2020年注册会计师全国统一考试辅导系列丛书”。该系列丛书包括“应试指导”“要点随身记”“通关题库”和“全真模拟试题”四个系列，涵盖了专业阶段考试的六个科目，即会计、审计、财务成本管理、经济法、税法和公司战略与风险管理。

1.“应试指导”系列： 紧扣2020年考试大纲和考试教材内容，考点精炼、结构合理，对考试有极强的指导性，帮助考生全面掌握教材精髓。在编写结构的设计上，根据考生的学习特点和备考要求，分为“命题规律及考试趋势预测”“各章考点精讲精练”“跨章节综合题演练”三个部分。

2.“要点随身记”系列： 根据每章重要考点整理而成的备考“红宝书”，涵盖知识点全面，易于携带，旨在帮助考生更便捷地预习、复习和记忆考点内容，合理利用碎片化的时间，积少成多，掌握记忆教材核心知识点。

3.“通关题库”系列： 包含大量针对性极强的练习题和对应的答案解析，帮助考生通过习题演练巩固理解知识点，更熟练地应用教材知识点解决实际题目中的问题。

4.“全真模拟试题”系列： 在对历年考试试题进行分析归纳和命题趋势总结的基础上，由多名具备注册会计师资格的辅导专家精心设计了八套全真模拟试题，考生可以在充分复习教材内容的基础上，按照模拟考试时间及要求，进行热身训练，积累实战经验。

注册会计师考试辅导书市场品种繁多，但质量良莠不齐。考生在选择教辅时常常陷入盲目。该系列丛书利用作为教材出版单位的独特优势，在第一时间邀请注册会计师考试辅导专家编写，秉承“应试”“精练”的核心思想，力求帮助考生以最少的精力取得最大的效果，实现高效学习、顺利通关，是考生学习备考的第一选择。

最后，衷心祝愿各位考生顺利通过2020年注册会计师考试。

编写组

2020年3月

Contents

目录

第三部分　跨章节综合题演练

第一部分

命题规律及考试趋势预测

一、2020 年教材基本结构及变化

按照注册会计师全国统一考试大纲编写的辅导教材《财务成本管理》在借鉴西方财务管理理论同时，充分结合我国的实际情况，针对当前市场经济条件下现代财务和成本管理的特点以及注册会计师执业的要求，比较全面系统地阐述了财务成本管理的基本理论、基本内容和基本方法。全书包括三大部分，即第一编财务管理（第 1 ~ 12 章）、第二编成本计算（13 ~ 15 章）和第三编管理会计（第 16 ~ 21 章）。2020 年度辅导教材与 2019 年度辅导教材相比，有部分章节对教材内容进行更正和补充，具体变化内容如下：

1. 部分章节对相关概念的内容及计算方法等做了改动。例如：第一章修改了合伙企业的相关内容，增加了合伙企业的分类以及特殊普通合伙企业的相关内容；第二章中财务预测方法中将运用电子系统预测法改为了运用信息技术预测法，并进行了相关说明；第三章修改了流动性溢价理论对收益率曲线的解释；第四章对到期收益率法的计算，第六章对年收现率与计息期利率的计算公式等进行了修改。第十章第二节普通股筹资补充了较多内容，并按照《证券法》和《上市公司证券发行管理办法》的新修订进行了相关变动。第十一章固定股利政策部分发生变动，增加了稳定增长股利政策的内容；第二十章中删除了计算披露的经济增加值时所需调整的第三项即收购形成的商誉。以上章节的变动相对较大。

2. 部分章节对一些细节进行了的完善和补充，但未有实质性改动。例如：第五章对投资项目评价方法的定义和计算方法以及相关成本等概念进行了完善和补充；第六章对增加了债券的分类形式，第十三章对直接分配法，分离点售价法，可变现净值法以及平行结转法的公式和特点进行了补充。第十四章对三因素分析法进行了补充说明。第十六章中对本量利计算公式中专业名词进行了细节规范。第十七章对机会成本概念进行了调整，并补充了单位限制资源边际贡献的定义及公式。第十八章对直接材料预算的计算公式进行了细节规范。第十九章补充了利润中心考核指标的公式以及三大责任中心的总结对比。

……

二、近三年命题规律及试题特点

（一）2019 年教材结构及近三年考试分值

教材结构			2017 年分值	2018 年分值	2019 年分值
财务管理	财务管理导论	1. 财务管理基本原理	2	1.5	1
		2. 财务报表分析和财务预测	8*	13.5*	10*
	财务估值	3. 价值评估基础	5	5.5	4
		4. 资本成本	8*	1.5	5
	长期投资	5. 投资项目资本预算	4*	10*	8*
		6. 债券、股票价值评估	1.5	3.5	4
		7. 期权价值评估	4	8*	6
		8. 企业价值评估	2	3.5	8*
	长期筹资	9. 资本结构	11*	0	5
		10. 长期筹资	8*	3.5	10*
		11. 股利分配、股票分割与股票回购	4*	1.5	4
	营运资本管理	12. 营运资本管理	4.5	2	3
成本计算	成本会计	13. 产品成本计算	9.5*	9.5*	6*
		14. 标准成本法	1.5	3.5	3
		15. 作业成本法	3.5	0	3

续表

教材结构			2017 年分值	2018 年分值	2019 年分值
管理会计	管理会计	16. 本量利分析	15**	3.5	5
		17. 短期经营决策	2	16.5**	5
		18. 全面预算	1.5	8*	2
		19. 责任会计	1.5	1.5	4
		20. 业绩评价	2	2	2
		21. 管理会计报告	2	1.5	2

注：表中（*）、（**）分别表示该章考查了计算题和综合题。

（二）命题规律及试题特点

1. 每年教材新增和修订的部分通常会成为考试重点

如：2019 年教材对作业成本法的相关内容进行了补充介绍，当年试题中就涉及了针对该知识点的计算题。2018 年增加的可转化债券的相关知识，在 2019 年和 2018 年的综合题中连续两年都有涉及。2020 年教材与 2019 年相比变化不大，因此，2020 年新增的知识点，以及 2019 年教材修订的内容应引起考生重视。

2. 题目难度下降，但题量非常大，对学员解题的熟练程度和准确率提出较高要求

题目难度下降是近年来考试的趋势，学员们不必学习中过分纠缠于偏题、怪题，教材例题是各位学员务必掌握的重点，一些试题几乎就是例题的翻版。但试题量之大意味着在规定考试时间内做完全部试题基本不可能。因此，我们的目标就是在规定的时间内至少拿到 60 分以上。这要求各位学员在平时的学习中大量做题，以提高自己的答题熟练程度和解题的速度与准确率；另一方面，各位学员在考试中一定保持平稳的心态和冷静的思路，尽量争取自己所做的每一道题都正确。譬如，在主观题中，养成每做一步就检查一步的习惯。

3. 跨章节的题目越来越多，要求学员们熟练将各章节的知识融会贯通

2019 年试题中绝大多数主观题都同时涉及 2 章以上的知识。这就要求考生在熟练掌握各章知识的基础上，分析不同章节内容的内在联系，在此基础上将不同章节的知识点重新整合。培养这一能力有一定难度，认真听课和大量做练习会有很大帮助。

4. 由于采取机考形式，题目涉及知识点非常全面，并且各章节的题量分布在不同年度之间的差异很大，切记避免猜题、押题，要全面掌握各个章节的所有相关知识点

三、2020 年本科目备考策略

（一）应试要点

针对本课程的考试特点，在复习准备时，掌握以下学习方法和应试要点对有效地掌握课程内容、顺利通过考试是很有帮助的：

1. 全面掌握教材的知识点，认真通读考试大纲和指定教材

考生要通读并熟悉教材内容，教材至少看三遍，记住基本概念，理解基本理论，熟练掌握公式及计算，弄懂弄通教材中的每一道例题。如果不把教材真正弄懂弄通，就忙于阅读其他参考资料，做模拟试题，死记硬背，必然事倍功半。掌握知识点，就是要理解并记住知识点；理解知识点，不仅要知道是什么，而且要知道为什么；记住知识点，应注意记忆方法，如记关键词、在理解的基础上记忆、用联系方法的记忆等，并将知识点系统化，就是将知识点放在各章和整门课中去理解和记忆，并注意知识点之间的联系，这样才更容易记住知识点，并为做跨章节试题打下良好的基础。考生要学会不断地复习，使考前能记住整门课的所有知识点，并注意滚动式复习，既要复习新的内容，又要复习以前学过的内容。对教材内容是否掌握，最终是否能顺利通过考试，关键是能否用所掌握的知识点并顺利回答各项考题，再加上平时如能熟悉答题技巧，不仅有助于检测对课程内容掌握的程度，而且也有助于考试时能够顺利回答考题。

2. 加强平时练习和考前应试测试

《财务成本管理》是一个应用性较强的课程，特别是计算量较大。平时每完成一个章节的学习，及时练习该章节的习题，把每一次练习都模拟成一次考试，切忌边看题边看答案。读懂答案只代表你弄懂了别人的思路，并不意味着你真正掌握了解题方法。做题的同时计算自己花费的时间，培养自己在考试中分配时间的能力。在把握基本内容的基础上，要求能够熟练应用，并要有综合和分析能力。因此，在通读教材的前提下，要多做一些练习题，把教材中计算公式、计算表格、有关数据的来龙去脉弄懂，并能熟练、灵活运用。切记一定要做以前年度试题中，尤其是与今年教材知识点相关的题目。这类题目一方面可以检验自己对知识的掌握程度，更可以帮助大家熟悉注会考试的命题思路和题目难度，增强自己的自信心；另外一方面，考生在平时做题时要只给自己一次答题的机会，不要养成检查的习惯，要克服粗心的毛病，提高答题的精确程度。

3. 学习时着重突破重点、疑点和难点

《财务成本管理》考试题量大、面广、难度较大，考的是知识点的熟练掌握程度和临场应变能力。因此，教材的重点内容往往是考试的重点。在复习时，对重点、疑点和难点内容要多看、多做练习，力求熟练掌握教材的重点内容。难点内容往往是复习备考过程中的绊脚石，要花功夫突破难点。疑点和难点内容有些是共同性的，有些内容则因人而异。突破疑点和难点的方法是，认真阅读教材相关的内容，理解教材的思路，同时，对教材的例题反复阅读、体会。另外，考前应在规定时间内练习五到八套模拟试卷，使自己进入到临考状态，以提高自身的应试能力，考前通过多套模拟试卷的练习，也有利于用较短的时间突破教材的重点、疑点和难点问题。

4. 复习时注意归类掌握教材的体系内容，熟练掌握所有公式

尽管教材的内容很多，但《财务成本管理》课程的内容有一个很大的特点，就是许多章节之间所应用的方法原理是相同的。如投资项目资本预算和股票、债券价值评估中，都大量用到货币时间价值和风险的计算原理。教材中，用相同的原理说明不同问题的地方很多，如果能够适当归纳，对于用较少的时间熟练掌握相关的内容很有帮助。另外，公式的记忆一定要结合大量练习才会有效果，公式只背不用，是不可能真正掌握的，要能简单推导出来的公式，掌握其推导过程，如：利率推算的插值法，管理用财务分析体系，存货的经济批量模型等。能拆分成几个组成部分的公式，按组成部分或计算步骤记忆，如利用销售百分比法进行资金需用量预测；具有明确经济意义的公式，按其经济意义记忆，如所有证券内在价值的计算公式、资本资产定价模型、股利固定增长模型等；当某一公式有多种不同表述方式时，应用其最简单的方式，如可持续增长率；部分复杂程度较高的公式，如期权估价中的B—S模型，现金管理的随机模型等，通过大量做题来掌握其运用。

（二）考前准备

要使自己成为一名成功的应试者，最重要的一点就是要相信你自己，相信你表达知识的能力。不少考生在学习过程中一遇到困难就灰心丧气，认为自己不行。殊不知，遇到困难比你多的还大有人在。你必须有自信！如果首先你就自认不行，底气不足，那还参加什么考试？当然，考试成功的信心来自于熟练掌握应学的知识，以及懂得如何能在考试中达到最好的效果。考前准备包括心理准备和物质准备。

1. 心理准备

应该相信自己，只要自己真正认真备考，就应该坚信有付出就有收获，不能未战先怯。另外，考前要积极认真准备，使自己进入考试状态，进入考场后要保持良心态，切不可紧张慌乱，要有通过考试的信心。考试答题时，遇到难题，不会解答的题，不要慌乱，要冷静思考，从容对待。

2. 物质准备

带好准考证，最好在考试前熟悉一下计算机中计算器的功能，保证能熟练地使用计算器。

（三）答题技巧

1. 合理分配考试时间

《财务成本管理》考试的特点是时间紧，题量大。为了争取更多的分数，应遵循“客

观题少，主观题多”的原则合理分配时间。至于多大的分配比例最适合自己，可以通过平时的练习加以掌握。通常，选择题应试要求在短时间内作答，考试开始时，你应该看一看试题的分量，并且对每道题应占用的时间迅速作出估计，也许你会发现，每道选择题允许作答的时间不到一分钟。在某些情况下，这似乎不大可能，但你不必担心，有不少问题可能只需几秒钟就可做出选择，这样，你就有足够时间去考虑相对较难的问题。另外，保持稳定的答题速度，也是很必要的，一般的做法是：首先通读并回答你知道的问题，跳过没有把握作答的问题。然后重新计算你的时间，看看余下的每道题要花多少时间。在一道题上花过多的时间是不值的，即使你答对了，也可能得不偿失。对考生较好的建议是：（1）对于客观题，千万不要在拿不准的题目上浪费时间；（2）对于主观题，应先做最有把握的题目，把应得的分拿到后，再心平气和地做把握性不大的题。这样安排可以争取更多的分数，并可避免“既做不出难题，又没有充足的时间和平和的心态做容易题”的遗憾。

2. 选择题

按题目要求答题，有不少考生连题目的要求都没看就开始答题。比如，单项选择题要求选择一个最佳答案，显然，除最佳答案之外，备选项中的某些答案，也可能具有不同程度的正确性，只不过是不全面、不完整罢了。而有些考生，一看基本项，紧接着就被一个“好的”或“有吸引力的”备选答案吸引住了，对其余的答案连看都不看一眼就放过去，从而失去了许多应该得分的机会。请记住，一定要看清所有的选择答案。一道周密的单项选择题，所有的选择答案都可能具有吸引力，然而，判卷时却只有一个是正确的选择。要学会运用排除法。如果正确答案不能一眼看出，应首先排除明显是荒诞、拙劣或不正确的答案。一般来说，对于选择题，尤其是单项选择题，基本项与正确的选择答案几乎直接来自于指定辅导教材，其余的备选项要靠命题者自己去设计，即使是高明的命题专家，有时为了凑数，他所写出的备选项也有可能一眼就可看出是错误的答案。尽可能排除一些选择项，就可以提高你选对答案而得分的几率。要做到这一点，建议你仔细考虑各个选择答案，把备选项与基本项、备选答案与备选答案之间联系起来考虑。不要盲目胡猜，不要选择那些看起来对、读起来很有吸引力的错误答案，从而中了命题者的圈套。如果你不知道确切的答案，也一定不要放弃，要充分利用所学知识去猜测。一般来说，排除的项目越多，猜测正确答案的可能性就越大。也可以运用比较法，直接把各项选择答案加以比较，并分析它们之间的不同点，集中考虑正确答案和错误答案的关键所在。

3. 计算分析与综合题

计算分析与综合题主要是测试考生分析问题和处理问题的能力，相对来说难度大，涉及的概念、计算公式较多，但由于计算分析与综合题的分数在一份试卷中所占的分量一般较大，必须予以高度重视，如果本类题你得分不多，要想通过考试就很困难。所幸的是，在一门课程中，可作为计算与综合题的范围较窄，易于把握，你可以在考前进行有针对性的训练。在做计算分析与综合题时要注意以下两点：（1）详细阅读试题。对于计算与综合题，建议你阅读两遍。一方面，准确理解题意，不至于忙中出错，另一方面，你还可能从试题中获取解题信息。（2）注意解题步骤。如计算与综合题每题所占的分数一般较多，判卷时，主观题是按步骤给分的。而我们有些考生对这个问题没有引起足够的重视，以致虽然会做题但得分不全。

总之，考生在做题前对题型及题量有所了解，以便安排时间；答题时一般按先后顺序解答，尤其要注意把选择题的答案填到答题纸上；对于选择题要注意解题技巧的运用，一般不要空，做了总有一线希望。计算分析题要按照问什么答什么以及尽量把公式等写上的原则，尽力多争分，只要有时间就不要轻易放弃，不能有畏难情绪。如果有剩余时间，把容易疏忽的地方再检查一遍。由于这门课程计算题目比较多，有的同学习惯做很多题目，而不认真的学习教材，我不觉得这是一个好的学习方法。考试是针对教材的知识点出题的，一个知识点可以有很多的出题角度，你做会了一个题目，也许只是解决了这个知识点的一个角度，考试的时候可能是出的这个知识点的另外一个角度，结果你还是不会做。所以大家应该认真掌握教材的知识点，对于计算型知识点和公式，要注重理解分析，不要以为死记住公式就能够考试。只有理解了才能够灵活运用。

多年的辅导教学经验表明：考过的考生一要有实力，二要有运气；同时奉劝那些苦苦拼搏数年仍在泥潭挣扎的考生，不要过分自责自己，你们已经尽心尽力了。我深知，学习是非常艰苦的，同时也是充满快乐的；我更坚信，一分耕耘，一分收获！愿大家通过自己的努力，心想事成！

第二部分

各章考点精讲精练

第一章 财务管理基本原理

本章考情分析

本章为次重点章节。主要阐述财务管理的基本概念与基本理论，目的是使考生对财务管理有一个总体的认识，为学习财务管理以后各章内容奠定理论基础。

本章内容在近年考试中分值较少，平均分值在1分左右。主要考点是对财务管理基本概念、目标与金融市场的判断和理解，题型均为客观题。

考生在学习本章时，要理清各概念之间的联系和区别，不要死记硬背概念和理论，而要结合实际，在理解的基础上重点关注客观题容易出题的地方，一般难度不大。

本章教材变化

本章对合伙企业的相关内容进行了修订和补充。

本章思维导图

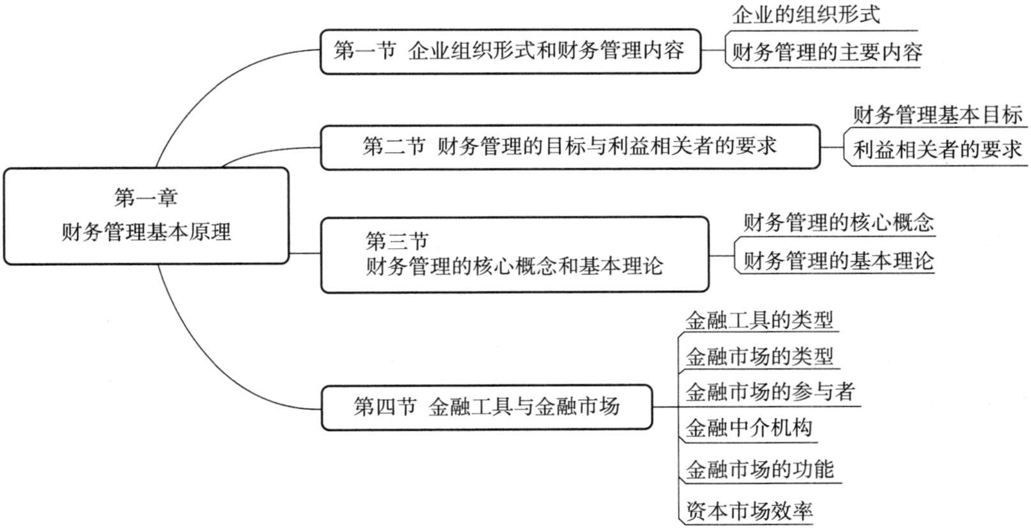

第一节 企业组织形式和财务管理内容

考点精讲及典型例题解析

一、企业的组织形式（能力等级1）

企业形式	要点
1. 个人独资企业	（1）定义：由一个自然人投资，全部资产为投资人个人所有，全部债务由投资者个人承担的经营实体。 （2）优点：①创立便捷；②固定成本较低；③不需要交纳企业所得税。 （3）缺点：①业主对企业债务承担无限责任，当企业的损失超过业主最初对企业的投资，需要用业主个人的其他财产偿债；②企业的存续年限受制于业主的寿命；③难以从外部获得大量资本用于经营
2. 合伙企业	（1）定义：由各合伙人订立合伙协议，共同出资、合伙经营、共享收益、共担风险。 （2）缺点：普通合伙企业只包含普通合伙人，对合伙企业债务承担无限连带责任；有限合伙企业包含普通合伙人和有限合伙人。普通合伙人对合伙企业债务承担无限连带责任，有限合伙人以其认缴的出资额为限对合伙企业债务承担责任。 （3）特殊普通合伙企业：如因一个合伙人或数个合伙人在执业活动中因故意或者重大过失造成合伙企业债务的，应当承担无限责任或者无限连带责任，其他合伙人以其在合伙企业中的财产份额为限承担责任。合伙人在执业活动中非因故意或者重大过失造成的合伙企业债务以及合伙企业的其他债务，由全体合伙人承担无限责任。合伙人执业活动中因故意或者重大过失造成合伙企业债务，以合伙企业财产对外承担责任后，该合伙人应当按照合伙协议的约定对给合伙企业造成的损失承担赔偿责任。特殊普通合伙企业应当建立职业风险基金、办理职业保险。执业风险基金用于偿付合伙人执业活动造成的债务，应当单独立户管理
3. 公司制企业	（1）定义：是均为经政府注册的营利性法人组织，并且独立于所有者和经营者。 （2）优点：①无限存续；②股权便于转让；③有限债务责任。 （3）缺点：①双重课税；②组建成本高；③存在代理问题

【提示】

①对于个人独资企业和合伙企业承担个人所得税，公司制企业承担个人所得税与企业所得税；②对于个人独资企业和合伙企业不存在代理成本。

【例1-1】（2013年多选题）与普通合伙企业相比，下列各项中，属于股份有限公司缺点的是（　）。

A. 企业代理成本高

B. 承担无限责任

C. 企业组建成本高

D. 所有权转移较困难

【答案】AC

【解析】公司制企业的缺点：（1）组建公司的成本高。（2）存在代理问题。（3）双重课税。所以选项C正确。

二、财务管理的主要内容（能力等级1）

内容	定义	特点及问题
长期投资	公司对经营性长期资产的直接投资	（1）投资的主体是公司。 【提示】是直接投资，个人或专业投资机构的投资不属于。 （2）投资的对象是经营性长期资产。 【提示】不包括流动资产以及金融资产投资。 （3）长期投资的目的是获取经营活动所需的实物资源。 【提示】包括企业自己使用资产的投资和对子公司及非子公司的长期股权的投资
长期筹资	筹集生产经营所需要的长期资本	（1）筹资的主体是公司。 （2）筹资的对象是长期资本，包括长期债务资本和权益资本。 （3）筹资的目的是满足公司的长期资本需要。 【提示】筹资的主要问题是资本结构决策、债务结构决策和股利分配决策。长期债务资本和权益资本的特定组合，称为资本结构，其中资本结构决策是最重要的筹资决策

续表

内容	定义	特点及问题
营运资本管理	分为营运资本投资和营运资本筹资两部分	三大目标： （1）有效地运用流动资产，力求其边际收益大于边际成本； （2）选择最合理的流动负债，最大限度地降低营运资本的资本成本； （3）加速营运资本周转，以尽可能少的营运资本支持同样的营业收入并保持公司支付债务的能力

【例1-2】（多选题）下列活动中，属于企业财务管理中长期投资的有（　　）。

A. 购买衍生金融工具

B. 购买机器设备

C. 对子公司的股权投资

D. 对联营企业进行增资

【答案】BCD

【解析】长期投资的对象是长期经营性资产，不包括流动资产以及金融资产，A选项不符。

第二节　财务管理的目标与利益相关者的要求

一、财务管理基本目标（能力等级1）

公司财务管理的基本目标取决于公司的目标。公司最具综合性的计量是财务计量，公司的目标因而综合体现为公司的财务管理目标。因此，可以把公司财务管理目标、公司财务目标和公司目标作为同义语使用。

观点	代表性指标	理由	问题
利润最大化	利润总额	利润代表企业新创财富，利润越多企业财富增加越多，越接近企业的目标	（1）没有考虑利润的取得时间； （2）没有考虑所获利润和投入资本额的关系； （3）没有考虑获取利润和所承担风险的关系
每股收益最大化	每股收益=普通股股东净利润/流通在外普通股加权平均股数 （或：权益净利率=净利/股东权益）	（1）考虑了企业实现的净利润和所有者投入的资本之间的联系，能够说明企业的盈利水平； （2）可以在不同资本规模的企业或同一企业不同期间进行差异分析	（1）仍然没有考虑每股收益取得的时间； （2）仍然没有考虑每股收益的风险
股东财富最大化（教材观点）	股东财富可以用股东权益的市场价值来衡量； 股东权益的市场增加值是企业为股东创造的价值。 其中： 股东权益的市场增加值=股东权益的市场价值-股东投资资本	在股东投资资本不变时，可以用每股价格升降客观评价股东财富的增加； 主要理由有： （1）考虑资本与获利关系； （2）考虑时间因素； （3）考虑风险问题	（1）在股东投资资本不变，股价最大化与增加股东财富具有同等意义； （2）在股东投资资本和债务价值不变，即企业价值最大化与股价最大化具有相同的意义。 【提示】非上市公司评估存在一定的困难。 企业价值：债务价值+股东权益的市场价值

【例1-3】（2014年单选题）在股东投资资本不变的情况下，下列各项中能够体现股东财富最大化这一财务管理目标的是（　　）。

A. 利润最大化

B. 每股收益最大化

C. 每股股价最大化

D. 公司价值最大化

【答案】C

【解析】在股东投资资本不变的情况下，股价上升可以反映股东财富的增加，股价下跌可以反映股东财富的减损。股价的升降，代表了投资大众对公司股权价值的客观评价。

【例1-4】（多选题）下列有关企业财务目标的说法中，正确的有（　　）。

A. 企业的财务目标是利润最大化

B. 增加借款可以增加债务价值以及企业价值，但不一定增加股东财富，因此企业价值最大化不是财务目标的准确描述

C. 追加投资资本可以增加企业的股东权益价值，但不一定增加股东财富，因此股东权益价值最大化不是财务目标的准确描述

D. 财务目标的实现程度可以用股东权益的市场增加值度量

【答案】BCD

【解析】企业的财务目标是股东财富最大化

二、利益相关者的要求（能力等级1）

（一）主要利益相关者的利益要求与协调

主体	目标	与股东冲突的表现	协调方法
1. 经营者	增加报酬、增加闲暇时间和避免风险	（1）道德风险； （2）逆向选择	（1）协调方法是监督和激励。 （2）最佳的解决办法是：力求使得监督成本、激励成本和偏离股东目标的损失三者之和最小
2. 债权人	股东按时还本付息	（1）股东不经债权人的同意，投资于比债权人预期风险要高的新项目； （2）股东为了提高公司的利润，不征得债权人的同意而指使管理当局发行新债，致使旧债券的价值下降，使旧债权人蒙受损失	（1）在借款合同中加入限制性条款，如规定贷款的用途，规定不得发行新债或限制发行新债的额度等； （2）发现公司有损害其债权意图时，拒绝进一步合作，不再提供新的贷款或提前收回贷款

【例1－5】（2015年多选题）为防止经营者背离股东目标，股东可以采取的措施有（　　）。

A. 给予经营者股票期权奖励

B. 对经营者实行固定年薪制

C. 要求经营者定期披露信息

D. 聘请注册会计师审计财务报告

【答案】ACD

【解析】为了防止经营者背离股东目标，一般有两种方式：（1）监督；（2）激励。选项C、D属于监督，选项A属于激励。

【例1－6】（2016年多选题）公司的下列行为中，可能损害债权人利益的有（　　）。

A. 提高股利支付率

B. 提高资产负债率

C. 加大高风险投资比例

D. 加大为其他企业提供的担保

【答案】ABCD

【解析】股东不经债权人的同意，投资于比债权人预期风险要高的新项目；（2）股东为了提高公司的利润，不征得债权人的同意而迫使公司管理当局发行新债，致使旧债券的价值下降，使旧债权人蒙受损失。ABCD均是正确答案。

（二）其他利益相关者的利益要求与协调

利益相关者	说明
广义的利益相关者	包括一切与企业决策有利益关系的人，包括资本市场利益相关者（股东和债权人）、产品市场利益相关者（主要顾客、供应商、所在社区和工会组织）和企业内部利益相关者（经营者和其他员工）
狭义的利益相关者	是指除股东、债权人和经营者之外的，对企业现金流量有潜在索偿权的人。通常，我们说“利益相关者”是指狭义的利益相关者
利益相关者类型	（1）合同利益相关者，包括主要客户、供应商和员工，他们和企业之间存在法律关系，受到合同的约束。 【提示】一般说来，企业只要遵守合同就可以满足合同利益相关者的要求。当然，仅有法律是不够的，还需要道德规范的约束，以缓和双方的矛盾。 （2）非合同利益相关者，包括一般消费者、社区居民以及其他与企业有间接利益关系的群体。 【提示】对于非合同利益相关者，法律关注较少，享受到的法律保护低于合同利益相关者。公司的社会责任政策，对非合同利益相关者影响很大

【例1-7】（单选题）下列有关财务管理目标表述正确的是（ ）。

A. 财务管理强调股东财富最大化会忽视其他利益相关者的利益

B. 企业在追求自己的目标时，会使社会受益，因此企业目标和社会目标是一致的

C. 公司财务管理的目标实质上也就是股东的目标

D. 企业只要依法经营就会从事有利于社会的事情

【答案】C

【解析】强调股东财富最大化，并非不考虑其他利益相关者的利益，股东权益是剩余权益，只有满足了其他方面的利益之后才会有股东利益，所以A错误；企业的目标和社会的目标有许多方面是一致的，但也有不一致的地方，如企业为了获利，可能生产伪劣产品等，所以B错误；从根本上说，财务管理的目标取决于企业的目标，所以财务管理的目标和企业的目标是一致的，所以C正确，法律不可能解决所有问题，企业有可能在合法的情况下从事不利于社会的事情，所以D错误。

第三节 财务管理的核心概念和基本理论

一、财务管理的核心概念（能力等级1）

核心概念	要点说明	应用
货币的时间价值	是指货币在经过一定时间的投资和再投资后所增加的价值。货币具有时间价值的依据是货币投入市场后其数额会随着时间的延续而不断增加。这是一种普遍的客观经济现象	1. 现值概念；2. 早收晚付
风险与报酬	通常，风险与报酬的权衡关系，是指高收益的投资机会必然伴随巨大风险，风险小的投资机会必然只有较低的收益	同等风险，选择高报酬；同等报酬选择低风险

二、财务管理的基本理论（能力等级1）

基本理论	说明
1. 现金流量理论	（1）关于现金、现金流量和自由现金流量的理论，是财务管理最为基础性的理论。现金流量包括现金流入量、现金流出量和净现金流量。 （2）自由现金流量是由美国西北大学拉巴波特、哈佛大学詹森等学者于1986年提出的。所谓自由现金流量（free cash flows）是真正剩余的、可自由支配的现金流量，以自由现金流量为基础的现金流量折现模型，已成为价值评估领域理论最健全、使用最广泛的评估模式
2. 价值评估理论	（1）关于内在价值、净增价值和价值评估模型的理论。 （2）从财务学的角度，价值主要是指内在价值、净增加值。在以现金流量为基础以外，为了评估价值，还需要确定折现率
3. 风险评估理论	风险导致财务收益的不确定性，理论上，风险与收益成正比
4. 投资组合理论	（1）投资组合的收益等于组合内各证券收益的加权平均收益（收益不变），但其风险并不等于组合内各证券风险的加权平均数。 （2）投资组合能降低非系统性风险
5. 资本结构理论	（1）资本结构是指公司各种长期资本的构成及比例关系。公司的长期资本包括永久的权益资本和长期的债务资本，权益资本和长期债务资本组合，形成资本结构。 （2）资本结构理论是关于资本结构与财务风险、资本成本以及公司价值之间关系的理论。资本结构理论主要有MM理论、权衡理论、代理理论和优序融资理论

【例1-8】（多选题）下列关于财务原理的基础理论的说法中，正确的是（ ）。

A. 现金流量理论是财务管理最为基础性的理论

B. 价值评估理论是财务管理的一个核心理论

C. 投资组合的风险等于这些证券的加权平均风险

D. 资本结构是指公司所有长期资本的构成及比例关系

【答案】AB

【解析】投资组合是指投资于若干种证券构成的组合投资，其收益等于这些证券的加权平均收益，但其风险并不等于这些证券的加权平均数。投资组合能降低非系统性风险。资本结构关注的是长期资本的构成与比例关系。

第四节　金融工具与金融市场

一、金融工具的类型（能力等级1）

金融工具的基本特征：

（1）期限性	金融工具通常有规定的偿还期限
（2）流动性	金融工具具有在必要时转变为现金而不致遭受损失的能力
（3）风险性	购买金融工具的本金和预定收益存在损失可能性
（4）收益性	金融工具能够带来价值增值的特性

种类	特点
1. 固定收益证券	提供固定或根据固定公式计算出来的现金流，如债券（包括浮动利率债券）、优先股，收益与发行人的财务状况相关程度低，除非发行人破产或违约，证券持有人将按规定数额取得收益
2. 权益证券	代表特定公司所有权的份额，如普通股股票，收益与发行人的财务状况相关程度高，取决于公司业绩和净资产价值，（投资）风险高于固定收益证券
3. 衍生证券	包括各类金融期权、期货和利率互换合约，其价值依赖于其他证券，可用于套期保值或者转移风险的工具

【例1－9】（2014年多选题）下列金融工具中，属于固定收益证券的有（　　）。

A. 固定利率债券

B. 浮动利率债券

C. 可转换债券

D. 优先股

【答案】ABD

【解析】金融工具可以分为三种：固定收益证券、权益证券和衍生证券三种。固定收益证券是指能够提供固定或根据固定公式计算出来的现金流的证券。浮动利率债券虽然利率是浮动的，但规定有明确的计算方法，所以也属于固定收益证券。可转换债券是一种期权，属于衍生证券，选项C不是正确选项。

二、金融市场的类型（能力等级1）

分类标准	分类	特点
1. 按交易证券的特征不同	货币市场	短期债务工具交易的市场，交易的证券期限不超过1年。货币市场工具包括国库券、可转让存单、商业票据、银行承兑汇票等
	资本市场	资本市场是指期限在一年以上的金融资产交易市场。它包括两个部分：银行中长期存贷市场和有价证券市场。资本市场的工具包括股票、公司债券、长期政府债券和银行长期贷款
2. 按照证券的索偿权不同	债务市场	债务市场交易的对象是债务凭证
	股权市场	股权市场交易的对象是股票
3. 按照所交易证券是初次发行还是已经发行	一级市场	也称发行市场或初级市场，是资金需求者将证券首次出售给公众时形成的市场
	二级市场	是在证券发行后，各种证券在不同投资者之间买卖流通所形成的市场，也称流通市场或次级市场
4. 按照交易程序	场内交易市场	指各种证券的交易所。证券交易所有固定的场所，固定的交易时间和规范的交易规则
	场外交易市场	没有固定场所，由持有证券的交易商分别进行

【例 1－10】（2015 年单选题）下列各项中，属于货币市场工具的是（　　）。

A. 优先股　　B. 可转换债券

C. 银行承兑汇票　　D. 银行长期贷款

【答案】C

【解析】货币市场工具包括短期国债（在英美称国库券）、大额可转让存单、商业票据、银行承兑汇票等，所以选项 C 正确。

三、金融市场的参与者（能力等级 1）

种类	要点	
不以金融交易为主业的主体	特点	（1）与交易的目的是调节自身的资本余缺； （2）他们之间的金融交易称为直接金融交易； （3）主要方式是发行股票或债券
	居民	包括自然人和家庭，他们是金融市场最主要的资金提供者。资金提供者也称为资本所有者或投资人
	公司	公司是金融市场上最大的资本需求者。资本需求者也称筹资人、金融工具发行人
	政府	政府经常是资金需求者。政府有时也会成为资金提供者
从事金融活动的主体	特点	（1）充当金融交易的媒介； （2）通过金融中介实现资金转移的交易称为是间接金融交易
	构成	银行、证券公司等金融机构

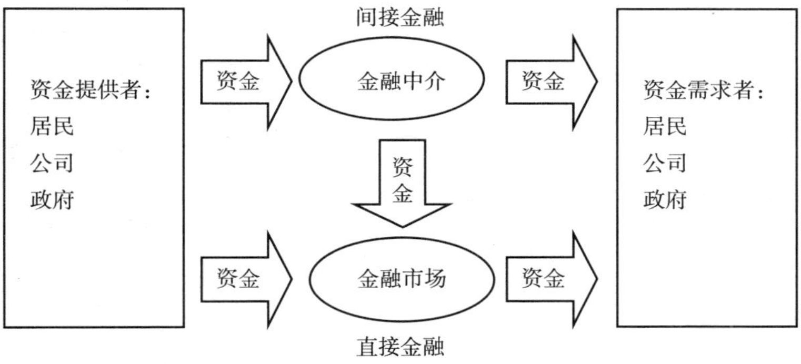

四、金融中介机构（能力等级 1）

种类	含义	主要形式
1. 银行	从事存贷款业务的金融机构	商业银行、邮政储蓄银行、农村合作银行等
2. 非银行金融机构	非从事存贷款业务的金融机构	保险公司、投资基金、证券市场机构等

五、金融市场的功能（能力等级 1）

金融市场的功能
- 基本功能
  - 资金融通
  - 风险分配
- 附带功能
  - 价格发现
  - 调节经济
  - 节约信息成本

为实现上述功能，理想的金融市场应具备两个条件：

（1）完整、准确和及时的信息；

（2）市场价格完全由供求关系决定而不受其他力量干预。

六、资本市场效率（能力等级 2）

（一）资本市场效率的意义

1. 有效资本市场的含义

所谓“有效资本市场”是指市场上的价格能够同步地、完全地反映全部的可用信息。任何投资者都不能获得超额收益。

资本市场有效的外部标志有两个：

（1）证券的有关信息能够充分地披露和均匀地分布，使每个投资者在同一时间内得到等质等量的信息；

（2）价格能迅速地根据有关信息变动，而不是没有反应或反应迟钝。

2. 市场有效的基础条件——满足下列条件其中之一，市场就将是有效的

条件	说明
理性的投资人	假设所有投资人都是理性的，当市场发布新的信息时所有投资者都会以理性的方式调整自己对股价的估计
独立的理性偏差	市场有效性并不要求所有投资者都是理性的，总有一些非理性的人存在。如果假设乐观的投资者和悲观的投资者人数大体相同，他们的非理性行为就可以互相抵消，使得股价变动与理性预期一致，市场仍然是有效的
套利	市场有效性并不要求所有的非理性预期都会相互抵消，有时他们的人数并不相当，市场会高估或低估股价。非理性的投资人的偏差不能互相抵消时，专业投资者会理性地重新配置资产组合，进行套利交易。专业投资者的套利活动，能够控制业余投资者的投机，使市场保持有效

【例1-11】（2014年多选题）根据有效市场假说，下列说法中正确的有（　　）。

A. 只要所有的投资者都是理性的，市场就是有效的

B. 只要投资者的理性偏差具有一致倾向，市场就是有效的

C. 只要投资者的理性偏差可以互相抵消，市场就是有效的

D. 只要有专业投资者进行套利，市场就是有效的

【答案】ACD

【解析】市场有效的条件有三个：理性的投资人、独立的理性偏差和套利行为，只要有一个条件存在，市场就是有效的；理性的投资人是假设所有的投资人都是理性的，选项A正确；独立的理性偏差是假设乐观的投资者和悲观的投资者人数大体相同，他们的非理性行为就可以相互抵消，选项B错误，选项C正确；专业投资者的套利活动，能够控制业余投资者的投机，使市场保持有效，选项D正确。

3. 有效资本市场对财务管理的意义

管理者不能通过改变会计方法提升股票价值	管理者不能通过改变会计方法提升股票价值，更不能企图愚弄市场。这种做法不仅有违职业道德，在技术上也是行不通的
管理者不能通过金融投机获利	实业公司在资本市场上的角色主要是筹资者，而不是投资者。实业公司的管理者不应指望通过金融投机获利
关注自己公司的股价是有益的	资本市场既是企业的一面镜子，又是企业行为的校正器

【例1-12】（2016年多选题）在有效资本市场，管理者可以通过（　　）。

A. 财务决策增加公司价值从而提升股票价格

B. 改变会计方法增加会计盈利从而提升股票价格

C. 关注公司股价对公司决策的反映而获得有益信息

D. 从事利率、外汇等金融产品的投机交易获取超额利润

【答案】AC

【解析】管理者不能通过改变会计方法提升股票价值，更不能企图愚弄市场。这种做法不仅有违职业道德，在技术上也是行不通的，B不正确。管理者不能通过金融投机获利。如果市场是有效的，实业公司的经理人员这样做是很危险的。实业公司的管理者不能通过金融投机获利，D不正确。

4. 资本市场有效性的理论研究

（1）资本市场连接理财行为、公司价值和股票价格。在有效市场环境下，股票价格（股东财富）是“理财行为”的函数：

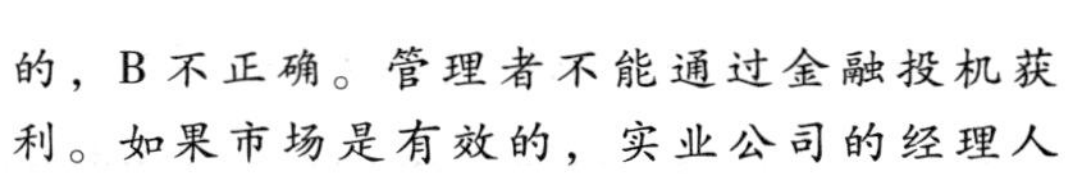

（2）如果市场无效，明智的理财行为不能增加公司价值，公司价值的增加不能提高股价，则财务行为就失去了目标和依据。

（二）资本市场效率的程度

1. 资本市场分类

（1）弱式有效资本市场；（2）半强式有效资本市场；（3）强式有效资本市场。

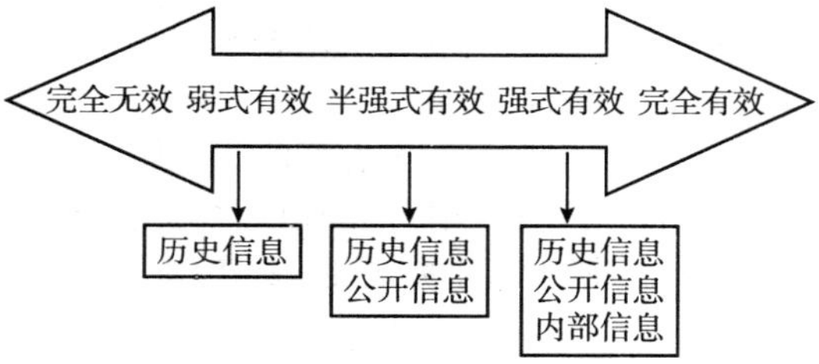

2. 弱式有效资本市场

定义	股价只反映历史信息
特征	有关证券的历史信息已经被充分披露、均匀分布和完全使用，对证券的现在和未来价格变动没有任何影响，任何投资者无法通过分析历史信息获取超额收益
检验方法	随机游走模型、过滤检验
结果	技术分析（对股票市场波动规律进行分析以预测股价波动趋势）无法获取超额收益

【提示】

弱式有效市场并不意味着投资者不能获取一定的收益，并不是说每个投资人的每次交易都不会获利或亏损。“市场有效”只是平均而言，从大量交易的长期观察看，任何利用历史信息的投资策略所获取的平均收益，都不会超过“简单购买/持有”策略所获取的平均收益。

【例 1-13】（2018 年单选题）如果当前资本市场弱式有效，下列说法，正确的是（　　）。

A. 投资者不能通过投资证券获取超额收益

B. 投资者不能通过分析证券历史信息进行投资获取超额收益

C. 投资者不能通过分析证券公开信息进行投资获取超额收益

D. 投资者不能通过获取证券非公开信息进行投资获取超额收益

【答案】B

【解析】如果当前资本市场弱式有效，股价只反映历史信息，也就是不能通过历史信息获得超额收益，但是可以通过公开信息和非公开信息获得超额收益，所以选项 B 正确，选项 A、C、D 错误。

【例 1-14】（2017 年多选题）甲投资基金利用市场公开信息进行价值分析和投资，在下列效率不同的资本市场中，该投资基金可获取超额收益的有（　　）。

A. 无效市场

B. 半强式有效市场

C. 弱式有效市场

D. 强式有效市场

【答案】AC

【解析】选项 A、C，在无效市场和弱式有效市场中，股价没有反映公开的信息，因此利用公开信息可以获得超额收益；选项 B、D，在半强式有效市场中，历史信息和公开信息已反映于股票价格，不能通过对历史信息和公开信息的分析获得超额收益；在强式有效市场中，对投资人来说，不能从公开和非公开的信息分析中获得超额利润。

3. 半强式有效资本市场

定义	股价不仅反映历史信息，还能反映所有的公开信息
特征	现有股票市价能充分反映所有公开可得的信息（历史、公开），不能通过对公开信息的分析获得超额利润
检验方法	事件研究法、投资基金表现研究法
结果	技术分析、基本分析（对影响证券价值的因素包括宏观经济形势、行业状况、公司经营状况等进行分析，以评估证券的内在价值）无法获取超额收益

【例 1-15】（2014 年多选题）如果资本市场半强式有效，投资者（　　）。

A. 通过技术分析不能获得超额收益

B. 运用估价模型不能获得超额收益

C. 通过基本面分析不能获得超额收益

D. 利用非公开信息不能获得超额收益

【答案】ABC

【解析】如果市场半强式有效，技术分析、基本分析和各种估价模型都是无效的，各种共同基金就不能取得超额收益。并且半强式有效市场没有反应内部信息，所以可以利用非公开信息获取超额收益。

4. 强式有效资本市场

定义	股价不仅反映历史的和公开的信息，还能反映内部信息 将大量的财务报表数据转换成有用的信息，帮助报表使用人改善决策

续表

特征	无论可用信息是否公开，价格都可以完全地、同步地反映所有信息（历史、公开、内幕），不能从公开的和非公开的信息分析中获得超额利润
结果	技术分析、基本分析、内幕消息均无法获取超额收益

精选练习题

一、单项选择题

1. 在下列各项中，能够反映上市公司股东财富最大化目标实现程度的最佳指标是（　　）。

A. 权益净利率　　B. 净资产收益率

C. 每股市价　　D. 每股收益

2. 下列各项中，会导致债权人债权价值降低的是（　　）。

A. 优化企业资本结构

B. 采用零现金股利分配政策

C. 不经债权人同意，举借新债

D. 发行新股

3. 在以下金融资产中，收益与发行人的财务状况相关程度较高、持有人非常关心公司的经营状况的证券是（　　）。

A. 变动收益证券

B. 固定收益证券

C. 权益证券

D. 衍生证券

4. 下列关于财务目标与经营者的说法不正确的是（　　）。

A. 经营者的目标是增加报酬、增加闲暇时间、避免风险

B. 经营者对股东目标的背离表现为道德风险和逆向选择

C. 防止经营者背离股东目标的方式有监督、激励

D. 激励是解决股东与经营者矛盾的最佳方法

5. 下列哪些选项属于狭义的利益相关者（　　）。

A. 经营者　　B. 供应商

C. 股东　　D. 债权人

6. 下列关于金融市场的说法不正确的是（　　）。

A. 按照证券交易的程序，将金融市场分为场内市场和场外市场

B. 金融市场具有风险分配和价格发现功能

C. 金融市场为政府实施宏观经济的间接调控提供了条件

D. 金融市场是一个有形的交易场所

7. 长期投资是财务管理的内容之一，下列关于长期投资的表述中不正确的是（　　）。

A. 长期投资是指企业对经营性固定资产的投资

B. 直接投资的投资人可以直接控制投资回报

C. 对子公司投资的评价方法，与直接投资经营性资产相同

D. 对于非子公司控股权的投资不属于经营性投资，其分析方法的核心是投资组合原理

8. 筹资决策要解决的问题是如何取得企业所需要的资金，包括向谁、在什么时候、筹集多少资金。其中最重要的筹资决策是（　　）。

A. 权益结构决策　　B. 资本结构决策

C. 股利分配决策　　D. 债务结构决策

9. 下列关于金融市场的分类，描述不正确的有（　　）。

A. 资本市场是指期限在1年以内的金融资产交易市场

B. 按照证券属性的不同，金融市场可以分为债务市场和股权市场

C. 按照交易程序金融市场可以分为场内交易市场和场外交易市场

D. 按照所交易证券是否初次发行，分为一级市场和二级市场

10. 准确的财务管理目标定位是股东财富最大化，即等同于（　　）。

A. 股东权益的市场增加值最大化

B. 企业的市场增加值最大化

C. 企业市场价值最大化

D. 权益市场价值最大化

11. 下列表述中，正确的是（　　）。

A. 公司的金融资产投资决策分析方法是净现值原理

B. 公司的经营性资产投资可以直接控制投资回报

C. 公司财务管理基本职能主要是财务分析和财务预测

D. 公司的财务总监，应该向公司董事会负责并报告工作

12. 下列有关增加股东财富的表述中，正确的是（ ）。

A. 收入是增加股东财富的因素，成本费用是减少股东财富的因素

B. 股东财富的增加可以用股东权益的市场价值来衡量

C. 多余现金用于再投资有利于增加股东财富

D. 提高股利支付率，有助于增加股东财富

13. 下列关于财务学现金流量的说法中，不正确的有（ ）。

A. 现金流量从计量口径上包含现金等价物

B. 既可以针对企业整体计量现金流量，也可对单一项目计量

C. 实体现金流量等于融资现金流量

D. 实体现金流量就是企业的自由现金流量

14. 如果股票价格的变动与历史股价相关，资本市场（ ）。

A. 无效

B. 弱式有效

C. 半强式有效

D. 强式有效

15. 如果投资基金经理根据公开信息选择股票，投资基金的平均业绩与市场整体收益率大体一致，说明该资本市场至少是（ ）。

A. 弱式有效

B. 完全无效

C. 强式有效

D. 半强式有效

二、多项选择题

1. 下列关于财务目标的说法不正确的有（ ）。

A. 主张股东财富最大化意思是说只考虑股东的利益

B. 股东财富最大化就是股价最大化或者企业价值最大化

C. 股东财富的增加可以用股东权益的市场价值来衡量

D. 权益的市场增加值是企业为股东创造的价值

2. 经营者对股东目标的背离表现在道德风险和逆向选择两个方面，下列属于逆向选择的是（ ）。

A. 不愿为提高股价而冒险

B. 装修豪华的办公室

C. 借口工作需要乱花股东的钱

D. 蓄意压低股票价格，以自己的名义借款买回

3. 金融市场除了两项基本功能外，还有以下附带功能（ ）。

A. 价格发现　　B. 风险分配

C. 调节经济　　D. 节约信息成本

4. 下列证券中，属于固定收益证券的有（ ）。

A. 甲公司发行的利率为5%、每年付息一次、期限为3年的公司债券

B. 乙公司发行的利率按照国库券利率上浮2个百分点确定的债券

C. 丙公司发行的到期一次还本付息的债券

D. 丁公司发行的到期按面值还本的债券

5. 下列关于财务管理长期投资说法正确的有（ ）。

A. 对子公司和非子公司的股权投资都属于长期投资

B. 财务经理进行长期投资决策采用投资组合原则

C. 投资一台价值1 000万元的机器设备，更新换代现有生产用设备属于长期投资

D. 扩大赊销规模以促进销售，追加赊销所需资金500万元属于长期投资

6. 下列表述中正确的有（ ）。

A. 企业只要遵守合同就可以完全满足合同利益相关者的要求

B. 公司的社会责任政策，对非合同利益相关者影响很大

C. 主张股东财富最大化，会忽略其他利益相关者的利益

D. 发行公司债券不符合债权人目标

7. 为了便于表述，我们把财务管理的内

容分为（　　）。

A. 长期投资　　B. 股利分配

C. 长期筹资　　D. 营运资本管理

8. 下列关于金融市场的说法正确的是（　　）。

A. 资本市场的主要功能是进行长期资金的融通

B. 金融资产是以信用为基础的所有权的凭证，构成社会的实际财富

C. 一级市场是二级市场的基础，二级市场是一级市场存在和发展的重要条件之一

D. 金融市场基本功能之一是融通资金

9. 经营者对股东目标的背离表现在（　　）。

A. 道德风险　　B. 增加报酬

C. 逆向选择　　D. 避免风险

10. 债权人为了防止其利益被伤害除了寻求立法保护外，通常采取的措施有（　　）。

A. 在借款合同中加入限制性条款

B. 不再提供新的借款或提前收回借款

C. 破产时优先接管

D. 规定借款用途

11. 按照所交易证券是否初次发行，金融市场可分为（　　）。

A. 场内市场和场外市场

B. 一级市场和二级市场

C. 发行市场和流通市场

D. 初级市场和次级市场

12. 下列关于股东财富最大化目标的说法中，正确的有（　　）。

A. 股东财富可以用股东权益的市场价值来衡量

B. 企业与股东之间的交易会影响股东财富

C. 股价上升可以反映股东财富的增加

D. 假设债务价值不变，则增加企业价值与增加权益价值具有相同意义

13. 金融市场上资金的提供者和需求者主要是居民、公司和政府。下列关于资金的提供者和需求者的表述中，正确的是（　　）。

A. 居民是金融市场最主要的资金提供者

B. 公司是金融市场上最大的资金需求者

C. 政府经常是资金需求者

D. 政府是金融市场最主要的资金提供者

14. 与个人独资企业和合伙企业相比，下列选项中属于公司制企业的特点的有（　　）。

A. 双重课税

B. 组建公司的成本低

C. 不容易转让所有权

D. 有限债务责任

15. 下列各项中属于检验半强式有效资本市场的方法有（　　）。

A. 随机游走模型

B. 过滤检验

C. 事件研究法

D. 投资基金表现研究法

16. 作为财务管理的目标，与企业价值最大化相比，每股收益最大化的缺点包括（　　）。

A. 没有考虑货币的时间价值

B. 没有考虑投入与产出之间的关系

C. 没有考虑风险

D. 计量比较困难

17. 有效资本市场理论对公司财务管理的意义有（　　）。

A. 管理者不能通过改变会计方法提升股票价值

B. 管理者不能通过金融投机获利

C. 管理者可以通过预测利率和外汇的走势，从而赚取额外利润，即通过投机获利

D. 关注自己公司的股价是有益的

18. 在以下企业组织形式中，会导致双重课税的是（　　）。

A. 个人独资企业

B. 合伙企业

C. 有限责任公司

D. 股份有限公司

19. 下列各项中，属于衍生金融工具的有（　　）。

A. 股票　　B. 利率互换

C. 认股权证　　D. 掉期

答案及解析

一、单项选择题

1. 【答案】C

【解析】股东财富是由其所拥有的股票数量和股票市场价格两方面来决定。在股票数

量一定，投入资本不变时，股票价格达到最高，股东财富也就达到最大。

2.【答案】C

【解析】举借新债会相应增加偿债风险，从而致使原有债权价值下降，所以选项C是正确的。

3.【答案】C

【解析】不存在变动收益证券，选项A错误。固定收益证券的收益与发行人的财务状况相关程度低，除非发行人破产或违约，证券持有人将按规定数额取得收益。选项B错误。由于衍生品的价值依赖于其他证券，因此选项D错误。权益证券的收益与发行人的财务状况相关程度高，其持有人非常关心公司的经营状况。因此选项C正确。

4.【答案】D

【解析】通常，股东同时采取监督和激励两种方式来协调自己和经营者的目标。尽管如此仍不可能使经营者完全按照股东的意愿行动，经营者仍然可能采取一些对自己有利而不符合股东最大利益的决策，并由此给股东带来一定的损失。监督成本、激励成本和偏离股东目标的损失之间此消彼长，相互制约。股东要权衡轻重，力求找出能使监督成本、激励成本和偏离股东目标的损失三项之和最小的解决办法，才是最佳的解决办法，所以选项D错误。

5.【答案】B

【解析】狭义的利益相关者是指除股东、债权人和经营者之外的，对企业现金流量有潜在索偿权的人。

6.【答案】D

【解析】按照证券交易的程序，将金融市场分为场内市场和场外市场。场内市场按照拍卖市场的程序进行交易，场外市场在交易商的柜台上直接交易。所以，选项A的说法正确；金融市场的功能包括五点，即资金融通功能、风险分配功能、价格发现功能、调节经济功能（选项C）、节约信息成本，由此可知，选项B、C的说法正确；金融市场可能是一个有形的交易场所，也可能是一个无形的交易场所，如通过通信网络进行交易。所以，选项D的说法不正确。

7.【答案】D

【解析】对于非子公司控股权的投资属于经营性投资，目的是控制其经营，其分析方法与直接投资经营性资产相同，即分析方法的核心是净现值原理。

8.【答案】B

【解析】长期债务资金和权益资金的特定组合，称为资本结构。资本结构决策是最重要的筹资决策。

9.【答案】A

【解析】资本市场是指期限在1年以上的金融工具交易市场；货币市场是指期限在1年以内的金融工具交易市场。

10.【答案】A

【解析】准确的财务目标定位是股东财富最大化，即股东权益的市场增加值最大化。股东权益的市场增加值最大化不能等同于企业的市场增加值最大化（包含债权的增加值），更不同于企业市场价值（包括债权价值）最大化或权益市场价值最大化（可能由于股东追加股权投资资本所致）。

11.【答案】B

【解析】公司的金融资产投资决策分析方法是投资组合原理，因此选项A的说法错误。公司财务管理的基本职能包括财务分析、财务预测、财务决策和财务计划，因此选项C的说法错误。公司的财务总监，作为公司财务管理主管，向公司首席执行官（或公司总经理）负责并报告工作，分管财务会计部门，因此选项D的说法错误。

12.【答案】A

【解析】股东价值的创造，是由企业长期的现金创造能力决定的。创造现金的最基本途径，一是提高经营现金流量，二是降低资本成本。经营活动产生的现金对于价值创造有决定意义，从长远来看，经营活动产生的现金是企业盈利的基础。经营活动产生的现金取决于销售收入和成本费用两个因素，收入是增加经营现金流的因素，成本费用是减少经营现金流的主要因素，所以选项A表述正确。股东财富的增加可以用股东权益的市场增加值来衡量，所以选项B表述错误；只有当企业的投资报酬率大于股东自己支配使用资金的收益率（即企业使用资金的机会成本），将多余现金用于再投资才有利于增加股东财富，所以选项C表述错误；股利支付率的高低影响企业当期收益中企业留存多少和股东分走多少的问题，相当于财富在股东的左口袋和右口袋分配的问题，因此不影响股东的财富总额，所以选项 D 表述错误。

13. 【答案】A

【解析】在计量口径方面，会计学现金流量包含现金等价物，而财务学现金流量则不含现金等价物。因此，选项 A 的说法错误。

14. 【答案】A

【解析】如果有关证券的历史信息对证券的价格变动仍有影响，则证券市场尚未达到弱式有效。

15. 【答案】D

【解析】如果一个资本市场的价格不仅反映历史信息，还能反映所有的公开信息，则它是半强式有效资本市场。

二、多项选择题

1. 【答案】ABC

【解析】主张股东财富最大化，并非不考虑其他利益相关者的利益，所以，选项 A 的说法不正确。股东财富最大化与股价最大化以及企业价值最大化的含义并不完全相同，因此，选项 B 的说法不正确。股东财富可以用股东权益的市场价值来衡量，股东财富的增加可以用股东权益的市场价值与股东投资资本的差额来衡量，它被称为“权益的市场增加额”。权益的市场增加值是使企业为股东创造的价值。由此可知，选项 C 的说法不正确，选项 D 的说法正确。

2. 【答案】BCD

【解析】逆向选择是指经营者为了自己的目标而背离股东的目标。选项 B、C、D 均属于逆向选择，选项 A 属于道德风险。

3. 【答案】ACD

【解析】金融市场的功能包括：（1）资金融通功能；（2）风险分配功能；（3）价格发现功能；（4）调解经济功能；（5）节约信息成本。其中前两项属于基本功能，后三项属于附带功能。

4. 【答案】ABCD

【解析】固定收益证券是指能够提供固定或根据固定公式计算出来的现金流的证券。

5. 【答案】AC

【解析】B 的正确说法是经营性资产投资有别于金融资产投资（也称证券投资），分析方法前者的核心是净现值原理，后者的核心是投资组合原理。D 属于营运资金投资。

6. 【答案】BD

【解析】一般说来，企业只要遵守合同就可以基本满足合同利益相关者的要求，在此基础上股东追求自身利益最大化也会有利于合同利益相关者。当然，仅有法律是不够的，还需要诚信道德规范的约束，以缓和双方的矛盾，A 错误；主张股东财富最大化，并非不考虑其他利益相关者的利益，股东权益是剩余权益，只有满足了其他方面的利益之后才会有股东的利益，C 错误。

7. 【答案】ACD

【解析】财务管理的内容也可以分为五个部分：长期投资、短期投资、长期筹资、短期筹资和股利分配。由于短期投资和短期筹资，属于日常管理活动，可以合并在一起，称之为营运资本管理。由于利润分配决策同时也是利润留存决策即内部筹资决策，可以视为长期筹资的一部分。因此，为了便于表述，我们把财务管理的内容分为三个部分：长期投资、长期筹资和营运资本管理。

8. 【答案】ACD

【解析】资本市场是期限在一年以上的金融资产交易市场，主要功能是进行长期资金的融通，选项 A 正确；金融资产不构成社会的实际财富，选项 B 不正确；一级市场是二级市场的基础，没有一级市场就没有二级市场，二级市场是一级市场存在和发展的重要条件之一，二级市场使得证券更具流动性，正是这种流动性使得证券受到欢迎，人们才更愿意在一级市场购买它，选项 C 正确；资金融通是金融市场的基本功能之一，选项 D 正确。

9. 【答案】AC

【解析】经营者对股东目标的背离表现在两个方面：（1）道德风险；（2）逆向选择。

10. 【答案】ABD

【解析】债权人为了防止其利益被伤害，除了寻求立法保护，如破产时优先接管，优先于股东分配剩余财产等外，通常采取以下措施：第一，在借款合同中加入限制性条款，如规定的用途，规定不得发行新债或限制发行新债等。第二，发现公司有损害其债权意图时，拒绝进一步合作，不再提供新的借款或提前收回借款。

11.【答案】BCD

【解析】按照交易程序不同，金融市场分为场内市场和场外市场；按照所交易证券是初次发行还是已经发行分，金融市场可分为一级市场（也称发行市场或初级市场）和二级市场（流通市场或次级市场）；按照证券的属性（索偿权）不同，金融市场分为债务市场和股权市场；按照证券期限不同，金融市场分为货币市场和资本市场。

12.【答案】AD

【解析】企业与股东之间的交易会影响股价，但不会影响股东财富；在股东投资资本不变的情况下，股价上升可以反映股东财富的增加。

13.【答案】ABC

【解析】政府经常是资本需求者。政府发行财政部债券或地方政府债券来筹集，用于基础设施建设、弥补财政赤字，或者进行宏观经济调控。政府有时也会成为资本提供者。在税收集中入库而支付滞后时，会投资于金融市场。

14.【答案】AD

【解析】公司制企业组建公司的成本高，容易转让所有权。

15.【答案】CD

【解析】选项A、B属于检验弱式有效资本市场的方法。

16.【答案】AC

【解析】每股收益最大化目标考虑投入与产出之间的关系，与企业价值最大化目标相比，计量相对比较容易。

17.【答案】ABD

【解析】有效市场理论对公司理财的意义有三点：(1) 管理者不可以通过改变会计方法提升股票价值；(2) 管理者不能通过金融投机获利；(3) 关注自己公司的股价是有益的。

18.【答案】CD

【解析】对于个人独资企业和合伙企业承担个人所得税，公司制企业承担个人所得税与企业所得税。

19.【答案】BCD

【解析】常见的基本金融工具有货币、票据、债券、股票；衍生的金融工具主要有各种远期合约、利率互换、期权、期货、掉期、资产支持证券、可转化债券、认股权证等。

第二章 财务报表分析和财务预测

本章考情分析

本章是重要的基础章节，主要阐述了财务报表分析的基本比率、财务分析体系和财务管理的重要环节——财务预测等相关内容。

本章为应试的重点内容，其题型全面，分值较大，在近 3 年的考试中，平均分值为 10 分左右。因此考生应全面理解和掌握重要考点。从历年主观题型看，考点分布在因素分析法在杜邦财务分析体系中的应用；改进的财务分析体系的运用；外部融资额和筹资总需求的估算；内含增长率和可持续增长率的估算。尤其要注意可持续增长率与财务分析体系指标结合的运用；与外部融资额、每股收益无差别点法和资本成本的综合应用。

考生在学习本章时，不需要死记财务指标和财务预测的相关公式。本章涉及的财务指标虽较多，但内在联系比较紧密，建议在理解的基础上结合实务、常识，灵活掌握并熟练运用相关的公式。

本章教材变化

本章内容只有少数细节调整。

本章思维导图

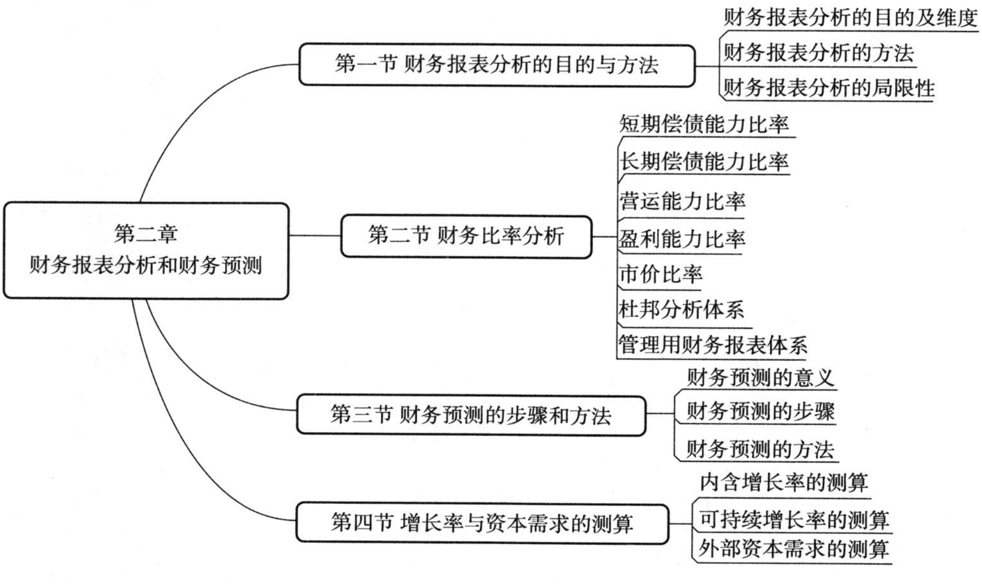

考点精讲及典型例题解析

第一节　财务报表分析的目的与方法

一、财务报表分析的目的及维度（能力等级1）

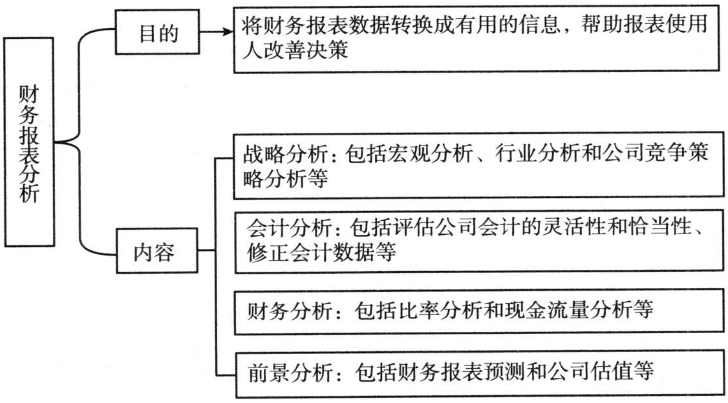

二、财务报表分析的方法（能力等级1）

方法	内容
比较分析法	（1）含义：比较分析法是对两个或几个有关的可比数据进行对比，揭示趋势或差异的一种分析方法。 （2）方法： ①比较对象（和谁比）：趋势分析、横向比较、预算差异分析； ②比较内容（比什么）：会计要素的总量、结构百分比、财务比率
因素分析法	（1）含义：因素分析法是依据财务指标与其驱动因素之间的关系，从数量上确定各因素对指标影响程度的一种方法。由于分析时，要逐次进行各因素的有序替代，因此又称为连环替代法。 （2）方法：因素分析法四步走：第一步：确定分析对象，计算实际数与比较对象两者差额；第二步：确定该财务指标的驱动因素，建立函数关系模型；第三步：确定驱动因素的替代顺序；第四步：按顺序计算各驱动因素脱离标准的差异对财务指标的影响。设某一分析指标 R 是由 A、B、C 三个因素相乘得到，即：$R=A\times B\times C$，在测定各因素变动对分析指标 R 的影响程度，可按顺序进行： 计划指标：$R_0=A_0\times B_0\times C_0$　（1） 第一次替代（替代 A）：$A_1\times B_0\times C_0$　（2） 第二次替代（替代 B）：$A_1\times B_1\times C_0$　（3） 第三次替代（替代 C，实际指标）：$R_1=A_1\times B_1\times C_1$　（4） （2）－（1）→A 变动对 R 的影响。 （3）－（2）→B 变动对 R 的影响。 （4）－（3）→C 变动对 R 的影响。 把各因素变动综合起来，总影响：$\Delta R=R_1-R_0$。连环替代法需注意：每次替代以上次替代为基础，按顺序依次替代。 （3）简化的差额分析法： A 因素的影响：$(A_1-A_0)\times B_0\times C_0$ B 因素的影响：$A_1\times(B_1-B_0)\times C_0$ C 因素的影响：$A_1\times B_1\times(C_1-C_0)$

三、财务报表分析的局限性（能力等级1）

（一）财务报表信息披露的问题

（1）财务报表没有披露企业的全部信息，管理层拥有更多的信息，披露的只是其中的一部分；（2）已经披露的财务信息存在会计估计误差，不可能是真实情况的全面准确计量；（3）管理层的各项会计政策选择，有可能导致降低信息可比性。

（二）财务报表信息的可靠性问题

外部分析人员可以通过发现一些危险信号对财务报表信息的可靠性做出自己的判断。

常见的危险信号包括：（1）财务报告失范；（2）数据出现异常；（3）关联方交易异常；（4）资本利得金额大；（5）审计报告异常。

（三）财务报表信息的比较基础问题

横向比较	以同业标准为比较基础，不一定有代表性
趋势分析	以历史数据为比较基础，只代表过去，并不代表合理性
实际与预算比较分析	以预算为比较基础，可能是执行问题，也可能是预算不合理

【例2－1】（多选题）下列财务报表分析的局限性是由财务报表本身的局限性造成的有（　　）。

A. 会计环境的重要变化导致会计系统变化，影响财务数据的可比性

B. 按年度分期报告，不能提供反映长期潜力的信息等

C. 注册会计师不能保证财务报表没有任何错报和漏报

D. 不同的会计选择，使财务报表会扭曲公司的实际情况

【答案】ABD

【解析】C项主要讲的是财务报表的可靠性问题。财务报表分析的局限性包括：财务报表本身的局限性、财务报表的可靠性问题以及比较基础问题。

第二节　财务比率分析

一、短期偿债能力比率（能力等级2）

（一）衡量短期偿债能力的财务指标

短期偿债能力指标
- 绝对数：营运资本＝流动资产－流动负债
- 相对数：××/流动负债
  - 流动比率=流动资产/流动负债
  - 速动比率=速动资产/流动负债
  - 现金比率=货币资金/流动负债
  - 现金流量比率=经营活动现金流量净额/流动负债

提示：流动资产包括速动资产和非速动资产，速动资产包括货币资金、交易性金融资产以及各种应收款项。非速动资产包括存货、预付账款、一年到期的非流动资产以及其他流动资产。

指标	要点	内容
1. 营运资本	公式	流动资产－流动负债＝(总资产－非流动资产)－(总资产－股东权益－非流动负债)＝(股东权益＋非流动负债)－非流动资产＝长期资本－长期资产
	作用	营运资本越多，流动负债的偿还越有保障，短期偿债能力越强，财务状况越稳定。营运资本的变动分析主要考察营运资本配比率： 净营运资本配置率＝净营运资本/流动资产
2. 流动比率	公式	流动比率＝流动资产÷流动负债＝1/(1－营运资本配置比率)
	作用	反映企业用可在短期内转变为现金的流动资产偿还到期流动负债的能力
	标准	不存在统一的、标准的流动比率，不同行业的流动比率通常有明显差别，一般认为生产型企业为2比较合适
	注意	（1）就反映短期偿债能力来看，一般情况下，该指标越大，表示短期偿债能力越强，该指标越小，表示短期偿债能力越差。 （2）不同行业的流动比率，通常有明显差异，营业周期越短的行业，合理的流动比率越低。 （3）为了考察流动资产的变现能力，有时还需要分析其周转率

续表

指标	要点	内容
3. 速动比率	公式	速动比率 = 速动资产 ÷ 流动负债
	作用	反映资产的流动性及偿还流动负债的能力
	标准	当速动比率大于 1 时，比较安全
	注意	（1）一般情况下，速动比率越高，表明企业短期偿债能力越强。 （2）速动比率过大，尽管偿债的安全性很高，但却会因企业现金及应收账款占用过多而大大增加企业的机会成本。 （3）速动资产为货币资金、交易性金融资产和各种应收款项，影响速动比率可信性的重要因素是应收账款的变现能力
4. 现金比率	公式	现金比率 = 货币资金/流动负债
	作用	现金比率假设现金资产是可偿债资产，表明每 1 元流动负债有多少现金资产作为偿债的保障
5. 现金流量比率	公式	现金流量比率 = 经营活动现金流量净额 ÷ 流动负债
	作用	现金流量比率表明每 1 元流动负债的经营现金流量保障程度。该比率越高，偿债能力越强
	注意	（1）公式中的“经营活动现金流量净额”，通常使用现金流量表中的“经营活动产生的现金流量净额”。 （2）一般来讲，该比率中的流动负债采用期末数而非平均数，因为实际需要偿还的是期末金额，而非平均余额

（二）影响短期偿债能力的其他因素（表外因素）

增强因素	（1）可动用的银行授信额度，如周转信贷协定； （2）可快速变现的非流动资产（非经营性长期资产），如：储备的土地、未开采的采矿权、目前出租的房产等； （3）偿债能力的声誉
降低因素	（1）与担保有关的或有负债事项； （2）经营租赁合同中的承诺付款事项

【例 2－2】（单选题）当企业的长期资本不变时，增加长期资产（　　）。

A. 会降低财务状况的稳定性

B. 会提高财务状况的稳定性

C. 不影响财务状况的稳定性

D. 会增加企业负债总额

【答案】A

【解析】营运资本 = 长期资本 － 长期资产，增加长期资产，长期资本不变，则营运资本减少，降低财务状况的稳定性。

【例 2－3】（2016 年单选题）下列关于营运资本的说法中，正确的是（　　）。

A. 营运资本越多的企业，流动比率越大

B. 营运资本越多，长期资本用于流动资产的金额越大

C. 营运资本增加，说明企业短期偿债能力提高

D. 营运资本越多的企业，短期偿债能力越强

【答案】B

【解析】营运资本 = 流动资产 － 流动负债 = 长期资本 － 长期资产。营运资本为正数，说明长期资本的数额大于长期资产，营运资本数额越大，财务状况越稳定。所以选项 B 正确。营运资本是绝对数，不便于直接评价企业短期偿债能力，而用营运资本的配置比率（营运资本/流动资产）更加合理。

二、长期偿债能力比率（能力等级 2）

（1）衡量长期偿债能力的财务指标

还本能力	资产负债率	分母分子率，二者分母不同
	现金流量与负债比率	
	长期资本负债率	关注的是非流动负债的比重
	权益乘数	总是≥1，资产/股东权益
	产权比率	债权与股东权益之比
还息能力	利息保障倍数	二者分子不同，前者关注利润对利息的补偿，后者关注现金流量对利息的补偿
	现金流量利息保障倍数	

指标	要点	内容
1. 资产负债率	公式	资产负债率 =（负债总额 ÷ 资产总额）×100%
	作用	（1）资产负债率越低，企业偿债越有保证，贷款越安全。 （2）资产负债率还代表企业的举债能力
2. 产权比率和权益乘数	公式	（1）产权比率 = 负债总额 ÷ 权益股东 = 资产负债率 × 权益乘数； （2）权益乘数 = 资产总额 ÷ 股东权益 = 1 ÷（1 − 资产负债率）= 1 + 产权比率 = $\frac{权益净利率}{总资产净利率}$
	注意	权益乘数与产权比率是两种常用的财务杠杆比率，既反映偿债能力，也影响总资产净利率和权益净利率之间的（倍数）关系，还能表明权益净利率的风险，与盈利能力有关
3. 长期资本负债率	公式	长期资本负债率 = 非流动负债/（非流动负债 + 股东权益）×100%
	注意	（1）长期资本负债率反映企业长期资本的结构。 （2）资本结构管理中，经常使用该指标。流动负债经常变化，因此，本指标剔除了流动负债
4. 现金流量与负债比率	公式	现金流量与负债比率 =（经营活动现金流量净额/负债总额）×100%
	注意	一般来说，该比率中的负债总额采用期末数而非平均数，因为实际需要偿还的是期末金额，而非平均金额
	作用	该比率表明企业用经营活动现金流量净额偿付全部债务的能力。比率越高，偿还债务总额的能力越强
5. 利息保障倍数	公式	利息保障倍数 = 息税前利润/利息费用 =（净利润 + 利息费用 + 所得税费用）/利息费用
	注意	（1）分子中的"利息费用"是息税前利润中的利息费用，即计入利润表财务费用的利息费用。 （2）分母的"利息费用"是本期全部的应付利息，不仅包括计入利润表财务费用的利息费用，还应包括计入资产负债表固定资产等成本的资本化利息
	作用	（1）利息保障倍数越大，利息支付越有保障，因此，利息保障倍数可以反映长期偿债能力。 （2）如果利息保障倍数小于1，表明企业产生的经营收益不能支持现有的债务规模。利息保障倍数等于1也是很危险的，因为息税前利润受经营风险的影响，是不稳定的，而利息的支付却是固定的
6. 现金流量利息保障倍数	公式	现金流量利息保障倍数 = 经营活动现金流量净额/利息费用
	作用	（1）该比率表明1元的利息费用有多少倍的经营活动现金流量净额作保障。 （2）该比率比以利润为基础的利息保障倍数更可靠。因为实际用以支付利息的是现金，而不是利润

（三）影响长期偿债能力的其他因素（表外因素）

影响长期偿债能力的表外因素	长期租赁	当企业的经营租赁量比较大、期限比较长或具有经常性时，就形成了一种长期性筹资
	债务担保	在分析企业长期偿债能力时，应根据有关资料判断担保责任带来的潜在长期负债问题
	未决诉讼	未决诉讼一旦判决败诉，便会影响企业的偿债能力，因此在评价企业长期偿债能力时也要考虑其潜在影响

【例2-4】（2018年单选题）在"利息保障倍数 = $\frac{净利润+利息费用+所得税费用}{利息费用}$"计算式中，分子的"利息费用"是（　）。

A. 计入本期现金流量表的利息支出

B. 计入本期利润表的费用化利息

C. 计入本期利润表的费用化利息和资产负债表的资本化利息

D. 计入本期资产负债表的资本化利息

【答案】B

【解析】分子的"利息费用"是指计入本期利润表中财务费用的利息费用；分母的"利息费用"是指本期的全部应付利息，不仅包括计入利润表中财务费用的利息费用，还包括计入资产负债表固定资产等成本的资本化利息。

【例2-5】(多选题)下列业务中，能够降低企业短期偿债能力的是( )。

A. 企业采用经营租赁方式租赁一台大型机械设备

B. 企业发行可转换债券10亿元

C. 企业向老股东进行配股

D. 企业向股东发放现金股利

【答案】AD

【解析】A选项经营租赁合同中的承诺付款，能够降低企业短期偿债能力；选项B、C会增加企业短期偿债能力；选项D支付现金股利降低了企业短期偿债能力。

【例2-6】(单选题)某企业20×7年末负债总额为1 000万元(其中流动负债占40%)，若年末现金流量比率为1.5，则年末现金流量与负债比率为( )。

A. 30%　　B. 40%

C. 50%　　D. 60%

【答案】D

【解析】流动负债=1 000×40%=400

现金流量比率=经营活动现金流量净额÷流动负债=1.5

经营活动现金流量净额=400×1.5=600万元

现金流量与负债比率=600/1 000=60%。

三、营运能力比率(能力等级2)

指标	要点	内容
1. 应收账款周转率 【提示】此处应收账款实质上是应收票据及应收账款，为顺应习惯称法，以下均简称为应收账款。相关比率也按此称谓，下同。	公式	(1) 应收账款周转次数=营业收入/应收账款 (2) 应收账款周转天数=365/(营业收入÷应收账款)=365/应收账款周转次数 (3) 应收账款与收入比=应收账款/营业收入
	注意	(1) 营业收入的赊销比例问题。计算时通常直接用利润表第一项“营业收入”来计算。 (2) 应收账款年末余额的可靠性问题。计算时通常用“平均应收账款”。 (3) 应收账款的减值准备问题。通常直接利用报表数据计算，但如果计提的减值准备数额较大，应按未计提减值准备前的应收账款计算。 (4) 应收账款周转天数是否越少越好。应收账款周转天数不一定越少越好，应结合销售方式、信用政策综合考虑。 (5) 应收账款分析应与赊销分析、现金分析相联系
2. 存货周转率	公式	(1) 存货周转次数=营业收入/存货 (2) 存货周转天数=365/(营业收入÷存货)=365/存货周转次数 (3) 存货与收入比=存货/营业收入
	注意	(1) 计算存货周转率时，使用“营业收入”还是“营业成本”作为周转额，要看分析的目的。在短期偿债能力分析中，在分解总资产周转率时，应统一使用“营业收入”计算周转率。如果是为了评估存货管理的业绩，应当使用“营业成本”计算存货周转率。 (2) 存货周转天数不是越短越好。存货过多会浪费资金，存货过少不能满足流转需要，在特定的生产经营条件下存在一个最佳的存货水平，所以存货不是越少越好。 (3) 应注意应付款项、存货和应收账款(或营业收入)之间的关系。 (4) 应关注构成存货的产成品、自制半成品、原材料、在产品和低值易耗品之间的比例关系
3. 流动资产周转率	公式	(1) 流动资产周转次数=营业收入/流动资产 (2) 流动资产周转天数=365/(营业收入÷流动资产)=365/流动资产周转次数 (3) 流动资产与收入比=流动资产/营业收入
	注意	周转次数越多，利用效果越好
4. 营运资本周转率	公式	(1) 营运资本周转次数=营业收入÷营运资本 (2) 营运资本周转天数=365/(营业收入÷营运资本)=365/营运资本周转次数 (3) 营运资本与收入比=营运资本÷营业收入
	注意	周转次数越多，利用效果越好
5. 非流动资产周转率	公式	(1) 非流动资产周转次数=营业收入/非流动资产 (2) 非流动资产周转天数=365/(营业收入÷非流动资产)=365/非流动资产周转次数 (3) 非流动资产与收入比=非流动资产/营业收入
	注意	反映非流动资产的管理效率。分析时主要是针对投资预算和项目管理，分析投资与其竞争战略是否一致，收购和剥离政策是否合理等

续表

指标	要点	内容
6. 总资产周转率	公式	(1) 总资产周转次数=营业收入/总资产 (2) 总资产周转天数=365/(营业收入÷总资产)=365/总资产周转次数 (3) 总资产与收入比=总资产/营业收入
	注意	总资产周转率的驱动因素分析，通常可以使用“总资产周转天数”或“总资产与收入比”指标（总资产周转天数 = $\sum$ 各项资产周转天数或总资产与收入比 = $\sum$ 各项资产与营业收入比），不使用“总资产周转次数”。因为各项资产周转次数之和不等于总资产周转次数，不便于分析各项目变动对总资产周转率的影响

【例2-7】(2015年单选题) 甲公司是一家电器销售企业，每年6月到10月是销售旺季，管理层拟用存货周转率评价全年存货管理业绩，适合使用的公式是（　　）。

A. 存货周转率=营业收入/(Σ各月末存货/12)

B. 存货周转率=营业收入/[(年初存货+年末存货)/2]

C. 存货周转率=营业成本/[(年初存货+年末存货)/2]

D. 存货周转率=营业成本/(Σ各月末存货/12)

【答案】D

【解析】为了评价存货管理的业绩，应当使用“营业成本”计算存货周转率。而存货的年初余额在1月月初，年末余额在12月月末，都不属于旺季，存货的数额较少，采用存货余额年初年末平均数计算出来的存货周转率较高，因此应该按月进行平均，比较准确，所以选项D正确。

【例2-8】(单选题) 某企业本年的总资产周转次数为3次，非流动资产周转次数为4次，若一年有360天，则流动资产周转天数为（　　）天。

A. 360　　B. 30

C. 120　　D. 60

【答案】B

【解析】总资产周转天数=360/3=120（天），非流动资产周转天数=360/4=90（天），流动资产周转天数=120-90=30（天）。

四、盈利能力比率（能力等级2）

指标	要点	内容
1. 营业净利率	公式	营业净利率=(净利润÷营业收入)×100%
	作用	营业净利率越大则企业的盈利能力越强。 营业净利率的变动，是由利润表的各个项目金额变动引起的。其驱动因素分析，通常可以使用“金额变动分析”和“结构变动分析”
2. 总资产净利率	公式	总资产净利率=(净利润÷总资产)×100%=营业净利率×总资产周转次数
	作用	总资产净利率是企业盈利能力的关键。虽然股东的报酬由资产净利率和财务杠杆共同决定，但提高财务杠杆会同时增加企业风险，往往并不增加企业价值。此外，财务杠杆的提高有诸多限制，因此，提高权益净利率的基本动力是总资产净利率。具体参见杜邦分析体系
3. 权益净利率	公式	权益净利率=(净利润÷股东权益)×100%
	作用	权益净利率的分母是股东的投入，分子是股东的所得。对于股权投资人来说，具有非常好的综合性，概括了企业的全部经营业绩和财务业绩。具体参见杜邦分析体系

【例2-9】(单选题) 某企业在进行短期偿债能力分析中计算出来的存货周转次数为5次，在评价存货管理业绩时计算出来的存货周转次数为4次，如果已知该企业的销售毛利为2 000万元，净利润为1 000万元，则该企业的营业净利率为（　　）。

A. 20%　　B. 10%

C. 5%　　D. 8%

【答案】B

【解析】因为在进行短期偿债能力分析时

存货周转次数使用营业收入进行计算，评价存货管理业绩时使用营业成本进行计算：

（1）设企业营业收入为 x，则根据按照营业收入计算的存货周转次数有：x/存货 = 5，存货 = $x/5$。

（2）根据按照营业成本计算的存货周转次数有：4 = (x − 2 000)/存货，存货 = (x − 2 000)/4。

（3）解方程：$x/5 = (x - 2\ 000)/4$ 可以得出，x = 10 000（万元）

（4）营业净利率 = 1 000/10 000 = 10%。

五、市价比率（能力等级2）

指标	要点	内容
1. 市盈率	公式	市盈率 = 每股市价 ÷ 每股收益 每股收益 = 普通股股东净利润 ÷ 流通在外普通股加权平均股数
	作用	（1）市盈率反映了投资者对公司未来前景的预期。 （2）对仅有普通股的公司而言，每股收益的计算相对简单。如果公司还有优先股，则计算公式为： 每股收益 = （净利润 − 优先股股利） ÷ 流通在外普通股加权平均股数 （3）每股收益概念仅适用于普通股
2. 市净率	公式	市净率 = 每股市价 ÷ 每股净资产 每股净资产 = 普通股股东权益 ÷ 流通在外普通股股数
	作用	（1）每股净资产代表理论上的每股最低价值。市净率反映普通股股东愿意为每1元净资产支付的价格，说明市场对公司资产质量的评价。 （2）在既有优先股又有普通股的公司，通常只为普通股计算净资产，在这种情况下，普通股每股净资产的计算如下： $每股净资产 = \frac{股东权益总额 - 优先股权益（优先股清算价值及全部拖欠的股息）}{流通在外普通股股数}$ 注意：在计算市净率中每股净资产时，所使用的流通在外普通股股数是资产负债表日流通在外普通股股数，而不是当期流通在外普通股加权平均股数。这是因为每股净资产的分子为时点数，上下为了保持一致
3. 市销率	公式	市销率 = 每股市价 ÷ 每股营业收入 每股营业收入 = 营业收入 ÷ 流通在外普通股加权平均股数
	作用	市销率是指普通股每股市价与每股营业收入的比率，它反映普通股股东愿意为每1元营业收入支付的价格

【例2-10】（2017年单选题）甲公司2016年初流通在外普通股8 000万股，优先股500万股；2016年6月30日增发普通股4 000万股。2016年末股东权益合计35 000万元，优先股每股清算价值10元，无拖欠的累积优先股股息。2016年末甲公司普通股每股市价12元，市净率是（　　）。

A. 2.8　　B. 4.8

C. 4　　D. 5

【答案】B

【解析】普通股股东权益 = 35 000 − 500 × 10 = 30 000（万元）

市净率 = 12/[30 000/(8 000 + 4 000)] = 4.8。

六、杜邦分析体系（能力等级2）

（一）杜邦分析体系的核心比率

1. 杜邦体系的分解公式

$$权益净利率 = \frac{净利润}{股东权益} = \frac{净利润}{总资产} \times \frac{总资产}{股东权益} = 总资产净利率 \times 权益乘数$$

$$= \frac{净利润}{营业收入} \times \frac{营业收入}{总资产} \times \frac{总资产}{股东权益} = 营业净利率 \times 总资产周转次数 \times 权益乘数$$

2. 杜邦体系的核心公式

权益净利率 = 总资产净利率 × 权益乘数

总资产净利率 = 营业净利率 × 总资产周转次数

权益净利率 = 营业净利率 × 总资产周转次数 × 权益乘数

（二）杜邦分析体系的基本框架

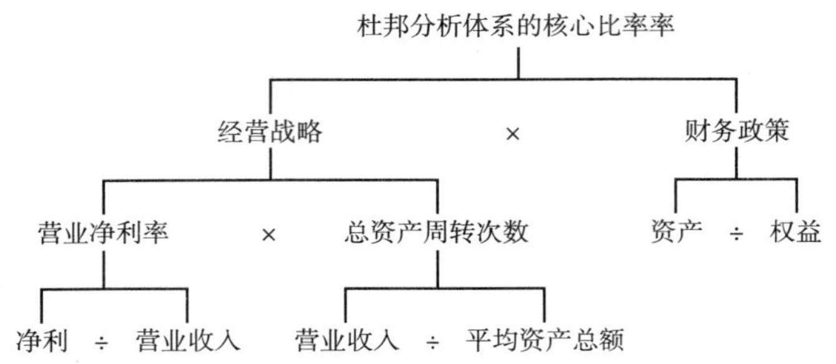

1. 权益乘数（财务杠杆）可以反映公司的财务政策（资本结构政策）

只要公司有负债，权益乘数一定大于1，在总资产净利率大于0的情况下，可以获得更高的权益净利率，产生财务杠杆效应。

2. 总资产净利率与权益乘数负相关，共同决定权益净利率

（1）在公司总风险水平一定的条件下，经营风险与财务风险之间此消彼长。一般来说，总资产净利率较高的公司经营风险较高（高收益伴随高风险），只能承担较低的财务风险，降低债务比重，因而权益乘数较低。即公司采取“高盈利、低周转”或“低盈利、高周转”进行反向搭配。

（2）提高财务杠杆（权益乘数），会削弱偿债能力，为稳定现金流量，公司可能需要降低价格以减少竞争，或增加营运资本以防止现金流中断，这都会导致总资产净利率下降。即公司采取“低经营风险、高财务杠杆”或“高经营风险、低财务杠杆”进行反向搭配。

（3）公司必须使其经营战略和财务政策相匹配（反向搭配）。营业净利率和总资产周转次数共同反映公司的经营战略。仅从营业净利率的高低并不能看出业绩好坏，应把它与总资产周转次数联系起来考察企业经营战略。真正重要的是两者共同作用得到的总资产净利率。

（三）权益净利率的驱动因素分解

分析方法：因素分析法。

【例2－11】（2016年计算分析题）甲公司是一家汽车销售企业，现对公司财务状况和经营成果进行分析，以发现与主要竞争对手乙公司的差异。相关资料如下：

（1）甲公司2015年的主要财务报表数据：

单位：万元

资产负债表项目	2015年末
货币资金	1 050
应收票据	0
应收账款	1 750
预付账款	300
存货	1 200
固定资产	3 700
资产总计	8 000
流动负债	3 500
非流动负债	500
股东权益	4 000
负债和股东权益总计	8 000
利润表项目	2015年度
营业收入	10 000
减：营业成本	6 500
营业税金及附加	300
销售费用	1 400
管理费用	160
财务费用	40
利润总额	1 600
减：所得税费用	400
净利润	1 200

假设资产负债表项目年末余额可代表全年平均水平。

（2）乙公司相关财务比率：

营业净利率	总资产周转次数	权益乘数
24%	0.6	1.5

要求：

（1）使用因素分析法，按照营业净利率、总资产周转次数、权益乘数的顺序，对2015

年甲公司相对乙公司权益净利率的差异进行定量分析。

(2) 说明营业净利率、总资产周转次数、权益乘数3个指标各自的经济含义及各评价企业哪方面能力，并指出甲公司和乙公司在经营战略和财务政策上的差别。

【答案及解析】

(1) 甲公司营业净利率 = 1 200 ÷ 10 000 = 12%

甲公司总资产周转次数 = 10 000 ÷ 8 000 = 1.25

甲公司权益乘数 = 8 000 ÷ 4 000 = 2

甲公司权益净利率 = 12% × 1.25 × 2 = 30%（或 = 1200 ÷ 4 000 = 30%）

乙公司权益净利率 = 24% × 0.6 × 1.5 = 21.6%

甲公司相对乙公司权益净利率的差异 = 30% − 21.6% = 8.4%

营业净利率差异的影响 = 12% × 0.6 × 1.5 − 21.6% = 10.8% − 21.6% = −10.8%

总资产周转次数差异的影响 = 12% × 1.25 × 1.5 − 10.8% = 22.5% − 10.8% = 11.7%

权益乘数差异的影响 = 12% × 1.25 × 2 − 22.5% = 30% − 22.5% = 7.5%。

(2) 营业净利率是净利润与营业收入的比值，表明每1元营业收入带来的净利润，反映企业的盈利能力；总资产周转次数是营业收入与平均总资产的比值，表明1年中总资产周转的次数（或者表明每1元总资产支持的营业收入，反映企业的营运能力）；权益乘数是总资产与股东权益的比值，表明每1元股东权益控制的资产额，反映企业的长期偿债能力。

两公司在经营战略上存在较大差别：甲公司采取的是"低盈利、高周转"（或薄利多销）的策略；乙公司采取的是"高盈利、低周转"（或多利薄销）的策略。在财务政策上，两公司也有很大不同：甲公司采取的是相对高风险的财务政策，财务杠杆较大；乙公司采取的是相对低风险的财务政策，财务杠杆较小。

（四）传统杜邦分析体系的局限性

(1) 计算总资产净利率的"总资产"与"净利润"不匹配。总资产为全部资产提供者享有，而净利润是专门属于股东的，两者不匹配。

(2) 没有区分金融活动损益和经营活动损益。

(3) 没有区分金融资产与经营资产。

(4) 没有区分金融负债与经营负债。

七、管理用财务报表体系（能力等级2）

（一）经营活动与金融活动的区分

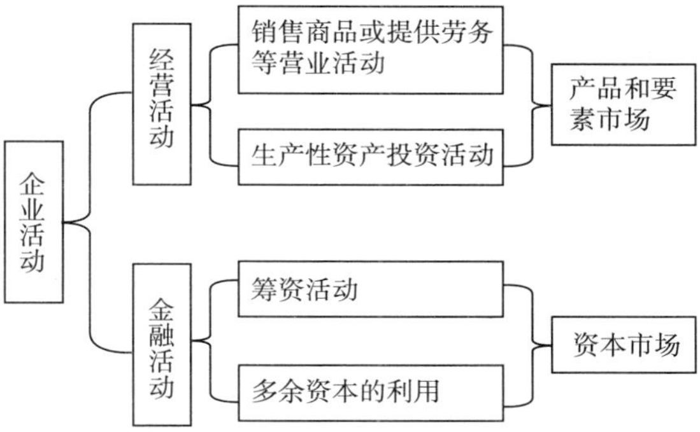

（二）管理用资产负债表

1. 区分经营资产与金融资产

经营资产	销售商品或提供劳务所涉及的资产
金融资产	利用经营活动多余资本进行投资所涉及的资产

2. 区分经营负债与金融负债

经营负债	销售商品或提供劳务所涉及的负债
金融负债	筹资活动所涉及的负债

3. 管理用资产负债表关系式

资产 = 经营资产 + 金融资产 =（经营性流动资产 + 经营性长期资产）+（短期金融资产 + 长期金融资产）

负债 = 经营负债 + 金融负债 =（经营性流动负债 + 经营性长期负债）+（短期金融负债 + 长期金融负债）

净经营资产 = 经营资产 − 经营负债 =（经营性流动资产 + 经营性长期资产）−（经营性流动负债 + 经营性长期负债）=（经营性流动资产 − 经营性流动负债）+（经营性长期资产 − 经营性长期负债）= 经营营运资本 + 净经营性长期资产

净金融负债 = 金融负债 − 金融资产 = 净负债

净经营资产 = 净负债 + 股东权益 = 净投资资本

（三）管理用利润表

1. 区分经营损益与金融损益

金融损益	金融损益是指金融负债利息与金融资产收益的差额。主要涉及：财务费用，以及公允价值变动损益、投资收益、资产减值损失中属于金融资产的份额，通常为负值，即：金融损益 = －税后利息费用
经营损益	除金融损益以外的当期损益

2. 管理用利润表关系式

净利润 = 经营损益 + 金融损益

= 税后经营净利润 － 税后利息费用

= 税前经营利润 ×(1 － 所得税税率) － 利息费用 ×(1 － 所得税税率)

（四）管理用现金流量表

1. 区分经营现金流量与金融活动现金流量

经营现金流量（实体现金流量）	因销售商品或提供劳务等营业活动以及与此有关的生产性资产投资活动产生的现金流量，决定着企业价值 经营现金流量，代表了企业经营活动的全部成果，是“企业生产的现金”，因此又称为“实体经营现金流量”，简称实体现金流量
金融活动现金流量（融资现金流量）	因筹资活动和金融市场投资活动而产生的现金流量包括债务现金流量和股权现金流量 税后经营净利润两种计算方法： （1）直接法 税后经营净利润 = 税前经营利润 ×（1 － 所得税税率） （2）间接法 税后经营净利润 = 净利润 + 税后利息费用

2. 管理用现金流量表关系式

营业现金毛流量 － 经营营运资本增加 － 资本支出 = 债务现金流量 + 股权现金流量

其中：资本支出 = 净经营长期资产增加 + 折旧与摊销

经营现金流量 = 实体现金流量 = 融资现金流量 = 金融现金流量

营业现金毛流量 － 经营营运资本增加 － 资本支出 = 债务现金流量 + 股权现金流量

经营现金流量 = 实体现金流量 = 融资现金流量 = 金融现金流量

营业现金毛流量 = 税后经营净利润 + 折旧与摊销

营业现金净流量 = 税后经营净利润 + 折旧与摊销 － 经营营运资本增加

3. 实体现金流量与融资现金流量的平衡关系

实体现金流量代表企业经营活动的全部成果，是“企业生产的现金”，融资现金流量表明实体现金流量的去向，即用于金融活动，包括债务融资活动和权益融资活动，因此：

实体现金流量 = 融资现金流量 = 债务现金流量 + 股权现金流量

其中：

①债务现金流量 = 税后利息 － 新借负债本金（或 + 偿还负债本金） = 税后利息 － 净负债增加

②股权现金流量 = 实体现金流量 － 债务现金流量 = 股利 － 股票发行（或 + 股票回购） = 股利 － 股权资本净增加

（五）管理用财务分析体系

要点	分解与分析
核心公式	$权益净利率 = \frac{税后经营净利润}{股东权益} - \frac{税后利息费用}{股东权益}$ $= \frac{税后经营净利润}{净经营资产} \times \frac{净经营资产}{股东权益} - \frac{税后利息费用}{净负债} \times \frac{净负债}{股东权益}$ $= \frac{税后经营净利润}{净经营资产} \times (1 + \frac{净负债}{股东权益}) - \frac{税后利息费用}{净负债} \times \frac{净负债}{股东权益}$ = 净经营资产净利率 +（净经营资产净利率 － 税后利息率）× 净财务杠杆 = 净经营资产净利率 + 经营差异率 × 净财务杠杆 = 净经营资产净利率 + 杠杆贡献率
分析方法	①权益净利率驱动因素分解可结合连环代替法，从数量上确定各驱动因素对综合指标的影响程度，从而抓住主要影响因素，使评价更具说服力。

续表

要点	分解与分析
分析方法	②影响杠杆贡献率的因素是净债务的利息率、净经营资产净利率和净财务杠杆，杠杆贡献率的变动分析可结合“（净经营资产净利率－税后利息率）×净财务杠杆＝经营差异率×净财务杠杆”两部分具体分析。 ③经营差异率是净经营资产净利率和税后利息率的差额，由于税后利息率高低主要由资本市场决定，因此提高经营差异率的根本途径是提高净经营资产净利率。 ④经营差异率是衡量借款是否合理的重要依据之一。如果经营差异率为正，借款可以增加股东收益；如果它为负值，借款会减少股东收益。从增加股东收益看，净经营资产净利率是企业可以承担的税后借款利息率的上限。

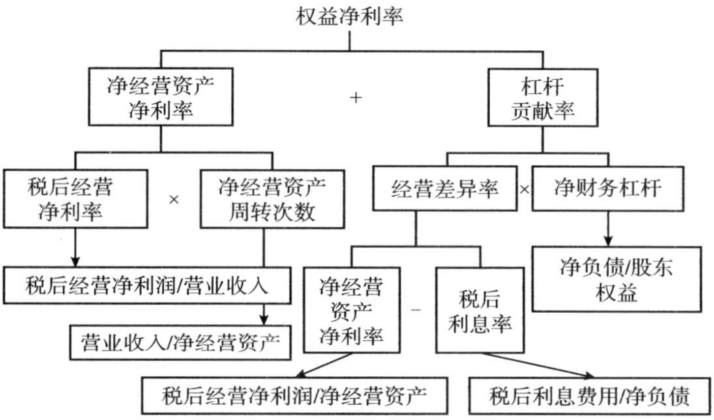

权益净利率的驱动因素分解

利用连环替代法测定：

权益净利率

＝净经营资产净利率＋（净经营资产净利率－税后利息率）×净财务杠杆

$R = A + (A - B) \times C$

基数：$R0 = A0 + (A0 - B0) \times C0$ ①

$A1 + (A1 - B0) \times C0$ ②

$A1 + (A1 - B1) \times C0$ ③

$A1 + (A1 - B1) \times C1$ ④

②－①：

由于净经营资产净利率（A）变动对权益净利率的影响。

③－②：

由于税后利息率（B）变动对权益净利率的影响。

④－③：

由于净财务杠杆（C）变动对权益净利率的影响。

【例2－12】（2018年多选题）下列关于实体现金流量的说法中，正确的有（　　）。

A. 实体现金流量是可以提供给债权人和股东的税后现金流量

B. 实体现金流量是企业经营现金流量

C. 实体现金流量是税后经营净利润扣除净经营资产增加后的剩余部分

D. 实体现金流量是营业现金净流量扣除资本支出后的剩余部分

【答案】ABCD

【解析】实体现金流量是企业全部现金流入扣除成本费用和必要的投资后的剩余部分，它是企业一定期间可以提供给所有投资人的税后现金流量。选项A正确。经营现金流量，代表了企业经营活动的全部成果，是企业生产的现金，因此又称为实体经营现金流量，简称实体现金流量。选项B正确。实体现金流量＝税后经营净利润－净经营资产增加＝营业现金毛流量－经营营运资本增加－资本支出＝营业现金净流量－资本支出，选项C、D正确。

【例2－13】（2014年多选题）甲公司是一家非金融企业，在编制管理用财务报表时，下列项目中属于金融负债的有（　　）。

A. 应付利息

B. 应付普通股股利

C. 应付优先股股利

D. 融资租赁形成的长期应付款

【答案】ABCD

【解析】“应付利息”和“应付股利”(包括优先股的应付股利和普通股的应付股利),均为筹资活动的应计费用,因此属于金融负债;融资租赁产生的长期应付款属于金融负债,因为它被视为企业因购买资产而产生的借款。

【例2-14】(2018年计算分析题)甲公司是一家动力电池生产企业,拟采用管理用财务报表进行财务分析。相关资料如下:

(1)甲公司2018年主要财务报表数据。

资产负债表项目	2018年末
货币资金	200
应收票据及应收账款	800
存货	1 500
固定资产	5 500
资产总计	8 000
应付票据及应付账款	2 000
长期借款	2 000
股东权益	4 000
负债及股东权益总计	8 000
营业收入	10 000
减:营业成本	6 000
税金及附加	320
销售和管理费用	2 000
财务费用	160
利润总额	1 520
减:所得税费用	380
净利润	1 140

(2)甲公司货币资金全部为经营活动所需,财务费用全部为利息支出,甲公司的企业所得税税率25%。

(3)乙公司是甲公司的竞争对手,2018年相关财务比率如下:

	净经营资产净利率	税后利息率	净财务杠杆(净负债/股东权益)	权益净利率
乙公司	22%	8%	60%	30.4%

要求:

(1)编制甲公司2018年管理用财务报表(结果填入下方表格中,不用列出计算过程)。

管理用财务报表项目	2018年
经营性资产	
经营性负债	
净经营资产	
金融负债	
金融资产	
净负债	
股东权益	
净负债及股东权益总计	
税前经营利润	
减:经营利润所得税	
税后经营净利润	
利息费用	
减:利息费用抵税	
税后利息费用	
净利润	

(2)基于甲公司管理用财务报表,计算甲公司的净经营资产净利率,税后利息率,净财务杠杆和权益净利率。(注:资产负债表相关数据用年末数计算)

(3)计算甲公司与乙公司权益净利率的差异。并使用因素分析法,按照净经营资产净利率,税后利息率和净财务杠杆的顺序,对该差异进行定量分析。

【答案】

(1)

管理用财务报表项目	2018年
经营性资产	8 000
经营性负债	2 000
净经营资产	6 000
金融负债	2 000
金融资产	0
净负债	2 000
股东权益	4 000
净负债及股东权益总计	6 000
税前经营利润	1 520+160=1 680
减:经营利润所得税	1 680×380/1 520=420
税后经营净利润	1 680-420=1 260
利息费用	160
减:利息费用抵税	160×380/1 520=40
税后利息费用	120
净利润	1 140

(2) 净经营资产净利率 =1 260/6 000 =21%

税后利息率 =120/2 000 =6%

净财务杠杆 =2 000/4 000 =50%

权益净利率 =1 140/4 000 =28.5%

(3) 甲公司与乙公司权益净利率的差异 =28.5% -30.4% = -1.9%

乙公司权益净利率 =22% +(22% -8%)×60% =30.4%①

替换净经营资产净利率：21% +(21% -8%)×60% =28.8%②

替换税后利息率：21% +(21% -6%)×60% =30%③

替换净财务杠杆：21% +(21% -6%)×50% =28.5%④

净经营资产净利率变动的影响 =② -① =28.8% -30.4% = -1.6%

税后利息率变动的影响 =③ -② =30% -28.8% =1.2%

净财务杠杆变动的影响 =④ -③ =28.5% -30% = -1.5%

即净经营资产净利率降低导致权益净利率下降1.6%，税后利息率降低导致权益净利率提高1.2%，净财务杠杆降低导致权益净利率下降1.5%，综合导致权益净利率下降1.9%。

第三节 财务预测的步骤和方法

一、财务预测的意义与步骤（能力等级1）

含义	意义	步骤
估计企业未来的融资需求	1. 是融资计划的前提	(1) 销售预测：财务预测把销售数据视为已知数，销售预测是财务预测的起点；
	2. 有助于改善投资决策	(2) 估计经营资产和经营负债：收入增长所引起的资产和负债的自发增长；
	3. 有助于应变	(3) 估计各项费用和保留盈余：确定利润留存额；
		(4) 估计所需外部融资需求

二、财务预测的方法——销售百分比法（能力等级2）

财务预测的方法：

- 销售百分比法
- 回归分析法
- 运用信息技术预测

（一）预测假设

假设	各项经营资产和经营负债与销售额保持稳定的百分比
确定	可以根据基期的数据确定，也可以根据以前若干年度的平均数确定

（二）预测原理分析

1. 预测原理	融资总需求 = 预计净经营资产合计 - 基期净经营资产合计 外部融资需求 = 融资总需求 - 可动用的金融资产 - 增加的留存收益 【提示】通常，融资的优先顺序如下：(1) 动用现有的金融资产；(2) 利用留存收益；(3) 增加金融负债；(4) 增加股本
2. 基本步骤	(1) 计算的基期各项经营资产和经营负债占基期营业收入的百分比； (2) 预计各项经营资产和经营负债； 各项经营资产(负债) = 预计营业收入 × 各项目营业百分比 (3) 计算融资总需求 = 预计净经营资产合计 - 基期净经营资产合计 (4) 预计需从外部增加的资金 = 融资总需求 - 可动用的金融资产 - 增加的留存收益 【提示】 ①融资总需求(净经营资产增加额) = 经营资产增加额 - 经营负债增加额 = (基期经营资产 - 基期经营负债) × 销售增长率 = 基期净经营资产(净投资资本) × 销售增长率 = 销售增加额 × (经营资产销售百分比 - 经营负债销售百分比) = 销售增加额 × 净经营资产销售百分比

续表

2. 基本步骤	= 销售增加额 ×（1/净经营资产周转次数） = 净负债增加额 + 股东权益增加额 ②增加的留存收益 = 预计净利润 − 预计股利支付额 = 预计营业收入 × 预计营业净利率 ×（1 − 股利支付率） = 预计营业收入 × 预计营业净利率 × 利润留存率 补充一句：假设当年利润当年分配股利
缺点	（1）假设经营资产和经营负债与营业收入保持稳定的百分比（即周转率不变），可能与事实不符； （2）假设预计营业净利率可以涵盖借款利息的增加，也不一定合理

【公式理解】

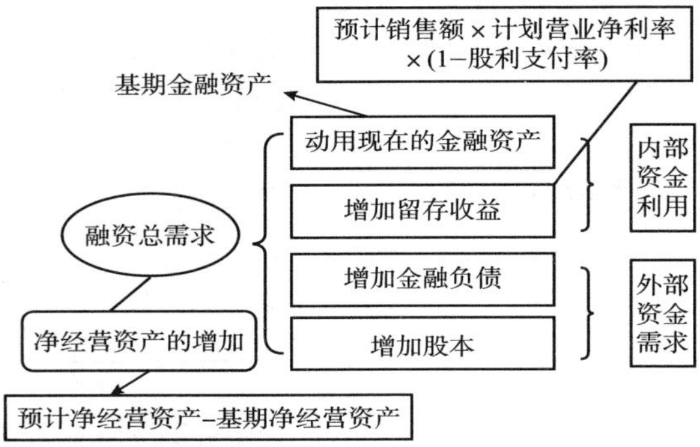

【例 2 − 15】（2012 年单选题）销售百分比法是预测企业未来融资需求的一种方法。下列关于应用销售百分比法的说法中，错误的是（　　）。

A. 根据预计存货/销售百分比和预计营业收入，可以预测存货的资金需求

B. 根据预计应付账款/销售百分比和预计营业收入，可以预测应付账款的资金需求

C. 根据预计金融资产/销售百分比和预计营业收入，可以预测可动用的金融资产

D. 根据预计营业净利率和预计营业收入，可以预测净利润

【答案】C

【解析】销售百分比法假设经营资产、经营负债与营业收入存在稳定的百分比关系。金融资产与营业收入之间没有必然的联系，是用来配合融资需求安排的。

【例 2 − 16】（2017 年计算分析题）甲公司是一家新型建筑材料生产企业，为做好 2017 年财务计划，拟进行财务报表分析和预测。相关资料如下：

（1）甲公司 2016 年主要财务数据：

单位：万元

资产负债表项目	2016 年末
货币资金	600
应收账款	1 600
存货	1 500
固定资产	8 300
资产总计	12 000
应付账款	1 000
其他流动负债	2 000
长期借款	3 000
股东权益	6 000
负债及股东权益总计	12 000
利润表项目	2016 年度
营业收入	16 000
减：营业成本	10 000
税金及附加	560
销售费用	1 000
管理费用	2 000
财务费用	240
利润总额	2 200
减：所得税费用	550
净利润	1 650

（2）公司没有优先股且没有外部股权融资计划，股东权益变动均来自留存收益。公司采用固定股利支付率政策，股利支付率为 60%。

（3）销售部门预测 2017 年公司营业收入增长率为 10%。

（4）甲公司的企业所得税税率为 25%。

要求：

（1）假设 2017 年甲公司除长期借款外所有资产和负债与营业收入保持 2016 年的百分比关系，所有成本费用与营业收入的占比关系维持 2016 年水平，用销售百分比法初步测算公司 2017 年融资总需求和外部融资需求。

（2）假设2017年甲公司除货币资金、长期借款外所有资产和负债与营业收入保持2016年的百分比关系，除财务费用和所得税费用外所有成本费用与营业收入的占比关系维持2016年水平，2017年新增财务费用按新增长期借款期初借入计算，所得税费用按当年利润总额计算。为满足资金需求，甲公司根据要求（1）的初步测算结果，以百万元为单位向银行申请贷款，贷款利率8%，贷款金额超出融资需求的部分计入货币资金。预测公司2017年末资产负债表和2017年度利润表（结果填入下方表格中，不用列出计算过程）。

单位：万元

资产负债表项目	2017年末
货币资金	
应收票据及应收账款	
存货	
固定资产	
资产总计	
应付账款	
其他流动负债	
长期借款	

续表

资产负债表项目	2017年末
股东权益	
负债及股东权益总计	
利润表项目	2017年度
营业收入	
减：营业成本	
税金及附加	
销售费用	
管理费用	
财务费用	
利润总额	
减：所得税费用	
净利润	

【答案及解析】

（1）2017年融资总需求 =（12 000 − 1 000 − 2 000）× 10% = 900（万元）

2017年外部融资需求 = 900 − 16 000 ×（1 + 10%）×（1 650/16 000）×（1 − 60%）= 174（万元）。

（2）

单位：万元

资产负债表项目	2017年末
货币资金	600 ×（1 + 10%）+ 26（注明：200 − 174）= 686
应收账款	1 600 ×（1 + 10%）= 1 760
存货	1 500 ×（1 + 10%）= 1 650
固定资产	8 300 ×（1 + 10%）= 9 130
资产总计	13 226
应付账款	1 000 ×（1 + 10%）= 1 100
其他流动负债	2 000 ×（1 + 10%）= 2 200
长期借款	3 000 + 200 = 3 200
股东权益	6 000 + 16 000 ×（1 + 10%）×（1 650/16 000）×（1 − 60%）= 6 726
负债及股东权益总计	13 226
利润表项目	2017年度
营业收入	16 000 ×（1 + 10%）= 17 600
减：营业成本	10 000 ×（1 + 10%）= 11 000
税金及附加	560 ×（1 + 10%）= 616
销售费用	1 000 ×（1 + 10%）= 1 100
管理费用	2 000 ×（1 + 10%）= 2 200
财务费用	200 × 8% + 240 = 256
利润总额	2 428
减：所得税费用	2 428 × 0.25 = 607
净利润	1 821

三、财务预测的其他方法

1. 回归分析法

2. 运用电子系统预测

（1）最简单的计算机财务预测，是使用"电子表软件"；

（2）比较复杂的预测是使用交互式财务规划模型；

（3）最复杂的预测是使用综合数据库财务计划系统。

【例 2－17】（多选题）除了销售百分比法以外，财务预测的方法还有（　　）。

A. 回归分析技术

B. 交互式财务规划模型

C. 综合数据库财务计划系统

D. 可持续增长率模型

【答案】ABC

【解析】考核的知识点是财务预测的其他方法。

第四节　增长率与资本需求的预测

从资金来源上看，企业增长的实现方式有三种：

1. 完全依靠内部资本增长

2. 主要依靠外部资本增长

3. 平衡增长

平衡增长，就是保持目前的财务结构和与此有关的财务风险，按照股东权益的增长比例增加借款，以此支持销售增长。这是一种可持续的增长速度。

一、内含增长率的测算（能力等级 2）

（一）含义

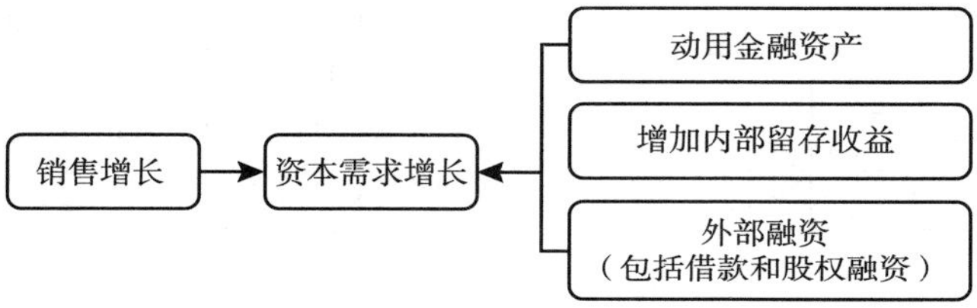

【提示】如果企业没有可动用的金融资产，且不能或不打算从外部融资，则只能靠内部积累，这将限制销售的增长。此时的增长率称为"内含增长率"。

（二）计算原理

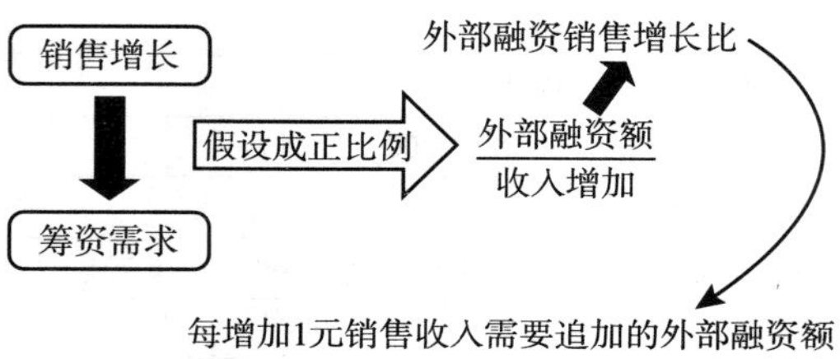

假设可动用的金融资产为 0，经营资产销售百分比、经营负债销售百分比保持不变，则计算公式如下：

$$外部融资销售增长比=经营资产销售百分比-经营负债销售百分比-预计营业净利率\times\frac{1+增长率}{增长率}\times(1-预计股利支付率)$$

外部融资额＝(经营资产销售百分比－经营负债销售百分比)×营业收入增加－预计营业收入×预计营业净利率×(1－预计股利支付率)－可动用金融资产

1/净经营资产周转次数

$$经营资产销售百分比-经营负债销售百分比-预计营业净利率\times[(1+增长率)\div增长率]\times利润留存率=0$$

$$内含增长率=\frac{预计营业净利率\times净经营资产周转次数\times预计利润留存率}{1-预计营业净利率\times净经营资产周转次数\times预计利润留存率}$$

$$=\frac{\frac{预计净利润}{预计净经营资产}\times预计利润留存率}{1-\frac{预计净利润}{预计净经营资产}\times预计利润留存率}$$

【扩展】内含增长率 $=\dfrac{\text{预计营业净利率}\times\text{净经营资产周转次数}\times\text{预计利润留存率}}{1-\text{预计营业净利率}\times\text{净经营资产周转次数}\times\text{预计利润留存率}}$

【提示】当营业净利率和净经营资产周转次数不变时，“预计净利润/预计净经营资产”也可以使用“基期净利润/基期净经营资产”。

（三）内含增长率的影响因素

影响因素	与内含增长率的关系
净经营资产销售百分比	-
营业净利率	+
利润留存率	+

（四）内含增长率的意义——是否需要外部融资的临界点

1. 预计销售增长率＞内含增长率：销售增长会引发外部融资需求

2. 预计销售增长率＜内含增长率：即使销售增长，资金也会有剩余，可用于发放股利或进行短期投资。预计销售增长率＝内含增长率：外部融资额＝0

【例2－18】（2014年多选题）甲公司无法取得外部融资，只能依靠内部积累增长。在其他因素不变的情况下，下列说法中正确的有（　　）。

A. 营业净利率越高，内含增长率越高

B. 净经营资产周转次数越高，内含增长率越高

C. 经营负债销售百分比越高，内含增长率越高

D. 股利支付率越高，内含增长率越高

【答案】ABC

【解析】内含增长率＝（预计营业净利率×净经营资产周转率×预计利润留存率）/（1－预计营业净利率×净经营资产周转率×预计利润留存率），根据公式可知预计营业净利率、净经营资产周转率、预计利润留存率与内含增长率同向变动，选项A、B正确；经营负债销售百分比提高，会使净经营资产降低，净经营资产周转率提高，从而使内含增长率提高，选项C正确；预计利润留存率与预计股利支付率反向变动，所以预计股利支付率与内含增长率反向变动，选项D错误。

【例2－19】（2016年单选题）甲公司2015年经营资产销售百分比70%，经营负债销售百分比15%，营业净利率8%，假设公司2016年上述比率保持不变，没有可动用的金融资产，不打算进行股票回购，并采用内含增长方式支持销售增长，为实现10%的销售增长目标，预计2016年股利支付率（　　）。

A. 37.5%

B. 62.5%

C. 42.5%

D. 57.5%

【答案】A

【解析】内含增长率＝[预计营业净利率×净经营资产周转率×（1－预计股利支付率）]/[1－预计营业净利率×净经营资产周转率×（1－预计股利支付率）]。

净经营资产周转率＝1/（70%－15%）＝100/55

10%＝[8%×100/55×（1－预计股利支付率）]/[1－8%×100/55×（1－预计股利支付率）]

则股利支付率＝37.5%。

【例2－20】（单选题）某公司经营资产、经营负债与销售总额之间存在着稳定的百分比关系，经营资产销售百分比为75%，经营负债销售百分比为15%，该公司目前营业收入为1 000万元，预计下年营业净利率10%，股利支付率为20%，没有可供动用的金融资产，且不打算从外部融资，则可以预计下年留存收益为（　　）万元。

A. 105.23

B. 100.67

C. 107.70

D. 117.78

【答案】C

【解析】75%－15%－（1＋g）/g×10%×80%＝0，g＝34.62%。

下一年留存收益＝1 000×（1＋34.62%）×10%×80%＝107.70万元。

二、可持续增长率的测算（能力等级2）

（一）可持续增长率的概念

可持续增长率是指不发行新股，不改变经营效率（不改变营业净利率和资产周转率）和财务政策（不改变权益乘数和利润留存率）时，公司销售所能增长的最大比率。

可持续增长状态的假设条件：

经营效率不变	营业净利率不变	净利润与营业收入同比增长
	资产周转率不变	资产总额与营业收入同比增长
财务政策不变	目标资本结构不变	资产、负债、股东权益同比增长
	利润留存率（或股利支付率）不变	股利、留存收益增加额与净利润同比增长
不增发新股和回购股票		股东权益的增长只来源于留存收益增加额

【假设分析】

资产周转率不变→销售增长率=总资产增长率

营业净利率不变→销售增长率=净利增长率

资产负债率不变→总资产增长率=负债增长率=股东权益增长率

股利支付率不变→净利增长率=股利增长率=利润留存增长率

即在经营效率和财务政策不变的假设条件下，销售增长率=总资产增长率=负债增长率=股东权益增长率=净利增长率=股利增长率=利润留存增长率。

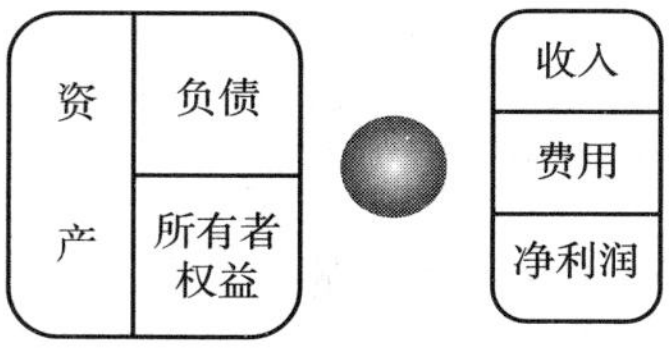

等比例放大——平衡增长、可持续增长

（二）可持续增长率的计算

1. 根据期初股东权益计算可持续增长率

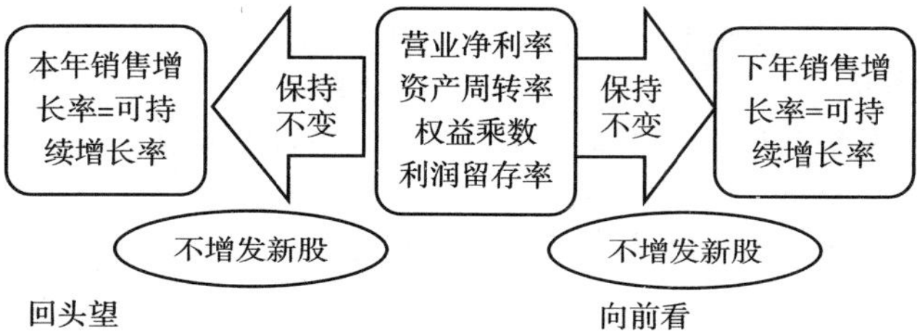

可持续增长率=股东权益增长率

=股东权益本期增加/期初股东权益

=留存收益增加/期初股东权益

=期初权益净利率×利润留存率

=总资产周转次数×营业净利率×期初权益期末总资产乘数×利润留存率

【重要提示】

①按照公式推导思路，公式成立的前提：本年不增发新股。如果本年增发了新股，则不能使用本年的实际期初权益，必须使用推算的期初权益。“期初权益=期末权益-本期留存收益”

②根据某年数据计算的可持续增长率是本年的可持续增长率。

③可按下式计算：

可持续增长率=本期利润留存/（期末权益-本期利润留存）。

2. 根据期末股东权益计算的可持续增长率

$$\text{可持续增长率}=\frac{\text{期末资产}}{\text{期初权益}}\times\text{营业净利率}\times\text{总资产周转次数}\times\text{利润留存率}$$

$$=\frac{\text{期末资产}}{(\text{期末权益}-\text{本期利润留存})}\times\text{营业净利率}\times\text{总资产周转次数}\times\text{利润留存率}$$

$$=\frac{\dfrac{\text{期末资产}}{\text{期末权益}}}{1-\dfrac{\text{本期利润留存}}{\text{期末权益}}}\times\text{营业净利率}\times\text{总资产周转次数}\times\text{利润留存率}$$

$$=\frac{\text{权益乘数}\times\text{营业净利率}\times\text{总资产周转次数}\times\text{利润留存率}}{1-\dfrac{\text{本期收入}\times\text{营业净利率}\times\text{利润留存率}\times\text{期末资产}}{\text{期末权益}\times\text{期末资产}}}$$

$$=\frac{\text{营业净利率}\times\text{总资产周转次数}\times\text{权益乘数}\times\text{利润留存率}}{1-\text{营业净利率}\times\text{总资产周转次数}\times\text{权益乘数}\times\text{利润留存率}}$$

【拓展】

①影响可持续增长率的因素有 4 个，即营业净利率、权益乘数、总资产周转率、利润留存率。而且，在一般情况下这 4 个因素与可持续增长率是同方向变动的。

$$R = \frac{abcd}{1 - abcd} = \frac{bcd}{\frac{1}{a}\uparrow - bcd}$$

②可持续增长率的公式可以结合杜邦系统进行记忆和灵活应用。

$$R = \frac{权益净利率 \times 留存率}{1 - 权益净利率 \times 留存率}$$

③可持续增长率还可按照下式计算：

可持续增长率 = 本期利润留存/（期末权益 - 本期利润留存）

（三）可持续增长率与实际增长率的关系

1. 区别

可持续增长率是指保持当前经营效率和财务政策，并且不增发新股或回购股票的情况下，销售所能增长的最大比率，而实际增长率是本年销售额与上年销售额相比的增长百分比。

2. 在不增发新股或回购股票的前提下，两者之间的关系

经营效率与财务政策	可持续增长率与实际增长率的关系
四个财务比率不变	实际增长率 = 本期可持续增长率 = 上期可持续增长率
一个或多个财务比率增加	①实际增长率 > 上期可持续增长率 ②本期可持续增长率 > 上期可持续增长率
一个或多个财务比率减少	①实际增长率 < 上期可持续增长率 ②本期可持续增长率 < 上期可持续增长率
四个财务比率已经达到公司的极限	只有通过发行新股增加资金，才能提高销售增长率，此时会有：本期实际增长率 > 本期可持续增长率 = 上期可持续增长率

【归纳】基本前提：不增发新股

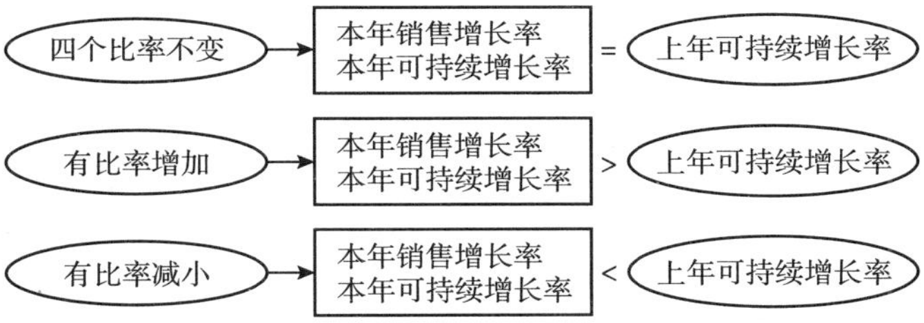

（四）基于管理用财务报表的可持续增长率

如果基于管理用财务报表，可持续增长率需要满足的假设条件为：

1. 企业营业净利率将维持当前水平，并且可以涵盖新增债务的利息

2. 企业净经营资产周转率将维持当前水平

3. 企业目前的资本结构是目标资本结构（净财务杠杆不变），并且打算继续维持下去

4. 企业目前的利润留存率是目标利润留存率，并且打算继续维持下去

5. 不愿意或者不打算增发新股（包括股份回购）

在这种假设前提下，利用上述原理，可以推出可持续增长率的计算公式如下：

（1）根据期初股东权益计算的可持续增长率：

可持续增长率 = 营业净利率 × 期末净经营资产周转次数 × 期末净经营资产期初权益乘数 × 本期利润留存率

（2）根据期末股东权益计算：

$$可持续增长率 = \frac{营业净利率 \times 期末净经营资产周转次数 \times 期末净经营资产权益乘数 \times 本期利润留存率}{1 - 营业净利率 \times 期末净经营资产周转次数 \times 期末净经营资产权益乘数 \times 本期利润留存率}$$

【例2－21】（2019年单选题）甲公司处于可持续增长状态。预计2019年末净资产为1 000万元，净负债为340万元，2019年营业收入1 100万元，净利润100万元，股利支付率为40%，甲公司2019年可持续增长率为（　　）。

A. 6.5%

B. 6.1%

C. 9.1%

D. 10%

【答案】D

【解析】可持续增长率等于100/(1 000－340)×(1－40%)[1－100/(1 000－340)×(1－40%)]＝10%

【例2－22】（多选题）下列有关可持续增长率和实际增长率的表述中，正确的有（　　）。

A. 可持续增长率是指不发股票，且保持目前经营效率和财务政策条件下公司销售所能增长的最大比率

B. 实际增长率是本年销售额比上年销售额的增长百分比

C. 可持续增长的假设条件之一是公司目前的股利支付率是一个目标股利支付率，并且打算继续维持下去

D. 如果某一年不发股票，且经营效率和财务政策与上年相同，则实际增长率等于上年的可持续增长率

【答案】ABCD

【解析】可持续增长率是指不发股票，且保持目前经营效率和财务政策条件下公司销售所能增长的最大比率，所以，选项A是正确的。实际增长率是本年销售额比上年销售额的增长百分比，所以，选项B是正确的。可持续增长的假设条件之一是公司目前的股利支付率是一个目标股利支付率，并且打算继续维持下去，所以，选项C是正确的。如果某一年不发股票，且经营效率和财务政策与上年相同，则实际增长率等于上年的可持续增长率，所以，选项D是正确的。

【例2－23】（多选题）假设企业本年的经营效率、资本结构和股利支付率与上年相同，目标营业收入增长率为30%（大于可持续增长率），则下列说法中正确的有（　　）。

A. 本年权益净利率为30%

B. 本年净利润增长率为30%

C. 本年新增投资的报酬率为30%

D. 本年总资产增长率为30%

【答案】BD

【解析】经营效率指的是不改变资产周转率和营业净利率，资本结构指的是不改变权益乘数和利润留存率，由此可知，本年的权益净利率与上年相同，不能推出“权益净利率＝营业增长率”这个结论，所以，A选项不正确；另外，新增投资的报酬率与营业增长率之间没有必然的关系，所以，C选项不正确；根据资产周转率不变，可知资产增长率＝营业增长率＝30%，所以，D选项正确；根据营业净利率不变，可知净利润增长率＝销售增长率＝30%，所以，B选项正确。

【例2－24】（2015年计算分析题）甲公司是一家制造业企业，为做好财务计划，甲公司管理层拟采用财务报表进行分析，相关材料如下：

（1）甲公司2014年的重要财务报表数据：

单位：万元

资产负债表项目	2014年末
货币资金	600
应收账款	1 600
存货	1 500
长期股权投资	1 000
固定资产	7 300
资产合计	12 000
应付账款	3 000
长期借款	3 000
股东权益	6 000
负责及股东权益合计	12 000

单位：万元

利润表项目	2014年度
营业收入	20 000
减：营业成本	12 000
营业税金及附加	640
管理费用	4 000

续表

利润表项目	2014 年度
财务费用	160
加：投资收益	100
利润总额	3 300
减：所得税费用	800
净利润	2 500

(2) 甲公司没有优先股，股东权益变动均来自利润留存，经营活动所需的货币资金是本年营业收入的2%，投资收益均来自长期股权投资。

(3) 根据税法相关规定，甲公司长期股权投资收益不缴纳所得税，其他损益的所得税税率为25%。

(4) 甲公司使用固定股利支付率政策，股利支付率60%，经营性资产、经营性负债与营业收入保持稳定的百分比关系。

要求：

(1) 编制甲公司2014年的管理用财务报表（提示：按照各种损益的适用税率计算应分担的所得税，结果填入下方表格中，不用列出计算过程）

(2) 假设甲公司目前已达到稳定状态，经营效率和财务政策保持不变，且不增发新股和回购股，可以按照之前的利率水平在需求的时候取得借款，不变营业净利率可以涵盖新增的负债利息，计算甲公司2015年的可持续增长率。

(3) 假设甲公司2015年销售增长率为25%，销售净利润率与2014年年末金融资产都可动用的情况下，用销售百分比预测2015年的外部融资额。

(4) 从经营效率和财务政策是否变化角度，回答上年可持续增长率、本年可持续增长率、本年实际增长率之间的联系。

【答案及解析】

(1)

管理用财务报表	2014 年
经营性资产总计	11 800
经营性负债总计	3 000
净经营资产总计	8 800
金融负债	3 000
金融资产	200
净负债	2 800
股东权益	6 000
净负债及股东权益总计	8 800

管理用利润率	2014 年
税前经营利润	3 460
减：经营利润所得税	840
税后经营净利润	2 620
利息费用	160
减：利息费用抵税	40
税后利息费用	120
净利润	2 500

(2) 可持续增长率 =2 500/6 000×(1－60%)/[1－2 500/6 000×(1－60%)]=20%。

(3) 融资总需求 =(20 000×25%)×(11 800－3 000)/20 000 = 8 800 ×25% = 2 200（万元）

外部融资额=(20 000×25%)×(11 800－3 000)/20 000－200－20 000×(1＋25%)×2 500/20 000×(1－60%)=750（万元）。

(4) 如果某一年的经营效率和财务政策与上年相同，在不增发新股的情况下，则本年实际增长率、上年的可持续增长率以及本年的可持续增长率三者相等。

如果某一年的公式中的4个财务比率有一个或多个比率提高，在不增发新股的情况下，则本年实际增长率就会超过上年的可持续增长率，本年的可持续增长率也会超过上年的可持续增长率。

如果某一年的公式中的4个财务比率有一个或多个比率下降，在不增发新股的情况下，则本年实际增长率就会低于上年的可持续增长率，本年的可持续增长率也会低于上年的可持续增长率。

三、外部资本需求的测算（能力等级2）

(一) 外部融资销售增长比（外部融资占销售增长额的百分比）

要点	说明
1. 含义	销售额每增加 1 元需要追加的外部融资（即：外部融资/收入增加）
2. 公式	假设可动用金融资产为 0： （1）外部融资销售增长比 = 经营资产的销售百分比 − 经营负债的销售百分比 − 预计税后经营净利率 × [（1 + 增长率）/增长率] ×（1 − 股利支付率）； （2）外部融资额 =（经营资产销售百分比 − 经营负债销售百分比）× 营业收入增加 − 预计营业收入 × 预计税后经营净利率 ×（1 − 股利支付率）− 可动用金融资产
3. 运用	（1）预计外部融资需求量 外部融资额 = 外部融资销售增长比 × 销售增长额 （2）调整股利政策或进行短期投资 外部融资销售增长比 < 0，说明企业有剩余资金，根据剩余资金情况，企业可用以调整股利政策。 （3）预计通货膨胀对融资的影响 公式中的销售增长率是销售额的增长率。 【提示 1】如果题目中给出的是销售量的增长率，在不存在通货膨胀的情况下，销售量的增长率与销售额的增长率是一致的。 【提示 2】如果存在通货膨胀，则需要根据销售量增长率计算出销售额含有通胀的增长率，计算公式如下： 基期营业收入 = 单价 × 销量 预计营业收入 = 单价 ×（1 + 通货膨胀率）× 销量 ×（1 + 销量增长率） = 基期营业收入 ×（1 + 通货膨胀率）（1 + 销量增长率） 销售额含有通胀的增长率 =（预计营业收入 − 基期营业收入）/基期营业收入 =（1 + 通货膨胀率）（1 + 销量增长率）− 1

（二）外部融资需求的敏感分析

要点	说明
1. 敏感分析	假设公式"外部融资额 = 销售额增加 ×（经营资产销售百分比 − 经营负债销售百分比）− 预计营业收入 × 营业净利率 ×（1 − 预计股利支付率）− 可动用金融资产"右边的任一参数变化，会如何影响外部融资额变化的分析？
2. 影响因素	（1）经营资产占营业收入的比（同向） （2）经营负债占营业收入的比（反向） （3）销售增长（主要看与内含增长率的关系） （4）营业净利率（在股利支付率小于 1 的情况下，反向） （5）股利支付率（在营业净利率大于 0 的情况下，同向） （6）可动用金融资产（反向）

【例 2－25】（单选题）某公司 2019 年销售收入为 100 万元，税后净利 4 万元，发放了股利 2 万元，净经营资产为 70 万元，金融资产为 10 万元（均为可动用金融资产），预计 2020 年销售收入为 150 万元，计划销售净利率和股利支付率与 2012 年保持一致，若该净经营资产周转率预计保持 2019 年水平，则 2020 年外部融资需要量为（　　）万元。

A. 32　　B. 28　　C. 25　　D. 22

【答案】D

【解析】经营营运资本占销售百分比 = 70/100 = 70%

可动用的金融资产 10 万元

需从外部融资额 = 增加的净经营资产 − 可动用金融资产 − 增加的留存收益

= 50 × 70% − 10 − 150 × 4% ×（1 − 50%）

= 35 − 10 − 3 = 22（万元）。

精选练习题

一、单项选择题

1. 某企业预计 2020 年经营资产增加 1 000万元，经营负债增加 200 万元，留存收益增加 400 万元，销售增加 2 000 万元，可以动用的金融资产为 0，则外部融资销售增长比为（　　）。

A. 20%　　B. 25%

C. 14%　　D. 35%

2. 如果流动负债小于流动资产，则期末以现金偿付一笔短期借款所导致的结果是（　　）。

A. 营运资金减少　　B. 营运资金增加

C. 流动比率降低　　D. 流动比率提高

3. 现金流量比率是反映企业短期偿债能力的一个财务指标。在计算年度现金流量比率时，通常使用流动负债的（　　）。

A. 年末余额

B. 年初余额和年末余额的平均值

C. 各月末余额的平均值

D. 年初余额

4. 在下列关于资产负债率、权益乘数和产权比率之间关系的表达式中，正确的是（　　）。

A. 资产负债率 + 权益乘数 = 产权比率

B. 资产负债率 − 权益乘数 = 产权比率

C. 资产负债率 × 权益乘数 = 产权比率

D. 资产负债率 ÷ 权益乘数 = 产权比率

5. 某企业净利润 63 万元，利息费用 10 万元，平均所得税率为 30%，则该企业的税前经营利润为（　　）万元。

A. 100　　B. 80

C. 120　　D. 97

6. 甲公司的生产经营存在季节性，每年的 6 月到 10 月是生产经营旺季，11 月到次年 5 月是生产经营淡季。如果使用应收账款年初余额和年末余额的平均数计算应收账款周转次数，计算结果会（　　）。

A. 高估应收账款周转速度

B. 低估应收账款周转速度

C. 正确反映应收账款周转速度

D. 无法判断对应收账款周转速度的影响

7. 假设某公司有优先股为 20 万股，清算价值为每股 8 元，拖欠股利为每股 2 元；2019 年 12 月 31 日股东权益为 600 万元，普通股每股市价 20 元，2019 年流通在外普通股 100 万股。则该公司 2019 年的市净率为（　　）。

A. 4.5　　B. 5

C. 4　　D. 5.5

8. 若企业 2019 年末的经营资产为 700 万元，经营负债为 200 万元，金融资产为 100 万元，金融负债为 400 万元，则该企业 2019 年末的净财务杠杆为（　　）。

A. 2　　B. 2.5

C. 1.5　　D. 3

9. 某企业上年营业收入为 1 000 万元，若预计下一年单价增长率为 5%，公司销量增长 10%，所确定的外部融资占销售增长的百分比为 25%，则相应外部应追加的资金为（　　）万元。

A. 38.75　　B. 37.5

C. 25　　D. 25.75

10. 某公司具有以下的财务比率：经营资产与营业收入之比为 1.6；经营负债与营业收入之比为 0.4；计划下年税后经营净利率为 10%，股利支付率为 55%，该公司去年的营业收入为 200 万元，假设这些比率在未来均会维持不变，并且可以动用的金融资产为 0，则该公司的销售增长达到（　　）才无须向外筹资。

A. 4.15%　　B. 3.90%

C. 5.22%　　D. 4.6%

11. 某公司 2019 年末的所有者权益为 2 400 万元，可持续增长率为 10%。该公司 2020 年的销售增长率等于 2019 年的可持续增长率，其经营效率和财务政策（包括不增发新的股权）与上年相同。若 2020 年的净利润为 600 万元，则其股利支付率是（　　）。

A. 30%　　B. 40%

C. 50%　　D. 60%

12. 某企业 2019 年年末经营资产总额为 4 000 万元，经营负债总额为 2 000 万元。该企业预计 2020 年度的销售额比 2019 年度增加 10%（即增加 100 万元），预计 2020 年度留存收益的增加额为 50 万元，假设可以动用的金融资产为 0。则该企业 2020 年度对外融资需求为（　　）万元。

A. 0　　B. 2 000

C. 1 950　　D. 150

13. 下列业务中，能够降低企业短期偿债能力的是（　　）。

A. 企业采用分期付款方式购置一台大型机械设备

B. 企业从某国有银行取得 3 年期 500 万元的贷款

C. 企业向战略投资者进行定向增发

D. 企业向股东发放股票股利

14. 甲公司 2020 年的营业净利率比 2019 年下降 5%，总资产周转率提高 10%，假定其他条件与2019年相同，那么甲公司2020年的权益净利率比2019年提高（　　）。

A. 4.5%　　B. 5.5%

C. 10%　　D. 10.5%

15. 下列事项中，有助于提高企业短期偿债能力的是（　　）。

A. 利用短期借款增加对流动资产的投资

B. 为扩大营业面积，与租赁公司签订一项新的长期房屋租赁合同

C. 补充长期资本，使长期资本的增加量超过长期资产的增加量

D. 提高流动负债中的无息负债比率

16. A企业的资产净利润率为20%，若产权比率为1，则权益净利率为（　　）。

A. 15%　　B. 20%

C. 30%　　D. 40%

17. 已知某企业20×7年平均产权比率为1，平均资产为10 000万元，负债的平均利率为10%，则该企业的年利息为（　　）万元。

A. 1 000　　B. 500

C. 100　　D. 600

18. 某企业20×9年的总资产周转次数为1次，流动资产周转次数为3次，如果一年按360天计算，则该企业非流动资产周转天数为（　　）天。

A. 360　　B. 240

C. 120　　D. 860

19. 已知某公司某年每股收益为2元，营业净利率为10%，年末市盈率为20倍。则该公司的市销率为（　　）。

A. 1.5　　B. 2

C. 3　　D. 4

20. 在依据“5C”系统原理确定信用标准时，应掌握客户“能力”方面的信息，下列各项指标中最能反映客户“能力”的是（　　）。

A. 净经营资产利润率

B. 杠杆贡献率

C. 现金流量比率

D. 长期资本负债率

21. 假定其他条件不变，下列各项经济业务中，会导致公司总资产净利率上升的是（　　）。

A. 收回应收账款

B. 用资本公积转增股本

C. 用银行存款购入生产设备

D. 用银行存款归还银行借款

22. 某公司今年与上年相比，营业收入增长10%，净利润增长8%，资产总额增加12%，负债总额增加9%。可以判断，该公司权益净利率比上年（　　）。

A. 提高　　B. 降低

C. 不变　　D. 不确定

23. 企业目前的营业收入为1 000万元，由于通货紧缩，某公司不打算从外部融资，而主要靠调整股利分配政策，扩大留存收益来满足销售增长的资金需求。历史资料表明，该公司经营资产、经营负债与销售总额之间存在着稳定的百分比关系。现已知经营资产销售百分比为60%，经营负债销售百分比为15%，计划下年营业净利率5%，不进行股利分配。若可供动用的金融资产为0，则据此可以预计下年销售增长率为（　　）。

A. 12.5%　　B. 10%

C. 37.5%　　D. 13%

24. 某企业外部融资占销售增长的百分比为5%，则若上年营业收入为1 000万元，预计营业收入增加到1 200万，则相应外部应追加的资金为（　　）万元。

A. 50　　B. 10

C. 40　　D. 30

25. 某企业上年营业收入为1 000万元，若预计下一年单价降低5%，公司销量增长10%，所确定的外部融资占销售增长的百分比为25%，则相应外部应追加的资金为（　　）万元。

A. 11.25　　B. 17.5

C. 15　　D. 15.75

二、多项选择题

1. 甲企业2019年的可持续增长率为15%，预计2020年不增发新股和回购股票，营业净利率下降，其他财务比率不变，则（　　）。

A. 2020年实际增长率高于15%

B. 2020年可持续增长率低于15%

C. 2020年实际增长率低于15%

D. 2020年可持续增长率高于15%

2. 影响内含增长率的因素有（　　）。

A. 经营资产销售百分比

B. 经营负债销售百分比

C. 税后经营净利率

D. 股利支付率

3. 假设在其他条件不变的情况下，以下关于外部融资需求的说法中，正确的有（　　）。

A. 在营业净利率大于0的情况下，股利支付率越高，外部融资需求越大

B. 在股利支付率小于1的情况下，营业净利率越高，外部融资需求越小

C. 如果外部融资销售增长比为负数，说明企业需要从外部融资

D. 当企业的实际增长率大于本年的内含增长率时，企业不需要从外部融资

4. 某公司全部资金200万元，均为权益资金，权益净利率为10%，无负债时的净经营资产净利率为10%，假设增加净负债100万元，税后利息率6%。增加净负债后，净经营资产净利率不变，则该企业增加负债后（　　）。

A. 经营差异率为4%

B. 杠杆贡献率为2%

C. 权益净利率为12%

D. 增加净负债增加的净利润为4万元

5. 在其他因素不变的情况下，下列使现金比率上升项目有（　　）。

A. 现金增加

B. 交易性金融资产减少

C. 银行存款增加

D. 流动负债减少

6. 下列对市盈率的说法正确的是（　　）。

A. 反映投资者愿意对公司每股净利润支付的价格

B. 市盈率越高越好

C. 一些成长性较好的高科技公司市盈率通常要高一些

D. 可以用来估计股票的投资风险和报酬

7. 如果流动比率过高，意味着企业可能（　　）。

A. 存在闲置资金

B. 存在存货积压

C. 应收账款周转缓慢

D. 偿债能力很差

8. 下列说法中，正确的是（　　）。

A. 营运资本等于流动资产超过流动负债的部分

B. 营运资本为正数，表明长期资本的数额大于长期资产

C. 当企业的长期资本不变时，增加长期资产会提高财务状况的稳定性

D. 当企业的长期资本不变时，增加长期资产会降低财务状况的稳定性

9. 流动比率为1.2，则赊购材料一批，将会导致（　　）。

A. 流动比率提高

B. 流动比率降低

C. 流动比率不变

D. 速动比率降低

10. 权益乘数的高低取决于企业的资本结构，权益乘数越高（　　）。

A. 资产负债率越高

B. 财务风险越大

C. 财务杠杆作用程度越大

D. 产权比率越低

11. 甲公司是一家非金融企业，在编制管理用资产负债表时，下列资产中属于金融资产的有（　　）。

A. 短期债券投资

B. 长期债券投资

C. 短期股票投资

D. 长期股权投资

12. 假设其他条件不变，下列计算方法的改变会导致应收账款周转天数减少的有（　　）。

A. 从使用赊销额改为使用销售收入进行计算

B. 从使用应收账款平均余额改为使用应收账款平均净额进行计算

C. 从使用应收账款全年日平均余额改为使用应收账款旺季的日平均余额进行计算

D. 从使用已核销应收账款坏账损失后的平均余额改为核销应收账款坏账损失前的平均余额进行计算

13. 企业销售增长时需要补充资金。假设企业销售所需资金不变，以下关于外部融资需求的说法中，正确的有（　　）。

A. 股利支付率越高，外部融资需求越大

B. 营业净利率越高，外部融资需求越小

C. 如果外部融资销售增长比为负数，说明企业有剩余资金，可用于增加股利或短期投资

D. 当企业的实际增长率低于本年的内含

增长率时，企业不需要从外部融资

14. 在下列关于资产负债率、权益乘数和产权比率之间关系的表达式中，正确的有（　　）。

A. 权益乘数－产权比率＝1

B. 权益乘数＝1/(1－资产负债率)

C. 资产负债率×权益乘数＝产权比率

D. (1＋产权比率)×(1－资产负债率)＝1

15. 下列关于营运能力比率的说法中，不正确的有（　　）。

A. 应收账款周转天数越少越好

B. 在评估存货成本管理的业绩时，存货周转率的计算应使用“营业成本”

C. 存货和应收账款的周转状况对流动资产周转具有决定性影响

D. 总资产周转次数等于各项资产周转次数之和

16. 下列指标计算中，分子不是“净利润”的是（　　）。

A. 总资产净利率

B. 净经营资产净利率

C. 利息保障倍数

D. 权益净利率

17. 公司当年的经营利润很多，却不能偿还到期债务。为查清其原因，应检查的财务比率包括（　　）。

A. 营业净利率

B. 流动比率

C. 存货周转率

D. 应收账款周转率

18. 权益乘数为4，则（　　）。

A. 资产权益率为25%

B. 资产负债率为1/4

C. 产权比率为3

D. 资产负债率为75%

19. 已知甲公司20×9年末负债总额为200万元，资产总额为500万元，流动资产为240万元，流动负债为160万元，20×9年利息费用为20万元，净利润为100万元，所得税为30万元，则该公司（　　）。

A. 20×9年末资产负债率为40%

B. 20×9年末产权比率为2/3

C. 20×9年利息保障倍数为7.5

D. 20×9年末长期资本负债率为20%

20. 两家商业企业本期营业收入、存货平均余额相同，但毛利率不同，则下列关于评价存货管理业绩的存货周转次数的说法正确的是（　　）。

A. 毛利率高的企业，存货周转次数高

B. 毛利率高的企业，存货周转次数低

C. 毛利率低的企业，存货周转次数高

D. 毛利率低的企业，存货周转次数低

21. 在内含增长的情况下，下列说法不正确的有（　　）。

A. 负债不增加

B. 不从外部融资

C. 资产负债率不变

D. 股东权益不增加

22. 在企业可持续增长的情况下，下列计算各相关项目的本期增加额的公式中，正确的有（　　）。

A. 本期资产增加＝(本期营业增加/基期营业收入)×基期期末总资产

B. 本期负债增加＝基期营业收入×营业净利率×利润留存率×（基期期末负债/基期期末股东权益）

C. 本期股东权益增加＝基期营业收入×营业净利率×利润留存率

D. 本期营业增加＝基期营业收入×（基期净利润/基期期初股东权益）×利润留存率

23. 假设其他因素不变，下列变动中有助于提高杠杆贡献率的有（　　）。

A. 提高净经营资产净利率

B. 降低负债的税后利息率

C. 减少净负债的金额

D. 减少经营资产周转次数

24. 下列各项措施中，可降低应收账款周转天数的有（　　）。

A. 提高信用标准

B. 提高现金折扣率

C. 延长信用期限

D. 提高坏账准备计提比率

25. 下列关于实体现金流量的说法中，正确的有（　　）。

A. 实体现金流量是可以提供给债权人和股东的税后现金流量

B. 实体现金流量是企业经营现金流量

C. 实体现金流量是税后经营净利润扣除净经营资产增加后的剩余部分

D. 实体现金流量是营业现金净流量扣除

资本支出后的剩余部分

三、计算分析题

1. 甲公司是一个材料供应商，拟与乙公司建立长期合作关系，为了确定对乙公司采用何种信用政策，需要分析乙公司的偿债能力和营运能力。为此，甲公司收集了乙公司2019年度的财务报表，相关的财务报表数据以及财务报表附注中披露的信息如下：

（1）

资产负债表项目 单位：万元

项目	年末金额	年初金额
流动资产合计	4 600	4 330
其中：货币资金	100	100
交易性金融资产	500	460
应收账款	2 850	2 660
预付账款	150	130
存货	1 000	980
流动负债合计	2 350	2 250

（2）

利润表项目 单位：万元

项目	本年金额	上年金额（略）
营业收入	14 500	
财务费用	500	
资产减值损失	10	
所得税费用	32.50	
净利润	97.50	

（3）乙公司的生产经营存在季节性，每年3月份至10月份是经营旺季，11月份至次年2月份是经营淡季。

（4）乙公司按照应收账款余额的5%计提坏账准备，2019年年初坏账准备余额140万元，2019年年末坏账准备余额150万元。最近几年乙公司的应收账款回收情况不好，截至2019年年末账龄三年以上的应收账款已达到应收账款余额的10%。为了控制应收账款的增长，乙公司在2019年收紧了信用政策，减少了赊销客户的比例。

（5）乙公司2019年资本化利息支出100万元，计入在建工程。

（6）计算财务比率时，涉及的资产负债表数据均使用其年初和年末的平均数。

要求：

（1）计算乙公司2019年的速动比率。评价乙公司的短期偿债能力时，需要考虑哪些因素？具体分析这些因素对乙公司短期偿债能力的影响。

（2）计算乙公司2019年的利息保障倍数；分析并评价乙公司的长期偿债能力。

（3）计算乙公司2019年的应收账款周转次数；评价乙公司的应收账款变现速度时，需要考虑哪些因素？具体分析这些因素对乙公司应收账款变现速度的影响。

2. ABC公司2019年营业收入为10 000万元，税后净利400万元，发放了股利300万元。

2019年资产负债表 单位：万元

资产		负债及所有者权益	
货币资金	200	应付账款（经营）	1 000
交易性金融资产	300	短期借款	800
应收票据及应收账款（经营）	1 400	长期借款	2 000
存货	2 000	普通股本	5 000
可供出售金融资产	500	留存收益	200
固定资产	4 600		
合计	9 000	合计	9 000

假定ABC公司2020年营业净利率与股利支付率仍保持2019年水平，若该企业经营资产、经营负债与营业收入之间有稳定百分比关系，并假设“货币资金”全部为金融资产，“应收账款”不收取利息，“应付账款”不支付利息。

要求：回答以下互不相关问题：

（1）假设该企业金融资产的最低限额为800万元，年初对外筹资，筹资后资产负债率不超过50%，且无法从外部筹集权益资金。从资金来源看，该企业2020年能否实现营业收入增长20%的目标？

（2）如果预计2020年通货膨胀率为10%，公司销量增长5%，金融资产的最低限额为800万元，预测2020年外部融资需要量。

（3）如果2020年公司打算从外部融资1 000万元，金融资产和营业净利率不变，请预测2020年获利多少？

3. 已知：某公司20×7年营业收入为40 000万元，税后净利2 000万元，发放股利1 000万元，20×7年12月31日的资产负债表（简表）如下：

单位：万元

资产	期末余额	负债及所有者权益	期末余额
货币资金	1 000	应付账款	3 000
交易性金融资产	1 000	短期借款	1 000
应收账款	3 000	长期借款	9 000
存货	7 000	普通股股本	1 000
固定资产	7 000	资本公积	5 500
可供出售金融资产	1 000	留存收益	500
资产总计	20 000	负债与所有者权益合计	20 000

假设货币资金均为经营资产。预计该公司20×8年销售增长30%，营业净利率提高10%，股利支付率保持不变。

要求：预测该公司在不保留金融资产的情况下的外部融资需求额。

4. A公司是一家上市公司，该公司20×7年和20×8年的主要财务数据以及20×9年的财务计划数据如下表所示：

单位：万元

项目	20×7年实际	20×8年实际	20×9年计划
营业收入	1 000.00	1 411.80	1 455.28
净利润	200.00	211.77	116.42
股利	100.00	105.89	58.21
本年利润留存	100.00	105.89	58.21
总资产	1 000.00	1 764.75	2 910.57
负债	400.00	1 058.87	1 746.47
股本	500.00	500.00	900.00
年末未分配利润	100.00	205.89	264.10
股东权益	600.00	705.89	1 164.10

假设公司产品的市场前景很好，营业额可以大幅增加，贷款银行要求公司的资产负债率不得超过60%。董事会决议规定，以权益净利率高低作为管理层业绩评价的尺度。

（1）计算该公司上述3年的资产周转率、营业净利率、权益乘数、利润留存率、可持续增长率和权益净利率，以及20×8年和20×9年的实际增长率。

（2）指出20×8年可持续增长率与上年相比有什么变化，其原因是什么？

（3）指出20×8年公司是如何筹集增长所需资金的，财务政策与上年相比有什么变化。

（4）假设20×9年预计的经营效率是符合实际的，指出20×9年的财务计划有无不当之处。

（5）指出公司今后提高权益净利率的途径有哪些。

5. 甲公司20×8年度简化资产负债表如下：

资产负债表

20×8年12月31日　　单位：万元

资产		负债及股东权益	
货币资金	50	应付账款	100
应收账款	?	长期借款	?

续表

资产		负债及股东权益	
存货	?	实收资本	100
固定资产	?	留存收益	100
资产合计	?	负债及股东权益合计	?

其他有关财务指标如下：

（1）长期借款与股东权益之比：0.5

（2）营业成本与营业收入比率：90%

（3）存货周转率（按照营业成本计算，存货按年末数）：9次

（4）应收账款周转天数（按营业收入和应收账款年末数计算，不考虑应收票据）：18.25天

（5）总资产周转率（总资产按年末数计算）：2.5次

要求：利用上述资料，填充该公司资产负债表的空白部分（1年按365天计算）。

6. ABC公司是一家生产企业，其财务分析采用改进的管理用财务报表分析体系。该公司2019年、2020年改进的管理用财务报表相关历史数据如下：

单位：万元

项目	金额	
	2020年	2019年
资产负债表项目（年末）：		
净负债	600	400
股东权益	1 600	1 000
净经营资产	2 200	1 400
利润表项目（年度）：		
营业收入	5 400	4 200
税后经营净利润	440	252
减：税后利息费用	48	24
净利润	392	228

要求：

（1）假设ABC公司上述资产负债表的年末金额可以代表全年平均水平，请分别计算ABC公司2019年、2020年的净经营资产净利率、经营差异率和杠杆贡献率。

（2）利用因素分析法，按照净经营资产净利率差异、税后利息率差异和净财务杠杆差异的顺序，定量分析2020年权益净利率各驱动因素相比上年的变动对权益净利率相比上年的变动的影响程度（以百分数表示）。

（3）ABC公司2021年的目标权益净利率为25%。假设该公司2021年保持2020年的资本结构和税后利息率不变，净经营资产周转次数可提高到3次，税后经营净利率至少应达到多少才能实现权益净利率目标？

四、综合题

1. A公司2019年财务报表主要数据如下表所示：

单位：万元

项目	2019年实际
营业收入	3 200
净利润	160
本期分配股利	48
本期留存利润	112
流动资产	2 552
固定资产	1 800
资产总计	4 352
流动负债	1 200
长期负债	800
负债合计	2 000
实收资本	1 600
期末未分配利润	752
所有者权益合计	2 352
负债及所有者权益总计	4 352

假设A公司资产均为经营资产，流动负债为经营负债，长期负债为金融负债，不变的营业净利率可以涵盖增加的负债利息。

A公司2020年的增长策略有两种选择：

（1）高速增长：销售增长率为20%，为了筹集高速增长所需的资金，公司拟提高财务杠杆。在保持2019年的营业净利率、资产周转率和利润留存率不变的情况下，将权益乘数（总资产/股东权益）提高到2。

（2）可持续增长：维持目前的经营效率和财务政策（包括不增发新股）。

要求：

（1）假设A公司2020年选择高速增长策略，请预计2020年财务报表的主要数据（具体项目同上表，答案填入给定的表格内），并计算确定2020年所需的外部筹资额及其构成。

预计2020年主要财务数据

单位：万元

项目	2019年实际	2020年预计
营业收入	3 200	
净利润	160	
股利	48	
本期留存利润	112	
流动资产	2 552	
固定资产	1 800	
资产总计	4 352	
流动负债	1 200	

续表

项目	2019年实际	2020年预计
长期负债	800	
负债合计	2 000	
实收资本	1 600	
期末未分配利润	752	
所有者权益合计	2 352	
负债及所有者权益总计	4 352	
总计		

（2）假设A公司2020年选择可持续增长策略，请计算确定2020所需的外部筹资额及其构成。

2. G公司是一家生产企业，2019年度的资产负债表和利润表如下所示：

资产负债表

编制单位：G公司　　2019年12月31日　　单位：万元

资产	金额	负债和股东权益	金额
货币资金	95	短期借款	300
交易性金融资产	5	应付账款	535
应收账款	400	应付职工薪酬	25
存货	450	应付利息	15
其他流动资产	50	流动负债合计	875
流动资产合计	1 000	长期借款	600
可供出售金融资产	10	长期应付款	425
固定资产	1 900	非流动负债合计	1 025
其他非流动资产	90	负债合计	1 900
非流动资产合计	2 000	股本	500
		未分配利润	600
		股东权益合计	1 100
资产总计	3 000	负债和股东权益总计	3 000

利润表

编制单位：G公司　　2019年　　单位：万元

项目	金额
一、营业收入	4 500
减：营业成本	2 250
销售及管理费用	1 800
财务费用	72
资产减值损失	12
加：公允价值变动收益	-5

续表

项目	金额
二、营业利润	361
加：营业外收入	8
减：营业外支出	6
三、利润总额	363
减：所得税费用（税率25%）	90.75
四、净利润	272.25

G公司没有优先股，目前发行在外的普

通股为500万股，2020年初的每股价格为20元。公司的货币资金全部是经营活动必需的资金，长期应付款是经营活动引起的长期应付款；利润表中的资产减值损失是经营资产减值带来的损失，公允价值变动收益必于交易性金融资产公允价值变动产生的收益。

G公司管理层拟用改进的财务分析体第评价公司的财务状况和经营成果，并收集了以下财务比率的行业平均数据：

财务比率	行业平均数据
净经营资产净利率	16.60%
税后利息率	6.30%
经营差异率	10.30%
净财务杠杆	0.5236
杠杆贡献率	5.39%
权益净利率	21.99%

为进行2020年度财务预测，G公司对2019年财务报表进行了修正，并将修正后结果作为基期数据，具体内容如下：

年份	2019年（修正后基期数据）
利润表项目（年度）	
营业收入	4 500
税后经营净利润	337.5
减：税后利息费用	54
净利润合计	283.5
资产负债表项目（年末）	
净经营性营运资本	435
净经营性长期资产	1 565
净经营资产合计	2 000
净负债	900
股本	500
未分配利润	600
股东权益合计	1 100

G公司2020年的预计销售增长率为8%，净经营性营运资本、净经营性长期资产、税后经营净利润占销售收入的百分比与2019年修正后的基期数据相同。公司采用剩余股利分配政策，以修正后基期的资本结构（净负/净经营资产）作为2020年的目标资本结构。公司2020年不打算增发新股，税前借款利率预计为8%，假定公司物末净负债代表全年净负债水平，利息费用根据年末净负债和预计代款利率计算。G公司适用的所得税税率为25%. 加权平均资本成本为10%.

要求：

（1）计算G公司2019年度的净经营资产、净负债、税后经营净利润和金融损益。

（2）计算G公司2019年度的净经营资产净利率、税后利息率、经营差异率、净财务杠杆、杠杆贡献率和权益净利率，分析其权益净利率高于或低于行业平均水平的原因。

（3）预计G公司2020年度的实体现金流量、债务现金流量和股权现金流量。

（4）如果G公司2020年及以后年度每年的现金流量保持8%的稳定增长，计算其每股权价值，并判断2020年年初的股份被高估还是被低估。

3. 甲公司是一家动力电池生产企业，拟采用管理用财务报表进行财务分析。相关资料如下：

（1）甲公司2020年主要财务报表数据如下：

资产负债表项目	2020年末
货币资金	200
应收账款	800
存货	1 500
固定资产	5 500
资产总计	8 000
应付账款	2 000
长期借款	2 000
股东权益	4 000
负债及股东权益总计	8 000
利润表项目	2020年末
营业收入	10 000
减：营业成本	6 000
税金及附加	320
销售和管理费用	2 000
财务费用	160
利润总额	1 520
减：所得税费用	380
净利润	1 140

第二章

(2) 甲公司货币资金全部为经营活动所需，财务费用全部为利息支出，甲公司的企业所得税税率 25%。

(3) 乙公司是甲公司的竞争对手，2020 年相关财务比率如下：

	净经营资产净利率	税后利息率	净财务杠杆（净负债/股东权益）	权益净利率
乙公司	22%	8%	60%	30.4%

要求：(1) 编制甲公司 2020 年管理用财务报表（结果填入下方表格中，不用列出计算过程）。

管理用财务报表项目	2020 年
经营性资产	
经营性负债	
净经营资产	
金融负债	
金融资产	
净负债	
股东权益	
净负债及股东权益总计	
税前经营利润	
减：经营利润所得税	
税后经营净利润	
利息费用	
减：利息费用抵税	
税后利息费用	
净利润	

(2) 基于甲公司管理用财务报表，计算甲公司的净经营资产净利率，税后利息率，净财务杠杆和权益净利率（注：资产负债表相关数据用年末数计算）。

(3) 计算甲公司与乙公司权益净利率的差异。并使用因素分析法，按照净经营资产净利率，税后利息率和净财务杠杆的顺序，对该差异进行定量分析。

答案及解析

一、单项选择题

1. 【答案】A

【解析】外部融资额 = 100 200 − 400 = 400（万元），则外部融资销售增长比 = 400/2 000 = 20%。

2. 【答案】D

【解析】以现金偿付一笔短期借款，将会使流动资产（现金）和流动负债（短期借款）等额减少，营运资本不变，选项 A、B 不正确；流动负债小于流动资产时，流动比率大于 1，若同时减少流动资产与流动负债，则会使流动比率提高，选项 C 不正确，选项 D 正确。

3. 【答案】A

【解析】一般而言，该比率中的流动负债采用期末数而非平均数，因为实际需要偿还的是期末余额，而非平均金额。

4. 【答案】C

【解析】产权比率 = 资产负债率 × 权益乘数，选项 C 正确。

5. 【答案】A

【解析】净利润 = 税后经营净利润 − 税后利息费用 = 税前经营利润 ×（1 − 所得税率）− 利息费用 ×（1 − 所得税率），63 = 税前经营利润 ×（1 − 30%）− 10 ×（1 − 30%），则税前经营利润 = 100 万元。

6. 【答案】A

【解析】年末年初属于经营淡季，应收账款平均余额偏低，因而周转速度偏高。

7. 【答案】B

【解析】2017 年每股净资产 = [600 − (8 + 2) × 20] ÷ 100 = 4 元/股，2017 年市净率 = 20 ÷ 4 = 5。

8. 【答案】C

【解析】净负债 = 400 − 100 = 300 万元，净经营资产 = 700 − 200 = 500 万元，所有者权益 = 500 − 300 = 200 万元，净财务杠杆 = 300/200 = 1.5。

9. 【答案】A

【解析】销售增长率 = (1 + 5%) × (1 + 10%) − 1 = 15.5%，相应外部应追加的资金 = 1 000 × 15.5% × 25% = 38.75 万元。

10. 【答案】B

【解析】本题的主要考核点是内含增长率的计算。设销售增长率为 g

因为：$0 = 1.6 - 0.4 - 10\% \times [(1+g) \div g] \times (1 - 55\%)$，所以：$g = 3.90\%$

当增长率为3.90%时，不需要向外界筹措资金。

11.【答案】D

【解析】本题2020年实现了可持续增长，所有者权益增长率 = 可持续增长率 = 10%，所有者权益增加 = 2 400 × 10% = 240（万元）= 2018年利润留存，所以，2020年的利润留存率 = 240/600 × 100% = 40%，股利支付率 = 1 − 40% = 60%。

12.【答案】D

【解析】100/基期收入 = 10% 得：基期收入 = 1 000；

经营资产销售百分比 = 4 000/1 000 = 4

经营负债销售百分比 = 2 000/1 000 = 2

对外融资需求为：100 ×（4 − 2）− 50 = 150。

13.【答案】A

【解析】企业采用分期付款方式购置一台大型机械设备，形成的债务是长期负债，但每年都有现金流出，会降低短期偿债能力（分期付款是降低短期偿债能力的表外因素之一）。所以，正确答案为选项A。选项B、C会增加企业短期偿债能力；选项D不会影响企业短期偿债能力。

14.【答案】A

【解析】$\frac{(1-5\%)A(1+10\%)BC-ABC}{ABC}$

$=(1-5\%)(1+10\%)-1=4.5\%$。

15.【答案】C

【解析】选项A会使流动负债、流动资产同时增加，营运资本不变；选项B会使企业实际的偿债能力降低；选项D不会提高短期偿债能力。

16.【答案】D

【解析】权益净利率 = 资产净利率 × 权益乘数 = 资产净利率 ×（1 + 产权比率）= 20% ×（1 + 1）= 40%。

17.【答案】B

【解析】产权比率 = 负债/股东权益 = 1，所以平均负债 = 平均资产 × 1/2 = 5 000（万元），年利息 = 5 000 × 10% = 500（万元）。

18.【答案】B

【解析】总资产周转天数 = 360/1 = 360（天）

流动资产周转天数 = 360/3 = 120（天）

非流动资产周转天数 = 360 − 120 = 240（天）。

19.【答案】B

【解析】每股市价 = 每股收益 × 市盈率 = 2 × 20 = 40（元）

每股收入 = 2/10% = 20（元）市销率 = 40/20 = 2。

20.【答案】C

【解析】依据教材中“5C”系统中的“能力”指顾客的偿债能力，即其流动资产的数量和质量以及与流动负债的比例，可见其主要指短期偿债能力（注意：此处为客户的应付款项偿债“能力”）。而短期债务的存量比率包括流动比率、速动比率和现金比率，短期债务与现金流量比率包括现金流量比率。所以，选项中C为最佳选项。

21.【答案】D

【解析】用银行存款归还银行借款会导致资产减少，净利润不变，资产减少，会导致资产净利率上升，所以选项D是正确的。

22.【答案】B

【解析】资产总额增加12%，所以（负债总额 + 所有者权益）增加12%，因此负债总额增加12%，同时所有者权益增加12%，或者负债和所有者权益一个增加小于12%，另一个增加大于12%，从而使得总额增加等于12%。因此，资产总额增加12%，负债增加9%，所有者权益增加一定大于12%。那么就可以得出，权益净利率的分母所有者权益的增长大于分子净利润的增长，那么权益净利率是降低的，选项B是正确的。

23.【答案】A

【解析】由于不打算从外部融资，此时的销售增长率为内含增长率。

净经营资产占收入的比 = 60% − 15% = 45%

净经营资产周转率 = 1/45%

内含增长率 = [5% ×（1/45%）× 100%]/[1 − 5% ×（1/45%）× 100%] = 12.5%。

24.【答案】B

【解析】外部融资额

= 外部融资销售增长比 × 销售增加额

= 5% ×（1 200 − 1 000）= 10（万元）。

25.【答案】A

【解析】销售增长率 =（1 − 5%）×（1 + 10%）− 1 = 4.5%

相应外部应追加的资金 =1 000×4.5%×25% =11.25（万元）。

二、多项选择题

1.【答案】BC

【解析】在不增发新股和回购股票的情况下，如果某年可持续增长率中的4个财务比率有一个或多个数值比上年下降，本年的实际销售增长率就会低于上年的可持续增长率，本年的可持续增长率也会低于上年的可持续增长率，由此可知，选项B、C是正确答案。

2.【答案】ABCD

【解析】计算内含增长率是根据“外部融资销售百分比 =0”计算的，即根据0 =经营资产销售百分比 - 经营负债销售百分比 - 预计税后经营净利率×[（1 + 增长率）÷增长率]×（1 - 股利支付率）计算，由公式可知，答案为选项A、B、C、D。

3.【答案】AB

【解析】当外部融资销售增长比为负数时，说明企业有剩余资金，可用于增加股利或短期投资；如果企业的实际增长率大于本年的内含增长率，则企业需要从外部融资。

4.【答案】ABCD

【解析】经营差异率 = 净经营资产净利率 - 税后利息率 =10% -6% =4%，杠杆贡献率 = 经营差异率×净财务杠杆 =4%×（100/200）=2%，权益净利率 = 净经营资产净利率 + 杠杆贡献率 =10% +2% =12，增加净负债增加的净利润 = 经营差异率×净负债 =4%×100 = 4万元。

5.【答案】ACD

【解析】现金比率 = 货币资金÷流动负债，交易性金融资产减少现金比率下降。

6.【答案】CD

【解析】市盈率反映投资者对公司每1元净利润所愿意支付的价格，或者是所愿支付的价格相对于公司每股净利润的倍数，选项A不正确；市盈率过高，说明股价已偏离合理价位，往往是股价下跌的前兆，也具有较高投资风险，选项B不正确；投资者对成长性较好的高科技公司前景普遍看好，此类公司的市盈率通常会高一些，选项C正确；从理论上说，股票价格代表着股票未来收益的现值（内在价值），反映股票的投资风险和报酬，因此市盈率可以用来估计股票的投资风险和报酬，选项D正确。

7.【答案】ABC

【解析】过高的流动比率可能是存货积压、应收账款呆账等原因导致，意味着企业可能存在闲置资金、存货积压、应收账款周转缓慢等情况，选项A、B、C正确；但是，应收账款和存货余额虽然较高，但只要其周转速度较快、流动性较好、企业也可以有较好的偿债能力，选项D不正确。

8.【答案】ABD

【解析】营运资本 = 流动资产 - 流动负债 = 长期资本 - 长期资产，当长期资本不变时，增加长期资产会降低营运资本，而营运资本的数额越大，财务状况越稳定。

9.【答案】BD

【解析】假设原来的流动比率 = 流动资产/流动负债 =120÷100 =1.2，赊购材料100万元，即分子分母同增100万元，则流动比率变为：220÷200 =1.1 <1.2，则流动比率下降。

由于赊购之后速动资产不变，流动负债增加，所以速动比率降低。

【提示】如果一项业务的发生涉及分子分母同时等额增加或减少，在这种情况下，比值如何变化需要根据业务发生前该比率是大于1还是小于1来判断。

10.【答案】ABC

【解析】由权益乘数 =1/（1 - 资产负债率）=1 + 产权比率，可知权益乘数、资产负债率及产权比率是同向变动，且指标越高，财务风险越大，财务杠杆作用度越大。

11.【答案】ABC

【解析】短期股票投资属于交易性金融资产；长期股权投资属于经营资产。

12.【答案】AB

【解析】应收账款周转天数 =365/应收账款周转次数，选项A和选项B会导致应收账款周转次数增加，从而导致应收账款周转天数减少；选项C和选项D的影响正好与选项A和选项B相反。

13.【答案】ABCD

【解析】外部融资需求 = 经营资产销售百分比×营业收入增加 - 经营负债销售百分比×营业收入增加 - 可动用的金融资产 - 预

计税后经营净利率×预计营业收入×(1－预计股利支付率)。

14. 【答案】ABCD

【解析】由于存在权益乘数＝1＋产权比率＝1/(1－资产负债率)，所以选项A、B、D正确。产权比率＝资产负债率×权益乘数，所以选项C正确。

15. 【答案】AD

【解析】应收账款是赊销引起的，如果赊销有可能比现销更有利，周转天数就不是越少越好。

16. 【答案】BC

【解析】B选项的分子是税后经营净利润，选项C的分子是息税前利润。

17. 【答案】BCD

【解析】因为是到期债务，所以通常是“短期负债”，对于短期负债而言，我们需要把握的是短期偿债能力，流动比率反映的是短期偿债能力，为了考察流动资产的变现能力，有时还需要分析其周转率。所以B、C、D是正确选项。

18. 【答案】ACD

【解析】由于存在权益乘数＝1＋产权比率＝1/(1－资产负债率)，权益乘数为4，可以得出产权比率＝权益乘数－1＝3，资产负债率＝1－1/权益乘数＝3/4，资产权益率＝权益/资产＝1/4，所以选项A、C、D正确。

19. 【答案】ABC

【解析】20×7年末资产负债率＝200/500×100%＝40%，产权比率＝200/(500－200)＝2/3，利息保障倍数＝(100＋30＋20)/20＝7.5，长期资本负债率＝(200－160)/(40＋300)＝11.76%。

20. 【答案】BC

【解析】评价存货管理业绩时，存货周转次数＝营业成本/平均存货余额，毛利率＝1－营业成本率，营业收入相同的情况下，毛利率越高，营业成本越低，存货平均余额相同的情况下，存货周转率越低。反之，毛利率越低，营业成本越高，存货余额相同的情况下，存货周转率越高。在题设情况下，毛利率与存货周转次数反方向变化。

21. 【答案】ACD

【解析】在内含增长的情况下，留存收益会增加，因此股东权益会增加，选项D的说法不正确；经营负债可能会发生变化，因此负债可能增加，资产负债率可能发生变化。选项A、C的说法不正确。

22. 【答案】AD

【解析】本期负债增加＝基期营业收入×营业净利率×利润留存率×（基期期末负债/基期期初股东权益），选项B不正确。本期股东权益增加＝本期营业收入×营业净利率×利润留存率，选项C不正确。

23. 【答案】AB

【解析】杠杆贡献率＝(净经营资产净利率－税后利息率)×净财务杠杆＝(税后经营净利率×净经营资产周转次数－税后利息率)×净负债/股东权益，可见选项A、B是正确的。

24. 【答案】AB

【解析】应收账款周转次数＝营业收入/平均应收账款。提高信用标准会减少平均应收账款，从而使得应收账款周转次数增加，应收账款周转天数下降。选项A正确。提高现金折扣率会促使提前还款，平均应收账款减少，从而应收账款周转天数下降，选项B正确。延长信用期限会放松信用标准，会使平均应收账款增加，应收账款周转率降低，应收账款周转天数增加，选项C错误。调整后的应收账款周转率＝赊销收入/（应收账款平均净额＋应收票据平均余额＋坏账准备平均余额），增加坏账准备会使应收账款周转率下降，应收账款周转天数增加，选项D错误。

25. 【答案】ABCD

【解析】实体现金流量是企业全部现金流入扣除成本费用和必要的投资后的剩余部分，它是企业一定期间可以提供给所有投资人（包括股权投资人和债权投资人）的税后现金流量。选项A正确。经营现金流量，代表了企业经营活动的全部成果，是“企业生产的现金”，因此又称为实体经营现金流量，简称实体现金流量，选项B正确。实体现金流量＝税后经营净利润－净经营资产增加＝营业现金毛流量－经营营运资本增加－资本支出＝营业现金净流量－资本支出，选项C、D正确。

三、计算分析题

1. 【答案及解析】

(1) 速动比率＝速动资产平均金额÷流动负债平均金额＝[(100＋100＋500＋460＋

2 850 + 2 660)/2] ÷ [(2 350 + 2 250)/2] = 1.45。

评价乙公司的短期偿债能力时，需要考虑应收账款的变现能力。乙公司按照应收账款余额的 5% 计提坏账准备，2013 年年末账龄三年以上的应收账款已达到应收账款余额的 10%，实际坏账很可能比计提的坏账准备多，从而降低乙公司的短期偿债能力。乙公司的生产经营存在季节性，报表上的应收账款金额不能反映平均水平，即使使用年末和年初的平均数计算，仍然无法消除季节性生产企业年末数据的特殊性。乙公司年初年末处于经营淡季，应收账款、流动负债均低于平均水平，计算结果可能不能正确反映乙公司的短期偿债能力。

(2) 利息保障倍数 = 息税前利润 ÷ 利息费用 = (97.5 + 32.5 + 500) ÷ (500 + 100) = 1.05。

乙公司的利息保障倍数略大于 1，说明自身产生的经营收益勉强可以支持现有的负债规模。由于息税前利润受经营风险的影响，存在不稳定性，而利息支出却是固定的，乙公司的长期偿债能力仍然较弱。

(3) 应收账款周转次数 = 营业收入 ÷ 应收账款平均余额 = 14 500 ÷ [(2 850 + 150 + 2 660 + 140) ÷ 2] = 5。

乙公司的生产经营存在季节性，报表上的应收账款金额不能反映平均水平，即使使用年末和年初的平均数计算，仍然无法消除季节性生产企业年末数据的特殊性。乙公司年初年末处于经营淡季，应收账款余额低于平均水平，计算结果会高估应收账款变现速度。

计算应收账款周转次数时应使用赊销额，由于无法取得赊销数据而使用销售收入计算时，会高估应收账款周转次数。乙公司 2019 年减少了赊销客户比例，现销比例增大，会进一步高估应收账款变现速度。

2. 【答案及解析】

(1)

2019 年的经营资产 = 9 000 − (200 + 300 + 500) = 8 000 (万元)

2019 年的经营负债 = 1 000 (万元)

经营资产占销售百分比 = 8 000/10 000 = 80%

经营负债占销售百分比 = 1 000/10 000 = 10%

营业净利率 = 400/10 000 = 4%

股利支付率 = 300/400 = 75%

2019 年的金融资产 = 1 000 (万元)

2019 年可动用的金融资产 = 1 000 − 800 = 200 (万元)

2020 年外部融资额 = 增加的净经营资产 − 可动用金融资产 − 增加的留存收益

= (80% − 10%) × 10 000 × 20% − 200 − 12 000 × 4% × (1 − 75%)

= 1 400 − 200 − 120 = 1 080 (万元)

2020 年初筹资后资产负债率：(3 800 + 1 080)/(9 000 + 1 080) = 48.41% ≤50%。

综上，可以实现营业收入增长 20% 的目标。

(2)

名义增长率为 (1 + 10%) × (1 + 5%) − 1 = 15.5%

【提示】销售额名义增长率 = [(1 + 通货膨胀率) × (1 + 销量增长率) − 1]

销售增加额 = 10 000 × 15.5% = 1 550 (万元)

外部融资需要量 = (80% − 10%) × 1 550 − 200 − 11 550 × 4% × (1 − 75%) = 1 085 − 200 − 115.5 = 769.5 (万元)。

(3)

(80% − 10%) × 10 000 × 增长率 − 10 000 × (1 + 增长率) × 4% × (1 − 75%) = 1 000 (万元)

增长率 = 15.94%

预计净利 = 10 000 × (1 + 15.94%) × 4% = 463.76 (万元)。

3. 【答案及解析】

【方法一】

经营资产销售百分比 = (20 000 − 2 000)/40 000 = 45%

经营负债销售百分比 = 3 000/40 000 = 7.5%

销售额增加 = 40 000 × 30% = 12 000 (万元)

融资总需求 = (45% − 7.5%) × 12 000 = 4 500 (万元)

可动用金融资产 = 20 × 1 年金融资产 = 1 000 + 1 000 = 2 000 (万元)

20×7 年股利支付率 =1 000/2 000 =50%

20×7 年营业净利率 =2 000/40 000 =5%

20×8年预计营业净利率 =5% ×(1 + 10%) =5.5%

留存收益增加 =40 000 ×(1 +30%) × 5.5% ×(1 -50%) =1 430 (万元)

外部融资额 =4 500 -2 000 -1 430 = 1 070 (万元)。

【方法二】

基期净经营资产 =(20 000 -1 000 - 1 000) -3 000 =15 000 (万元)

融资总需求 =净经营资产增加 =15 000 × 30% =4 500 (万元)

可动用金融资产 =20 ×1 年金融资产 = 1 000 +1 000 =2 000 (万元)

20×7 年股利支付率 =1 000/2 000 =50%

20×7 年营业净利率 =2 000/40 000 =5%

20×8年预计营业净利率 =5% ×(1 + 10%) =5.5%

留存收益增加 =40 000 ×(1 +30%) × 5.5% ×(1 -50%) =1 430 (万元)

外部融资额 =4 500 -2 000 -1 430 = 1 070 (万元)。

4.【答案及解析】

(1)

项目	20×7 年实际	20×8 年实际	20×9 年计划
资产周转次数	1	0.80	0.50
营业净利率	20%	15%	8%
权益乘数	1.67	2.50	2.50
利润留存率	50%	50%	50%
可持续增长率	20%	17.65%	5.26%
权益净利率	33.33%	30.00%	10.00%
实际增长率	—	41.18%	3.08%

(2) 20×8 年可持续增长率与上年相比下降了，原因是总资产周转率下降和营业净利率下降。

(3) 20×8 年公司是靠增加借款来筹集增长所需资金的，财务政策与上年相比财务杠杆提高了。

(4) 无不当之处。

(5) 提高营业净利率和总资产周转率。

5.【答案及解析】

(1) 股东权益 =100 +100 =200 (万元)

长期借款 =200 ×0.5 =100 (万元)。

(2)负债和股东权益合计 =200 +(100 + 100) =400 (万元)。

(3) 资产合计 = 负债 + 股东权益 =400 (万元)。

(4) 营业收入 ÷资产总额 = 营业收入 ÷ 400 =2.5

营业收入 =400 ×2.5 =1 000 (万元)

营业成本 = 营业成本率 × 营业收入 = 90% ×1 000 =900 (万元)

存货周转率 =营业成本 ÷存货 =900 ÷存货 =9

存货 =900 ÷9 =100 (万元)。

(5) 应收账款周转天数 = 应收账款 × 365/营业收入 =18.25

应收账款 =1 000 ×18.25 ÷365 =50 (万元)。

(6) 固定资产 =资产合计 -货币资金 -应收账款 -存货 =400 -50 -50 -100 =200 (万元)。

6.【答案及解析】

(1) 2019 年：

净经营资产净利率 =252/1 400 ×100% =18%

税后利息率 =24/400 ×100% =6%

经营差异率 =18% -6% =12%

杠杆贡献率 =12% ×(400/1 000) =4.8%

2020 年：

净经营资产净利率 =440/2 200 ×100% =20%

税后利息率 =48/600 ×100% =8%

经营差异率 =20% -8% =12%

杠杆贡献率 = 12% × (600/1 600) =4.5%。

(2)

权益净利率 =净经营资产净利率 +(净经营资产净利率 -税后利息率) ×净财务杠杆

2019 年权益净利率 =18% +(18% - 6%) ×(400/1 000) =22.8% (1)

替换净经营资产净利率 =20% +(20% - 6%) ×(400/1 000) =25.6% (2)

替换税后利息率 =20% +(20% -8%) × (400/1 000) =24.8% (3)

替换净财务杠杆 =20% +(20% -8%) × (600/1 600) =24.5% (4)

净经营资产净利率提高对于权益净利率变动影响＝（2）－（1）＝25.6%－22.8%＝2.8%

税后利息率提高对于权益净利率变动影响＝（3）－（2）＝24.8%－25.6%＝－0.8%

净财务杠杆下降对于权益净利率影响＝（4）－（3）＝24.5%－24.8%＝－0.3%

2020年权益净利率－2019年权益净利率＝24.5%－22.8%＝1.7%。

综上可知：净经营资产净利率提高使得权益净利率提高2.8%，税后利息率提高导致权益净利率下降0.8%，净财务杠杆下降导致权益净利率下降0.3%。三者共同影响使得2020年权益净利率比2019年权益净利率提高1.7%。

（3）2021年净经营资产净利率＋（净经营资产净利率－8%）×（600/1 600）＝25%

解得：2021年净经营资产净利率＝20.36%

2021年净经营资产净利率＝净经营资产周转次数×税后经营净利率

2021年税后经营净利率＝20.36%/3＝6.79%

2021年税后经营净利率至少达到6.79%才能实现权益净利率为25%的目标。

四、综合题

1.（1）【答案及解析】

预计2020年主要财务数据

单位：万元

项目	2019年实际	2020年预计	说明
营业收入	3 200	3 840	①增长20%
净利润	160	192	①营业净利率不变，增长20%
股利	48	57.6	①利润留存率不变，增长20%
本期留存利润	112	134.4	①利润留存率不变，增长20%
流动资产	2 552	3 062.4	①经营资产/营业收入不变，增长20%
固定资产	1 800	2 160	
资产总计	4 352	5 222.4	①资产周转率不变，增长20%
流动负债	1 200	1 440	①经营负债/营业收入不变，增长20%
长期负债	800	1 171.2	③负债合计－流动负债
负债合计	2 000	2 611.2	②权益乘数2，负债是总资产的50%
实收资本	1 600	1 724.8	③所有者权益－期末未分配利润
期末未分配利润	752	886.4	②期初未分配利润＋本期留存利润
所有者权益合计	2 352	2 611.2	②权益乘数2，所有者权益是总资产的50%
负债及所有者权益总计	4 352	5 222.4	②等于总资产

经营资产销售百分比＝4 352/3 200×100%＝136%

经营负债销售百分比＝1 200/3 200×100%＝37.5%

营业净利率＝160/3 200×100%＝5%

利润留存率＝112/160×100%＝70%

需要从外部筹资额＝3 200×20%×（136%－37.5%）－3 200×（1＋20%）×5%×70%＝630.4－134.4＝496（万元）

外部融资额中负债的金额（金融负债）：1 171.2－800＝371.2（万元）

外部融资额中权益的金额（外部权益）：1 724.8－1 600＝124.8（万元）。

（2）

可持续增长率＝112/（2 352－112）×100%＝5%

外部融资额＝3 200×5%×（136%－37.5%）－3 200×（1＋5%）×5%×70%＝40（万元）。

因为不增发新股，所以外部融资全部是负债。

2.【答案及解析】

（1）净负债＝金融负债－金融资产＝300＋15＋600－5－10＝900（万元）

净经营资产＝净负债＋股东权益＝900＋1 100＝2 000（万元）

税后经营净利润＝（363＋72＋5）×（1－25%）＝330（万元）

金融损益＝（72＋5）×（1－25%）＝57.75（万元）

（2）净经营资产净利率＝330/2 000×100%＝16.5%

税后利息率＝57.75/900×100%＝6.42%

经营差异率＝16.5%－6.42%＝10.08%

净财务杠杆＝900/1 100＝0.82

杠杆贡献率＝10.08%×0.82＝8.27%

权益净利率＝16.5%＋8.27%＝24.77%

权益净利率高于行业平均水平的主要原因是杠杆贡献率高于行业平均水平，杠杆贡献率高于行业平均水平的主要原因是净财务杠杆高于行业平均水平。

（3）实体现金流量＝337.5×（1＋8%）－2 000×8%＝204.5（万元）

税后利息费用＝900×（1＋8%）×8%×（1－25%）＝58.32（万元）

净负债增加＝900×8%＝72（万元）

债务现金流量＝58.32－72＝－13.68（万元）

股权现金流量＝204.5＋13.68＝218.18（万元）

（4）设权益资本成本为a，则：8%×（1－25%）×900/2 000＋a×1 100/2 000＝10%

解得：权益资本成本＝13.27%

每股股权价值＝218.18/（13.27%－8%）/500＝8.28（元）

由于股价为20元高于8.28元，所以，股价被高估了。

3.【答案及解析】

（1）

管理用财务报表项目	2020年
经营性资产	8 000
经营性负债	2 000
净经营资产	6 000
金融负债	2 000
金融资产	0
净负债	2 000
股东权益	4 000
净负债及股东权益总计	6 000
税前经营利润	1 680
减：经营利润所得税	420
税后经营净利润	1 260
利息费用	160
减：利息费用抵税	40
税后利息费用	120
净利润	1 140

（2）净经营资产净利率＝1 260/6 000＝21%

税后利息率＝120/2 000＝6%

净财务杠杆＝2 000/4 000＝50%

权益净利率＝1 140/4 000＝28.5%。

（3）甲公司与乙公司＝②－①＝28.8%－30.4%＝－1.6%

税后利息率变动的影响＝③－②＝30%－28.8%＝1.2%

净财务杠杆变动的影响＝④－③＝28.5%－30%＝－1.5%。

即净经营资产净利率降低导致权益净利率下降1.6%，税后利息率降低导致权益净利率提高1.2%，净财务杠杆降低导致权益净利率下降1.5%，综合导致权益净利率下降1.9%。

第三章　价值评估基础

本章考情分析

本章是财务管理学科估价的基础章节，是最基本的计算工具之一。学习目的是使考生在理解时间价值和风险报酬基本原理的基础上，能够运用其基本原理进行财务估价。

本章考题以客观题为主，近 3 年考试中，本章平均分值为 4 分左右。重点掌握现值的计算、有效年利率与名义利率的换算以及投资组合的风险、β 系数的计算以及资本市场线和证券市场线的区别和联系。

考生在学习本章时，要理清各概念之间的联系和区别，在比较的基础上还要结合实际灵活掌握公式的运用。另外，主观题考查点最主要是与后面章节内容结合的综合考查。

本章教材变化

本章对第一节中的流动性溢价理论进行了修订，另外对第三节中的最小方差组合做了进一步的解释。

本章思维导图

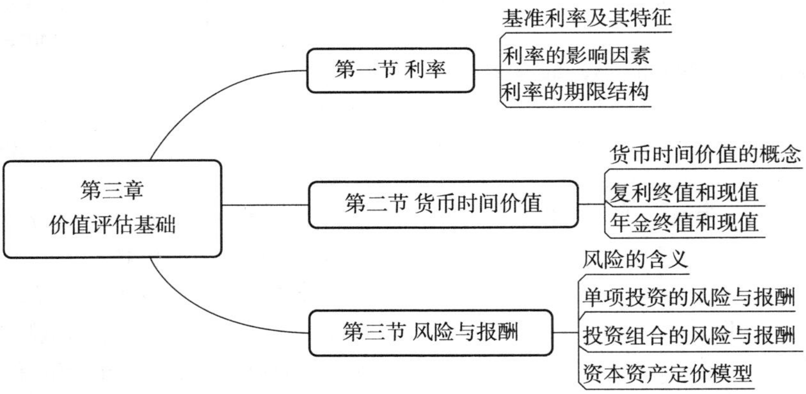

考点精讲及典型例题解析

第一节　利率

一、基准利率及其特征（能力等级 2）

（一）利率的含义及影响因素

含义	利率表示一定时期内利息与本金的比率，通常用百分比表示
影响因素	首先，利率分别受到产业的平均利润水平、货币的供给与需求状况、经济发展的状况等因素的影响； 其次，又受到物价水平、利率管制、国际经济状况和货币政策因素的影响

（二）基准利率

含义	基准利率是金融市场上具有普遍参照作用的利率，其他利率水平或金融资产价格均可根据这一基准利率水平来确定。在我国，以中国人民银行（央行）对国家专业银行和其他金融机构规定的存贷款利率为基准利率
作用	基准利率是金融市场上具有普遍参照作用的利率，其他利率水平或金融资产价格均可根据这一基准利率水平来确定
特征	（1）市场化。基准利率必须是由市场供求关系决定，而且不仅反映实际市场供求状况，还要反映市场对未来的预期。 （2）基础性。基准利率在利率体系、金融产品价格体系中处于基础性地位，它与其他金融市场的利率或金融资产的价格具有较强的关联性。 （3）传递性。基准利率所反映的市场信号，或者中央银行通过基准利率所发出的调控信号，能有效地传递到其他金融市场和金融产品价格上

二、利率的影响因素（能力等级3）

1. 公式

利率 r = 纯粹利率 + 风险溢价 = $r^* + IP + DRP + LRP + MRP$

利率
- 纯粹利率 ⎫（名义）无风险利率
- 通货膨胀溢价 ⎭
- 风险溢价
  - 违约风险溢价
  - 流动性风险溢价
  - 期限风险溢价

【提示】没有通货膨胀时，短期政府债券的利率可以视作纯粹利率。纯粹利率与通货膨胀溢价之和，称为“名义无风险利率”，并简称“无风险利率”。无风险利率 = $r_{RF} = r^* + IP$

2. 因素说明

纯粹利率（r^*）	亦称真实无风险利率，是指在没有通货膨胀、无风险情况下资金市场的平均利率
通货膨胀溢价（IP）	证券存续期间预期的平均通货膨胀率
违约风险溢价（DRP）	债券发行者在到期时不能按约定足额支付本金或利息的风险而给予债权人的补偿
流动性风险溢价（LRP）	债券因存在不能短期内以合理价格变现的风险而给予债权人的补偿
期限风险溢价（MRP）	债券因面临持续期内市场利率上升导致价格下跌的风险而给予债权人的补偿，亦称市场利率风险溢价

【例3－1】（2018年多选题）利率是资本的价格，由无风险利率和风险溢价构成。在确定利率时，需要考虑的风险溢价有（　　）。

A. 汇率风险溢价

B. 违约风险溢价

C. 期限风险溢价

D. 流动性风险溢价

【答案】BCD

【解析】利率 = 纯粹利率 + 通货膨胀溢价 + 违约风险溢价 + 流动性风险溢价 + 期限风险溢价。

三、利率的期限结构（能力等级3）

（一）含义

利率期限结构是指某一时点不同期限的即期利率与到期期限的关系及变化规律。

（二）利率期限结构的相关理论

理论	基本观点	长短期利率关系	对收益率曲线的解释	特点
预期理论	利率期限结构完全取决于市场对未来利率的预期，即：长期债券即期利率是短期债券预期利率的函数	不同期限的债券是完全替代品。 长期即期利率 = 未来短期预期利率平均值	上斜收益率曲线：市场预期未来短期利率会上升； 下斜收益率曲线：市场预期未来短期利率会下降； 水平收益率曲线：市场预期未来短期利率保持稳定； 峰型收益率曲线：市场预期较近一段时期短期利率会上升，而在较远的将来，市场预期短期利率会下降	假定人们对未来短期利率具有确定的预期； 假定资金在长期资金市场和短期资金市场之间的流动完全自由； 假定都过于理想化

续表

理论	基本观点	长短期利率关系	对收益率曲线的解释	特点
市场分割理论	由于法律制度、文化心理、投资偏好等不同，投资者会比较固定地投资于某一期限的债券，即每类投资者固定偏好于收益率曲线的特定部分，从而形成了以期限为划分标志的细分市场	不同期限的债券完全不可相互替代	上斜收益率曲线：短期债券市场的均衡利率水平低于长期债券市场的均衡利率水平； 下斜收益率曲线：短期债券市场的均衡利率水平高于长期债券市场的均衡利率水平； 水平收益率曲线：各个期限市场的均衡利率水平持平； 峰型收益率曲线：中期债券市场的均衡利率水平最高	假定不同期限的债券市场互不相关。无法解释不同期限债券的利率所体现的同步波动现象
流动性溢价理论	短期债券的流动性比长期债券高，因为债券到期期限越长，利率变动的可能性越大，利率风险就越高。投资者为了减少风险，偏好于流动性好的短期债券，因此，长期债券要给予投资者一定的流动性溢价	长期即期利率 =未来短期预期利率平均值+一定的流动性风险溢价	上斜收益率曲线：市场预期未来短期利率既可能上升，也可能不变；还可能下降，但下降幅度小于流动性溢价。 下斜收益率曲线：市场预期未来短期利率将会下降，下降幅度大于流动性溢价。 水平收益率曲线：市场预期未来短期利率将会下降，下降幅度等于流动性溢价。 峰型收益率曲线：市场预期较近一段时期短期利率可能上升、也可能不变，还可能下降，但下降幅度小于流动性溢价；而在较远的将来，市场预期短期利率将会下降，下降幅度大于流动性溢价	综合了预期理论和市场分割理论的特点

【比较】

类别	预期理论	市场分割理论	流动性溢价理论
投资者	对不同期限没有偏好	固定偏好于收益率曲线的特定部分	存在偏好（短期）
长短期债券	完全替代	不可替代	可替代，但非完全替代
长短期市场	完全联通	完全隔离	存在差异
长短期利率之间的关系	长期利率＝期限内预期短期利率的平均值	长期利率≠短期利率	长期利率＝期限内预期短期利率的平均值＋流动性风险溢价

【例3－2】（2018年单选题）下列各项说法中，符合流动性溢价理论的是（　　）。

A. 长期即期利率是短期预期利率的无偏估计

B. 不同期限的债券市场互不相关

C. 债券期限越长，利率变动可能性越大，利率风险越高

D. 即期利率水平由各个期限市场上的供求关系决定

【答案】C

【解析】选项A符合无偏预期理论；选项B、D符合市场分割理论；选项C符合流动性溢价理论。

【例3－3】（2017年单选题）下列关于利率期限结构的表述中，属于无偏预期理论观点的是（　　）。

A. 不同到期期限的债券无法相互替代

B. 长期债券的利率等于在其有效期内人们所预期的短期利率的平均值

C. 到期期限不同的各种债券的利率取决于该债券的供给与需求

D. 长期债券的利率等于长期债券到期之前预期短期利率的平均值与随债券供求状况变动而变动的流动性溢价之和

【答案】B

【解析】无偏预期理论提出的命题是：长期债券的利率等于在其有效期内人们所预期的短期利率的平均值。选项A、C属于分割市场理论的观点；选项D属于流动性溢价理论的观点。

第二节 货币时间价值

一、货币时间价值的概念（能力等级1）

要点	说明
1. 含义	货币时间价值是指货币经历一定时间的投资和再投资所增加的价值，也称为资金时间价值。在实务中，人们习惯使用相对数字表示，即用增加的价值占投入货币的百分数来表示
2. 利息计算方法	单利：只对本金计算利息。 复利：既对本金计算利息，也对前期的利息计算利息，各期利息不同

二、复利终值和现值（能力等级2）

（一）基本运算

要点	公式	说明
单利终值与现值	单利终值：$F=P+P\times i\times n=P\times(1+i\times n)$	单利现值系数与单利终值系数互为倒数
	现值的计算与终值的计算是互逆的，由终值计算现值的过程称为“折现”。单利现值的计算公式为：$P=F/(1+n\times i)$	
复利终值与现值	复利终值公式：$F=P\times(1+i)^n$ 其中，$(1+i)^n$称为复利终值系数，用符号（F/P，i，n）表示	复利现值系数（P/F，i，n）与复利终值系数（F/P，i，n）互为倒数 【提示】①题目不作特别说明，i均为年利率；一年通常为360天；②题目不作特别指明，均采用复利计算时间价值
	复利现值公式：$P=F\times(1+i)^{-n}$ 其中$(1+i)^{-n}$称为复利现值系数，用符号（P/F，i，n）表示	

【例3－4】（单选题）某人将6 000元存入银行，银行的年利率为10%，按复利计算，则5年后此人可从银行取出（ ）元。

A. 9 220　　B. 9 000

C. 9 950　　D. 9 663

【答案】D

【解析】该题已知复利现值和利率求复利终值，需使用复利终值系数进行计算。可从银行取出的金额$=6\ 000(1+10\%)^5=9\ 663$（元）。

（二）报价利率、计息期利率和有效年利率（年内多次计息）

要点	说明
1. 报价利率	报价利率是指银行等金融机构提供的利率。在提供报价利率时，还必须同时提供每年的复利次数（或计息期的天数），否则意义是不完整的
2. 计息期利率	计息期利率是指借款人每期支付的利息与本金的百分比，它可以是年利率，也可以是六个月、每季度、每月或每日等。 计息期利率＝报价利率/每年复利次数
3. 有效年利率	有效年利率，是指在按给定的计息期利率每年复利次数计算利息时，能够产生相同结果的每年复利一次的年利率，也称等价年利率
4. 计算公式	将报价利率（r）调整为计息期利率（r/m），将年数（n）调整为计息期数（$m\times n$）。 $i=\left(1+\frac{r}{m}\right)^m-1$ 式中，r——报价利率；m——每年复利次数；i——有效年利率。 当复利次数m趋于无穷大时，利息支付的频率比每秒1次还频繁，所得到的利率为连续复利。 连续复利的有效年利率$=e^{报价利率}-1$

续表

要点	说明
4. 计算公式	e为自然常数，是一个约等于2.71828…… 的无理数，连续复利终值系数，可利用连续复利终值系数表来查找。
5. 相关结论	当$m=1$时，有效年利率=报价利率 当$m>1$时，有效年利率>报价利率 当$m<1$时，有效年利率<报价利率

【例3-5】（2013年单选题）甲公司平价发行5年期的公司债券，债券票面利率为10%，每半年付息一次，到期一次偿还本金。该债券的有效年利率是（　　）。

A. 10%　　B. 10.25%

C. 10.5%　　D. 9.5%

【答案】B

【解析】有效年利率$=(1+10\%/2)^2-1=10.25\%$。

【例3-6】有一理财产品，年度报价利率为10%，复利方式为连续复利，投资1 000元5年后可以领到的钱数为（　　）。

A. 1 491.8　　B. 1 161.8

C. 1 491.8　　D. 1 648.7

【答案】D

【解析】此题求的是连续复利的终值$=1\ 000\times(F/P,10\%,5)=1\ 000\times1.6487=1\ 648.7$。

三、年金终值和现值（能力等级2）

（一）普通年金的终值和现值

要点	说明
1. 普通年金终值	$F=A\times(1+i)^0+A\times(1+i)^1+A\times(1+i)^2+\cdots+A\times(1+i)^{-2}+A\times(1+i)^{-1}$ $=A\times\frac{(1+i)^n-1}{i}$ $=A\times(F/A,i,n)$ 式中，$\frac{(1+i)^n-1}{i}$被称为年金终值系数，用符号（F/A，i，n）表示
2. 普通年金现值	$P=A\times(1+i)^{-1}+A\times(1+i)^{-2}+A\times(1+i)^{-3}+\cdots+A\times(1+i)^{-n}$ $=A\times\frac{1-(1+i)^{-n}}{i}$ $=A\times(P/A,i,n)$ 式中，$\frac{1-(1+n)^{-n}}{i}$被称为年金现值系数，记作$(P/A,i,n)$
3. 偿债基金	已知年金终值求年金，则属于计算偿债基金问题，即根据普通年金终值公式求解A（反向计算），这个A就是偿债基金。 偿债基金年金=终值×偿债基金系数=终值÷年金终值系数 即：$A=F/(F/A,i,n)=F\times(A/F,i,n)$ 式中，$(A/F,i,n)$称为偿债基金系数，它是年金终值系数的倒数
4. 投资回收额	已知年金现值求年金，则属于计算投资回收额问题。 投资回收额=年金现值×投资回收系数=年金现值÷年金现值系数 即：$A=P\times(A/P,i,n)=P/(P/A,i,n)$ 式中，$(A/P,i,n)$称为投资回收系数，它是年金现值系数的倒数

【归纳】货币时间价值系数之间的关系

名称	系数之间的关系
复利终值系数与复利现值系数	互为倒数
普通年金终值系数与偿债基金系数	互为倒数
普通年金现值系数与投资回收系数	互为倒数

（二）预付年金终值和现值

要点	说明
预付年金终值	方法 1： = 同期的普通年金终值 × $(1+i)$ = $A\times(F/A,i,n)\times(1+i)$
	方法 2： = 年金额 × 预付年金终值系数 = $A\times[(F/A,i,n+1)-1]$
预付年金现值	方法 1： = 同期的普通年金现值 × $(1+i)$ = $A\times(P/A,i,n)\times(1+i)$
	方法 2： = 年金额 × 预付年金终值系数 = $A\times[(P/A,i,n+1)+1]$

【归纳】

相关系数	关系
预付年金终值系数与普通年金终值系数	（1）期数加 1，系数减 1 （2）预付年金终值系数 = 普通年金终值系数 × $(1+i)$
预付年金现值系数与普通年金现值系数	（1）期数减 1，系数加 1 （2）预付年金现值系数 = 普通年金现值系数 × $(1+i)$

（三）递延年金

1. 含义

递延年金，是指第一次等额收付发生在第二期或第二期以后的年金。

图示如下：

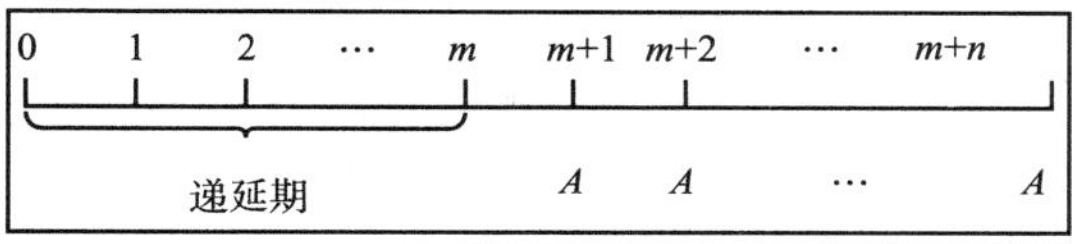

式中，m——递延期；n——连续支付期。

【提示】考生经常搞错递延年金的递延期，问题的症结在于没有搞清楚递延年金是发生在期初还是在期末。这里特别强调一下，递延年金于每期期末发生。例如，从第 3 期开始的年金，实际上是从第 3 期的期末开始发生第一次，递延期为 2 期，而不是 3 期。掌握这一点，对于准确计算终值与现值很有帮助。

2. 计算公式

要点	说明
1. 递延年金现值	方法 1：两次折现。递延年金现值 $P=A\times(P/A,i,n)\times(P/F,i,m)$ 【提示】递延期 m（第一次有收支的前一期），连续收支期 n。 方法 2：先加上后减去。递延年金现值 $P=A\times(P/A,i,m+n)-A\times(P/A,i,m)$
2. 递延年金终值	计算递延年金终值和计算普通年金终值类似。 $F=A\times(F/A,i,n)$ 【提示】递延年金终值只与连续收支期（n）有关，与递延期（m）无关

【小结】普通年金、预付年金、递延年金的区别——起点不同。

年金形式	第一笔年金发生时点
普通年金	时点 1
预付年金	时点 0
递延年金	时点 1 以后的某个时点

【例 3－7】（单选题）有一项年金，前 3 年无流入，后 5 年每年年初流入 500 万元，假设年利率为 10%，其现值为（　　）万元。

A. 1 994.59　　B. 1 566.36

C. 1 813.48　　D. 1 423.21

【答案】B

【解析】$P=500\times[(P/A,10\%,7)-(P/A,10\%,2)]$ 或者 $P=500\times[(P/A,10\%,5)-(P/F,10\%,2)]$。

（四）永续年金

要点	说明
1. 含义	是指无限期等额收付的年金。永续年金因为没有终止期，所以只有现值没有终值

续表

要点	说明
2. 计算	（1）终值：没有 （2）现值： 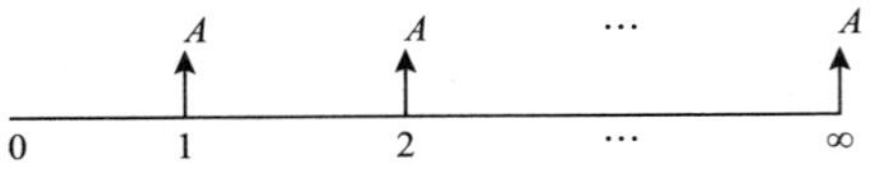 $P=A\times\frac{1-(1+i)^{-n\to\infty}}{i}=\frac{A}{i}$ 【提示】A 与 i 的计算口径保持一致

【例 3－8】（计算分析题）某人现在向银行存入 20 000 元，问年利率为多少时才能保证在以后 9 年中每年年末可以取出 4 000 元。

【答案及解析】

根据普通年金现值公式

$20\ 000=4\ 000\times(P/A,i,9)$

$(P/A,i,9)=5$

查表并用内插法求解。查表找出期数为 9，年金现值系数最接近 5 的一大一小两个系数。

$(P/A,12\%,9)=5.3282$

$(P/A,14\%,9)=4.9464$

利率	年金现值系数
14%	4.9464
i	5
12%	5.3282

$$\frac{i-12\%}{14\%-12\%}=\frac{5-5.3282}{4.9464-5.3282}$$

$i=13.72\%$。

【提示】内插法非常重要，一定掌握。

【例 3－9】（2019 年多选题）甲商场某型号电视机每台售价 7 200 元，拟进行分期付款促销活动，价款可在 9 个月内按月分期，每期期初等额支付。假设年利率 12%。下列各项金额中，最接近该电视机月初分期付款金额的是（　　）元。

A. 832　　　B. 800

C. 841　　　D. 850

【答案】A

【解析】月利率 $=12\%/12=1\%$。月初分期付款金额 $=7\ 200/[(P/A,1\%,9)\times(1+1\%)]=832$（元）。

【例 3－10】（2016 年计算分析题）小 W 因购买个人住房向甲银行借款 300 000 元，年利率 6%，每半年计息一次；期限 5 年，自 2014 年 1 月 1 日起至 2019 年 1 月 1 日止。小 W 选择等额本息还款方式偿还贷款本息，还款日在每年的 7 月 1 日和 1 月 1 日。

2015 年 12 月末，小 W 收到单位发放的一次性年终奖 60 000 元，正在考虑这笔奖金的两种使用方案：

（1）2016 年 1 月 1 日提前偿还银行借款 60 000 元（当日仍需偿还原定的每期还款额）。

（2）购买乙国债并持有至到期。乙国债为 5 年期债券，每份债券面值 1 000 元，票面利率 4%，单利计息，到期一次还本付息。乙国债还有 3 年到期，当前价格 1 020 元。

要求：

（1）计算投资乙国债的到期收益率。小 W 应选择提前偿还银行借款还是投资国债，为什么？

（2）计算当前每期还款额；如果小 W 选择提前偿还银行借款，计算提前还款后的每期还款额。

【答案及解析】

（1）乙国债的到期本息额 $=1\ 000\times(1+4\%\times5)=1\ 200$（元）

假设乙国债的到期收益率为 I，

$1\ 020=1\ 200\times(P/F,I,3)$

试误法

$I=5\%$ 时，$1\ 200\times(P/F,5\%,3)=1\ 200\times0.8638=1\ 036.56$（元）

$I=6\%$ 时，$1\ 200\times(P/F,6\%,3)=1\ 200\times0.8396=1\ 007.52$（元）

内插法

投资乙国债的到期收益率 $=5\%+\frac{1\ 036.56-1\ 020}{1\ 036.56-1\ 007.52}\times1\%=5\%+0.57\%=5.57\%$

或

假设乙国债的到期收益率为 I，

$1\ 020=1\ 200\times(P/F,I,3)$

$(P/F,I,3)=0.85$

试误法

$I=5\%$ 时，$(P/F,5\%,3)=0.8638$

$I=6\%$ 时，$(P/F,6\%,3)=0.8396$

内插法

投资乙国债的到期收益率 $=5\%+\frac{0.8638-0.85}{0.8638-0.8396}\times1\%=5\%+0.57\%=5.57\%$

银行借款有效年利率 $=(1+6\%/2)^2-1$

=6.09%

投资乙国债的到期收益率小于银行借款的有效年利率，小W应选择提前还款。

（2）当前每期还款额=300 000 ÷（P/A，3%，10）=300 000 ÷ 8.5302=35 169.16（元）

提前还款时剩余本金=35 169.16×（P/A，3%，6）=35 169.16 × 5.4172 = 190 518.37（元）

提前还款后剩余本金=190 518.37 － 60 000=130 518.37（元）

提前还款后每期还款额=130 518.37÷（P/A，3%，6）=130 518.37 ÷ 5.4172 = 24 093.33（元）

或：提前还款等额年金=60 000 ÷（P/A，3%，6）= 60 000 ÷ 5.4172 = 11 075.83（元）

提前还款后每期还款额=35 169.16－11 075.83=24 093.33（元）。

第三节　风险与报酬

一、风险的含义（能力等级1）

要点	说明
1. 最简单定义	风险是发生财务损失的可能性
2. 更正式定义	风险是预期结果的不确定性。风险不仅包括负面效应的不确定性。 【提示】还包括正面效应的不确定性。危险专指负面效应；风险的另一部分即正面效应，可以称为“机会”
3. 投资组合理论出现后的定义	（1）投资组合的两层风险分散效应： 第一层：企业内部的资产组合——企业承担的风险可能小于企业单项资产的风险； 第二层：股东的投资组合——股东承担的风险可能小于所投资的各个企业的风险。 （2）投资组合可以在不改变收益的情况下降低风险（特殊风险、非系统风险、可分散风险），但不能消除风险（市场风险、系统风险、不可分散风险）。 （3）风险是指投资组合的系统风险，既不是指单个资产的风险，也不是指投资组合的全部风险
4. 资本资产定价理论出现后的定义	风险是指资产对投资组合风险的贡献，或者说是指该资产收益率与市场组合收益率之间的相关性（该资产收益率变化对市场投资组合收益率变化的敏感程度）——以β系数来衡量

【提示】财务管理的风险含义与收益相关的风险才是财务管理中所说的风险。注意区分投资主体与投资客体的风险

【例3-11】（多选题）下列关于风险的说法正确的是（　　）。

A. 如果投资者选择一项资产并把它加入已有的投资组合中，那么该资产的风险取决于它如何影响投资组合收益的波动性

B. 投资项目的风险大小是一种客观存在，但投资人是否冒风险，则是主观可以决定的

C. 风险是在一定条件下，一定时期内可能发生的各种结果的变动程度

D. 投资项目的风险大小是投资人主观可以决定的

【答案】ABC

【解析】风险的大小是客观存在的，投资人主观不能决定风险的大小，所以选项D不对。

二、单项投资的风险与报酬（能力等级2）

指标	计算公式		特征
	若已知未来收益率发生的概率时	若已知收益率的历史数据时	
1. 预期值 $\bar{K}$	$\bar{K}=\sum_{i=1}^{n}(P_i\times K_i)$	$\bar{K}=\frac{\sum X_i}{n}$	反映预计收益的平均化，不能直接用来衡量风险

续表

指标	计算公式		特征
	若已知未来收益率发生的概率时	若已知收益率的历史数据时	
2. 方差 σ^2	$\sigma^2 = \sum_{i=1}^{n}(K_i - \bar{K})^2 \times P_i$	总体方差 $= \frac{\sum_{i=1}^{N}(K_i - \bar{K})^2}{N}$ 样本方差 $= \frac{\sum_{i=1}^{n}(K_i - \bar{K})^2}{n-1}$	当预期值相同时，方差越大，风险越大
3. 标准差 σ	$\sigma = \sqrt{\sum_{i=1}^{n}(K_i - \bar{K})^2 \times P_i}$	总体标准差 $= \sqrt{\frac{\sum_{i=1}^{N}(K_i - \bar{K})^2}{N}}$ 样本标准差 $= \sqrt{\frac{\sum_{i=1}^{n}(K_i - \bar{K})^2}{(n-1)}}$ 【提示】样本标准差除以（$n-1$），因为随机变量与期望值得误差信息总比样本容量少一个	当预期值相同时，标准差越大，风险越大
4. 变异系数	变异系数（标准离差率）：反映随机变量离散程度的指标，是用相对数表示的离散程度。 变异系数＝标准差/预期值 【提示】标准差不便于期望值不同方案风险之间的比较，它反映的是绝对风险；要反映的是相对风险，必须运用变异系数进行比较		变异系数衡量风险不受预期值是否相同的影响

【例3－12】（2017年多选题）下列关于单个证券投资风险度量指标的表述中，正确的有（　　）。

A. 贝塔系数度量投资的系统风险

B. 方差度量投资的系统风险和非系统风险

C. 标准差度量投资的非系统风险

D. 变异系数度量投资的单位期望报酬率承担的系统风险和非系统风险

【答案】ABD

【解析】选项C，方差、标准差、变异系数度量投资的总风险，包括系统风险和非系统风险，贝塔系数度量投资的系统风险。

【例3－13】（多选题）某企业面临甲、乙两个投资项目。经衡量，甲的期望报酬率高于乙，甲项目的标准差小于乙项目的标准差。对甲、乙项目可以做出的判断为（　　）。

A. 甲项目优于乙项目

B. 乙项目优于甲项目

C. 甲项目的风险低于乙项目

D. 乙项目的风险低于甲项目

【答案】AC

【解析】甲项目的期望报酬率高，标准差小，则变异系数更小，风险更小，同等风险下取得的报酬率更高。

三、投资组合的风险与报酬（能力等级2）

投资组合理论认为：若干种证券组成的投资组合，其收益是这些证券收益的加权平均数，但是其风险并不是这些证券风险的加权平均风险，投资组合能降低风险。

（一）证券组合的期望报酬率和标准差

要点	说明
1. 期望报酬率	等于组合中单个证券报酬率的加权平均数：$r_p = \sum r_j A_j$ 【提示】证券组合的标准差不等于单个证券标准差的加权平均数，因为各种股票之间不可能完全正相关，也不可能完全负相关；不同股票的投资组合可以降低风险，但又不能完全消除风险；股票的种类越多，风险越小

续表

要点	说明
2. 组合的风险计量	投资组合标准差的计算公式：$\sigma_P = \sqrt{\sum_{j=1}^{m}\sum_{k=1}^{m}A_jA_k\sigma_{jk}}$ 其中：① $\sigma_{jk} = r_{jk}\sigma_j\sigma_k$ ② r_{jk} 是证券 i 和证券 k 报酬率之间的预期相关系数；σ_j 是第 j 种证券的标准差；σ_k 是第 k 种证券的标准差。 相关系数 $r = \dfrac{\sum_{i=1}^{n}[(x_i-\bar{x})\times(y_i-\bar{y})]}{\sqrt{\sum_{i=1}^{n}(x_i-\bar{x})^2}\times\sqrt{\sum_{i=1}^{n}(y_i-\bar{y})^2}}$ 相关系数介于区间［-1，1］内。当相关系数为 -1，表示完全负相关，表明两项资产的报酬率变化方向和变化幅度完全相反。当相关系数为 +1 时，表示完全正相关，表明两项资产的收益率变化方向和变化幅度完全相同。当相关系数为 0 时，表示不相关。 ③两种证券投资组合标准差： $\sigma = \sqrt{W_A^2\delta_A^2 + W_B^2\delta_B^2 + 2W_AW_Br_{AB}\delta_A\delta_B}$ 【提示】①协方差矩阵对角线（左上角到右下角）位置上的投资组合，其协方差就是各证券自身的方差； ②充分投资组合的风险，只受证券之间协方差的影响，而与各证券本身的方差无关； ③如果两种证券的相关系数小于 1，证券组合报酬率的标准差小于各证券报酬率标准差的加权平均数。
2. 组合的风险计量	④如果两种证券的相关系数等于 1，没有任何抵销作用，两种证券组合的标准差 = $W_A\sigma_A + W_B\sigma_B$，在等比例投资的情况下，该组合的标准差等于两种证券各标准差的算术平均数。如果两种证券的相关系数等于 -1，组合可以最大程度地抵销风险，甚至可能是零，此时，两种证券组合的标准差 = $\mid W_A\sigma_A - W_B\sigma_B\mid$，如令 $\mid W_A\sigma_A - W_B\sigma_B\mid = 0$，得：$W_A/W_B = \sigma_B/\sigma_A$，即：两种资产完全负相关时，只有一种组合（满足 $W_A/W_B = \sigma_B/\sigma_A$）能够完全抵销风险

【例 3-14】（2016 年多选题）市场上有两种有风险证券 X 和 Y，下列情况下，两种证券组成的投资组合风险低于二者加权平均风险的有（　　）。

A. X 和 Y 期望报酬率的相关系数是 0

B. X 和 Y 期望报酬率的相关系数是 -1

C. X 和 Y 期望报酬率的相关系数是 0.5

D. X 和 Y 期望报酬率的相关系数是 1

【答案】ABC

【解析】当相关系数为 1 时，两种证券的投资组合的风险等于二者的加权平均数。

【例 3-15】（2019 年多选题）甲投资组合由证券 X 和证券 Y 组成，X 占 40%，Y 占 60%。下列说法中，正确的有（　　）。

A. 甲的期望报酬率 = X 的期望报酬率 × 40% + Y 的期望报酬率 × 60%

B. 甲的 β 系数 = X 的 β 系数 × 40% + Y 的 β 系数 × 60%

C. 甲期望报酬率的标准差 = X 期望报酬率的标准差 × 40% + Y 期望报酬率的标准差 × 60%

D. 甲期望报酬率的变异系数 = X 期望报酬率的变异系数 × 40% + Y 期望报酬率的变异系数 × 60%

【答案】AB

【解析】组合标准差受相关系数影响，不等于组合内各单项资产标准差的加权平均数，而变异系数 = 标准差/期望值，所以选项 C、D 错误。

（二）投资组合的投资比例、相关性与有效集

1. 机会集、有效集、无效集

要点	含义	特征
机会集	所有的可能存在的投资组合	投资组合的总体
无效集	机会集中，无法实现风险与收益的权衡，不能被投资者接受的投资组合	相对于有效集中的组合： 风险相同、收益更低； 收益相同、风险更大； 较低收益率、较高的标准差
有效集	机会集中，能被投资者所接受的投资组合	有效集 = 机会集 - 无效集

2. 投资组合的投资比例与相关性

要点	说明
1. 两种证券组合的投资比例与有效集	（1）揭示了分散化效应：机会集曲线愈是向左弯曲，分散化效应越是明显。 （2）表达了最小方差组合：机会集曲线最左边的一点为最小方差组合；如果分散化投资未导致机会集曲线向左侧凸出，则最小方差组合即为标准差较小的资产，即全部投资于标准差较小的资产。 （3）表达了投资的有效组合：投资者的所有有效组合只能出现在机会集曲线上，而不会出现在该曲线上方或下方。 【提示】机会集曲线向左凸出并非必然伴随分散化投资发生，它取决于相关系数的大小
2. 相关性对风险的影响	（1）证券报酬率之间的相关性越小，机会集曲线就越弯曲，风险分散化效应就越强； （2）证券报酬率之间的相关性越高，风险分散化效应就越弱； （3）完全正相关的投资组合，不具有风险分散化效应，其机会集是一条直线。 【提示】对于两种证券构成的投资组合：不存在无效集≠不存在风险分散效应 （1）只要相关系数<1，机会集就表现为一条曲线，就会产生风险分散效应，但未必出现无效集； （2）只有相关系数足够小、风险分散效应很强时，才可能出现无效集。——无效集的存在，是风险分散效应很强的标志
3. 多种证券组合的风险和报酬	（1）多种证券组合的机会集是一个平面； （2）存在最小方差组合； （3）最小方差组合点至最高预期报酬率的部分，称为有效集或有效边界

【例 3-16】（多选题）A 证券的期望报酬率为 12%，标准差为 15%；B 证券的期望报酬率为 18%，标准差为 20%。投资于两种证券组合的机会集是一条曲线，有效边界与机会集重合，以下结论中正确的有（　　）。

A. 最小方差组合是全部投资于 A 证券

B. 最高期望报酬率组合是全部投资于 B 证券

C. 两种证券报酬率的相关性较高，风险分散化效应较弱

D. 可以在有效集曲线上找到风险最小、期望报酬率最高的投资组合

【答案】ABC

【解析】由于本题的前提是有效边界与机会集重合，说明该题机会集曲线上不存在无效投资组合，即整个机会集曲线就是从最小方差组合点到最高报酬率点的有效集，也就是说在机会集上没有向左凸出的部分，而 A 的标准差低于 B，所以，最小方差组合是全部投资于 A 证券，即 A 的说法正确；投资组合的报酬率是组合中各种资产报酬率的加权平均数，因为 B 的期望报酬率高于 A，所以最高期望报酬率组合是全部投资于 B 证券，即 B 正确；因为机会集曲线没有向左凸出的部分，所以，两种证券报酬率的相关性较高，风险分散化效应较弱，C 的说法正确。因为风险最小的投资组合为全部投资于 A 证券，期望报酬率最高的投资组合为全部投资于 B 证券，所以 D 的说法错误。

【例 3-17】（2015 年单选题）甲公司拟投资于两种证券 X 和 Y，两种证券期望报酬率的相关系数为 0.3，根据投资 X 和 Y 的不同资金比例测算，投资组合期望报酬率与标准差的关系如下图所示，甲公司投资组合的有效组合是（　　）。

A. XR 曲线

B. X、Y 点

C. RY 曲线

D. XRY 曲线

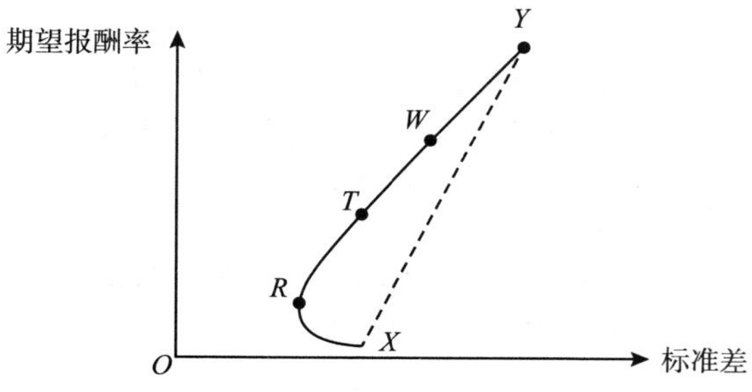

【答案】C

【解析】从最小方差组合点到最高期望报酬率组合点的那段曲线为机会集，所以选项 C 正确。

（三）资本市场线

要点	说明
1. 含义	如果存在无风险证券，新的有效边界是从无风险资产的报酬率开始并和机会集相切的直线，该直线称为资本市场线
2. 理解	存在无风险投资机会时的有效集
3. 基本公式	（1）假设存在无风险资产，无论借入或贷出资金利率都是无风险利率。 （2）存在无风险投资机会时的组合报酬率和风险的计算公式： 总期望报酬率 $=Q\times R_M+(1-Q)\times R_f$ $=Q\times R_M-(Q-1)\times R_f$ $=R_f+Q\times(R_M-R_f)$ =无风险报酬率+风险补偿率 =无风险报酬率+风险资产的投资比例 Q×风险资产的风险补偿率（R_M-R_f） 式中：R_M 代表风险组合的期望报酬率，R_f 代表无风险报酬率。 总标准差 $=\sqrt{Q^2\cdot\sigma_M^2+2\cdot 0\cdot Q\cdot\sigma_M\cdot(1-Q)\cdot 0+(1-Q)^2\cdot 0}=Q\times\sigma_M$ 式中：Q 代表投资者自有资本总额中投资于风险组合的比例，$1-Q$ 代表投资于无风险资产的比例。 【提示】如果贷出资金（$Q<1$），投资组合的标准差 $Q\times\sigma_M<\sigma_M$，投资组合的风险＜风险资产的风险；如果是借入资金（$Q>1$），投资组合的标准差 $Q\times\sigma_M>\sigma_M$，投资组合的风险＞风险资产的风险。无风险资产的标准差为0
4. 结论	（1）资本市场线揭示出持有不同比例的无风险资产和市场组合情况下风险和期望报酬率的权衡关系。在 M 点的左侧，你将同时持有无风险资产和风险资产组合。在 M 点的右侧，你将仅持有市场组合 M，并且会借入资金以进一步投资于组合 M。 （2）资本市场线与机会集相切的切点 M 是市场均衡点，它代表唯一最有效的风险资产组合。 （3）个人的效用偏好与最佳风险资产组合相独立（或称相分离）

【例3－18】（2017年单选题）当存在无风险资产并可按无风险报酬率自由借贷时，下列关于最有效风险资产组合的说法中，正确的是（　　）。

A. 最有效风险资产组合是投资者根据自己风险偏好确定的组合

B. 最有效风险资产组合是风险资产机会集上最高期望报酬率点对应的组合

C. 最有效风险资产组合是风险资产机会集上最小方差点对应的组合

D. 最有效风险资产组合是所有风险资产以各自的总市场价值为权数的组合

【答案】D

【解析】资本市场线的切点是市场均衡点，它代表唯一最有效的风险资产组合，它是所有证券以各自的总市场价值为权数的加权平均组合，我们将其定义为“市场组合”。

【例3－19】（2014年单选题）证券市场组合的期望报酬率是16%，甲投资人以自有资金100万元和按6%的无风险利率借入的资金40万元进行证券投资，甲投资人的期望报酬率是（　　）。

A. 20%　　B. 18%

C. 19%　　D. 22%

【答案】A

【解析】本题的考点是资本市场线。

总期望报酬率＝Q×风险组合的期望报酬率＋（1－Q）×无风险报酬率＝（140/100）×16%＋（1－140/100）×6%＝20%。

四、资本资产定价模型（CAPM）（能力等级3）

（一）系统风险和非系统风险

类别	含义	产生因素	与收益的关系
系统风险（不可分散风险、市场风险）	影响所有公司的因素引起的风险，不同公司受影响程度不同，用 β 衡量	宏观经济因素，如战争、经济衰退、通货膨胀、高利率等非预期的变动	无法通过投资组合来分散，投资者必须承担的风险，并因此获得风险补偿（风险溢价），决定资产的期望报酬率

续表

类别	含义	产生因素	与收益的关系
非系统风险（可分散风险、特有风险）	发生于个别公司的特有事件造成的风险	微观经济因素，如某公司的工人罢工、新产品开发失败、失去重要的销售合同、诉讼失败、宣告发现新矿藏、取得重要合同等	可以通过投资多样化分散掉，与资本市场无关，市场不会对它给予任何价格补偿（风险溢价）

【例3-20】（2010年多选题）下列关于投资组合理论的说法中，正确的有（　　）。

A. 增加投资组合中的资产种类，可能不会使投资组合的系统风险发生变动

B. 依据投资组合理论，与投资者决策相关的风险是投资组合的风险，而不是单项资产的风险

C. 投资组合的系统风险是组合内各资产系统风险的加权平均值

D. 投资组合可以在不改变投资组合收益的情况下降低组合风险

【答案】ACD

【解析】依据投资组合的β系数等于组合内各资产β系数的加权平均值可知，投资组合的系统风险等于组合内各资产系统风险的加权平均值，选项C正确，并且，若新纳入组合的资产的β系数等于当前组合的β系数，则该项新资产的加入不会引起组合β系数（系统风险）发生任何变动，选项A正确；依据投资组合理论，与投资者决策相关的风险是投资组合的系统风险，既不是单项资产的风险，也不是投资组合的全部风险，选项B错误；随着组合内资产数量增加，组合的风险将降低，而收益仍然是个别资产的加权平均值（不变），因此，投资组合可以在不改变投资组合收益的情况下降低组合风险，选项D正确。

（二）系统风险的度量——β系数

要点	说明
1. 含义	某个资产的收益率与市场组合之间的相关性
2. 经济意义	市场组合相对于它自己的贝塔系数是1。 （1）$\beta=1$，说明该资产的系统风险程度与市场组合的风险一致； （2）$\beta>1$，说明该资产的系统风险程度大于整个市场组合的风险； （3）$\beta<1$，说明该资产的系统风险程度小于整个市场组合的风险； （4）$\beta=0$，说明该资产的系统风险程度等于0
3. 结论	（1）β系数反映了相对于市场组合的平均风险而言单项资产系统风险的大小。 （2）绝大多数资产的β系数是大于零的。如果β系数是负数，表明这类资产收益与市场平均收益的变化方向相反
4. 计算方法	（1）回归直线法：利用该股票收益率与整个资本市场平均收益率的线性关系，利用回归直线方程求斜率的公式，即可得到该股票的β值。 $\beta=(n\sum xy-\sum x\sum y)/(n\sum xy-\sum x^2)$ （2）定义法 $\beta=\frac{COV(K_jK_M)}{\sigma_M^2}=\frac{r_{jM}\sigma_j\sigma_M}{\sigma_M^2}=r_{jM}(\frac{\sigma_j}{\sigma_M})$
5. 影响因素	（1）该股票与整个股票市场的相关性（同向）； （2）股票自身的标准差（同向）； （3）整个市场的标准差（反向）
6. 组合的贝塔系数	投资组合的β_p等于被组合各证券β值的加权平均数。 $\beta_p=\sum_{i=1}^{n}X_i\beta_i$

（三）资本资产定价模型（CAPM）和证券市场线（SML）

要点	说明
资本资产定价模型的基本表达式	（1）根据风险与收益的一般关系： 必要收益率 = 无风险收益率 +（系统）风险补偿率 （2）资本资产定价模型的表达形式： $R_i = R_f + \beta \times (R_m - R_f)$
证券市场线	证券市场线就是关系式：$R_i = R_f + \beta \times (R_m - R_f)$ 所代表的直线。 ①横轴（自变量）：β 系数； ②纵轴（因变量）：R_i 必要报酬率； ③斜率：$(R_m - R_f)$ 市场风险溢价率（市场风险补偿率）； ④截距：R_f 无风险报酬率

【注意】平均股票（市场组合）的必要报酬率 R_m 与风险价格 $(R_m - R_f)$ 名称的界定。

名称	性质	关键词
平均股票（市场组合）的必要报酬率 R_m	无风险利率 + 风险溢价	证券市场收益率、平均风险股票收益率
风险价格 $(R_m - R_f)$	风险溢价（风险补偿）	风险溢酬（溢价、补偿率、附加率）、风险收益率

【归纳】证券市场线与资本市场线的比较

要点	证券市场线	资本市场线
1. 公式	$R_i = R_f + \beta(R_m - R_f)$	$R_i = R_f + \frac{R_m - R_f}{\delta_m} \times \delta_i$
2. 含义	描述的是市场均衡条件下单项资产或资产组合（无论是否已经有效地分散风险）的期望收益与风险之间的关系	描述的是由风险资产和无风险资产构成的投资组合的有效边界
3. 测度风险的工具	单项资产或资产组合的 β 系数	整个资产组合的标准差
4. 适用	单项资产或资产组合（无论是否有效分散风险）	有效组合
投资人风险偏好的影响	市场整体对风险的厌恶感越强，证券市场线的斜率越大，对风险资产所要求的风险补偿越大，对风险资产的要求收益率越高	投资者个人对风险的态度仅仅影响借入或贷出的资金量，不影响最佳风险资产组合

【例3－21】（2016年多选题）下列关于证券市场线的说法中，正确的有（　　）。

A. 无风险报酬率越大，证券市场线在纵轴的截距越大

B. 证券市场线描述了由风险资产和无风险资产构成的投资组合的有效边界

C. 投资者对风险的厌恶感越强，证券市场线的斜率越大

D. 预计通货率提高时，证券市场线向上平移

【答案】ACD

【解析】选项B是资本市场线的特点，不是证券市场线的特点。资本市场线描述了由风险资产和无风险资产构成的投资组合的有效边界。

精选练习题

一、单项选择题

1. 当利率为 5% 时，一项目的净现值为 200 万元，当利率为 6% 时，该项目的净现值为 -200 万元，则该项目净现值为 0 的利率为（　　）。

A. 5.1%　　B. 5.2%

C. 5.5%　　D. 5.8%

2. 某企业于年初存入银行 10 000 元，假定年利率为 12%，每年复利两次。已知（F/P，6%，5）= 1.3382，（F/P，6%，10）= 1.7908，（F/P，12%，5）= 1.7623，（F/P，12%，10）= 3.1058，则第 5 年年末的本利和为（　　）元。

A. 13 382　　B. 17 623

C. 17 908　　D. 31 058

3. 某人退休时有现金 10 万元，拟选择一项回报比较稳定的投资，希望每个季度能收入 2 000 元补贴生活。那么，该项投资的实际报酬率应为（　　）。

A. 2%　　B. 8%

C. 8.24%　　D. 10.04%

4. 甲公司拟购买企业债券，当名义利率相同的情况下，下列哪种计息方式对于甲公司比较有利（　　）。

A. 每年付息　　B. 半年付息

C. 每个季度付息　D. 每月付息

5. 关于证券投资组合理论的以下表述中，正确的是（　　）。

A. 证券投资组合能消除大部分系统风险

B. 证券投资组合的总规模越大，承担的风险越大

C. 最小方差组合是所有组合中风险最小的组合，所以报酬最大

D. 一般情况下，随着更多的证券加入到投资组合中，整体风险降低的速度会越来越慢

6. 已知风险组合的期望报酬率和标准差分别为 15% 和 20%，无风险报酬率为 8%，假设某投资者可以按无风险利率取得资金，将其自有资金 200 万元和借入资金 40 万元均投资于风险组合，则投资人总期望报酬率和总标准差分别为（　　）。

A. 16.4% 和 24%

B. 13.65% 和 16.24%

C. 16.75% 和 12.5%

D. 13.65% 和 25%

7. 下列关于投资组合的说法中，错误的是（　　）。

A. 有效投资组合的期望收益与风险之间的关系，既可以用资本市场线描述，也可以用证券市场线描述

B. 用证券市场线描述投资组合（无论是否有效地分散风险）的期望收益与风险之间的关系的前提条件是市场处于均衡状态

C. 当投资组合只有两种证券时，该组合收益率的标准差等于这两种证券收益率标准差的加权平均值

D. 当投资组合包含所有证券时，该组合收益率的标准差主要取决于证券收益率之间的协方差

8. 某人投资一个项目，投资额为 1 000 万元，建设期为 2 年，项目运营期为 5 年，若投资人要求的必要报酬率为 10%，则投产后每年年末投资人至少应收回投资额为（　　）万元。

A. 205.41　　B. 319.19

C. 402.84　　D. 561.12

9. 下列事项中，能够改变特定企业非系统风险的是（　　）。

A. 竞争对手被外资并购

B. 国家加入世界贸易组织

C. 汇率波动

D. 货币政策变化

10. A 债券每半年付息一次，报价利率为 8%，B 债券每季度付息一次，如果想让 B 债券在经济上与 A 债券等效，B 债券的报价利率应为（　　）。

A. 8%　　B. 7.92%

C. 8.16%　　D. 6.78%

11. 下列说法不正确的是（　　）。

A. 如果是已知普通年金终值求年金，则属于计算偿债基金问题

B. 如果是已知普通年金现值求年金，则属于计算投资回收额问题

C. 偿债基金系数与投资回收系数互为

倒数

D. 复利终值系数与复利现值系数互为倒数

12. 某只股票要求的收益率为15%，收益率的标准差为25%，与市场投资组合收益率的相关系数是0.2，市场投资组合要求的收益率是14%，市场组合的标准差是4%，假设处于市场均衡状态，则市场风险溢价和该股票的贝塔系数分别为（　　）。

A. 4%；1.25　　B. 5%；1.75

C. 4.25%；1.45　D. 5.25%；1.55

13. 假设银行利率为 i，从现在开始每年年末存款1元，n 年后的本利和为 $[(1+i)^n-1]/i$ 元。如果改为每年年初存款，存款期数不变，n 年后的本利和应为（　　）元。

A. $\frac{(1+i)^{n+1}-1}{i}$

B. $\frac{(1+i)^{n+1}-1}{i}-1$

C. $\frac{(1+i)^{n-1}-1}{i}+1$

D. $\frac{(1+i)^{n+1}-1}{i}+1$

14. 已知：$(P/A,5\%,4)=3.5460$，$(P/A,5\%,6)=5.0757$，则5年、5%的即付年金现值系数为（　　）。

A. 4.0757　　B. 5.3295

C. 3.3295　　D. 4.5460

15. 证券市场线可以用来描述市场均衡条件下单项资产或资产组合的期望收益与风险之间的关系。当投资者的风险厌恶感普遍减弱时，会导致证券市场线（　　）。

A. 向上平行移动

B. 向下平行移动

C. 斜率上升

D. 斜率下降

16. 认为债券投资者对于不同到期期限的债券没有特别的偏好是基于（　　）。

A. 预期理论

B. 分割市场理论

C. 流动性溢价理论

D. 期限优先理论

17. 假设有一投资组合，均等地投资于无风险资产和两只股票，如果其中一只股票的贝塔系数是1.5，并且整个组合和市场的风险水平一致，则组合中另一只股票的贝塔系数为（　　）。

A. 1.0　　B. 1.5

C. 2.0　　D. 1.25

18. 下列关于报价利率与有效年利率的说法中，正确的是（　　）。

A. 报价利率是不包含通货膨胀的金融机构报价利率

B. 计息期小于一年时，有效年利率大于报价利率

C. 报价利率不变时，有效年利率随着每年复利次数的增加而呈线性递减

D. 报价利率不变时，有效年利率随着计息期利率的递减而呈线性递增

二、多项选择题

1. 下列关于有效年利率与报价利率的说法正确的有（　　）。

A. 计息周期短于一年时，报价利率越大，有效年利率与报价利率的差异就越大

B. 计息周期越短，有效年利率与报价利率的差异就越小

C. 计息周期越短，有效年利率与报价利率的差异就越大

D. 报价利率不能完全反映资本的时间价值，有效年利率才能真正反映资本的时间价值

2. 现有两个投资项目甲和乙，已知甲、乙方案的期望值分别为20%、25%，标准差分别为40%、64%，下列结论不正确的有（　　）。

A. 甲方案的风险程度大于乙方案的风险程度

B. 甲方案的风险程度小于乙方案的风险程度

C. 乙方案优于甲方案

D. 甲方案优于乙方案

3. 下列关于资金时间价值系数关系的表述中，正确的有（　　）。

A. 普通年金现值系数×投资回收系数＝1

B. 普通年金终值系数×偿债基金系数＝1

C. 普通年金现值系数×(1＋折现率)＝预付年金现值系数

D. 普通年金终值系数×(1＋折现率)＝

预付年金终值系数

4. 下列关于投资组合的风险和报酬的表述中，正确的有（　　）。

A. 投资组合的风险不仅与组合中每个证券的报酬率标准差有关，而且与各证券之间报酬率的协方差有关

B. 充分投资组合的风险，只受证券之间协方差的影响而与各证券本身的方差无关

C. 资本市场线反映了持有不同比例无风险资产与市场组合情况下风险和报酬的权衡关系

D. 在运用资本资产定价模型时，某资产的 β 系数小于零，说明该资产风险小于市场风险

5. 在其他条件不变的情况下，下列关于证券市场线的表述，正确的有（　　）。

A. 预计通货膨胀率提高，证券市场线向下平移

B. 预计通货膨胀率提高，证券市场线向上平移

C. 投资者风险厌恶感的加强，会降低证券市场线的斜率

D. 投资者风险厌恶感的加强，会提高证券市场线的斜率

6. 关于方差、标准差与变异系数，下列表述正确的有（　　）。

A. 标准差用于反映概率分布中各种可能结果偏离期望值的程度

B. 如果方案的期望值相同，标准差越大，风险越大

C. 变异系数越大，方案的风险越大

D. 在各方案期望值不同的情况下，应借助于方差衡量方案的风险程度

7. 下列关于资本资产定价模型 β 系数的表述中，正确的有（　　）。

A. β 系数可以为负数

B. β 系数是影响证券收益的唯一因素

C. 投资组合的 β 系数一定会比组合中任一单个证券的 β 系数低

D. β 系数反映的是证券的系统风险

8. 下列关于资本市场线的表述正确的有（　　）。

A. 切点 M 是市场均衡点，它代表唯一最有效的风险资产组合

B. 市场组合指的是所有证券以各自的总市场价值为权数的加权平均组合

C. 直线的截距表示无风险利率，它可以视为等待的报酬率

D. 在 M 点的右侧，你将仅持有市场组合 M，并且会借入资金以进一步投资于组合 M

9. 某公司拟购置一处房产，付款条件是：从第 7 年开始，每年年初支付 10 万元，连续支付 10 次，共 100 万元，假设该公司的资本成本率为 10%，则相当于该公司现在一次付款的金额为（　　）万元。

A. $10\times[(P/A,10\%,15)-(P/A,10\%,5)]$

B. $10\times(P/A,10\%,10)(P/F,10\%,5)$

C. $10\times[(P/A,10\%,16)-(P/A,10\%,6)]$

D. $10\times[(P/A,10\%,15)-(P/A,10\%,6)]$

10. 报价利率是指名义利率，若年内计息次数为 m 时，报价利率等于（　　）。

A. 期间利率与年内复利次数的乘积

B. 有效年利率乘以年内计息次数

C. 期间利率除以年内计息次数

D. $m\times[(1+\text{有效年利率})^{1/m}-1]$

11. 假设甲、乙证券收益的相关系数接近于零，甲证券的预期报酬率为 6%（标准差为 10%），乙证券的预期报酬率为 8%（标准差为 15%），则由甲、乙证券构成的投资组合（　　）。

A. 最低的预期报酬率为 6%

B. 最高的预期报酬率为 8%

C. 最高的标准差为 15%

D. 最低的标准差为 10%

12. 构成投资组合的证券 A 和证券 B，其标准差分别为 12% 和 8%。在等比例投资的情况下，下列说法正确的有（　　）。

A. 如果两种证券的相关系数为 1，该组合的标准差为 2%

B. 如果两种证券的相关系数为 1，该组合的标准差为 10%

C. 如果两种证券的相关系数为 -1，该组合的标准差为 10%

D. 如果两种证券的相关系数为 -1，该组合的标准差为 2%

13. 下列说法不正确的有（　　）。

A. 当计息周期为一年时，名义利率与有

效年利率相等

B. 当计息周期短于一年时，有效年利率小于名义利率

C. 当计息周期长于一年时，有效年利率大于名义利率

D. 当计息周期长于一年时，有效年利率小于名义利率

14. 下列各项中，属于年金形式的项目有（　　）。

A. 零存整取储蓄存款的整取额

B. 定期定额支付的养老金

C. 年投资回收额

D. 偿债基金

15. 按照流动性溢价理论，上斜收益率曲线解释正确的有（　　）。

A. 市场预期未来短期利率可能上升

B. 市场预期未来短期利率可能不变

C. 市场预期未来短期利率可能下降，且下降幅度低于流动性溢价

D. 市场预期未来短期利率先上升后下降

16. 下列说法中正确的有（　　）。

A. 如果一项资产的$\beta=0.8$，表明它的风险是市场组合风险的0.8倍

B. 市场组合相对于它自己的贝塔系数是1

C. 无风险资产的贝塔系数=0

D. 某一股票的β值的大小反映了这种股票收益的变动与整个股票市场收益变动之间的相关关系

17. 下列关于相关系数的说法中，正确的有（　　）。

A. 一般而言，多数证券的报酬率趋于同向变动，因此，两种证券之间的相关系数多为小于1的正值

B. 当相关系数为+1时，表示一种证券报酬率的增长总是与另一种证券报酬率的增长成比例

C. 当相关系数为-1时，表示一种证券报酬率的增长总是与另一种证券报酬率的减少成比例

D. 当相关系数为0时，表示缺乏相关性，每种证券的报酬率相对于另外的证券的报酬率独立变动

18. 下列因素中，影响资本市场线中市场均衡点位置的有（　　）。

A. 无风险报酬率

B. 风险组合的期望报酬率

C. 风险组合的标准差

D. 投资者个人的风险偏好

19. 贝塔系数和标准差都能衡量投资组合的风险。下列关于投资组合的贝塔系数和标准差的表述中，正确的有（　　）。

A. 标准差度量的是投资组合的非系统风险

B. 投资组合的贝塔系数等于被组合各证券贝塔系数的算术加权平均值

C. 投资组合的标准差等于被组合各证券标准差的算术加权平均值

D. 贝塔系数度量的是投资组合的系统风险

20. 基准利率是指导性利率，以下表述中正确的有（　　）。

A. 基准利率虽然是中央银行公布的指导性利率，但必须由市场供求关系决定

B. 基准利率与其他金融市场的利率或金融资产的价格具有较强的关联性

C. 基准利率所反映的市场信号能有效地传递到其他金融市场和金融产品价格上

D. 基准利率必须只反映市场对未来的预期，不反映实际市场供求状况

21. 下列关于市场利率构成的各项因素的表述中，正确的有（　　）。

A. 纯粹利率是没有风险、没有通货膨胀情况下的资金市场的平均利率

B. 通货膨胀溢价是由于通货膨胀造成货币实际购买力下降而对投资者的补偿，它与当前的通货膨胀水平关系不大，与预期通货膨胀水平有关

C. 流动性风险溢价的大小可用一项资产转化为现金的速度来衡量，如果变现能力强，流动性风险就小

D. 期限风险溢价是指债券因面临持续期内市场利率下降导致价格下跌的风险而给予债权人的补偿，也称为市场利率风险溢价

22. 下列有关证券组合投资风险的表述中，正确的有（　　）。

A. 证券组合的风险不仅与组合中每个证券的报酬率标准差有关，而且与各证券之间报酬率的协方差有关

B. 持有多种彼此不完全正相关的证券可

以降低风险

C. 资本市场线反映了持有不同比例无风险资产与市场组合情况下风险和报酬的权衡关系

D. 投资机会集曲线描述了不同投资比例组合的风险和报酬之间的权衡关系

23. 下列关于投资者对风险的态度的说法中，符合投资组合理论的有（　　）。

A. 投资者在决策时不考虑其他投资者对风险的态度

B. 不同风险偏好投资者的投资都是无风险投资和最佳风险资产组合的组合

C. 投资者对风险的态度不仅影响其借入或贷出的资金量，还影响最佳风险资产组合

D. 当存在无风险资产并可按无风险利率自由借贷时，市场组合优于其他资产组合

三、计算分析题

1. 股票A和股票B的部分年度资料如下：

单位：%

年度	A股票收益率	B股票收益率
1	26	13
2	11	21
3	15	27
4	27	41
5	21	22
6	32	32

（1）分别计算投资于股票A和股票B的平均收益率和标准差；

（2）计算股票A和股票B收益率的相关系数；

（3）如果投资组合中，股票A占40%，股票B占60%，该组合的期望收益率和标准差是多少？

2. 某公司拟购置一处房产，房主提出三种付款方案：

（1）从现在起，每年年初支付20万元，连续支付10次，共200万元；

（2）从第5年开始，每年年末支付25万元，连续支付10次，共250万元；

（3）从第5年开始，每年年初支付24万元，连续支付10次，共240万元。

假设该公司的资金成本率（即最低报酬率）为10%，你认为该公司应选择哪个方案？

3. 某企业准备投资开发新产品，现有甲、乙两个方案可供选择，经预测，甲、乙两个方案的预期投资收益率如下表所示：

市场状况	概率	预期投资收益率	
		甲方案	乙方案
繁荣	0.4	32%	40%
一般	0.4	17%	15%
衰退	0.2	-3%	-15%

要求：

（1）计算甲、乙两个方案的预期收益率的期望值；

（2）计算甲、乙两个方案预期收益率的标准差；

（3）计算甲、乙两个方案预期收益率的变异系数；

（4）比较两个方案风险的大小，并说明理由。

4. 已知A股票过去5年的报酬率分别为4%、-2%、5%、6%和-3%，B股票未来可能的报酬率及概率为：10%的概率为0.3，20%概率为0.3，-8%的概率为0.4。A、B股票预期报酬率的相关系数为0.8。

要求：

（1）计算A、B股票收益率的期望值和标准差；

（2）计算A、B股票的协方差；

（3）如果A、B的投资比例为0.3和0.7，计算AB投资组合的方差和标准差；

（4）如果上述投资组合与市场组合的相关系数为0.5，市场组合的标准差为15%，A股票的贝塔系数为0.4，计算B股票的贝塔系数。

（计算结果保留小数点后两位，方差和标准差用百分数表示，小数保留到万分位）

5. 假设资本资产定价模型成立，表中的数字是相互关联的。求出表中"?"位置的数字（请将结果填写在答题卷给定的表格中，并列出计算过程）。

证券名称	期望报酬率	标准差	与市场组合的相关系数	贝塔值
无风险资产	?	?	?	?
市场组合	?	0.1	?	?
A 股票	0.22	?	0.65	1.3
B 股票	0.16	0.15	?	0.9
C 股票	0.31	?	0.2	?

6. 假设市场无风险借贷利率为 6%，A 股票预期报酬率为 15%，标准差为 12%。

要求：

（1）如果将拥有的 10 000 元投资于 A 股票和无风险资产，其中 6 000 元投资于 A 股票，其余 4 000 元投资于无风险资产，计算该组合的预期报酬率和标准差。

（2）如果将拥有的 10 000 元全部投资于 A 股票，并另外借入 5 000 元投资于 A 股票，计算该证券组合的预期报酬率和标准差。

（3）如果要获取 12.3% 的投资报酬率，分析应如何进行股票和无风险资产的组合，并计算这一组合将承担的风险。

答案及解析

一、单项选择题

1. 【答案】C

【解析】利率 $= 5\% + \dfrac{200-0}{200-(-200)} \times (6\% - 5\%) = 5.5\%$。

2. 【答案】C

【解析】第 5 年年末的本利和 = 10 000 ×（F/P，6%，10）= 17 908（元）。

3. 【答案】C

【解析】根据题意，希望每个季度能收入 2 000 元，1 年的复利次数为 4 次，季度报酬率 = 2 000/100 000 = 2%，实际报酬率为：$i = (1+2\%)^4 - 1 = 8.24\%$。

4. 【答案】D

【解析】对于购买债券的公司而言，一年内计息多次的情况下，名义利率和实际利率不一致，一般情况下，实际利率会高于名义利率，且一年内计息次数越多，实际利率就越高。

本题中，企业购买债券是为了获利，因此实际利率越高越好，所以每月计息一次对于甲公司最有利，正确答案应该是选项 D。

值得注意的是，如果题目的条件改为发行企业债券，则支付利息是一项负担，应当越低越好，则选择实际利率最低的方案，即每年付息。

5. 【答案】D

【解析】系统风险是不可分散风险，所以选项 A 错误；证券投资组合得越充分，能够分散的风险越多，所以选项 B 不对；最小方差组合是所有组合中风险最小的组合，但其收益不是最大的，所以选项 C 不对。在投资组合中投资项目增加的初期，风险分散的效应比较明显，但增加到一定程度，风险分散的效应就会减弱。有经验数据显示，当投资组合中的资产数量达到三十个左右时，绝大多数非系统风险均已被消除，此时，如果继续增加投资项目，对分散风险已没有多大实际意义，所以选项 D 正确。

6. 【答案】A

【解析】$Q = (200+40)/200 = 1.2$，借入投资组合的总期望报酬率 = 120% × 15% − 20% × 8% = 16.4%；借入投资组合的总标准差 = 120% × 20% = 24%；贷出投资组合的总期望报酬率 = 80% × 15% + 20% × 8% = 13.6%；贷出投资组合的总标准差 = 80% × 20% = 16%。

7. 【答案】C

【解析】当投资组合只有两种证券时，该组合收益率的标准差不等于这两种证券收益率标准差的加权平均值。

8. 【答案】B

【解析】每年投资人至少应收回投资额 = 1 000/(3.7908 × 0.8264) = 319.21（万元）或 = 1 000/(4.8684 − 1.7355) = 319.19（万元）。

9. 【答案】A

【解析】竞争对手被外资并购仅仅会影响一个特定的企业，不会对所有的企业都产生影响，因此，选项 A 属于非系统风险，选项 B、C、D 对所有的企业都会产生影响，因此，属于系统风险。

10. 【答案】B

【解析】A 债券的年有效年利率 $=(1+4\%)^2-1=8.16\%$，设 B 债券的报价利率为 r，则：$(1+r/4)^4-1=8.16\%$，解得：$r=7.92\%$。

11. 【答案】C

【解析】偿债基金系数与年金终值系数互为倒数，投资回收系数与年金现值系数互为倒数。

12. 【答案】A

【解析】本题的主要考核点是市场风险溢价和贝塔系数的计算。

$\beta=0.2\times25\%/4\%=1.25$

由：$R_f+1.25\times(14\%-R_f)=15\%$

得：$R_f=10\%$

市场风险溢价 $=14\%-10\%=4\%$。

13. 【答案】B

【解析】预付现金终值系数和普通年金终值系数相比，期数加 1，系数减 1。

14. 【答案】D

【解析】5 年、5% 的即付年金现值系数 $=(P/A,5\%,4)+1=4.5460$。

15. 【答案】D

【解析】证券市场线的斜率表示经济系统中风险厌恶感的程度，一般说，投资者对风险的厌恶感越强，证券市场线的斜率越大。

16. 【答案】A

【解析】分割市场理论认为不同到期期限的债券根本无法相互替代；流动性溢价理论认为不同到期期限的债券可以相互替代，但并非完全替代品；期限优先理论认为投资者对某种到期期限的债券有着特别的偏好。

17. 【答案】B

【解析】整个组合和市场的风险水平一致，所以组合的风险系数等于 1。均等地投资于无风险资产和两只股票，所以 $1/3\times0+1/3\times1.5+1/3\times\beta=1$，解得，$\beta=1.5$。

18. 【答案】B

【解析】报价利率是指银行等金融机构提供的利率，也叫报价利率，报价利率是包含了通货膨胀的利率，选项 A 错误；报价利率不变时，有效年利率随着每年复利次数的增加而呈线性递增，选项 C、D 说反了。

二、多项选择题

1. 【答案】ACD

【解析】根据有效年利率和报价利率的换算公式可知，选项 A、C 的说法正确；由于有效年利率是按照实际得到的利息计算的，因此，有效年利率才能真正反映资本的时间价值，报价利率不能完全反映资金的时间价值。

2. 【答案】ACD

【解析】甲的变异系数 $=40\%/20\%=200\%$，乙的变异系数 $=64\%/25\%=256\%$，可判断甲的风险小，乙的风险大，甲的期望值小于乙的期望值，所以无法判断哪个方案较优，要取决于投资者对风险的态度。

3. 【答案】ABCD

【解析】参见教材相关内容说明。

4. 【答案】ABC

【解析】多项资产组合的协方差比方差更重要。贝塔系数是衡量系统风险的指标，某资产的 β 系数小于 1，说明该资产的系统风险小于市场风险。贝塔系数小于 0，表明这类资产收益与市场平均收益的变化方向相反，所以选项 D 错误。

5. 【答案】BD

【解析】在其他条件不变的情况下，预计通货膨胀率提高，无风险利率会随之提高，证券市场线向上平移。风险厌恶感的加强，会提高“证券市场线”的斜率。

6. 【答案】ABC

【解析】在各方案期望值不同的情况下，应用变异系数衡量方案的风险程度。

7. 【答案】AD

【解析】影响证券收益的因素包括无风险利率、风险溢价和 β 系数，选项 B 的说法不正确。投资组合的 β 系数处于单个证券的 β 系数最大与最小值之间，选项 C 的说法不正确。

8. 【答案】ABCD

【解析】存在无风险资产时，除了切点 M 之外，资本市场线上的任何一点（即无风险资产和切点 M 的某种组合）都要优于风险资产组合的有效集中的组合，因此切点 M 是市场均衡点，它代表唯一最有效的风险资产组合，选项A正确；市场组合是所有证券以各自的总市场价值为权数的加权平均组合，选项B正确；资本市场线的斜率即无风险报酬率R_f，可视为等待的报酬率，即时间价值，选项C正确；在M点右侧（$Q>1$），投资者不仅把全部自有资金投资于风险资产M，而且借入资金进一步投资于M，选项D正确。

9.【答案】AB

【解析】本题的主要考核点是递延年金求现值。按递延年金求现值公式：递延年金现值$=A\times(P/A,i,n-m)\times(P/F,i,m)=A\times[(P/A,i,n)-(P/A,i,m)]$，$m$表示递延期，$n$表示总期数，一定注意应将期初问题转化为期末，所以，$m=5$，$n=15$。

10.【答案】AD

【解析】设报价利率为r，每年复利次数为M，则一年内多次复利时，期间利率为$\frac{r}{M}$。期间利率与年内复利次数的乘积为$r(r=\frac{r}{M}\times M)$。例如年利率为8%，每年复利4次，则每期利率为2%（8%/4），乘以年内复利次数（4次），其乘积为8%（2%×4）即报价利率。

$$有效年利率=\left(1+\frac{报价利率}{m}\right)^m-1$$

$$报价利率=m\times[(1+有效年利率)^{1/m}-1]$$

11.【答案】ABC

【解析】投资组合的预期报酬率等于单项资产预期报酬率的加权平均数，由此可知，选项A、B的说法正确；如果相关系数小于1，则投资组合会产生风险分散化效应，并且相关系数越小，风险分散化效应越强，投资组合最低的标准差越小，根据教材例题可知，当相关系数为0.2时投资组合最低的标准差已经明显低于单项资产的最低标准差，而本题的相关系数接近于零，因此，投资组合最低的标准差一定低于单项资产的最低标准差（10%），所以，选项D不是答案。由于投资组合不可能增加风险，所以，选项C正确。

12.【答案】BD

【解析】当相关系数为1时，组合标准差$=(12\%+8\%)/2=10\%$；相关系数为-1时，组合标准差$=(12\%-8\%)/2=2\%$。

13.【答案】BC

【解析】根据有效年利率和名义利率的换算公式可知，选项A、D的说法正确，选项B、C的说法不正确。

14.【答案】BCD

【解析】选项A应该是零存整取储蓄存款的零存额。

15.【答案】ABC

【解析】流动性溢价理论对收益率曲线的解释：上斜收益率曲线，市场预期未来短期利率既可能上升、也可能不变（扩展：也可能下降，下降幅度比流动性溢价率低）；下斜收益率曲线：市场预期未来短期利率将会下降，下降幅度比无偏预期的更大。

16.【答案】BCD

【解析】根据教材内容可知，选项B、C、D的说法正确，选项A的正确说法应是：如果一项资产的$\beta=0.8$，表明它的系统风险是市场组合系统风险的0.8倍。对于选项C应该这样理解，因为无风险资产没有风险，所以，无风险资产的系统风险为零，由此可知，无风险资产的贝塔系数=0。

17.【答案】ABCD

【解析】当相关系数为1时，表示一种证券报酬率的增长总是与另一种证券报酬率的增长成比例；当相关系数为-1时，表示一种证券报酬率的增长总是与另一种证券报酬率的减少成比例；当相关系数为0时，表示缺乏相关性，每种证券的报酬率相对于另外的证券的报酬率独立变动。一般而言，多数证券的报酬率趋于同向变动，因此，两种证券之间的相关系数多为小于1的正值。

18.【答案】ABC

【解析】资本市场线中，市场均衡点的确定独立于投资者的风险偏好，取决于各种可能风险组合的期望报酬率和标准差，而无风险报酬率会影响期望报酬率，所以选项A、B、C正确，选项D错误。

19.【答案】BD

【解析】标准差度量的是投资组合的整体风险，包括系统和非系统风险，选项A错误；只有当相关系数等于1时，投资组合的标准差等于被组合各证券标准差的算术加权平均值。

20.【答案】ABC

【解析】基准利率必须是由市场供求关系决定，而且不仅反映实际市场供求状况，还要反映市场对未来的预期。选项 D 错误

21.【答案】ABC

【解析】期限风险溢价是指债券因面临持续期内市场利率上升导致价格下跌的风险而给予债权人的补偿，也称为市场利率风险溢价。

22.【答案】ABCD

【解析】根据投资组合报酬率的标准差计算公式可知，选项 A、B 的说法正确；根据教材内容可知，选项 C 的说法正确；机会集曲线的横坐标是标准差，纵坐标是期望报酬率，它描述了不同投资比例组合的风险和报酬之间的权衡关系，所以，选项 D 的说法正确。

23.【答案】ABD

【解析】投资者对风险的态度不影响最佳风险资产组合，选项 C 错误。

三、计算分析题

1.【答案及解析】

（1）股票的平均收益率即为各年度收益率的简单算术平均数。

A 股票平均收益率 =（26% +11% +15% +27% +21% +32%）/ 6 =22%

B 股票平均收益率 =（13% +21% +27% +41% +22% +32%）/ 6 =26%

年度	A 收益率 X(%)	B 收益率 Y(%)	(X－)(%)	(Y－)(%)	(X－)²(%)	(Y－)²(%)	(X－)×(Y－)(%)
1	26	13	4	-13	0.16	1.69	-0.52
2	11	21	-11	-5	1.21	0.25	0.55
3	15	27	-7	1	0.49	0.01	-0.07
4	27	41	5	15	0.25	2.25	0.75
5	21	22	-1	-4	0.01	0.16	0.04
6	32	32	10	6	1.00	0.36	0.60
合计	132	156	0	0	3.12	4.72	1.35

A 股票标准差 $=\sqrt{\dfrac{\sum_{i=1}^{6}(X_i-\bar{X})^2}{6-1}}=\sqrt{\dfrac{3.12\%}{5}}=7.90\%$

B 股票标准差 $=\sqrt{\dfrac{\sum_{i=1}^{6}(Y_i-\bar{Y})^2}{6-1}}=\sqrt{\dfrac{4.72\%}{5}}=9.72\%$ 。

（2）

A、B 股票的相关系数

$$=\frac{\sum_{i=1}^{6}[(X_i-\bar{X})\times(Y_i-\bar{Y})]}{\sqrt{\sum_{i=1}^{6}(X_i-\bar{X})^2}\times\sqrt{\sum_{i=1}^{6}(Y_i-\bar{Y})^2}}$$

$$=\frac{1.35\%}{\sqrt{3.12\%}\times\sqrt{4.72\%}}$$

=0.35。

（3）组合的期望收益率是以投资比例为权数，各股票的平均收益率的加权平均数。

投资组合期望收益率 =22% ×0.4 +26% ×0.6 =24.4%

投资组合的标准差

$=\sqrt{A_1^2\sigma_1^2+A_2^2\sigma_2^2+2A_1A_2r_{12}\sigma_1\sigma_2}$

=[0.4 ×0.4 ×（7.90%）² +0.6 ×0.6 ×（9.72%）² +2 ×0.4 ×0.6 ×0.35 ×7.90% ×9.72%]$^{1/2}$

=7.54%。

2.【答案及解析】

方案（1）

P_0 =20 +20 ×（P/A,10%,9）=20 +20 ×5.759 =135.18（万元）。

方案（2）（注意递延期为 4 年）

P =25 ×（P/A,10%,10）×（P/F,10%,4）=104.92（万元）。

方案（3）（注意递延期为 3 年）

P =24 ×[（P/A,10%,13）－（P/A,10%,3）] =24 ×（7.103 － 2.487）=110.78（万元）。

该公司应该选择第二方案。

3.【答案及解析】

(1) 预期收益率的期望值分别为：

甲方案收益率的期望值 = 32% ×0.4 + 17% ×0.4 + (−3%) ×0.2 = 19%

乙方案收益率的期望值 = 40% ×0.4 + 15% ×0.4 + (−15%) ×0.2 = 19%

(2) 预期收益率的标准差分别为：

甲方案标准差 $= \sqrt{(32\% - 19\%)^2 \times 0.4 + (17\% - 19\%)^2 \times 0.4 + (-3\% - 19\%)^2 \times 0.2} = 12.88\%$

乙方案标准差 $= \sqrt{(40\% - 19\%)^2 \times 0.4 + (15\% - 19\%)^2 \times 0.4 + (-15\% - 19\%)^2 \times 0.2} = 20.35\%$。

(3) 预期收益率的变异系数分别为：

甲方案变异系数 = 12.88%/19% = 0.68

乙方案变异系数 = 20.35%/19% = 1.07。

(4) 乙方案的风险大于甲方案。理由：乙方案的变化系数大于甲方案。

4.【答案及解析】

(1) A股票收益率的期望值 = (4% − 2% + 5% + 6% − 3%)/5 = 2%

A股票收益率的标准差 = {[(4% − 2%) × (4% − 2%) + (−2% − 2%) × (−2% − 2%) + (5% − 2%) × (5% − 2%) + (6% − 2%) × (6% − 2%) + (−3% − 2%) × (−3% − 2%)]/(5 − 1)}开方

= 4.18%

B股票收益率的期望值 = 10% ×0.3 + 20% ×0.3 − 8% ×0.4 = 5.8%

B股票收益率的标准差

= [(10% − 5.8%) × (10% − 5.8%) × 0.3 + (20% − 5.8%) × (20% − 5.8%) × 0.3 + (−8% − 5.8%) × (−8% − 5.8%) × 0.4]开方

= 11.91%。

(2) A、B股票的协方差

= A、B股票的相关系数 × A股票收益率的标准差 × B股票收益率的标准差

= 0.8 × 4.18% × 11.91%

= 0.40%。

(3) 投资组合的方差

= 0.3 × 0.3 × 4.18% × 4.18% + 2 × 0.3 × 0.7 × 0.40% + 0.7 × 0.7 × 11.91% × 11.91% = 0.88%

投资组合的标准差 $= \sqrt{0.88\%} = 9.38\%$。

(4) 投资组合的贝塔系数 = 0.5 × 9.38%/15% = 0.31

假设B股票的贝塔系数为 b，则：

0.3 × 0.4 + 0.7 × b = 0.31

解得：$b = 0.27$。

5.【答案及解析】

证券名称	必要报酬率	标准差	与市场组合的相关系数	β值
无风险资产	0.025	0	0	0
市场组合	0.175	0.1	1	1
A股票	0.22	0.2	0.65	1.3
B股票	0.16	0.15	0.6	0.9
C股票	0.31	0.95	0.2	1.9

本题主要考查β系数的计算公式“$\beta_j = r_{jM}\left(\frac{\sigma_j}{\sigma_M}\right)$”和资本资产定价模型 $K_i = R_f + \beta(K_m - R_f)$ 计算公式。利用这两个公式和已知的资料就可以方便地推算出其他数据。

根据已知资料和β系数的定义公式，可以推算A股票的标准差和B股票与市场组合的相关系数：

A股票的标准差 = 1.3 × 0.1/0.65 = 0.2

B股票与市场组合的相关系数 = 0.9 × 0.1/0.15 = 0.6

利用A股票和B股票给定的有关资料和资本资产定价模型可以推算出无风险收益率和市场收益率：

$0.22 = R_f + 1.3 \times (K_m - R_f)$

$0.16 = R_f + 0.9 \times (K_m - R_f)$ $K_m = 17.5\%$；$R_f = 2.5\%$

利用资本资产定价模型和β系数的定义

公式可以分别推算出 C 股票的 β 系数和 C 股票的标准差：

C 股票的 β 值 =（0.31 - 2.5%）/（17.5% - 2.5%）= 1.9

C 股票的标准差 = 1.9 × 0.1/0.2 = 0.95

其他数据可以根据概念和定义得到：

市场组合 β 系数为 1，市场组合与自身的相关系数为 1，无风险资产报酬率的标准差和 β 系数均为 0，无风险资产报酬率与市场组合报酬率不相关，因此它们的相关系数为 0。

或：（1）无风险资产的标准差、与市场组合的相关系数、贝塔值，可以根据其定义判断。

（2）市场组合与市场组合的相关系数、贝塔值，可以根据其定义判断。

（3）利用 A 股票和 B 股票的数据解联立方程：

0.22 = 无风险资产报酬率 + 1.3 ×（市场组合报酬率 - 无风险资产报酬率）

0.16 = 无风险资产报酬率 + 0.9 ×（市场组合报酬率 - 无风险资产报酬率）

无风险资产报酬率 = 0.025

市场组合报酬率 = 0.175。

（4）根据贝塔值的计算公式求 A 股票的标准差

根据公式：

β = 与市场组合的相关系数 ×（股票标准差/市场组合标准差）

1.3 = 0.65 ×（标准差/0.1）

标准差 = 0.2。

（5）根据贝塔值的计算公式求 B 股票的相关系数

0.9 = r ×（0.15/0.1）

r = 0.6。

（6）根据资本资产定价模型计算 C 股票的贝塔值

0.31 = 0.025 + β ×（0.175 - 0.025）

β = 1.9。

（7）根据贝塔值的计算公式求 C 股票的标准差

1.9 = 0.2 ×（标准差/0.1）

标准差 = 0.95。

6.【答案及解析】

（1）预期报酬率 = 60% × 15% + 40% × 6% = 11.4%

标准差 = 0.6 × 12% = 7.2%。

（2）Q = 15 000/10 000 = 150%

预期报酬率 = 150% × 15% +（1 - 150%）× 6% = 19.5%

标准差 = 150% × 12% = 18%。

（3）假设投入到 A 股票的资金占全部资金的比重为 Q，则有：

Q × 15% +（1 - Q）× 6% = 12.3%

解得：Q = 70%

即应将 7 000 元投资于 A 股票，3 000 元投资于无风险资产。此时承担的风险为：标准差 = 70% × 12% = 8.4%。

【提示】

无风险资产与风险资产构成的投资组合的期望报酬率与总标准差的关系

总期望报酬率 R = Q × 风险组合的期望报酬率 R_m +（1 - Q）× 无风险利率 R_f

总标准差 σ = Q × 风险组合的标准差 σ_m

第四章　资本成本

本章考情分析

本章是重点章节，主要阐述了财务估值中资本成本估算的方法，既是筹资也是投资管理的核心内容。学习的目的是使考生理解资本成本的概念，能够估计普通股成本、债务成本、混合筹资成本以及企业的加权平均资本成本。

本章从题型来看，客观题、主观题都有可能性，在近3年的考试中平均分值为5分左右。

考生在学习本章时，要理清各概念和模型之间的联系和区别，本章特别容易和其他章节综合起来考查主观题。

本章教材变化

本章对到期收益率法进行了补充和修订。

本章思维导图

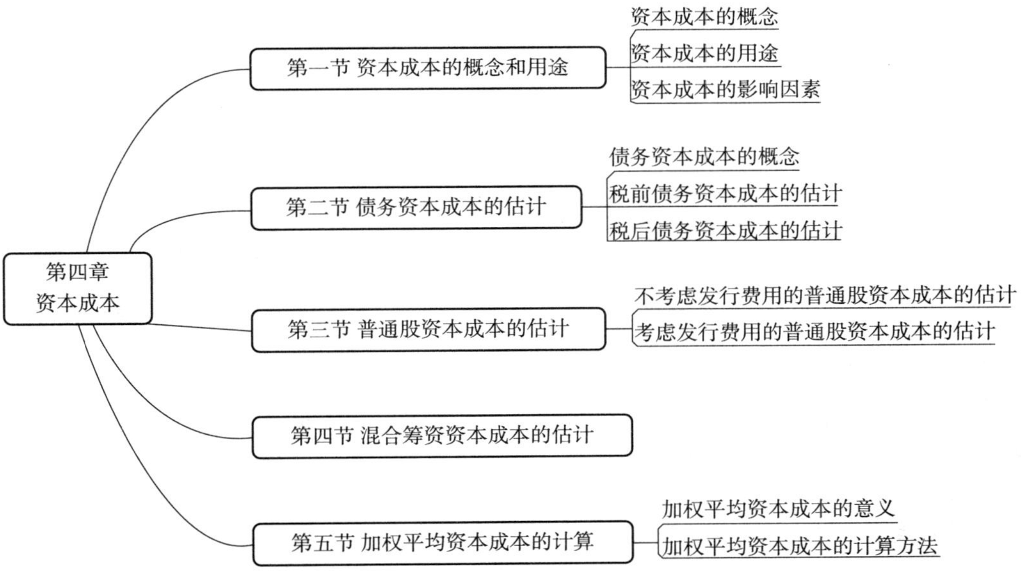

第一节　资本成本的概念和用途

考点精讲及典型例题解析

一、资本成本的概念（能力等级1）

要点	说明
1. 概念	（1）含义：资本成本是指投资资本的机会成本。这种成本不是实际支付的成本，而是一种失去的收益，是将资本用于本项投资所放弃的其他投资机会的收益，因此被称为机会成本。这种机会成本，是投资人要求的最低报酬率（即放弃的其他投资机会中报酬率最高的一个）。因此，它也是最低可接受的收益率、投资项目的取舍收益率。 （2）资本成本的概念包括两个方面：一方面，资本成本与公司的筹资活动有关，它是公司募集和使用资金的成本，即筹资的成本；另一方面，资本成本与公司的投资活动有关，它是投资的必要报酬率
2. 公司的资本成本	（1）含义：公司的资本成本，是指组成公司资本结构的各种资金来源的成本的组合，也就是各种资本要素成本的加权平均数。 （2）理解：①资本成本是公司取得资本使用权的代价。因此，投资人的税前必要报酬率就等于公司的税前资本成本。②资本成本是公司投资人的最低报酬率。因此，公司的资本成本与资本市场有关，如果市场上其他投资机会的报酬率升高，公司的资本成本也会上升。③不同资本来源的资本成本不同。每一种资本要素要求的报酬率被称为要素成本。由于风险不同，每一种资本要素要求的报酬率不同。公司的资本成本是构成企业资本结构中各种资金来源成本的组合，即各要素成本的加权平均值。④不同公司的筹资成本不同。一个公司资本成本的高低，取决于三个因素：1）无风险报酬率；2）经营风险溢价；3）财务风险溢价。由于公司所经营的业务不同（经营风险不同），资本结构不同（财务风险不同），因此各公司的资本成本不同。公司的经营风险和财务风险大，投资人要求的报酬率就会较高，公司的资本成本也就较高
3. 投资项目的资本成本	（1）含义：投资项目的资本成本是指项目本身所需投资资本的机会成本。 （2）每个项目有自己的机会资本成本，其高低取决于什么样的项目，每个项目都有自己资本成本，它是项目的风险函数。 ①如果公司新的投资项目的风险与企业现有资产平均风险相同，则项目资本成本等于公司资本成本； ②如果新的投资项目的风险高于企业现有资产的平均风险，则项目资本成本高于公司资本成本； ③如果新的投资项目的风险低于企业现有资产的平均风险，则项目资本成本低于公司的资本成本

【例4－1】（2016年多选题）下列关于投资项目资本成本的说法中，正确的有（　　）。

A. 资本成本是投资项目的取舍率

B. 资本成本是投资项目的必要报酬率

C. 资本成本是投资项目的机会成本

D. 资本成本是投资项目的内含报酬率

【答案】ABC

【解析】公司资本成本是投资人针对整个公司要求的报酬率，或者说是投资者对于企业全部资产要求的必要报酬率。项目资本成本是公司投资于资本支出项目所要求的必要报酬率。选项D，项目的内含报酬率是真实的报酬率，不是资本成本。

二、资本成本的用途（能力等级1）

用途	说明
投资决策	项目资本成本是项目投资评价的基准：净现值法的折现率；内含报酬率法的“取舍率”

续表

用途	说明
筹资决策	确定最优资本结构（加权平均资本成本最低、公司价值最大）
营运资本管理	评估营运资本投资政策和营运资本筹资政策
企业价值评估	现金流量折现法使用公司资本成本作为公司现金流量的折现率
业绩评价	计算经济增加值需要使用公司资本成本

三、资本成本的影响因素（能力等级1）

（一）外部因素

因素	说明
利率	市场利率上升→投资人的机会成本增加→公司的债务成本、普通股和优先股的成本上升→投资价值降低，抑制公司投资
市场风险溢价	由资本市场上的供求双方决定；主要影响股权成本
税率	①影响税后债务成本以及公司加权平均资本成本； ②资本性收益的税务政策影响人们对于权益投资和债务投资的选择，并间接影响公司的最佳资本结构

（二）内部因素

因素	说明
资本结构	债务比重增加→加权平均资本成本降低→财务风险上升→债务成本和权益成本上升
投资政策	新投资项目风险高于现有项目→资产平均风险提高→资本成本上升

【例4-2】（多选题）以下事项中，会导致公司加权平均资本成本降低的有（　　）。

A. 因总体经济环境变化，导致无风险报酬率降低

B. 公司固定成本占全部成本的比重降低

C. 公司股票上市交易，改善了股票的市场流动性

D. 发行公司债券，增加了长期负债占全部资本的比重

【答案】ABC

【解析】本题选项基本上是原教材中的原话，但做对的人较少。导致公司加权平均资本成本降低的有：总体经济环境变化（反映在无风险报酬率上），投资者要求的收益率（如市场流动性好、变现风险小，投资者要求的收益率下降），企业经营风险（如固定成本的占有比例降低）和财务风险降低，融资规模（当企业发行的证券金额增大到一定程度后，资金筹集费和资金占用费都会上升，而且证券发行规模的增大还会降低其发行价格，进一步增大资本成本）。

第二节　债务资本成本的估计

一、债务资本成本的概念（能力等级1）

含义	债务成本就是确定债权人要求的报酬率
特征	（1）债务筹资产生合同义务。 合同义务包括在未来某一特定日期归还本金，以及支付本金之外的利息费用或票面利息。 （2）公司在履行上述义务时，归还债权人本息的请求权优先于股东的股利。 （3）提供债务筹资资本的投资者，没有权利获得高于合同规定利息之外的人和收益。 【提示】债务资本的提供者承担的风险显著低于股东，因此债务的资本成本低于权益筹资

要点	说明
1. 区分债务的历史成本和未来成本	作为投资决策和企业价值评估依据的资本成本，只能是未来借入新债务的成本。现有债务的历史成本，对于未来的决策是不相关的沉没成本
2. 区分债务的承诺收益与期望收益	债务投资人能得到的合同规定的本金和利息，称为“承诺收益”。投资人把承诺收益视为期望收益是不对的，因为违约的可能性是存在的。对于筹资人来说，债权人的期望收益是其债务的真实成本。因为存在违约风险，债务投资组合的期望收益低于合同规定的收益
3. 区分长期债务和短期债务	（1）要求：加权平均资本成本主要用于资本预算，涉及的债务是长期债务，通常的做法是只考虑长期债务，而忽略各种短期债务。 （2）注意：有时候公司无法发行长期债券或取得长期银行借款，被迫采用短期债务筹资并将其不断续约。这种债务，实质上是一种长期债务，是不能忽略的

【例4－3】（2018年单选题）进行投资项目资本预算时，需要估计债务资本成本。下列说法中，正确的是（　　）。

A. 如果公司资本结构不变，债务资本成本是现有债务的历史成本

B. 如果公司有上市债券，可以使用债券承诺收益作为债务资本成本

C. 即使公司通过不断续约短债长用，债务资本成本也只是长期债务的成本

D. 如果公司发行“垃圾债券”，债务资本成本应是考虑违约可能后的期望成本

【答案】D

【解析】作为投资决策和企业价值评估依据的资本成本，只能是未来借入新债务的成本。现有债务的历史成本，对于未来的决策来说是不相关的沉没成本。选项A错误；对于筹资人来说，债权人的期望收益是其债务的真实成本。选项B错误；值得注意的是，有时候公司无法发行长期债券或取得长期银行借款，被迫采用短期债务筹资并将其不断续约。这种债务，实质上是一种长期债务，是不能忽略的。选项C错误；如果筹资公司处于财务困境或者财务状况不佳，债务的承诺收益率可能非常高，例如，各种“垃圾债券”。所以债务资本成本应是考虑违约可能后的期望成本。选项D正确。

【例4－4】（2016年单选题）在进行投资决策时，需要估计的债务成本是（　　）。

A. 现有债务的承诺收益

B. 未来债务的期望收益

C. 未来债务的承诺收益

D. 现有债务的期望收益

【答案】B

【解析】对于筹资人来说，债权人的期望收益是其债务的真实成本。

【例4－5】（2012年多选题）企业在进行资本预算时需要对债务成本进行估计。如果不考虑所得税的影响，下列关于债务成本的说法中，正确的有（　　）。

A. 债务成本等于债权人的期望收益

B. 当不存在违约风险时，债务成本等于债务的承诺收益

C. 估计债务成本时，应使用现有债务的加权平均债务成本

D. 计算加权平均债务成本时，通常不需要考虑短期债务

【答案】ABD

【解析】作为投资决策和企业价值评估依据的资本成本，只能是未来借入新债务的成本。现有债务的历史成本，对于未来的决策是不相关的沉没成本，选项C错误。

二、税前债务资本成本的估计（能力等级2）

方法	内容
1. 到期收益率法（税前资本成本）	（1）如果公司目前有上市的长期债券，则可以使用到期收益率法计算债务的税前成本。根据债券估价的公式，不考虑发行费的到期收益率是使下式成立的 r_d： $P=\sum_{t=1}^{n}\frac{利息}{(1+r_d)^t}+\frac{本金}{(1+r_d)^n}$ 式中： P——债券的市价；r_d——到期收益率即税前债务成本；n——债务的期限，通常以年表示。

续表

方法	内容
1. 到期收益率法（税前资本成本）	求解 r_d 需要使用“逐步测试法”。如果债券不是按年付息，而是每年付息 m 次，则上述公式调整为： $P_0=\sum_{t=1}^{mn}\frac{利息\div m}{(1+r_d)^t}+\frac{本金}{(1+r_d)^{mn}}$ 式中：P_0——债券的市价；r_d——计息期折现率；m——每年计息次数；n——债务的剩余期限，通常以年表示。 债务税前资本成本 = 有效年利率 = $(1+r_d)^m-1$ （2）如果公司新发行债券的税前债务成本，根据债券估价的公式，考虑发行费的到期收益率是使下式成立的 r_d： $P\times(1-F)=\sum_{t=1}^{n}\frac{利息}{(1+r_d)^t}+\frac{本金}{(1+r_d)^n}$ 式中：F——发行新债券的发行费
2. 可比公司法	（1）做法：如果公司没有上市债券，就需要找一个拥有可交易债券的可比公司，作为参照物。计算可比公司长期债券的到期收益率，作为本公司的长期债务成本。 （2）要求：可比公司应当与目标公司处于同一行业，具有类似的商业模式。最好两者的规模、负债比率和财务状况也比较类似
3. 风险调整法	（1）前提：本公司没有上市的债券，而且找不到合适的可比公司。 （2）公式：税前债务成本 = 政府债券的市场回报率 + 企业的信用风险补偿率。 （3）做法：信用风险的大小可以用信用级别来估计： ①选择若干信用级别与本公司相同上市公司债券； ②计算这些上市公司债券的到期收益率； ③计算与这些上市公司债券同期的长期政府债券到期收益率（无风险利率）； ④计算上述两个到期收益率的差额，即信用风险补偿率； ⑤计算信用风险补偿率的平均值，并作为本公司的信用风险补偿率 【提示】政府债券的市场回报率应选择与企业债券预期期限相同（到期日接近）的到期收益率
4. 财务比率法	（1）前提：如果目标公司没有上市的长期债券，也找不到合适的可比公司，并且没有信用评级资料。 按照该方法，需要知道目标公司的关键财务比率，根据这些比率可以大体上判断该公司的信用级别，有了信用级别就可以使用风险调整法确定其债务成本。 （2）财务比率和信用级别存在相关关系

【例4－6】（2013年单选题）甲公司采用风险调整法估计债务成本，在选择若干已上市公司债券以确定本公司的信用风险补偿率时，应当选择（　　）。

A. 与本公司信用级别相同的债券

B. 与本公司所处行业相同的公司的债券

C. 与本公司商业模式相同的公司的债券

D. 与本公司债券期限相同的债券

【答案】A

【解析】信用风险的大小可以用信用级别来表示，因此应选择若干信用级别与本公司相同的上市的公司债券。

【例4－7】（2015年多选题）甲公司目前没有上市债券，在采用可比公司法测算公司的债务资本成本时，选择的可比公司应具有的特征有（　　）。

A. 与甲公司在同一行业

B. 与甲公司商业模式类似

C. 拥有可上市交易的长期债券

D. 与甲公司在同一生命周期阶段

【答案】ABC

【解析】如果公司没有上市债券，就需要找一个拥有可交易债券的可比公司，作为参照物。计算可比公司长期债券的到期收益率，作为本公司的长期债务成本。可比公司应当与目标公司处于同一行业，具有类似的商业模式。最好两者的规模、负债比率和财务状况也比较类似。

三、税后债务资本成本的估计（能力等级2）

税后债务资本成本 = 税前债务资本成本×（1－所得税税率）

基本公式	$P\times(1-F)=\sum_{t=1}^{n}\frac{I}{(1+K_d)^t}+\frac{M}{(1+K_d)^t}$ 式中：P——债券发行价格；M——债券面值；F——发行费用率；n——债券的到期时间；T——公司的所得税税率；I——每年的利息额；K_d——经发行成本调整后的债券税前成本
税后债务资本成本	由于所得税的作用，公司的债务成本小于债权人要求的收益率。新发债券，考虑发行成本的影响。 $K_{dt}=K_d\times(1-T)$

【例4－8】（单选题）某公司发行面额1 000万元，票面利率为15%，偿还期限2年，每半年付息，公司适用的所得税率为25%，该债券发行价为1 000万元，发行成本为4.862%，则债券税后年实际资本成本为（　　）。

A. 9%　　　　B. 13.5%

C. 14.11%　　D. 18%

【答案】C

【解析】$1\ 000\times(1-4.862\%)=1\ 000\times7.5\%\times(P/A,\ r_d,\ 4)+1\ 000\times(P/F,\ r_d,\ 4)$

即：$951.38=75\times(P/A,\ r_d,\ 4)+1\ 000\times(P/F,\ r_d,\ 4)$

利用试误法：当 $r_d=9\%$，

$75\times(P/A,\ 9\%,\ 4)+1\ 000\times(P/F,\ 9\%,\ 4)=75\times3.2397+1\ 000\times0.7084=951.38$。所以：每半年债券税前资本成本 $=9\%$。

年实际资本成本 $=(1+9\%)^2-1=18.81\%$

债券税后资本成本 $r_{dt}=18.81\%\times(1-25\%)=14.11\%$。

第三节　普通股资本成本的估计

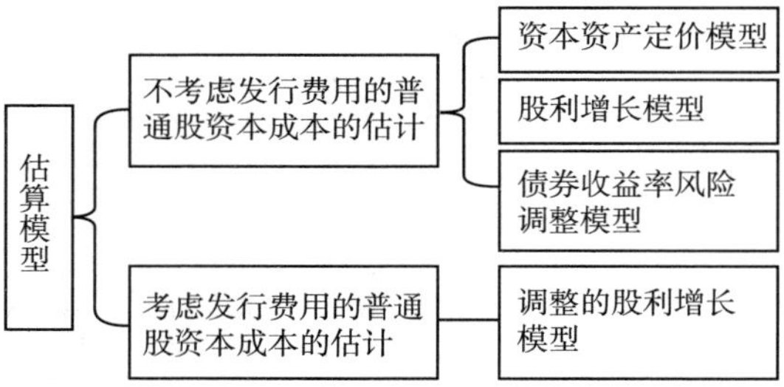

一、不考虑发行费用的普通股资本成本的估计（能力等级2）

（一）资本资产定价模型

要点	说明
基本公式	$r_S=r_{RF}+\beta\times(r_m-r_{RF})$ 式中： r_{RF}——无风险利率； β——股票的贝塔系数； r_m——平均风险股票报酬率； (r_m-r_{RF})——市场风险溢价； $\beta\times(r_m-r_{RF})$——股票的风险溢价
估计参数	（1）无风险利率；（2）贝塔值；（3）市场风险溢价

1. 无风险利率的估计

一般来说，选择长期政府债券的名义到期收益率。

（1）选择短期政府债券利率还是长期政府债券利率

选择	原因
通常认为，在计算公司资本成本时选择长期政府债券比较适宜（最常见的做法，是选用10年期的政府债券利率作为无风险利率的代表，也有人主张使用更长时间的政府债券利率）	①普通股是长期的有价证券。 ②资本预算涉及的时间长。 ③长期政府债券的利率波动较小

（2）选择票面利率还是到期收益率

选择	原因
应当选择上市交易的政府长期债券的到期收益率作为无风险利率的代表	不同时间发行的长期政府债券，其票面利率不同，有时相差较大。长期政府债券的付息期不同，有半年期或一年期等，还有到期一次还本付息的，因此，票面利率是不适宜的

（3）选择名义无风险利率还是实际无风险利率

①通货膨胀的考虑：

影响	说明
对利率的影响	这里的名义利率是指包含了通货膨胀的利率，实际利率是指排除了通货膨胀的利率。两者关系可表述如下式： $1+r_{名义}=(1+r_{实际})(1+通货膨胀率)$
对现金流量的影响	如果企业对未来现金流量的预测是基于预算年度的价格水平，并消除了通货膨胀的影响，那么这种现金流量称为实际现金流量。包含了通货膨胀影响的现金流量，称为名义现金流量。两者的关系为： 名义现金流量＝实际现金流量×$(1+通货膨胀率)^n$，式中：n——相对于基期的期数

②决策分析的基本原则：名义现金流量要使用名义折现率进行折现，实际现金流量要使用实际折现率进行折现。

③无风险利率在实务中分歧和处理的方式：

通常做法	一般情况下使用名义货币编制预计财务报表并确定现金流量，与此同时，使用名义的无风险利率计算资本成本
使用实际利率的情况	（1）存在恶性的通货膨胀（通货膨胀率已经达到两位数），最好使用实际现金流量和实际利率；（2）预测周期特别长

【例4－9】（2018年多选题）下列各项中可用于估计普通股资本成本的方法有（　　）。

A. 财务比率法

B. 资本资产定价模型

C. 固定股利增长模型

D. 债券收益率风险调整模型

【答案】BCD

【解析】估计普通股成本方法有三种：资本资产定价模型、折现现金流量模型和债券报酬率风险调整模型。其中，资本资产定价模型使用的最广泛。

【例4－10】（单选题）利用资本资产定价模型确定股票资本成本时，有关无风险利率的表述正确的是（　　）。

A. 选择长期政府债券的票面利率比较适宜

B. 选择上市的国库券利率比较适宜

C. 必须选择实际的无风险利率

D. 政府债券的未来现金流，都是按名义货币支付的，据此计算出来的到期收益率是名义无风险利率

【答案】D

【解析】应当选择上市交易的政府长期债券的到期收益率作为无风险利率的代表，所以选项A和B错误。在决策分析中，有一条必须遵守的原则，即名义现金流量要使用名义折现率进行折现，实际现金流量要使用实际折现率进行折现，通常在实务中这样处理：一般情况下使用名义货币编制预计财务报表并确定现金流量，与此同时，使用名义无风险利率计算资本成本。只有在存在恶性的通货膨胀或者预测周期特别长的两种情况下，才使用实际利率计算资本成本。

【例4－11】（2018年多选题）采用实体现金流量模型进行企业价值评估时，为了计算资本成本，无风险利率需要使用实际利率的情况有（　　）。

A. 预测周期特别长

B. β系数较大

C. 存在恶性通货膨胀

D. 市场风险溢价较高

【答案】AC

【解析】使用实际利率的情况：（1）存在恶性的通货膨胀（通货膨胀率已经达到两位数）时，最好使用排除通货膨胀的实际现金流量和实际利率；（2）预测周期特别长。

2. 股票β值的估计

要点	内容
计算方法	一是回归直线法；二是定义公式法。 $\beta=\frac{\text{cov}(r_i,r_m)}{\sigma_m^2}$ 式中：$\text{cov}(r_i,r_m)$——证券 i 的报酬率与市场组合报酬率的协方差； σ_m^2——市场组合报酬率的方差
选择有关预测期间的长度	（1）选择：公司风险特征无重大变化时，可以采用 5 年或更长的预测期长度；如果公司风险特征发生重大变化，应当使用变化后的年份作为预测期长度。 （2）原因：较长的期限可以提供较多的数据，得到的贝塔值更具代表性，但在这段时间里公司本身的风险特征可能会发生变化
选择收益计量的时间间隔	（1）选择：选择使用每周或每月的收益率。 （2）原因：使用每日内的收益率会由于有些日子没有成交或者停牌，由此引起的偏差会降低股票收益率与市场收益率之间的相关性，也会降低该股票的 β 值。使用每周或每月的收益率能显著地降低这种偏差。年度收益率较少采用
注意	驱动 β 系数关键的因素有经营杠杆、财务杠杆和收益的周期性。如果公司在这三方面没有显著改变，就可以用历史的贝塔值估计股权成本。收益周期性是指一个公司的收入和利润对整个经济周期状态的依赖性强弱

【例 4－12】（多选题）如果公司在下面哪些方面没有显著改变时可以用历史的 β 值估计权益成本（　　）。

A. 经营杠杆　　B. 财务杠杆

C. 收益的周期性　　D. 无风险利率

【答案】ABC

【解析】β 值的驱动因素很多，但关键的因素只有三个：经营杠杆、财务杠杆和收益的周期性。如果公司在这三方面没有显著改变，则可以用历史的 β 值估计权益成本。

3. 市场风险溢价的估计

要点	说明
含义	市场风险溢价 $=r_m-r_{RF}$ 通常被定义为在一个相当长的历史时期里，市场平均收益率与无风险资产平均收益率之间的差异
方法	历史数据分析
选择时间跨度	由于股票收益率非常复杂多变，影响因素很多，因此，较短的期间所提供的风险溢价比较极端，无法反映平均水平，因此应选择较长的时间跨度。既要包括经济繁荣时期，也包括经济衰退时期
选择算术平均数还是几何平均数	多数人倾向于采用几何平均法 几何平均数方法下的市场平均收益率 $=\sqrt[n]{\frac{P_n}{P_0}}-1$

【例 4－13】（单选题）下列关于"运用资本资产定价模型估计权益成本"的表述中，错误的是（　　）。

A. 通货膨胀率较低时，可选择上市交易的政府长期债券的到期收益率作为无风险利率

B. 公司三年前发行了较大规模的公司债券，估计 β 系数时应使用发行债券日之后的交易数据计算

C. 金融危机导致过去两年证券市场萧条，估计市场风险溢价时应剔除这两年的数据

D. 为了更好地预测长期平均风险溢价，估计市场风险溢价时应使用权益市场的几何平均收益率

【答案】C

【解析】由于股票收益率非常复杂多变，影响因素很多，因此较短的期间所提供的风险溢价比较极端，无法反映平均水平，因此应选择较长的时间跨度，既要包括经济繁荣时期，也要包括经济衰退时期。

（二）股利增长模型

要点	说明
计算公式	$r_s = D_1/P_0 + g$ 式中：r_s——普通股成本； D_1——预期下年现金股利额； P_0——普通股当前市价； g——股利的年增长率
参数估计	如果一家企业现在支付股利，那么D_0就是已知的，而$D_1 = D_0(1+g)$，所以使用股利增长模型的困难在于估计股利的平均增长率。普通股利年增长率的估计方法：（1）历史增长率；（2）可持续增长率；（3）采用证券分析师的预测

普通股利年增长率的估计方法

要点	说明
1. 历史增长率	根据过去的股利支付数据估计未来的股利增长率，股利增长率可以按几何平均数计算，也可以按算数平均数计算。 【提示】几何增长率适合投资者在整个期间长期持有股票的情况，而算术平均数适合在某一段时间持有股票的情况。由于股利折现模型的增长率，需要长期的平均增长率，几何增长率更符合逻辑
2. 可持续增长率	假设未来保持当前的经营效率和财务政策（包括不增发股票和股票回购）不变，则可根据可持续增长率来确定股利的增长率 股利的增长率＝可持续增长率＝留存收益比率×期初权益预期净利率 【提示】可以利用期末权益的计算公式： 股利的增长率＝可持续增长率＝（留存收益比率×权益净利率）/（1－留存收益比率×权益净利率）
3. 采用证券分析师的预测	证券分析师发布的各公司增长率预测值，通常是分年度或季度的，而不是一个唯一的长期增长率。对此，有两种处理办法： （1）将不稳定的增长率平均化： 转换的方法计算未来足够长期间（例如30年或50年）的年度增长率的几何平均数。 （2）根据不均匀的增长率直接计算股权成本： 这种方法，可以理解为股票收益率计算时的非固定增长情况。比如，两阶段模型。假设当前的股价为P_0，权益资本成本为r_s，前n年的股利增长率是非恒定的，n年后的股利增长率是恒定的g。则有： $P_0 = \sum_{t=1}^{n} \frac{D_t}{(1+r_s)^t} + \frac{P_n}{(1+r_s)^n} = \frac{D_1}{(1+r_s)^1} + \frac{D_2}{(1+r_s)^2} + \cdots + \frac{D_n}{(1+r_s)^n} + \frac{D_n(1-g)/(r_s-g)}{(1+r_s)^n}$ 根据上式，运用逐步测试法，然后用内插法即可求得股权成本r_s

【例4－14】（2017年多选题）甲公司是一家稳定发展的制造业企业，经营效率和财务政策过去十年保持稳定且预计未来继续保持不变，未来不打算增发或回购股票，公司现拟用股利增长模型估计普通股资本成本，下列各项中，可作为股利增长率的有（　）。

A. 甲公司可持续增长率

B. 甲公司内含增长率

C. 甲公司历史股利增长率

D. 甲公司历史股价增长率

【答案】AC

【解析】甲公司满足可持续增长的五个假设条件，即股利增长率＝可持续增长率，选项A正确；经营效率和财务政策过去十年保持稳定且预计未来继续保持不变，所以历史股利增长率＝预计股利增长率，选项C正确。

【例4－15】（单选题）已知某普通股的β值为1.2，无风险利率为6%，市场组合的必要收益率为10%，该普通股目前的市价为10元/股，预计第一期的股利为0.8元，不考虑筹资费用，假设根据资本资产定价模型和股

第四章

利增长模型计算得出的普通股成本相等，则该普通股股利的年增长率为（　　）。

A. 6%

B. 2%

C. 2.8%

D. 3%

【答案】C

【解析】普通股成本 =6% +1.2×(10% -6%) =10.8%，10.8% =0.8/10 +g；g =2.8%。

【例4-16】（单选题）如果采用股利增长模型法计算股票的资本成本，则下列因素单独变动会导致普通股资本成本降低的是（　　）。

A. 预期第一年股利增加

B. 股利固定增长率提高

C. 普通股的筹资费用增加

D. 股票市场价格上升

【答案】D

【解析】股利增长模型 $r_s = D_1/[P_0(1-F)]+g$ 股票市场价格 P_0 上升，则 r_s 降低。

（三）债券收益率风险调整模型

要点	说明
1. 原理	根据投资"风险越大，要求的报酬率越高"的原理，普通股股东对企业的投资风险大于债券投资者，因而会在代理相关投资者要求的收益率上再要求一定的风险溢价
2. 公式	$r_s = r_{dt} + RP_c$ 式中：r_{dt}——税后债务成本； RP_c——股东比债权人承担更大风险所要求的风险溢价。 【提示】风险溢价是凭借经验估计的。一般认为，某企业普通股风险溢价对其自己发行的债券来讲，大约在3%～5%之间。对风险较高的股票用5%，风险较低的股票用3%

【例4-17】（2018年单选题）在采用债券收益率风险调整模型估计普通股资本成本时，风险溢价是（　　）。

A. 目标公司普通股相对长期国债的风险溢价

B. 目标公司普通股相对短期国债的风险溢价

C. 目标公司普通股相对可比公司长期债券的风险溢价

D. 目标公司普通股相对目标公司债券的风险溢价

【答案】D

【解析】风险溢价是凭借经验估计的。一般认为，某企业普通股风险溢价对其自己发行的债券来讲，大约在3%～5%之间。

二、考虑发行费用的普通股资本成本的估计（能力等级2）

1. 新发行普通股的成本：$r_s = D_1/[P_0(1-F)]+g$

式中：F——普通股筹资费用率。

2. 留存收益资本成本的估计

留存收益资本成本的估计与普通股相似，但无需考虑筹资费用。

第四节　混合筹资资本成本的估计

混合筹资的含义：混合筹资兼具债权和股权筹资双重属性，主要包括优先股筹资、永续债筹资、可转换债券筹资、认股权证筹资。

一、优先股资本成本的估计（能力等级2）

要点	说明
含义	优先股资本成本是优先股股东要求的必要报酬率
内容	优先股资本成本包括股息和发行费用
特征	优先股股息通常是固定的，公司税后利润在派发普通股股利之前，优先派发优先股股息
计算公式	$r_p = D_p/[P_p(1-F)]$ 式中，r_p表示优先股资本成本；D_p表示优先股每股年股息；P_p表示优先股每股发行价格；F表示优先股发行费用率

【例4-18】（单选题）某企业经批准平价发行优先股股票，筹资费率和股息年率分别为5%和9%，所得税率为25%，则优先股成本为（　　）。

A. 9.47%

B. 5.26%

C. 5.71%

D. 5.49%

【答案】A

【解析】r_p =9%/(1-5%) =9.47%。

二、永续债的资本成本（能力等级2）

要点	说明
永续债的含义	没有明确到期日或期限非常长的债券，债券发行方只需支付利息，没有还本义务（实际操作中会附加赎回及利率调整条款）
特征	永续债是具有一定权益属性的债务工具，其利息是一种永续年金
税前资本成本	$r_{pd}=I_{pd}/[P_{pd}(1-F)]$ 式中，r_{pd}表示永续债资本成本；I_{pd}表示永续债每年利息；P_{pd}表示永续债发行价格；F表示永续债发行费用率

第五节 加权平均资本成本的计算（能力等级2）

要点		说明
1. 意义		是公司全部长期资本的平均成本，一般按各种长期资本的比例加权计算，故称加权平均资本成本
2. 计算公式		$WACC=\sum_{j=1}^{n}r_jw_j$ 式中：$WACC$——加权平均资本成本；r_j——第j种个别资本成本； w_j——第j种个别资金占全部资金的比重（权数）
3. 权数的选择	账面价值加权	根据企业资产负债表上显示的会计价值来衡量每种资本的比例。 缺点：账面结构反映的是历史的结构，不一定符合未来的状态；账面价值会歪曲资本成本
	实际市场价值加权	根据当前负债和权益的市场价值比例衡量每种资本的比例。 缺点：由于市场价值不断变动，负债和权益的比例也随之变动，计算出的加权平均资本成本数额也是经常变化的
	目标资本结构加权	指根据按市场价值计量的目标资本结构衡量每种资本要素的比例。 优点：这种方法可以选用平均市场价格，回避证券市场价格变动频繁的不便；可以适用于公司评价未来的资本结构，而不像账面价值权数和实际市场价值权数那样只反映过去和现在的资本结构

【提示】主观题考试时权重按照题目的要求来选，如果考试没有说明以什么为权重，根据以往考试来看通常是以账面价值为权重。

【例4-19】（单选题）企业目标资本结构是使加权平均资本成本最低的资本结构。假设其他条件不变，该资本结构也是（　　）。

A. 使每股收益最高的资本结构

B. 使利润最大化的资本结构

C. 使股东财富最大的资本结构

D. 使股票价格最高的资本结构

【答案】C

【解析】公司的最佳资本结构应当是使公司的总价值最高，同时加权平均资本成本也是最低，而不一定是每股收益最高或利润最大的资本结构，假设股东投资资本的债务价值不变，公司价值最大化与增加股东财富具有相同的意义，所以选C。

【例4-20】（单选题）某企业希望在筹资计划中确定期望的加权平均资本成本，为此需要计算个别资本占全部资本的比重。此时，最适宜采用的计算基础是（　　）。

A. 目前的账面价值

B. 目前的市场价值

C. 预计的账面价值

D. 目标市场价值

【答案】D

【解析】目标价值权数能体现期望的资本结构，而不是像账面价值权数和市场价值权数那样只反映过去和现在的资本结构，所以按目标价值权数计算的加权平均资本成本更适用于企业筹措新资金。

【例4-21】（多选题）下列关于计算加权平均资本成本的说法中，正确的有（　　）。

A. 计算加权平均资本成本时，理想的做

法是按照以市场价值计量的目标资本结构的比例计量每种资本要素的权重

B. 计算加权平均资本成本时，每种资本要素的相关成本是未来增量资金的机会成本，而非已经筹集资金的历史成本

C. 计算加权平均资本成本时，需要考虑发行费用的债务应与不需要考虑发行费用的债务分开，分别计量资本成本和权重

D. 计算加权平均资本成本时，如果筹资企业处于财务困境，需将债务的承诺收益率而非期望收益率作为债务成本

【答案】ABC

【解析】目标资本结构加权是指根据按市场价值计量的目标资本结构衡量每种资本要素的比例，所以选项A正确；作为投资决策和企业价值评估依据的资本成本，只能是未来新的成本，现有的历史成本，对于未来的决策是不相关的沉没成本，选项B正确；存在发行费用，会增加成本，所以需要考虑发行费用的债务应与不需要考虑发行费用的债务分开，分别计量资本成本和权重，选项C正确；因为存在违约风险，债务投资组合的期望收益低于合同规定的收益，对于筹资人来说，债权人的期望收益是其债务的真实成本，所以选项D错误。

【例4-22】（2017年计算分析题）甲公司是一家上市公司，主营保健品生产和销售。2017年7月1日，为对公司业绩进行评价，需估算其资本成本。相关资料如下：

（1）甲公司目前长期资本中有长期债券1万份，普通股600万股，没有其他长期债务和优先股。长期债券发行于2016年7月1日，期限5年，票面价值1 000元，票面利率8%，每年6月30日和12月31日付息。公司目前长期债券每份市价935.33元，普通股每股市价10元。

（2）目前无风险利率为6%，股票市场平均收益率为11%，甲公司普通股贝塔系数为1.4。

（3）甲公司的企业所得税税率为25%。

要求：

（1）计算甲公司长期债券税前资本成本。

（2）用资本资产定价模型计算甲公司普通股资本成本。

（3）以公司目前的实际市场价值为权重，计算甲公司加权平均资本成本。

（4）在计算公司加权平均资本成本时，有哪几种权重计算方法？简要说明各种权重计算方法并比较优缺点。

【答案及解析】

（1）假设计息期债务资本成本为r_d，

$1\ 000\times8\%/2\times(P/A,r_d,8)+1\ 000\times(P/F,r_d,8)=935.33$

当$r_d=5\%$时，$1\ 000\times8\%/2\times(P/A,5\%,8)+1\ 000\times(P/F,5\%,8)=1\ 000\times8\%/2\times6.4632+1\ 000\times0.6768=40\times6.4632+1\ 000\times0.6768=935.33$

所以，$r_d=5\%$时，长期债券税前资本成本$=(1+5\%)^2-1=10.25\%$

（2）普通股资本成本$=r_{RF}+\beta\times(r_m-r_{RF})=6\%+1.4\times(11\%-6\%)=13\%$

（3）加权平均资本成本$=10.25\%\times(1-25\%)\times[1\times935.33/(1\times935.33+600\times10)]+13\%\times[600\times10/(1\times935.33+600\times10)]=12.28\%$

（4）计算公司的加权平均资本成本，有三种权重依据可供选择，即账面价值权重、实际市场价值权重和目标资本结构权重。

①账面价值权重：是指根据企业资产负债表上显示的会计价值来衡量每种资本的比例。资产负债表提供了负债和权益的金额，计算时很方便。但是，账面结构反映的是历史的结构，不一定符合未来的状态；账面价值会歪曲资本成本，因为账面价值与市场价值有极大的差异。

②实际市场价值权重：是根据当前负债和权益的市场价值比例衡量每种资本的比例。由于市场价值不断变动，负债和权益的比例也随之变动，计算出的加权平均资本成本数额也是经常变化的。

③目标资本结构权重：是根据按市场价值计量的目标资本结构衡量每种资本要素的比例。公司的目标资本结构，代表未来将如何筹资的最佳估计。如果公司向目标资本结构发展，目标资本结构权重更为合适。这种权重可以选用平均市场价格，回避证券市场价格变动频繁的不便；可以适用于公司评价未来的资本结构，而账面价值权重和实际市场价值权重仅反映过去和现在的资本结构。

精选练习题

一、单项选择题

1. 以下关于公司资本成本说法不正确的是（ ）。

A. 风险越大，公司资本成本也就越高

B. 公司的资本成本是与公司的投资活动有关

C. 公司的资本成本与资本市场有关

D. 无风险报酬率是决定公司资本成本高低的因素之一

2. 某公司已经发行总面额 1 000 万元，票面利率为 7.5%，到期期限为 4 年，公司适用的所得税率为 25%，该债券市价为 951.38 万元，则债券税后资本成本为（ ）。

A. 6.75% B. 8.74%

C. 9% D. 9.97%

3. 利用资本资产定价模型确定股票资本成本时，有关无风险利率的表述正确的有（ ）。

A. 选择长期政府债券的票面利率比较适宜

B. 选择上市的国库券利率比较适宜

C. 必须选择实际的无风险利率

D. 政府债券的未来现金流，都是按名义货币支付的，据此计算出来的到期收益率是名义无风险利率

4. 已知某普通股的 β 值为 1.2，无风险利率为 6%，市场组合的必要收益率为 10%，该普通股目前的市价为 10 元/股，预计第一期的股利为 0.8 元，不考虑筹资费用，假设根据资本资产定价模型和股利增长模型计算得出的普通股成本相等，则该普通股股利的年增长率为（ ）。

A. 6% B. 2%

C. 2.8% D. 3%

5. 某企业的预计的资本结构中，产权比率为 2/3，债务税前资本成本为 14%。目前市场上的无风险报酬率为 8%，市场上所有股票的平均收益率为 16%，公司股票的 β 系数为 1.2，所得税税率为 25%，则加权平均资本成本为（ ）。

A. 14.76% B. 16%

C. 18% D. 12%

6. 某公司普通股目前的股价为 12 元/股，筹资费率为 7%，刚刚支付的每股股利为 1 元，预计以后的留存收益率和期初权益净利率都保持不变，分别为 50% 和 8%，则该企业普通股资本成本为（ ）。

A. 10.40% B. 12.06%

C. 13.32% D. 12.28%

7. 以下关于债券筹资说法中，不正确的是（ ）。

A. 债务筹资产生合同义务

B. 债权人本息的请求权优先于股东的股利

C. 现有债务的历史成本，可以作为未来资本结构决策的依据

D. 债务筹资的成本低于权益筹资

8. 甲公司是一家上市公司，使用“债券收益率风险调整模型”估计甲公司的权益资本成本时，债券收益是指（ ）。

A. 政府发行的长期债券的票面利率

B. 政府发行的长期债券的到期收益率

C. 甲公司发行的长期债券的税前债务成本

D. 甲公司发行的长期债券的税后债务成本

9. 一个公司资本成本的高低，取决于（ ）。

A. 无风险利率、财务风险溢价和经营风险溢价

B. 财务风险溢价和经营风险溢价

C. 财务风险溢价

D. 经营风险溢价

10. 假设在资本市场中，平均风险股票报酬率 12%，权益市场风险溢价为 4%，某公司普通股 β 值为 1.5。该公司普通股的成本为（ ）。

A. 18% B. 6%

C. 12% D. 14%

11. 利用资本资产定价模型确定普通股成本时，有关无风险利率的表述正确的有（ ）。

A. 选择长期政府债券的票面利率比较适宜

B. 选择国库券利率比较适宜

C. 必须选择实际的无风险利率

D. 一般使用名义的无风险利率计算资本成本

12. 下列说法不正确的有（　　）。

A. 名义现金流量要使用名义折现率进行折现

B. 实际现金流量要使用实际折现率进行折现

C. 政府债券的未来现金流，都是按名义货币支付的

D. 计算资本成本时，无风险利率应当使用实际利率

13. 该公司债务税前利率 8%，股权相对债权风险溢价 5%，企业所得税税率 25%，则股票资本成本为（　　）。

A. 13%　　B. 11%

C. 10%　　D. 8%

14. 某企业经批准发行永续债，发行费用率和年利息率分别为 5% 和 9%，每半年付息一次，所得税税率为 25%，则永续债的税后资本成本为（　　）。

A. 9.47%　　B. 9.70%

C. 7.28%　　D. 5.49%

15. 公司现有普通股：当前市价 50 元，最近一次支付的股利为 4.19 元/股，预期股利的永续增长率为 5%，公司发行新的普通股，预计发行费率为 2%，则新增发普通股的资本成本为（　　）。

A. 10.88%　　B. 14.80%

C. 9.48%　　D. 15.38%

二、多项选择题

1. 下列有关债务成本的表述正确的有（　　）。

A. 公司的债务筹资的成本低于权益筹资的成本

B. 现有债务的历史成本，对于未来的决策是不相关的沉没成本

C. 债务的承诺收益率即为债务真实成本

D. 对筹资人来说可以违约的能力会降低借款的实际成本

2. 某证券市场 2018 至 2020 年的股票市场价格指数分别为 2 200，4 800 和 3 100，则下列表述正确的有（　　）。

A. 算术平均收益率为 24.12%

B. 算术平均收益率为 41.38%

C. 几何平均收益率为 18.71%

D. 几何平均收益率为 12.65%

3. 有关市场风险溢价的估计，下列说法不正确的有（　　）。

A. 市场风险溢价是当前资本市场中权益市场平均收益率与无风险资产平均收益率之差

B. 几何平均法得出的预期风险溢价，一般情况下比算术平均法要高一些

C. 计算市场风险溢价的时候，应该选择较长期间的数据进行估计

D. 用算术平均数或几何平均数计算出来的风险溢价差距很小

4. 资本资产定价模型是计算普通股资本成本的常用方法，以下情况中，不能用名义的无风险利率计算资本成本的有（　　）。

A. 通货膨胀率达到 23%

B. 预测周期特别长

C. 市场风险很大

D. 预测周期很短

5. 下列关于资本成本的说法正确的有（　　）。

A. 公司的经营风险和财务风险大，则项目的资本成本也就较高

B. 公司的资本成本是各种资本要素成本的加权平均数

C. 项目资本成本是投资所要求的最低报酬率

D. 项目资本成本等于公司资本成本

6. 下列哪些因素变动，会使公司的债务成本提高（　　）。

A. 市场利率上升

B. 股票市场风险溢价上升

C. 所得税税率提高

D. 增加债务的比重

7. 下列说法中不正确的有（　　）。

A. 实际利率是指排除了通货膨胀的利率，名义利率是指包含了通货膨胀的利率，如果名义利率为 8%，通货膨胀率为 3%，则实际利率为 8% - 3% = 5%

B. 如果第二年的实际现金流量为 100 万元，通货膨胀率为 5%，则第二年的名义现金流量为100 × (1 + 5%)

C. 如果存在恶性的通货膨胀或预测周期

特别长，则使用实际利率计算资本成本

D. 如果名义利率为8%，通货膨胀率为3%，则实际利率为4.85%

8. 下列说法正确的有（　　）。

A. 资本成本是企业需要实际支付的成本

B. 资本成本既与公司的筹资活动有关也与公司的投资活动有关

C. 与筹资活动有关的资本成本称为公司的资本成本

D. 与投资活动有关的资本成本称为项目的资本成本

9. 在计算加权平均资本成本时，需要解决的两个主要问题包括（　　）。

A. 确定某一种资本要素的成本

B. 确定公司总资本结构中各要素的权重

C. 各种筹资来源的手续费

D. 各种外部环境的影响

10. 根据可持续增长率估计股利增长率的假设包括（　　）。

A. 收益留存率不变

B. 预期新投资的权益报酬率等于当前预期报酬率

C. 公司不发行新股

D. 未来投资项目的风险与现有资产相同

11. 资本资产定价模型是估计权益成本的一种方法。下列关于资本资产定价模型参数估计的说法中，正确的有（　　）。

A. 估计无风险报酬率时，通常可以使用上市交易的政府长期债券的票面利率

B. 估计贝塔值时，使用较长年限数据计算出的结果比使用较短年限数据计算出的结果更可靠

C. 估计市场风险溢价时，使用较长年限数据计算出的结果比使用较短年限数据计算出的结果更可靠

D. 预测未来资本成本时，如果公司未来的业务将发生重大变化，则不能用企业自身的历史数据估计贝塔值

12. 在计算公司资本成本时选择长期政府政府债券比较适宜，其理由包括（　　）。

A. 普通股是长期的有价证券

B. 资本预算涉及的时间长

C. 长期政府债券的利率波动较小

D. 长期政府债券的信誉良好

13. ABC公司拟发行30年期的债券，面值1 000元，利率10%（按年付息），所得税率40%，发行费用率为面值的1%，则下列说法正确的有（　　）。

A. $r_d = 10.11\%$

B. $r_d = 10\%$

C. 税后债务成本 $r_{dt} = 10.11 \times (1 - 40\%) = 6.06\%$

D. 如果不考虑发行费用，税后债务成本 $= 10\% \times (1 - 40\%) = 6\%$

14. 下列关于计算加权平均资本成本的说法中，正确的有（　　）。

A. 计算加权平均资本成本时，理想的做法是按照以市场价值计量的目标资本结构的比例计量每种资本要素的权重

B. 计算加权平均资本成本时，每种资本要素的相关成本是未来增量资金的机会成本，而非已经筹集资金的历史成本

C. 计算加权平均资本成本时，需要考虑发行费用的债务应与不需要考虑发行费用的债务分开，分别计量资本成本和权重

D. 计算加权平均资本成本时，如果筹资企业处于财务困境，需将债务的承诺收益率而非期望收益率作为债务成本

三、计算分析题

1. 甲公司目前的资本结构为：长期债券1 000万元，普通股1 500万元，留存收益1 500万元。其他有关信息如下：

（1）公司债券面值为1 000元/张，票面利率为5.25%，期限为10年，每年付息一次，到期还本，发行价格为1 010元/张；

（2）股票与股票指数收益率的相关系数为0.5，股票指数的标准差为3.0，该股票收益率的标准差为3.9；

（3）国库券利率为5%，股票市场的风险附加率为8%；

（4）公司所得税为25%；

（5）由于股东比债权人承担更大的风险所要求的风险溢价为5%。

要求：

（1）计算债券的税后成本（提示：税前成本介于5%～6%之间）；

（2）按照资本资产定价模型计算普通股成本；

（3）按照债券收益加风险溢价法计算留

存收益成本；

（4）计算其加权平均资本成本。

2. 某制造行业A公司拟于2015年8月发行3年期的公司债券，债券面值为1 000元，每半年付息一次，2018年8月到期还本。甲公司目前没有已上市债券，为了确定拟发行债券的票面利率，公司决定采用风险调整法估计债务资本成本。财务部新入职的W员工进行了以下分析及计算：

（1）收集同行业3家公司发行的已上市债券，并分别与各自发行期限相同的已上市政府债券进行比较，结果如下：

公司债券				政府债券			差额
发债公司	期限	到期日	到期收益率	期限	到期日	到期收益率	
甲公司	3年期	2015年5月6日	8.4%	3年期	2016年6月8日	5%	3.4%
乙公司	5年期	2016年1月8日	8.9%	5年期	2017年10月12日	5.3%	3.6%
丙公司	8年期	2017年8月6日	10.6%	8年期	2018年10月12日	5.6%	5%

（2）公司债券的平均风险补偿率 =（3.4% +3.6% +5%）/3 =4%

（3）使用3年期政府债券的到期收益率估计无风险利率，无风险利率 =5%

（4）税前债务资本成本 = 无风险利率 + 公司债券的平均风险补偿率 =5% +4% =9%

（5）拟发行债券的票面利率 = 税后债务资本成本 =9% ×（1 -25%）=6.75%

要求：

（1）请指出W员工在确定公司拟发行债券票面利率过程中的错误之处

（2）假设S员工指出了W员工的计算错误，并重新计算了公司债券的平均信用风险补偿率为5%，则计算拟发行债券的票面利率

3. B公司是一家制造企业，2016年度财务报表有关数据如下：

项目	2016年	项目	2016年	项目	2016年
营业收入	10 000	所得税费用	125	期末长期负债	1 350
营业成本	6 000	净利润	500	期末负债合计	2 050
销售及管理费用	3 240	本期分配股利	350	期末流动资产	1 200
息税前利润	760	本期利润留存	150	期末长期资产	2 875
利息支出	135	期末股东权益	2 025	期末资产总计	4 075
利润总额	625	期末流动负债	700		

B公司没有优先股，目前发行在外的普通股为1 000万股。假设B公司的资产全部为经营资产，流动负债全部是经营负债，长期负债全部是金融负债。公司目前已达到稳定增长状态，未来年度将维持2016年的经营效率和财务政策不变（包括不增发新股和回购股票），可以按照目前的利率水平在需要的时候取得借款，不变的销售净利率可以涵盖不断增加的负债利息。2016年的期末长期负债代表全年平均负债，2016年的利息支出全部是长期负债支付的利息。公司适用的所得税税率为25%。

要求：

（1）计算B公司2017年的预期销售增长率。

（2）计算B公司未来的预期股利增长率。

（3）假设B公司2017年年初的股价是9.45元，计算B公司的股权资本成本和加权平均资本成本。

答案及解析

一、单项选择题

1.【答案】B

【解析】资本成本是风险的函数，风险越大，公司资本成本越高，选项 A 正确；公司的资本成本与公司的筹资活动有关，选项 B 错误；公司的资本成本与资本市场有关，如果市场上其他的投资机会的报酬率升高，公司的资本成本也会上升，选项 C 正确；无风险报酬率是决定公司资本成本高低的因素之一，选项 D 正确。

2.【答案】A

【解析】$951.38 = 1\,000 \times 7.5\% \times (P/A, I, 4) + 1\,000 \times (P/F, I, 4)$

即：$951.38 = 75 \times (P/A, I, 4) + 1\,000 \times (P/F, I, 4)$

利用试误法：当 $I = 9\%$，

$75 \times (P/A, 9\%, 4) + 1\,000 \times (P/F, 9\%, 4) = 75 \times 3.2397 + 1\,000 \times 0.7084 = 951.38$

所以：债券税前资本成本 = 9%。

债券税后资本成本 = 9% ×（1 − 25%）= 6.75%

3.【答案】D

【解析】应当选择上市交易的政府长期债券的到期收益率作为无风险利率的代表，所以 A、B 错误。在决策分析中，有一条必须遵守的原则，即名义现金流量要使用名义折现率进行折现，实际现金流量要使用实际折现率进行折现，通常在实务中这样处理：一般情况下使用名义货币编制预计财务报表并确定现金流量，与此同时，使用名义的无风险利率计算资本成本。只有在存在恶性的通货膨胀或者预测周期特别长的两种情况下，才使用实际利率计算资本成本。

4.【答案】C

【解析】普通股成本 = 6% + 1.2 ×（10% − 6%）= 10.8%，10.8% = 0.8/10 + g，解得：g = 2.8%。

5.【答案】A

【解析】产权比率 = 负债/所有者权益 = 2/3，所以，负债占全部资产的比重为：2/(2 + 3) = 0.4，所有者权益占全部资产的比重为 1 − 0.4 = 0.6，债务税后资本成本 = 14% ×（1 − 25%）= 10.5%，权益资本成本 = 8% + 1.2 ×（16% − 8%）= 17.6%，加权平均资本成本 = 0.4 × 10.5% + 0.6 × 17.6% = 14.76%。

6.【答案】C

【解析】股利年增长率 = 留存收益比率 × 期初权益预期净利率 = 50% × 8% = 4%，普通股资本成本 = 1 ×（1 + 4%）/[12 ×（1 − 7%）] + 4% = 13.32%。

7.【答案】C

【解析】债务筹资产生合同义务，即按照债务合同还本付息的义务，选项 A 正确；债权人对本息的要求权优先于股东的股利，选项 B 正确；现有债务的历史成本属于沉没成本，与决策无关，选项 C 错误；债权人的投资风险小于股东，其期望收益率小于股东，因而债务成本低于权益成本，选项 D 正确。

8.【答案】D

【解析】按照债券收益率风险调整模型 $r_s = r_{dt} + RP_c$，式中：r_{dt}——税后债务成本；RP_c——股东比债权人承担更大风险所要求的风险溢价，因此正确答案是选项 D。

9.【答案】A

【解析】公司资本成本的高低，取决于三个因素：(1) 无风险利率；(2) 经营风险溢价；(3) 财务风险溢价。

(1) 无风险利率：是指无风险投资所要求的报酬率。

(2) 经营风险溢价：是指由于公司未来的前景的不确定性导致的要求投资报酬率增加的部分。

(3) 财务风险溢价：是指高财务杠杆产生的风险。公司的负债率越高，普通股收益的变动性越大，股东要求的报酬率也就越高。

由于公司所经营的业务不同（经营风险不同），资本结构不同（财务风险不同），因此各公司的资本成本不同。

10.【答案】D

【解析】因为平均风险股票报酬率为 12%，权益市场风险溢价为 4%，那么无风险报酬率 = 平均风险股票市场报酬率 − 权益市场风险溢价 = 12% − 4% = 8%；公司普通股成本 $r_s = r_{RF} + \beta \times (r_m - r_{RF}) = 8\% + 1.5 \times 4\% = 14\%$。

11.【答案】D

【解析】应当选择上市交易的政府长期债券的到期收益率作为无风险利率的代表，所以选项A、B错误。在实务中，一般使用名义货币编制预计财务报表并确定现金流量，与此同时，使用名义的无风险利率计算资本成本。只有在存在恶性的通货膨胀或者预测周期特别长的两种情况下，才使用实际利率计算资本成本。

12.【答案】D

【解析】计算资本成本时，无风险利率应当使用名义利率还是实际利率，人们存在分歧。所以选项D的说法不正确。

13.【答案】D

【解析】按照债券收益率风险调整模型 $r_s = r_{dt} + RP_c = 8\% \times (1-25\%) + 5\% = 11\%$。

14.【答案】C

【解析】$r = 4.5\% / (1-5\%) = 4.74\%$。

年有效税前资本成本 $= (1+4.74\%)^2 - 1 = 9.7\%$

税后资本成本 $= 9.7\% \times (1-25\%) = 7.28\%$。

15.【答案】C

【解析】利用股利增长模型可得：$r = 4.19 \times (1+5\%) / 50(1-2\%) + 5\% = 13.80\%$。

二、多项选择题

1.【答案】ABD

【解析】因为存在违约风险，债务投资组合的期望收益低于合同规定的收益。对于筹资人来说，债权人的期望收益是其债务的真实成本。

2.【答案】BC

【解析】算术平均收益率 $= [(4\ 800 - 2\ 200)/2\ 200 + (3\ 100 - 4\ 800)/4\ 800]/2 = 41.83\%$

几何平均收益率 $= \sqrt{\frac{3\ 100}{2\ 200}} - 1 = 18.71\%$。

3.【答案】ABD

【解析】市场风险溢价，通常被定义为在一个相当长的历史时期里，权益市场平均收益率与无风险资产平均收益率之间的差异，所以选项A不正确。一般情况下，几何平均法得出的预期风险溢价一般情况下比算术平均法要低一些，所以选项B不正确。在计算市场风险溢价的时候，由于股票收益率非常复杂多变，影响因素很多，因此较短的期间所提供的风险溢价比较极端，无法反映平均水平，因此应选择较长的时间跨度，所以选项C正确。选择算术平均数或几何平均数计算出的风险溢价通常有很大的差异，所以选项D不正确。

4.【答案】AB

【解析】在实务中，只有在以下两种情况下，才使用实际利率计算资本成本：（1）存在恶性的通货膨胀（通货膨胀率已经达到两位数）；（2）预测周期特别长。

5.【答案】BC

【解析】公司的经营风险和财务风险大，投资人要求的报酬率就会较高，公司的资本成本也就较高，所以选项A的说法不正确。如果公司新的投资项目的风险，与企业现有资本平均风险相同，则项目资本成本等于公司资本成本；如果公司新的投资项目的风险与企业现有资本平均风险不相同，则项目资本成本不等于公司资本成本。因此选项D不正确。

6.【答案】ABD

【解析】市场利率上升，公司的债务成本会上升，因为投资人的机会成本增加了，公司筹资时必须付给债权人更多的报酬，A正确；市场风险溢价会影响股权成本，股权成本上升时，各公司会增加债务筹资，并推动债务成本上升，B正确；所得税率提高会使负债利息抵税更多，可使负债成本降低。所以，选项C不正确；增加债务的比重，财务风险的提高，又会引起债务成本和权益成本上升，选项D正确。

7.【答案】AB

【解析】如果名义利率为8%，通货膨胀率为3%，则实际利率为 $(1+8\%)/(1+3\%) - 1 = 4.85\%$；如果第二年的实际现金流量为100万元，通货膨胀率为5%，则第二年的名义现金流量为 $100 \times (1+5\%)$ 的平方。因为每年的名义现金流量 = 实际现金流量 $(1+\text{通货膨胀率})^n$。

8.【答案】BCD

【解析】一般来说，资本成本是指投资资本的机会成本。这种成本不是实际支付的成本，而是一种失去的收益，是将资本用于本项投资所放弃的其他投资机会的收益，因此被称为机会成本。所以选项 A 的说法不正确。

9. 【答案】AB

【解析】在计算资本成本时，需要解决的主要的问题有两个：（1）如何确定每一种资本要素的成本；（2）如何确定公司总资本结构中各要素的权重。

10. 【答案】ABCD

【解析】在股利增长模型中，根据可持续增长率估计股利增长率，实际上隐含了一些重要的假设：收益留存率不变；预期新投资的权益报酬率等于当前预期报酬率；公司不发行新股；未来投资项目的风险与现有资产相同。

11. 【答案】CD

【解析】估计无风险报酬率时，通常可以使用上市交易的政府长期债券的到期收益率而不是票面利率，选项 A 错误；估计贝塔值时，公司风险特征无重大变化时，可以采用 5 年或更长的预测期长度；如果公司风险特征发生重大变化，应当使用变化后的年份作为预测期长度。选项 B 错误。

12. 【答案】ABC

【解析】通常认为，在计算公司资本成本时选择长期政府债券比较适宜。其理由如下：

（1）普通股是长期的有价证券；（2）资本预算涉及的时间长；（3）长期政府债券的利率波动较小。

13. 【答案】ACD

【解析】$1\ 000(1-1\%)=1\ 000\times10\%(P/A,r_d,30)+1\ 000(P/F,r_d,30)$，根据内插法，解得 $r_d=10.11\%$，则税后债务成本 $r_{dt}=10.11\times(1-40\%)=6.06\%$，如果不考虑发行费用，税后债务成本为：$r_{dt}=i\times(1-T)=10\%\times(1-40\%)=6\%$。

14. 【答案】ABC

【解析】目标资本结构加权是指根据按市场价值计量的目标资本结构衡量每种资本要素的比例，所以选项 A 正确；作为投资决策和企业价值评估依据的资本成本，只能是未来新的成本，现有的历史成本，对于未来的决策是不相关的沉没成本，选项 B 正确；存在发行费用，会增加成本，所以需要考虑发行费用的债务应与不需要考虑发行费用的债务分开，分别计量资本成本和权重，选项 C 正确；因为存在违约风险，债务投资组合的期望收益低于合同规定的收益，对于筹资人来说，债权人的期望收益是其债务的真实成本，所以选项 D 错误。

三、计算分析题

1. 【答案及解析】

（1）$1\ 010=1\ 000\times5.25\%\times(P/A,K_d,10)+1\ 000\times(P/F,K_d,10)$

$1\ 010=52.5\times(P/A,K_d,10)+1\ 000\times(P/F,K_d,10)$

因为：

$52.5\times(P/A,6\%,10)+1\ 000\times(P/F,6\%,10)$

$=52.5\times7.3601+1\ 000\times0.5584=944.81$

$52.5\times(P/A,5\%,10)+1\ 000\times(P/F,5\%,10)$

$=52.5\times7.7217+1\ 000\times0.6139=1\ 019.29$

所以：

$(K-5\%)/(6\%-5\%)$

$=(1\ 010-1\ 019.29)/(944.81-1\ 019.29)$

解得：债券的税前成本 $K=5.12\%$

则债券税后成本 $=5.12\%\times(1-25\%)=3.84\%$。

（2）该股票的 β 系数 $=0.5\times3.9/3.0=0.65$

普通股成本 $=5\%+0.65\times8\%=10.2\%$

说明：股票市场的风险附加率指的是 (R_m-R_f)。

（3）留存收益成本 $=3.84\%+5\%=8.84\%$。

（4）资本总额 $=1\ 000+1\ 500+1\ 500=4\ 000$（万元）

加权平均资本成本 $=1\ 000/4\ 000\times3.84\%+1\ 500/4\ 000\times10.2\%+1\ 500/4\ 000\times8.84\%=8.10\%$。

2. 【答案及解析】

（1）

①使用风险调整法估计债务资本成本时，应选择若干信用级别与本公司相同的已上市公司债券，而非同行业公司发行的已上市债券。

②计算债券平均风险补偿率时，应选择到期日与已上市公司债券相同或相近的政府

债券，而非发行期限相同的政府债券。

③估计无风险利率时，应按与拟发行债券到期日相同或相近的政府债券的到期收益率估计，而非与拟发行债券发行期限相同的政府债券。

④确定票面利率时应使用税前债务资本成本，而非税后债务资本成本。

⑤拟发行债券每半年付息一次，应首先计算出半年的有效利率，与计息期次数相乘后得出票面利率，而W员工直接使用了年利率。

(2)

税前债务资本成本＝无风险利率＋公司债券的平均风险补偿率＝5.6%＋5%＝10.6%

半年的有效利率＝($\sqrt{1+10.6\%}$－1)＝5.17%

票面利率＝5.17%×2＝10.34%。

3.【答案及解析】

(1) 2017年的预期销售增长率＝2016年的可持续增长率

可持续增长率＝[500/2 025×150/500]/[(1－500/2 025×150/500)]＝8%。

(2) 股利增长率＝可持续增长率＝8%。

(3) 股权成本＝[350/1 000×(1＋8%)]/9.45＋8%＝12%

净经营资产＝4 075－700＝3 375（万元）

债务税前资本成本＝135/1 350＝10%

加权平均资本成本＝12%×(2 025/3 375)＋10%×(1－25%)×1 350/3 375＝10.2%。

第五章　投资项目资本预算

本章考情分析

本章既是财务管理课程的重点章，也是考试的重点和难点内容之一。主要内容包括投资评价的基本方法、投资项目现金流量的估计、项目折现率的估计和敏感分析。

从历年考试情况看，本章的命题重点是计算题和综合题。近3年平均分值为8分左右。

本章主观题具有难度大、灵活性和综合性强、与实际投资业务联系非常紧密的特点，请考生务必高度关注。

本章教材变化

本章对各种投资项目评价方法的定义和计算方法进行了完善，对相关成本和非相关成本进行了补充说明。

本章思维导图

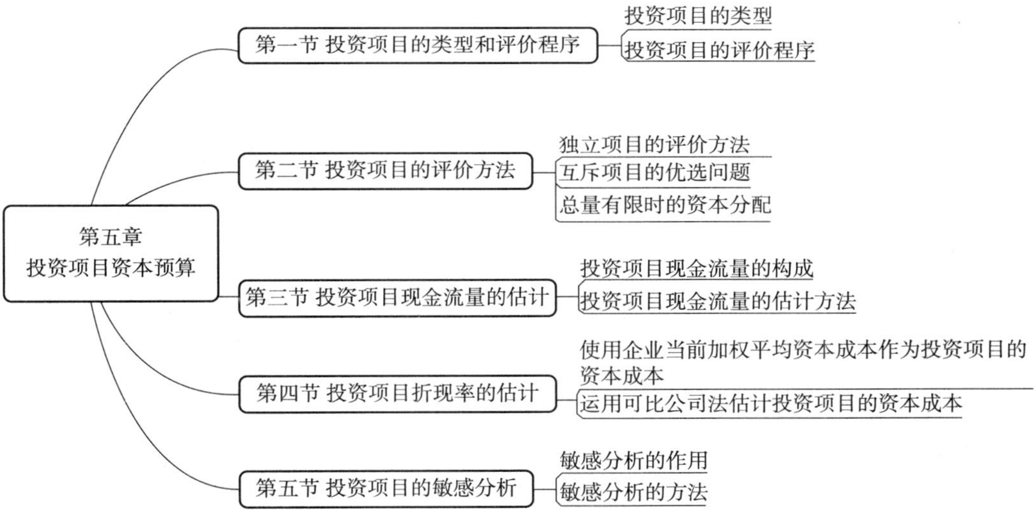

考点精讲及典型例题解析

第一节　投资项目的类型和评价程序

一、投资项目的类型（能力等级1）

按照不同的分类标准，投资项目可划分为不同类型。

（一）按所投资对象分

项目类别	特点
1. 新产品开发或现有产品的规模扩张项目	这种决策通常需要添置新的固定资产，并增加企业的营业现金流入
2. 设备或厂房的更新项目	这种决策需要更换固定资产，但不改变企业的营业现金流入

续表

项目类别	特点
3. 研究与开发项目	这种决策通常不直接产生现实的收入，而是得到一项是否投产新产品的选择权
4. 勘探项目	这种决策通常使企业得到一些有价值的信息
5. 其他项目	包括劳动保护设施建设、购置污染控制装置等。 这些决策不直接产生营业现金流入，而使企业在履行社会责任方面的形象得到改善。它们有可能减少未来的现金流出

（二）按投资项目之间的互相关系分

项目类别	特点
1. 独立项目	独立项目是相容性投资，各投资项目之间互不关联、互不影响，可以同时并存。考虑的是方案本身是否满足某种决策标准
2. 互斥项目	互斥项目是非相容性投资，各投资项目之间相互关联，相互替代，不能同时并存。互斥投资项目决策考虑的是各方案之间的互斥性，互斥决策需要从每个可行方案中选择最优方案

二、投资项目的评价程序（能力等级1）

评价程序是：

（1）提出各种项目的投资方案。

（2）估计投资方案的相关现金流量。

（3）计算投资方案的价值指标，如净现值、内含报酬率等。

（4）比较价值指标与可接受标准。

（5）对已接受的方案进行敏感分析。

第二节 投资项目的评价方法

一、独立项目的评价方法

（一）考虑时间价值的评价方法（能力等级3）

指标	含义与计算公式	决策标准	优缺点	折现率
1. 净现值法（NPV）	（1）含义：特定项目未来现金流入的现值与未来现金流出的现值之间的差额。 （2）计算公式： 净现值＝未来现金净流量现值－原始投资额现值 $NPV=\sum_{t=0}^{n}\frac{I_t}{(1+i)^t}-\sum_{t=0}^{n}\frac{O_t}{(1+i)^t}$ 式中：n——项目的期限；I_t——第 t 年的现金流入量；O_t——第 t 年的现金流出量；i——资本成本	$NPV>0$，说明项目的投资报酬率超过资本成本，项目可行；$NPV<0$，说明项目的投资报酬率小于资本成本，项目不可行	净现值法具有广泛的适用性，在理论上也比其他方法更完善。只能反映投资的效益。净现值是个金额的绝对值，在比较投资额不同的项目时有一定的局限性	可用资本成本或投资者必要的报酬率
2. 现值指数亦称现值比率或获利指数（PI）	（1）含义：未来现金流入现值与现金流出现值的比率。 （2）计算公式： 净现值＝未来现金净流量现值－原始投资额现值 $PI=\sum_{t=0}^{n}\frac{I_t}{(1+i)^t}\div\sum_{t=0}^{n}\frac{O_t}{(1+i)^t}$	$PI>1$，项目可行；$PI<1$，项目不可行	现值指数是相对数，净现值是绝对数。可以反映投资的效率。现值指数消除了投资额的差异，但是没有消除项目期限的差异	
3. 内含报酬率法（IRR）	（1）含义：能够使未来现金净流量现值等于原始投资额现值的折现率或“$NPV=0$”时的折现率（IRR）。 （2）计算公式 $IRR=\sum_{t=0}^{n}\frac{I_t}{(1+\text{内含报酬率})^t}-\sum_{t=0}^{n}\frac{O_t}{(1+\text{内含报酬率})^t}=0$ （3）计算方法： ①第一种是“逐步测试法”：它适合于各期现金流入量不相等的非年金形式。 ②第二种方法是“年金法”：符合普通年金形式，内含报酬率可直接利用年金现值系数表结合内插法来确定	$IRR>$方案的资本成本或投资人要求报酬率，该方案可行；反之，方案不可行	反映方案本身的收益率，不必事先确定折现率，便于独立投资方案优先次序的排列；但计算复杂，可能出现多个解。可以反映投资的效率	不必事先设定折现率

【例5-1】（2019年多选题）甲公司拟投资一个采矿项目，经营期限10年，资本成本14%，假设该项目的初始现金流量发生在期初，营业现金流量均发生在投产后各年末，该项目现值指数大于1。下列关于该项目的说法中，正确的有（　　）。

A. 内含报酬率大于14%

B. 净现值大于0

C. 折现回收期大于10年

D. 会计报酬率大于14%

【答案】ABD

【解析】现值指数大于1，净现值大于0，所以未来现金净流量总现值补偿了原始投资额现值后还有剩余，即折现回收期小于10年，选项C错误。

【例5-2】（2017年多选题）甲公司拟投资一条生产线，该项目投资期限5年，资本成本12%，净现值200万元。下列说法中，正确的有（　　）。

A. 项目现值指数大于1

B. 项目会计报酬率大于12%

C. 项目折现回收期大于5年

D. 项目内含报酬率大于12%

【答案】AD

【解析】选项A、D，对于单一投资项目，当净现值大于0时，现值指数大于1，内含报酬率大于资本成本；选项B，会计报酬率不考虑货币时间价值，且考虑的不是现金净流量而是年平均净收益，所以与资本成本无法进行比较；选项C，因为净现值大于0，因此未来现金流入的现值补偿了原始投资额现值后还有剩余，即折现回收期小于项目投资期5年。

【例5-3】（单选题）某投资项目原始投资为12 000元，当年完工投产，有效期限3年，每年可获得现金净流量4 600元，则该项目内含报酬率为（　　）。

A. 7.32%　　B. 7.68%

C. 8.32%　　D. 6.68%

【答案】A

【解析】设内含报酬率为i，则$12\ 000 = 4\ 600(P/A, i, 3)$，$(P/A, i, 3) = 2.6087$，查年金现值系数表用插值法即可求得。

三种指标的关系

在评价单一方案可行与否的时候，结论一致	
当净现值>0时	现值指数>1，内含报酬率>资本成本
当净现值=0时	现值指数=1，内含报酬率=资本成本
当净现值<0时	现值指数<1，内含报酬率<资本成本

（二）独立投资项目的辅助评价方法（通常不考虑时间价值）（能力等级3）

方法	含义与计算	决策标准	优缺点
1. 回收期法	（1）含义：指投资引起的现金净流量累计到与原始投资额相等所需要的时间。它代表收回投资所需要的年限。 （2）计算方法： ①简算法：在原始投资额一次投入，每年营业现金流量相等时： $投资回收期 = \frac{原始投资额}{每年营业净流量}$ ②累计法：如果营业现金流量每年不等，或原始投资额是分几年投入的，则使累计现金净流量等于原始投资额的时间为回收期。 $\sum_{t=0}^{n} I_t = \sum_{t=0}^{n} O_t$ 【提示1】为了克服回收期法不考虑时间价值的缺点，人们提出了折现回收期法。折现回收期是指在考虑资金时间价值的情况下以项目现金流量流入抵偿全部投资所需要的时间。 【提示2】计算公式：投资回收期=M+第M年的尚未回收额的现值/第$M+1$年的现金净流量的现值	回收期<要求投资回收期，方案可行；回收期>要求的投资回收期，方案不可行。另外，含建设期的回收期=建设期+不含建设期的回收期	优点：（1）计算简便；（2）容易为决策人所正确理解；（3）可以大体上衡量项目的流动性和风险。 缺点：（1）忽视了时间价值，把不同时间的货币收支看成是等效的；（2）没有考虑回收期以后的现金流，也就是没有衡量盈利性；（3）促使公司接受短期项目，放弃有战略意义的长期项目

续表

方法	含义与计算	决策标准	优缺点
2. 会计报酬率法	(1) 含义：未来净收益或年均净收益占原始总投资的百分比，按财务会计标准计量的收益率。 (2) 计算公式： 会计报酬率 = 年平均净收益 ÷ 原始投资额	会计报酬率 > 要求的会计报酬率，项目可采纳；反之，项目不可采纳	优点：可衡量盈利性，易理解，数据易取得；考虑了项目的利润，便于项目的后评估。 缺点：忽视了折旧对现金流量的影响；忽视了净收益的时间分布对于项目经济价值的影响

【例 5－4】(2013 年多选题）动态投资回收期法是长期投资项目评价的一种辅助方法，该方法的缺点有（　　）。

A. 忽视了资金的时间价值

B. 忽视了折旧对现金流的影响

C. 没有考虑回收期以后的现金流

D. 促使放弃有战略意义的长期投资项目

【答案】CD

【解析】动态投资回收期要考虑资金的时间价值，选项 A 错误；投资回收期是以现金流量为基础的指标，在考虑所得税的情况下，是考虑折旧对现金流的影响的，选项 B 错误。

二、互斥项目的优选问题（能力等级 3）

（一）含义

互斥项目，是指接受一个项目就必须放弃另一个项目的情况。

（二）决策

1. 项目寿命相同，但是投资额不同时，利用净现值和内含报酬率进行选优时结论会有矛盾。此时应当以净现值法结论优先

2. 项目寿命不相同时

方法	计算原理	决策原则
共同年限法（重置价值链法）	假设投资项目可以在终止时进行重置，通过重置使两个项目达到相同的年限，然后比较其净现值。 【提示 1】通常选最小公倍寿命为共同年限； 【提示 2】通过重复净现值计算共同年限法下的调整后净现值速度可以更快	选择调整后净现值最大的方案为优
等额年金法	(1) 计算两项目的净现值； (2) 计算净现值的等额年金额 = 该方案净现值/（P/A，i，n）； (3) 假设项目可以无限重置，并且每次都在该项目的终止期，等额年金的资本化就是项目的净现值。 无限重置后的净现值 = 等额年金额/资本成本	选择调整后净现值最大的方案为优

【提示】

(1) 两种方法存在共同的缺点：①有的领域技术进步快，目前就可以预期升级换代不可避免，不可能原样复制；②如果通货膨胀比较严重，必须考虑重置成本的上升；③从长期来看，竞争会使项目净利润下降，甚至被淘汰。

(2) 通常在实务中，只有重置概率很高的项目才适宜采用上述分析方法。对于预计项目年限差别不大的项目，直接比较净现值，不需要做重置现金流的分析，因为预计现金流量和资本成本的误差比年限差别还大。

【例 5－5】（单选题）若有两个投资方案，原始投资额不同，彼此相互排斥，各方案项目有效期相同，可以采用下列哪些方法进行选优（　　）。

A. 内含报酬率法

B. 净现值法

C. 投资回收期法

D. 会计收益率法

【答案】B

【解析】如果只是由于投资额不同导致不同方法间评价有矛盾，应以净现值优先。

【例 5－6】（多选题）下列关于互斥项目的排序问题的说法中，正确的有（　　）。

A. 如果项目的寿命期相同，则比较净现值，净现值大的方案为优

B. 如果项目的寿命期不同，则有两种方法：共同年限法和等额年金法

C. 等额年金法也被称为重置价值链法

D. 共同年限法是比较净现值的平均值，选择净现值的平均值较大的方案

【答案】AB

【解析】共同年限法的原理是：假设投资项目可以在终止时进行重置，通过重置使两个项目达到相同的年限，然后比较其净现值。该方法也被称为重置价值链法，所以选项C的说法不正确。等额年金法是计算寿命期不同的项目的净现值的平均值（用年金现值系数平均），比较净现值的平均值，选择净现值的平均值较大的方案，所以选项D的说法不正确。

【例5-7】（多选题）对互斥方案进行优选时，下列说法不正确的有（　　）。

A. 投资项目评价的现值指数法和内含报酬率法结论可能不一致

B. 投资项目评价的现值指数法和内含报酬率法结论一定一致

C. 投资项目评价的净现值法和现值指数法结论一定一致

D. 投资项目评价的净现值法和内含报酬率法结论可能不一致

【答案】BC

【解析】由于现值指数和净现值的大小受折现率高低的影响，折现率高低甚至会影响方案的优先次序，而内含报酬率不受折现率高低的影响，所以选项B、C不正确。

三、总量有限时的资本分配（能力等级3）

要点	前提条件	说明
1. 决策思路	在资本总量不受限制的情况下	凡是净现值为正数的项目或者内含报酬率大于资本成本的项目，都可以增加股东财富，都应当被采用
	在资本总量受到限制时	按现值指数排序并寻找净现值最大的组合就成为有用的工具，有限资源的净现值最大化成为具有一般意义的原则
2. 注意问题	这种资本分配方法仅适用于单一期间的资本分配，不适用于多期间的资本分配问题。 所谓多期间资本分配，是指资本的筹集和使用涉及多个期间。此时，需要进行更复杂的多期间规划分析，不能用现值指数排序这一简单方法解决	

【提示】资本分配问题是指在企业投资项目有总量预算约束的情况下，如何在相互独立的项目中选择净现值最大的组合。

【例5-8】（多选题）对于多个投资组合方案，当资金总量受到限制时，应在资金总量范围内选择（　　）。

A. 使累计净现值最大的方案进行组合

B. 累计会计收益率最大的方案进行组合

C. 累计现值指数最大的方案进行组合

D. 累计内部收益率最大的方案进行组合

【答案】A

【解析】在主要考虑投资效益的条件下，多方案比较决策的主要依据，就是能否保证在充分利用资金的前提下，获得尽可能多的净现值总量。

【例5-9】（单选题）在资本总量有限的情况下，甲公司对于三个独立项目A、B、C采纳了项目B与C构成的投资组合，其可能的原因在于该组合的（　　）。

A. 投资额最小

B. 净利润最大

C. 净现值最大

D. 回收期最短

【答案】A

【解析】资本总量有限的情况下选择合适的投资组合，首先要考虑的是资本总量，然后是各自的净现值和组合净现值，净利润不作为主要的考虑因素。

第三节　投资项目现金流量的估计

一、投资项目现金流量的构成（能力等级3）

1. 项目初始现金流量	主要涉及购买资产和使之正常运行所必需的直接现金流出，包括设备购置及安装支出、垫支营运资本等非费用性支出。另外，初始现金流量还可能包括机会成本

续表

2. 项目寿命期内现金流量	主要包括新项目实施所带来的税后增量现金流入和流出。行政管理人员及辅助生产部门等费用，如果不受新项目实施的影响，可不计入；若有关，则必须计入项目寿命期内的现金流出。但项目以债务方式融资带来的利息支付和本金偿还以及以股权方式融资带来的现金股利支付等，均不包括在内，因为折现率中已经包含了该项目的筹资成本
3. 项目寿命期末现金流量	主要是与项目终止有关的现金流量，如设备变现税后净现金流入、收回营运资本现金流入等。另外，可能还会涉及弃置义务等现金流出

二、投资项目现金流量的估计方法（能力等级3）

（一）投资项目现金流量的影响因素

要点	说明
1. 基本原则	只有增量现金流量才是与项目相关的现金流量。 所谓增量现金流量是指接受或拒绝某个投资方案后，企业总现金流量因此发生的变动
2. 注意问题	（1）区分相关成本和非相关成本。 相关成本：与特定决策有关的、在分析评价时必须加以考虑的成本。例如，边际成本、机会成本、重置成本、付现成本、可避免成本、可延缓成本、专属成本、差量成本等都属于相关成本。 非相关成本：与特定决策无关的、在分析评价时不必加以考虑的成本是非相关成本。例如，沉没成本、不可避免成本、不可延缓成本、共同成本等往往是非相关成本。 （2）不要忽视机会成本。其他投资机会可能得到的收益是实行本方案的机会成本，机会成本不是我们通常意义上的“成本”，它不是一种支出或费用，而是失去的收益。这种收益不是实际发生的，而是潜在的。 （3）要考虑投资方案对公司其他项目的影响。要考虑新项目与原项目是竞争关系还是互补关系。 （4）对营运资本的影响。所谓营运资本的需要，是指增加的经营性流动资产与增加的经营性流动负债之间的差额

【例5－10】（单选题）某公司已投资50万元于一项设备研制，但它不能使用；又决定再投资50万元，但仍不能使用。如果决定再继续投资40万元，应当有成功把握，并且取得现金流入至少为（　　）万元。

A. 40　　B. 100

C. 140　　D. 60

【答案】A

【解析】本题的考点是相关现金流量的确定，要求考生对此要灵活掌握。为了正确计算投资方案的增量现金流量，进行判断时，应注意区分相关成本和非相关成本、要考虑机会成本、要考虑投资方案对公司其他部门的影响、要考虑对净营运资本的影响。在确定投资方案的相关的现金流量时，所遵循的最基本原则是：只有增量现金流量才是与项目相关的现金流量。所谓增量现金流量，是指接受或拒绝某个投资方案后，企业总现金流量因此发生的变动。本题前两次投入的100万元已是沉没成本，与未来的决策无关。

【例5－11】（多选题）某公司拟于2020年初新建一生产车间用于某种新产品的开发，则与该投资项目有关的现金流量是（　　）。

A. 需购置新的生产流水线价值150万元，同时垫付20万元流动资金

B. 利用现有的库存材料，该材料目前的市价为10万元

C. 车间建在距离总厂10公里外的2010年已购入的土地上，该块土地若不使用可以300万元出售

D. 2019年公司曾支付5万元的咨询费请专家论证过此事

【答案】ABC

【解析】2019年曾支付的5万元咨询费属于非相关成本中的沉没成本。

【例5－12】（多选题）在计算投资方案的增量现金流量时，所谓应考虑的营运资本的需要不是指（　　）。

A. 流动资产与流动负债（无息）之间的差额

B. 增加的流动资金与增加的流动负债（无息）之间的差额

C. 减少的流动资金与减少的流动负债

（无息）之间的差额

D. 增加的流动负债（无息）与增加的流动资产之间的差额

【答案】ACD

【解析】增加的营运资本的需要是指增加的流动资产与增加的流动负债（无息）之间的差额。

（二）投资项目现金流量的估计

内容	说明
1. 更新决策的现金流量分析	更新决策的现金流量主要是现金流出。即使有少量的残值变现收入，也属于支出抵减，而非实质上的流入增加，由于不增加企业的现金流入。由于没有现金流入，无法计算净现值和内含报酬率。因此，在固定资产更新决策中，往往通过比较不同方案的成本进行决策。但由于新旧设备的使用年限可能不同，这种成本比较不能是总成本的比较，也不一定能使用差额分析法，而只能通过比较平均年成本进行决策
2. 固定资产的平均年成本	固定资产的平均年成本是指该资产引起的现金流出的年平均值。通过平均年成本的计算，以成本孰低为原则选择最优方案。 （1）不考虑货币的时间价值： 平均年成本＝投资方案的现金流出总额/使用年限 （2）考虑货币的时间价值（两种计算）： ①平均年成本＝投资方案的现金流出总现值/年金现值系数 ②平均年成本＝原始投资额/年金现值系数＋年运行成本－残值净收入/年金终值系数 【提示】 ①平均年成本法是把继续使用旧设备和购置新设备看成是两个互斥的方案，而不是一个更换设备的特定方案；②平均年成本法的假设前提是将来设备再更换时，可以按原来的平均年成本找到可代替的设备
3. 固定资产的经济寿命	（1）含义：固定资产的经济寿命是固定资产平均年成本最低的使用年限，也就是使持有成本与运行成本相等时的使用年限。 （2）固定资产平均年成本的计算公式： $UAC=\underbrace{\left[C-\frac{S_n}{(1+i)^n}+\sum_{t=1}^{n}\frac{C_t}{(1+i)^n}\right]}_{\text{总成本现值}}\div(P/A,i,n)$ 上式中：C——固定资产原值；S_n——n 年后固定资产余值；C_t——第 t 年运行成本；n——预计使用年限；i——投资最低报酬率；UAC——固定资产平均年成本。 （3）决策标准：选择 UAC 最低的年限为固定资产的经济寿命。 【提示】随着时间的递延，平均年运行成本和平均年持有成本呈反方向变化，两者之和呈马鞍形，这样必然存在一个最经济的使用年限

【例 5－13】（2015 年单选题）在设备更换不改变生产能力且新旧设备未来使用年限不同的情况下，固定资产更新决策应选择的方法是（ ）。

A. 净现值法

B. 折现回收期法

C. 平均年成本法

D. 内含报酬率法

【答案】C

【解析】资本预算固定资产更新决策选择的方法在未来使用年限不同的情况下最好采用平均年成本法。

【例 5－14】（多选题）下列表述中，正确的有（ ）。

A. 固定资产的平均年成本是指该资产引起的现金流出超过现金流入的年平均值

B. 固定资产的平均年成本是指该资产引起的现金流出的年平均值

C. 平均年成本法是把继续使用旧设备和购置新设备看成是两个互斥的方案

D. 平均年成本法的假设前提是将来设备更换时，可以按原来的平均年成本找到可代替的设备

【答案】BCD

【解析】固定资产的平均年成本是指该资产引起的现金流出的年平均值。如果不考虑时间价值，它是未来使用年限内现金流出总额与使用年限的比值；如果考虑时间价值，

它是未来使用年限内现金流出总现值与年金现值系数的比值，即平均每年的现金流出。通过平均年成本的计算，以成本孰低为原则选择最优方案。平均年成本法是把继续使用旧设备和购置新设备看成是两个互斥的方案，而不是一个更换设备的特定方案；平均年成本法的假设前提是将来设备再更换时，可以按原来的平均年成本找到可代替的设备。

【例 5－15】（2019 年计算分析题）甲公司是一家制造业企业，产品市场需求旺盛，为增加产能，拟于2019 年末添置一台设备，该设备无需安装，预计购置成本 300 万元，根据税法相关规定，该设备按照直线法计提折旧，折旧年限 3 年，净残值率为 5%，甲公司现需确定该设备的经济寿命，相关资料如下：

年份	运行成本	年末变现价值
2019		300
2020	90	200
2021	100	110
2022	150	40

甲公司加权平均资本成本为 10%，企业所得税率 25%，假设运行成本均发生在年末。

要求：

（1）在考虑货币时间价值的情况下，分别计算设备更新年限为 1 年、2 年、3 年的平均年成本。

（2）根据要求（1）计算的平均年成本，确定该设备的经济寿命。

【答案】

（1）折旧 $=300\times(1-5\%)/3=95$（万元）

更新年限为 1 年：

2020 年末（1 年末）的账面价值 $=300-95=205$（万元）

1 年末变现价值 $=200$（万元）

1 年末变现损失 $=205-200=5$（万元）

回收流量 $=200+5\times25\%=201.25$（万元）

现金流出总现值 $=300+[90\times(1-25\%)-95\times25\%-201.25]\times(P/F,10\%,1)=156.82$（万元）

更新年限为 2 年：

2021 年末（2 年末）的账面价值 $=110$（万元）

现金流出总现值 $=300+90\times(1-25\%)\times(P/F,10\%,1)+100\times(1-25\%)\times(P/F,10\%,2)-95\times25\%\times(P/A,10\%,2)-110\times(P/F,10\%,2)=291.22$（万元）

平均年成本 $=291.22/(P/A,10\%,2)=167.8$（万元）

更新年限为 3：

2022 年末（3 年末）的账面价值 $=300-95\times3=15$（万元）

2021 年末变现价值 $=40$（万元）

2022 年末变现收益 $=40-15=25$（万元）

2022 年末回收流量 $=40-25\times25\%=33.75$（万元）

现金流出总现值 $=300+90\times(1-25\%)\times(P/F,10\%,1)+100\times(1-25\%)\times(P/F,10\%,2)+150\times(1-25\%)\times(P/F,10\%,3)-95\times25\%\times(P/A,10\%,3)-33.75\times(P/F,10\%,3)=423.45$（万元）

平均年成本 $=423.45/(P/A,10\%,3)=170.27$（万元）。

（2）经济寿命是使固定资产的额平均年成本最小的那一年限，即刻该设备的经济寿命为 2 年。

（三）所得税和折旧对现金流量的影响

不考虑所得税的影响	考虑所得税的影响（折旧可以抵税：折旧额 × 税率）
营业现金流量 ＝营业收入－付现营业费用 【提示】公式不考虑作为非付现营业费用的折旧，即：折旧对现金流量不产生影响	1. 建设期现金净流量＝－长期资产投资－垫支的营运资金＋（原有资产目前变现价值－账面余额）× 所得税税率 2. 营业现金毛流量（三种计算方法） ①根据直接法计算 营业现金毛流量＝营业收入－付现营业费用－所得税 （1） 【提示】这里“付现营业费用”不包括利息费用。 ②根据间接法计算 营业现金毛流量＝税后经营净利润＋折旧 ＝营业收入－付现营业费用－所得税 ＝营业收入－（营业费用－折旧）－所得税 ＝税后经营净利润＋折旧 （2）

续表

不考虑所得税的影响	考虑所得税的影响（折旧可以抵税：折旧额×税率）
营业现金流量 =营业收入－付现营业费用 【提示】公式不考虑作为非付现营业费用的折旧，即：折旧对现金流量不产生影响	③根据所得税对收入和折旧的影响计算 营业现金流量＝税后营业收入－税后付现营业费用＋折旧抵税 营业现金流量＝营业收入(1－税率)－付现营业费用(1－税率)＋折旧×税率　(3) ↓　↓　↓ [税后营业收入]　[税后付现营业费用]　[折旧抵税] 【提示】公式(1)(2)(3)可以相互推导，公式(3)最常用。 3. 终结期现金流量＝回收垫支的营运资金＋回收固定资产的净残值－(最终残值变现金额－税法规定的账面残值)×所得税税率

【注意1】加速折旧法

双倍余额递减法	年折旧率＝2/预计使用年限×100% 年折旧额＝固定资产账面净值×年折旧率 最后两年平均摊销＝（固定资产账面净值－预计净残值）/2
年数总和法（年限合计法）	年折旧率＝尚可使用年限÷预计使用寿命的年数总和×100% 年折旧额＝（固定资产原价－预计净残值）×年折旧率

【注意2】项目预计使用期限与税法折旧年限

项目预计使用期限＜税法折旧年限	使用期限内的各年均可以计提折旧，折旧没有提足； 期末折余价值＝原值－按税法规定计算的累计折旧
项目预计使用期限＝税法折旧年限	使用期限内的各年均可以计提折旧，并将折旧提足； 期末折余价值＝税法规定的残值
项目预计使用期限＞税法折旧年限	仅在税法折旧年限内可以计提折旧，并将折旧提足； 期末折余价值＝税法规定的残值

【注意3】新建（或扩建）项目决策与更新项目决策的区别

要点	新建项目	更新项目
新资产与现有资产的关系	独立——使用新资产不影响现有资产的继续使用	互斥——使用新资产则必须放弃旧资产
增量现金流量的判别方法	在继续使用现有资产基础上的增量部分	使用新资产和继续使用现有资产之间的差别部分

【注意4】关于更新决策中对于旧设备变现价值的放置方式

两种方式	第一种是将旧设备变现价值作为继续使用旧设备的机会成本而归为继续使用旧设备的现金流出量（认为是互斥项目），如注会教材； 第二种是将其归为新设备投资额的抵减项（认为是以旧换新）
本书观点	这两种不同的处理方法对决策最终结果有一定的影响。主要表现在：(1) 两者折旧依据不同；(2) 两者使用期限的问题。不过要提醒考生的是，考本课程时最好的做题方式是按照其辅导教材要求做参考

【注意5】固定资产更新决策（互斥项目优选决策）的方法

比较	寿命期相同	寿命期不同
预期营业收入不同	直接比较净现值——差额净现值分析法	共同年限法 等额年金法
预期营业收入相同（不改变生产能力）	现金流出总现值比较法	平均年成本法

【例5－16】（单选题）在计算投资项目　　的未来现金流量时，报废设备的预计净残值

为 12 000 元，按税法规定计算的净残值为 14 000元，所得税率为 33%，则设备报废引起的预计现金流入量为（　　）元。

A. 7 380　　B. 8 040

C. 12 660　　D. 16 620

【答案】C

【解析】报废残值引起的现金流入量 = 12 000 -（12 000 - 14 000）× 33% = 12 660（元）。在计算中，可以将报废设备的预计净残值 12 000 看成是预计的残值变现收入。

【例 5 - 17】下列有关营业现金毛流量的说法中，正确的有（　　）。

A. 营业现金毛流量是指扣除营运资本投资的营业现金毛流量

B. 营业现金毛流量 = 税后经营净利润 + 折旧

C. 营业现金毛流量 = 营业收入 ×（1 - 税率）- 营业费用 ×（1 - 税率）+ 折旧

D. 营业现金毛流量 = 营业收入 ×（1 - 税率）- 付现营业费用 ×（1 - 税率）+ 折旧 × 税率

【答案】BCD

【解析】营业现金毛流量是指未扣除经营营运资本投资的营业现金毛流量，所以选项 A 不正确；选项 B、C、D 作为营业现金毛流量的计算公式都是正确的。

【例 5 - 18】（2018 年计算分析题）甲公司是一家传统制造业上市公司，只生产 A 产品。2019 年公司准备新上一条生产线，正在进行项目的可行性研究。相关资料如下：

（1）如果可行，该生产线拟在 2019 年初投产，经营周期 4 年。预计 A 产品每年销售 1 000 万只，单位售价 60 元，单位变动制造成本 40 元，每年付现固定制造费用 2 000 万元，付现销售和管理费用 800 万元。

（2）项目需要一栋厂房、一套设备和一项专利技术。目前公司有一栋厂房正好适合新项目使用。该厂房正在对外出租，每年末收取租金 100 万元。2018 年末租期到期，可续租也可收回自用。设备购置成本 10 000 万元，无须安装，可于 2019 年初投入使用，4 年后变现价值 1 600 万元。税法规定，设备采用直线法计提折旧，折旧年限 5 年。折旧期满后无残值。专利技术使用费 8 000 万元，于 2019 年初一次性支付，期限 4 年。税法规定，专利技术使用费可按合同约定使用年限平均摊销，所得税前扣除。

（3）项目需增加营运资本 200 万元，于 2019 年初投入，项目结束时收回。

（4）项目投资的必要报酬率 12%。公司的企业所得税税率 25%。假设项目每年销售收入和付现费用均发生在各年年末。

要求：

（1）该项目 2018 年末～2022 年末的相关现金净流量、净现值和现值指数（计算过程和结果填入下方表格中）。

单位：万元

	2018 年末	2019 年末	2020 年末	2021 年末	2022 年末
现金净流量					
折现系数					
现值					
净现值					
现值指数					

（2）根据净现值和现值指数，判断该项目是否可行，并简要说明理由。

（3）简要回答净现值和现值指数之间的相同点和不同点。

【答案】

（1）

单位：万元

	2018 年末	2019 年末	2020 年末	2021 年末	2022 年末
设备购置成本	-10 000				
专利技术使用费	-8 000				
垫支营运资本	-200				200
丧失税后租金收入		-100×(1-25%)=-75	-75	-75	-75
税后销售收入		1 000×60×(1-25%)=45 000	45 000	45 000	45 000
税后变动制造成本		-1 000×40×(1-25%)=-30 000	-30 000	-30 000	-30 000
税后付现固定制造费用		-2 000×(1-25%)=-1 500	-1 500	-1 500	-1 500
税后付现销售和管理费用		-800×(1-25%)=-600	-600	-600	-600
折旧抵税		10 000/5×25%=500	500	500	500
摊销抵税		8 000/4×25%=500	500	500	500
营业现金毛流量		13 825	13 825	13 825	13 825
设备变现价值					1 600
设备变现损失抵税					400×25%=100
现金净流量	-18 200	13 825	13 825	13 825	15 725
折现系数	1	0.8929	0.7972	0.7118	0.6355
现值	-18 200	12 344.34	11 021.29	9 840.64	9 993.24
净现值	24 999.51				
现值指数	(12 344.34+11 021.29+9 840.64+9 993.24)/18 200=2.37				

4 年末账面净值=10 000-(10 000/5)×4=2 000（万元）

变现损失=2 000-1 600=400（万元）。

（2）净现值大于0，现值指数大于1，该项目可行。

（3）相同点：①都考虑了时间价值和风险。②对于单一方案，决策结果相同，净现值大于0，现值指数大于1，项目可行。③净现值和现值指数在比较期限不同的项目时均有一定的局限性。

不同点：①净现值是绝对值，反映投资的效益。现值指数是相对数，反映投资的效率。②净现值法在比较投资额不同的项目时有一定的局限性。现值指数消除了投资额的差异。

第四节 投资项目折现率的估计

一、使用企业当前加权平均资本成本作为投资项目的资本成本（能力等级2）

（一）使用企业当前资本成本作为项目的资本成本

应同时具备两个条件：一是项目的经营风险与企业当前资产的平均风险相同；二是公司继续采用相同的资本结构为新项目筹资。

（二）继续采用相同的资本结构为新项目筹资

前提	内容
在资本市场完善的条件下	依据MM理论，公司的加权平均资本成本只受公司经营风险（资产的风险）的影响，与资本结构（财务风险）无关，则只需满足一个条件： 项目的经营风险＝当前资产的平均风险 即：新项目是企业现有资产的复制品，所涉及的经营活动的性质与企业现有经营活动相同
在资本市场不完善的条件下	公司的加权平均资本成本受经营风险与财务风险（资本结构）的双重影响，此时需满足两个条件： （1）项目的经营风险＝当前资产的平均风险； （2）继续采用相同的资本结构为新项目筹资——财务风险相同

【提示】在等风险假设和资本结构不变假设明显不能成立时，不能使用企业当前平均资本成本作为新项目的折现率。

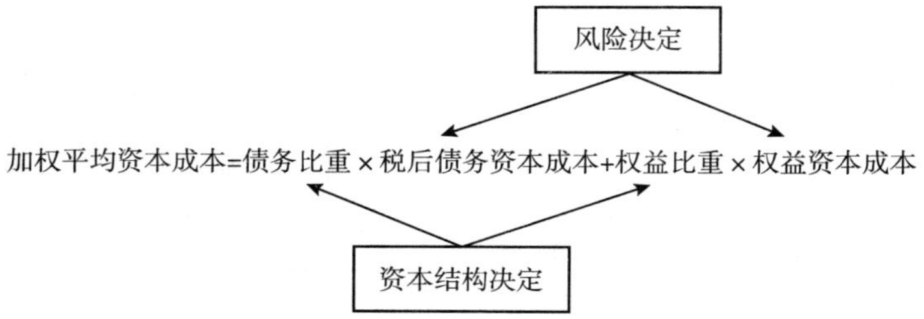

二、运用可比公司法估计投资项目的资本成本——可比公司法（能力等级3）

要点	说明
适用范围	若目标公司待评价项目经营风险与公司原有经营风险不一致（不满足等风险假设）
调整方法	寻找一个经营业务与待评价项目类似的上市公司，以该上市公司的β值作为待评价项目的β值
计算步骤	①卸载可比公司财务杠杆： $\beta_{资产}$＝类比上市公司的$\beta_{权益}$/［1＋（1－类比上市公司适用所得税税率）×类比上市公司的负债/权益］ 【提示】$\beta_{资产}$不含财务风险，$\beta_{权益}$既包含了项目的经营风险，也包含了目标企业的财务风险，因此通常$\beta_{资产} \leq \beta_{权益}$。 ②加载目标企业财务杠杆： 目标公司的$\beta_{权益}=\beta_{资产}$×［1＋（1－目标公司适用所得税税率）×目标公司的负债/权益］ ③根据目标企业的$\beta_{权益}$计算股东要求的报酬率： 股东要求的报酬率＝股东权益成本＝无风险利率＋$\beta_{权益}$×市场风险溢价 ④计算目标企业的加权平均资本成本： 加权平均资本成本＝负债税前成本×（1－所得税税率）×负债比重＋股东权益成本×权益比重

【例5－19】下列有关公式不正确的是（　　）。

A. $\beta_{资产}=\beta_{权益}$÷［1＋（1－税率）×（负债/股东权益）］

B. $\beta_{权益}=\beta_{资产}$×［1＋（1－税率）×（负债/股东权益）］

C. 股东要求的报酬率＝无风险利率＋$\beta_{资产}$×风险溢价

D. 加权平均资本成本＝负债成本×（1－税率）×负债/资本＋股东权益成本×股东权益/资本

【答案】C

【解析】$\beta_{权益}$是含有财务杠杆的，$\beta_{资产}$是不含财务杠杆的，所以$\beta_{权益}$卸载财务杠杆就是$\beta_{资产}$，即$\beta_{资产}=\beta_{权益}$÷［1＋（1－税率）×（负债/股东权益）］，$\beta_{资产}$加载财务杠杆就是

$\beta_{权益}$，所以$\beta_{权益}=\beta_{资产}\times[1+(1-税率)\times(负债/股东权益)]$，选项 A、B 正确；股东要求的报酬率 = 股东权益成本 = 无风险利率 + $\beta_{权益}\times$风险溢价，选项 C 不正确；加权平均资本成本 = 负债成本 ×(1 − 税率) × 负债/资本 + 股东权益成本 × 股东权益/资本，选项 D 正确。

【例 5－20】（计算分析题）ABC 公司正在考虑改变它的资本结构，有关资料如下：

（1）公司目前债务的账面价值 1 000 万元，利息率为 5%，债务的市场价值与账面价值相同；普通股 4 000 万股，每股价格 1 元，所有者权益账面金额 4 000 万元（与市价相同）；每年息税前利润为 500 万元。该公司的所得税率为 15%。

（2）公司将保持现有的资产规模和资产息税前利润率。每年将全部税后净利润分派给股东，因此，依据未来增长率为零。

（3）为了提高企业价值，该公司拟改变资本结构，举借新的债务，替换旧的债务并回购部分普通股。可供选择的资本结构调整方案有两个：①举借新债务的总额为 2 000 万元，预计利息率为 6%；②举借新债务的总额为 3 000 万元，预计利息率 7%。

（4）假设当前资本市场上无风险利率为 4%，市场风险溢价为 5%。

要求：

（1）计算该公司目前的权益成本和贝塔系数；

（2）计算该公司无负债的贝塔系数和无负债的权益成本（提示：根据账面价值的权重调整贝塔系数，下同）；

（3）计算两种资本结构调整方案的权益贝塔系数、权益成本和实体价值；

（4）判断企业应否调整资本结构并说明依据，如果需要调整应选择哪一个方案？

【答案及解析】

（1）由于净利润全部发放股利：

股利 =（息税前利润 − 利息）×（1 − 所得税税率）=（500 − 1 000 ×5%）×（1 − 15%）= 382.5（万元）

根据股利折现模型：

$$权益成本=\frac{D_1}{P_0}+g=\frac{382.5/4\ 000}{1}+0=9.56\%$$

根据资本资产定价模型有：$9.56\%=4\%+\beta\times5\%$

所以$\beta=1.112$。

（2）$\beta_{资产}=1.112\div[1+(1-15\%)\times(1/4)]=0.9171$

$r_s=4\%+0.9171\times5\%=8.59\%$。

（3）①举借新债务总额为 2 000 万元时，权益总额为 3 000 万元，此时产权比率为 2/3

$\beta_{权益}=0.9171\times[1+(1-15\%)\times(2/3)]=1.4368$

$r_s=4\%+1.4368\times5\%=11.18\%$

股权价值 = 股利/权益成本 =（500 − 2 000 × 6%）×（1 − 15%）/11.18% = 2 889（万元）

净债务价值 = 2 000（万元）

公司实体价值 = 2 889 + 2 000 = 4 889（万元）。

②举借债务总额为 3 000 万元时，权益总额为 2 000 万元，此时产权比率为 3/2

$\beta_{权益}=0.9171\times[1+(1-15\%)\times(3/2)]=2.0864$

$r_s=4\%+2.0864\times5\%=11.18\%=14.43\%$

股权价值 = 股利/权益成本 =（500 − 3 000 × 7%）×（1 − 15%）/14.43% = 1 708（万元）。

净债务价值 = 3 000（万元）

公司实体价值 = 1 708 + 3 000 = 4 708（万元）。

（4）企业不应调整资本结构，因为企业目前的实体价值大。

第五节 投资项目的敏感分析

一、敏感分析的作用（能力等级 1）

敏感分析是投资项目评价中常用的一种研究不确定的方法。它在确定性分析的基础上，进一步分析不确定性因素对投资项目的最终经济效果指标影响及影响程度。

二、敏感分析的方法（能力等级 3）

要点	说明
含义	通常是在假定其他变量不变的情况下，测定某一变量发生特定变化时对净现值（或内含报酬率）的影响

续表

要点	说明
方法1：最大最小法	（1）给定计算净现值的每个变量的预期值。 （2）根据变量的预期值计算净现值，由此得出的净现值称为基准净现值。 （3）选择一个变量并假设其他变量不变，令净现值等于零，计算选定变量的临界值。 （4）选择第二个变量，并重复（3）过程。 通过上述步骤，可以得出使基准净现值由正值变为负值（或相反）的各变量最大（或最小）值，可以帮助决策者认识项目的特有风险
方法2：敏感程度法	（1）计算项目的基准净现值（方法与最大最小法相同）。 （2）选定一个变量，如每年税后营业现金流入，假设其发生一定幅度的变化，而其他因素不变，重新计算净现值。 （3）计算选定变量的敏感系数。 敏感系数＝目标值变动百分比/选定变量变动百分比 （4）根据上述分析结果，对项目的敏感性作出判断。 需要注意的是：敏感系数的正负号只是表明方向，判断敏感程度大小应根据绝对值的大小判断。若某参数的小幅度变化能导致经济效果指标的较大变化（敏感系数的绝对值大于1），则称此参数为敏感因素，反之则称其为非敏感因素
局限性	（1）只允许一个变量发生变动，而假设其他变量保持不变，但在现实世界中这些变量通常是相互关联的，会一起发生变动，但是变动幅度不同。 （2）每次测定一个变量变化对净现值的影响，可以提供一系列分析结果，但是没有给出每一个数值发生的可能性（概率）

【例5－21】（2016年综合题）甲公司是一家制造业上市公司，主营业务是易拉罐的生产和销售。为进一步满足市场需求，公司准备新增一条智能化易拉罐生产线。目前，正在进行该项目的可行性研究。

相关资料如下：

（1）该项目如果可行，拟在2016年12月31日开始投资建设生产线，预计建设期1年，即项目将在2017年12月31日建设完成，2018年1月1日投产使用。该生产线预计购置成本4 000万元，项目预期持续3年。按税法规定，该生产线折旧年限4年，残值率5%，按直线法计提折旧，预计2020年12月31日项目结束时该生产线变现价值1 800万元。

（2）公司有一闲置厂房拟对外出租，每年租金60万元，在出租年度的上年年末收取。该厂房可用于安装该生产线，安装期间及投产后，该厂房均无法对外出租。

（3）该项目预计2018年生产并销售12 000万罐，产销量以后每年按5%增长。预计易拉罐单位售价0.5元，单位变动制造成本0.3元；每年付现销售和管理费用占营业收入的10%；2018年、2019年、2020年每年固定付现成本分别为200万元、250万元、300万元。

（4）该项目预计营运资本占营业收入的20%。垫支的营运资本在运营年度的上年年末投入，在项目结束时全部收回。

（5）为筹集所需资金，该项目拟通过发行债券和留存收益进行筹资：发行期限5年、面值1 000元、票面利率6%的债券，每年末付息一次，发行价格960元，发行费用率为发行价格的2%；公司普通股β系数1.5，无风险报酬率3.4%，市场组合必要报酬率7.4%。当前公司资本结构（负债/权益）为2/3；目标资本结构（负债/权益）为1/1。

（6）公司所得税税率25%。

假设该项目的初始现金流量发生在2016年末，营业现金流量均发生在投产后各年末。

要求：

（1）计算项目债务税后资本成本、股权资本成本和加权平均资本成本。

（2）计算项目2016年及以后各年年末的现金净流量及项目的净现值，并判断该项目是否可行（计算过程和结果填入下方表格中）。

单位：万元

	2016 年年末	2017 年年末	2018 年年末	2019 年年末	2020 年年末
现金净流量					
折现系数					
折现值					
净现值					

(3) 假设其他条件不变，利用最大最小法，计算生产线可接受的最高购置价格。

【答案及解析】

(1) 计算项目债务税后资本成本、股权资本成本和加权平均资本成本。

债务税后资本成本：

$$960\times(1-2\%)=\sum_{t=1}^{5}\frac{1\ 000\times 6\%}{(1+r_d)^t}+\frac{1\ 000}{(1+r_d)^5}$$

$960\times 98\%=60\times(P/A,r_d,5)+1\ 000\times(P/F,r_d,5)$

$940.8=60\times(P/A,r_d,5)+1\ 000\times(P/F,r_d,5)$

试误法

$r_d=7\%$ 时，$60\times(P/A,7\%,5)+1\ 000\times(P/F,7\%,5)=60\times 4.1002+1\ 000\times 0.7130$

$=246.01+713=959.01$（元）

$r_d=8\%$ 时，$60\times(P/A,8\%,5)+1\ 000\times(P/F,8\%,5)=60\times 3.9927+1\ 000\times 0.6806$

$=239.56+680.6=920.16$（元）

内插法

$$r_d=7\%+\frac{959.01-940.8}{959.01-920.16}\times1\%=7\%+0.47\%=7.47\%$$

债务税后资本成本 $=7.47\%\times(1-25\%)=5.6\%$

股权资本成本：

$\beta_{资产}=1.5\div[1+(1-25\%)\times2/3]=1$

$\beta_{权益}=1\times[1+(1-25\%)\times1/1]=1.75$

股权资本成本 $=3.4\%+1.75\times(7.4\%-3.4\%)=10.4\%$

加权平均资本成本 $=5.6\%\times50\%+10.4\%\times50\%=8\%$。

（2）计算项目2016年及以后各年年末的现金净流量及项目的净现值，并判断该项目是否可行（计算过程和结果填入下方表格中）。

单位：万元

	2016年末	2017年末	2018年末	2019年末	2020年末
产品销量（万）			12 000	12 600	13 230
税后营业收入			4 500	4 725	4 961.25
税后变动制造成本			－2 700	－2 835	－2 976.75
税后付现固定制造费用			－150	－187.5	－225
税后销售和管理费用			－450	－472.5	－496.13
减少的税后租金收入	－45	－45	－45	－45	
生产线折旧			950	950	950
生产线折旧抵税			237.5	237.5	237.5
占用的营运资本		－1 200	－60	－63	1 323
生产线购置支出	－4 000				
生产线变现收入					1 800
生产线变现收益缴税					－162.5
现金净流量	－4 045	－1 245	1 332.5	1 359.5	4 461.38
折现系数（8%）	1	0.9259	0.8573	0.7938	0.7350
折现值	－4 045.00	－1 152.78	1 142.40	1 079.21	3 279.24
净现值	303.08 （答案在300万～305万元之间，均得分。）				

净现值303.08万元＞0，该项目可行。

计算说明（以2018年末为例）：

税后营业收入 $=12\ 000\times0.5\times(1-25\%)=4\ 500$（万元）

税后变动制造成本 $=12\ 000\times0.3\times(1-25\%)=2\ 700$（万元）

税后付现固定制造费用 $=200\times(1-25\%)=150$（万元）

税后销售和管理费用 $=12\ 000\times0.5\times10\%\times(1-25\%)=450$（万元）

减少的税后租金收入 $=60\times(1-25\%)=45$（万元）

生产线折旧抵税 $=[4\ 000\times(1-5\%)\div4]\times25\%=237.5$（万元）

占用的营运资本 $=12\ 000\times0.5\times5\%\times20\%=60$（万元）。

（3）假设其他条件不变，利用最大最小法，计算生产线可接受的最高购置价格。

$$303.08=\Delta C-\frac{\Delta C\times(1-5\%)\times25\%}{4}\times(P/A,8\%,3)\times(P/F,8\%,1)-\left[\Delta C-\frac{\Delta C\times(1-5\%)\times3}{4}\right]\times25\%\times(P/F,8\%,4)$$

$303.08=\Delta C-\Delta C\times0.0594\times2.5771\times0.9259-[\Delta C-\Delta C\times0.7125]\times25\%\times0.7350$

$303.08=\Delta C-\Delta C\times 0.1417-\Delta C\times 0.0528$

$303.08=\Delta C\times 0.8055$

$\Delta C=376.26$（万元）

生产线最高购置价格 $=4\,000+\Delta C=4\,000+376.26=4\,376.26$（万元）。

精选练习题

一、单项选择题

1. 某企业的新项目风险与现有资产的平均经营风险显著不同，计划使用可比公司法，下列表述正确的是（　　）。

A. 可比公司应与目标公司处于同一行业

B. 可比公司应与目标公司具有类似的商业模式

C. 可比公司是经营业务与待评价项目类似的上市公司

D. 可比公司应与目标公司的资本结构一致

2. 在全部投资均于建设起点一次投入，建设期为零，投产后每年净现金流入量相等的情况下，为计算内含报酬率所求得的年金现值系数应等于该项目的（　　）。

A. 现值指数指标的值

B. 预计使用年限

C. 回收期指标的值

D. 投资利润率指标的值

3. 某项目原始投资 100 万元，建设期为 0，运营期 5 年，每年净现金流量 32 万元，则该项目内含报酬率为（　　）。

A. 15.52%　　B. 18.03%

C. 20.12%　　D. 15.26%

4. 下列关于项目投资决策的表述中，正确的是（　　）。

A. 两个互斥项目的初始投资额不一样，在权衡时选择内含报酬率高的项目

B. 使用净现值法评估项目的可行性与使用内含报酬率法的结果是一致的

C. 使用获利指数法进行投资决策可能会计算出多个获利指数

D. 投资回收期主要测定投资方案的流动性而非盈利性

5. 若净现值为负数，表明该投资项目（　　）。

A. 各年利润小于 0，不可行

B. 它的投资报酬率小于 0，不可行

C. 它的投资报酬率没有达到预定的折现率，不可行

D. 它的投资报酬率超过了预定的折现率，不可行

6. 某公司有 A、B、C、D 四个投资项目可供选择，其中 A 与 D 是互斥项目，有关资料如下：

单位：元

投资项目	原始投资	净现值	现值指数
A	120 000	67 000	1.56
B	150 000	79 500	1.53
C	300 000	111 000	1.37
D	160 000	80 000	1.50

如果项目总投资限定为 60 万元，则最优的投资组合是（　　）。

A. A + C + D　　B. A + B + C

C. A + B + C + D　　D. A + C + D

7. 一般情况下，使某投资方案的净现值小于零的折现率（　　）。

A. 一定小于该投资方案的内含报酬率

B. 一定大于该投资方案的内含报酬率

C. 一定等于该投资方案的内含报酬率

D. 可能大于也可能小于该投资方案的内含报酬率

8. 一台旧设备账面价值为 60 000 元，变现价值为 64 000 元。企业打算继续使用该设备，但由于物价上涨，估计需增加净营运资本 6 000 元，所得税税率为 25%，则初始期现金流出量为（　　）元。

A. 60 000　　B. 66 000

C. 70 000　　D. 69 000

9. 在进行资本投资评价时，下列表述中正确的是（　　）。

A. 只有当企业投资项目的收益率超过资本成本时，才能为股东创造财富

B. 当新项目的风险与企业现有资产的风险相同时，就可以使用企业当前的资本成本作为项目的折现率

C. 增加债务会降低加权平均资本成本

D. 不能用股东要求的报酬率去折现股东现金流量

10. 关于固定资产更新项目的决策，下列

说法不正确的是（　　）。

A. 如果未来使用年限不同，则不能使用差额分析法

B. 平均年成本法把继续使用旧设备和购置新设备看成是更换设备的特定方案

C. 平均年成本法的假设前提是将来设备再更换时，可以按照原来的平均年成本找到可代替的设备

D. 平均年成本法把继续使用旧设备和购置新设备看成是两个互斥的方案

11. A企业投资20万元购入一台设备，无其他投资，初始期可以忽略，预计使用年限为20年，无残值。项目的折现率是10%，设备投产后预计每年可获得净利22 549元，则该投资的动态回收期为（　　）年。

A. 5　　B. 3

C. 6.1446　　D. 10

12. 已知某投资项目的筹建期为2年，筹建期的固定资产投资为600万元，增加的净营运资本为400万元，经营期前4年每年的现金净流量为220万元，经营期第5年和第6年的现金净流量分别为140万元和240万元，则该项目包括筹建期的静态回收期为（　　）年。

A. 6.86　　B. 5.42

C. 4.66　　D. 7.12

二、多项选择题

1. 净现值与现值指数的共同之处在于（　　）。

A. 都是相对数指标，反映投资的效率

B. 都必须按预定的贴现率折算现金流量的现值

C. 都不能反映投资方案的实际投资收益率

D. 都没有考虑货币时间价值因素

2. 下列关于评价投资项目的会计报酬率法的说法中，错误的有（　　）。

A. 计算会计报酬率时，使用的是年平均净收益

B. 它考虑了折旧对现金流量的影响

C. 它不考虑净收益的时间分布对项目价值的影响

D. 它能够测度项目的风险性

3. 某公司正在开会讨论是否投产一种新产品，对以下收支发生争论。你认为不应列入该项目评价的企业实体现金流量有（　　）。

A. 新产品投产需要占用营运资金80万元，它们可在公司现有周转资金中解决，不需要另外筹集

B. 该项目利用现有未充分利用的厂房和设备，如将该设备出租可获收益200万元，但公司规定不得将生产设备出租，以防止对本公司产品形成竞争

C. 新产品销售会使本公司同类产品减少收益100万元，如果本公司不经营此产品，竞争对手也会推出此新产品

D. 动用为其他产品储存的原料约200万元

4. 在下列方法中，可以直接用于项目寿命期不相同的多个互斥方案比较决策的方法有（　　）。

A. 净现值法　　B. 共同年限法

C. 等额年金法　　D. 重置价值链法

5. 下列关于投资项目评估方法的表述中，错误的有（　　）。

A. 计算内含报酬率时，如果用试算的折现率得到的净现值大于零，说明项目的内含报酬率小于该试算的折现率

B. 动态回收期法克服了静态回收期法不考虑货币时间价值的缺点，但是仍然容易引发投资决策短视

C. 现值指数法克服了净现值法不能直接比较投资额不同的项目的局限性，它在数值上等于投资项目的净现值除以初始投资额

D. 当评价两个投资规模不同的互斥项目时，如果内含报酬率法和净现值法出现矛盾时，应当以净现值法为主

6. 以下关于互斥项目排序问题的表述中，正确的有（　　）。

A. 如果两个互斥项目的期限相同，但原始投资额不同，应选择内含报酬率较高的方案

B. 如果两个互斥项目的期限不同，但原始投资额相同，应选择净现值较大的方案

C. 期限相同但原始投资额不同的互斥项目，不能直接由内含报酬率决定项目取舍

D. 期限不同的互斥项目，不能直接由净现值决定项目的取舍

7. 关于项目投资下列说法中正确的有（　　）。

A. 项目投资决策应首先估计现金流量

B. 与项目投资相关的现金流量必须是能使企业总现金流量变动的部分

C. 在投资有效期内，现金净流量可以取代利润作为评价净收益的指标

D. 投资分析中现金流动状况与盈亏状况同等重要

8. 下列关于评价投资项目的静态回收期法的说法中，不正确的有（　　）。

A. 它忽略了货币时间价值，所以不能衡量项目的风险

B. 它需要一个主观上确定的最长的可接受回收期作为评价依据

C. 它不能测度项目的盈利性

D. 它不能测度项目的流动性

9. 对于两个期限不同的互斥项目，可采用共同年限法和等额年金法进行项目决策，下列关于两种方法共同缺点的说法中，正确的有（　　）。

A. 未考虑项目收入带来的现金流入

B. 未考虑竞争导致的收益下降

C. 未考虑技术更新换代导致的投入产出变更

D. 未考虑通货膨胀导致的重置成本上升

10. 下列关于所得税和折旧对现金流量的说法中，正确的有（　　）。

A. 所得税是现金流出

B. 所得税取决于利润和税率的大小，而折旧方法不同会导致利润不同

C. 折旧对于投资决策的影响，是由所得税引起的

D. 不论是否存在所得税，折旧均与现金流量有关

三、计算分析题

1. 甲公司是一家建设投资公司，业务涵盖市政工程绿化、旅游景点开发等领域。近年来，夏日纳凉休闲项目受到青睐，甲公司计划在位于市郊的A公园开发W峡谷漂流项目（简称“W项目”），目前正在进行项目评价，有关资料如下：

（1）甲公司与A公园进行洽谈并初步约定，甲公司一次性支付给A公园经营许可费700万元（税法规定在5年内摊销，期满无残值），取得W项目5年的开发与经营权；此外，甲公司还需每年按营业收入的5%向A公园支付景区管理费。

（2）W项目前期投资包括：修建一座蓄水池，预计支出100万元；漂流景区场地、设施等固定资产投资200万元；购入橡皮艇200艘，每艘市价5 000元。按税法规定，以上固定资产可在10年内按直线法计提折旧，期满无残值。5年后，A公园以600万元买断W项目，甲公司退出W项目的经营。

（3）为宣传推广W项目，前期需投入广告费50万元。按税法规定，广告费在项目运营后第1年年末税前扣除。甲公司经调研预计W项目的游客服务价格为200元/人次，预计第1年可接待游客30 000人次；第2年及以后年度项目将满负荷运营，预计每年可接待游客40 000人次。

（4）预计W项目第1年的人工成本支出为60万元，第2年增加12万元，以后各年人工成本保持不变。

（5）漂流河道、橡皮艇等设施的年维护成本及其他营业开支预计为100万元。

（6）为维持W项目正常运营，预计需按照营业收入的20%垫支营运资金。

（7）甲公司计划以2/3（负债/权益）的资本结构为W项目筹资。如果决定投资该项目，甲公司将于2014年10月发行5年期债券。由于甲公司目前没有已上市债券，拟采用风险调整法确定债务资本成本。W项目的权益资本相对其税后债务资本成本的风险溢价为5%。

甲公司的信用级别为BB级，目前国内上市交易的BB级公司债有3种，这3种债券及与其到期日接近的政府债券的到期收益率如下：

发债公司	上市债券到期日	上市债券到期收益率	政府债券到期日	政府债券到期收益率
H	2015年1月28日	6.5%	2015年2月1日	3.4%
M	2016年9月26日	7.6%	2016年10月1日	3.6%
L	2019年10月15日	8.3%	2019年10月10日	4.3%

(8) 预计 W 项目短时间可建成，可以假设没有建设期。为简化计算，假设经营许可费、项目初始投资、广告费均发生在第 1 年年初（零时点），项目营业收入、付现成本等均发生在以后各年年末，垫支的营运资金于各年年初投入，在项目结束时全部收回。

(9) 甲公司适用的企业所得税税率为 25%。

要求：

(1) 根据所给资料，估计无风险利率，计算 W 项目的加权平均资本成本，其中债务资本成本采用风险调整法计算，权益资本成本采用债券收益加风险溢价法计算。

(2) 计算 W 项目的初始（零时点）现金流量、每年的现金净流量及项目的净现值（计算过程及结果填入下方表格中），判断项目是否可行并说明原因。

单位：万元

项目	零时点	第 1 年	第 2 年	第 3 年	第 4 年	第 5 年
现金净流量						
折现系数						
现金净流量的现值						
净现值						

(3) 以项目目前净现值为基准，假设 W 项目各年接待游客人次下降 10%，用敏感程度法计算净现值对接待游客人次的敏感系数。

2. A 公司正面临设备的选择决策。它可以购买 8 台甲型设备，每台价格 8 000 元。甲型设备将于第 4 年末更换，预计无残值收入。另一个选择是购买 10 台乙型设备来完成同样的工作，每台价格 5 000 元。乙型设备需于 3 年后更换，在第 3 年末预计有 500 元/台的残值变现收入。

该公司此项投资的机会成本为 10%；所得税率为 30%（假设该公司将一直盈利），税法规定的该类设备折旧年限为 3 年，残值率为 10%；预计选定设备型号后，公司将长期使用该种设备，更新时不会随意改变设备型号，以便与其他作业环节协调。

要求：分别计算采用甲、乙设备的平均年成本，并据此判断应购买哪一种设备。

3. 甲公司主营新能源汽车生产业务，现已研发出一种新能源汽车产品，准备投向市场。为了评价该项目，需要对其资本成本进行估计。有关资料如下：

(1) 该新能源汽车项目拟按照资本结构（负债/权益）3/5 进行筹资，税前债务资本成本预计为 12%。

(2) 目前市场上有一种还有 5 年到期的已上市政府债券。该债券面值为 1 000 元，票面利率 12%，每年付息一次，到期一次归还本金，当前市价为 1 120 元，刚过付息日。

(3) 新能源汽车行业的代表企业是乙、丙公司，乙公司的资本结构（负债/权益）为 4/5，股东权益的 β 系数为 1.5；丙公司的资本结构（负债/权益）为 3/8，股东权益的 β 系数为 1.6。权益市场风险溢价为 4%。

(4) 甲、乙、丙三个公司运用的企业所得税税率均为 25%。

要求：

(1) 计算政府债券的年到期收益率。

(2) 使用可比公司法计算新能源汽车行业代表企业的平均 $\beta_{资产}$、该新能源汽车项目的 $\beta_{权益}$ 与权益资本成本。

(3) 计算该新能源汽车项目的加权平均资本成本。

四、综合题

1. 某企业拟进行一项固定资产投资，投资额为 2 000 万元，分两年投入，该项目的现金流量表（部分）如下：

现金流量表（部分）价值

单位：万元

项目	建设期		经营期				
	0	1	2	3	4	5	6
净收益			-300	800	1 000	600	600
净现金流量	-1 000	-1 000	100	1 200	1 200	1 000	1 000
折现净现金流量（资本成本率6%）	-1 000	-943.4	89	1 007.52	950.52	747.3	705
累计净现金流量	A	B	C	D	E	F	G

要求：

（1）计算上表中用英文字母表示的项目的数值。

（2）计算或确定下列指标：

①静态回收期和动态回收期

②会计报酬率

③净现值

④内含报酬率

2. E公司是一家民营医药企业，专门从事药品的研发、生产和销售。公司自主研发并申请发明专利的BJ注射液自上市后销量快速增长，目前生产已达到满负荷状态。E公司正在研究是否扩充BJ注射液的生产能力，有关资料如下：

BJ注射液目前的生产能力为400万支/年。E公司经过市场分析认为，BJ注射液具有广阔的市场空间，拟将其生产能力提高到1 200万支/年。由于公司目前没有可用的厂房和土地用来增加新的生产线，只能拆除当前生产线，新建一条生产能力为1 200万支/年的生产线。

当前的BJ注射液生产线于2009年年初投产使用，现已使用2年半，目前的变现价值为1 127万元。生产线的原值为1 800万元，税法规定的折旧年限为10年，残值率为5%，按照直线法计提折旧。公司建造该条生产线时计划使用10年，项目结束时的变现价值预计为115万元。

新建生产线的预计支出为5 000万元，税法规定的折旧年限为10年，残值率为5%，按照直线法计提折旧。新生产线计划使用7年，项目结束时的变现价值预计为1 200万元。

BJ注射液目前的年销售量为400万支，销售价格为每支10元，单位变动成本为每支6元，每年的固定付现成本为100万元。扩建完成后，第1年的销量预计为700万支，第2年的销量预计为1 000万支，第3年的销量预计为1 200万支，以后每年稳定在1 200万支。由于产品质量稳定、市场需求巨大，扩产不会对产品的销售价格、单位变动成本产生影响。扩产后，每年的固定付现成本将增加到220万元。

项目扩建需用半年时间，停产期间预计减少200万支BJ注射液的生产和销售，固定付现成本照常发生。

生产BJ注射液需要的营运资本随销售额的变化而变化，预计为销售额的10%。

扩建项目预计能在2011年年末完成并投入使用。为简化计算，假设扩建项目的初始现金流量均发生在2011年年末（零时点），营业现金流量均发生在以后各年年末，垫支的营运资本在各年年初投入，在项目结束时全部收回。

E公司目前的资本结构（负债/权益）为1/1，税前债务成本为9%，$\beta_{权益}$为1.5，当前市场的无风险报酬率为6.25%，权益市场的平均风险溢价为6%。公司拟采用目前的资本结构为扩建项目筹资，税前债务成本仍维持9%不变。

E公司适用的企业所得税税率为25%。

要求：

（1）计算公司当前的加权平均资本成本。公司能否使用当前的加权平均资本成本作为扩建项目的折现率？请说明原因。

（2）计算扩建项目的初始现金流量（零时点的增量现金净流量）、第1年至第7年的增量现金净流量、扩建项目的净现值（计算过程和结果填入答题卷中给定的表格中），判断扩建项目是否可行并说明原因。

（3）计算扩建项目的静态回收期。如果类似项目的静态回收期通常为 3 年，E 公司是否应当采纳该扩建项目？请说明原因。

3. 甲公司是一家电器制造企业，主营业务是厨卫家电的生产和销售。为扩大市场份额，准备投产智能型家电产品（以下简称智能产品）。目前，相关技术研发已经完成，正在进行该项目的可行性研究。相关资料如下：

（1）如果可行，该项目拟在 2016 年初投产；预计该智能产品 3 年后（即 2018 年末）停产，即项目预期持续 3 年。智能产品单位售价 1 500 元，2016 年销售 10 万台，销量以后每年按 10% 增长。单位变动制造成本 1 000 元；每年付现固定制造费用 200 万元；每年付现销售和管理费用占营业收入的 10%。

（2）为生产该智能产品，需要添置一条生产线，预计购置成本 6 000 万元。该生产线可在 2015 年末前安装完毕。按税法规定，该生产线折旧年限 4 年，预计净残值率 5%，采用直线法计提折旧。预计 2018 年末该生产线的变现价值为 1 200 万元。

（3）公司现有一闲置厂房对外出租，每年年末收取租金 40 万元。该厂房可用于生产该智能产品，因生产线安装期较短，安装期间租金不受影响。由于智能产品对当前产品的替代效应，当前产品 2016 年销量下降 1.5 万台，下降的销量以后每年按 10% 增长；2018 年末智能产品停产，替代效应消失，2019 年当前产品销量恢复至智能产品项目投产前的水平。当前产品的单位售价 800 元，单位变动成本 600 元。

（4）营运资本为营业收入的 20%。智能产品项目垫支的营运资本在各年年初投入，在项目结束时全部收回；减少的当前产品垫支的营运资本在各年年初收回，在智能产品项目结束时重新投入。

（5）项目加权平均资本成本 9%，公司所得税税率 25%。假设该项目的初始现金流量发生在 2015 年末，营业现金流量均发生在以后各年末。

要求：

（1）计算项目的初始现金净流量（2015 年末增量现金净流量）、2016～2018 年的增量现金净流量及项目的净现值、折现回收期和现值指数，并判断项目是否可行（计算过程和结果填入下方表格中）。

单位：万元

	2015 年末	2016 年末	2017 年末	2018 年末

续表

	2015 年末	2016 年末	2017 年末	2018 年末
现金净流量				
折现率				
折现值				
净现值				
折现回收期				
现值指数				

（2）为分析未来不确定性对该项目净现值的影响，应用最大最小法计算单位变动制造成本的最大值，应用敏感程度法计算当单位变动制造成本上升5%时净现值对单位变动制造成本的敏感系数。

答案及解析

一、单项选择题

1. 【答案】C

【解析】可比公司法是寻找一个经营业务与待评价项目类似的上市公司，以该上市公司的贝塔值作为待评价项目的贝塔值。

2. 【答案】C

【解析】设投资额为 P，投产后每年的现金净流量均为 A，回收期 $=P/A$；净现值等于零的折现率为内含报酬率，设内含报酬率为 r，净现值 $=A\times(P/A,r,n)-P=0$，则计算内含报酬率所求得的年金现值系数 $(P/A,r,n)=P/A=$ 回收期。

3. 【答案】B

【解析】根据定义，净现值 $=32\times(P/A,i,5)-100=0$，则：$(P/A,i,5)=100/32=3.125$，查表找出期数为5，年金现值系数比3.125大一点点和小一点点的两个数值，$(P/A,18\%,5)=3.127$，$(P/A,20\%,5)=2.991$，再用内插法求出 i。

4. 【答案】D

【解析】两个互斥项目的初始投资额不一样，但项目寿命期一致时，在权衡时选择净现值高的项目，选项A错误；在投资额不同或项目寿命期不同时，利用净现值和内含报酬率在进行项目选优时会有冲突，B错误；使用获利指数法进行投资决策，在相关因素确定的情况下只会计算出一个获利指数，C错误；回收期没有考虑回收期满以后的流量，所以主要测定投资方案的流动性而非盈利性。

5. 【答案】C

【解析】净现值为负数，即表明该投资项目的报酬率小于预定的折现率，方案不可行。但并不表明该方案一定为亏损项目或投资报酬率小于0。

6. 【答案】B

【解析】在资金总额受限制时，需要按照项目现值指数的大小排队，选择净现值之和最大的组合。虽然很明显A+C+D组合的净现值为258 000元，大于A+B+C组合的净现值257 500元，但由于A与D是互斥方案，不可能同时出现在同一组合中，所以，该题答案不是A+C+D，而是A+B+C。

7. 【答案】B

【解析】在其他条件不变的情况下，折现率越大净现值越小，所以使某投资方案的净现值小于零的折现率，一定大于该投资方案的内含报酬率。

8. 【答案】D

【解析】旧资产出售的净收入 = 64 000 − (64 000 − 60 000) × 25% = 63 000（元），初始期现金流出量 = 63 000 + 6 000 = 69 000（元）。

9. 【答案】A

【解析】使用企业当前的资本成本作为项目的资本成本，应具备两个条件：一是项目的风险与企业当期资产的平均风险相同；二是公司继续采用相同的资本结构为新项目筹资。所以选项B的说法不正确；如果市场是完善的，增加债务比重并不会降低加权平均成本的，所以选项C的说法不正确；股东的现金流量是需要用股东要求的报酬率来折现的，所以选项D的说法不正确。

10. 【答案】B

【解析】如果新旧资产未来使用年限不同，则在差异年份内无法确定差额现金流量，因此不能使用差额分析法，选项A正确；平均年成本法是把继续使用旧设备和购置新设备看成是两个互斥的方案，而不是一个更换设备的特定方案，选项B错误，选项D正确；平均年成本法的假设前提是将来设备再更换时，可以按原来的平均年成本找到可代替的设备，选项C正确。

11. 【答案】D

【解析】年折旧 = 20/20 = 1（万元），

经营期内年税后净现金流量 = 2.2549 + 1 = 3.2549（万元），

$3.2549 \times (P/A, 10\%, n) = 20$

即 $(P/A, 10\%, n) = 6.1446$

查表得 $n = 10$。

12. 【答案】A

【解析】不包括筹建期的静态回收期 = 4 + (600 + 400 − 220 × 4)/140 = 4.86（年），包括筹建期的静态回收期 = 4.86 + 2 = 6.86（年）。

二、多项选择题

1. 【答案】BC

【解析】净现值是绝对数而现值指数是相对数，选项A错误；净现值和现值指数都是折现指标，选项B正确、D不正确；净现值和现值指数都不能反映投资方案的实际投资收益率（内含报酬率），选项C正确。

2. 【答案】BD

【解析】会计报酬率法没有考虑现金流量的影响，不能够测度项目的风险性。

3. 【答案】BC

【解析】项目实施引起的营运资本需求，应作为相关现金流量，即使无须额外筹集，也相当于放弃了用于其他方面的机会，选项A应纳入相关现金流量；机会成本存在的条件为资源具有多种互斥用途，若禁止出租，则生产设备只有一种用途，不存在机会成本，选项B不应纳入相关现金流量；由于存在竞争压力，无论新产品是否推向市场，本公司同类产品都会减少收益，因而同类产品收益的减少额不属于新产品销售的增量现金流量，选项C不应纳入相关现金流量；动用非货币资源的变现价值相当于项目的一项机会成本，选项D应纳入相关现金流量。

4. 【答案】BCD

【解析】等额年金法、共同年限法适用于项目寿命期不同的互斥方案比较决策，共同年限法也称为重置价值链法。

5. 【答案】AC

【解析】计算内含报酬率时，如果用试算的折现率得到的净现值大于零，说明项目的内含报酬率高于该试算的折现率，选项A错误；现值指数是未来现金流入现值与未来现金流出现值的比率，选项C错误。

6. 【答案】CD

【解析】互斥项目如果寿命相同但投资额不同，应当净现值法优先，选项A错误，选项C正确；期限不同的互斥项目不能直接比较净现值，选项B错误，选项D正确。

7. 【答案】ABC

【解析】估计现金流量是项目投资决策应考虑的首要问题，这里所说的与项目相关的现金流量是指因接受或拒绝某项目后而引起的企业总现金流量的变动。因为在整个投资有效期内现金数量总计与利润总计相等，故其可以取代利润，但在投资分析中，现金流动状况重于盈亏状况，而且应保持所选评价方法在各期的一贯性。

8. 【答案】AD

【解析】回收期法计算简便，并且容易为决策人所理解。它的缺点是不仅在于忽视时间价值，而且，没有考虑回收期以后的现金流量。可以粗略的快速衡量项目的流动性和风险，不能计量方案的盈利性。

9. 【答案】BCD

【解析】两种方法存在共同的缺点：(1) 有的领域技术进步快，目前就可以预期升级换代不可避免，不可能原样复制；(2) 如果通货膨胀比较严重，必须考虑重置成本的上升，这是一个非常具有挑战性的任务，对此两种方法都没有考虑；(3) 从长期来看，竞争会使项目净利润下降，甚至被淘汰，对此分析时没有考虑。

10. 【答案】ABC

【解析】所得税是企业的一种现金流出，它取决于利润大小和税率高低，而利润大小受折旧方法的影响。因此，讨论所得税问题必然会涉及折旧问题。在前面部分未讨论所得税问题，在那种情况下，折旧与现金流量无关，自然也不可能讨论折旧问题。折旧对投资决策产生影响，实际是由所得税引起的。

三、计算分析题

1. 【答案及解析】

(1) 无风险利率为5年后到期的政府债券的到期收益率，即4.3%。

企业信用风险补偿率＝[(6.5%－3.4%)＋(7.6%－3.6%)＋(8.3%－4.3%)]÷3＝3.7%

税前债务资本成本＝4.3%＋3.7%＝8%

股权资本成本＝8%×(1－25%)＋5%＝11%

加权平均资本成本＝8%×(1－25%)×(2/5)＋11%×(3/5)＝9%。

(2)

项目	零时点	第1年	第2年	第3年	第4年	第5年
经营许可费	－700					
固定资产投资	－400					
广告费支出	－50					
许可费摊销抵税		35	35	35	35	35
固定资产折旧抵税		10	10	10	10	10

W项目净现值大于0，项目可行。

(3) 游客人次下降10%时项目净现值变化＝12＋4×(P/F,9%,1)－{600×10%×(1－5%)×(1－25%)}×(P/F,9%,1)－{800×10%×(1－5%)×(1－25%)}×(P/A,9%,4)×(P/F,9%,1)－16×(P/F,9%,5)＝－203.36(万元)

净现值对游客人次的敏感系数＝(－203.36/901.59)/(－10%)＝2.26。

2. 【答案及解析】

甲设备：

购置成本＝8 000(元)

每年折旧抵税(前3年)＝[8 000×(1－0.1)/3]×30%＝720(元)

折旧抵税现值＝720×(P/A,10%,3)＝720×2.4869＝1 790.57(元)

残值损失减税现值＝800×30%×(P/F,10%,4)＝240×0.683＝163.92(元)

每台平均年成本＝(8 000－1 790.57－163.92)/(P/A,10%,4)＝6 045.51/3.1699＝1 907.161(元)

8台设备的年成本＝1 907.161×8＝15 257.29(元)

乙设备：

购置成本＝5 000(元)

每年折旧抵税＝[5 000×(1－0.1)/3]×30%＝450(元)

每年折旧抵税现值＝450×(P/A,10%,3)＝450×2.4869＝1 119.105(元)

残值流入现值＝500×(P/F,10%,3)＝500×0.7513＝375.65(元)

每台平均年成本

＝(5 000－1 119.105－375.65)/2.4869

＝1 409.484(元)

10台设备的平均年成本

＝1 409.484×10＝14 094.84(元)

乙设备的平均年成本较低，应当购置乙设备。

3.【答案及解析】

（1）设半年到期收益率 i

$NPV = 1\ 000 \times 6\% \times (P/A, i, 10) + 1\ 000 \times (P/F, i, 10) - 1\ 120$

设利率为4%

$1\ 000 \times 6\% \times (P/A, 4\%, 10) + 1\ 000 \times (P/F, 4\%, 10) - 1\ 120$

$= 60 \times 8.1109 + 1\ 000 \times 0.6756 - 1\ 120$

$= 42.25$（元）

设利率为5%，

$1\ 000 \times 6\% \times (P/A, 5\%, 10) + 1\ 000 \times (P/F, 5\%, 10) - 1\ 120$

$= 60 \times 7.7217 + 1\ 000 \times 0.6139 - 1\ 120$

$= -42.80$（元）

$(i - 4\%)/(5\% - 4\%) = (0 - 42.25)/(-42.80 - 42.25)$

所以 $i = 4.5\%$

年到期收益率 $= (1 + 4.5\%) \times 2 - 1$

$= 9.2\%$。

（2）乙企业 $\beta_{资产} = 1.5/[1 + (1 - 25\%) \times (4/5)] = 0.94$

丙企业 $\beta_{资产} = 1.6/[1 + (1 - 25\%) \times (3/8)] = 1.25$

平均 $\beta_{资产} = (0.94 + 1.25)/2 = 1.095$

该锂电池项目的 $\beta_{权益} = 1.095 \times [1 + (1 - 25\%) \times 3/5] = 1.59$

权益资本成本 $= 9.2\% + 1.59 \times 4\%$

$= 15.56\%$。

（3）加权平均资本成本

$= 12\% \times (1 - 25\%) \times 3/8 + 15.56\% \times 5/8 = 13.1\%$。

四、综合题

1.【答案及解析】

（1）计算表中用英文字母表示的项目：

（A）－1 000　（B）－2 000

（C）－1 900　（D）－700

（E）500　（F）1 500

（G）2 500

（2）计算或确定下列指标：

①回收期：

静态回收期 $= 3 + |-700|/1\ 200 = 3.58$（年）

动态回收期 $= 3 + 846.88/950.52$

$= 3.89$（年）

②会计报酬率 $= (2\ 700/5)/2\ 000 \times 100\% = 27\%$

③净现值 $= (-1\ 000 - 943.4 + 89 + 1\ 007.52 + 950.52 + 747.3 + 705) = 1\ 555.94$（万元）

④内含报酬率

设利率28%

单位：万元

年限	0	1	2	3	4	5	6	合计
净现金流量	－1 000	－1 000	100	1 200	1 200	1 000	1 000	2 900
折现系数（28%）	1	0.7813	0.6104	0.4768	0.3725	0.2910	0.2274	
折现净现金流量	－1 000	－781.3	61.04	572.16	447	291	227.4	－182.7

设利率26%

单位：万元

年限	0	1	2	3	4	5	6	合计
净现金流量	－1 000	－1 000	100	1 200	1 200	1 000	1 000	2 900
折现系数（26%）	1	0.7937	0.6299	0.4999	0.3968	0.3149	0.2499	
折现净现金流量	－1 000	－793.7	62.99	599.88	476.16	314.9	249.9	－89.87

$(i - 26\%)/(28\% - 26\%) = (0 + 89.87)/(-182.7 + 89.87)$

$i = 25.98\%$。

2.【答案及解析】

（1）股权资本成本 $= 6.25\% + 1.5 \times 6\% = 15.25\%$

加权资本成本 = 15.25% ×50% +9% ×(1 -25%) ×50% =11%

可以使用当前的加权平均资本成本作为新项目的资本成本，因为新项目投资没有改变原有的风险，也没有改变资本结构。

(2)

项目	零时点	第1年	第2年	第3年	第4年	第5年	第6年	第7年
旧设备初始的变现流量	1 188.38							
新增设备投资	-5 000							
扩建期间丧失的流量	-621.38							
营运资本投资	-300	-300	-200	0	0	0	0	
营业现金流量		886	1 786	2 386	2 386	2 386	2 386	2 386
回收残值增量流量								1 210
回收营运资本								800
增量现金流量	-4 733	586	1 586	2 386	2 386	2 386	2 386	4 396
折现系数	1	0.9009	0.8116	0.7312	0.6587	0.5935	0.5346	0.4817
现值	-4 733	527.93	1 287.2	1 744.64	1 571.66	1 416.09	1 275.56	2 117.55
净现值合计	5 207.63							

【答案及解析】

①旧生产线目前账面净值 =1 800 -[1 800 ×(1 -5%)/10] ×2.5 =1 372.5 (万元)

旧生产线变现损失 =1 372.5 -1 127
=245.5 (万元)

旧设备初始的变现流量 =1 127 +245.5 ×25% =1 188.38 (万元)

扩建丧失的200万支的相关营业现金流量 = -[(200 ×10 -200 ×6) ×(1 -25%) +171 ×0.5 ×25%] = -621.38 (万元)

新设备折旧 =5 000 ×(1 -5%)/10
=475 (万元)

②营运资本投资估算：

项目	零时点	第1年	第2年	第3~7年
营业收入		300 ×10 =3 000	600 ×10 =6 000	800 ×10 =8 000
营运资本	300	600	800	800
营运资本投资	300	300	200	0

③投产后的营业现金流量估算：

项目	第1年	第2年	第3~7年
增加的销量	700 -400 =300	1 000 -400 =600	1 200 -400 =800
单价	10	10	10
单位变动成本	6	6	6
增加的固定付现成本	120	120	120
增加的折旧	475 -171 =304	304	304
营业现金流量 = 税后收入 - 税后付现成本 + 折旧抵税	[300 ×(10 -6) -120] ×(1 -25%) +304 ×25% =886	1 786	2 386

④预计项目结束时旧生产线的变现流量 =115 - (115 -1 800 ×5%) ×25% =108.75

（万元）

新生产线结束时账面净值 =5 000 −475 × 7 =1 675（万元）

变现损失 =1 675 −1 200 =475（万元）

预计项目结束时新生产线的变现流量 = 1 200 +475 ×25% =1 318. 75（万元）

预计项目结束时新生产线相比旧生产线回收的增量现金流量 =1 318. 75 −108. 75 = 1 210（万元）。

（3）

项目	零时点	第 1 年	第 2 年	第 3 年	第 4 年	第 5 年	第 6 年	第 7 年
增量现金流量	−4 733	586	1 586	2 386	2 386	2 386	2 386	2 386
累计现金流量	−4 733	−4 147	−2 561	−175	2 211	4 597	6 983	9 369

静态投资回收期 =3 +/2 386 =3. 07（年）

由于扩建项目的静态回收期 3. 07 年大于类似项目的静态回收期 3 年，所以，E 公司不应当采纳该扩建项目。

3.【答案及解析】

（1）

单位：万元

	2015 年末	2016 年末	2017 年末	2018 年末
智能产品销量（万台）		10	11	12. 1
智能产品税后营业收入		11 250	12 375	13 612. 5
智能产品税后变动制造成本		−7 500	−8 250	−9 075
智能产品税后付现固定制造费用		−150	−150	−150
智能产品税后销售和管理费用		−1 125	−1 237. 5	−1 361. 25
减少的税后租金收入		−30	−30	−30
减少的当前产品税后贡献		−225	−247. 5	−272. 25
智能产品生产线折旧		1 425	1 425	1 425
智能产品生产线折旧抵税		356. 25	356. 25	356. 25
智能产品占用的营运资本	−3 000	−300	−330	3 630
减少的当前产品营运资本占用	240	24	26. 4	−290. 4
智能产品生产线购置支出	−6 000			
智能产品生产线变现收入				1 200
智能产品生产线变现损失抵税				131. 25
现金净流量	−8 760	2 300. 25	2 512. 65	7 751. 10
折现率（9%）	1	0. 9174	0. 8417	0. 7722
折现值	−8 760	2 110. 32	2 114. 85	5 985. 27
净现值	1 450. 44			
折现回收期（年）	2. 76			
现值指数	1. 17			

因净现值 >0（或，折现回收期 <3 年；或，现值指数 >1），故项目可行。

计算说明（以第 1 年为例）：

智能产品税后营业收入 =1 500 ×10 ×（1 −25%）=11 250（万元）

智能产品税后变动制造成本 =1 000 × 10 ×（1 −25%）=7 500（万元）

智能产品税后付现固定制造费用 =200 ×（1 −25%）=150（万元）

智能产品税后销售和管理费用 =1 500 × 10 ×10% ×（1 −25%）=1 125（万元）

减少的税后租金收入 =40 ×（1 −25%）=

30（万元）

减少的当前产品税后贡献 =（800 − 600）× 1.5 ×（1 − 25%）= 225（万元）

智能产品生产线折旧抵税 = [6 000 ×（1 − 5%）÷ 4] × 25% = 356.25（万元）

智能产品占用的营运资本 = 1 500 × 10 × 10% × 20% = 300（万元）

减少的当前产品营运资本占用 = 800 × 1.5 × 10% × 20% = 24（万元）。

（2）$1\ 450.44 = \frac{\Delta VC \times 10 \times (1 - 25\%)}{(1 + 9\%)} + \frac{\Delta VC \times 10 \times (1 + 10\%) \times (1 - 25\%)}{(1 + 9\%)^2} + \frac{\Delta VC \times 10 \times (1 + 10\%)^2 \times (1 - 25\%)}{(1 + 9)^3}$

$1\ 450.44 = \Delta VC \times 20.83$

$\Delta VC = 69.63$（元）

单位变动制造成本最大值 = $1\ 000 + \Delta VC = 1\ 000 + 69.63 = 1\ 069.63$（元）

Δ净现值 $= -\left[\frac{50 \times 10 \times (1 - 25\%)}{(1 + 9\%)} + \frac{50 \times 10 \times (1 + 10\%) \times (1 - 25\%)}{(1 + 9\%)^2} + \frac{50 \times 10 \times (1 + 10\%)^2 \times (1 - 25\%)}{(1 + 9\%)^3}\right]$

$= -50 \times 20.83$

$= -1\ 041.50$（万元）

净现值对单位变动制造成本的敏感系数

$= \frac{\frac{-104\ 150}{145\ 044}}{5\%} = \frac{-71.81\%}{5\%} = -14.36$。

第六章　债券、股票价值评估

本章考情分析

本章是财务管理学科估价的基础，学习的目的是使考生理解债券和股票现金流量的特点，掌握债券和股票的价值和收益率的估计。

本章的考试题型以客观题和计算题为主，出现频率较高的考点是债券价值和到期收益率的确定。本章在近3年考试中平均分值为3分左右。

考生在学习本章时，要理清各概念之间的联系和区别，在比较的基础上灵活掌握公式的运用，其计算公式与第三章价值评估基础、第四章资本成本以及第八章企业价值评估等内容结合起来学习。

本章教材变化

本章对债券分类进行了补充，同时对年折现率的定义以及其与计息期折现率之间的计算公式进行了调整，其他部分无实质性变动。

本章思维导图

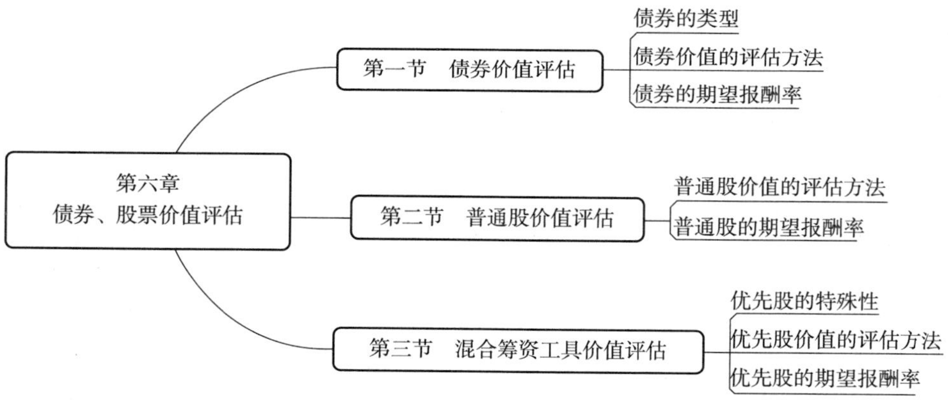

考点精讲及典型例题解析

第一节　债券价值评估

一、债券的类型（能力等级1）

（一）债券的概念

基本要素	提示
1. 债券面值	到期还本额
2. 票面利率	利息 = 面值 × 票面利率
3. 付息方式	付息时点
4. 债券到期日	持有期限

（二）债券的分类

分类标准	分类
1. 按债券是否记名分类	记名债券和无记名债券
2. 按债券能否转换为股票分类	可转换债券和不可转换债券
3. 按债券能否提前赎回分类	可提前赎回债券和不可提前赎回债券
4. 按有无财产抵押分类	抵押债券和信用债券
5. 按能否上市分类	上市债券和非上市债券
6. 按偿还方式分类	到期一次债券和分期债券
7. 按债券的发行人分类	政府债券、地方政府债券、公司债券、国际债券

二、债券价值的评估方法（能力等级2）

（一）债券的估值模型

模型	特点	计算公式
基本模型	固定利率、每年计算并支付利息、到期归还本金	债券价值＝未来每年利息现值之和＋到期本金现值 $V_d=\frac{I_1}{(1+r_d)^1}+\frac{I_2}{(1+r_d)^2}+\cdots+\frac{I_n}{(1+r_d)^n}+\frac{M}{(1+r_d)^n}$
平息债券	是指利息在到期时间内平均支付的债券。支付的频率可能是一年一次、半年一次或每季度一次等	$V_d=\sum_{t=1}^{mn}\frac{I/m}{\left(1+\frac{r_d}{m}\right)^t}+\frac{M}{\left(1+\frac{r_d}{m}\right)^{mn}}$ 【提示】凡是利率都可以分为报价利率和有效年利率。当一年内要复利几次时，可用报价利率除以年内复利次数得出计息周期利率，根据计息周期利率可以换算出有效年利率。年折现率为有效年利率，应开付息次数方再减1即可得到计息期折现率。对于这一规则，利率和折现率都要遵守，否则就破坏了估价规则的内在统一性，也就失去了估价的科学性
纯贴现债券	是指承诺在未来某一确定日期作某一单笔支付的债券。这种债券在到期日前购买人不能得到任何现金支付，因此也称为“零息债券”	$V_d=\frac{F}{(1+r_d)^n}$ 或 $V_d=\frac{F(1+i\times n)}{(1+r_d)^n}$ 【提示】到期时一次还本付息的债券（单利计息），实际上也是一种纯贴息债券
流通债券	流通债券是指已发行并在二级市场上流通的债券	到期时间小于债券发行在外的时间。估价的时点不在发行日，可以是任何时点，会产生“非整数计息期”问题。流通债券的估价方法有两种： ①以现在为折算时间点，历年现金流量按非整数计息期折现。 ②以最近一次付息时间（或最后一次付息时间）为折算时间点，计算历次现金流量现值，然后将其折算到现在时点。 【提示】无论哪种方法，都需要计算非整数期的折现系数

【例6－1】（单选题）甲企业2年前发行到期一次还本付息债券，该债券面值为1 000元，期限为5年，票面利率为10%（单利计息，复利折现），当前市场上无风险收益率为5%，市场平均风险收益率为3%，则下列说法中正确的是（　　）。

A. 如果发行时市场利率与当前相同，则该债券是溢价发行的

B. 目前债券的价值为1 020.9元

C. 如果目前债券价格是1 080元，则不能购买

D. 如果现在购买该债券，则在到期日时前3年的利息不能获得

【答案】A

【解析】当前的市场利率＝5%＋3%＝8%，低于票面利率，所以如果发行时市场利率与目前相同，则债券应该是溢价发行的，所以选项A正确；债券的价值＝(1 000＋1 000×10%×5)×(P/F,8%,3)＝1 190.7（元），所以选项B错误；如果债券价格低于债券价值，则适合购买，选项C中价格低于价值，可以购买，所以选项C错误；因为该债券属于到期一次还本付息债券，如果现在购买，能够持有至到期日，则可以获得总共5年期的利息。

【例6－2】（计算分析题）甲公司有一笔闲置资金，可以进行为期一年的投资，市场上有三种债券可供选择，相关资料如下：

（1）三种债券的面值均为1 000元，到期时间均为5年，到期收益率均为8%。

（2）甲公司计划一年后出售购入的债券，一年后三种债券到期收益率仍为8%。

（3）三种债券票面利率及付息方式不同。A债券为零息债券，到期支付1 000元；B债券的票面利率为8%，每年年末支付80元利息，到期支付1 000元；C债券的票面利率为10%，每年年末支付100元利息，到期支付1 000元；

（4）甲公司利息收入适用所得税税率30%，资本利得适用的企业所得税税率为20%，发生的投资损失可以按20%抵税，不抵消利息收入。

要求：

（1）计算每种债券当前的价格；

（2）计算每种债券一年后的价格；

（3）计算甲公司投资于每种债券的税后收益率。

【答案及解析】

（1）A债券当前的价格＝1 000×（P/F，8%，5）＝680.6（元）

B债券当前的价格＝80×（P/A，8%，5）＋1 000×（P/F，8%，5）＝1 000.02（元）

C债券当前的价格＝100×（P/A，8%，5）＋1 000×（P/F，8%，5）＝1 079.87（元）。

（2）A债券一年后的价格＝1 000×（P/F，8%，4）＝735（元）

B债券一年后的价格＝80×（P/A，8%，4）＋1 000×（P/F，8%，4）＝999.97（元）

C债券一年后的价格＝100×（P/A，8%，4）＋1 000×（P/F，8%，4）＝1 066.21（元）。

（3）投资于A债券的税后收益率＝（735－680.6）×（1－20%）/680.6×100%＝6.39%

投资于B债券的税后收益率＝[80×（1－30%）＋（999.97－1 000.02）×（1－20%）]/1 000.02＝5.6%

投资于C债券的税后收益率＝[100×（1－30%）＋（1 066.21－1 079.87）×（1－20%）]/1 079.87＝5.47%。

【例6－3】（计算题）有一面值为1 000元的债券，票面利率为6%，每年支付一次利息，2014年8月1日发行，2019年7月10日到期。现在是2016年5月1日，假设投资的年折现率为10%，问该债券的价值是多少？

【答案】

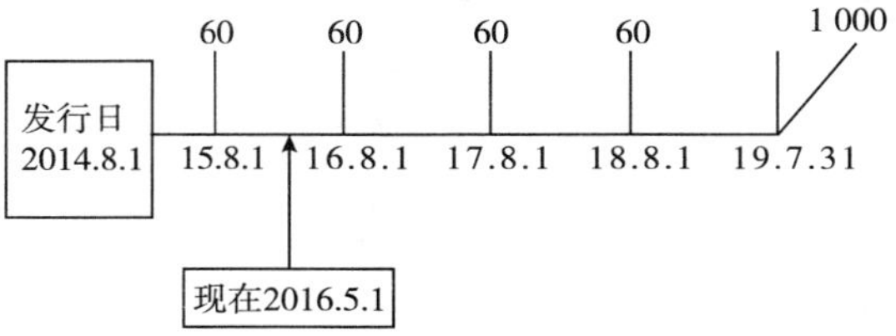

$$V_d=\frac{60+60\times(P/A,10\%,3)+1\,000\times(P/F,10\%,3)}{(1+10\%)^{3/12}}$$

$$V_d=\frac{60+60\times2.4869+1\,000\times0.7513}{(1+10\%)^{3/12}}$$

$$V_d=\frac{960.514}{(1+10\%)^{3/12}}=938。$$

（二）债券价值的影响因素

1. 债券价值与折现率

（1）债券价值与折现率（必要收益率）反向变动；

（2）债券定价规则——前提：票面利率与折现率的计息规则相同。

票面利率＝折现率	债券价值＝面值
票面利率＜折现率	债券价值＜面值
票面利率＞折现率	债券价值＞面值

2. 债券价值与到期时间

付息频率	价值变化规律	说明
连续付息（付息期无限小）	直线变动，向面值回归	折价（票面利率＜折现率）：逐渐提高 平价（票面利率＝折现率）：一直等于面值（水平直线） 溢价（票面利率＞折现率）：逐渐下降
分期付息	受应计利息现值的影响，债券价值在两个付息日之间呈现周期性波动	总变动趋势：折价债券价值波动上升、溢价债券价值波动下降。 两个付息日之间的价值波动规律：第一个付息日后，价值先逐渐升高（包含应计利息的现值），至下一个付息日由于割息价值下降

【提示】由于连续付息债券或分期付息债券在到期日按面值偿还，因此，在折现率一直保持不变的情况下，随着到期时间的缩短，连续付息债券或分期付息债券的价值趋近于面值，至到期日等于面值。

【例6－4】(2018年单选题) 假设其他条件不变，当市场利率低于票面利率时，下列关于拟发行平息债券价值的说法中，错误的是（　　）。

A. 市场利率上升，价值下降

B. 期限延长，价值下降

C. 票面利率上升，价值上升

D. 计息频率增加，价值上升

【答案】B

【解析】市场利率与债券价值反向变动，所以选项A正确；市场利率低于票面利率，该债券溢价发行，期限延长，价值上升，所以选项B错误；票面利率与价值同向变动，所以选项C正确；对于溢价发行的债券，计息频率增加，价值上升，所以选项D正确。

【例6－5】(2014年单选题) 假设折现率保持不变，溢价发行的平息债券自发行后债券价值（　　）。

A. 直线下降，至到期日等于债券面值

B. 波动下降，到期日之前一直高于债券面值

C. 波动下降，到期日之前可能等于债券面值

D. 波动下降，到期日之前可能低于债券面值

【答案】B

【解析】溢价发行的平息债券发行后债券价值随着到期日的临近是波动下降的，因为溢价债券在发行日和付息时点债券的价值都是高于面值的，而在两个付息日之间债券的价值又是上升的，所以至到期日之前债券的价值会一直高于债券面值。

【提示】随着到期日接近，平息债券价值的变化。

种类	新发债券不考虑付息期之间的变化	流通债券考虑付息期之间的变化
当票面利率高于必要报酬率（溢价）	直线下降	波动下降（先上升，割息后下降，但始终高于面值）
当票面利率低于必要报酬率（折价）	直线上升	波动上升（先上升，割息后下降，有可能高于、等于或小于面值）
当票面利率等于必要报酬率（平价）	水平线，不变	波动（先上升，割息后下降，有可能高于或等于面值）

【例6－6】(多选题) 债券A和债券B是两只刚发行的平息债券，债券的面值和票面利率相同，票面利率均高于必要报酬率，以下说法中，正确的有（　　）。

A. 如果两债券的必要报酬率和利息支付频率相同，偿还期限长的债券价值低

B. 如果两债券的必要报酬率和利息支付频率相同，偿还期限长的债券价值高

C. 如果两债券的偿还期限和必要报酬率相同，利息支付频率高的债券价值低

D. 如果两债券的偿还期限和利息支付频率相同，必要报酬率与票面利率差额大的债券价值高

【答案】BD

【解析】本题的主要考核点是债券价值的主要影响因素。因为债券的面值和票面利率相同，若同时满足两债券的必要报酬率和利息支付频率相同，对于平息溢价发行债券（即分期付息债券），偿还期限越长，表明未来获得的高于必要报酬率的利息机会多，则债券价值越高，所以选项A错误，选项B正确；对于溢价发行的债券，加快付息频率，债券价值会上升，所以选项C错误；对于溢价发行债券，票面利率高于必要报酬率，所以当必要报酬率与票面利率差额越大（因债券的票面利率相同），即表明必要报酬率越低，则债券价值应越大。当其他因素不变时，必要报酬率与债券价值是呈反向变动的，所以选项D正确。

3. 面值

面值越大，债券价值越大（同向）。

4. 票面利率

票面利率越大，债券价值越大（同向）。

5. 利息支付频率

如果债券折价出售，利息支付频率越快价值越低。如果债券溢价出售，则情况正好相反。

结论：对于折价发行的债券，加快付息频率，价值下降；对于溢价发行的债券，加快付息频率，价值上升；对于平价发行的债券，加快付息频率，价值不变。

6. 折现率与到期时间的综合影响

随着到期时间的缩短，折现率变动对债券价值的影响越来越小。

【例 6－7】（多选题）下列关于债券价值的说法中，正确的有（　　）。

A. 当市场利率高于票面利率时，债券价值高于债券面值

B. 当市场利率不变时，随着债券到期时间的缩短，溢价发行债券的价值逐渐下降，最终等于债券面值

C. 当市场利率发生变化时，随着债券到期时间的缩短，市场利率变化对债券价值的影响越来越小

D. 当票面利率不变时，溢价出售债券的计息期越短，债券价值越大

【答案】BCD

【解析】当市场利率高于票面利率时，债券价值低于债券面值，此时债券应该折价发行，所以选项 A 的说法不正确。

三、债券的期望报酬率（能力等级 3）

要点	说明
1. 含义	债券的收益水平通常用到期收益率来衡量。到期收益率是指以特定价格购买债券并持有至到期日所能获得的报酬率。它是使未来现金流量现值等于债券购入价格的折现率
2. 计算方法	计算到期收益率的方法是求解含有折现率的方程，即： 购进价格＝每年利息×年金现值系数＋面值×复利现值系数 $P_0 = I \cdot (P/A, r_d, n) + M \cdot (P/F, r_d, n)$
3. 两种关系	（1）平价发行的债券，其到期收益率等于票面利率； （2）溢价发行的债券，其到期收益率低于票面利率； （3）折价发行的债券，其到期收益率高于票面利率
4. 决策	当债券的到期收益率≥必要报酬率时，应购买债券；反之，应出售债券
5. 特殊情况	如果债券每年付息多次时，按照流入现值和流出现值计算出的收益率为收益周期收益率。未经特别指明，通常需要将其折算为有效年收益率。有效年收益率＝（1＋收益周期收益率）^{年付息次数}－1

【例 6－8】（2018 年多选题）甲公司折价发行公司债券，该债券期限 5 年，面值 1 000 元，票面利率 8%，每半年付息一次。下列说法中，正确的有（　　）。

A. 该债券的到期收益率等于 8%

B. 该债券的报价利率等于 8%

C. 该债券的计息周期利率小于 8%

D. 该债券的有效年利率大于 8%

【答案】BCD

【解析】甲公司折价发行公司债券，所以到期收益率大于票面利率 8%，选项 A 错误；该债券的报价利率即票面利率，等于 8%，选项 B 正确；该债券的计息周期利率＝8%/2＝4%，选项 C 正确；该债券的有效年利率＝$(1+8\%/2)^2-1=8.16\%$，选项 D 正确。

【例 6－9】（单选题）ABC 公司平价购买刚发行的面值为 1 000 元（5 年期、每半年支付利息 40 元）的债券，该债券按年计算的到期收益率为（　　）。

A. 4%　　　B. 7.84%

C. 8%　　　D. 8.16%

【答案】D

【解析】本题的主要考核点是债券到期收益率的实际年利率与周期利率的关系。由于平价发行的分期付息债券的票面周期利率等于到期收益率的周期利率，所以，周期利率为 4%，则实际年利率＝$(1+8\%/2)^2-1$＝8.16%。

【例 6－10】（计算分析题）资料：2010 年 7 月 1 日发行的某债券，面值 100 元，期限 3 年，票面年利率 8%，每半年付息一次，付息日为 6 月 30 日和 12 月 31 日。

要求：

（1）假设等风险证券的市场利率为 8%，计算该债券的实际年利率和单利计息下全部利息在 2010 年 7 月 1 日的现值。

(2) 假设等风险证券的市场利率为10%，计算2010年7月1日该债券的价值。

(3) 假设等风险证券的市场利率为12%，2011年7月1日该债券的市价是85元，试问该债券当时是否值得购买？

(4) 假设某投资者2012年7月1日以97元购入该债券，试问该投资者持有该债券至到期日的收益率是多少？

【答案及解析】

(1) 债券实际年利率 = $(1+8\%/2)^2-1=8.16\%$

每次发放的利息 = 100 × 8%/2 = 4（元）

该债券全部利息的现值 = 4 × (P/A,4%,6) = 4 × 5.2421 = 20.97（元）。

(2) 2010年7月1日债券价值 = 4 × (P/A,5%,6) + 100 × (P/F,5%,6) = 20.30 + 74.62 = 94.92（元）。

(3) 2011年7月1日债券价值 = 4 × (P/A,6%,4) + 100 × (P/F,6%,4) = 13.86 + 79.21 = 93.07（元）

该债券的价值高于市价，故值得购买。

(4) 该债券至到期日的收益率：

$i=10\%$ 时：

4 × (P/F,5%,1) + 104 × (P/F,5%,2) = 3.81 + 94.33 = 98.14（元）

$i=12\%$ 时：

4 × (P/F,6%,1) + 104 × (P/F,6%,2) = 3.77 + 92.56 = 96.33（元）

利用内插法：

$(i-10\%)/(12\%-10\%)=(98.14-97)/(98.14-96.33)$

解得，$i=11.26\%$。

第二节　普通股价值评估

一、普通股价值的评估方法（能力等级2）

普通股是指股份公司依法发行的具有表决权和剩余索取权的一类股票。

普通股价值评估有两种常见的方法：现金流量折现模型和相对价值评估模型。本章重点介绍现金流量折现模型中的股利折现模型。

模型	计算公式
1. 基本模型	$V_s=\sum_{t=1}^{n}\frac{D_t}{(1+r_s)^t}$ 式中：V_s——普通股价值；D_t——第 t 年的股利；r_s——年折现率，一般采用资本成本率或投资的必要报酬率
2. 零增长股票的价值	假定未来股利不变，股票价值 $V_o=D\div r_s$ 式中：D——年股利；r_s——年折现率
3. 固定增长股票的价值	假设股利按固定的增长率计算。计算公式为： $V_o=\frac{D_0(1+g)}{r_s-g}=\frac{D_1}{r_s-g}$ 式中：g——固定的增长率； D_0——最近刚支付的股利（当前股利）； D_1——1年后的股利（第1年股利）； r_s——股票的必要报酬率。 【提示】 ①在历年的考试中，部分考生因为混淆了 D_0 与 D_1，导致计算错误。一般地，如果试题中说“最近刚刚支付的股利”、“今年的股利”“期初的股利”就是 D_0；它和 P 在同一会计期；如果题目中明确说明“下一年股利”、“预计股利”等都是指 D_1。 ②无限期固定增长股票模型的运用有两个前提条件，一是 r_s 大于 g；二是如果未来第1年股利的增长率不等于以后年度的股利增长率，则计算股票价值只能根据公式 $\frac{D_1}{r_s-g}$ 来计算。公式 $\frac{D_1}{r_s-g}$ 的应用范围更加宽泛一些，它不受未来第1年的股利增长率是否等于以后年度股利增长率的影响。而公式 $\frac{D_0(1+g)}{r_s-g}$ 的应用必须强调站在0时点，未来第1年的股利增长率必须等于以后年度的股利增长率的时候才能使用。r_s 依据资本资产模型确定；g 可根据可持续增长率来估计

第六章

续表

模型	计算公式
4. 非固定增长股票的价值	在现实的生活中，有的公司的股利是不固定的，应采用分段计算的方法。 具体又可以分为两种情况： （1）非固定成长后的零增长：高速增长阶段股利的现值与股利固定阶段现值的和。 （2）非固定成长后的固定增长：高速增长阶段股利的现值与股利固定增长阶段现值的和

【例6－11】（2017年单选题）甲公司已进入稳定增长状态，固定股利增长率4%，股东必要报酬率10%。公司最近一期每股股利0.75元，预计下一年的股票价格是（　　）元。

A. 7.5　　B. 13

C. 12.5　　D. 13.52

【答案】D

【解析】根据股利折现模型，下一年的股票价格＝[0.75×(1＋4%)/(10%－4%)]×(1＋4%)＝13.52（元）。

【例6－12】（单选题）某种股票为固定成长股票，年增长率为5%，预期一年后的股利为6元，现行国库券的收益率为11%，平均风险股票的必要收益率等于16%，而该股票的贝塔系数为1.2，那么，该股票的价值为（　　）。

A. 56元　　B. 45元

C. 50元　　D. 54元

【答案】C

【解析】根据已知条件：（1）先计算股票必要报酬率（资本资产定价模式）r_s＝11%＋1.2×(16%－11%)＝17%。（2）计算股票价格（固定增长股票价格模型）$P_0=D_1/(r_s-g)$＝6/(17%－5%)＝50（元）。

【例6－13】（多选题）股票投资能够带来的现金流入量有（　　）。

A. 资本利得

B. 股利

C. 利息

D. 出售价格

【答案】BD

【解析】股票投资能够带来的现金流入量是股利和出售价格，现金流出是买价；股票没有利息收入；不同时点相减的买卖价差收益（资本利得），不能作为现金流入考虑。

二、普通股的期望报酬率（能力等级2）

公式	计算
公式一	零增长股票的期望报酬率：$r_s=\dfrac{D}{P_0}$
公式二	固定增长股票的期望报酬率：$r_s=\dfrac{D_1}{P_0}+g$ 【提示】 （1）股东的收益率包括两部分：股利收益率$\dfrac{D_1}{P_0}$和资本利得收益率g，其中资本利得收益率相当于股票价格变动率； （2）股利的增长率和股票价格增长率是不同的概念。在股利相关论中，假设现金股利是影响股价的唯一因素，那么股利的增长率等于股票价格增长率。 （3）如何估计股利增长率g，联系可持续增长率的计算内容
公式三	在长期有限期持有的情况下，股票收益率是指未来现金流入的现值（每期预期现金股利和出售时得到的价格收入折成的现值）等于现金流出的现值（即股票价格）时的折现率，即股票投资的内含报酬率。需要借助逐步测试的方式然后根据内插法计算。 $P_0=\sum_{t=1}^{n}\dfrac{D_1}{(1+r_s)^t}+\dfrac{P_n}{(1+r_s)^n}$
公式四	资本资产定价模型如下：$r_i=r_f+\beta(r_m-r_f)$

【例 6－14】（2019 年单选题）甲、乙公司已进入稳定增长状态，股票信息如下：

	甲	乙
最近一期每股股利	0.75 元	0.55 元
股利稳定增长率	6%	8%
股票价格	15 元	18 元

下列关于甲、乙股票投资的说法中，正确的是（　　）。

A. 甲、乙股票股利收益率相同

B. 甲、乙股票期望报酬率相同

C. 甲、乙股票股价增长率相同

D. 甲、乙股票资本利得收益率相同

【答案】B

【解析】甲股票股利收益率 $=0.75\times(1+6\%)/15=5.3\%$，乙股票股利收益率 $=0.55\times(1+8\%)/18=3.3\%$，A 错误。甲股票期望报酬率 $=5.3\%+6\%=11.3\%$，乙股票期望报酬率 $=3.3\%+8\%=11.3\%$，B 正确。甲股票股价增长率 = 甲股票资本利得收益率 $=6\%$，乙股票股价增长率 = 乙股票资本利得收益率 $=8\%$，选项 C、D 错误。

【例 6－15】（2012 年单选题）在其他条件不变的情况下，下列事项中能够引起股票期望收益率上升的是（　　）。

A. 当前股票价格上升

B. 资本利得收益率上升

C. 预期现金股利下降

D. 预期持有该股票的时间延长

【答案】B

【解析】股票的期望收益率 $=D_1/P_0+g$，第一部分 D_1/P_0 叫做股利收益率，第二部分 g 叫股利增长率。由于股利的增长速度也就是股票价值的增长速度，因此 g 可以解释为股价增长率或资本利得收益率。

【例 6－16】（2013 年单选题）假设资本市场有效，在股利稳定增长的情况下，股票的资本利得收益率等于该股票（　　）。

A. 股利增长率

B. 期望收益率

C. 风险收益率

D. 股利收益率

【答案】A

【解析】根据固定增长股票模型，$P_0=D_1/(r_s-g)$，$P_1=D_1(1+g)/(r_s-g)$，假设资本市场有效，在股利稳定增长的情况下，股票的资本利得收益率 $=(P_1-P_0)/P_0=g$。

【例 6－17】某上市公司本年度的净利润为 4 000 万元，股利支付率为 50%，普通股股数为 1 000 万股。预计该公司未来三年进入成长期，净收益第 1 年增长 14%，第 2 年增长 14%，第 3 年增长 8%。第 4 年及以后将保持其净收益水平。该公司一直采用固定股利支付率的政策，并打算今后继续实行该政策。该公司没有增发普通股和发行优先股的计划。

要求：

（1）假设投资人要求的报酬率为 10%，计算股票的价值（精确到 0.01 元）；

（2）如果股票的价格为 25 元，计算股票的期望报酬率（精确到 1%）。

【答案及解析】

（1）本年度每股股利为 $4\ 000\times50\%/1\ 000=2$（元）

预计第 1 年的股利 $=2\times(1+14\%)=2.28$（元）

预计第 2 年的股利 $=2.28\times(1+14\%)=2.60$（元）

预计第 3 年及以后的股利 $=2.60\times(1+8\%)=2.81$（元）

股票的价值 $=2.28\times(P/F,\ 10\%,\ 1)+2.60\times(P/F,\ 10\%,\ 2)+2.81/10\%\times(P/F,\ 10\%,\ 2)=27.44$（元）。

（2）$25=2.28\times(P/F,\ i,\ 1)+2.60\times(P/F,\ i,\ 2)+2.81/i\times(P/F,\ i,\ 2)$

由于按 10% 的期望报酬率计算，其股票价值为 27.44 元，市价为 25 元时的期望报酬率应高于 10%，故用 11% 开始测试：

当 $i=11\%$ 时，$2.28\times(P/F,11\%,\ 1)+2.60\times(P/F,\ 11\%,\ 2)+2.81/11\%\times(P/F,\ 11\%,\ 2)=24.89$（元）

$(i-10\%)/(25-27.44)=(11\%-10\%)/(24.89-27.44)$

股票的期望报酬率 $=10.96\%$。

第三节 混合筹资工具价值评估

一、优先股的特殊性（能力等级1）

特殊性	说明
1. 优先分配利润	优先股股东按照约定的票面股息率，优先于普通股股东分配公司利润。公司应当以现金的形式向优先股股东支付股息，在完全支付约定的股息之前，不得向普通股股东分配利润
2. 优先分配剩余财产	公司因解散、破产等原因进行清算时，公司财产在按照公司法和破产法有关规定进行清偿时，应当优先向优先股股东支付未派发的股息和公司章程约定的清算金额，不足以支付的按照优先股股东持股比例分配
3. 表决权限制	除以下情况外，优先股股东不出席股东大会会议，所持股份没有表决权： （1）修改公司章程中与优先股相关的内容； （2）一次或累计减少公司注册资本超过10%； （3）公司合并、分立、解散或变更公司形式； （4）发行优先股； （5）公司章程规定的其他情形 上述事项的决议，除须经出席会议的普通股股东（含表决权恢复的优先股股东）所持表决权的2/3以上通过之外，还须经出席会议的优先股股东（不含表决权恢复的优先股股东）所持表决权的2/3以上通过

【例6－18】（2017年多选题）下列情形中，优先股股东有权出席股东大会行使表决权的有（　　）。

A. 公司增发优先股

B. 公司一次或累计减少注册资本超过10%

C. 修改公司章程中与优先股有关的内容

D. 公司合并、分立、解散或变更公司形式

【答案】ABCD

【解析】除以下情况外，优先股股东不出席股东大会会议，所持股份没有表决权：(1) 修改公司章程中与优先股相关的内容；(2) 一次或累计减少公司注册资本超过10%；(3) 公司合并、分立、解散或变更公司形式；(4) 发行优先股；(5) 公司章程规定的其他情形。

【例6－19】（2015年多选题）相对普通股而言，下列各项中，属于优先股特殊性的有（　　）。

A. 当公司分配利润时，优先股股息优先于普通股股利支付

B. 当公司破产清算时，优先股股东优先于普通股股东求偿

C. 当公司选举董事会成员时，优先股股东优先于普通股股东当选

D. 当公司决定合并、分立时，优先股股东表决权优先于普通股股东

【答案】AB

【解析】在公司分配利润时，优先股股息通常固定且优先支付，普通股股利只能最后支付，选项A是答案；当企业面临破产时，优先股股东的求偿权优先于普通股，选项B是答案。

二、优先股价值的评估方法（能力等级2）

模型	计算公式
优先股的估值公式	当优先股存续期均采用相同的固定股息率时： $V_p = \frac{D_p}{r_p}$ 式中：V_P——优先股的价值；D_P——优先股每期股息；r_P——年折现率，一般采用资本成本率或投资的必要报酬率
永续债的估值	$V_{pd} = \frac{I}{r_{pd}}$ 式中：V_{pd}——永续债的价值；I——每年的利息；r_{pd}——年折现率，一般采用当前等风险投资的市场利率

三、优先股的期望报酬率（能力等级2）

类型	计算公式
优先股的期望报酬率	$r_p=\frac{D_p}{P_p}$　式中：D_p——优先股每股年股息；P_p——优先股当前股价
永续债的期望报酬率	$r_{pd}=\frac{I}{P_{pd}}$　式中：I——永续债每年的利息；P_{pd}——永续债当前价格

精选练习题

一、单项选择题

1. 假设A公司在今后不增发股票，预计可以维持2020年的经营效率和财务政策，不断增长的产品能为市场所接受，不变的营业净利率可以涵盖不断增加的利息，若2020年的销售增长率是10%，A公司2020年支付的每股股利是0.5元，2020年末的股价是40元，股东预期的报酬率是（　　）。

A. 10%　　　B. 11.25%

C. 12.38%　　　D. 11.38%

2. 某公司发行面值为1 000元的5年期债券，债券票面利率为10%，半年付息一次，发行后在二级市场上流通，假设必要投资报酬率为10%并保持不变，以下说法正确的是（　　）。

A. 债券溢价发行，发行后债券价值随到期时间的缩短而逐渐下降，至到期日债券价值等于债券面值

B. 债券折价发行，发行后债券价值随到期时间的缩短而逐渐上升，至到期日债券价值等于债券面值

C. 债券按面值发行，发行后债券价值一直等于票面价值

D. 债券按面值发行，发行后债券价值在两个付息日之间呈周期波动

3. 下列关于债券到期收益率的说法正确的是（　　）。

A. 债券到期收益率是购买债券后一直持有至到期的内含报酬率

B. 债券到期收益率是能使债券每年利息收入的现值等于债券买入价格的折现率

C. 债券到期收益率是债券利息收益率与资本利得收益率之和

D. 债券到期收益率的计算要以债券每年末计算并支付利息、到期一次还本为前提

4. 下列不属于影响债券价值的因素的是（　　）。

A. 付息频率　　　B. 票面利率

C. 到期时间　　　D. 发行价格

5. 下列情形中，优先股股东无权出席股东大会行使表决权的是（　　）。

A. 公司增发优先股

B. 公司一次或累计减少注册资本超过10%

C. 参与公司某项投资项目的决策表决

D. 公司合并、分立、解散或变更公司形式

6. 从长期来看，公司股利的固定增长率（扣除通货膨胀因素）不可能超过公司的（　　）。

A. 资本成本率　　B. 权益净利率

C. 销售增长率　　D. 净利润增长率

7. 某企业以1 020元购买了面值为1 000元的新发行债券，票面利率为12%，每年付息一次，到期还本，如果该企业准备持有至到期，则该债券的到期收益率为（　　）。

A. 高于12%　　　B. 低于12%

C. 等于12%　　　D. 不能确定

8. 甲企业2年前发行到期一次还本付息债券，该债券面值为1 000元，期限为5年，票面利率为10%（单利计息，复利折现），当前市场上无风险收益率为5%，市场平均风险收益率为3%，则下列说法中正确的有（　　）。

A. 如果发行时市场利率与当前相同，则该债券是溢价发行的

B. 目前债券的价值为1 020.9

C. 如果目前债券价格是1 080，则不能购买

D. 如果现在购买该债券，则在到期日时前3年的利息不能获得

9. 某种股票为固定成长股票，股利年增长率6%，今年刚分配的股利为8元，无风险收益率为10%，市场上所有股票的平均收益率为16%，该股票β系数为1.3，则该股票的内在价值为（　　）元。

A. 65.53　　B. 68.96

C. 55.63　　D. 71.86

10. 现有两只股票，A股票的市价为15元，B股票的市价为7元，某投资人经过测算得出A股票的价值为12元，B股票的价值为8元，则下列表达正确的是（　　）。

A. 股票A比股票B值得投资

B. 股票B和股票A均不值得投资

C. 应投资A股票

D. 应投资B股票

11. A股票目前的市价为20元/股，预计下一期的股利是1元，该股利将以10%的速度持续增长。则该股票的资本利得收益率为（　　）。

A. 10%　　B. 15%

C. 20%　　D. 无法计算

12. 某公司拟发行一批优先股，采用固定股息率，面值100元，股息率为10%，发行价格为100元，则该优先股的期望报酬率为（　　）。

A. 9.09%　　B. 10%

C. 10.09%　　D. 11%

二、多项选择题

1. 相比较债券筹资，利用优先股筹资的特点有（　　）。

A. 从投资者来看，优先股投资的风险比债券大

B. 从筹资者来看，优先股筹资的风险比债券大

C. 不支付股利不会导致公司破产

D. 优先股股利不可以税前扣除，其税后成本通常高于负债筹资

2. 下列关于平息债券与到期时间的说法正确的有（　　）。

A. 当必要报酬率等于票面利率时，债券价值一直等于债券面值

B. 当必要报酬率高于票面利率时，债券在发行后总的趋势是波动上升，最终等于债券面值

C. 溢价发行的债券在发行后价值逐渐升高，在付息日由于割息而价值下降，然后又逐渐上升，总的趋势是波动下降，最终等于债券面值

D. 当必要报酬率低于票面利率时，债券在发行后总的趋势是波动上升，最终等于债券面值

3. 债券的价值会随着市场利率的变化而变化，下列说法中正确的有（　　）。

A. 若到期时间不变，当市场利率上升时，债券价值下降

B. 债券当其票面利率大于市场利率时，债券发行时的价格低于债券的面值

C. 若到期时间缩短，市场利率对债券价值的影响程度会降低

D. 若到期时间延长，市场利率对债券价值的影响程度会降低

4. 下列关于股票的说法中，正确的有（　　）。

A. 在满足未来经营效率、财务政策不变的特定条件下，股利增长率可以用上年可持续增长率来确定

B. 在不考虑通货膨胀的情况下，从长期来看，公司股利的固定增长率不可能超过公司的资本成本率

C. 股票的价值是指其实际股利所得和资本利得所形成的现金流入量的现值

D. 股利的资本化价值决定了股票价格

5. 某企业准备发行三年期企业债券，每半年付息一次，票面年利率6%，面值1 000元，平价发行。以下关于该债券的说法中，正确的有（　　）。

A. 该债券的实际周期利率为3%

B. 该债券的年实际必要报酬率是6.09%

C. 该债券的名义利率是6%

D. 由于平价发行，该债券的名义利率与名义必要报酬率相等

6. A债券票面年利率为10%，若半年付息一次，平价发行，则下列说法正确的有（　　）。

A. A债券的票面期间利率为5%

B. A债券的年有效折现率为10.25%

C. A债券的折现率的期间利率为5%

D. A债券的名义折现率为10%

7. 某公司发行面值为1 000元的五年期

债券，债券票面利率为8%，半年付息一次，发行后在二级市场上流通。假设必要报酬率为8%并保持不变，以下说法中不正确的有（　　）。

A. 债券溢价发行，发行后债券价值随到期时间的缩短而逐渐下降，至到期日债券价值等于债券面值

B. 债券折价发行，发行后债券价值随到期时间的缩短而逐渐上升，至到期日债券价值等于面值

C. 债券按面值发行，发行后债券价值一直等于票面价值

D. 债券按面值发行，发行后债券价值在两个付息日之间呈周期性波动

8. 对于平息债券，若付息期无限小，下列关于债券价值的说法中，错误的有（　　）。

A. 当市场利率不变时，溢价出售债券的期限越短，债券价值越大

B. 当市场利率高于票面利率时，随着债券到期时间的缩短债券价值越来越大

C. 当市场利率发生变化时，到期日越接近，市场利率变化对债券价值的影响越来越小

D. 当市场利率不变时，利息支付频率越快，债券价值越低

9. 假设其他因素不变，下列事项中，会导致折价发行的平息债券价值下降的有（　　）。

A. 提高付息频率

B. 延长到期时间

C. 提高票面利率

D. 等风险债券的市场利率上升

10. 如果不考虑影响股价的其他因素，下列说法中正确的有（　　）。

A. 零增长股票的价值与市场利率成正比

B. 零增长股票的价值与预期股利成正比

C. 零增长股票的价值与市场利率成反比

D. 零增长股票的价值与预期股利成反比

11. 估算股票价值时，可以使用的折现率有（　　）。

A. 投资者要求的必要收益率

B. 股票市场的平均收益率

C. 国库券收益率

D. 无风险收益率加适当的风险报酬率

12. 在复利计息、到期一次还本的条件下，债券票面利率与到期收益率不一致的情况有（　　）。

A. 债券平价发行，每年付息一次

B. 债券平价发行，每半年付息一次

C. 债券溢价发行，每年付息一次

D. 债券折价发行，每年付息一次

三、计算分析题

1. 甲投资者准备从证券市场购买A、B、C、D四种股票组成投资组合。已知A、B、C、D四种股票的β系数分别为1.5、1.8、2.5、3。现行国库券的收益率为5%，市场平均股票的必要收益率为12%。

要求：

（1）分别计算这四种股票的预期收益率；

（2）假设该投资者准备长期持有A股票。A股票当前的每股股利为6元，预计年股利增长率为5%，当前每股市价为35元。是否应该投资A股票？

（3）若该投资者按2∶3∶5的比例分别购买了A、B、C三种股票，计算该投资组合的β系数和预期收益率。

（4）若该投资者按1∶2∶2的比例分别购买了B、C、D三种股票，计算该投资组合的β系数和预期收益率。

（5）根据上述（3）和（4）的结果，如果该投资者想降低风险，应选择哪一投资组合？

2. ABC公司2019年1月1日发行面值为1 000元、票面利率为10%的5年期债券。要求回答下列互不相关的问题：

（1）2018年1月1日的市场利率为12%，债券市价为1 050元，如果该债券利随本清，单利计息，问该债券是否被市场高估？

（2）2018年1月1日的市场利率为12%，债券市价为1 050元，如果每年6月底和12月底付息，到期还本，问该资本市场是否完全有效？

（3）2019年1月1日以1 020元购入，利随本清，不计复利，计算到期收益率（复利、按年计息）。

（4）2019年1月1日以1 020元购入，每年6月底和12月底付息，到期还本，计算到期收益率。

（5）计算2019年3月1日，每半年付息

一次，必要报酬率为12%的债券价值。

（6）该公司债券于每年12月31日付息，到期时一次还本。发行4年后该公司被揭露出会计账目有欺诈嫌疑，这一不利消息使得该债券价格在2020年1月1日由开盘的1 018.52元跌至收盘的900元。

要求计算：

①跌价后该债券的到期收益率是多少（假定能够全部按时收回本息）？

②假设证券评级机构对它此时的风险估计如下：如期完全偿还本息的概率是50%，完全不能偿还本息的概率是50%。等风险债券要求的必要报酬率为23%，债券评级机构对违约风险的估计是可靠的，请问此时该债券的价值是多少？

3. 某投资人拟投资股票，目前有两家公司股票可供选择：

（1）A公司股票本年度每股利润1元，每股股利0.4元，每股净资产10元，预计公司未来保持经营效率、财务政策不变。

（2）B公司本年度的净收益为20 000万元，每股支付股利2元。预计该公司未来三年进入成长期，净收益第1年增长14%，第2年增长14%，第3年增长8%。第4年及以后将保持其净收益水平。该公司一直采用固定支付率的股利政策，并打算今后继续实行该政策。该公司没有增发普通股和发行优先股的计划。

（3）当前国债利率为4%，股票市场平均收益率为7%，两家公司股票的β系数均为2。

要求：

（1）计算两家公司股票的价值；

（2）如果A股票的价格为10元，B股票的价格为24.89元，计算两股票的预期报酬率（精确到1%）。

4. ABC公司20×1年12月31日有关资料如下：

单位：万元

项目	金额	项目	金额
流动资产（经营）	240	短期借款	46
长期资产（经营）	80	应付职工薪酬	18
		应付账款	32
		长期借款	32
		股本（100万股）	100
		资本公积	57
		留存收益	35
合计	320	合计	320

20×1年度公司营业收入为4 000万元，所得税税率为30%，实现净利润100万元，分配股利60万元。

要求：

若不打算发行股票，且公司维持20×1年营业净利率、股利支付率、资产周转率和资产负债率。

（1）20×2年预期销售增长率为多少？

（2）20×2年预期股利增长率为多少？

（3）若公司20×1年末股价为20元，股东期望报酬率是多少？

答案及解析

一、单项选择题

1. 【答案】D

【解析】因为满足可持续增长的相关条件，股东预期报酬率 $r=0.5\times(1+10\%)/40+10\%=11.38\%$。

2. 【答案】D

【解析】对于流通债券，债券的价值在两个付息日之间是成周期性波动的，其中折价发行的债券其价值是波动上升，溢价发行的债券其价值是波动下降，平价发行的债券其价值的总趋势是不变的，但在每个付息日之间，越接近付息日，其价值升高。

3.【答案】A

【解析】债券到期收益率是指以特定价格购买债券并持有至到期日所能获得的收益率，它是使债券投资未来现金流入量（包括利息收入和到期时的还本收入）现值等于债券购入价格的折现率，由于债券购入价格等于债券投资的现金流出现值，所以，债券到期收益率是指使债券投资未来现金流入量现值等于债券投资现金流出现值的折现率。而内含报酬率是指能使未来现金流入现值等于现金流出现值的折现率，所以，债券到期收益率是购买债券后一直持有至到期的内含报酬率。即选项 A 的说法正确，选项 B 的说法不正确。选项 C 的说法没有考虑货币时间价值，所以是不正确的。对于任何债券都可以计算到期收益率，所以，选项 D 的说法不正确。

4.【答案】D

【解析】债券的付息频率（计息期）会影响债券的价值，此外影响债券定价的因素还有折现率、利息率和到期时间。发行价格不会影响债券的价值。

5.【答案】C

【解析】除以下情况外，优先股股东不出席股东大会会议，所持股份没有表决权：(1) 修改公司章程中与优先股相关的内容；(2) 一次或累计减少公司注册资本超过10%；(3) 公司合并、分立、解散或变更公司形式；(4) 发行优先股；(5) 公司章程规定的其他情形。上述事项的决议，除须经出席会议的普通股股东（含表决权恢复的优先股股东）所持表决权的2/3以上通过之外，还须经出席会议的优先股股东（不含表决权恢复的优先股股东）所持表决权的2/3以上通过。

6.【答案】A

【解析】固定增长股票的价值在计算时要求 R_s 大于 g，所以选项 A 正确。

7.【答案】B

【解析】该债券属于溢价购买，因此到期收益率低于票面利率。

8.【答案】A

【解析】当前的市场利率 = 5% + 3% = 8%，低于票面利率，所以如果发行时市场利率与目前相同，则债券应该是溢价发行的，所以选项 A 正确；债券的价值 = (1 000 + 1 000 × 10% × 5) × (P/F, 8%, 3) = 1 190.7（元），所以选项 B 错误；如果债券价格低于债券价值，则适合购买，选项 C 中价格低于价值，可以购买，所以选项 C 错误；因为该债券属于到期一次还本付息债券，如果现在购买，能够持有至到期日，则可以获得总共 5 年期的利息。

9.【答案】D

【解析】根据资本资产定价模型可知该股票的必要收益率 = 10% + 1.3 × (16% − 10%) = 17.8%，根据股利固定增长的股票估价模型可知，该股票的内在价值 = 8 × (1 + 6%) / (17.8% − 6%) = 71.86（元）。

10.【答案】D

【解析】A 股票价值低于股票市价，不值得投资。B 股票价值高于股票市价，值得投资。

11.【答案】A

【解析】由"股票的预期收益率 = (D_1/P) + g"，可以看出股票的总收益率分为两部分：第一部分是 D_1/P，叫做股利收益率，第二部分是增长率 g，叫做股利增长率。由于股利的增长速度也就是股价的增长速度，因此，g 可以解释为股价增长率或资本利得收益率。

12.【答案】B

【解析】优先股的期望报酬率 = 100 × 10% / 100 = 10%。

二、多项选择题

1.【答案】ACD

【解析】从筹资者来看，优先股筹资的风险比债券小。

2.【答案】BC

【解析】对于平息债券而言，随着时间向到期日靠近，债券价值呈现周期性波动，最终等于债券面值。具体情况如下：(1) 平价发行的债券在发行后价值逐渐升高（升至债券面值和一次利息之和），在付息日由于割息而价值下降（降为债券面值），然后又逐渐上升（升至债券面值和一次利息之和），总的趋势是波动式前进，最终等于债券面值，所以选项A不正确；（2）溢价发行（必要报酬率低于票面利率）的债券在发行后价值逐渐升高，在付息日由于割息而价值下降，然后又逐渐上升，总的趋势是波动下降，最终等于债券面值，所以选项C正确；（3）折价发行（必要报酬率高于票面利率）的债券在发行后价值逐渐升高，在付息日由于割息而价值下降，然后又逐渐上升，总的趋势是波动上升，最终等于债券面值，所以选项B正确、选项D不正确。

3.【答案】AC

【解析】债券价值的计算公式为：

$$\text{债券价值} = \text{票面金额}/(1+\text{市场利率})^n + \sum(\text{票面金额}\times\text{票面利率})/(1+\text{市场利率})^t$$

从公式中可看出，市场利率处于分母位置，票面利率处于分子上，所以票面利率与债券价值同向变动，市场利率与债券价值是反向变动，但折现率对债券价值的影响随着到期时间的缩短会变得越来越不敏感。

4.【答案】ABD

【解析】股票的价值是指其未来股利所得和售价所形成的现金流入量的现值，因此选项C是错误的。

5.【答案】ABCD

【解析】半年的实际周期利率是名义利率的一半，实际必要报酬率 $=(1+3\%)^2-1=6.09\%$，平价发行的平息债券名义利率与名义必要报酬率相等。

6.【答案】ABCD

【解析】本题的主要考核点是有效年利率和名义利率的关系。

由于每半年付息一次，所以，票面年利率10%为债券的名义票面利率，其期间利率为5%（即10%/2）。又由于平价发行，所以，债券的名义折现率＝债券的名义票面利率＝10%，其计息期利率为5%（即计息期利率为10%/2）。A债券的年有效折现率＝$\left(1+\frac{10\%}{2}\right)^2-1=10.25\%$。

7.【答案】ABC

【解析】对于分期付息的流通债券，债券的价值在两个付息日之间是呈周期性波动的。所以，选项ABC是不正确的。

8.【答案】AD

【解析】选项A，溢价出售的债券，期限越短，债券价值越低；选项B属于折价债券，随着债券到期时间的缩短，债券价值越来越高，最终达到面值，因此正确。选项C正确。选项D应该区分折价还是溢价债券，折价债券，支付频率越快，价值越低，而溢价债券相反。

9.【答案】ABD

【解析】对于折价发行的平息债券而言，在其他因素不变的情况下，付息频率越高（即付息期越短）价值越低，所以，选项A的说法正确；对于折价发行的平息债券而言，债券价值低于面值，在其他因素不变的情况下，到期时间越短，债券价值越接近于面值，即债券价值越高，所以，选项B的说法正确；债券价值等于未来现金流量现值，提高票面利率会提高债券利息，在其他因素不变的情况下，会提高债券的价值，所以，选项C的说法不正确；等风险债券的市场利率上升，会导致折现率上升，在其他因素不变的情况下，会导致债券价值下降，所以，选项D的说法正确。

10.【答案】BC

【解析】零增长股票的价值＝预期股利/市场利率，因此在不考虑影响股价的其他因素的情况下，零增长股票的价值与市场利率成反比，零增长股票的价值与预期股利成正比。

11.【答案】ABD

【解析】股票投资是有风险的，因此不能用国库券的收益率作为估算股票价值时的折现率。

12.【答案】CD

【解析】只要是平价发行的债券，无论其计息方式如何，其票面利率与到期收益率一致。教材指出，除非特别指明，必要报酬率与票面利率采用同样的计息规则，包括计息方式（单利还是复利）。

三、计算分析题

1.【答案及解析】

（1）A股票的预期收益率 $=5\%+1.5\times(12\%-5\%)=15.5\%$

B股票的预期收益率 = 5% + 1.8 × (12% − 5%) = 17.6%

C股票的预期收益率 = 5% + 2.5 × (12% − 5%) = 22.5%

D股票的预期收益率 = 5% + 3 × (12% − 5%) = 26%。

(2) A股票的价值 = 6 × (1 + 5%)/(15.5% − 5%) = 60(元) > 35元

所以应该投资A股票。

(3) ABC组合的β系数 $= 1.5 \times \frac{2}{10} + 1.8 \times \frac{3}{10} + 2.5 \times \frac{5}{10} = 2.09$

ABC组合的预期收益率 = 5% + 2.09 × (12% − 5%) = 19.63%。

(4) BCD组合的β系数 $= 1.8 \times \frac{1}{5} + 2.5 \times \frac{2}{5} + 3 \times \frac{2}{5} = 2.56$

BCD组合预期收益率 = 5% + 2.56 × (12% − 5%) = 22.92%。

(5) 由于ABC组合的β系数 > BCD组合的β系数

所以该投资者为降低投资风险，应选择ABC投资组合。

2.【答案及解析】

(1) 由于题中告诉了票面利率的计算方式（单利计息），但并没有说明市场利率的计息方式，所以，根据“计息规则相同”原则，应该认为市场利率的计息方式与票面利率相同，即应该按照单利折现计算债券价值。

债券的价值 = 1 000 × (1 + 5 × 10%)/(1 + 3 × 12%) = 1 102.94（元）

由于债券价值1 102.94元大于目前价格1 050元，该债券被市场低估。

(2) 债券的价值 = 1 000 × 5% × (P/A, 6%, 6) + 1 000 × (P/F, 6%, 6) = 950.87（元）

由于债券价值950.87元与目前价格1 050元不相等，因此，资本市场不完全有效。

(3) 1 020 = 1 000 × (1 + 5 × 10%) × (P/F, i, 2)

到期收益率 $i = \sqrt{\frac{1\,500}{1\,020}} - 1 = 21.27\%$。

(4) 令到期收益率 = i

1 020 = 1 000 × 5% × (P/A, r_d/2, 4) + 1 000 × (P/F, r_d/2, 4)

当 $r_d/2 = 5\%$ 时：等式右边 = 1 000

当 $r_d/2 = 4\%$ 时：等式右边 = 1 036.3

利用插入法可得：$r_d/2 = 4.45\%$

则：$r_d = 2 \times 4.45\% = 8.9\%$。

(5) 2019年6月末的债券价值

= 50 + 50 × (P/A, 6%, 3) + 1 000 × (P/F, 6%, 3)

= 1 023.25（元）

由于2019年6月末距离3月1日间隔4个月，而一个复利期间为6个月，所以，需要再复利折现4/6 = 2/3期，才能计算出2019年3月1日的债券价值。即：

2019年3月1日的债券的价值

= 1 023.25 × (P/F, 6%, 2/3)

= 984.26（元）。

(6) ①（1 000 + 1 000 × 10%）/（1 + r_d）= 900

解得：$r_d = 22.22\%$

②到期本息和期望值

= 1 100 × 0.5 + 0 × 0.5 = 550（元）

债券的价值 = 550/(1 + 23%)

= 447.15（元）。

3.【答案及解析】

(1) A股票：

必要收益率 = 4% + 2 × (7% − 4%)

= 10%

可持续增长率 $= \frac{10\% \times 60\%}{1 - 10\% \times 60\%}$

= 6.383%

股票价值 $= \frac{0.4 \times (1 + 6.383\%)}{10\% - 6.383\%} = 11.76$

B股票：

预计第1年的股利 = 2 × (1 + 14%)

= 2.28

预计第2年的股利 = 2.28 × (1 + 14%)

= 2.60

预计第3年及以后的股利 = 2.60 × (1 + 8%) = 2.81

股票的价值 = 2.28 × (P/F, 10%, 1) + 2.60 × (P/F, 10%, 2) + 2.81/10% × (P/F, 10%, 2) = 27.44。

(2) A股票的预期报酬率 $= \frac{0.4 \times (1 + 6.383\%)}{10} + 6.383\% = 10.64\%$

B股票的预期报酬率：

24.89 = 2.28 × (P/F, r_s, 1) + 2.60 × (P/F, r_s, 2) + 2.81/i × (P/F, r_s, 2)

试误法：

当 r_s = 11% 时，2.28 × (P/F, 11%, 1) + 2.60 × (P/F, 11%, 2) + 2.81/11% × (P/F, 11%, 2)

= 2.28 × 0.9009 + 2.60 × 0.8116 + 2.81/11% × 0.8116

= 2.05 + 2.11 + 20.73 = 24.89

B股票的预期报酬率 = 11%。

4. 【答案及解析】

(1) 营业净利率 = 100/4 000 = 2.5%

资产周转率 = 4 000 ÷ 320 = 12.5（次）

权益乘数 = 320/(100 + 57 + 35) = 320 ÷ 192 = 5/3 = 1.6667

利润留存率 = (100 − 60)/100 = 40%

由于满足可持续增长的五个假设，20×2年销售增长率 = 20×1年可持续增长率 = (2.5% × 12.5 × 1.6667 × 40%)/(1 − 2.5% × 12.5 × 1.6667 × 40%) = 26.32%。

(2) 由于满足可持续增长的五个假设，所以预期股利增长率 = 可持续增长率。

(3) D_0 = 60/100 = 0.6

r = 0.6 × (1 + 26.32%)/20 + 26.32% = 30.11%。

第七章　期权价值评估

本章考情分析

本章属于重点章。学习的目的是要理解期权的基本概念、类型以及估值方法。

从考试题型来看客观题、主观题都有，近3年平均考分为6分左右。

由于本章概念和公式较多，理论相对比较抽象，请考生在掌握期权基本原理的基础上，熟练掌握各种期权投资策略和估值方法，并运用估值模型切实提高解决复杂问题的能力。重点掌握布莱克—斯科尔斯期权定价模型的运用。

本章教材变化

本章没有实质性变动。

本章思维导图

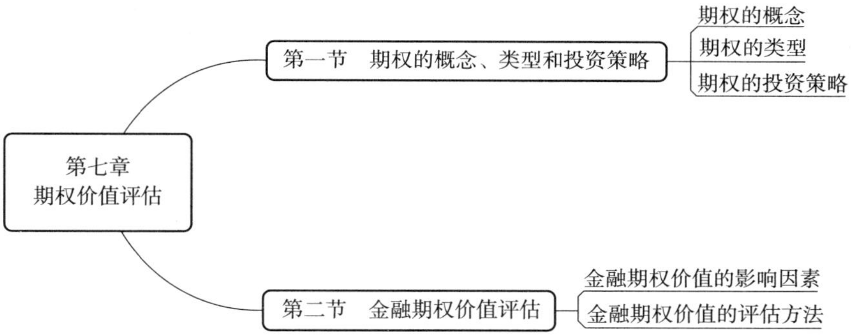

考点精讲及典型例题解析

第一节　期权的概念、类型和投资策略

一、期权的概念（能力等级1）

内容	说明
1. 定义	指一种合约，该合约赋予持有人在某一特定日期或该日之前的任何时间以固定价格购进或售出一种资产的权利

续表

内容	说明	
2. 要点	（1）期权是一种权利	期权赋予持有人做某件事的权利，但他不承担必须履行的义务，可以选择执行或者不执行该权利。投资人购买期权合约必须支付期权费，作为不承担义务的代价
	（2）期权的标的资产	是指选择购买或出售的资产。期权出售人不一定拥有标的资产。期权是可以“卖空”的。期权购买人也不一定真的想购买资产标的物。因此，期权到期时双方不一定进行标的物的实物交割，而只需按价差补足价款即可
	（3）到期日	指双方约定的期权到期的那一天
	（4）期权的执行	指依据期权合约购进或售出标的资产的行为

【例7－1】（单选题）下列表述正确的是（　　）。

A. 到期日相同的期权，执行价格越高，看涨期权的价格越高

B. 执行价格相同的期权，到期时间越长，看跌期权的价格越低

C. 看跌期权的到期日价值，随标的资产价值下降而上升

D. 如果在到期日执行价格低于股票价格则看涨期权没有价值

【答案】C

【解析】到期日相同的期权，执行价格越高，看涨期权的价格越低；执行价格相同的期权，到期时间越长，期权的价格越高，无论看涨还是看跌期权都如此；看跌期权的到期日价值，随标的资产价值下降而上升，如果在到期日股票价格高于执行价格则看跌期权没有价值；如果在到期日股票价格低于执行价格则看涨期权没有价值。

【例7－2】（单选题）期权的价格是指（　　）。

A. 期权合约的价格

B. 期权的执行价格

C. 现货合约的价格

D. 期权的权利金

【答案】D

【解析】期权的购买成本（价格）称为期权费（或权利金），是指期权购买人为获得在对自己有利时执行期权的权利，所必须支付的补偿费用。

二、期权的类型（能力等级2）

（一）期权的类型

分类标准	种类	特征
按照期权执行时间	欧式期权	该期权只能在到期日执行
	美式期权	该期权可以在到期日或到期日之前的任何时间执行
按照合约授予期权持有人权利的类别	看涨期权	看涨期权是指期权赋予持有人在到期日或到期日之前，以固定价格购买标的资产的权利。其授予权利的特征是“购买”。因此也可以称为“择购期权”、“买入期权”或“买权”
	看跌期权	看跌期权是指期权赋予持有人在到期日或到期日前，以固定价格出售标的资产的权利。其授予权利的特征是“出售”。因此也可以称为“择售期权”、“卖出期权”或“卖权”

（二）期权的到期日价值和净损益

要点	说明
到期日价值	期权到期时的执行净收入，由标的股票的到期日股价与执行价格的差额决定（不考虑期权费）。由于持有人（多头）只会在条件有利时执行期权，在条件不利时可以选择放弃，因此，持有人（多头）的到期日价值≥0

续表

要点	说明
到期日净损益	多头：期权到期日价值－期权费（期权的投资成本） 空头：期权到期日价值＋期权费（期权的出售收入）
损益平衡点	到期日净损益＝0；到期日价值＝期权费

（三）看涨期权的到期日价值与到期日净损益

	到期日价值		到期日净损益
	到期日股价＞执行价格（行权）	到期日股价≤执行价格（弃权）	
多头	股票市价－执行价格	0	到期日价值－期权费
空头	－（股票市价－执行价格）	0	到期日价值＋期权费

【提示】买入看涨期权的损益特征是，净损失有限，最大值为期权价格，而净收益却潜力巨大；卖出看涨期权的损益特征是，净损失无限，净收益有限，最大值为期权价格收入。

（四）看跌期权的到期日价值与到期日净损益

	到期日价值		到期日净损益
	到期日股价＜执行价格（行权）	到期日股价≥执行价格（弃权）	
多头	执行价格－股票市价	0	到期日价值－期权费
空头	－（执行价格－股票市价）	0	到期日价值＋期权费

【提示】买入看跌期权的损益特征是，净损失有限，最大值为期权价格，而净收益却潜力巨大；卖出看跌期权的损益特征是，净损失无限，净收益有限，最大值为期权价格收入。

看涨期权	公式
到期日价值	多头看涨期权到期日价值＝max（股票市价－执行价格，0）
	空头看涨期权到期日价值＝－max（股票市价－执行价格，0）
净损益	多头看涨期权净损益＝多头看涨期权到期日价值－期权价格
	空头看涨期权净损益＝空头看涨期权到期日价值＋期权价格

看跌期权	公式
到期日价值	多头看跌期权到期日价值＝max（执行价格－股票市价，0）
	空头看跌期权到期日价值＝－max（执行价格－股票市价，0）
净损益	多头看跌期权净损益＝多头看跌期权到期日价值－期权价格
	空头看跌期权净损益＝空头看跌期权到期日价值＋期权价格

【例7－3】（多选题）有一项看涨期权，期权成本为5元，标的股票的当前市价为50元，执行价格为50元，到期日为1年后的今天，若到期日股票市价为65元，则下列计算正确的有（　　）。

A. 多头看涨期权到期日价值为15元

B. 多头看涨期权净损益为10元

C. 空头看涨期权到期日价值为－15元

D. 空头看涨期权净损益为－10元

【答案】ABCD

【解析】多头看涨期权到期日价值＝max（股票市价－执行价格，0）＝15（元）

多头看涨期权净损益＝到期日价值－期权价格＝15－5＝10（元）

空头看涨期权到期日价值＝－max（股票市价－执行价格，0）＝－15（元）

空头看涨期权净损益＝到期日价值＋期权价格＝－15＋5＝－10（元）。

【例7－4】（2014年单选题）同时售出甲股票的1股看涨期权和1股看跌期权，执行价格均为50元，到期日相同，看涨期权的价格为5元，看跌期权的价格为4元。如果到期日的股票价格为48元，该投资组合的净收益是（　　）元。

A. 5

B. 7

C. 9

D. 11

【答案】B

【解析】该投资组合的净损益 = 空头看涨期权净损益 + 空头看跌期权净损益 = − max（股票市价 − 执行价格，0）+ 看涨期权价格 + [− max（执行价格 − 股票市价，0）+ 看跌期权价格]，由于到期日股票价格为 48 元，执行价格为 50 元，看涨期权的价格为 5 元，看跌期权的价格为 4 元，所以，该投资组合的净损益 = 0 + 5 + （ − 2 + 4）= 7（元），即该投资组合的净收益为 7 元。

【例 7 − 5】（2014 年多选题）甲投资人同时买入一只股票的 1 份看涨期权和 1 份看跌期权，执行价格均为 50 元，到期日相同，看涨期权的价格为 5 元，看跌期权的价格为 4 元。如果不考虑期权费的时间价值，下列情形中能够给甲投资人带来净收益的有（　　）。

A. 到期日股票价格低于 41 元

B. 到期日股票价格介于 41 元至 50 元之间

C. 到期日股票价格介于 50 元至 59 元之间

D. 到期日股票价格高于 59 元

【答案】AD

【解析】该投资组合的净损益 = 多头看涨期权净损益 + 多头看跌期权净损益 = [max（股票市价 − 执行价格，0）− 看涨期权成本] + [max（执行价格 − 股票市价，0）− 看跌期权成本] = max（股票市价 − 50，0）+ max（50 − 股票市价，0）− 9，由此可知，当到期日股票价格低于 41 元或者到期日股票价格高于 59 元时，该投资组合的净损益大于 0，即能够给甲投资人带来净收益。或：本题的投资策略属于多头对敲，对于多头对敲而言，股价偏离执行价格的差额必须超过期权购买成本，才能给投资者带来净收益，本题中的期权购买成本 = 5 + 4 = 9（元），执行价格为 50 元，所以答案为选项 A、D。

如果标的股票的价格上涨，对于买入看涨期权和卖出看跌期权的投资者有利；

如果标的股票的价格下降，对于卖出看涨期权和买入看跌期权的投资者有利。

三、期权的投资策略（能力等级 3）

策略	要点说明
1. 保护性看跌期权	（1）策略：股票加看跌期权组合，称为保护性看跌期权。是指购买 1 份股票，同时购买该股票 1 份看跌期权。 （2）组合净损益：组合净损益 = 执行日的组合收入 − 初始投资 ①股价 < 执行价格：执行价格 −（股票投资买价 + 期权购买价格） ②股价 > 执行价格：股票售价 −（股票投资买价 + 期权购买价格） （3）效果：锁定了最低净收入和最低净损益。但是，同时净损益的预期也因此降低了
2. 抛补性看涨期权	（1）策略：股票加空头看涨期权组合，是指购买 1 份股票，同时出售该股票 1 份看涨期权。 （2）组合净损益：组合净损益 = 执行日组合收入 − 初始投资 ①股价 < 执行价格：股票售价 + 期权（出售）价格 − 股票投资买价 ②股价 > 执行价格：执行价格 + 期权（出售）价格 − 股票投资买价 （3）效果：抛补期权组合锁定了最高净收入即到期日价值，最多是执行价格
3. 对敲	对敲策略分为多头对敲和空头对敲
	多头对敲 （1）策略：是指同时买进一只股票的看涨期权和看跌期权，它们的执行价格、到期日都相同。 （2）适用范围：多头对敲策略对于预计市场价格将发生剧烈变动，但是不知道升高还是降低的投资者非常有用。 （3）组合净损益：组合净损益 = 执行日组合收入 − 初始投资 ①股价 < 执行价格：（执行价格 − 股票售价）− 两种期权（购买）价格 ②股价 > 执行价格：（股票售价 − 执行价格）− 两种期权（购买）价格 （4）效果：多头对敲的最坏结果是到期股价与执行价格一致，白白损失了看涨期权和看跌期权的购买成本。股价偏离执行价格的差额必须超过期权购买成本，才能给投资者带来净收益

续表

3. 对敲	空头对敲 （1）策略：是同时出售一只股票的看涨期权和看跌期权，它们的执行价格、到期日都相同。 （2）适用范围：空头对敲策略对于预计市场价格比较稳定，股价没有变化时。 （3）组合净损益：组合净损益 = 执行日组合收入 - 初始投资 ①股价 < 执行价格：-（执行价格 - 股票售价）+ 两种期权（购买）价格 ②股价 > 执行价格：-（股票售价 - 执行价格）+ 两种期权（购买）价格 （4）效果：空头对敲的最坏结果是到期股价与执行价格不一致，无论股价上涨或下跌投资者都会遭受较大的损失；最好的结果是到期股价与执行价格一致，投资者白白赚取出售看涨期权和看跌期权的收入

【例 7-6】（2019 年多选题）甲投资者同时买进一只股票的看涨期权和看跌期权，该投资策略适合的情形有（　　）。

A. 预计标的股票市场价值将小幅下跌

B. 预计标的股票市场价值将小幅上涨

C. 预计标的股票市场价值将大幅上涨

D. 预计标的股票市场价值将大幅下跌

【答案】CD

【解析】多头对敲是指同时买进一只股票的看涨期权和看跌期权，对于预计市场价格将发生剧烈变动，但是不知道升高还是降低的投资者非常有用。

【例 7-7】（多选题）下列关于对敲投资策略的说法中，正确的有（　　）。

A. 只要到期日股价偏离执行价格，则多头对敲就能为投资者带来净收益

B. 只要到期日股价偏离执行价格，则多头对敲的期权到期日价值之和就将大于零

C. 多头对敲是机构投资者常用的投资策略

D. 空头对敲组合策略的最好结果是到期日股价等于执行价格

【答案】BD

【解析】只要到期日股价偏离执行价格，则必有一个期权的到期日价值为正，另一个期权的到期日价值为零，因此，多头对敲的期权到期日价值之和就将大于零，选项 B 正确，但只有到期日价值大于期权购买成本时，才能给投资者带来净收益，选项 A 错误；抛补看涨期权投资组合是机构投资者常用的投资策略，选项 C 错误；多头对敲的最坏结果是到期日股价等于执行价格，白白损失期权费，而空头对敲组合的最好结果是到期日股价等于执行价格，白白收取期权费，选项 D 正确。

【例 7-8】（多选题）下列关于对敲投资策略的说法中，正确的有（　　）。

A. 只要到期日股价偏离执行价格，则多头对敲就能为投资者带来净收益

B. 只要到期日股价偏离执行价格，则多头对敲的期权到期日价值之和就将大于零

C. 多头对敲是机构投资者常用的投资策略

D. 空头对敲组合策略的最好结果是到期日股价等于执行价格

【答案】BD

【解析】只要到期日股价偏离执行价格，则必有一个期权的到期日价值为正，另一个期权的到期日价值为零，因此，多头对敲的期权到期日价值之和就将大于零，选项 B 正确，但只有到期日价值大于期权购买成本时，才能给投资者带来净收益，选项 A 错误；抛补看涨期权投资组合是机构投资者常用的投资策略，选项 C 错误；多头对敲的最坏结果是到期日股价等于执行价格，两项期权均放弃，白白损失期权费，而空头对敲组合的最好结果是到期日股价等于执行价格，白白收取期权费，选项 D 正确。

【例 7-9】（2016 年计算分析题）甲公司是一家制造业上市公司，当前每股市价 40 元。市场上有两种以该股票为标的资产的期权：欧式看涨期权和欧式看跌期权。每份看涨期权可买入 1 股股票，每份看跌期权可卖出 1 股股票；看涨期权每份 5 元，看跌期权每份 3 元。两种期权执行价格均为 40 元，到期时间均为 6 个月。目前，有四种投资组合方案可供选择：保护性看跌期权、抛补性看涨期权、多头对敲、空头对敲。

要求：

（1）投资者希望将净损益限定在有限区间内，应选择哪种投资组合？该投资组合应如何构建？假设 6 个月后该股票价格上涨 20%，该投资组合的净损益是多少？（注：计算组合净损益时，不考虑期权价格、股票价

格的货币时间价值。）

（2）投资者预期未来股价大幅波动，应选择哪种投资组合？该投资组合应如何构建？假设6个月后该股票价格下跌50%，该投资组合的净损益是多少？（注：计算组合净损益时，不考虑期权价格、股票价格的货币时间价值）

【答案及解析】

（1）投资者希望将净损益限定在有限区间内，应选择哪种投资组合？该投资组合应如何构建？假设6个月后该股票价格上涨20%，该投资组合的净损益是多少？（注：计算组合净损益时，不考虑期权价格、股票价格的货币时间价值）

投资者希望将净损益限定在有限区间内，应选择抛补性看涨期权。

抛补性看涨期权是指购买1股股票，同时出售该股票的1份看涨期权（或回答1股多头股票加1份空头看涨期权）。

该组合的净损益：

6个月到期时股票价格 =40×（1+20%）
=48（元）

组合成本 =40－5=35（元）

组合收入 =48－max（48－40，0）
=48－8=40（元）

组合净损益 =40－35=5（元）。

（2）投资者预期未来股价大幅波动，应选择哪种投资组合？该投资组合应如何构建？假设6个月后该股票价格下跌50%，该投资组合的净损益是多少？（注：计算组合净损益时，不考虑期权价格、股票价格的货币时间价值）

投资者预期未来股价大幅波动，应选择多头对敲。

多头对敲是指同时买进同一只股票的1份看涨期权和1份看跌期权（或回答1份多头看涨期权加1份多头看跌期权）。

该组合的净损益：

6个月到期时股票价格 =40×（1－50%）
=20（元）

组合成本 =5+3=8（元）

组合收入 =max（20－40，0）+max（40－20，0）=0+20=20（元）

组合净损益 =20－8=12（元）。

【例7－10】（计算分析题）某投资人购入1份ABC公司的股票，购入时价格40元；同时购入该股票的1份看跌期权，执行价格40元，期权费2元，一年后到期。该投资人预测一年后股票市价变动情况如下表所示：

股价变动幅度	－20%	－5%	5%	20%
概率	0.1	0.2	0.3	0.4

（1）判断该投资人采取的是哪种投资策略，其目的是什么？

（2）确定该投资人的预期投资组合收益为多少？

【答案】

（1）股票加看跌期权组合，称为保护性看跌期权。单独投资于股票风险很大，同时增加一个看跌期权，情况就会有变化，可以降低投资的风险。

（2）

股价变动幅度	下降20%	下降5%	上升5%	上升20%
概率	0.1	0.2	0.3	0.4
股票收入	32	38	42	48
期权收入	8	2	0	0
组合收入	40	40	42	48
股票净损益	32－40=－8	38－40=－2	42－40=2	48－40=8
期权净损益	8－2=6	2－2=0	0－2=－2	0－2=－2
组合净损益	－2	－2	0	6

预期投资组合收益 =0.1×（－2）+0.2×（－2）+0.3×0+0.4×6=1.8

第二节 金融期权价值评估

一、金融期权价值的影响因素（能力等级3）

项目		要点说明
期权价值	内在价值	（1）含义：期权的内在价值，是指期权立即执行产生的经济价值。 看涨期权内在价值 = max(现行市价 - 执行价格，0) 看跌期权内在价值 = max(执行价格 - 现行市价，0) （2）比较：内在价值不同于到期日价值。内在价值取决于现行市价与执行价格的高低；期权的到期日价值取决于"到期日"股票市价与执行价格的高低。如果现在已经到期，则内在价值与到期日价值相同
	时间溢价	（1）含义：期权的时间溢价，是指期权价值超过内在价值的部分。 时间溢价 = 期权价值 - 内在价值 （2）比较：时间溢价不同于货币的时间价值。在其他条件不变的情况下，离到期时间越远，价值波动的可能性越大，期权的时间溢价越大。如果已经到了到期时间，期权的价值（价格）就只剩下内在价值，即时间溢价为0。时间溢价有时也称为"期权的时间价值"，但它和"货币的时间价值"是不同的概念。时间溢价是"波动的价值"，时间越长，出现波动的可能性越大，时间溢价越大。而货币的时间价值是时间的"延续价值"，时间延续得越长，货币的时间价值越大
影响因素	股票的市价	（1）其他因素不变，随着股票价格的上升，看涨期权的价值也增加； （2）其他因素不变，当股票价格上升时，看跌期权的价值下降
	执行价格	（1）看涨期权的执行价格越高，其价值越小； （2）看跌期权的执行价格越高，其价值越大
	到期期限	（1）美式期权来说，较长的到期时间，能增加看涨期权的价值。 （2）欧式期权来说，较长的时间不一定能增加期权价值
	股票价格的波动率	（1）股价的波动率增加会使期权价值增加； （2）期权的价值并不依赖股票价格的期望值，而是股票价格的变动性（方差）。这是期权估价的基本原理之一
	无风险利率	利率对于期权价格的影响是比较复杂的。 （1）无风险利率越高，看涨期权的价格越高； （2）无风险利率越高，看跌期权的价格越低
	期权有效期内预计发放的红利	（1）看涨期权与预期红利大小成反向变动； （2）看跌期权价值与预期红利大小成正向变动

【提示1】期权的价值状态

价值状态	看涨期权	看跌期权	执行状况
"实值期权"（溢价期权）	标的资产现行市价高于执行价格时	标的资产现行市价低于执行价格时	有可能被执行，但也不一定被执行
"虚值期权"（折价期权）	标的资产现行市价低于执行价格时	标的资产现行市价高于执行价格时	不会被执行
"平价期权"	标的资产现行市价等于执行价格时	标的资产现行市价等于执行价格时	不会被执行

【提示2】影响期权价值的因素

影响因素	看涨期权		看跌期权	
	美式	欧式	美式	欧式
股价波动率（最重要）	+			
股票市价	+		−	
执行价格	−		+	
到期期限	+	不一定	+	不一定
无风险利率	+		−	
期权有效期内预计发放的红利	−		+	

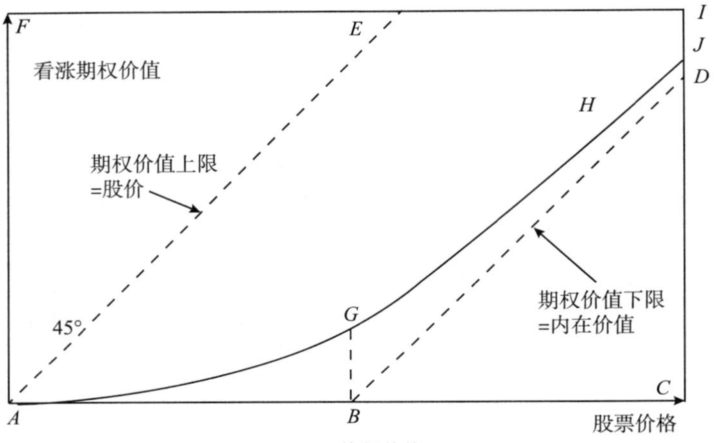

由上图可知：（1）股票价格为0，看涨期权价值为0；（2）期权价值下限为内在价值，在执行日之前，期权价值永远不会低于最低价值线；（3）*AGH* 为期权价值线，看涨期权的价值上限是股价，看跌期权的价值上限是执行价格。

【例7－11】（2019年单选题）假设其他条件不变，下列影响期权价值的各项因素中，会引起期权价值同向变动的是（　　）。

A. 无风险利率

B. 执行价格

C. 标的股票市价

D. 标的股票股价波动率

【答案】D

【解析】无风险利率和标的股票市价与看涨期权同向变动，与看跌期权反向变动。执行价格与看涨期权反向变动，与看跌期权同向变动。标的股票价格波动率与期权价值（不管是看涨期权还是看跌期权）同向变动。

【例7－12】（2017年多选题）甲股票当前市价20元，市场上有以该股票为标的资产的看涨期权和看跌期权，执行价格均为18元。下列说法中，正确的有（　　）。

A. 看涨期权处于实值状态

B. 看涨期权时间溢价大于0

C. 看跌期权处于虚值状态

D. 看跌期权时间溢价小于0

【答案】ABC

【解析】选项A，对于看涨期权来说，标的资产现行市价高于执行价格时，该期权处于实值状态；选项B、D，期权的时间溢价是一种等待的价值，只要未到期，时间溢价就是大于0的；选项C，对于看跌期权来说，标的资产的现行市价高于执行价格时，该期权处于虚值状态。

【例7－13】（2016年单选题）在其他条件不变的情况下，下列关于股票的欧式看涨期权内在价值的说法中，正确的是（　　）。

A. 股票市价越高，期权的内在价值越大

B. 股价波动率越大，期权的内在价值越大

C. 期权执行价格越高，期权的内在价值越大

D. 期权到期期限越长，期权的内在价值越大

【答案】A

【解析】其他因素不变，随着股票价格的上升，看涨期权的价值也增加。欧式期权来说，较长的时间不一定能增加期权价值。选项B、C、D不正确。

【例7-14】（2017年多选题）在其他因素不变的情况下，下列各项变动中，引起美式看跌期权价值下降的有（　　）。

A. 股票市价下降

B. 股价波动率下降

C. 到期期限缩短

D. 无风险报酬率降低

【答案】BC

【解析】选项A，看跌期权在未来某一时间执行，其收入是执行价格与股票价格的差额。如果其他因素不变，当股票价格上升时，看跌期权的价值下降；选项B，股票价格的波动率，是指股票价格变动的不确定性，对于看跌期权持有者来说，股价的波动率增加会使期权价值增加，股价波动率下降会使期权价值下降；选项C，对于美式期权来说，较短的到期时间能降低看涨期权的价值；选项D，一种简单而不全面的解释，假设股票价格不变，无风险报酬率越低，执行价格的现值越高，看跌期权的价值越高。

【例7-15】（2015年多选题）假设其他因素不变，下列各项中会引起欧式看跌期权价值增加的（　　）。

A. 执行价格提高

B. 到期期限延长

C. 无风险利率增加

D. 股价波动率加大

【答案】AD

【解析】考查期权价值的影响因素：（1）看涨期权的执行价格越高，其价值越小；（2）看跌期权的执行价格越高，其价值越大；（3）股价的波动率增加会使期权价值增加。

二、金融期权价值的评估方法（能力等级3）

（一）期权估价原理

原理	要点说明
1. 复制原理（构造借款买股票的投资组合，作为期权等价物）	（1）原理：构造一个股票和借款的适当投资组合，使得无论股价如何变动，投资组合的损益都与期权相同，那么创建该投资组合的成本就是期权的价值
	（2）公式： ①构建股票价格二叉树 假设股票当前价格为 S_0，未来变化有两种可能：上升后股价 S_u 和下降后股价 S_d。为便于用当前价格表示未来价格，设：$S_u = u \times S_0$，u 称为股价上行乘数；$S_d = d \times S_0$，d 为股价下行乘数。 股价上行乘数 u 和股价下行乘数 d 可按下式计算： $u = 1 +$ 上升百分比 $= e^{\sigma\sqrt{t}}$，$d = 1 -$ 下降百分比 $= 1/u$ 其中：e = 自然常数，约等于2.7183；σ = 标的资产连续复利收益率的标准差；t = 以年表示的时间长度。 股票价格二叉树： S_0 → $S_u = S_0 \times u$；$S_d = S_0 \times d$ ②构建看涨期权的到期日价值二叉树 C_0 → $C_u = \max(S_u - X,\ 0)$；$C_d = \max(S_d - X,\ 0)$ ③构建期权等价物（股票与借款的组合）并计算期权价值 期权的到期日价值有两种可能：股价上行时为 C_u，股价下行时为 C_d。 已知借款的利率为 r（与股价变动一次的时间对应利率）。复制一个股票与借款的投资组合，使之无论股价涨跌，到期日的价值与看涨期权相同。这个组合应包括多少股股票和多少借款呢？ 我们可以令下列方程成立：

续表

原理	要点说明
1. 复制原理（构造借款买股票的投资组合，作为期权等价物）	$\begin{cases} H \times S_u - 借款 \times (1+r) = C_u & (股价上升时) \\ H \times S_d - 借款 \times (1+r) = C_d & (股价下降时) \end{cases}$ 解方程组得： $H=\dfrac{C_u-C_d}{S_u-S_d}=\dfrac{C_u-C_d}{S_0\times(u-d)}$ H 称为套期保值比率（或称套头比率、对冲比率、德尔塔系数）。 期权的德尔塔系数 $=\dfrac{期权价格变化幅度}{股票价格变化幅度}$ 借款 $=\dfrac{H\times S_d-C_d}{(1+r)}$ 或借款 $=\dfrac{H\times S_u-C_u}{(1+r)}$ 既然投资组合的到期日净收益分布与购入看涨期权一样，因此看涨期权的价值就应当与建立投资组合的成本一样。即： 期权的价值 = 组合投资成本 = 购买股票支出 − 借款 = $S_0\times H$ − 借款
2. 套期保值原理	套期保值比率 $H=\dfrac{期权价值变化量}{股票价格变化量}=\dfrac{C_u-C_d}{S_u-S_d}=\dfrac{C_u-C_d}{S_0\times(u-d)}$ 其中：S_u 上行股价，S_d 下行股价，S_0 股票现价，d 下行乘数，u 上行乘数，C_u 股价上行时期权到期日价值，C_d 股价下行时期权到期日价值
3. 风险中性原理	假设投资者对待风险的态度是中性的，所有证券的预期收益率都应当是无风险利率。 假设股票不派发红利，股票价格的上升百分比就是股票投资的收益率，因此： 期望报酬率(无风险收益率) = 上行概率 × 股价上升时股价变动百分比 + 下行概率 × (− 股价下降时股价变动百分比) 用符号表示：$r=P\times(u-1)+(1-P)\times(d-1)$ 解出上行概率 P： $P=\dfrac{1+r-d}{u-d}$ 下行概率 $1-P$： $1-P=1-\dfrac{1+r-d}{u-d}=\dfrac{u-1-r}{u-d}$ 在期权定价时只要先求出到期日期权价值的期望值，然后用无风险利率折现，就可以求出期权价值。 期权价值 =（上行概率 × 上行期权价值 + 下行概率 × 下行期权价值）÷（1 + 持有期无风险利率） 用符号表示：$C_0=[P\times C_u+(1-P)\times C_d]/(1+r)$

【例 7－16】（多选题）假设 LZB 公司的股票现在的市价为 60 元。有 1 股以该股票为标的资产的看涨期权，执行价格为是 62 元，到期时间是 6 个月。6 个月以后股价有两种可能：上升 33.33%，或者降低 25%。无风险利率为每年 4%，按照复制原理下列表述正确的有（　　）。

A. 购买股票的股数为 0.5142

B. 借款数额为 22.69

C. 期权价格为 8.24

D. 期权价格为 8.16

【答案】ABD

【解析】上行股价 S_u = 股票现价 S_0 × 上行乘数 $u=60\times1.3333=80$（元）

下行股价 S_d = 股票现价 S_0 × 下行乘数 $d=60\times0.75=45$（元）

股价上行时期权到期日价值 C_u = 上行股价 − 执行价格 $=80-62=18$（元）

股价下行时期权到期日价值 $C_d=0$

套期保值比率 H = 期权价值变化/股价变化 $=(18-0)/(80-45)=0.5142$

借款 $=(H\times S_d)/(1+r)=(45\times0.5142)/1.02=22.69$（元）

期权价格 $=H\times S_0$ − 借款 $=0.5142\times60-22.69=8.16$（元）。

【例 7－17】（多选题）下列说法正确的有（　　）。

A. 风险中性的投资者不需要额外的收益补偿其承担的风险

B. 股票价格的上升百分比就是股票投资

的收益率

C. 风险中性原理下，所有证券的预期收益率都是无风险收益率

D. 根据风险中性原理，期权价值等于期权执行日的净损益使用无风险利率折现

【答案】AC

【解析】在不派发红利的情况下，股票价格的上升百分比就是股票投资的收益率，所以选项B不正确；根据风险中性原理，期权的现值是期权执行日的期望值使用无风险利率折现，所以选项D不正确。

【例7-18】（计算分析题）假设甲公司股票现在的市价为10元，有1股以该股票为标的资产的看涨期权，执行价格为12元，到期时间是9个月。9个月后股价有两种可能：上升25%或者降低20%，无风险利率为每年6%。现在打算购进适量的股票以及借入必要的款项建立一个投资组合，使得该组合9个月后的价值与购进该看涨期权相等。

要求：

（1）确定可能的到期日股票价格；

（2）根据执行价格计算确定到期日期权价值；

（3）计算套期保值比率；

（4）计算购进股票的数量和借款数额；

（5）根据上述计算结果计算期权价值。

【答案】

（1）上行股价 = 10 ×（1 + 25%）
= 12.5（元）

下行股价 = 10 ×（1 - 20%）= 8（元）。

（2）股价上行时期权到期日价值
= 上行股价 - 执行价格
= 12.5 - 12 = 0.5（元）

股价下行时期权到期日价值 = 0。

（3）套期保值比率 = 期权价值变化/股价变化 =（0.5 - 0）/（12.5 - 8）= 0.11。

（4）购进股票的数量 = 套期保值比率 = 0.11（股）

借款数额 =（到期日下行股价 × 套期保值比率）/（1 + 6% × 9/12）=（8 × 0.11）/（1 + 4.5%）= 0.84（元）。

（5）期权价值 = 购买股票支出 - 借款 = 10 × 0.11 - 0.84 = 0.26（元）。

（二）二叉树期权定价模型

类型	要点说明	
1. 单期二叉树定价模型（风险中性原理的应用）	假设	（1）市场投资没有交易成本； （2）投资者都是价格的接受者； （3）允许完全使用卖空所得款项； （4）允许以无风险利率借入或贷出款项； （5）未来股票的价格将是两种可能值中的一个
	公式	期权价格 = $\left(\frac{1+r-d}{u-d}\right) \times \frac{C_u}{1+r} + \left(\frac{u-1-r}{u-d}\right) \times \frac{C_d}{1+r}$ 其中：上行概率 = $\frac{1+r-d}{u-d}$ 下行概率 = $\frac{u-1-r}{u-d}$ 期权的价格 = 上行概率 × $\frac{C_u}{1+r}$ + 下行概率 × $\frac{C_d}{1+r}$
2. 两期二叉树定价模型	公式	$C_u = \left(\frac{1+r-d}{u-d}\right)\frac{C_{uu}}{1+r} + \left(\frac{u-1-r}{u-d}\right)\frac{C_{ud}}{1+r}$ $C_d = \left(\frac{1+r-d}{u-d}\right)\frac{C_{ud}}{1+r} + \left(\frac{u-1-r}{u-d}\right)\frac{C_{dd}}{1+r}$ 计算出 C_u 和 C_d 后，再根据单期定价模型计算出 C_0 其中：C_{uu} = 标的资产两个时期都上升的期权价值 C_{dd} = 标的资产两个时期都下降的期权价值 C_{ud} = 标的资产一个时期上升，另一时期下降的期权价值 （注：其他参数使用的字母与单期定价模型相同） 【提示】从后向前推进，先利用单期定价模型，根据 C_{uu} 和 C_{ud} 计算节点 C_u 的价值，利用 C_{ud} 和 C_{dd} 计算 C_d 的价值；然后，再次利用单期定价模型，根据 C_u 和 C_d 计算 C_0 的价值。——单期二叉树的两次应用

续表

<table>
<tr><th>类型</th><th colspan="2">要点说明</th></tr>
<tr><td>3. 多期二叉树定价模型</td><td>公式</td><td>（1）原理：从原理上看，与两期模型一样，从后向前逐级推进，只不过多了一个层次。
（2）股价上升与下降的百分比的确定：期数增加以后带来的主要问题是股价上升与下降的百分比如何确定问题。期数增加以后，要调整价格变化的升降幅度，以保证年收益率的标准差不变。
（3）把年收益率标准差和升降百分比联系起来的公式是：
$u=1+\text{上升百分比}=e^{\sigma\sqrt{t}}$
$d=1-\text{下降百分比}=1/u$
其中：e = 自然常数，约等于2.7183；
σ = 标的资产连续复利收益率的标准差；
t = 以年表示的时间长度。
（注：其他参数和方法同单期二叉树定价模型）</td></tr>
</table>

【例7－19】（单选题）运用二叉树方法对期权估价时，期数增加，要调整价格变化的升降幅度，以保证年收益率的标准差不变。这里的标准差是指（　　）。

A. 标的资产年复利收益率的标准差

B. 标的资产连续复利收益率的标准差

C. 标的资产期间复利收益率的标准差

D. 标的资产无风险收益率的标准差

【答案】B

【解析】运用二叉树方法对期权估价时的公式中的标准差指的是标的资产连续复利收益率的标准差。

【例7－20】（计算分析题）D股票的当前市价为25元/股，市场上有以该股票为标的资产的期权交易，有关资料如下：

（1）D股票的到期时间为半年的看涨期权，执行价格为25.3元；D股票的到期时间为半年的看跌期权，执行价格也为25.3元。

（2）D股票半年后市价的预测情况如下表：

股价变动幅度	－40%	－20%	20%	40%
概率	0.2	0.3	0.3	0.2

（3）根据D股票历史数据测算的连续复利收益率的标准差为0.4。

（4）无风险年利率4%。

（5）1元的连续复利终值如下：

$\sigma\sqrt{t}$	0.1	0.2	0.3	0.4	0.5	0.6	0.7	0.8	0.9	1
$e^{\sigma\sqrt{t}}$	1.1052	1.2214	1.3499	1.4918	1.6487	1.8221	2.0138	2.2255	2.4596	2.7183

要求：

（1）若年收益的标准差不变，利用两期二叉树模型计算股价上行乘数与下行乘数，并确定以该股票为标的资产的看涨期权的价格；

（2）利用看涨期权—看跌期权平价定理确定看跌期权价格；

（3）投资者甲以当前市价购入1股D股票，同时购入D股票的1份看跌期权，判断甲采取的是哪种投资策略，并计算该投资组合的预期收益。

【答案及解析】

（1）上行乘数和下行乘数

$u=e^{\sigma\sqrt{t}}=e^{0.4\sqrt{t}}=e^{0.2}=1.2214$

$$d=\frac{1}{1.2214}=0.8187$$

$$P=\frac{1+\frac{4\%}{4}-0.8187}{1.2214-0.8187}=0.4750$$

$1-P=0.5250$

看涨期权价格

期数	0	1	2
时间（年）	0	0.25	0.5
股票价格	25	30.54	37.30
		20.47	25
			16.76
买入期权价格	2.65	5.64	12
		0	0
			0

$$C_u=\frac{12\times0.4750+0\times0.5250}{1+1\%}=5.64$$

$$C_0=\frac{5.64\times0.4750+0\times0.5250}{1+1\%}=2.65$$。

（2）看跌期权价格

$$P_{跌}+25=2.65+\frac{25.3}{1+2\%}$$

看跌期权价格＝2.45。

（3）投资组合的预期收益

股价变动幅度	－40%	－20%	20%	40%
概率	0.2	0.3	0.3	0.2
股票收入 S_T	25×（1－40%）＝15	25×（1－20%）＝20	25×（1＋20%）＝30	25×（1＋40%）＝35
看跌期权收入 $\max(X-S_T)$	25.3－15＝10.3	25.3－20＝5.3	0	0
组合收入	25.3	25.3	30	35
初始股票买价	25	25	25	25
期权购买价格	2.45	2.45	2.45	2.45
组合净损益	－2.15	－2.15	2.55	7.55

采取的是保护性看跌期权

组合预期收益＝0.2×（－2.15）＋0.3×（－2.15）＋0.3×2.55＋0.2×7.55＝1.2（元）。

（三）布莱克—斯科尔斯期权定价模型

要点	说明
1. 假设	（1）在期权寿命期内，买方期权标的股票不发放股利，也不做其他分配； （2）股票或期权的买卖没有交易成本； （3）短期的无风险利率是已知的，并且在期权寿命期内保持不变； （4）任何证券购买者能以短期的无风险利率借得任何数量的资金； （5）允许卖空，卖空者将立即得到所卖空股票当天价格的资金； （6）看涨期权只能在到期日执行； （7）所有证券交易都是连续发生的，股票价格随机游走

续表

要点		说明
2. 模型		$P=C_0=S_0[N(d_1)]-Xe^{-r_c t}[N(d_2)]$ 或 $=S_0[N(d_1)]-PV(X)\ [N(d_2)]$ $d_1=\dfrac{\ln(S_0/X)+[r_c+(\sigma^2/2)]t}{\sigma\sqrt{t}}$ 或 $=\dfrac{\ln[S_0/PV(X)]}{\sigma\sqrt{t}}+\dfrac{\sigma\sqrt{t}}{2}$ $d_2=d_1-\sigma\sqrt{t}$ 式中： C_0 = 看涨期权的当前价值；S_0 = 标的股票的当前价格；$N(d)$ = 标准正态分布中离差小于 d 的概率；X = 期权的执行价格；$e\approx 2.7183$；r_c = 无风险利率；t = 期权到期日前的时间（年）；$\ln(S_0/X)$ = S_0/X 的自然对数；σ^2 = 股票回报率的方差
3. 模型参数的估计	（1）无风险利率的估计	无风险利率应当用无违约风险的固定收益证券来估计，例如国库券的利率。 应选择与期权到期日相同的国库券利率。如果没有相同时间的，应选择时间最接近的国库券利率。 【提示】这里所说的国库券利率是指其市场利率，而不是票面利率。国库券的市场利率是根据市场价格计算的到期收益率。模型中的无风险利率是按连续复利计算的利率。 如果用 F 表示终值，P 表示现值，r_c 表示无风险利率，t 表示时间（年）： 则：$P=F\times e^{-r_c t}$，即：$r_c=[\ln(F/P)]/t$
	（2）报酬率标准差的估计	$\sigma=\sqrt{\dfrac{1}{n-1}\sum_{t=1}^{n}(R_t-\bar{R})^2}$ 式中：R_t 指收益率的连续复利值。 连续复利的股票收益率： $R_t=\ln\left(\dfrac{P_t+D_t}{P_{t-1}}\right)$ 式中：R_t 指股票在 t 时期的收益率；P_t 是 t 期的价格；P_{t-1} 是 $t-1$ 期的价格；D_t 是 t 期的股利
4. 看跌期权估值	公式	在套利驱动的均衡状态下，对于欧式期权而言，满足看涨期权—看跌期权平价定理（关系）。 看涨期权价格 C − 看跌期权价格 P = 标的资产价格 S − 执行价格现值 $PV(X)$ 可以利用上述定理计算欧式看跌期权价格
5. 派发股利的期权定价	公式	布莱克—斯科尔斯期权定价模型假设在期权寿命期内买方期权标的股票不发放股利。在标的股票派发股利的情况下，在期权估价时，要从股价中扣除期权到期日前所派发的全部股利的现值。此时，模型建立在调整后的股票价格而不是实际价格基础上。 考虑派发股利的期权定价公式为： $C_0=S_0e^{-\delta t}N(d_1)-Xe^{-r_c t}N(d_2)$ 式中：$d_1=\dfrac{\ln(S_0/X)+(r_c-\delta+\sigma^2/2)t}{\sigma\sqrt{t}}$； $d_2=d_1-\sigma\sqrt{t}$； δ 表示标的股票的年股利报酬率（假设股利连续支付，而不是离散分期支付）
6. 美式期权估价		美式期权在到期前的任意时间都可以执行，除享有欧式期权的全部权利之外，还有提前执行的优势。因此，美式期权的价值应当至少等于相应欧式期权的价值，在某种情况下比欧式期权的价值更大

【例 7-21】（2013 年单选题）某股票的现行价格为 20 元，以该股票为标的资产的欧式看涨期权和欧式看跌期权的执行价格均为 24.96 元。都在 6 个月后到期。年无风险利率为 8%，如果看涨期权的价格为 10 元，看跌期权的价格为（　　）元。

A. 6.89　　B. 13.11

C. 14　　D. 6

【答案】C

【解析】根据平价定理：看涨期权价格 C − 看跌期权价格 P = 标的资产价格 S − 执行价格现值 $PV(X)$。所以看跌期权的价格 $P = -20 + 10 + 24.96/(1 + 8\%/2) = 14$。

【例 7－22】（单选题）有两种欧式期权，它们的执行价格均为 35 元，6 个月到期，6 个月的无风险利率为 8%，股票的现行价格为 40 元，看涨期权的价格为 7.80 元，则看跌期权的价格为（　　）。

A. 0.2　　B. 2

C. 3　　D. 0.5

【答案】A

【解析】因为 $P = -S + C + PV(X) = -40 + 7.80 + 35/(1 + 8\%) = -40 + 7.8 + 32.4 = 0.2$（元）。

【例 7－23】（多选题）以下属于布莱克—斯科尔斯期权定价模型参数的有（　　）。

A. 无风险利率　　B. 现行股票价格

C. 执行价格　　D. 预期红利

【答案】ABC

【解析】布莱克—斯科尔斯期权定价模型假设在期权寿命期内，买方期权标的股票不发放股利，因此，预期红利不是该模型的参数。

【例 7－24】（2015 年计算分析题）甲公司股票当前每股市价 40 元，6 个月以后股价有两种可能：上升 25% 或下降 20%。市场上有两种以该股票为标的资产的期权：看涨期权和看跌期权。每份看涨期权可买入 1 股股票，每份看跌期权可卖出 1 股股票；两种期权执行价格均为 45 元，到期时间均为 6 个月；期权到期前，甲公司不派发现金股利。半年无风险报酬率为 2%。

要求：

（1）利用风险中性原理，计算看涨期权的股价上行时到期日价值、上行概率及期权价值；利用看涨期权—看跌期权平价定理，计算看跌期权的期权价值。

（2）假设目前市场上每份看涨期权价格 2.5 元，每份看跌期权价格 6.5 元，投资者同时卖出 1 份看涨期权和 1 份看跌期权，计算确保该组合不亏损的股票价格区间；如果 6 个月后标的股票价格实际上涨 20%，计算该组合的净损益（注：计算股票价格区间和组合净损益时，均不考虑期权价格的货币时间价值）。

【答案及解析】

（1）

S_0：

$S_u = 40 \times (1 + 25\%) = 50$（元）

$S_d = 40 \times (1 - 20\%) = 32$（元）

C_0：

$C_u = \max(0,\ 50 - 45) = 5$（元）

$C_d = \max(0,\ 32 - 45) = 0$（元）

2% = 上行概率 × 股价上升百分比 +（1 − 上行概率）× 股价下降百分比

2% = 上行概率 × 25% +（1 − 上行概率）×（−20%）

上行概率 = 0.4889

下行概率 = 1 − 0.4889 = 0.5111

看涨期权 6 个月后的期望价值 = 5 × 0.4889 + 0 × 0.5111 = 2.44（元）

看涨期权的期权价值 = 2.44 ÷（1 + 2%）

= 2.39（元）

利用看涨期权—看跌期权平价定理，计算看跌期权的期权价值。

$P = -S_0 + C_0 + PV(X)$

看跌期权的期权价值 = P = −40 + 2.39 + 45 ÷（1 + 2%）= 6.51（元）

（2）确保该组合不亏损的最高股价 = 45 +（2.5 + 6.5）= 54（元）

确保该组合不亏损的最低股价 = 45 −（2.5 + 6.5）= 36（元）

[或股票价格在（36 元，54 元）范围内，该组合不亏损]

该组合净损益 = [45 − 40 ×（1 + 20%）] +（2.5 + 6.5）= 6（元）。

精选练习题

一、单项选择题

1. 以下关于欧式看涨期权的表述中，不正确的是（　　）。

A. 股票价格越高，期权价格越高

B. 执行价格越高，期权价格越低

C. 随着时间的延长，期权价格增加

D. 在除息日后，红利的发放引起股票价格降低，看涨期权价格降低

2. ABC公司股票的看涨期权和看跌期权的执行价格相同，6个月到期。已知股票的现行市价为70元，看跌期权的价格为6元，看涨期权的价格为14.8元。如果无风险年利率为8%，按实际复利率折算，则期权的执行价格为（　　）元。

A. 63.65　　B. 63.60

C. 62.88　　D. 62.80

3. 有关抛补期权组合说法中，错误的有（　　）。

A. 抛补期权组合缩小了未来的不确定性

B. 股价下跌，抛补期权组合净损失比单纯购买股票要小

C. 抛补期权组合相当于“出售”了超过执行价格部分的股票价值，换取了期权收入

D. 股价下跌，抛补期权组合净损失比单纯购买股票要大

4. 下列关于美式看涨期权的说法，不正确的是（　　）。

A. 期权价值的下限为其内在价值

B. 当股价为0时，期权的价值也为0

C. 期权价格如果等于股票价格，无论未来股价高低（只要它不等于0），购买股票总比购买期权有利

D. 当股价足够高时期权价值可能会超过股票价格

5. 下列关于期权投资策略的表述中，正确的是（　　）。

A. 保护性看跌期权可以锁定最低净收入和最低净损益，但不改变净损益的预期值

B. 抛补看涨期权可以锁定最低净收入和最低净损益，是机构投资者常用的投资策略

C. 多头对敲组合策略可以锁定最低净收入和最低净损益，其最坏的结果是损失期权的购买成本

D. 空头对敲组合策略可以锁定最低净收入和最低净损益，其最低收益是期权收取的期权费

6. 如果持有股票的投资者预测股票市价可能大幅下跌，适合使用的期权投资策略是（　　）。

A. 保护性看跌期权

B. 抛补看涨期权

C. 多头对敲

D. 空头对敲

7. 对股票期权价值影响最主要的因素是（　　）。

A. 股票价格

B. 执行价格

C. 股票价格的波动性

D. 无风险利率

8. 某未到期的看跌期权，其标的资产现行市价为40元，执行价格为50元，则该期权处于（　　）。

A. 实值状态　　B. 虚值状态

C. 平值状态　　D. 不确定状态

9. 如果已知某未到期期权的价值为5元，内在价值为4元，则该期权的时间溢价为（　　）元。

A. 0　　B. 9

C. 1　　D. －1

10. 欧式看涨期权和欧式看跌期权的执行价格均为19元，12个月后到期，若无风险年利率为6%，股票的现行价格为18元，看跌期权的价格为0.5元，则看涨期权的价格为（　　）。

A. 0.5元　　B. 0.58元

C. 1元　　D. 1.5元

11. 以下关于期权的表述中，正确的是（　　）。

A. 期权的标的资产是指选择购买或出售的资产，期权到期时双方要进行标的物的实物交割

B. 期权持有人有选举公司董事、决定公司重大事项的投票权

C. 期权合约与远期合约和期货合约相同，投资人签订合约时不需要向对方支付任何费用

D. 期权持有人只享有权利而不承担相应的义务，所以投资人购买期权合约必须支付期权费，作为不承担义务的代价

12. 某投资人购买了一项美式看涨期权，标的股票的当前市价为50元，执行价格为50元，1年后到期，期权价格为5元。以下表述中不正确的是（　　）。

A. 如果到期日的股价为60元，期权到

期日价值为 10 元，投资人的净损益为 5 元

B. 如果到期日前的股价为 53 元，该期权处于实值状态，期权持有人一定会执行期权

C. 如果到期日前的股价为 53 元，该期权处于实值状态，期权持有人可能会执行期权

D. 如果到期日的股价为 53 元，期权持有人会执行期权

13. 某公司股票看涨期权和看跌期权的执行价格均为 30 元，期权均为欧式期权，期限 1 年，目前该股票的价格是 20 元，期权费（期权价格）为 2 元。如果在到期日该股票的价格是 15 元，则购进股票、购进看跌期权与购进看涨期权组合的到期净损益为（　　）元。

A. 13　　B. 6

C. －5　　D. －2

14. 假设其他因素不变，期权有效期内预计发放的红利增加时（　　）。

A. 美式看涨期权价格降低

B. 欧式看跌期权价格降低

C. 欧式看涨期权价格不变

D. 美式看跌期权价格降低

15. 甲公司是一家制造业上市公司，当前每股市价 50 元，市场上有两种以该股票为标的资产的期权，欧式看涨期权和欧式看跌期权，每份看涨期权可买入 1 股股票，每份看跌期权可卖出一股股票，看涨期权每份 5 元，看跌期权每份 4 元，两种期权执行价格均为 50 元，到期时间为 6 个月，投资人采用空头对敲策略，若想取得正的净损益，股票的价格应（　　）。

A. 高于 59

B. 低于 41

C. 高于 41 但低于 59

D. 高于 35 但低于 55

16. 看跌期权出售者收取期权费 5 元，售出 1 股执行价格为 100 元。1 年后到期的 ABC 公司股票的看跌期权，如果 1 年后该股票的市场价格为 120 元，则该出售该看跌期权的净损益为（　　）元。

A. 20　　B. －20

C. 5　　D. 15

17. 对于看涨期权来说，期权价格随着股票价格的上涨而上涨，当股价足够高时（　　）。

A. 期权价格可能会等于股票价格

B. 期权价格可能会超过股票价格

C. 期权价格不会超过股票价格

D. 期权价格会等于执行价格

二、多项选择题

1. 在其他因素不变的情况下，当下列变量中（　　）增加时，看涨期权价值会增加。

A. 股票市价　　B. 执行价格

C. 股价波动率　　D. 红利

2. 假设影响期权价值的其他因素不变，下列说法中正确的有（　　）。

A. 股票价格上升时以该股票为标的资产的欧式看跌期权价值下降

B. 股票价格上升时以该股票为标的资产的欧式看跌期权价值上升

C. 股票价格下降时以该股票为标的资产的美式看跌期权价值上升

D. 股票价格下降时以该股票为标的资产的美式看跌期权价值下降

3. 下列公式中，正确的有（　　）。

A. 多头看涨期权到期日价值 = max（股票市价 - 执行价格，0）

B. 空头看涨期权净损益 = 空头看涨期权到期日价值 + 期权价格

C. 空头看跌期权到期日价值 = - max（执行价格 - 股票市价，0）

D. 空头看跌期权净损益 = 空头看跌期权到期日价值 - 期权价格

4. 关于看跌期权多头净损益，下列表述正确的有（　　）。

A. 净损失最大值为期权价格

B. 净损失最大值为期权价格与执行价格之和

C. 净收益最大值为执行价格与期权价格的差额

D. 净收益最大值为执行价格

5. 如果期权已经到期，则下列结论成立的有（　　）。

A. 时间溢价为 0

B. 内在价值等于到期日价值

C. 期权价值等于内在价值

D. 期权价值等于时间溢价

6. 布莱克—斯科尔斯模型的参数——无

风险利率，可以选用与期权到期日相同的国库券利率。这个利率是指（　　）。

A. 国库券的市场利率

B. 国库券的票面利率

C. 按连续复利计算的利率

D. 按年复利计算的利率

7. 下列关于看涨期权的说法，正确的有（　　）。

A. 如果标的股票价格上涨，多头的价值为正值，空头的价值为负值，金额的绝对值相同

B. 如果标的股票价格上涨，多头的价值为正值，空头的价值为负值，金额的绝对值不相同

C. 如果标的股票价格下跌，多头和空头双方的到期日价值相等

D. 如果标的股票价格下跌，多头和空头双方的到期日价值不相等

8. 以下关于美式看跌期权的表述中，正确的有（　　）。

A. 随着时间的延长，期权价格增加

B. 执行价格越高，期权价格越低

C. 股票价格越高，期权价格越高

D. 股价的波动率增加，期权价格增加

9. 某投资人购买了一项欧式看涨期权，标的股票的当前市价为50元，执行价格为50元，1年后到期，期权价格为5元。以下表述中不正确的有（　　）。

A. 如果到期日的股价为60元，期权到期日价值为10元，投资人的净损益为5元

B. 如果到期日前的股价为53元，该期权处于实值状态，期权持有人一定会执行期权

C. 如果到期日前的股价为53元，该期权处于实值状态，期权持有人可能会执行期权

D. 如果到期日的股价为53元，期权持有人会执行期权

10. 甲公司股票当前市价为20元，有一种以该股票为标的资产的6个月到期的看涨期权，执行价格为25元，期权价格为4元，则（　　）。

A. 该看涨期权的内在价值是0

B. 该期权是虚值期权

C. 该期权的时间溢价为9

D. 该看涨期权的内在价值是－5

11. 下列有关风险中性原理的说法正确的有（　　）。

A. 假设投资者对待风险的态度是中性的，所有证券的预期收益率都应当是无风险利率

B. 风险中性的投资者不需要额外的收益补偿其承担的风险

C. 在风险中性的世界里，将期望值用无风险利率折现，可以获得现金流量的现值

D. 假设股票不派发红利，期望报酬率＝上行概率×股价上升百分比＋下行概率×股价下降百分比

12. 利用布莱克—斯科尔斯定价模型计算期权价值时，影响期权价值的因素有（　　）。

A. 股票回报率的方差

B. 期权的执行价格

C. 标准正态分布中离差小于 d 的概率

D. 期权到期日前的时间

13. 根据看涨期权—看跌期权平价定理，下列公式正确的有（　　）。

A. 标的资产价格＝看涨期权价格－看跌期权价格＋执行价格现值

B. 看涨期权价格－看跌期权价格＝标的资产价格－执行价格现值

C. 看涨期权价格－看跌期权价格＝标的资产价格－执行价格

D. 看涨期权价格＋看跌期权价格＝标的资产价格＋执行价格现值

14. 对于购买1份股票，同时购买该股票1份看跌期权组成的保护性看跌期权（执行价格为购买股票时股价），下列说法中正确的有（　　）。

A. 组合最大净损失为期权价格

B. 组合最大净收益为期权价格

C. 股价大于执行价格组合净收益小于股票净收益

D. 股价大于执行价格组合净收益大于股票净收益

三、计算分析题

1. 假设ABC公司股票目前的市场价格为24元，而在一年后的价格可能是35元和16元两种情况。再假定存在一份100股该种股

票的看涨期权，期限是一年，执行价格为 30 元。投资者可以按 10% 的无风险利率借款。购进上述股票且按无风险利率 10% 借入资金，同时售出一份 100 股该股票的看涨期权。

要求：

（1）根据单期的二叉树模型，计算购买股票的数量、按无风险利率借入资金的数额以及一份该股票的看涨期权的价值。

（2）根据风险中性定理，计算一份该股票的看涨期权的价值。

（3）若目前一份 100 股该股票看涨期权的市场价格为 306 元，按上述组合投资者能否获利。

2. A 公司的普通股最近一个月来交易价格变动很小，投资者确信三个月后其价格将会有很大变化，但是不知道它是上涨还是下跌。股票现价为每股 120 元，执行价格为 120 元的三个月看涨期权售价为 15 元（预期股票不支付红利）。

（1）如果无风险有效年利率为 10%，执行价格 120 元的三个月的 A 公司股票的看跌期权售价是多少（精确到 0.0001 元）？

（2）投资者对该股票价格未来走势的预期，会构建一个什么样的简单期权策略？价格需要变动多少（考虑时间价值，精确到 0.01 元），投资者的最初投资才能获利？

3. F 股票的当前市价为 50 元，市场上有以该股票为标的物的期权交易，有关资料如下：

（1）F 股票的到期时间为半年的看跌期权，执行价格为 52 元，期权价格 5 元。

（2）F 股票半年后市价的预测情况如下：

股价变动幅度	-50%	-20%	20%	50%
概率	0.2	0.3	0.3	0.2

投资者甲以当前市价购入 1 股 F 股票，同时购入 F 股票的 1 股看跌期权。

要求：（1）判断甲采取的是哪种投资策略；（2）计算该投资组合的预期收益。

4. 2019 年 8 月 15 日，甲公司股票价格为每股 20 元，以甲公司股票为标的的代号为甲 20 的看涨期权的收盘价格为每股 1.5 元，甲 20 表示此项看涨期权的行权价格为每股 20 元。截至 2019 年 8 月 15 日，看涨期权还有 3 个月到期。甲公司股票回报率的标准差为 0.4，资本市场的无风险利率为年利率 12%。

要求：

（1）使用布莱克—斯科尔斯模型计算该项期权的价值（d_1 和 d_2 的计算结果取两位小数，其他结果取四位小数）。

正态分布下的累积概率 [$N(d)$]

（即变量取值小于其均值与 d 个标准差之和的概率）

$X/0$	0.00	0.01	0.02	0.03	0.04	0.05	0.06	0.07	0.08	0.09
0.0	0.5000	0.5040	0.5080	0.5120	0.5160	0.5199	0.5239	0.5279	0.5319	0.5359
0.1	0.5398	0.5438	0.5478	0.5517	0.5557	0.5596	0.5636	0.5675	0.5714	0.5753
0.2	0.5793	0.5832	0.5871	0.5910	0.5948	0.5987	0.6026	0.6064	0.6103	0.6141

（2）如果你是一位投资经理并相信布莱克—斯科尔斯模型计算出的期权价值的可靠性，简要说明如何作出投资决策。

5. 假设 A 公司的股票现在的市价为 30 元。有 1 份以该股票为标的资产的看涨期权，执行价格为 30 元，到期时间是 1 年。根据股票过去的历史数据所测算的连续复利报酬率的标准差为 0.5185，无风险利率为每年 4%，拟利用两期二叉树模型确定看涨期权的价格。

要求：

（1）若保证年报酬率的标准差不变，股价的上行乘数和下行乘数为多少？

（2）建立两期股价二叉树与两期期权二叉树表；

（3）利用两期二叉树模型确定看涨期权的价格。

股价二叉树

时间（年）			
股价二叉树			

期权二叉树

时间（年）			
期权二叉树			

答案及解析

一、单项选择题

1. 【答案】C

【解析】对于欧式期权来说，较长的时间不一定能增加期权价值。

2. 【答案】B

【解析】执行价格的现值 = 标的资产价格 + 看跌期权价格 - 看涨期权价格 = 70 + 6 - 14.8 = 61.2（元）。半年复利率 = $\sqrt{1+8\%}$ - 1 = 3.92%，执行价格 = 61.2 ×（1 + 3.92%）= 63.60（元）。

3. 【答案】D

【解析】股价下跌，抛补期权组合净损失比单纯购买股票要小，减少的数额相当于期权价格。

4. 【答案】D

【解析】股票的价格线是期权价值的上限，因此期权价值不可能超过股票价格。

5. 【答案】C

【解析】对于多头对敲组合策略而言，当股价等于执行价格时，净收入最低（等于0）、净损益最低（等于“ - 期权购买成本”）。

6. 【答案】A

【解析】保护性看跌期权，指的是股票加看跌期权组合，如果股票市价大幅下跌可以将损失锁定在某一水平上。

7. 【答案】C

【解析】在期权估值过程中，价格的变动性是最重要的因素。如果一种股票的价格变动性很小，其期权也值不了多少钱。

8. 【答案】A

【解析】对于看跌期权来说，资产现行市价低于执行价格时，称期权处于“实值状态”（或溢价状态）或称此时的期权为“实值期权”（溢价期权）。

9. 【答案】C

【解析】期权价值 = 内在价值 + 时间溢价，由此可知，时间溢价 = 期权价值 - 内在价值 = 5 - 4 = 1 元。

10. 【答案】B

【解析】由“看涨期权价格 - 看跌期权价格 = 标的资产的价格 - 执行价格的现值”有：

看涨期权价格 = 18 - 19/(1 + 6%) + 0.5 = 0.58。

11. 【答案】D

【解析】期权到期时双方不一定进行标的物的实物交割，而只需按价差补足价款即可。期权持有人没有选举公司董事、决定公司重大事项的投票权，也不能获得该公司的股利；期权合约不同于远期合约和期货合约，在远期和期货合约中，双方的权利和义务是对等的，双方互相承担责任，各自具有要求对方履约的权益。当然，与此相适应，投资人签订远期或期货合约时不需要向对方支付任何费用，而投资人购买期权合约必须支付期权费，作为不承担义务的代价。

12. 【答案】B

【解析】如果到期日的股价为60元，期权到期日价值 = 60 - 50 = 10元，投资人的净损益 = 10 - 5 = 5元，所以选项A正确；如果到期日前的股价为53元，该期权处于实值状态，期权处于虚值状态或平价状态时不会被执行，只有处于实值状态才有可能被执行，但也不一定会被执行。所以选项B不正确，选项C正确；如果到期日的股价为53元，期权到期日价值 = 53 - 50 = 3元，投资人的净损益 = 3 - 5 = -2元，由于期权在到期日后会自动作废，因此期权持有人必须执行期权，否则会损失5元的。所以选项D正确。

13. 【答案】B

【解析】购进股票的到期日净损益 = 15 - 20 = -5（元），购进看跌期权到期日净损益 =（30 - 15）- 2 = 13（元），购进看涨期权到期日净损益 = -2（元），购进股票、购进看跌期权与购进看涨期权组合的到期净损益 = -5 + 13 - 2 = 6（元）。

14.【答案】A

【解析】在除息日后，红利的发放引起股票价格降低，看涨期权价格降低。与此相反，股票价格的下降会引起看跌期权价格上升。因此，看跌期权价值与预期红利大小呈正向变动，而看涨期权与预期红利大小呈反向变动。

15.【答案】C

【解析】空头对敲策略下，如果股价上涨时的净损益 = -（股票价格 - 执行价格 50）+9 >0，如果股价下跌时的净损益 = -（执行价格 50 - 股票价格）+9 >0，解得选项 C。

16.【答案】C

【解析】由于 1 年后该股票的价格高于执行价格，看跌期权购买者会放弃行权，因此，看跌期权出售者的净损益就是他所收取的期权费 5 元。或者：

空头看跌期权到期日价值 = - max（执行价格 - 股票市价，0）=0

空头看跌期权净损益 = 空头看跌期权到期日价值 + 期权价格 =0 +5 =5（元）。

17.【答案】C

【解析】期权价格如果等于股票价格，无论未来股价高低（只要它不为零），购买股票总比购买期权有利。在这种情况下，投资人必定抛出期权，购入股票，迫使期权价格下降。所以，看涨期权的价值上限不会超过股价。

二、多项选择题

1.【答案】AC

【解析】如果看涨期权在将来某一时间执行，其收入为股票市价与执行价格的差额。如果其他因素不变，股票市价上升，看涨期权的价值也上升；执行价格上升，看涨期权价值下降。因此，选项 A 正确，选项 B 错误。对于看涨期权持有者来说，股价上升可以获利，股价下降时最大损失以期权费为限，两者不会抵消，因此，股价的波动率增加会使看涨期权的价值增加，选项 C 正确。在除息日之后，红利的发放引起股票价格降低，看涨期权价格降低，因此，选项 D 错误。

2.【答案】AC

【解析】假设影响期权价值的其他因素不变，则股票价格与看跌期权（包括欧式和美式）的价值反向变化。

3.【答案】ABC

【解析】由于：空头看跌期权净损益 = 空头看跌期权到期日价值 + 期权价格，因此，选项 D 错误。

4.【答案】AC

【解析】执行价格小于股票市价时，不执行看跌期权，多头最大净损失为期权价格。当股票市价为 0 时，多头到期日价值为执行价格，多头净收益最大，此时，净收益为执行价格与期权价格的差额。

5.【答案】ABC

【解析】期权价值的时间溢价是一种等待的价值，如果期权已经到期，因为不能再等待了，所以，时间溢价为 0，选项 A 的结论正确；内在价值的大小，取决于期权标的资产的现行市价与期权执行价格的高低，期权的到期日价值取决于“到期日”标的股票市价与执行价格的高低，因此，如果期权已经到期，内在价值与到期日价值相同，选项 B 的结论正确；由于期权价值等于内在价值加时间溢价，所以到期时，期权价值等于内在价值，因此选项 C 正确，选项 D 错误。

6.【答案】AC

【解析】布莱克—斯科尔斯模型中的参数——无风险利率，可以选用与期权到期日相同的国库券利率，这里所说的国库券利率是指其市场利率，而不是票面利率。市场利率是根据市场价格计算的到期收益率，并且，模型中的无风险利率是指按连续复利计算的利率，而不是常见的按年复利的利率。

7.【答案】AC

【解析】如果标的股票价格上涨，多头的价值为正值，空头的价值为负值，金额的绝对值相同；如果标的股票价格下跌，期权被放弃，双方的价值均为零。

8.【答案】AD

【解析】如果其他因素不变，当股票价格上升时，看跌期权的价值下降。看跌期权的执行价格越高，其价值越大。

9.【答案】BC

【解析】如果到期日的股价为 60 元，期权到期日价值 =60 - 50 =10 元，投资人的净损益 =10 - 5 =5 元，所以选项 A 正确；如果到期日前的股价为 53 元，该期权处于实值状态，但由于此期权为欧式期权，只有在到期日才能执行期权期权。所以选项 B、C 不正确；如果到期日的股价为 53 元，期权到期日价值 = 53 - 50 = 3 元，投资人的净损益 = 3 - 5 = -2 元，由于期权在到期日后会自动作废，因此期权持有人必须执行期权，否则会损失 5 元的。所以选项 D 正确。

10. 【答案】AB

【解析】对于看涨期权，如果标的资产的现行市价低于执行价格时，立即执行不会给持有人带来净收入，持有人也不会去执行期权，属于虚值期权，此时看涨期权的内在价值为 0。时间溢价 = 期权价值 - 内在价值 = 4 - 0 = 4。

11. 【答案】ABC

【解析】假设股票不派发红利，期望报酬率 = 上行概率 × 股价上升百分比 + 下行概率 ×（- 股价下降百分比）。

12. 【答案】ABCD

【解析】根据布莱克—斯科尔斯期权定价模型的三个公式可知，影响期权价值的因素有：标的股票的当前价格；标准正态分布中离差小于 d 的概率；期权的执行价格；无风险利率；期权到期日前的时间（年）；股票回报率的方差。

13. 【答案】AB

【解析】根据看涨期权—看跌期权平价定理"看涨期权价格 - 看跌期权价格 = 标的资产价格 - 执行价格的现值"可知，选项 A、B 正确。

14. 【答案】AC

【解析】组合最大净损失为期权价格，最大净收益可以无限大；股价大于执行价格，期权价值为零，组合净收益小于股票净收益。

三、计算分析题

1. 【答案及解析】

（1）根据单期的二叉树模型：

购买股票数量 $H = \frac{C_u - C_d}{S_u - S_d} = \frac{(35-30)\times 100 - 0}{35-16} = 26.32$（股）

借入资金数额 $Y = \frac{H \times S_d}{(1+r)} = \frac{26.32 \times 16}{1+10\%} = 382.84$（元）

一份该股票的看涨期权的价值 = 购买股票支出 - 借款 = $H \times S_0 - Y$ = 26.32 × 24 - 382.84 = 248.84（元）。

（2）根据风险中性概率公式：

期望报酬率 = 上行概率 × 股价上升百分比 + 下行概率 ×（- 股价下降百分比）

= 上行概率 × 股价上升百分比 +（1 - 上行概率）×（- 股价下降百分比）

股价上升百分比 =（35 - 24）/24 = 45.83%，股价下降百分比 =（16 - 24）/24 = -33.33%

假设上行概率为 W，则：

$r = W \times 45.83\% + (1-W) \times (-33.33\%)$

即：$10\% = W \times 45.83\% + (1-W) \times (-33.33\%)$

求得：$W = 54.74\%$

期权一年后的期望价值 = 54.74% × 500 +（1 - 54.74%）× 0 = 273.7（元）

期权的现值 = 273.7/（1 + 10%）= 248.82（元）。

（3）由于目前一份 100 股该股票看涨期权的市场价格为 306 元，高于期权的价值 248.82 元，所以，该组合可以盈利。

2. 【答案及解析】

（1）根据看涨—看跌期权平价关系：

看跌期权价格 = 看涨期权价格 - 股票现价 + 执行价格/$(1+r)^t$

$= 15 - 120 + 120/(1+10\%)^{3/12}$

= -105 + 117.19

= 12.19（元）。

（2）购买一对敲组合，即 1 股看跌期权和 1 股看涨期权

总成本 = 15 + 12.19 = 27.19（元）

股票价格移动 = 27.19 × $(1+10\%)^{3/12}$ = 27.84（元）。

3. 【答案及解析】

（1）甲采取的是保护性看跌期权。

（2）投资组合预期收益计算如下：

股价变动幅度	-50%	-20%	20%	50%
概率	0.2	0.3	0.3	0.2

续表

股票净收入	50×(1-50%)=25	50×(1-20%)=40	50×(1+20%)=60	50×(1+50%)=75
期权净收入	52-25=27	52-40=12	0	0
组合净收入	52	52	60	75
初始股票买价	50	50	50	50
期权购买价格	5	5	5	5
组合净损益	-3	-3	5	20

组合预期收益 =(-3)×0.2+(-3)×0.3+5×0.3+20×0.2=4（元）。

4.【答案及解析】

(1)

$$d_1=\frac{\ln(20/20)+[0.12+(0.16/2)]\times(0.25)}{0.4\times\sqrt{0.25}}$$

$$=\frac{0+0.05}{0.2}$$

$$=0.25$$

$d_2=0.25-0.4\times\sqrt{0.25}=0.25-0.2=0.05$

查附表六可以得出：（参见题目中表）

$N(d_1)=N(0.25)=0.5987$

$N(d_2)=N(0.05)=0.5199$

$C_0=20\times0.5987-20\times0.9704\times0.5199$

$=11.97-20\times0.9704\times0.5199$

$=11.97-10.09$

$=1.88$（元）。

(2) 由于看涨期权的价格为1.5元，价值为1.88元，即价格低于价值，所以投资经理应该投资该期权。

5.【答案及解析】

(1) 上行乘数 $u=e^{\sigma\sqrt{t}}=e^{0.5185\sqrt{0.5}}=e^{0.3666}=1.4428$

下行乘数 $d=1\div1.4428=0.6931$。

(2)(3)

股价二叉树

时间	0	0.5	1
股价二叉树	30.00	43.28	62.45
		20.79	30.00
			14.41

期权二叉树

时间	0	0.5	1
期权二叉树	5.93	13.87	32.45
		0	0
			0

$C_{uu}=62.45-30=32.45$（元）

解法1：

上行概率 =(1+无风险期利率 $-d$)/(上行乘数 - 下行乘数)=(1+2% -0.6931)/(1.4428-0.6931)=0.4360

解法2：

2% = 上行概率 ×44.28% +(1 - 上行概率)×(-30.69%)

上行概率 =0.4360

下行概率 =1-0.4360=0.5640

C_u =(上行概率×上行期权价值+下行概率×下行期权价值)÷(1+持有期无风险利率)=(0.4360×32.45+0.5640×0)/(1+2%)=13.87(元)

C_d =(上行概率×上行期权价值+下行概率×下行期权价值)÷(1+持有期无风险利率)=0

期权价格 C_0 =(0.4360×13.87+0.5640×0)/(1+2%)=5.93(元)。

第八章　企业价值评估

本章考情分析

本章是较重点章，主要讲述了企业价值评估的基本原理和基本方法。价值管理既是财务管理的核心问题，也是财务管理的重要工具之一，其内容是财务估值内容的综合运用和进一步深化。

本章题型客观题、计算分析题和综合题都有可能出题，近 3 年平均分值为 5 分左右。本章内容较复杂，主要考查考生运用折现现金流量法和相对价值法对企业价值进行评估。

由于本章内容考生对其较陌生，而且计算数据繁杂且工作量大，难度高，对考生要求较高所以考生要反复理解本章知识要领。

本章教材变化

本章对相关模型进行了完善，没有实质性变动。

本章思维导图

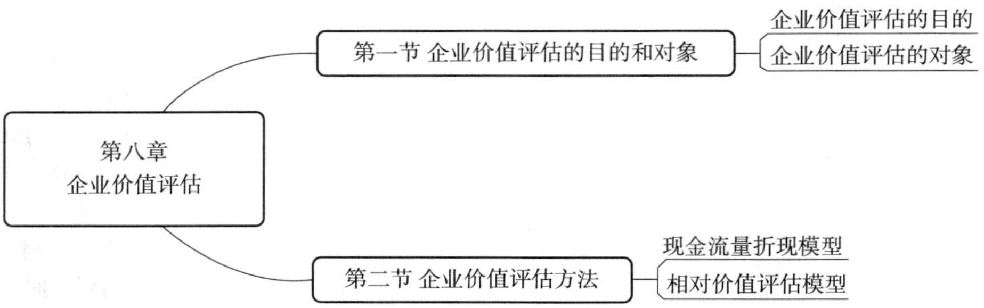

考点精讲及典型例题解析

第一节　企业价值评估的目的和对象

一、企业价值评估的目的（能力等级 1）

要点	说明
1. 含义	企业价值评估简称企业估值，目的是分析和衡量一个企业或一个经营单位的公平市场价值，并提供有关信息以帮助投资人和管理当局改善决策

续表

要点	说明
2. 目的	（1）价值评估可以用于投资分析。 （2）价值评估可以用于战略分析。 （3）价值评估可以用于以价值为基础的管理

二、企业价值评估的对象（能力等级 2）

（一）企业的整体价值

要点	说明
整体不是各部分的简单相加	企业整体能够具有价值，在于它可以为投资人带来现金流量。这些现金流量是所有资产联合起来运用的结果，而不是资产分别出售获得的现金流量

续表

要点	说明
整体价值来源于要素的结合方式	企业资源的重组即改变各要素之间的结合方式，可以改变企业的功能和效率
部分只有在整体中才能体现出其价值	一个部门被剥离出来，其功能会有别于它原来作为企业一部分时的功能和价值，剥离后的企业也会不同于原来的企业

【提示】企业价值评估的一般对象是企业整体的经济价值。企业整体的经济价值，是指企业作为一个整体的公平市场价值。一般情况下，公平市场价值就是未来现金流量的现值。

（二）企业的经济价值

对象	比较
（1）区分会计价值与现时市场价值	①会计价值是指资产、负债和所有者权益的账面价值。会计价值与市场价值是两回事。会计报表以交易价格为基础。会计报表数据的真正缺点，主要不是没有采纳现实价格，而在于没有关注未来。历史成本计价受到很多批评。 ②经济价值指的是未来现金流量的现值。 【提示】除非特别指明，企业价值评估的“价值”是指未来现金流量的现值
（2）区分现时市场价值与公平市场价值	①所谓“公平的市场价值”是指在公平的交易中，熟悉情况的双方，自愿进行资产交换或债务清偿的金额。 ②现时市场价值是指按现行市场价格计量的资产价值，它有可能是公平的，也有可能不公平。而经济价值是公平的市场价值

（三）企业整体经济价值的类别

类别	比较
（1）实体价值与股权价值	企业的资产价值与股权价值是不同的，企业实体价值 = 股权价值 + 净债务价值 【提示】股权价值在这里不是所有者权益的会计价值（账面价值），而是股权的公平市场价值。净债务价值也不是它们的会计价值（账面价值），而是债务的公平市场价值

续表

类别	比较
（2）持续经营价值与清算价值	（1）企业能够给所有者提供价值的方式有两种：一种是由营业所产生的未来现金流量的现值，称之为持续经营价值（简称续营价值）；另一种是停止经营，出售资产产生的现金流，称之为清算价值。 （2）一个企业的公平市场价值，应当是持续经营价值与清算价值较高的一个。 【提示】一个企业持续经营的基本条件，是其持续经营价值超过清算价值；一个企业的持续经营价值已经低于其清算价值，本应当进行清算。如控制企业的人拒绝清算，就摧毁了股东本来可以通过清算中得到的价值
（3）少数股权价值与控股权价值	企业的所有权和控制权是两个极为不同的概念。买入企业的少数股权和买入企业的控股权，是完全不同的两回事。 从少数股权投资者来看，V（当前）是企业股票的公平市场价值。它是现有管理和战略条件下企业能够给股票投资人带来的现金流量现值。对于谋求控股权的投资者来说，V（新的）是企业股票的公平市场价值。它是企业进行重组，改进管理和经营战略后可以为投资人带来的未来现金流量的现值。 新的价值与当前价值的差额称为控股权溢价，它是由于转变控股权而增加的价值。即：控股权溢价 = V(新的) - V(当前)

【例 8-1】（2019 年多选题）甲公司 2019 年 6 月 30 日资产负债表显示，总资产 10 亿元，所有者权益 6 亿元，总股数 1 亿股，当日甲公司股票收盘价为每股 25 元，下列关于当日甲公司股权价值的说法中，正确的有（　　）。

A. 清算价值是 6 亿元

B. 会计价值是 6 亿元

C. 持续经营价值是 10 亿元

D. 现时市场价值是 25 亿元

【答案】BD

【解析】资产负债表显示的所有者权益 6 亿元是会计价值，选项 B 正确。现时市场价值 = 1 × 25 = 25（亿元）。

【例 8-2】（2017 年多选题）下列关于企业公平市场价值的说法中，正确的有（　　）。

A. 企业公平市场价值是企业控股权价值

B. 企业公平市场价值是企业未来现金流

入的现值

C. 企业公平市场价值是企业持续经营价值

D. 企业公平市场价值是企业各部分构成的有机整体的价值

【答案】BD

【解析】选项A、B，从少数股权投资者来看，V（当前）是企业股票的公平市场价值。它是现有管理和战略条件下企业能够给股票投资人带来的现金流量现值。对于谋求控股权的投资者来说，V（新的）是企业股票的公平市场价值。它是企业进行重组，改进管理和经营战略后可以为投资人带来的未来现金流量的现值；选项C，一个企业的公平市场价值，应当是其持续经营价值与清算价值中较高的一个；选项D，企业公平市场价值是企业各部分构成的有机整体的价值。

第二节 企业价值评估方法

企业价值评估是现代市场经济的产物，是对评估基准日特定目的下的企业价值进行评定估算，实际上是一种模拟市场判断企业价值的过程。企业价值评估方法是实现评定估算企业价值的技术手段，是在工程技术、统计、会计等学科的基础上，结合自身特点形成的一整套方法体系。

一、现金流量折现模型（能力等级3）

企业价值评估与项目价值评估的比较：

要点		寿命不同	现金流量分布不同	现金流量归属不同
区别	项目价值评估	投资项目的寿命是有限的	稳定的或下降的现金流	属于投资人
	企业价值评估	企业的寿命是无限的	增长的现金流	由管理层决定
联系		（1）都可以给投资主体带来现金流量； （2）现金流都具有不确定性，其价值计量都使用风险概念； （3）现金流都是陆续产生的，其价值计量都使用现值概念		

（一）现金流量折现模型的参数和种类

1. 现金流量折现模型的参数

要点	说明
基本模型	$价值=\sum_{t=1}^{n}\frac{现金流量_t}{(1+资本成本)^t}$ 【提示】现金流量折现模型有三个参数：现金流量、资本成本、时间序列（n）。 现金流量：对于投资者来说，企业现金流量有三种，即股利现金流量、股权现金流量和实体现金流量。公式中的“现金流量t”是指各期的预期现金流量。 资本成本：计算现值使用的折现率。折现率和现金流量要相互匹配。 股权现金流量：股权资本成本；实体现金流量：加权平均资本成本。 时间序列（n）：产生现金流量的时间，通常用年数来表示
现金流量的确定	（1）预测方法：单项预测、全面预测。 单项预测的主要缺点是容易忽视财务数据之间的联系，不利于发现预测假设的不合理之处。 全面预测是指编制成套的预计财务报表，通过预计财务报表获取需要的预测数据。由于计算机的普遍应用，人们越来越多的使用全面预测。 （2）预测步骤： ①预测营业收入； ②确定预测期间； 【提示】确定基期数据（实际或修正）和详细预测期间（5～7年，不超过10年）和后续期的划分。 ③估计详细预测期现金流量； ④估计后续期现金流量增长率。 以历史为基础，结合未来变化（宏观经济、行业状况、企业经营战略）进行修正
资本成本的确定	股权现金流量：股权资本成本；实体现金流量：加权平均资本成本

续表

要点	说明
预测期间的确定	(1) 预测期间的划分： ①预测的基期（考试通常为已知数） ②详细预测期和后续期的划分 “详细预测期”，或称“预测期”：在此期间，需要对每年的现金流量进行详细预测，并根据现金流量折现模型计算其预测期价值； “后续期”，或称为“永续期”：在此期间，假设企业进入稳定状态，有一个稳定的增长率，可以用简便的方法直接估计后续期价值。 即：企业价值 = 预测期价值 + 后续期价值 其中：后续期价值 = 现金流量$_{t+1}$ ÷（资本成本 − 后续期现金流量永续增长率）×（P/F，i，t）

2. 现金流量折现模型的种类

种类	计算公式	现金流量
股利现金流量模型	股权价值 = $\sum_{t=1}^{\infty}\frac{股利现金流量_t}{(1+股权资本成本)^t}$	股利现金流量：是企业分配给股权投资人的现金流量
股权现金流量模型	股权价值 = $\sum_{t=1}^{\infty}\frac{股权现金流量}{(1+股权资本成本)^t}$	股权现金流量：是一定期间企业可以提供给股权投资人的现金流量。如果把股权现金流量全部作为股利分配，股利现金流量模型和股权现金流量模型相同
实体现金流量模型	实体价值 = $\sum_{t=1}^{\infty}\frac{实体现金流量}{(1+加权平均资本成本)^t}$ 股权价值 = 实体价值 − 净债务价值 净债务价值 = $\sum_{t=1}^{\infty}\frac{偿还债务现金流量_t}{(1+等风险债务成本)^t}$ 【提示】为简化起见，净债务价值也可以按照账面价值确定（取决于题目要求）	实体现金流量：是企业全部现金流入扣除成本费用和必要的投资后的剩余部分，它是企业一定期间可以提供给所有投资人的税后现金流量

【例 8－3】（多选题）以下关于企业价值评估现金流量折现法的表述中，错误的有（　　）。

A. 预测基数应为上一年的实际数据，不能对其进行调整

B. 预测期是指企业增长的不稳定时期，通常在 5 至 7 年之间

C. 实体现金流量应该等于融资现金流量

D. 后续期的现金流量增长率越高，企业价值越大

【答案】AD

【解析】本题的主要考核点是关于企业价值评估现金流量折现法的有关内容。在企业价值评估的现金流量折现法下，预测的基数有两种确定方式：一种是上年的实际数据，另一种是修正后的上年数据，即可以对上年的实际数据进行调整。预测期是指企业增长的不稳定时期，通常在 5 至 7 年之间，实体现金流量（从企业角度考察）应该等于融资现金流量（从投资人角度考察）。有些时候后续期的现金流量增长率的高低对企业价值的影响很小。

【例 8－4】（单选题）在实体现金流量折现模型中，所采用的折现率是（　　）。

A. 权益资本成本

B. 边际资本成本

C. 加权平均资本成本

D. 债务资本成本

【答案】C

【解析】实体现金流量没有扣除利息，属于股东和债权人的现金流量，应采用加权平均资本成本折现。

【例 8－5】（单选题）股权现金流量是指一定期间可以供给股权投资人的现金流量总计（　　）。

A. 企业在生产经营中获得的现金流量，扣除各种费用、必要的投资支出、并偿还债务本息后剩余的部分，才能提供给股权投

资人

B. 股权现金流量是扣除了各种费用、必要的投资支出后的剩余部分，因此也称“剩余权益现金流量”

C. 股权现金流量是可以由企业决定分配筹资费用的现金，因此又称股权现金流量

D. 加权平均资本成本是与股权现金流量相匹配的等风险投资的机会成本

【答案】A

【解析】股权现金流量是扣除了各种费用、必要的投资支出、并偿还债务本息后的剩余部分，由于选项B没有扣除债务本息，所以不对；股权现金流量是可以由企业自由决定分配股利的现金，所以选项C不对；加权平均资本成本是与企业实体流量相匹配的等风险投资的机会成本，股权资本成本才是与股权现金流量相匹配的等风险投资的机会成本，所以选项D不对。

（二）现金流量折现模型参数的估计

1. 实体现金流量

（1）基本公式：

税后经营净利润

+折旧与摊销

=营业现金（毛）流量

-经营营运资本净增加

=营业现金净流量

-净经营长期资产增加 ｝资本支出

-折旧与摊销 ｝

=实体现金流量

（2）其他公式：

实体现金流量=税后经营净利润-净经营资产增加额

2. 融资现金流量

融资现金流量=实体现金流量=税后经营净利润-净经营资产增加额

=（税后利息费用+净利润）-（净负债增加额+股东权益增加额）

=（税后利息费用-净负债增加额）+（净利润-股东权益增加额）

=债务现金流量+股权现金流量

即：

债务现金流量=税后利息费用-净负债增加额

股权现金流量=净利润-股东权益增加额

=实体现金流量-债务现金流量

=实体现金流量-税后利息费用+净负债增加额

【例8-6】（2014年多选题）下列关于实体现金流量计算的公式中，正确的有（　　）。

A. 实体现金流量=税后经营净利润-净经营资产净投资

B. 实体现金流量=税后经营净利润-经营性营运资本增加-资本支出

C. 实体现金流量=税后经营净利润-经营性资产增加-经营性负债增加

D. 实体现金流量=税后经营净利润-经营性营运资本增加-净经营性长期资产增加

【答案】AD

【解析】实体现金流量=税后经营净利润+折旧与摊销-经营营运资本增加-资本支出

=税后经营净利润+折旧与摊销-经营营运资本增加-净经营长期资产增加-折旧与摊销

=税后经营净利润-经营营运资本增加-净经营长期资产增加

=税后经营净利润-净经营资产净投资（净经营资产增加）

根据以上等式可知，选项A、D正确，选项B需要加上折旧与摊销；选项C应改为税后经营净利润-经营性资产增加+经营性负债增加。

【例8-7】（2018年多选题）下列关于实体现金流量的说法中，正确的有（　　）。

A. 实体现金流量是可以提供给债权人和股东的税后现金流量

B. 实体现金流量是企业经营现金流量

C. 实体现金流量是税后经营净利润扣除净经营资产增加后的剩余部分

D. 实体现金流量是营业现金净流量扣除资本支出后的剩余部分

【答案】ABCD

【解析】实体现金流量是企业全部现金流入扣除成本费用和必要的投资后的剩余部分，它是企业一定期间可以提供给所有投资人（包括股权投资人和债权投资人）的税后现金流量。选项A正确。经营现金流量，代表了企业经营活动的全部成果，是“企业生产的现金”，因此又称为实体经营现金流量，简称实体现金流量。选项B正确。实体现金流量

=税后经营净利润-净经营资产增加=营业现金毛流量-经营营运资本增加-资本支出=营业现金净流量-资本支出，选项C、D正确。

【例8-8】（2019年计算分析题）甲公司是一家投资公司，拟于2020年初对乙公司增资3 000万元，获得一公司30%的股权。由于乙公司股权比较分散，甲公司可以获得控股权。为分析增资方案可行性，手机相关资料如下：

（1）乙公司是一家家电制造企业，增资圈处于稳定增长状态，增长率7%。2019年净利润350万元，当年取得的利润在当年分配，股利支付率90%。2019年末（当年利润分配后）净经营资产2 140万元，净负债1 605万元。

（2）增资后，甲公司拟通过改进乙公司管理和经营战略，增加乙公司收入和利润。预计乙公司2020年营业收入8 000万元，2021年营业收入比2020年增长12%，2022年进入稳定增长状态，增长率8%。

（3）在增资后，预计乙公司相关财务比率保持稳定，具体如下：

营业成本/营业收入	60%
销售和管理费用/营业收入	20%
净经营资产/营业收入	70%
净负债/营业收入	30%
债务利息率	8%
企业所得税税率	25%

（4）乙公司股票等风险投资必要报酬率增资前11%，增资后10.5%。

（5）假设各年现金流量均发生在年末。

要求：

（1）如果不增资，采用股利现金流量折现模型，估计2020年初乙公司股权价值。

（2）如果增资，采用股权现金流量折现模型，估计2020年初乙公司股权价值（计算过程和结果填入下方表格中）。

单位：万元

	2020年	2021年	2022年
股权现金流量			
乙公司股权价值			

（3）计算该增资为乙公司原股东和甲公司分别带来的净现值。

（4）判断甲公司增资是否可行，并简要集会所名理由。

【答案】

（1）2020年初乙公司股权价值=350×90%×（1+7%）/（11%-7%）=8 426.25（万元）。

（2）

	2020年	2021年	2022年
营业收入	8 000	8 000×（1+12%）=8 960	8 960×（1+8%）=9 676.8
净经营资产	8 000×70%=5 600	=5 600×1.12=6 272	6 272×1.08=6 773.76
净负债	8 000×30%=2 400	240 081.12=2 688	2 688×1.08=2 903.04
股东权益	5 600-2 400=3 200	6 272-2 688=3 584	6 773.76-2 903.04=3 870.72
税后经营净利润	8 000×（1-60%-20%）×（1-25%）=1 200	1 200×（1+12%）=1 344	1 344×（1+8%）=1 451.52
税后利息	2 400×8%×（1-25%）=144	2 688×8%×（1-25%）=161.28	2 903.04×8%×（1-25%）=174.18
净利润	1 056	1 182.72	1 277.34
股东权益增加	3 200-（2 140-1 605）=2 665	3 584-3 200=384	3 870.72-3 584=286.72

续表

	2020 年	2021 年	2022 年
股权现金流量	-1 609	798.72	990.62
折现系数	$1/(1+10.5\%)=0.9050$	$1/(1+10.5\%)^2=0.8190$	$1/(1+10.5\%)^3=0.7412$
预测期股权现金流量现值	-1 456.15	654.15	734.25
后续期价值	31 719.49		42 794.78
乙公司股权价值	= -1 456.15 + 654.15 + 734.25 + 31 719.49 = 31 651.74		

（3）该增资为乙公司原股东带来的净现值 = 31 651.74 × 70% + 3 000 - 8 426.25 = 16 729.97 万元。

（4）该增资为甲公司带来的净现值大于0，甲公司增资是可行的。

【例 8-9】（2017 年计算分析题）甲公司是一家新型建筑材料生产企业，为做好 2017 年财务计划，拟进行财务报表分析和预测。相关资料如下：

（1）甲公司 2016 年主要财务数据：

单位：万元

资产负债表项目	2016 年末
货币资金	600
应收票据及应收账款	1 600
存货	1 500
固定资产	8 300
资产总计	12 000
应付票据及应付账款	1 000
其他流动负债	2 000
长期借款	3 000
股东权益	6 000
负债及股东权益总计	12 000
利润表项目	2016 年度
营业收入	16 000
减：营业成本	10 000
税金及附加	560
销售费用	1 000
管理费用	2 000
财务费用	240
利润总额	2 200
减：所得税费用	550
净利润	1 650

（2）公司没有优先股且没有外部股权融资计划，股东权益变动均来自留存收益。公司采用固定股利支付率政策，股利支付率 60%。

（3）销售部门预测 2017 年公司营业收入增长率 10%。

（4）甲公司的企业所得税税率 25%。

要求：

（1）假设 2017 年甲公司除长期借款外所有资产和负债与营业收入保持 2016 年的百分比关系，所有成本费用与营业收入的占比关系维持 2016 年水平，用销售百分比法初步测算公司 2017 年融资总需求和外部融资需求。

（2）假设 2017 年甲公司除货币资金、长期借款外所有资产和负债与营业收入保持 2016 年的百分比关系，除财务费用和所得税费用外所有成本费用与营业收入的占比关系维持 2016 年水平，2017 年新增财务费用按新增长期借款期初借入计算，所得税费用按当年利润总额计算。为满足资金需求，甲公司根据要求（1）的初步测算结果，以百万元为单位向银行申请贷款，贷款利率 8%，贷款金额超出融资需求的部分计入货币资金。预测公司 2017 年末资产负债表和 2017 年度利润表（结果填入下方表格中，不用列出计算过程）。

财务报表 单位：万元

资产负债表项目	2017 年末
货币资金	
应收票据及应收账款	
存货	
固定资产	
资产总计	
应付票据及应付账款	

续表

资产负债表项目	2017 年末
其他流动负债	
长期借款	
股东权益	
负债及股东权益总计	
利润表项目	2017 年度
营业收入	
减：营业成本	
税金及附加	
销售费用	
管理费用	
财务费用	
利润总额	
减：所得税费用	
净利润	

【答案】

(1) 2017 年融资总需求 = 增加的净经营资产 = (12 000 − 1 000 − 2 000) × 10%

= 900 (万元)

2017 年外部融资需求 = 900 − 16 000 × (1 + 10%) × (1 650/16 000) × (1 − 60%) = 174 (万元)。

(2)

财务报表 单位：万元

资产负债表项目	2017 年末
货币资金	13 228.4 − 9 130 − 1 650 − 1 760 = 688.4
应收票据及应收账款	1 600 × (1 + 10%) = 1 760
存货	1 500 × (1 + 10%) = 1 650
固定资产	8 300 × (1 + 10%) = 9 130
资产总计	13 228.4
应付票据及应付账款	1 000 × (1 + 10%) = 1 100
其他流动负债	2 000 × (1 + 10%) = 2 200
长期借款	3 200
股东权益	6 000 + 1 821 × (1 − 60%) = 6 728.4
负债及股东权益总计	13 228.4
利润表项目	2017 年度
营业收入	16 000 × (1 + 10%) = 17 600

续表

利润表项目	2017 年度
减：营业成本	10 000 × (1 + 10%) = 11 000
税金及附加	560 × (1 + 10%) = 616
销售费用	1 000 × (1 + 10%) = 1 100
管理费用	2 000 × (1 + 10%) = 2 200
财务费用	200 × 8% + 240 = 256
利润总额	2 428
减：所得税费用	607
净利润	1 821

3. 估计后续期现金流量的增长率

在稳定状态下，实体现金流量、股权现金流量的增长率和营业收入的增长率相同，因此可以根据销售增长率估计现金流量增长率。

为什么三个增长率会相同？因为在“稳定状态下”，经营效率和财务政策不变，即资产息前税后经营净利润率、资本结构和股利分配政策不变，财务报表将按照稳定的增长率在扩大的规模上被复制。影响实体现金流量和股权现金流量的各因素都与销售额同步增长。因此，现金流量增长率与销售增长率相同。

销售增长率的估计：竞争均衡理论认为，后续期的销售增长率大体上等于宏观经济的名义增长率。如果不考虑通货膨胀因素，宏观经济的增长率大多在 2% ~6% 之间。

【例 8 − 10】下列关于企业价值评估的表述中，正确的有（　　）。

A. 现金流量折现模型的基本思想是增量现金流量原则和时间价值原则

B. 实体现金流量是企业可提供给全部投资人的税后现金流量之和

C. 在稳定状态下实体现金流量增长率一般不等于营业收入增长率

D. 在稳定状态下股权现金流量增长率一般不等于营业收入增长率

【答案】AB

【解析】在稳定状态下实体现金流量增长率、股权现金流量增长率等于营业收入增长率。

（三）现金流量折现模型的应用

1. 股权现金流量折现模型的应用

模型	公式	使用条件
永续增长模型	永续增长模型： $股权价值=\frac{下期股权现金流量}{股权资本成本-永续增长率}$ 特例是零增长模型： $股权价值=\frac{下期股权现金流量}{股权资本成本}$	企业必须处于永续状态。 所谓永续状态是指企业有永续的增长率和净投资资本报酬率
两阶段增长模型	股权价值＝预测期股权现金流量现值＋后续期价值的现值 $股权价值=\sum_{t=1}^{n}\frac{股权现金流量}{(1+股权资本成本)^t}+\frac{股权现金流量_{n+1}/(股权资本成本-永续增长率)}{(1+股权资本成本)^n}$	适用于增长呈现两个阶段的企业。 第一阶段超常增长阶段，增长率明显快于永续增长阶段；第二阶段永续增长，增长率比较低，是正常的增长率

2. 实体现金流量模型的应用

模型	公式	使用条件
永续增长模型	永续增长模型： $实体价值=\frac{下期实体现金流量}{加权平均资本成本-永续增长率}$ 特例是零增长模型： $实体价值=\frac{下期实体现金流量}{加权平均资本成本}$	企业处于永续状态，即企业的各种财务比率都是不变的。企业有永续的增长率和净投资资本回报率
两阶段模型	实体价值＝预测期实体现金流量现值＋后续期价值的现值 设预测期为 n，则： $实体价值=\sum_{t=1}^{n}\frac{实体现金流量_t}{(1+加权平均资本成本)^t}+\frac{实体现金流量_{n+1}/(加权平均资本成本-永续增长率)}{(1+加权平均资本成本)^n}$	适用于增长呈现两个阶段的企业：第一阶段是超常增长阶段，增长率明显快于永续增长阶段；第二阶段具有永续增长的特征，增长率比较低，是正常的增长率。 【提示】在实务中，大多使用实体现金流量模型，主要原因是股权成本受资本结构的影响较大，估计起来比较复杂，而加权平均资本成本受资本结构的影响较小，比较容易估计

【例 8－11】（计算分析题）请你对 LZB 公司的股权价值进行评估。有关资料如下：

（1）以 2019 年为预测基期，2020 年实体现金流量 550 万元，2021 年实体现金流量 1 127.5万元；2020 年股权现金流量 825 万元，2021 年股权现金流量 1 127.5 万元；

（2）以 2020 年和 2021 年为详细预测期限，2020 年的预计销售增长率为 10%，2021 年的预计销售增长率为 5%，以后各年的预计销售增长率稳定在 5% 的水平。

（3）假设 H 公司未来的加权平均资本成本为 10%，股权资本成本为 12%。

要求：编制实体现金流量法和股权现金流量法的股权价值评估表。

【答案】

实体现金流量法股权价值评估表

单位：万元

年份（年末）	2019	2020	2021
实体现金流量		550	1 127.5
资本成本		10.00%	10.00%
折现系数		0.9091	0.8264
预测期现值	1 431.78	500.01	931.77
后续期现值	19 567.09		23 677.50
实体价值合计	20 998.87		
净债务价值	5 500.00		
股权价值	15 498.87		
股数	1 000.00		
每股价值（元）	15.50		

【解析】

后续期价值＝1 127.5×(1＋5%)/(10% －

5%）=23 677.5（万元）

后续期价值现值 = 23 677.5 × 0.8264 = 19 567.09（万元）

实体价值 = 预测期现值 + 后续期现值 = 1 431.78 + 19 567.09 = 20 998.87（万元）

股权价值 = 实体价值 − 净债务价值 = 20 998.87 − 5 500.00 = 15 498.87（万元）。

股权现金流量法股权价值评估表

单位：万元

年份（年末）	2019	2020	2021
股权现金流量		825.00	1 127.50
股权成本		12.00%	12.00%
现值系数		0.8929	0.7972
各年股权现金流量现值		736.64	898.84
预测期现金流量现值	1 635.48		
后续期现值	13 482.65		16 912.50
股权价值	15 118.13		
每股价值（元）	15.12		

【解析】

后续期价值 = 1 127.5 ×（1 + 5%）/（12% − 5%）= 16 912.50（万元）

后续期价值现值 = 16 912.50 × 0.7972 = 13 482.65（万元）

股权价值 = 预测期现值 + 后续期现值 = 1 635.48 + 13 482.65 = 15 118.13（万元）。

二、相对价值评估模型（能力等级 3）

（一）相对价值模型的原理

要点	说明
含义	是利用类似企业的市场定价来确定目标企业价值的一种评估方法。它的假设前提是存在一个支配企业市场价值的主要变量（如净利等）。市场价值与该变量（如净利等）的比值，各企业是类似的、可以比较的
步骤	首先，寻找一个影响企业价值的关键变量（如净利）； 其次，确定一组可以比较的类似企业，计算可比企业的市价/关键变量的平均值（如平均市盈率）； 最后，根据目标企业的关键变量（如净利）乘以得到的平均值（平均市盈率），计算目标企业的评估价值

【提示】估算的结果是相对价值而不是内在价值，教材只讨论三种最常用的股票市价比率模型。

1. 市盈率模型（即普通股每股市价/每股收益比率模型）

基本模型	目标企业每股价值 = 可比企业市盈率 × 目标企业的每股收益
模型原理	（1）本期市盈率 = $\frac{\text{股利支付率（1＋增长率）}}{\text{股权成本－增长率}}$ 市盈率的驱动因素：①企业的增长潜力；②股利支付率；③风险（股权成本）。其中最主要的驱动因素是企业的增长潜力 （2）内在市盈率 = $\frac{\text{股利支付率}}{\text{股权成本－增长率}}$ 估价时目标企业本期每股收益必须要乘以可比企业本期市盈率，目标企业预期每股收益必须要乘以可比企业预期市盈率，两者必须匹配。该原则同样适用于市净率和市销率模型
模型优点	（1）计算市盈率的数据容易取得，并且计算简单；（2）市盈率把价格和收益联系起来，直观地反映投入和产出的关系；（3）市盈率涵盖了风险增长率、股利支付率的影响，具有很高的综合性
局限性	①如果收益是负值，市盈率就失去了意义；②市盈率除了受企业本身基本面的影响以外，还受到整个经济景气程度的影响，在整个经济繁荣时市盈率上升，整个经济衰退时市盈率下降
适用范围	市盈率模型最适合连续盈利，并且 β 值接近于 1 的企业

【例 8－12】（2013 年单选题）甲公司 2012 年每股收益 0.8 元。每股分配现金股利 0.4 元。如果公司每股收益增长率预计为 6%，股权资本成本为 10%。股利支付率不变，公司的预期市盈率是（　　）。

A. 11.79

B. 12.50

C. 13.25

D. 8.33

【答案】B

【解析】股利支付率 = 0.4/0.8 = 50%，预期市盈率 = 股利支付率/（股权资本成本 − 增长率）= 50%/（10% − 6%）= 12.5。

2. 市净率模型（即每股市价/每股净资产比率模型）

基本模型	目标企业每股价值 = 可比企业市净率 × 目标企业每股净资产
模型原理	(1) 本期市净率 $=\frac{股利支付率\times 权益净利率_0\times(1+增长率)}{股权成本-增长率}$ 市净率的驱动因素：①权益报酬率；②股利支付率；③增长潜力；④风险（股权成本）。其中最主要的驱动因素是权益报酬率。 (2) 内在市净率 $=\frac{股利支付率\times 权益净利率_1}{股权成本-增长率}$ 【提示】在权益净利率不变时，内在市净率 = 本期市净率 ÷（1 + 增长率）
模型优点	(1) 净利为负值的企业不能用市盈率估价，而且市净率极少为负值，可用于大多数企业；(2) 净资产账面价值的数据容易取得，并且容易理解；(3) 净资产账面价值比净利率稳定，也不像利润那样经常被人为操作；(4) 如果会计标准合理并且各企业会计政策一致，市净率的变化可以反映企业价值的变化
局限性	(1) 账面价值受会计政策选择的影响，如果各企业执行不同的会计标准或会计政策，市净率会失去可比性；(2) 固定资产很少的服务性企业和高科技企业，净资产与企业价值的关系不大，其市净率比较没有什么实际意义；(3) 有一些企业的净资产是负值，市净率没有意义，无法用于比较
适用范围	市净率法主要适用于需要拥有大量资产、净资产为正值的企业

【例 8－13】（2016 年单选题）甲公司进入可持续增长状态，股利支付率 50%，权益净利率 20%，股利增长率 5%，股权资本成本 10%。甲公司的内在市净率是（　　）。

A. 2　　B. 2.1

C. 10　　D. 10.5

【答案】A

【解析】内在市净率 $=\frac{50\%\times 20\%}{20\%-5\%}=2$。

【例 8－14】（2015 年单选题）甲公司采用固定股利支付率政策，股利支付率 50%。2014 年，甲公司每股收益 2 元，预期可持续增长率 4%，股权资本成本 12%，期末每股净资产 10 元，没有优先股。2014 年末甲公司的本期市净率为（　　）。

A. 1.20　　B. 1.25

C. 1.30　　D. 1.35

【答案】C

【解析】本期市净率 $=\frac{P_0}{股权账面价值_0}$

$=\frac{[股利_0\times(1+增长率)]/股权账面价值_0}{股权成本-增长率}$

$=\frac{[2\times 50\%\times(1+4\%)]/10}{12\%-4\%}=1.30$。

【例 8－15】（单选题）市净率的关键驱动因素是（　　）。

A. 增长潜力　　B. 营业净利率

C. 权益报酬率　　D. 股利支付率

【答案】C

【解析】本题的主要考核点是市净率的关键驱动因素。市净率的驱动因素有股利支付率、增长率、股权资本成本和权益报酬率，但关键驱动因素是权益报酬率。

3. 市销率模型（即每股市价/每股营业收入模型）

基本模型	目标企业每股价值 = 可比企业市销率 × 目标企业的每股营业收入
模型原理	(1) 本期市销率 $=\frac{股利支付率\times 营业净利率_0\times(1+增长率)}{股权成本-增长率}$ 市销率的驱动因素：①营业净利率；②股利支付率；③增长潜力；④风险（股权成本）。其中最主要驱动因素是营业净利率。 (2) 内在市销率 $=\frac{股利支付率\times 营业净利率_1}{股权成本-增长率}$ 【提示】在营业净利率不变时，内在市销率 = 本期市销率 ÷（1 + 增长率）
模型优点	(1) 它不会出现负值，对于亏损企业和资不抵债的企业，也可以计算出一个有意义的价值乘数；(2) 它比较稳定、可靠，不容易被操纵；(3) 对价格政策和企业战略变化敏感，可以反映这种变化的后果
局限性	不能反映成本的变化，而成本是影响企业现金流量和价值的重要因素之一
适用范围	市销率法主要适用于销售成本率较低的服务类企业，或者销售成本率趋同的传统行业的企业

【例 8－16】（2013 年单选题）下列关于相对价值估价模型适用性的说法中，错误的是（ ）。

A. 市净率估价模型不适用于资不抵债的企业

B. 市净率估价模型不适用于固定资产较少的企业

C. 市销率估价模型不适用于销售成本率较低的企业

D. 市盈率估价模型不适用于亏损的企业

【答案】C

【解析】市净率估价模型适用于需要拥有大量资产，净资产为正值的企业，资不抵债说明所有者权益为负值，选项 A、B 表述正确；市销率模型适用于销售成本率较低的服务类企业，或者销售成本率趋同的传统行业的企业，选项 C 表述错误；市盈率模型最适合连续盈利，并且贝塔值接近 1 的企业，选项 D 正确。

（二）相对价值模型的应用

1. 可比企业的选择

（1）选择一组同业的上市企业，计算其平均市价比率，作为估计目标企业价值的乘数。

（2）平均市价比率通常采用算术平均。

（3）可比企业是指驱动因素类似的企业。

2. 修正的市价比率

（1）市盈率模型的修正：

在影响市盈率的驱动因素中，关键变量是增长率。增长率的差异是市盈率差异的主动驱动因素，因此可以用增长率修正市盈率。

方法	应用
修正平均市盈率法	计算技巧：先平均后修正 计算步骤： （1）可比企业平均市盈率 $= \dfrac{\sum 各可比企业的市盈率}{n}$ （2）可比企业平均预期增长率 $= \dfrac{\sum 各可比企业的增长率}{n}$ （3）可比企业修正平均市盈率 $= \dfrac{可比企业平均市盈率}{可比企业平均增长率 \times 100}$ （4）目标企业每股股权价值 = 可比企业修正平均市盈率 × 目标企业预期增长率 × 100 × 目标企业每股收益
股价平均法	计算技巧：先修正后平均 计算步骤： （1）可比企业$_i$的修正市盈率 $= \dfrac{可比企业_i 的市盈率}{可比企业_i 的增长率 \times 100}$ （2）目标企业每股股权价值 = 可比企业$_i$的修正市盈率 × 目标企业的预期增长率 × 100 × 目标企业每股收益 （3）目标企业每股股权价值 $= \dfrac{\sum_{i=1}^{n} 目标企业的每股股权价值_i}{n}$

（2）市净率模型的修正：

在影响市净率的驱动因素中，关键变量是股东权益净利率。股东权益净利率的差异是市净率差异的主动驱动因素，因此可以用股东权益净利率修正市净率。

修正平均市净率法	计算技巧：先平均后修正 计算步骤： （1）可比企业平均市净率 $= \dfrac{\sum 各可比企业的市净率}{n}$ （2）可比企业平均股东权益净利率 $= \dfrac{\sum 各可比企业预期股东权益净利率}{n}$ （3）可比企业修正平均市净率 $= \dfrac{可比企业平均市净率}{可比企业平均预期股东权益净利率 \times 100}$ （4）目标企业每股股权价值 = 可比企业修正平均市净率 × 目标企业预期股东权益净利率 × 100 × 目标企业每股净资产

续表

股价平均法	计算技巧：先修正后平均 计算步骤： （1）可比企业$_i$的修正市净率 $=\dfrac{\text{可比企业}_i\text{的市净率}}{\text{可比企业}_i\text{的预期股东权益净利率}\times 100}$ （2）目标企业的每股股权价值$_i$ = 可比企业$_i$的修正市净率 × 目标企业的预期股东权益净利率 ×100 × 目标企业每股净资产 （3）目标企业每股股权价值 $=\dfrac{\sum_{i=1}^{n}\text{目标企业的每股股权价值}_i}{n}$

（3）市销率模型的修正：

在影响市销率的驱动因素中，关键变量是营业净利率。营业净利率的差异是市销率差异的主动驱动因素，因此可以用营业净利率修正市销率。

修正平均市销率法	计算技巧：先平均后修正 计算步骤： （1）可比企业平均市销率 $=\dfrac{\sum\text{各可比企业的市销率}}{n}$ （2）可比企业平均预期营业净利率 $=\dfrac{\sum\text{各可比企业的预期营业净利率}}{n}$ （3）可比企业修正平均市销率 $=\dfrac{\text{可比企业平均市销率}}{\text{可比企业平均预期营业净利率}\times 100}$ （4）目标企业每股股权价值 = 可比企业修正平均市销率 × 目标企业预期营业净利率 ×100 × 目标企业每股营业收入
股价平均法	计算技巧：先修正后平均 计算步骤： （1）可比企业$_i$的修正市销率 $=\dfrac{\text{可比企业}_i\text{的市销率}}{\text{可比企业}_i\text{的预期营业净利率}\times 100}$ （2）目标企业的每股股权价值$_i$ = 可比企业$_i$的修正市销率 × 目标企业预期营业净利率 ×100 × 目标企业每股营业收入 （3）目标企业每股股权价值 $=\dfrac{\sum_{i=1}^{n}\text{目标企业的每股股权价值}_i}{n}$

【例 8 - 17】（2011 年单选题）使用股票市价比率模型进行企业价值评估时，通常需要确定一个关键因素，并用此因素的可比企业平均值对可比企业的平均市价比率进行修正。下列说法中，正确的是（　　）。

A. 修正市盈率的关键因素是每股收益

B. 修正市盈率的关键因素是股利支付率

C. 修正市净率的关键因素是股东权益净利率

D. 修正市销率的关键因素是增长率

【答案】C

【解析】修正市盈率的关键因素是增长率，修正市净率的关键因素是股东权益净利率，修正市销率的关键因素是营业净利率。

【例 8 - 18】（2014 年计算题）甲公司是一家尚未上市的高科技企业，固定资产较少，人工成本占销售成本的比重较大。为了进行以价值为基础的管理，公司拟采用相对价值评估模型对股权价值进行评估，有关资料如下：

（1）甲公司 2013 年度实现净利润 3 000 万元，年初股东权益总额为 20 000 万元，年末股东权益总额为 21 800 万元，2013 年股东权益的增加全部源于利润留存。公司没有优先股，2013 年年末普通股股数为 10 000 万股，公司当年没有增发新股，也没有回购股票。预计甲公司 2014 年及以后年度的利润增长率为 9%，权益净利率保持不变。

（2）甲公司选择了同行业的 3 家上市公司作为可比公司，并收集了以下相关数据：

可比公司	每股收益（元）	每股净资产（元）	权益净利率	每股市价（元）	预期利润增长率
A 公司	0.4	2	21.20%	8	8%
B 公司	0.5	3	17.50%	8.1	6%
C 公司	0.5	2.2	24.30%	11	10%

要求：

（1）使用市盈率模型下的修正平均市盈率法计算甲公司的每股股权价值。

（2）使用市净率模型下的修正平均市净率法计算甲公司的每股股权价值。

（3）判断甲公司更适合使用市盈率模型和市净率模型中的哪种模型进行估值，并说明原因。

【答案】

（1）甲公司每股收益 = 3 000/10 000 = 0.3（元）

可比公司平均市盈率 = (8/0.4 + 8.1/0.5 + 11/0.5)/3 = 19.4

可比公司平均增长率 = (8% + 6% + 10%) ÷ 3 = 8%

修正平均市盈率

= 可比公司平均市盈率 ÷ (可比公司平均增长率 × 100)

= 19.4 ÷ (8% × 100) = 2.425

甲公司每股股权价值

= 修正平均市盈率 × 甲公司预期增长率 × 100 × 甲公司每股收益

= 2.425 × 9% × 100 × 0.3 = 6.55（元）。

（2）甲公司每股净资产 = 21 800/10 000 = 2.18（元）

甲公司权益净利率 = 3 000/[(20 000 + 21 800)/2] = 14.35%

可比公司平均市净率 = (8/2 + 8.1/3 + 11/2.2)/3 = 3.9

可比公司平均权益净利率 = (21.2% + 17.5% + 24.3%) ÷ 3 = 21%

修正平均市净率

= 可比公司平均市净率 ÷ (可比公司平均权益净利率 × 100)

= 3.9 ÷ (21% × 100) = 0.19

甲公司每股股权价值

= 修正平均市净率 × 甲公司权益净利率 × 100 × 甲公司每股净资产

= 0.19 × 14.35% × 100 × 2.18 = 5.94（元）。

（3）甲公司的固定资产较少，净资产与企业价值关系不大，市净率法不适用；市盈率法把价格和收益联系起来，可以直观地反映收入和产出的关系。用市盈率法对甲公司估值更合适。

精选练习题

一、单项选择题

1. 在采用市价/净利比率模型对企业进行估价时，可比企业的选择标准是：可比企业的（　　）。

A. 增长潜力、股利支付率和股权资本成本与目标企业相类似

B. 权益收益率、增长率、股利支付率和股权资本成本与目标企业相类似

C. 营业净利率、增长率、股利支付率和股权资本成本与目标企业相类似

D. 增长潜力、营业净利率、权益收益率与目标企业相类似

2. 下列关于控股权价值和少数股权价值表述中，正确的是（　　）。

A. 控股权价值与少数股权价值之和等于企业整体价值

B. 少数股权价值是通过改进管理和经营战略后给投资人带来的未来现金流量现值

C. 控股权价值是在现有的管理和战略的条件下给投资人带来的未来现金流量现值

D. 控股权价值与少数股权价值之差是控股权溢价，表示由于控股权转变而增加的价值

3. 下列关于企业价值评估的现金流量折现模型的说法中，不正确的是（　　）。

A. 股权现金流量受企业的筹资和股利分配政策的影响

B. 影响企业价值的参数为现金流量和资本成本

C. 在数据假设相同的情况下，股权现金

流量模型和实体现金流量模型的评估结果是相同的

D. 在计算实体现金流量时，扣除的成本费用中不包括利息费用

4. 如果企业停止运营，此时企业的清算价值是（　　）。

A. 财产的变现价值

B. 财产的账面价值

C. 财产的未来现金流量的现值

D. 财产的相对价值

5. 甲股票当前的市场价格是 50 元，最近一期每股收益是 2 元，预期每股收益增长率为 6%，则该股票的内在市盈率为（　　）。

A. 23.58　　B. 25

C. 2.65　　D. 53

6. 利用可比企业的市净率估计目标企业价值应该满足的条件为（　　）。

A. 适合连续盈利，并且 β 值接近于 1 的企业

B. 适合市净率大于 1，净资产与净利润变动比率趋于一致的企业

C. 适用于销售成本率较低的服务类企业或者销售成本率趋同的传统行业的企业

D. 适用于需要拥有大量资产、净资产为正值的企业

7. 企业整体经济价值的类别不包括（　　）。

A. 实体价值与股权价值

B. 继续经营价值与清算价值

C. 少数股权价值与控股价值

D. 永续价值与账面价值

8. 有关企业的公平市场价值表述不正确的是（　　）。

A. 企业的公平市场价值应当是续营价值与清算价值的一个

B. 一个企业持续经营的基本条件，是其持续经营价值超过清算价值

C. 依据理财的“自利原则”，当未来现金流的现值大于清算价值时，投资人通常会选择持续经营

D. 如果现金流量下降，或者资本成本提高，使得未来现金流量现值低于清算价值，则企业要进行清算

9. 某公司 2019 年的营业收入为 2 000 万元，净利润为 250 万元，留存收益比例为 50%，预计 2020 年的增长率均为 3%。该公司的 β 为 1.5，国库券利率为 4%，市场平均风险股票的收益率为 10%，则该公司的本期收入乘数为（　　）。

A. 0.64　　B. 0.625

C. 1.25　　D. 1.13

10. 某公司属于一跨国公司，当年每股股权现金流量 3 元。根据全球经济预测，经济长期增长率为 5%，该公司的负债比例目前为 40%，将来也将保持目前的资本结构。该公司的 β 为 2，长期国库券利率为 3%，股票市场平均收益率为 6%。该公司的每股价值为（　　）元。

A. 78.75　　B. 72.65

C. 68.52　　D. 66.46

11. 某公司 20×2 年税前经营利润为 2 000 万元，所得税税率为 30%，折旧与摊销 100 万元，经营现金增加 20 万元，其他经营流动资产增加 480 万元，经营流动负债增加 150 万元，经营长期资产增加 800 万元，经营长期债务增加 200 万元，利息 40 万元。该公司按照固定的负债率 40% 为投资筹集资本，则股权现金流量为（　　）万元。

A. 862　　B. 802

C. 754　　D. 64

二、多项选择题

1. 下列有关市净率的修正方法表述不正确的有（　　）。

A. 用增长率修正实际的市净率，把增长率不同的同业企业纳入可比范围

B. 用股东权益净利率修正实际的市净率，把股东权益净利率不同的同业企业纳入可比范围

C. 用销售净利率修正实际的市净率，把销售净利率不同的同业企业纳入可比范围

D. 用股权资本成本修正实际的市净率，把股权资本成本不同的同业企业纳入可比范围

2. 下列关于企业价值评估的说法不正确的有（　　）。

A. 企业价值评估的一般对象是企业的整体变现价值

B. 公平的市场价值是资产的未来现金流入的现值

C. 企业全部资产的总体价值，称之为企业账面价值

D. 股权价值是所有者权益的账面价值

3. 以下关于企业价值评估现金流量折现法的表述中，不正确的是（　　）。

A. 预测基数应为上一年的实际数据，不能对其进行调整

B. 预测期是指企业增长的不稳定时期，通常在10年以上

C. 实体现金流量应该等于融资现金流量

D. 后续期的现金流量增长率越高，企业价值越大

4. 下列有关企业实体现金流量表述错误的是（　　）。

A. 如果企业没有债务，企业实体现金流量就是可以提供给股东的现金流量

B. 企业的实体价值是预期企业实体现金流量的现值，计算现值的折现率是股东要求的必要报酬

C. 企业实体现金流量是企业全部现金流入扣除成本费用的剩余部分

D. 企业实体现金流量，是可以提供给股东的现金流量扣除债权人流量的余额

5. 在不增发新股的情况下，企业去年的股东权益增长率为8%，本年的经营效率和财务政策与去年相同，以下说法中，正确的有（　　）。

A. 企业本年的销售增长率为8%

B. 企业本年的可持续增长率为8%

C. 企业本年的净资产收益率为8%

D. 企业本年的实体现金流量增长率为8%

6. 下列关于相对价值模型的说法中，正确的有（　　）。

A. 采用市盈率模型，如果目标企业的β值显著小于1，则经济繁荣时评估价值会被夸大，经济衰退时评估价值会被缩小

B. 股利支付率、增长率、股权资本成本是相对价值模型的共同驱动因素

C. 内在市净率 = 本期市净率 ×（1 + 增长率）

D. 市销率模型可以反映价格政策和企业战略变化的影响

7. 利用可比企业市盈率估计企业价值（　　）。

A. 它考虑了时间价值因素

B. 它能直观地反映投入和产出的关系

C. 它具有很高的综合性，能体现风险、增长率、股利分配的问题

D. 市盈率模型最适合连续盈利，并且β值接近于1的企业

8. 甲公司2019年的税后经营净利润为250万元，折旧和摊销为55万元，经营营运资本净增加80万元，分配股利50万元，税后利息费用为65万元，净负债增加50万元，公司当年未发行权益证券。下列说法中，正确的有（　　）。

A. 公司2019年的营业现金毛流量为225万元

B. 公司2019年的债务现金流量为50万元

C. 公司2019年的实体现金流量为65万元

D. 公司2019年的净经营长期资产总投资为160万元

9. E公司2019年营业收入为5 000万元，2019年底净负债及股东权益总计为2 500万元（其中股东权益2 200万元），预计2020年销售增长率为8%，税后经营净利润率为10%，净经营资产周转率保持与2019年一致，净负债的税后利息率为4%，净负债利息按上年末净负债余额和预计利息率计算。企业的融资政策为：多余现金优先用于归还借款，归还全部借款后剩余的现金全部发放股利。下列有关2020年的各项预计结果中，正确的有（　　）。

A. 净投资为200万元

B. 税后经营净利润为540万元

C. 实体现金流量为340万元

D. 收益留存为500万元

10. 采用实体现金流量模型进行企业价值评估时，为了计算资本成本，无风险利率需要使用实际利率的情况有（　　）。

A. 预测周期特别长

B. β系数较大

C. 存在恶性通货膨胀

D. 市场风险溢价较高

三、计算分析题

1. F公司是一家商业企业，主要从事商

品批发业务，该公司2012年实际和2013年预计的主要财务数据如下：

单位：亿元

年份	2012年实际（基期）	2013年预计
利润表项目：		
一、营业收入	500	530
减：营业成本和费用（不含折旧）	380	400
折旧	25	30
二、息税前利润	95	100
减：财务费用	21	23
三、税前利润	74	77
减：所得税费用	14.8	15.4
四、净利润	59.2	61.6
资产负债表项目：		
流动资产	267	293
固定资产净值	265	281
资产总计	532	574
流动负债	210	222
长期借款	164	173
债务合计	374	395
股本	100	100
期末未分配利润	58	79
股东权益合计	158	179
负债及股东权益总计	532	574

其他资料如下：

（1）F公司的全部资产均为经营性资产，流动负债均为经营性负债，长期负债均为金融性负债，财务费用全部为利息费用。估计债务价值时采用账面价值法。

（2）F公司预计从2014年开始实体现金流量会以6%的年增长率稳定增长。

（3）加权平均资本成本为12%。

（4）F公司适用的企业所得税税率为20%。

要求：

（1）计算F公司2013年的经营现金净流量、购置固定资产支出和实体现金流量。

（2）使用现金流量折现法估计F公司2012年底的公司实体价值和股权价值。

（3）假设其他因素不变，为使2012年底的股权价值提高到700亿元，F公司2013年的实体现金流量应是多少？

2. C公司的每股收益是1元，其预期增长率是12%。为了评估该公司股票价值是否被低估，收集了以下3个可比公司的有关数据：

可比公司	当前市盈率	预期增长率
D公司	8	5%
E公司	25	10%
F公司	27	18%

要求：

（1）采用修正平均市盈率法，对C公司股票价值进行评估。

（2）采用股价平均法，对C公司股票价值进行评估。

3. 2020年初，甲投资基金对乙上市公司普通股股票进行估值。乙公司2019年营业收入6 000万元，销售成本（含销货成本、销售费用、管理费用等）占营业收入的60%，净经营资产4 000万元。该公司自2020年开始进入稳定增长期，可持续增长率为5%。目标资本结构（净负债：股东权益）为1∶1；2020年初流通在外普通股1 000万股，每股市价22元。该公司债务税前利率8%，股权相对债权风险溢价5%，企业所得税税率25%。

为简化计算，假设现金流量均在年末发生，利息费用按净负债期初余额计算。

要求：

（1）预计2020年乙公司税后经营净利润、实体现金流量、股权现金流量。

（2）计算乙公司股权资本成本，使用股权现金流量法估计乙公司2020年初每股价值，并判断每股市价是否高估。

4. LZB公司上年度财务报表的主要数据如下：

项目	金额（万元）
营业收入	2 000
税后利润	300
股利	150
年末股东权益（400万股，每股面值1元）	2 000

该公司上年12月31日的股票市价为20元，上年度普通股股数没有变化，且全部发行在外。

要求：

（1）计算上年的可持续增长率；

（2）根据上年末的股票市价计算市盈率和市销率；

（3）若该公司处于稳定状态（符合可持续增长的条件），计算其权益资本成本是多少；

（4）若该公司从本年开始进入稳定状态，使用股权现金流量折现法计算该公司上年底的每股股权价值；

（5）LZB公司属于拥有大量资产、净资产为正值的上市公司，与该公司所在行业相同的代表性公司有甲、乙两家公司，有关资料如下表。用股价平均法评估ABC公司的股票价值。

	资产净利率	权益乘数	每股市价	每股净资产
甲公司	4%	5	20元	4元
乙公司	5%	2.5	12元	3元

5. C公司是2020年1月1日成立的高新技术企业。为了进行以价值为基础的管理，该公司采用股权现金流量模型对股权价值进行评估。评估所需的相关数据如下：

（1）C公司2020年的销售收入为1 000万元。根据目前市场行情预测，其2021年、2022年的增长率分别为10%、8%；2023年及以后年度进入永续增长阶段，增长率为5%。

（2）C公司2020年的经营性营运资本周转率为4，净经营性长期资产周转率为2，净经营资产净利率为20%，净负债/股东权益=1。公司税后净负债成本为6%，股权资本成本为12%。评估时假设以后年度上述指标均保持不变。

（3）公司未来不打算增发或回购股票。为保持当前资本结构，公司采用剩余股利政策分配股利。

要求：

（1）计算C公司2021年至2023年的股权现金流量。

（2）计算C公司2020年12月31日的股权价值。

答案及解析

一、单项选择题

1.【答案】A

【解析】市价/净利比率，也就是市盈率。市盈率的驱动因素有：增长潜力（增长率）、股利支付率和风险（股权资本成本）。这三个因素类似的企业才会有类似的市盈率，可比企业实际上是这三个因素类似的企业。

2.【答案】D

【解析】控股权价值与少数股权价值都是指整体价值，只是所占的角度不同，所以选项A的说法不正确；控股权价值是通过改进管理和经营战略后给投资人带来的未来现金流量现值，所以选项B的说法不正确；少数股权价值是在现有的管理和战略的条件下给投资人带来的未来现金流量现值，所以选项C的说法不正确。

3.【答案】B

【解析】股权现金流量=实体现金流量-债务现金流量=税后净利润-股东权益增加额=股利-股份资本发行+股份回购，选项A正确；依据现金流量折现模型，影响企业价值的参数包括现金流量、资本成本和时间序列，选项B错误；在数据假设相同的情况下，股权现金流量模型和实体现金流量模型的评估结果是相同的，选项C正确；实体现金流量是企业一定期间可以提供给所有投资人的税后现金流量，在计算时，扣除的成本费用应是经营成本费用，利息费用属于债权人现金流量，包括在实体现金流量之内，选项D正确。

4.【答案】A

【解析】如果企业停止运营，不再具有整体价值，它就只剩下一堆机器、存货和厂房，此时企业的价值是这些财产的变现价值，称之为清算价值。

5.【答案】A

【解析】$50/[2\times(1+6\%)]=23.58$，由于本题没有给出股利支付率和股权资本成本，直接用原始定义公式计算即可，需要注意的是,本题计算的是内在市盈率,这里除以的是未来第一年的每股收益。

6. 【答案】D

【解析】市盈率模型最适合连续盈利，并且β值接近于1的企业；市净率模型主要适用于需要拥有大量资产、净资产为正值的企业；市销率模型主要适用于销售成本率较低的服务类企业或者销售成本率趋同的传统行业的企业。

7. 【答案】D

【解析】永续价值、账面价值是估计后续价值的方法，而不是企业整体经济价值类别的内容。

8. 【答案】D

【解析】一个企业的持续经营价值已经低于其清算价值，本应当进行清算。但是，也有例外，就是控制企业的人拒绝清算，企业得以持续经营。这种持续经营，摧毁了股东本来可以通过清算中得到的价值。

9. 【答案】A

【解析】营业净利率 = 250/2 000 = 12.5%

股利支付率 = 1 - 50% = 50%

股权资本成本 = 4% + 1.5 ×（10% - 4%）= 13%

本期市销率

$$=\frac{\text{营业净利率}_0\times\text{股利支付率}\times(1+\text{增长率})}{\text{股权成本}-\text{增长率}}$$

= 12.5% × 50% ×（1 + 3%）/（13% - 3%）= 0.64。

10. 【答案】A

【解析】股权资本成本 = 3% + 2 ×（6% - 3%）= 9%；每股价值 = 3 ×（1 + 5%）÷（9% - 5%）= 78.75（元）。

11. 【答案】B

【解析】股权现金流量 = 税后利润 - 净投资 ×（1 - 负债率）

经营营运资本增加 = 20 + 480 - 150 = 350（万元）

净经营长期资产增加 = 800 - 200 = 600（万元）

税后利润 =（2 000 - 40）×（1 - 30%）= 1 372（万元）

股权现金流量 = 1 372 - 950 ×（1 - 40%）= 802（万元）。

二、多项选择题

1. 【答案】ACD

【解析】市净率用股东权益净利率修正，因此B正确。

2. 【答案】ACD

【解析】企业价值评估的一般对象是企业整体的经济价值，所以选项A不正确。企业全部资产的总体价值，称之为“实体价值”，所以选项C不正确。股权价值是所有者权益的公平的市场价值，所以选项D不正确。

3. 【答案】ABD

【解析】在企业价值评估的现金流量折现法下，预测的基数有两种确定方式：一种是上年的实际数据，另一种是修正后的上年数据，即可以对上年的实际数据进行调整。预测期是指企业增长的不稳定时期，通常在5至7年之间，实体现金流量（从企业角度考察）应该等于融资现金流量（从投资人角度考察）。有些时候后续期的现金流量增长率的高低对企业价值的影响很小。因为较高的永续增长率要求较高的资本支出和增加较多的净经营营运资本。

4. 【答案】BCD

【解析】企业的实体价值是预期企业实体现金流量的现值，计算现值的折现率是企业的加权平均资本成本，所以选项B不对。企业实体现金流量是企业全部现金流入扣除成本费用、必要的投资支出后的剩余部分，所以选项C不对。企业实体现金流量是可以提供给债权人和股东的现金流量总额，所以选项D不对。

5. 【答案】ABD

【解析】在保持去年经营效率和财务政策不变，并且在不增发新股的情况下，本年的实际销售增长率等于本年的可持续增长率，也等于上年的可持续增长率。在不增发新股的情况下，上年的股东权益增长率等于上年的可持续增长率。同时，在稳定状态下，本年的销售增长率等于本年的实体现金流量增长率，也等于本年的股权现金流量增长率。在可持续增长的前提下，本年的净资产收益率等于上年的净资产收益率，但上年的净资产收益率并不等于上年的股东权益增长率。

6. 【答案】BD

【解析】采用市盈率模型，如果目标企业的β值显著大于1，则经济繁荣时评估价值会被夸大，经济衰退时评估价值会被缩小，选项 A 正确；市盈率、市净率和收入乘数模型都会涉及股利支付率、增长率、股权资本成本三个驱动因素，选项 B 正确；在下期股东权益收益率等于本期股东权益收益率时，内在市净率 = 本期市净率 ×（1 + 增长率），选项 C 错误；收入乘数模型可以反映价格政策和企业战略变化的影响，选项 D 正确。

7.【答案】BCD

【解析】市盈率把价格和收益联系起来，直观地反映投入和产出的关系，所以选项 B 对；市盈率涵盖了风险补偿率、增长率、股利分配率的影响，所以选项 C 对；市盈率模型的局限性在于如果收益是负值，市盈率就失去了意义。再有，市盈率除了受企业本身基本面的影响以外，还受到整个经济景气程度的影响。在整个经济繁荣时市盈率上升，整个经济衰退时市盈率下降。如果目标企业的 β 为 1，则评估价值正确反映了对未来的预期。如果企业的 β 显著大于 1，经济繁荣时评估价值被夸大，经济衰退时评估价值被缩小。如果 β 值明显小于 1，经济繁荣时评估价值偏低，经济衰退时评估价值偏高，所以选项 D 正确。

8.【答案】CD

【解析】营业现金毛流量 = 250 + 55 = 305（万元），选项 A 不正确；

债务现金流量 = 65 − 50 = 15（万元），选项 B 不正确；

实体现金流量 = 50 + 15 = 65（万元），选项 C 正确；

净经营长期资产总投资 = 305 − 80 − 65 = 160（万元），选项 D 正确。

9.【答案】ABCD

【解析】净投资 = Δ 净经营资产 = 2 500 × 8% = 200（万元）

税后经营净利润 = 5 000 ×（1 + 8%）× 10% = 540（万元）

实体现金流量 = 540 − 200 = 340（万元）

上年末净负债 = 2 500 − 2 200 = 300（万元），净利 = 540 − 300 × 4% = 528（万元）

剩余现金 = 净利 − 净投资 =（税后经营净利润 − 税后利息）− 净投资 =（540 − 300 × 4%）− 200 = 328（万元）

还款：300 万元；支付股利：28 万元；留存收益 = 528 − 28 = 500（万元）。

10.【答案】AC

【解析】实务中，一般情况下使用含通胀的名义货币编制预计财务报表并确定现金流量，与此同时，使用含通胀的无风险报酬率计算资本成本。只有在以下两种情况下，才使用实际的利率计算资本成本：（1）存在恶性的通货膨胀（通货膨胀已经达到两位数）时，最好使用排除通货膨胀的实际现金流量和实际利率；（2）预测周期特别长。

三、计算分析题

1.【答案及解析】

（1）经营现金净流量 = 税后经营利润 + 折旧与摊销 − 经营营运资本的增加 = 61.6 + 23 ×（1 − 20%）+ 30 − [（293 − 222）−（267 − 210）] = 96（亿元）

购置固定资产支出 = 固定资产净值的增加 + 折旧 =（281 − 265）+ 30 = 46（亿元）

实体现金流量 = 经营现金净流量 − 购置固定资产支出 = 96 − 46 = 50（亿元）。

（2）实体价值 = 50/（12% − 6%）= 833.33（亿元）

股权价值 = 实体价值 − 净债务价值 = 833.33 − 164 = 669.33（亿元）。

（3）实体价值 = 700 + 164 = 864（亿元）

864 = 实体现金流量/（12% − 6%）

实体现金流量 = 51.84（亿元）。

2.【答案及解析】

（1）修正平均市盈率法：

可比企业平均市盈率 =（8 + 25 + 27）/3 = 20

可比企业平均预期增长率 =（5% + 10% + 18%）/3 = 11%

修正平均市盈率 = 可比企业平均市盈率/（平均预期增长率 × 100）= 20/（11% × 100）= 1.82

C 公司每股价值 = 修正平均市盈率 × 目标企业预期增长率 × 100 × 目标企业的每股收益 = 1.82 × 12% × 100 × 1 = 21.84（元）（或 21.82元）。

（2）股价平均法：

企业名称	当期市盈率	预期增长率（%）	修正市盈率	乙企业每股净利（元）	乙企业预期增长率	乙企业每股价值（元）
D公司	8	5	1.6	1	12	19.2
E公司	25	10	2.5	1	12	30
F公司	27	18	1.5	1	12	18
平均数						22.4

3.【答案及解析】

（1）税后经营净利润 = 6 000 ×（1 − 60%）×（1 − 25%）×（1 + 5%）= 1 890（万元）

实体现金流量 = 1 890 − 4 000 × 5% = 1 690（万元）

税后利息费用 = 4 000 × 1/2 × 8% ×（1 − 25%）= 120（万元）

净负债增加 = 4 000 × 1/2 × 5%
= 100（万元）

债务现金流量 = 120 − 100 = 20（万元）

股权现金流量 = 1 690 − 20 = 1 670（万元）。

（2）股权资本成本 = 8% ×（1 − 25%）+ 5% = 11%

2020年初股权价值 = 1 670/（11% − 5%）
= 27 833.33（元）

2020年初每股价值 = 27 833.33/1 000
= 27.83（元）

每股价值大于每股市价，说明每股市价被低估了。

（1）上年权益净利率 = 300/2 000 = 15%

上年留存收益率 =（300 − 150）/300 = 50%

上年可持续增长率 =（15% × 50%）/（1 − 15% × 50%）= 8.11%。

（2）市盈率 = 20 ÷（300 ÷ 400）= 26.67

市销率 = 20 ÷（2 000 ÷ 400）= 4。

（3）若该公司处于稳定状态，其股利增长率等于可持续增长率，即 8.11%。

目前的每股股利 = 150 ÷ 400
= 0.375（元）

权益资本成本 = 0.375 ×（1 + 8.11%）/20 + 8.11% = 10.14%。

（4）上年每股股权现金流量 = 每股股利 = 0.375（元）

每股股权价值 = 0.375 ×（1 + 8.11%）/（10.14% − 8.11%）= 19.97（元）。

（5）LZB 公司上年的权益净利率 = 300/2 000 × 100% = 15%

LZB 公司每股净资产 = 2 000/400 = 5（元/股）

4.【答案及解析】

企业名称	当前市净率	权益净利率（%）	修正市净率	ABC公司每股净资产（元）	ABC公司权益净利率（%）	ABC每股价值（元）
甲公司	5	20	0.25	5	15	18.75
乙公司	4	12.5	0.32	5	15	24
平均数						21.38

5.【答案】（1）

项目	2020年	2021年	2022年	2023年
销售收入	1 000	1 000 × 1.1 = 1 100	1 100 × 1.08 = 1 188	1 188 × 1.05 = 1 247.4
经营营运资本	1 000/4 = 250			
净经营性长期资产	1 000/2 = 500			
净经营资产	250 + 500 = 750	750 × 1.1 = 825		
税后经营净利润	750 × 20% = 150	150 × 1.1 = 165	165 × 1.08 = 178.2	178.2 × 1.05 = 187.11
股东权益	750 × 1/2 = 375	375 × 1.1 = 412.5	412.5 × 1.08 = 445.5	445.5 × 1.05 = 467.78

续表

项目	2020 年	2021 年	2022 年	2023 年
净负债	375	412. 5	445. 5	467. 78
税后利息 = 净负债 × 税后利息率	375 ×6% =22. 5	412. 5 ×6% =24. 75	445. 5 ×6% =26. 73	467. 775 ×6% =28. 07
净利润 = 税后经营净利润 - 税后利息	127. 5	140. 25	151. 47	159. 04
股东权益的增加		412. 5 -375 =37. 5	445. 5 -412. 5 =33	467. 78 -445. 5 =22. 28
股权现金流 = 净利润 - 股东权益的增加		102. 75	118. 47	136. 76

(2)

项目	2020 年	2021 年	2022 年	2023 年
股权现金流量		102. 75	118. 47	136. 76
复利现值系数		0. 8929	0. 7972	0. 7118
预测期股权现金流量现值	186. 19	91. 75	94. 44	
后续期股权现金流量价值	1 557. 5		136. 76/(12% -5%) =1 953. 71	
股权价值合计	1 743. 69			

第九章　资本结构

本章考情分析

本章是重要章，属于筹资管理的核心内容，学习目的是使考生能掌握杠杆原理和资本结构原理，能够运用其改善企业的资本结构。

本章的考试内容既有主观题又有客观题，近3年平均分值为6分左右。重点掌握资本结构理论的观点（MM理论及其后续发展的理论）、资本结构决策（主要是每股收益无差别点法的计算和应用）和三个杠杆系数的计算与作用。

本章概念和公式较多，理论相对比较抽象，考试频率较高，请考生在掌握资本成本和资本结构原理的基础上，熟练运用计算公式，切实提高解决复杂问题的能力。

本章教材变化

2020年教材内容与2019年教材内容相比无变化。

本章思维导图

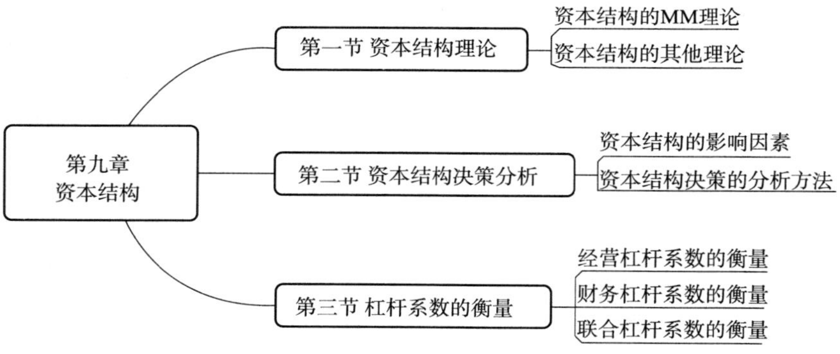

考点精讲及典型例题解析

第一节　资本结构理论

一、资本结构的MM理论（能力等级3）

MM理论的假设前提	1. 经营风险可以用息前税前利润的方差来衡量，具有相同经营风险的公司称为风险同类（homogeneous risk class）
	2. 投资者等市场参与者对公司未来的收益与风险的预期是相同的（homogeneous expectations）
	3. 完善的资本市场（perfect capital markets），即在股票与债券进行交易的市场中没有交易成本，且个人与机构投资者的借款利率与公司相同
	4. 借债无风险，即公司或个人投资者的所有债务利率均为无风险利率，与债务数量无关
	5. 全部现金流是永续的，即公司息前税前利润具有永续的零增长特征，债券也是永续的

（一）无税 MM 理论

<table>
<tr><td rowspan="3">命题Ⅰ</td><td>观点</td><td>企业的资本结构与企业价值无关，企业加权平均资本成本与其资本结构无关</td></tr>
<tr><td>表达式</td><td>$V_L = EBIT/r^0_{WACC} = V_U = EBIT/r^U_s$</td></tr>
<tr><td>结论</td><td>（1）有负债企业的价值 V_L = 无负债企业的价值 V_U
（2）有负债企业的加权平均资本成本 = 经营风险等级相同的无负债企业的权益资本成本，$r^0_{WACC} = r^U_s$
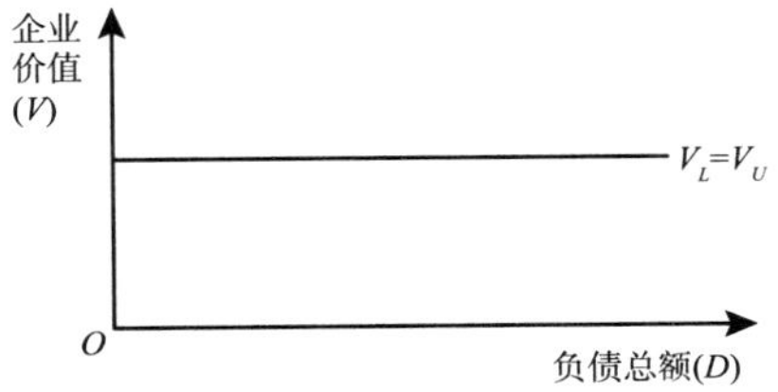
</td></tr>
<tr><td rowspan="3">命题Ⅱ</td><td>观点</td><td>有负债企业的权益资本成本随着财务杠杆的提高而增加</td></tr>
<tr><td>表达式</td><td>$r^L_s = r^U_s$ + 风险溢价 $= r^U_s + D/E\ (r^U_s - r_d)$</td></tr>
<tr><td>结论</td><td>（1）有负债企业的权益资本成本 = 无负债企业的权益资本成本 + 风险溢价
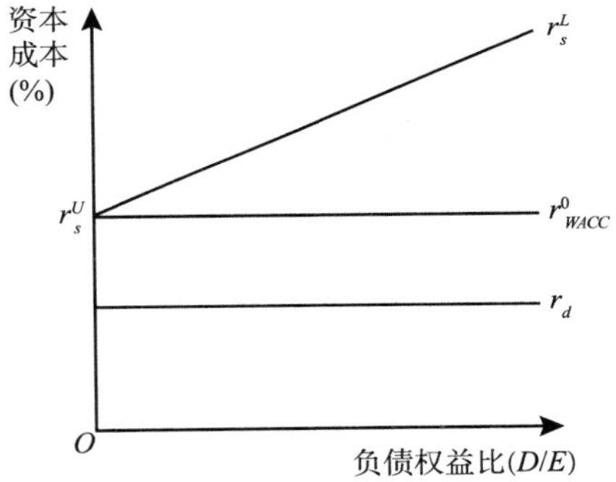

（2）风险溢价与以市值计算的财务杠杆（债务/权益）成正比例</td></tr>
</table>

（二）有税 MM 理论

<table>
<tr><td rowspan="3">命题Ⅰ</td><td>观点</td><td>随着企业负债比例提高，企业价值也随之提高，在理论上全部融资来源于负债时，企业价值达到最大</td></tr>
<tr><td>表达式</td><td>$V_L = V_U + T \times D$</td></tr>
<tr><td>结论</td><td>有负债企业的价值 V_L = 具有相同风险等级的无负债企业的价值 V_U + 债务利息抵税收益的现值
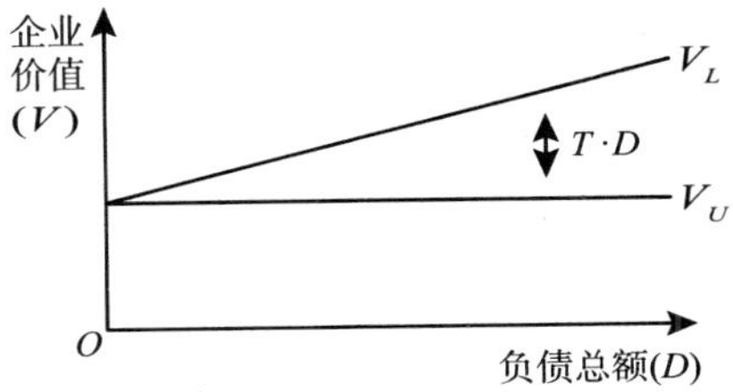
</td></tr>
</table>

续表

命题Ⅱ	观点	有负债企业的权益资本成本随着财务杠杆的提高而增加
	表达式	$r_s^L = r_s^U +$ 风险溢价 $= r_s^U + (r_s^U - r_d)(1-T)\ D/E$
	结论	(1) 有债务企业的权益资本成本 r_s^L = 相同风险等级的无负债企业的权益资本成本 r_s^U + 以市值计算的债务与权益比例成比例的风险报酬 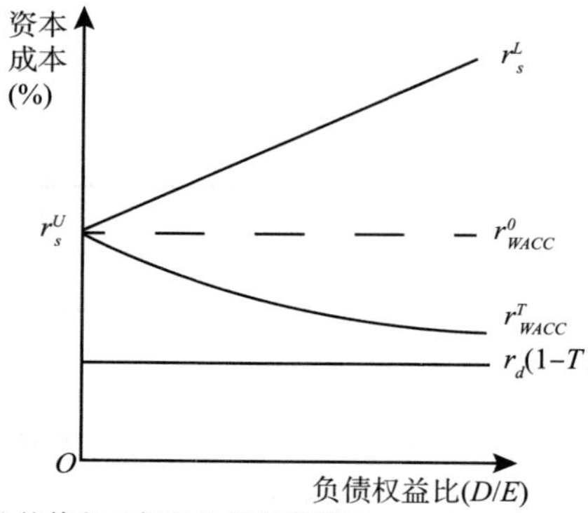 (2) 风险报酬取决于企业的债务比例以及所得税税率

【例 9-1】(2019 年多选题) 下列关于有企业所得税情况下的 MM 理论的说法中，正确的有（　　）。

A. 高杠杆企业的债务资本成本大于低杠杆企业的债务资本成本

B. 高杠杆企业的价值大于低杠杆企业的价值

C. 高杠杆企业的权益资本成本大于低杠杆企业的权益资本成本

D. 高杠杆企业的加权平均资本成本大于低杠杆企业的加权平均资本成本

【答案】BC

【解析】有税 MM 理论下，随着债务比例的提高，债务资本成本不变，企业价值和权益资本成本随负债比例的提高而提高，加权平均资本成本随负债比例的提高而下降，所以选项 A、D 错误。

【例 9-2】(2017 年单选题) 在考虑企业所得税但不考虑个人所得税的情况下，下列关于资本结构有税 MM 理论的说法中，错误的是（　　）。

A. 财务杠杆越大，企业价值越大

B. 财务杠杆越大，企业权益资本成本越高

C. 财务杠杆越大，企业利息抵税现值越大

D. 财务杠杆越大，企业加权平均资本成本越高

【答案】D

【解析】在考虑所得税的条件下，有负债企业的加权平均资本成本随着债务筹资比例的增加而降低。所以，财务杠杆越大，企业加权平均资本成本越低。

【例 9-3】(2016 年单选题) 根据有税的 MM 理论，下列各项中会影响企业价值的是（　　）。

A. 债务利息抵税

B. 债务代理成本

C. 债务代理收益

D. 财务困境成本

【答案】A

【解析】有税 MM 理论下，有负债企业价值 = 无风险企业价值 + 债务利息抵税收益现值。所以选项 A 正确。

二、资本结构的其他理论（能力等级 3）

1. 权衡理论	观点	强调在平衡债务利息的抵税收益与财务困境成本的基础上，实现企业价值最大化时的最佳资本结构。此时所确定的债务比率是债务抵税收益的边际价值等于增加的财务困境成本的现值

续表

1. 权衡理论	表达式	$V_L = V_U + PV$(利息抵税) $- PV$(财务困境成本) 式中，V_L表示有负债企业的价值；V_U表示无负债企业的价值；PV（利息抵税）表示利息抵税的现值；PV（财务困境成本）表示财务困境成本的现值。 【提示】财务困境成本包括直接成本和间接成本。直接成本：企业因破产、进行清算或重组所发生的法律费用和管理费用等。间接成本：企业资信状况恶化以及持续经营能力下降而导致的企业价值损失
2. 代理理论	观点	企业负债所引发的代理成本以及相应的代理收益，最终均反映在对企业价值产生的影响。在考虑了企业债务的代理成本与代理收益后，资本结构的权衡理论模型可以扩展为代理理论。 （1）过度投资问题：过度投资问题是指因企业采用不盈利项目或高风险项目而产生的损害股东以及债权人的利益并降低企业价值的现象。 【提示】发生过度投资问题的两种情形：一是当企业经理与股东之间存在利益冲突时，经理的自利行为产生的过度投资问题；二是当企业股东与债权人之间存在利益冲突时，经理代表股东利益采纳成功率低甚至净现值为负的高风险项目产生的过度投资问题。 （2）投资不足问题：投资不足问题是指因企业放弃净现值为正的投资项目而使债权人利益受损，并进而降低企业价值的现象。 【提示】投资不足问题发生在企业陷入财务困境且有比例较高的债务时（即企业具有风险债务），如股东事先预见到投资新项目后的大部分收益将由债权人获得，并导致自身价值下降时，就会拒绝为净现值为正的新项目投资。 （3）债务的代理收益：债务的代理收益将有利于减少企业的价值损失或增加企业价值，具体表现为债权人保护条款引入、对经理提升企业业绩的激励措施以及对经理随意支配现金流浪费企业资源的约束等。 （4）债务代理成本与收益的权衡：企业负债所引发的代理成本以及相应的代理收益，最终会影响企业价值。在考虑了企业债务的代理成本与代理收益后，资本结构的权衡理论模型可以扩展为如下形式
	表达式	$V_L = V_U + PV$(利息抵税) $- PV$(财务困境成本) $- PV$(债务的代理成本) $+ PV$(债务的代理收益)
3. 优序融资理论	观点	优序融资理论认为在考虑了信息不对称与逆向选择行为影响下，当企业存在融资需求时，首先是选择内源融资，其次会选择债务融资，最后选择股权融资。 【提示】遵循先内源融资后外源融资的基本顺序。在需要外源融资时，按照风险程度的差异，优先考虑债务融资（先普通债券后可转换债券），不足时再考虑权益融资

【例9-4】（2015年单选题）在信息不对称和逆向选择的情况下，根据优序融资理论，选择融资方式的先后顺序应该是（　　）。

A. 普通股、优先股、可转换债券、公司债券

B. 普通股、可转换债券、优先股、公司债券

C. 公司债券、可转换债券、优先股、普通股

D. 公司债券、优先股、可转换债券、普通股

【答案】C

【解析】企业在筹集资金的过程中，遵循着先内源融资后外源融资的基本顺序。在需要外源融资时，按照风险程度的差异，优先考虑债权融资（先普通债券后可转换债券），不足时再考虑权益融资。所以，选项C正确。

第二节　资本结构决策分析

一、资本结构的影响因素（能力等级2）

因素	内容
内部因素	（1）营业收入：收益与现金流量波动大（经营风险高）的企业负债水平低； （2）成长性：成长性好的企业（外部资金需求大）负债水平高； （3）资产结构：一般性用途资产（适于抵押）比例高的企业负债水平高； （4）盈利能力：盈利能力强的企业（内源融资充足）负债水平低；

续表

因素	内容
内部因素	(5) 管理层偏好：管理层对待风险态度激进，企业负债水平高； (6) 财务灵活性：财务灵活性大的企业负债能力强； (7) 股权结构
外部因素	税率、利率、资本市场、行业特征

【提示】实际资本结构受企业自身状况与政策条件及市场环境多种因素的共同影响，并同时伴随企业管理层的偏好与主观判断，使资本结构决策难以形成统一的原则与模式。

【例9－5】（单选题）下列各项中属于影响资本结构外部因素的是（　　）。

A. 营业收入

B. 盈利能力

C. 利率

D. 股权结构

【答案】C

【解析】本题考核的是影响资本结构的因素。选项A、B、D属于影响资本结构的内部因素。

二、资本结构决策的分析方法（能力等级3）

（一）资本成本比较法

判断标准	是指在不考虑各种融资方式在数量与比例上的约束以及财务风险差异时，通过计算各种基于市场价值的长期融资组合方案的加权平均资本成本，并根据计算结果选择选择加权平均资本成本最小的融资方案，确定为相对最优的资本结构
确定方法	加权资本成本的计算公式： $r_{WACC}=\sum r_j W_j=r_{dt}\times\frac{债务}{全部资本}+r_s\times\frac{普通股}{全部资本}+r_p\times\frac{优先股}{全部资本}+\cdots$ 式中： r_{WACC}——加权平均资本成本； r_j——第j种个别资金成本； W_j——第j种个别资本占全部资本的比重（权数）
特点	测算简单；难以区别不同融资方案的财务风险差异；难以确定各种融资方式的资本成本

（二）每股收益无差别点法

判断标准	每股收益无差别点法是在计算不同融资方案下企业的每股收益（EPS）相等时所对应的盈利水平（$EBIT$）基础上，通过比较在企业预期盈利水平下所不同融资方案的每股收益，进而选择每股收益较大的融资方案
确定方法	无差别点的计算公式如下： $EPS=\frac{(EBIT-I_1)(1-T)-PD_1}{N_1}=\frac{(EBIT-I_2)(1-T)-PD_2}{N_2}$ 式中：$EBIT$——EPS无差别时的息税前利润； I_i——年利息支出； T——企业所得税税率； PD_i——支付的优先股股利； N_i——筹资后的流通在外的普通股股数。 【提示】当预计公司总的息前税前利润大于每股收益无差别点的息前税前利润时，运用负债筹资可获得较高的每股收益；反之运用权益筹资可获得较高的每股收益
缺点	没有考虑风险因素

（三）企业价值比较法

判断标准	最佳资本结构是可使企业的总价值最大（而不一定是每股收益最高）的资本结构，在最佳资本结构下，公司的资本成本也是最低的
确定方法	（1）公司市场总价值（V）=股票的市场价值+债券市场价值+优先股价值=$S+B+P$ （2）假定公司的税后经营利润是可以永续的，股东要求的回报率不变，股票的市场价值可表示为： $S=\frac{(EBIT-I)(1-T)-PD}{r_s}$ 其中：$r_s=r_{RF}+\beta(r_m-r_{RF})$ （3）债券市场价值通常采用简化做法，按账面价值确定； （4）找出企业价值最大的资本结构，该资本结构为最佳资本结构

【例9-6】（2012年单选题）甲公司因扩大经营规模需要筹集长期资本，有发行长期债券、发行优先股、发行普通股三种筹资方式可供选择。经过测算，发行长期债券与发行普通股的每股收益无差别点为120万元，发行优先股与发行普通股的每股收益无差别点为180万元。如果采用每股收益无差别点法进行筹资方式决策，下列说法中，正确的是（　　）。

A. 当预期的息税前利润为100万元时，甲公司应当选择发行长期债券

B. 当预期的息税前利润为150万元时，甲公司应当选择发行普通股

C. 当预期的息税前利润为180万元时，甲公司可以选择发行普通股或发行优先股

D. 当预期的息税前利润为200万元时，甲公司应当选择发行长期债券

【答案】D

【解析】因为增发普通股的每股收益线的斜率低，增发优先股和增发债券的每股收益线的斜率相同，由于发行优先股与发行普通股的每股收益无差别点（180万元）高于发行长期债券与发行普通股的每股收益无差别点（120万元），可以肯定发行债券的每股收益线在发行优先股的每股收益线上，即本题按每股收益判断始终债券筹资优于优先股筹资。因此当预期的息税前利润高于120万元时，甲公司应当选择发行长期债券，当预期的息税前利润低于120万元时，甲公司应当选择发行股票。

【例9-7】（单选题）下列关于资本结构的说法中，错误的是（　　）。

A. 迄今为止，仍难以准确地揭示出资本结构与企业价值之间的关系

B. 能够使企业预期价值最高的资本结构，不一定是预期每股收益最大的资本结构

C. 在进行融资决策时，不可避免地要依赖人的经验和主观判断

D. 通过每股收益无差别点分析，我们可以准确地确定一个公司业已存在的财务杠杆、每股收益、资本成本与企业价值之间的关系

【答案】D

【解析】每股收益没有考虑风险因素，所以不能准确反映财务杠杆、资本成本与企业价值的关系，选项D错误。

【例9-8】（计算分析题）ABC公司正在考虑改变它的资本结构，有关资料如下：

（1）公司目前债务的账面价值1 000万元，利息率为5%，债务的市场价值与账面价值相同；普通股4 000万股，每股价格1元，所有者权益账面金额4 000万元（与市价相同）；每年的息税前利润为500万元。该公司的所得税税率为15%。

（2）公司将保持现有的资产规模和资产息税前利润率，每年将全部税后净利分派给股东，因此预计未来增长率为零。

（3）为了提高企业价值，该公司拟改变资本结构，举借新的债务，替换旧的债务并回购部分普通股。可供选择的资本结构调整方案有两个：①举借新债务的总额为2 000万元，预计利息率为6%；②举借新债务的总额为3 000万元，预计利息率7%。

（4）假设当前资本市场上无风险利率为4%，市场风险溢价为5%。

要求：

（1）计算该公司目前的权益成本和贝塔系数（计算结果均保留小数点后4位）。

（2）计算该公司无负债的贝塔系数和无

负债的权益成本（提示：根据账面价值的权重调整贝塔系数，下同）。

（3）计算两种资本结构调整方案的权益贝塔系数、权益成本和实体价值（实体价值计算结果保留整数，以万元为单位）。

（4）判断企业应否调整资本结构并说明依据，如果需要调整应选择哪一个方案？

【答案及解析】

（1）负债1 000万元时的权益成本和贝塔系数

由于净利润全部发放股利：

股利 = 净利润 =（息前税前利润 - 利息）×（1 - 所得税税率）=（500 - 1 000 × 5%）×（1 - 15%）= 382.5（万元）

根据股利折现模型：

权益资本成本 = 股利/市价 = 382.5/4 000 = 9.56%

由于：权益资本成本 = 无风险利率 + β × 市场风险溢价

所以：β =（权益资本成本 - 无风险利率）÷ 市场风险溢价

β =（9.56% - 4%）÷ 5% = 1.1120。

（2）贝塔资产 = 贝塔权益 ÷［1 + 产权比率 ×（1 - 所得税税率）］= 1.1120 ÷（1 + 1/4 × 0.85）= 0.9171

权益成本 = 4% + 5% × 0.9171 = 8.59%。

（3）①负债水平为2 000万元的贝塔系数、权益成本和实体价值

贝塔系数 = 贝塔资产 ×［1 + 负债/权益 ×（1 - 所得税税率）］= 0.9171 ×（1 + 2/3 × 0.85）= 1.4368

权益成本 = 4% + 5% × 1.4368 = 11.18%

权益价值 = 股利/权益成本 =（500 - 2 000 × 6%）×（1 - 15%）/11.18% = 323/11.18% = 2 889（万元）

债务价值 = 2 000（万元）

公司实体价值 = 2 889 + 2 000 = 4 889（万元）。

②负债3 000万元的贝塔系数、权益成本和实体价值

贝塔系数 = 0.9171 ×（1 + 3/2 × 0.85）= 2.0864

权益成本 = 4% + 5% × 2.0864 = 14.43%

权益价值 =（500 - 3 000 × 7%）×（1 - 15%）/14.43%

= 246.5/14.43% = 1 708（万元）

实体价值 = 1 708 + 3 000 = 4 708（万元）。

（4）企业不应调整资本结构。企业目前的价值大，加权平均资本成本低。

第三节 杠杆系数的衡量

一、经营杠杆系数的衡量（能力等级2）

要点	说明
1. 息税前利润与盈亏平衡分析	（1）息税前利润 = 固定成本 + 单位变动成本 × 销售量 =（单价 - 单位变动成本）× 销售量 - 固定成本 $=(P-V)Q-F$ （2）令：息税前利润 $=(P-V)Q-F=0$ 则：$Q_{BE}=F/(P-V)$
2. 经营风险	是指企业未使用债务时经营的内在风险。 影响企业经营风险受的因素很多，主要有：产品需求、产品售价、产品成本、调整价格的能力、固定成本的比重
3. 经营杠杆系数	（1）含义：是企业计算息税前的盈余（息税前利润 *EBIT*）变动率与营业收入（销售量）变动率之间的比率。经营杠杆的大小一般用经营杠杆系数表示。 （2）计算公式：DOL = 息税前利润变化的百分比/营业收入变化的百分比 $=(\Delta EBIT/EBIT)\div(\Delta S/S)$

续表

要点	说明
3. 经营杠杆系数	式中：DOL——经营杠杆系数； $\Delta EBIT$——息税前利润变动额； $EBIT$——变动前息税前利润； ΔS——营业收入（销售量）变动量； S——变动前营业收入（销售量）。 【提示】 ①上述公式是一个定义公式，说明经营杠杆反映了营业收入（销售量）与息税前利润之间的关系，$EBIT = Q \times (P - V) - F$，$EBIT = 0$ 时的 Q 为盈亏平衡点； ②DOL 是一个倍数，说明销售量每变动 1%，息税前利润变动的倍数； ③假定企业的成本－销量－利润保持线性关系，可又得两个公式： 导出公式 1：$DOL_q = \frac{Q(P-V)}{Q(P-V)-F}$ 式中：DOL_q——销售量为 Q 时的经营杠杆系数； P——产品单位销售价格； V——产品单位变动成本； F——总固定成本。 导出公式 2：$DOL_S = \frac{S-VC}{S-VC-F} = \frac{EBIT+F}{EBIT}$ 式中：DOL_S——营业收入为 S 时的经营杠杆系数 S——营业收入； VC——变动成本总额。 导出公式 3：$DOL = \frac{基期边际贡献}{基期息税前利润} = \frac{M}{M-F} = \frac{M}{EBIT}$ $M = (P - V)Q$
4. 经营杠杆的作用	（1）在固定成本不变的情况下，经营杠杆系数说明了营业收入增长（减少）所引起利润增长（减少）的幅度。 （2）在固定成本不变的情况下，营业收入越大，经营杠杆系数越小，经营风险也就越小；反之，营业收入越小，经营杠杆系数越大，经营风险也就越大。 （3）经营杠杆有助于对企业管理层在控制经营风险时，不是简单考虑固定成本的绝对量，而是关注固定成本与盈利水平的相对关系。企业一般可以通过增加营业收入、降低产品单位变动成本、降低固定成本比重等措施使经营杠杆系数下降，降低经营风险，但这往往要受到条件的制约

第九章

【例 9－9】（2018 年单选题）甲公司 2018 年边际贡献总额 300 万元，经营杠杆系数为 3。假设其他条件不变，如果 2019 年销售收入增长 20%，息税前利润预计是（　　）万元。

A. 100

B. 120

C. 150

D. 160

【答案】D

【解析】经营杠杆系数＝边际贡献/息税前利润，2018 年息税前利润＝边际贡献/经营杠杆系数＝300/3＝100（万元），经营杠杆系数＝息税前利润变动率/销售收入变动率，2019 年息税前利润变动率＝销售收入变动率×经营杠杆系数＝20%×3＝60%，所以预计息税前利润＝100×（1＋60%）＝160（万元）。

【例 9－10】（2011 年多选题）某企业只生产一种产品，当年的税前利润为 20 000 元。运用本量利关系对影响税前利润的各因素进行敏感分析后得出，单价的敏感系数为 4，单位变动成本的敏感系数为－2.5，销售量的敏感系数为 1.5，固定成本的敏感系数为－0.5。下列说法中，正确的有（　　）。

A. 上述影响税前利润的因素中，单价是最敏感的，固定成本是最不敏感的

B. 当单价提高 10% 时，税前利润将增长 8 000 元

C. 当单位变动成本的上升幅度超过 40% 时，企业将转为亏损

D. 企业的安全边际率为66.67%

【答案】ABCD

【解析】某变量的敏感系数的绝对值越大，表明变量对利润的影响越敏感，选项A正确；由于单价敏感系数为4，因此当单价提高10%时，利润提高40%，因此税前利润增长额=20 000×40%=8 000（元），选项B正确；单位变动成本的上升幅度超过40%，则利润降低率=-2.5×40%=-100%，所以选项C正确；因为：经营杠杆系数=销售量的敏感系数=1.5，而经营杠杆系数=$(P-V)Q/[(P-V)Q-F]=Q/[Q-F/(P-V)]=Q/(Q-Q_0)$=1/安全边际率，所以安全边际率=1/销售量的敏感系数=1/1.5=66.67%，所以选项D正确。

二、财务杠杆系数的衡量（能力等级2）

要点	说明
1. 财务风险	是指由于企业运用债务筹资方式而产生的丧失偿付能力的风险，而这种风险最终是由普通股股东承担的
2. 财务杠杆效应	在某一固定的债务与权益融资结构下，由于息前税前利润的变动引起每股收益产生更大变动程度的现象，被称为财务杠杆效应。 固定性融资成本是引发财务杠杆效应的根源，但息税前利润与固定性融资成本之间的相对水平决定了财务杠杆的大小，即财务杠杆的大小是由固定性融资成本和息税前利润共同决定的
3. 财务杠杆系数	财务杠杆的大小一般用财务杠杆系数表示。财务杠杆系数计算公式为： （1）定义公式 $DFL=\frac{每股收益变化的百分比}{息税前利润变化的百分比}=\frac{\Delta EPS/EPS}{\Delta EBIT/EBIT}$ 式中：DFL——财务杠杆系数；ΔEPS——普通股每股收益变动额；EPS——变动前的普通股每股收益。 （2）简化公式 公式1： $DFL=\frac{EBIT}{EBIT-I-\frac{PD}{1-T}}$ 式中：I——债务利息；PD——优先股股利；T——所得税税率。 【提示】从上式可以看出：I、PD同时等于0，$DFL=1$，不存在财务杠杆效应。只要I、PD不同时等于0，则$DFL>1$，存在财务杠杆效应。$EPS=[(EBIT-I)\times(1-T)-PD]/N$ N为流通在外的普通股股数。 公式2： $DFL=\frac{Q(P-V)-F}{Q(P-V)-F-I-\frac{PD}{1-T}}$ 从上述公式可以看出，如果固定性融资成本债务利息或优先股股利等于0，则财务杠杆系数为1，即不存在财务杠杆效应。当债务利息成本或优先股股利为不为0时，通常财务杠杆系数都是大于1的，即显现出财务杠杆效应

【例9-11】（2014年单选题）甲公司只生产一种产品，产品单价为6元，单位变动成本为4元，产品销量为10万件/年，固定成本为5万元/年，利息支出为3万元/年。甲公司的财务杠杆为（　　）。

A. 1.18

B. 1.25

C. 1.33

D. 1.66

【答案】B

【解析】财务杠杆$DFL=EBIT/(EBIT-I)$，$EBIT=10\times(6-4)-5=15$（万元），$DFL=15/(15-3)=1.25$。

三、联合杠杆系数的衡量（能力等级 2）

要点	说明
1. 含义	联合杠杆效应是指由于固定经营成本和固定融资费用的存在，导致普通股每股收益变动率大于销售变动率的现象。 联合杠杆作用的程度是直接考察了营业收入的变化对每股收益的影响程度。 联合杠杆作用程度（*DTL*）等于经营杠杆系数和财务杠杆系数的乘积
2. 计算公式	DTL = 每股收益变化的百分比 / 营业收入变化的百分比 $=(\Delta EPS/EPS)\div(\Delta S/S)=DOL\cdot DFL$ 两个具体计算公式： 公式 1： $DTL=\dfrac{Q(P-V)}{Q(P-V)-F-I-PD/(1-T)}$ 公式 2： $DTL=\dfrac{EBIT+F}{EBIT-I-PD/(1-T)}$
3. 结论	(1) 能够估计出营业收入的变动对每股收益的影响程度。 (2) 为了控制某一联合杠杆系数，经营杠杆和财务杠杆可以有不同的组合。两种可以反向搭配：高经营杠杆（经营风险）与低财务杠杆（财务风险）或低经营杠杆（经营风险）与高财务杠杆（财务风险）

【例 9－12】（2016 年单选题）甲公司 2015 年每股收益 1 元，经营杠杆系数 1.2，财务杠杆系数 1.5，假设公司不进行股票分割。如果 2016 年每股收益达到 1.9 元，根据杠杆效应。其营业收入应比 2015 年增加（　　）。

A. 50%　　B. 90%

C. 75%　　D. 60%

【答案】A

【解析】联合杠杆系数 = 每股收益变动百分比/营业收入变动百分比 = 经营杠杆系数 × 财务杠杆系数 = 1.2 × 1.5 = 1.8。2016 年每股收益增长率 = (1.9 − 1)/1 = 0.9，则，营业收入增长比 = 0.9/1.8 = 50%。

【例 9－13】（2017 年单选题）甲公司 2016 年营业收入 1 000 万元，变动成本率 60%，固定成本 200 万元，利息费用 40 万元。假设不存在资本化利息且不考虑其他因素，该企业联合杠杆系数是（　　）。

A. 1.25　　B. 2.5

C. 2　　D. 3.75

【答案】B

【解析】边际贡献 = 营业收入 ×（1 − 变动成本率）= 1 000 ×（1 − 60%）= 400（万元）；税前利润 = 边际贡献 − 固定成本 − 利息费用 = 400 − 200 − 40 = 160（万元）；该企业联合杠杆系数 = 边际贡献/税前利润 = 400/160 = 2.5。

【例 9－14】（2013 年单选题）联合杠杆可以反映（　　）。

A. 营业收入变化对息税前利润的影响程度

B. 营业收入变化对每股收益的影响程度

C. 息税前利润变化对每股收益的影响程度

D. 营业收入变化对边际贡献的影响程度

【答案】B

【解析】选项 A 反映的是经营杠杆；选项 C 反映的是财务杠杆；联合杠杆系数 = 每股收益变动率/营业收入变动率，所以选项 B 正确。

【例 9－15】（2017 年计算题）甲公司是一家上市公司，目前的长期资金来源包括：长期借款 7 500 万元，年利率 5%，每年付息一次，5 年后还本；优先股 30 万股，每股面值 100 元，票面股息率 8%；普通股 500 万股，每股面值 1 元。为扩大生产规模，公司现需筹资 4 000 万元，有两种筹资方案可供选择：方案一是平价发行长期债券，债券面值 1 000 元，期限 10 年，票面利率 6%，每年付息一次；方案二是按当前每股市价 16 元增发普通股，假设不考虑发行费用。

目前公司年营业收入1亿元，变动成本率为60%，除财务费用外的固定成本2000万元。预计扩大规模后，每年新增营业收入3 000万元，变动成本率不变，除财务费用外的固定成本新增500万元：公司的企业所得税税率为25%。

要求：

(1) 计算追加筹资前的经营杠杆系数、财务杠杆系数、联合杠杆系数。

(2) 计算方案一和方案二的每股收益无差别点的营业收入，并据此对方案一和方案二作出选择。

(3) 基于要求(2)的结果，计算追加筹资后的经营杠杆系数、财务杠杆系数、联合杠杆系数。

【答案及解析】

(1) 追加筹资前的边际贡献 = 10 000 × (1 − 60%) = 4 000（万元）

追加筹资前的息税前利润 = 4 000 − 2 000 = 2 000（万元）

追加筹资前的经营杠杆系数 = 4 000/2 000 = 2

追加筹资前的财务杠杆系数 = 2 000/[2 000 − 7 500 × 5% − 30 × 100 × 8%/(1 − 25%)] = 1.53

追加筹资前的联合杠杆系数 = 4 000/[2 000 − 7 500 × 5% − 30 × 100 × 8%/(1 − 25%)] = 3.07。

(2) 假设方案一和方案二的每股收益无差别点的息税前利润为 *EBIT*，则：

[(*EBIT* − 7 500 × 5% − 4 000 × 6%) × (1 − 25%) − 30 × 100 × 8%]/500 = [(*EBIT* − 7 500 × 5%) × (1 − 25%) − 30 × 100 × 8%]/(500 + 4 000/16)

解得：*EBIT* = 1 415（万元）

由于：营业收入 × (1 − 60%) − 2 000 − 500 = 1 415（万元）

则：营业收入 = 9 787.5（万元）

扩大规模后，公司预计营业收入 = 10 000 + 3 000 = 13 000（万元），大于每股收益无差别点的营业收入，所以选择方案一进行筹资。

(3) 追加筹资后的边际贡献 = 13 000 × (1 − 60%) = 5 200（万元）

追加筹资后的息税前利润 = 5 200 − 2 000 − 500 = 2 700（万元）

追加筹资后的经营杠杆系数 = 5 200/2 700 = 1.93

追加筹资后的财务杠杆系数 = 2 700/[2 700 − 7 500 × 5% − 4 000 × 6% − 30 × 100 × 8%/(1 − 25%)] = 1.53

追加筹资后的联合杠杆系数 = 5 200/[2 700 − 7 500 × 5% − 4 000 × 6% − 30 × 100 × 8%/(1 − 25%)] = 2.95。

精选练习题

一、单项选择题

1. 下列关于资本结构理论的表述中，不正确的是（　　）。

A. 根据MM理论，当存在企业所得税时，企业负债比例越高，企业价值越大

B. 根据权衡理论，平衡债务利息的抵税收益与财务困境成本是确定最优资本结构的基础

C. 根据代理理论，当负债程度较高的企业陷入财务困境时，股东通常会选择投资净现值为正的项目

D. 根据优序融资理论，当存在外部融资需求时，企业倾向于债务融资而不是股权融资

2. 某企业2019年及2020年的经营杠杆系数分别为2.5和3，2019年的边际贡献总额为75万元，若预计2020年的销售额增长15%，则2020年的息税前利润为（　　）万元。

A. 43.5　　B. 41.25

C. 36.25　　D. 34.375

3. C公司的固定成本（包括利息费用）为600万元，资产总额为10 000万元，资产负债率为50%，负债平均利息率为8%，净利润为800万元，该公司适用的所得税税率为20%，则税前经营利润对销量的敏感系数是（　　）。

A. 1.43　　B. 1.2

C. 1.14　　D. 1.08

4. 某企业借入资本和权益资本的比例为1∶1，则该企业（　　）。

A. 既有经营风险又有财务风险

B. 只有经营风险

C. 只有财务风险

D. 没有风险，因为经营风险和财务风险可以相互抵消

5. 一般而言，不动产密集性高的企业的财务困境成本会（　　）高科技企业陷入财务困境成本。

A. 高于　　B. 低于

C. 等于　　D. ABC 全部

6. 甲公司设立于 2019 年 12 月 31 日，预计 2020 年年底投产。假定目前的证券市场属于成熟市场，根据优序融资理论基本观点，甲公司在确定 2020 年筹资顺序时，应当优先考虑的筹资方式是（　　）。

A. 内源融资

B. 利用留存收益

C. 增发股票

D. 向银行借款

7. 有关代理理论中的代理成本，下列表述错误的是（　　）。

A. 代理成本产生的原因包括不完全契约、信息不对称以及经理、股东与债权人之间的利益冲突等

B. 债务代理成本损害了债权人的利益，降低了企业价值

C. 债务代理成本最终将由股东、债权人共同承担这种损失

D. 过度投资的问题与投资不足问题，会导致发生债务代理成本

8. 某公司在未来的 10 年内每年要支付 100 万元的利息，第 10 年末要偿还 2 000 万元的本金，这些支付都是无风险的。企业所得税税率为 25%，无风险利率为 5%。则利息抵税可以使公司的价值增加（　　）万元。

A. 125　　B. 1 420.8

C. 25　　D. 193

9. 某公司生产 A 产品，销售单价为 60 元，单位变动成本为 24 元，固定成本总额为 90 000 元。则盈亏平衡点为（　　）件。

A. 2 500　　B. 1 500

C. 3 750　　D. 1 071

10. 下列有关财务困境成本的描述中正确的是（　　）。

A. 高科技企业的财务困境成本可能会很低

B. 不动产密集性高的企业财务困境成本可能会较高

C. 财务困境发生的概率取决于企业将无力履行偿债义务因而违约的可能性

D. 财务困境发生的概率随企业现金流量和资产价值的波动而减少

11. 某公司有负债的股权资本成本为 20%，债务税前资本成本为 6%，以市值计算的债务与企业价值的比为 1∶3。若公司目前处于免税期，则无负债企业的权益资本成本为（　　）。

A. 15.33%　　B. 16.5%

C. 27%　　D. 21.2%

二、多项选择题

1. 下列关于经营杠杆的说法中，正确的有（　　）。

A. 经营杠杆反映的是营业收入的变化对每股收益的影响程度

B. 如果没有固定性经营成本，则不存在经营杠杆效应

C. 经营杠杆的大小是由固定性经营成本和息税前利润共同决定的

D. 如果经营杠杆系数为 1，表示不存在经营杠杆效应

2. 下列表述中正确的有（　　）。

A. 基于每股收益无差别点分析选择的融资方案是能给股东带来最大净收益的方案

B. 每股收益无差别点分析考虑了盈利背后的风险

C. 经营杠杆并不是经营风险的来源，而只是放大了经营风险

D. 经营风险指企业未使用债务时经营的内在风险，它是企业投资决策的结果，表现在资产息税前利润率的变动上

3. 下列关于 MM 理论的说法中，正确的有（　　）。

A. 在不考虑企业所得税的情况下，企业加权平均资本成本的高低与资本结构无关，仅取决于企业经营风险的大小

B. 在不考虑企业所得税的情况下，有负债企业的权益成本随负债比例的增加而增加

C. 在考虑企业所得税的情况下，企业加权平均资本成本的高低与资本结构有关，随负债比例的增加而增加

D. 一个有负债企业在有企业所得税情况下的权益资本成本要比无企业所得税情况下的权益资本成本高

4. 在边际贡献大于固定成本的情况下，下列措施中会导致联合杠杆系数降低的有（　　）。

A. 增加产品销量

B. 提高产品单价

C. 提高资产负债率

D. 节约固定成本支出

5. 关于经营杠杆系数，下列说法正确的有（　　）。

A. 经营杠杆系数越大，经营风险越大

B. 企业盈利越接近盈亏临界点经营杠杆系数越小

C. 边际贡献等于固定成本，经营杠杆系数无穷大

D. 经营杠杆系数 = 边际贡献/息税前利润

6. 下列各项中，导致经营风险下降的有（　　）。

A. 产品销量提高

B. 产品销售价格下降

C. 固定成本下降

D. 利息费用上升

7. 以下各项资本结构理论中，认为资本结构决策与企业价值有关的有（　　）。

A. 有税市场下的 MM 理论

B. 完美资本市场下的 MM 理论

C. 排序理论

D. 权衡理论

8. 某公司原有资本 700 万元，其中债务资本 200 万元（债务利率为 12%，每年负担利息 24 万元），普通股资本 500 万元（发行普通股 10 万股，每股面值 50 元），没有发行优先股。由于扩大业务，需追加筹资 300 万元，其筹资方式有两个：一是全部发行普通股：增发 6 万股，每股面值 50 元；二是全部筹借长期债务：债务利率仍为 12%，利息 36 万元；公司的变动成本率为 60%，固定成本为 180 万元，所得税税率为 33%。如果用每股收益无差别点法分析，下列结果正确的有（　　）。

A. 用息前税前利润表示的每股收益无差别点为 100 万元

B. 用销售额表示的每股收益无差别点为 750 万元

C. 如果企业的息前税前利润为 110 万元，企业应选择发行普通股筹资

D. 如果企业的销售额为 800 万元，企业应选择筹借长期债务

9. 利用每股收益无差别点法进行资本结构决策分析时，下列表述正确的有（　　）。

A. 这种方法侧重于对不同融资方式下的每股收益进行比较

B. 当预计息税前利润高于每股收益无差别点的息税前利润时，债务融资优于普通股融资

C. 没有考虑风险因素

D. 在每股收益无差别点上，每股收益不受融资方式影响

10. 下列关于财务杠杆的说法中，正确的有（　　）。

A. 财务杠杆系数越大，财务风险越大

B. 如果没有利息和优先股利，则不存在财务杠杆效应

C. 财务杠杆的大小是由利息、税前优先股利和税前利润共同决定的

D. 如果财务杠杆系数为 1，表示不存在财务杠杆效应

三、计算分析题

1. A 公司目前资本结构为：总资本 3 500 万元，其中债务资本 1 400 万元（年利息 140 万元）；普通股资本 210 万元（210 万股，面值 1 元，市价 5 元），资本公积 1 000万元，留存收益 890 万元。企业由于扩大经营规模，需要追加筹资 2 800 万元，所得税税率25%，不考虑筹资费用因素。有三种筹资方案：

甲方案：增发普通股 400 万股，每股发行价 6 元；同时向银行借款 400 万元，利率保持原来的 10%。

乙方案：增发普通股 200 万股，每股发行价 6 元；同时溢价发行 1 600 万元面值为 1 000万元的公司债券，票面利率 15%。

丙方案：不增发普通股，溢价发行 2 500 万元面值为 2 300 万元的公司债券，票面利率 15%；由于受债券发行数额的限制，需要补充向银行借款 300 万元，利率 10%。

要求：

（1）计算甲方案与乙方案的每股收益无差别点息税前利润；

（2）计算乙方案与丙方案的每股收益无差别点息税前利润；

（3）计算甲方案与丙方案的每股收益无差别点息税前利润；

（4）判断企业应如何选择筹资方式。

2. 乙公司是一家上市公司，适用的企业所得税税率为25%，当年息税前利润为1 000万元，预计未来年度保持不变。为简化计算，假定净利润全部分配，债务资本的市场价值等于其账面价值，确定债务资本成本时不考虑筹资费用。证券市场平均收益率为13%，无风险收益率为3%，两种不同的债务水平下的税前利率和β系数如表1所示。公司价值和平均资本成本如表2所示。

表1 不同债务水平下的税前利率和β系数

债务账面价值（万元）	税前利率	β系数
1 000	8%	1.4
1 500	10%	1.6

表2 公司价值和平均资本成本

债务市场价值（万元）	股票市场价值（万元）	公司总价值（万元）	税后债务资本成本	权益资本成本	平均资本成本
1 000	5 000	6 000	(*A*)	(*B*)	(*C*)
1 500	(*D*)	(*E*)	(*F*)	19%	(*G*)

要求：

（1）确定表2中英文字母代表的数值（不需要列示计算过程）。

（2）依据公司价值分析法，确定上述两种债务水平的资本结构哪种更优，并说明理由。

答案及解析

一、单项选择题

1.【答案】C

【解析】根据代理理论，当负债程度较高的企业陷入财务困境时，股东通常会放弃投资净现值为正的项目，所以C不正确。

2.【答案】C

【解析】2019年的息税前利润 = 75/3 = 25（万元）

2020年的息税前利润 = 25 ×（1 + 3 × 15%）= 36.25（万元）。

3.【答案】C

【解析】因为敏感系数 = 目标值变动百分比/参量值变动百分比，目前的税前经营利润 = 800/（1 − 20%）+ 100 00 × 50% × 8% = 1 400（万元），税前经营利润对销量的敏感系数 = 税前经营利润变动率/销量变动率 = 经营杠杆系数 = 目前的边际贡献/目前的税前经营利润 = [800/（1 − 20%）+ 600]/1 400 = 1.14。

4.【答案】A

【解析】经营风险是由于企业的经营活动形成的，只要企业经营活动存在，就有经营风险；而财务风险是由于借债形成的。所以，选项A是正确的。

5.【答案】B

【解析】财务困境成本的大小取决于这些成本来源的相对重要性，而且，成本大小也因行业而异。比如，如果高科技企业陷入财务困境，由于潜在客户和核心员工的流失以及缺乏容易清算的有形资产，招致的财务困境成本可能会很高。相反，不动产密集性高的企业的财务困境成本可能会较低，因为企业价值大多来自于相对容易出售和变现的资产。因此，一般而言，不动产密集性高的企业的财务困境成本会低于高科技企业陷入财务困境成本。

6.【答案】D

【解析】根据优序融资理论的基本观点，企业的筹资顺序是：选择内源融资，其次会选择债务融资，最后选择股权融资。但本题甲公司2019年12月31日才设立，2020年年底才投产。

7.【答案】C

【解析】债务代理成本损害了债权人的利益，降低了企业价值，最终也将由股东承担这种损失。

8.【答案】D

【解析】本题考核的是利息抵税的估值。利息抵税的价值 = 100 × 25% ×（P/A，5%，

10) = 193（万元），故利息抵税可以使公司价值增加 193 万元。

9.【答案】A

【解析】本题考核的是盈亏平衡点的计算。盈亏平衡点就是营业收入总额和成本总额相等时，或息税前利润等于零时的销售量，盈亏平衡点 = 固定成本/(单价 - 单位变动成本) = 90 000/(60 - 24) = 2 500（件）。

10.【答案】C

【解析】本题考核的是财务困境成本。高科技企业的财务困境成本可能会很高，因为如果高科技企业陷入财务困境，由于潜在客户和核心员工的流失以及缺乏容易清算的有形资产，招致的财务困境成本可能会很高，所以 A 选项不正确；不动产密集性高的企业的财务困境成本可能会较低，这是因为企业价值大多来自于相对容易出售和变现的资产，所以 B 选项不正确；财务困境发生的概率随企业现金流量和资产价值的波动而增加，现金流量稳定可靠、资产价值波动较小的企业违约的概率很低，发生财务困境的概率就低，相反现金流量和资产价值波动不定的企业，违约的可能性高，发生财务困境的可能性也高，所以选项 D 不正确。

11.【答案】A

【解析】根据无税的 MM 理论可知：$20\% = r_s^U + \frac{1}{2}(r_s^U - 6\%)$，所以 $r_s^U = 15.33\%$。

二、多项选择题

1.【答案】BCD

2.【答案】ACD

【解析】每股收益无差别点分析的缺点是未考虑风险因素。

3.【答案】AB

【解析】无企业所得税条件下的 MM 理论认为：企业的资本结构与企业价值无关，企业加权平均资本成本与其资本结构无关，有负债企业的权益资本成本随着财务杠杆的提高而增加。选项 A、B 正确；有企业所得税条件下的 MM 理论认为：企业加权平均资本成本的高低与资本结构有关，随负债比例的增加而降低，所以选项 C 错误；有负债企业在有企业所得税的前提下，权益资本成本比无税时的要小。所以选项 D 错误。

4.【答案】ABD

【解析】联合杠杆系数 = 经营杠杆系数 × 财务杠杆系数，在边际贡献大于固定成本的情况下，选项 A、B、D 均可以导致经营杠杆系数降低，从而降低联合杠杆系数；选项 C 会导致财务杠杆系数增加，从而提高联合杠杆系数。

5.【答案】ACD

【解析】企业盈利越接近盈亏临界点经营杠杆系数越大。

6.【答案】AC

【解析】经营杠杆系数 = 销量 ×(单价 - 单位变动成本)/[销量 ×(单价 - 单位变动成本) - 固定成本]，可以看出，选项 A、C 导致经营杠杆系数下降，选项 B 导致经营杠杆系数上升。经营杠杆系数下降，经营风险降低。选项 D 影响财务杠杆系数，并不影响经营风险。

7.【答案】ACD

【解析】完美资本市场下的 MM 理论认为，不论企业财务杠杆如何变化，企业加权平均资本成本都是固定不变的，即计算企业价值（企业在未来持续经营的前提下，每年现金流量所折合成的现值之和）的折现率是不变的，因而企业总价值也是固定不变的。按照该理论，公司不存在最佳资本结构，筹资决策也就无关紧要。有税市场下的 MM 理论、排序理论和权衡理论均认为资本结构与企业价值有关。

8.【答案】BCD

【解析】

$$EPS(借款) = \frac{(EBIT - 24 - 36)(1 - 33\%)}{10},$$

$$EPS(普通股) = \frac{(EBIT - 24)(1 - 33\%)}{10 + 6}$$

令 *EPS*（借款）= *EPS*（普通股），求出每股收益无差别点的 *EBIT* = 120 万元；因为 $EBIT = S - 0.6S - 180 = 120$ 万元，所以，每股收益无差别点销售额 *S* = 750 万元；当企业的息前税前利润为 110 万元时，由于 110 万元小于每股收益无差别点息前税前利润 120 万元，因此企业应选择发行普通股筹资方式；当企业的销售额为 800 万元时，由于 800 万元大于每股收益无差别点销售额 750 万元，因此企业应选择筹借长期债务。提示：每股收益无差别点法没有考虑风险因素。

9.【答案】ABCD

【解析】利用每股收益无差别点进行企业

资本结构分析时，以每股收益的高低作为衡量标准对筹资方式进行选择（其缺陷在于没有考虑风险因素），认为能提高每股收益的资本结构是合理的，反之则不合理；当息税前利润高于每股收益无差别点的息税前利润时，运用债务融资可获得较高的每股收益，因此，债务融资优于普通股融资；在每股收益无差别点上，不同融资方式的每股收益相等，因此，每股收益不受融资方式影响。

10.【答案】ABCD

三、计算分析题

1.【答案及解析】

（1）$\frac{(EBIT-140-400\times10\%)\times(1-25\%)}{210+400}=$

$\frac{(EBIT-140-1\ 000\times15\%)\times(1-25\%)}{210+200}$

$EBIT=515.5$（万元）。

（2）

$\frac{(EBIT-140-1\ 000\times15\%)\times(1-25\%)}{210+200}=$

$\frac{(EBIT-140-2\ 300\times15\%-300\times10\%)\times(1-25\%)}{210}$

$EBIT=751.25$（万元）。

（3）

$\frac{(EBIT-140-400\times10\%)\times(1-25\%)}{210+400}=$

$\frac{(EBIT-140-2\ 300\times15\%-300\times10\%)\times(1-25\%)}{210}$

$EBIT=690.88$（万元）。

（4）当企业预计的息税前利润小于515.5万元时应采用甲方案，当企业预计的息税前利润大于515.5万元但小于751.25万元时应选择乙，当企业预计的息税前利润大于751.25万元时，选择丙。

2.【答案及解析】

（1）

表2　公司价值和平均资本成本

债务市场价值（万元）	股票市场价值（万元）	公司总价值（万元）	税后债务资本成本	权益资本成本	平均资本成本
1 000	5 000	6 000	$A=6\%$	$B=17\%$	$C=15.17\%$
1 500	$D=3\ 355.26$	$E=4\ 855.26$	$F=7.5\%$	19%	$G=15.43\%$

【解析】

$A=8\%\times(1-25\%)=6\%$

$B=3\%+1.4\times(13\%-3\%)=17\%$

$C=6\%\times(1\ 000/6\ 000)+17\%\times(5\ 000/6\ 000)=15.17\%$

$D=(1\ 000-1\ 500\times10\%)\times(1-25\%)/19\%=3\ 355.26$（万元）

$E=1\ 500+3\ 355.26=4\ 855.26$（万元）

$F=10\%\times(1-25\%)=7.5\%$

$G=7.5\%\times(1\ 500/4\ 855.26)+19\%\times(3\ 355.26/4\ 855.26)=15.43\%$。

（2）债务市场价值为1 000万元时的资本结构更优。理由是债务市场价值为1 000万元时，公司总价值最大，平均资本成本最低。

第十章　长期筹资

本章考情分析

本章属于重点章，属于筹资管理的基础章节，主要介绍了企业普通股筹资、长期债务筹资、租赁和混合筹资内容。学习的目的让考生能够运用其进行有关筹资决策分析。

本章考试的题型既有客观题也有主观题，在近3年考试中，本章平均分值为8分左右。

本章历年考点主观题主要集中在配股筹资方式对股东财富的影响以及附认股权证债券和可转换债券筹资的成本计算以及租赁决策分析。

本章教材变化

本章第二节普通股筹资补充了较多内容，并按照《证券法》和《上市公司证券发行管理办法》的新修订进行了相关变动。

本章思维导图

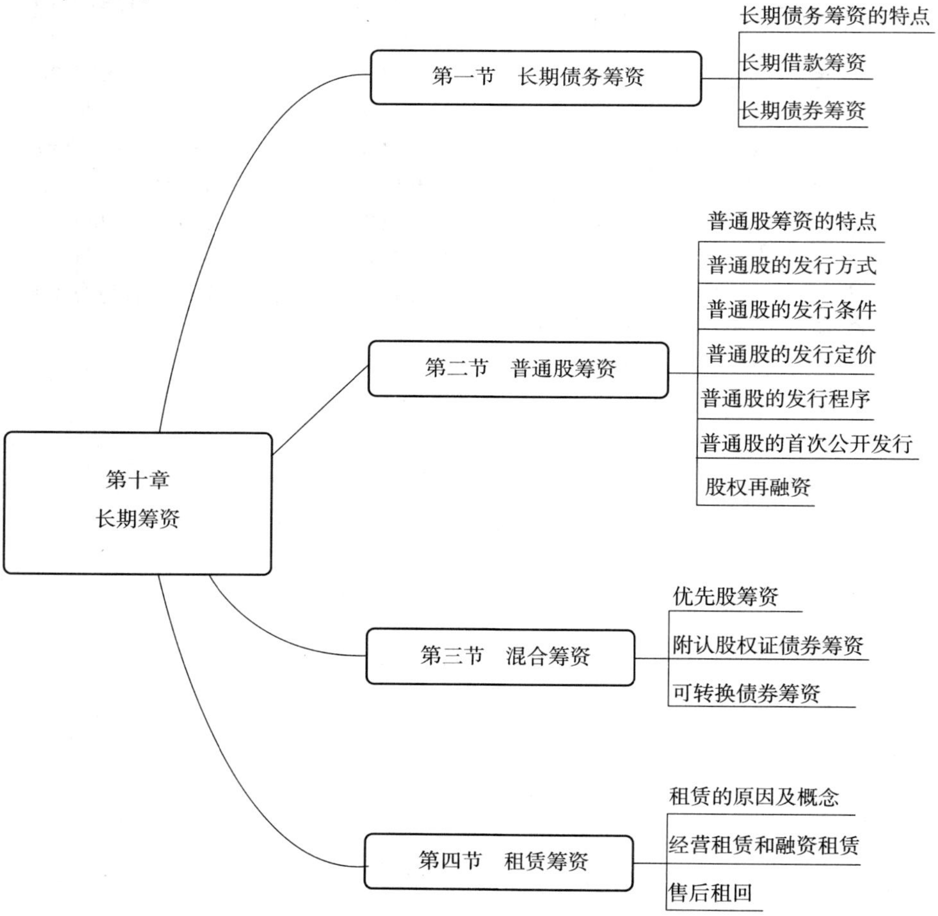

考点精讲及典型例题解析

第一节 长期债务筹资

一、长期债务筹资的特点（能力等级1）

（一）债务筹资的特点

优点	缺点
（1）资本成本一般较普通股融资低； （2）不会分散企业的控制权	（1）资金具有使用上的时间性，需到期偿还； （2）不论企业经营好坏需支付固定的债务利息，形成企业的固定负担； （3）固定支付债务利息

（二）长期负债筹资的特点

优点	缺点
（1）一般期限较长； （2）还债压力或风险较小	长期债务相比较短期负债而言： （1）资本成本高； （2）限制条款多； （3）筹资速度慢

【例10－1】（单选题）与普通股筹资相比，下列选项中不属于长期负债筹资特点的是（　　）。

A. 筹资风险较高

B. 筹资成本较高

C. 具有资金使用期限上的时间性

D. 不分散公司的控制权

【答案】B

【解析】和普通股筹资相比，长期负债筹资的筹资成本较低，因此选项B错误，本题答案为B。

二、长期借款筹资（能力等级2）

（一）长期借款的保护性条款

分类	内容
一般性保护条款	一般性保护条款应用于大多数借款合同，但根据具体情况会有不同内容，主要包括：（1）对借款企业流动资金保持量的规定；（2）对支付现金股利和再购入股票的限制；（3）对净经营性长期资产总投资规模的限制；（4）限制其他长期债务；（5）借款企业定期向银行提交财务报表；（6）不准在正常情况下出售较多资产；（7）如期缴纳税费和清偿其他到期债务；（8）不准以任何资产作为其他承诺的担保或抵押；（9）不准贴现应收票据或出售应收账款，以避免或有负债；（10）限制租赁固定资产的规模
特殊性保护条款	特殊性保护条款是针对某些特殊情况而出现在部分借款合同中的，主要包括：（1）贷款专款专用；（2）不准企业投资于短期内不能收回资金的项目；（3）限制企业高级职员的薪金和奖金总额；（4）要求企业主要领导人在合同有效期间担任领导职务；（5）要求企业主要领导人购买人身保险；等等

【例10－2】（2015年多选题）下列各项中，属于企业长期借款合同一般性保护条款的有（　　）。

A. 限制企业租入固定资产的规模

B. 限制企业股权再融资

C. 限制企业高级职员的薪金和奖金总额

D. 限制企业增加具有优先求偿权的其他长期债务

【答案】AD

【解析】一般性保护条款应用于大多数借款合同。特殊性保护条款是针对某些特殊情况而出现在部分借款合同中的。选项C属于特殊性保护条款的内容。股权再融资会增加企业偿债能力，不属于限制条款。

【例10－3】（单选题）在长期借款合同的保护性条款中，属于特殊性保护条款的是（　　）。

A. 限制资本支出规模

B. 限制租赁固定资产的规模

C. 贷款专款专用

D. 不准贴现应收票据或出售应收账款

【答案】C

【解析】长期借款合同的保护性条款包括一般性条款和特殊性条款。其中特殊性保护条款的内容有贷款专款专用、不准企业投资于短期内不能收回资金的项目、限制企业高级职员的薪金和奖金总额、要求企业主要领导人在合同有效期内担任领导职务和要求企业主要领导人购买人身保险。

（二）长期借款筹资的特点

优点	缺点
（1）融资速度快； （2）借款弹性大	（1）财务风险大； （2）限制性条款比较多

【例10－4】（多选题）相对权益资金的筹集方式而言，长期借款筹资的缺点主要有（　　）。

A. 财务风险较大

B. 筹资成本较高

C. 筹资数额有限

D. 筹资速度较慢

【答案】AC

【解析】长期借款的筹集成本低于权益资金，所以选项B不正确；另外，相对于权益资金的筹集，向银行借款比较灵活，速度比较快，故选项D也不正确。

三、长期债券筹资（能力等级3）

（一）债券的发行价格

债券的发行价格等于利息和本金的复利现值之和，按照发行时的市场利率作为折现率。

（1）公司债券发行价格的三种情况：平价、溢价和折价。

债券的发行价格	价格与面值的关系	票面利率与市场利率的一致程度
溢价	发行价格＞面值	票面利率高于市场利率
平价	发行价格＝面值	票面利率与市场利率一致
折价	发行价格＜面值	票面利率低于市场利率

（2）分期付息、到期还本债券发行价格计算公式：

$$发行价格=\frac{票面金额}{(1+市场利率)^n}+\sum_{t=1}^{n}\frac{票面金额\times 票面利率}{(1+市场利率)^t}$$

式中：n为债券期限；t为付息期数。

（二）债券的偿还

偿还方式	说明
（1）到期偿还	包括分批偿还（有不同的到期日）和一次偿还
（2）提前偿还	支付的价格通常要高于债券的面值，并随到期日的临近而逐渐下降 当企业资金有结余时；当预测年利息率下降时提前偿还
（3）滞后偿还	包括两种形式：转期（将较早到期的债券换成到期日较晚的债券）；转换（债券可以按一定的条件转换成本公司的股票）

（三）债券筹资的优点和缺点

分类	内容
优点	（1）筹资规模较大； （2）具有长期性和稳定性； （3）有利于资源优化配置
缺点	（1）发行成本高； （2）信息披露成本高； （3）限制条件多

【例10－5】（2017年单选题）与长期借款相比，发行债券进行筹资的优点是（　　）。

A. 筹资速度较快

B. 筹资规模较大

C. 筹资费用较小

D. 筹资灵活性较好

【答案】B

【解析】债券筹资的优点：（1）筹资规模较大；（2）具有长期性和稳定性；（3）有利于资源优化配置。所以，选项B正确。

第二节　普通股筹资

一、普通股筹资的特点（能力等级1）

普通股的含义	普通股是指股份公司依法发行的具有表决权和剩余索取权的一类股票。普通股具有股票的最一般特征，每一份股份包含对公司的财产享有的平等权利

续表

特点	说明
优点	1. 没有固定利息负担 2. 没有固定到期日 3. 筹资风险小 4. 能增加公司的信誉 5. 筹资限制较少 6. 预期收益较高且能在一定程度上抵销通货膨胀的影响，因此容易吸收资金
缺点	1. 资本成本较高 （1）股东的投资风险高，要求较高的必要收益率； （2）股利只能在税后利润中支付，无抵税效应； （3）发行费用高于其他证券。 2. 增加新股东可能分散公司的控制权 3. 股票上市带来较大的信息披露成本，并增加保护商业秘密的难度 4. 股票上市会增加公司被收购的风险

二、普通股的发行方式（能力等级1）

（一）股票的发行方式

1. 以发行对象为标准

分类	定义	特征
公开发行	又称公募，是指事先不确定特定的发行对象，而是向社会广大投资者公开推销股票	发行范围广，发行对象多，易于足额募集资本；股票变现性强，流通性好，有助于提高发行公司的知名度和影响力。不足在于手续繁杂，发行成本高

续表

分类	定义	特征
非公开发行	又称私募，是指发行公司只对特定的发行对象销售股票	非公开发行股票的特定对象应当符合下列规定：“（一）特定对象符合股东大会决议规定的条件；（二）发行对象不超过35名。发行对象为境外战略投资者的，应当遵守国家的相关规定。”这种发行方式灵活性较大，发行成本低，但发行范围小，股票变现性差

【提示】有下列情形之一的，为公开发行：“（一）向不特定对象发行证券；（二）向特定对象发行证券累计超过200人，但依法实施员工持股计划的员工人数不计算在内；（三）法律、行政法规规定的其他发行行为。”

2. 以发行中是否有中介机构（证券承销商）协助为标准

分类	定义	特征
直接发行	发行公司自己承担股票发行的一切事务和发行风险，直接向认购者推销出售股票的方式	节省发行费用，但筹资时间长，发行公司要承担全部发行风险，公司需要拥有较高的知名度、信誉和实力
间接发行	又叫委托发行，是指发行公司将股票销售业务委托给证券经营机构代理	分为包销和代销。包销的方式可及时筹足资本，免于承担发行风险，但股票以较低的价格出售给承销商会损失部分溢价。而代销方式下，承销商不承担股款未募足的风险

3. 以发行股票能否带来现款为标准

分类	定义	特征
有偿增资发行	是指认购者必须按股票的某种发行价格支付现款，方能获得股票的一种发行方式	一般公开发行的股票和私募中的内部配股、私人配股都采用有偿增资的方式。可以直接从外界募集股本，增加公司的资本金
无偿增资发行	是指认购者不必向公司缴纳现金就可获得股票的发行方式，发行对象只限于原股东，采用这种方式发行的股票，不直接从外界募集股本，而是依靠减少公司的公积金或盈余结存来增加资本金	一般只在分配股票股利、股票分割和法定公积金或盈余转增资本时采用。优点在于为股东分益，以增强股东信心和公司信誉或为了调整资本结构，但受资金来源的限制，不能经常采用这种方式
搭配增资发行	是指发行公司向原股东分摊新股时，仅让股东支付发行价格的一部分就可获得一定数额股票的发行方式	是对原有股东的一种优惠，是上述两种方式的混合

【例10－6】（2017年多选题）与公开间接发行股票相比，下列关于不公开直接发行股票的说法中，正确的有（　　）。

A. 发行成本低

B. 股票变现性差

C. 发行范围小

D. 发行方式灵活性小

【答案】ABC

【解析】不公开直接发行，是指不公开对外发行股票，只向少数特定的对象直接发行，因而不需经中介机构承销。这种发行方式弹性较大，发行成本低，但是发行范围小，股票变现性差。

【例10－7】以下关于公开发行的陈述中错误的是（　　）。

A. 发行范围广，发行对象多，易于足额募集资本

B. 发行范围小，股票变现性差

C. 手续繁杂，发行成本高

D. 有助于提高发行公司的知名度和影响力

【答案】B

【解析】B选项是非公开发行的特征。

4. 股票销售方式

	自销方式	委托销售方式	
		包销	代销
优点	可直接控制发行过程，实现发行意图，并节省发行费用	及时筹足资本免于承担发行风险	只支付佣金
缺点	发行时间长，发行公司要承担全部发行风险，发行公司需要较高的知名度、信誉和实力	公司会损失部分溢价	不一定能筹足资本，发行公司要承担发行风险

【例10－8】（多选题）对于发行公司来讲，采用自销方式发行股票的特点有（　　）。

A. 可及时筹足资本

B. 免于承担发行风险

C. 节省发行费用

D. 直接控制发行过程

【答案】CD

【解析】自销方式发行股票筹资时间较长，发行公司要承担全部发行风险。采用包销方式才具有及时筹足资本，免于承担发行风险等特点。

（二）普通股发行定价

（1）发行价格种类：

等价	股票的票面额，也称为平价发行或面值发行
时价	以公司原发行同种股票的现行市场价格为基准来选择增发新股的发行价格，也称市价发行
中间价	市场价格（时价）与面额（等价）的中间值

（2）我国《公司法》规定，股票不准折价发行；

（3）我国《证券法》规定，股票溢价发行时，发行价格由发行人与承销的证券公司协商确定。

我国《上市公司证券发行管理办法》规定，公开增发股票的发行价格，应不低于公告招股意向书前20个交易日公司股票均价或前1个交易日的均价；非公开发行股票的发行价格不低于定价基准日前20个交易日公司股票均价的80%。

发行人通常会参考公司经营业绩、净资产、发展潜力、发行数量、行业特点、股市状态等，确定发行价格。

【例10－9】（2010年单选题）下列关于普通股筹资定价的说法中，正确的是（　　）。

A. 首次公开发行股票时，发行价格应由发行人与承销的证券公司协商确定

B. 上市公司向原有股东配股时，发行价格可由发行人自行确定

C. 上市公司公开增发新股时，发行价格不能低于公告招股意向书前20个交易日公司股票均价的80%

D. 上市公司非公开增发新股时，发行价格不能低于定价基准日前20个交易日公司股票的均价

【答案】A

【解析】配股一般采取网上定价发行的方式。配股价格由主承销商和发行人协商确定，选项B错误；上市公司公开增发新股的定价通常按照“发行价格应不低于公开招股意向书前20个交易日公司股票均价或前1个交易日的均价”的原则确定增发价格，选项C错误；上市公司非公开增发新股时，发行价格应不低于定价基准日前20个交易日公司股票均价的80%，选项D错误。

三、普通股的发行条件

1. 公开发行普通股

对于公开发行证券，我国《上市公司证券发行管理办法》规定：“上市公司的盈利能力具有可持续性，符合下列规定：（一）最近3个会计年度连续盈利。扣除非经常性损益后的净利润与扣除前的净利润相比，以低者作为计算依据；（二）业务和盈利来源相对稳

定，不存在严重依赖于控股股东、实际控制人的情形；（三）现有主营业务或投资方向能够可持续发展，经营模式和投资计划稳健，主要产品或服务的市场前景良好，行业经营环境和市场需求不存在现实或可预见的重大不利变化；（四）高级管理人员和核心技术人员稳定，最近十二个月内未发生重大不利变化；（五）公司重要资产、核心技术或其他重大权益的取得合法，能够持续使用，不存在现实或可预见的重大不利变化；（六）不存在可能严重影响公司持续经营的担保、诉讼、仲裁或其他重大事项；（七）最近24个月内曾公开发行证券的，不存在发行当年营业利润比上年下降50%以上的情形。”“上市公司的财务状况良好，符合下列规定：（一）会计基础工作规范，严格遵循国家统一会计制度的规定；（二）最近3年及一期财务报表未被注册会计师出具保留意见、否定意见或无法表示意见的审计报告；被注册会计师出具带强调事项段的无保留意见审计报告的，所涉及的事项对发行人无重大不利影响或者在发行前重大不利影响已经消除；（三）资产质量良好。不良资产不足以对公司财务状况造成重大不利影响；（四）经营成果真实，现金流量正常。营业收入和成本费用的确认严格遵循国家有关企业会计准则的规定，最近3年资产减值准备计提充分合理，不存在操纵经营业绩的情形；（五）最近3年以现金方式累计分配的利润不少于最近3年实现的年均可分配利润的30%。”

2. 非公开发行普通股

对于非公开发行股票，我国《上市公司证券发行管理办法》规定：“非公开发行股票的特定对象应当符合下列规定：（一）特定对象符合股东大会决议规定的条件；（二）发行对象不超过35名。发行对象为境外战略投资者的，应当遵守国家的相关规定。”“上市公司非公开发行股票，应当符合下列规定：（一）发行价格不低于定价基准日前20个交易日公司股票均价的80%；（二）本次发行的股份自发行结束之日起，6个月内不得转让；控股股东、实际控制人及其控制的企业认购的股份，18个月内不得转让；（三）募集资金使用符合本办法的相关规定；（四）本次发行将导致上市公司控制权发生变化的，还应当符合中国证监会的其他规定。”

【例10-10】（多选题）下列情形中不符合公开发行普通股的发行条件的有（　　）

A. 上一年财务报表被注册会计师出具保留意见。

B. 最近3年现金方式累计分配的利润为最近3年实现的年均可分配利润的20%。

C. 目前正面临一场诉讼，但不影响企业持续经营。

D. 最近24个月内未公开发行证券。上一次公开发行证券存在发行当年营业利润比上年下降50%以上的情形。

【答案】AB

【解析】对于公开发行证券，我国《上市公司证券发行管理办法》规定上市公司的财务状况良好，最近3年及一期财务报表未被注册会计师出具保留意见、否定意见或无法表示意见的审计报告；最近3年以现金方式累计分配的利润不少于最近3年实现的年均可分配利润的30%。所以AB两项错误。

四、普通股的发行程序

我国《上市公司证券发行管理办法》规定：

（1）上市公司申请发行证券，董事会应当依法就下列事项作出决议，并提请股东大会批准：“（一）本次证券发行的方案；（二）本次募集资金使用的可行性报告；（三）前次募集资金使用的报告；（四）其他必须明确的事项。”

（2）股东大会就发行股票作出的决定，至少应当包括下列事项：“（一）本次发行证券的种类和数量；（二）发行方式、发行对象及向原股东配售的安排；（三）定价方式或价格区间；（四）募集资金用途；（五）决议的有效期；（六）对董事会办理本次发行具体事宜的授权；（七）其他必须明确的事项。”

（3）股东大会就发行证券事项作出决议，必须经出席会议的股东所持表决权的2/3以上通过。

（4）上市公司申请公开发行证券或者非

公开发行新股，应当由保荐人保荐，并向中国证监会申报。

（5）中国证监会依照下列程序审核发行证券的申请：“（一）收到申请文件后，5个工作日内决定是否受理；（二）中国证监会受理后，对申请文件进行初审；（三）发行审核委员会审核申请文件；（四）中国证监会作出核准或者不予核准的决定。”

（6）自中国证监会核准发行之日起，上市公司应在12个月内发行证券；超过12个月未发行的，核准文件失效，须重新经中国证监会核准后方可发行。

（7）上市公司发行证券前发生重大事项的，应暂缓发行，并及时报告中国证监会。该事项对本次发行条件构成重大影响的，发行证券的申请应重新经过中国证监会核准。

五、普通股的首次公开发行

普通股的首次公开发行，即IPO（Initial Public Offering），是指一家公司第一次将其普通股向公众出售。

1. 发行条件

对于普通股首次公开发行，除符合前述公开发行的基本条件外，我国2018年6月6日修订的《首次公开发行股票并上市管理办法》还规定：“发行人应当是依法设立且合法存续的股份有限公司。经国务院批准，有限责任公司在依法变更为股份有限公司时，可以采取募集设立方式公开发行股票。发行人自股份有限公司成立后，持续经营时间应当在3年以上，但经国务院批准的除外。有限责任公司按原账面净资产值折股整体变更为股份有限公司的，持续经营时间可以从有限责任公司成立之日起计算。”“发行人应当符合下列条件：（一）最近3个会计年度净利润均为正数且累计超过人民币3 000万元，净利润以扣除非经常性损益前后较低者为计算依据；（二）最近3个会计年度经营活动产生的现金流量净额累计超过人民币5 000万元；或者最近3个会计年度营业收入累计超过人民币3亿元；（三）发行前股本总额不少于人民币3 000万元；（四）最近一期末无形资产（扣除土地使用权、水面养殖权和采矿权等后）占净资产的比例不高于20%；（五）最近一期末不存在未弥补亏损。”

2. 发行定价

我国2017年9月7日修订的《证券发行与承销管理办法》（以下简称，我国《证券发行与承销管理办法》）规定：“首次公开发行股票，可以通过向网下投资者询价的方式确定股票发行价格，也可以通过发行人与主承销商自主协商直接定价等其他合法可行的方式确定发行价格。公开发行股票数量在2 000万股（含）以下且无老股转让计划的，应当通过直接定价的方式确定发行价格。”

【例10－11】（单选题）下列关于首次公开发行的条件陈述错误的是（　　）。

A. 最近一期末不存在未弥补亏损

B. 发行前股本总额不少于人民币3 000万元

C. 最近3个会计年度经营活动产生的现金流量净额累计超过人民币3 000万元或者最近3个会计年度营业收入累计超过人民币3亿元

D. 最近一期末无形资产（扣除土地使用权、水面养殖权和采矿权等后）占净资产的比例不高于20%

【答案】C

【解析】我国2018年6月6日修订的《首次公开发行股票并上市管理办法》还规定发行人应当符合最近3个会计年度经营活动产生的现金流量净额累计超过人民币5 000万元或者最近3个会计年度营业收入累计超过人民币3亿元，C选项错误。

六、股权再融资（能力等级3）

股权再融资
- 配股——→向原普通股股东按其持股比例、以低于市价的某一特定价格配售一定数量新发行股票的融资行为
- 增发新股
  - 公开增发——→面向不特定对象的公开增发
  - 非公开增发（定向增发）——→面向特定对象的非公开增发

（一）配股

1. 配股权

含义	是指向原普通股股东按其持股比例、以低于市价的某一特定价格配售一定数量新发行股票的融资行为
目的	（1）不改变老股东对公司的控制权和享有的各种权利； （2）因发行新股将导致短期内每股报酬稀释，通过折价配售的方式可以给老股东一定的补偿； （3）鼓励老股东认购新股，以增加发行量
配股权的特征	是普通股股东的优惠权，实际上是一种短期的看涨期权

2. 配股价格

配股一般采取网上定价的方式。配股价格由主承销商和发行人协商确定。

3. 配股条件

上市公司向原股东配股的，除了要符合公开发行股票一般规定外，还应当符合下列规定：

（1）拟配售股份数量不超过本次配售股份前股本总额的30%；

（2）控股股东应当在股东大会召开前公开承诺认配股份的数量；

（3）采用证券法规定的代销方式发行。

控股股东不履行认配股份的承诺，或者代销期限届满，原股东认购股票的数量未达到拟配售数量70%的，发行人应当按照发行价并加算银行同期存款利息返还已经认购的股东。

4. 配股除权价格及配股权价值

除权价格	通常配股股权登记日后要对股票进行除权处理。除权后股票的理论除权基准价格为： $配股除权价格=\frac{配股前股票市值+配股价格\times配股数量}{配股前股数+配股数量}$ $=\frac{配股前每股价格+配股价格\times股份变动比例}{1+股份变动比例}$ 【提示】如果除权后股票交易市价高于该除权基准价格，这种情形使得参与配股的股东财富较配股前有所增加，一般称之为“填权”；反之股价低于除权基准价格则会减少参与配股股东的财富，一般称之为“贴权”
配股权价值	一般来说，老股东可以以低于配股前股票市价的价格购买所配发的股票，即配股权的执行价格低于当前股票价格，此时配股权是实值期权，因此配股权具有价值。 $每股股票配股权价值=\frac{配股后股票价格-配股价格}{购买一股新股所需的认股权数}$

【例10-12】（2019年单选题）甲公司股票每股市价20元，以配股价格每股16元向全体股东每10股配售10股。拥有甲公司95%股权的投资者行使了配股权，乙持有甲公司股票1 000股，未行使配股权，配股除权使乙的财富（　　）。

A. 减少1 950元

B. 增加100元

C. 减少2 000元

D. 不发生变化

【答案】A

【解析】配股除权参考价＝(20＋16×10/10×95%)/(1＋95%)＝18.05(元)

乙的财富的变动额＝1 000×18.05－1 000×20＝－1 950(元)。

【例10-13】（2018年单选题）甲公司有普通股20 000股，拟采用配股的方式进行融资。每10股配3股，配股价为16元/股，股权登记日收盘市价20元/股。假设共有1 000股普通股的原股东放弃配股权，其他股东全部参与配股，配股后除权参考价是（　　）元。

A. 19.11　　B. 18

C. 20　　D. 19.2

【答案】A

【解析】配股后除权参考价＝(20 000×20＋16×19 000/10×3)/(20 000＋19 000/10×3)＝19.11（元）。

【例10-14】（2016年单选题）甲公司采用配股方式进行融资，拟每10股配1股，配股前价格每股9.1元，配股价格每股8元。假设所有股东均参与配股，则配股除权价格是（　　）元。

A. 8　　B. 8.8

C. 9　　D. 10.01

【答案】C

【解析】配股除权价格＝(配股前每股价格

+配股价格×股份变动比例)/(1+股份变动比例)=(9.1+8×10%)/(1+10%)=9（元）。

【例10-15】（2014年单选题）甲公司采用配股方式进行融资。每10股配2股，配股前股价为6.2元。配股价为5元。如果除权日股价为5.85元。所有股东都参加了配股。除权日股价下跌（　　）。

A. 2.42%　　　　B. 2.50%

C. 2.56%　　　　D. 5.65%

【答案】B

【解析】配股除权价格=(配股前每股价格+配股价格×股份变动比例)/(1+股份变动比例)=(6.2+5×0.2)/(1+0.2)=6（元/股），除权日股价下跌(6-5.85)/6×100%=2.50%。

【例10-16】（2012年单选题）配股是上市公司股权再融资的一种方式。下列关于配股的说法中，正确的是（　　）。

A. 配股价格一般采取网上竞价方式确定

B. 配股价格低于市场价格，会减少老股东的财富

C. 配股权是一种看涨期权，其执行价格等于配股价格

D. 配股权价值等于配股后股票价格减配股价格

【答案】C

【解析】配股一般采取网上定价的方式，配股价格由主承销商和发行人协商确定，选项A错误；配股权是一种看涨期权，执行价格等于配股价格，若配股价格低于市场价格，只能表明配股权是实值期权，但不能判断老股东财富的变化情况，所以选项B错误；配股权价值=(配股后股票价格-配股价格)/购买一股新股所需的认股权数，所以选项D错误。

【例10-17】（计算分析题）A公司采用配股的方式进行融资。2014年3月21日为配股除权登记日，以公司2013年12月31日总股本100 000股为基数，拟每10股配2股。配股价格为配股说明书公布前20个交易日公司股票收盘价平均值的5元/股的80%，即配股价格为4元/股。

假定在分析中不考虑新募集投资的净现值引起的企业价值的变化，计算并分析：

(1) 在所有股东均参与配股的情况下，配股后的每股价格。

(2) 计算每一份优先配股权的价值。

(3) 假设某股东拥有10 000股A公司股票，若配股后的股票市价与配股的除权价格一致，计算若该股东参与配股，对该股东财富的影响。

(4) 假设某股东拥有10 000股A公司股票，若配股后的股票市价与配股的除权价格一致，计算只有该股东未参与配股，该股东财富有何变化。

【答案及解析】

(1) 由于不考虑新投资的净现值引起的企业价值的变化，配股后股票的价格应等于配股除权价格。

配股后每股价格=(500 000+20 000×4)/(100 000+20 000)=4.833（元/股）。

(2) 在股票的市场价值正好反映新增资本的假设下，新的每股市价为4.833元。

由于原有股东每拥有10份股票将得到2份配股权，故为得到一股新股份配股权，需要5份认股权数。因此：

配股权的价值=(4.833-4)/5=0.167（元）。

(3) 假设某股东拥有10 000股A公司股票，配股前价值=50 000元

参与配股投资额=4×2 000=8 000（元）

股东配股后拥有股票总价值为=4.833×12 000=58 000（元）

股东财富的情况没有变化。

(4) 如果该股东没有参与配股：

配股前价值=50 000元

配股后股票的价格=(500 000+18 000×4)/(100 000+18 000)=4.847（元/股）

股东配股后股票价值=4.847×10 000=48 470（元）

股东财富损失=50 000-48 470=1 530（元）。

（二）增发新股

增发方式的选择：

区别	公开增发	非公开增发
增发对象	没有特定的发行对象，股票市场上的投资者均可以认购	(1) 机构投资者：大体可以划分为财务投资者和战略投资者。 ①财务投资者：通常以获利为目的，通过短期持有上市公司股票适时套现，实现获利的法人，他们一般不参与公司的重大的战略决策。

续表

区别	公开增发	非公开增发
增发对象		②战略投资者：他们与发行公司业务联系紧密且欲长期持有发行公司股票。上市公司通过非公开增发引入战略投资者不仅获得战略投资者的资金，还有助于引入其管理理念与经验，改善公司治理。 （2）大股东及关联方：指上市公司的控股股东或关联方
增发新股的规定	（1）最近3个会计年度连续盈利（扣除非经营性损益后的净利润与扣除前的净利润相比，以低者作为计算依据）。 （2）最近3个会计年度加权平均净资产报酬率平均不低于6%（扣除非经营性损益后的净利润与扣除前的净利润相比，以低者作为加权平均净资产报酬率的计算依据）。 （3）发行价格应不低于公告招股意向书前20个交易日公司股票均价或前1个交易日的均价。 （4）近24个月内曾公开发行证券的，不存在发行当年营业利润比上年下降50%以上的情形。 （5）最近3年以现金方式累计分配的利润不少于最近3年实现的年均可分配利润的30%。 （6）除金融企业外，最近1期期末不存在持有金额较大的交易性金融资产和可供出售的金融资产、借予他人款项、委托理财等财务性投资的情形	非公开增发没有过多发行条件上的限制，除发行对象为境外机构投资者需经国务院相关部门事先批准外，一般只要发行对象符合要求，且数量上不超过10名，并且不存在一些严重损害投资者合法权益和社会公共利益的情形均可申请非公开发行股票
增发新股的定价	发行价格应不低于公告招股意向书前20个交易日公司股票均价或前1个交易日的均价的原则确定增发价格	发行价格应不低于定价基准日前20个交易日公司股票均价的80%
增发新股的认购方式	通常为现金认购	不限于现金，还包括股权、债权、无形资产、固定资产等非现金资产

【提示】增发对新老股东财富的影响。

若：增发价格 > 现行市价，则老股东财富增加，新股东财富减少，绝对值相等；

若：增发价格 < 现行市价，则老股东财富减少，新股东财富增加，绝对值相等。

（三）股权再融资对企业的影响

要点	说明
资本结构	负面：降低资产负债率，可能增大资本成本； 正面：如果有助于企业目标资本结构的实现，增强财务稳健性、降低债务违约风险，就会降低加权平均资本成本，增加企业价值
财务状况	负面：在企业运营及盈利状况不变的情况下，会降低财务杠杆水平和净资产收益率； 正面：获得正的投资活动净现值，或者能够改善资本结构，降低资本成本，有利于增加企业的价值
控制权	（1）就配股而言，控股股东只要不放弃认购的权利，就不会削弱控制权； （2）公开增发会引入新股东，股东控制权受增发认购数量影响； （3）非公开增发若面向财务投资者和战略投资者增发，会降低控股股东的控股比例，但财务投资者和战略投资者与控股股东有良好的合作关系，一般不会威胁控制权； （4）若面向控股股东的增发是为了收购其优质资产或实现集团整体上市，则会提高控股股东的控制比例，增强其控制权

第三节 混合筹资

一、优先股筹资（能力等级2）

优先股是指股份持有人优先于普通股股东分配公司利润和剩余财产，但参与公司决策管理等权利受到限制的股份。

（一）上市公司发行优先股的一般条件、特别规定及其他规定

要求	说明
上市公司发行优先股的一般条件	（1）最近3个会计年度实现的年均可分配利润应当不少于优先股1年的股息。 （2）最近3年现金分红情况应当符合公司章程及中国证监会的有关监管规定。 （3）报告期不存在重大会计违规事项。 （4）已发行的优先股不得超过公司普通股股份总数的50%，且筹资金额不得超过发行前净资产的50%，已回购、转换的优先股不纳入计算
上市公司公开发行优先股的特别规定	1. 上市公司公开发行优先股，应当符合以下情形之一 （1）其普通股为上证50指数成分股； （2）以公开发行优先股作为支付手段收购或吸收合并其他上市公司； （3）以减少注册资本为目的回购普通股的，可以公开发行优先股作为支付手段，或者在回购方案实施完毕后，可公开发行不超过回购减资总额的优先股。 中国证监会核准公开发行优先股后不再符合第（1）项情形的，上市公司仍可实施本次发行。 2. 最近3个会计年度应当连续盈利 扣除非经常性损益后的净利润与扣除前净利润相比，以孰低者作为计算依据。 3. 上市公司公开发行优先股应当在公司章程中规定以下事项 ①采取固定股息率； ②在有可分配税后利润的情况下必须向优先股股东分配股息； ③未向优先股股东足额派发股息的差额部分应当累积到下一个会计年度； ④优先股股东按照约定的股息率分配股息后，不再同普通股股东一起参加剩余利润分配。 商业银行发行优先股补充资本的，可就第②项和第③项事项另行约定。 4. 上市公司公开发行优先股的，可以向原股东优先配售 5. 最近36个月内因违反工商、税收、土地、环保、海关法律、行政法规或规章，受到行政处罚且情节严重的，不得公开发行优先股 6. 公司及其控股股东或实际控制人最近12个月内应当不存在违反向投资者作出的公开承诺的行为
上市公司发行优先股的其他规定	（1）优先股每股票面金额为100元，发行价格不得低于优先股票面金额。 【提示】公开发行优先股的价格或票面股息率以市场询价或证监会认可的其他公开方式确定。非公开发行优先股的票面股息率不得高于最近两个会计年度的年均加权平均净资产收益率。 （2）上市公司不得发行可转换为普通股的优先股。但商业银行可根据商业银行资本监管规定，非公开发行触发事件发生时强制转换为普通股的优先股，并遵守有关规定。 （3）上市公司非公开发行优先股仅向本办法规定的合格投资者发行，每次发行对象不得超过200人，且相同条款优先股的发行对象累计不得超过200人

（二）优先股的筹资成本

结论	解释
同一公司的优先股股东要求的必要报酬率比债权人高	优先股投资的风险比债券大。当企业面临破产时，优先股的求偿权低于债权人。在公司财务困难的时候，债务利息会被优先支付，优先股股利则其次
同一公司的优先股股东的必要报酬率比普通股股东低	优先股投资的风险比普通股低。当企业面临破产时，优先股股东的求偿权优先于普通股股东。在公司分配利润时，优先股股息通常固定且优先支付，普通股股利只能最后支付

（三）优先股筹资的优点和缺点

优点	1. 与债券相比，不支付股利不会导致公司破产；没有到期期限，不需要偿还本金
	2. 与普通股相比，发行优先股一般不会稀释股东权益
缺点	1. 优先股股利不可以税前扣除，是优先股筹资的税收劣势。其税后成本高于负债筹资
	2. 优先股的股利通常被视为固定成本，与负债筹资的利息没有什么差别，会增加公司的财务风险并进而增加普通股的成本

（四）永续债

	性质	特征
永续债	具有一定权益属性的债务工具，也是一种混合筹资工具	（1）虽然具有权益属性，但不能参与企业决策和股利分配。 （2）除公司破产等原因外，一般不能要求偿还本金。 （3）如果发行方出现破产重组等情形，偿还顺序在一般债券之后，普通股之前

【例 10-18】（2019 年多选题）优先股股东比普通股东的优先权体现在（　　）。

A. 优先取得剩余财产

B. 优先获得股息

C. 优先出席股东大会

D. 公司重大决策的优先表决权

【答案】AB

【解析】优先股股东比普通股股东的优先权体现在优先分配利润，优先分配剩余财产。

【例 10-19】（2017 年多选题）下列情形中，优先股股东有权出席股东大会行使表决权的有（　　）。

A. 公司增发优先股

B. 公司一次或累计减少注册资本超过 10%

C. 修改公司章程中与优先股有关的内容

D. 公司合并、分立、解散或变更公司形式

【答案】ABCD

【解析】除以下情况外，优先股股东不出席股东大会会议，所持股份没有表决权：①修改公司章程中与优先股相关的内容；②一次或累计减少公司注册资本超过 10%；③公司合并、分立、解散或变更公司形式；④发行优先股；⑤公司章程规定的其他情形。上述事项的决议，除须经出席会议的普通股股东（含表决权恢复的优先股股东）所持表决权的 2/3 以上通过之外，还须经出席会议的优先股股东（不含表决权恢复的优先股股东）所持表决权的 2/3 以上通过。

【例 10-20】（2015 年多选题）相对普通股而言，下列各项中，属于优先股特殊性的有（　　）。

A. 当公司破产清算时，优先股股东优先于普通股股东求偿

B. 当公司分配利润时，优先股股东优先于普通股股利支付

C. 当公司选举董事会成员时，优先股股东优先于普通股股东当选

D. 当公司决定合并、分立时，优先股股东表决权优先于普通股股东

【答案】AB

【解析】优先股有如下特殊性：（1）优先分配利润。优先于普通股股东分配公司利润；（2）优先分配剩余财产。公司因解散、破产等原因进行清算时，公司财产在按照公司法和破产法有关规定进行清偿后的剩余财产，应当优先向优先股股东支付未派发的股息和公司章程约定的清算金额；（3）表决权限制。所以，选项 A、B 正确。

二、附认股权证债券筹资（能力等级 3）

（一）认股权证的特征

认股权证是公司向股东发放的一种凭证，授权其持有者在一个特定期间以特定价格购买特定数量的公司股票。

1. 认股权证与看涨期权的比较

比较	认股权证	看涨期权
相同点	均以股票为标的资产，其价值随股票价格变动； 均在到期前可以选择执行或不执行，具有选择权； 均有一个固定的执行价格	
区别点	执行时，需要新发股票，稀释每股收益和股价	执行时，股票来自二级市场，不存在稀释问题； 标准化期权合约，行权时只与发行方结清价差，不涉及股票交易
	期限长，可以长达 10 年或更长	期限短，通常只有几个月
	假设有效期内不分红很不现实，不能应用 B-S 模型估价	适用 B-S 模型估价

2. 发行认股权证的用途

最初功能	公司增发新股时，给原有股东配发，使其按优惠价格购买新股或直接出售认股权证，以弥补新股发行的稀释损失
奖励期权	作为奖励发给本公司的管理人员或投资银行机构
筹资工具	作为发行债券的促销手段，吸引投资者购买票面利率低于市场要求的长期债券（附认股权证债券）

（二）附认股权证债券的筹资成本

附认股权证债券，是指公司债券附认股权证，持有人依法享有在一定期间内按约定价格（执行价格）认购公司股票的权利，是“债券＋认股权证”的产品组合。

1. 附认股权证债券的类型

（1）分离型与非分离型：

分离型	认股权证与公司债券可以分开，单独在流通市场上自由买卖
非分离型	认股权证无法与公司债券分开，两者存续期限一致，同时流通转让，不得分开转让，近似于可转债

（2）现金汇入型与抵缴型：

现金汇入型	当持有人行使认股权利时，必须再拿出现金来认购股票
抵缴型	公司债票面金额本身可按一定比例直接转股，如现行可转换公司债的方式

2. 分离型附认股权证债券的筹资成本

等风险普通债券市场利率＜附认股权证债券的税前筹资成本（投资者的税前期望报酬率）＜税前普通股成本

理由：

①若低于等风险普通债券市场利率，则投资者不接受——认股权证和债券组合的风险大于直接债务投资。

②若高于税前普通股成本，则发行人不接受——不如直接增发新股。

（三）附认股权证债券筹资的优点和缺点

特点	说明
优点	1. 可以起到一次发行、二次融资的作用 2. 可以有效降低融资成本，发行人主要是高速增长的小公司，借此以潜在的股权稀释为代价换取较低的利息
缺点	1. 灵活性较差 （1）发行人一直都有偿还本息的义务，在市场利率大幅降低时，发行人需要承担一定的机会成本； （2）发行的主要目的是发行债券而不是股票，是为了发债而附带期权，若将来股价大大超过执行价格（比发行时的股价高出20%～30%），原有股东会蒙受较大损失。 2. 承销费用高于债务融资

【例10－21】（2015年单选题）下列关于认股权证与股票看涨期权共同点的说法中，正确的是（　　）。

A. 两者行权后均会稀释每股价格

B. 两者均有固定的行权价格

C. 两者行权后均会稀释每股收益

D. 两者行权时买入的股票均来自二级市场

【答案】B

【解析】看涨期权执行时，其股票来自二级市场，不存在稀释每股收益和股价问题；当认股权证执行时，股票是新发股票，不是来自二级市场会引起股份数的增加，从而稀释每股收益和股价，选项A、C、D错误。

【例10－22】（2013年多选题）下列关于认股权证与看涨期权的共同点的说法中，错误的有（　　）。

A. 行权时都能稀释每股收益

B. 都能使用布莱克—斯科尔斯模型定价

C. 都能作为筹资工具

D. 都有一个固定的行权价格

【答案】ABC

【解析】看涨期权执行时，其股票来自二级市场，不存在稀释每股收益问题，当认股权证执行时，股票是新发股票，会引起股份数的增加，从而稀释每股收益和股价，选项A错误；认股权证期限长，可以长达10年，甚至更长，不能用布莱克—斯科尔斯模型定价；认股权证与公司债券同时发行，用来吸引投资者购买票面利率低于市场要求的长期债券，具有筹资工具的作用，但是看涨期权没有筹资工具的作用。

三、可转换债券筹资（能力等级3）

（一）可转换债券的主要条款

条款	含义	说明
1. 可转换性	可以转换为特定公司的普通股	这种转换，在资产负债表上只是负债转换为普通股，并不增加额外的资本。这种转换是一种期权，证券持有人可以选择转换，也可选择不转换而继续持有债券

续表

条款	含义	说明
2. 转换价格	转换发生时投资者取得普通股所支付的实际价格； 转换价格 = 债券面值/转换比率	转换价格越高，转换成的普通股越少
3. 转换比率	债权人通过转换可获得的普通股股数； 转换比率 = 债券面值/转换价格	转换比率越高，转换成的普通股越多
4. 转换期	可转换债券转换为股份的起始日至结束日的期间	可以与债券期限相同，也可以小于债券期限
5. 赎回条款	发行企业提前买回债券的有关条款	不可赎回期：从债券发行时起算
		赎回期：在不可赎回期之后
		赎回价格：一般高于可转换债券面值，两者之差为赎回溢价。赎回溢价随债券到期日的临近而减少
		赎回条件：目的是促使债券持有人尽快转换，同时也可使公司免受利率下降后的损失或限制持有人享受收益的好处
6. 回售条款	债券持有人按规定的价格将可转换债券卖给发行公司	保护债券持有人的利益，吸引投资者
7. 强制性转换条款	债券持有人必须将可转换债券转换为股票的条款	保证转股的顺利进行，扩大权益筹资

【例 10－23】（2019 年多选题）为确保债券平价发行，假设其他条件不变，下列各项可导致票面利率降低的有（　　）。

A. 附转换条款

B. 附认股权证

C. 附赎回条款

D. 附回售条款

【答案】AB

【解析】可转换债券（附转换条款）和附认股权证债券（附认股权证）在平价发行时，均会导致票面利率降低。

【例 10－24】（2016 年单选题）有些可转换债券在赎回条款中设置不可赎回期，其目的是（　　）。

A. 防止赎回溢价过高

B. 保证可转换债券顺利转换成股票

C. 防止发行公司过度使用赎回权

D. 保证发行公司长时间使用资金

【答案】C

【解析】在赎回条款中设置不可赎回期的目的就是保护债券持有人的利益，防止发行企业滥用赎回权。

（二）可转换债券的筹资成本

可转换债券的持有者，同时拥有 1 份债券和 1 份股票的看涨期权。但是为了执行看涨期权必须放弃债券。

1. 债券价值

债券的价值是其不能被转换时的售价。

债券的价值 = 利息的现值 + 本金的现值

2. 转换价值

转换价值是债券必须立即转换时的债券售价。

转换价值 = 股价 × 转换比例

3. 可转换债券的最低价值（底线价值）

可转换债券的最低价值，应当是债券价值和转换价值两者中较高者。

4. 可转换债券的税前成本（税前）

买价 = 利息现值 + 可转换债券的最低价值（通常是转换价值）现值

【提示】如果它的税后成本高于权益成本，则不如直接增发普通股；如果它的税前成本低于普通债券的利率则对投资人没有吸引力。因此可转换债券的税前筹资成本应在普通债券利率与税前股权成本之间。

【例 10－25】（2016 年多选题）在其他条件不变的情况下，关于单利计息、到期一次还本付息的可转换债券的内含报酬率，下列各项中正确的有（　　）。

A. 债券期限越长，债券内含报酬率越高

B. 票面利率越高，债券内含报酬率越高

C. 转换价格越高，债券内含报酬率越高

D. 转换比率越高，债券内含报酬率越高

【答案】BD

【解析】如果选择持有到到期日，债券的内含报酬率取决于债券发行价格与面值的关系，对于平价债券，期限长短与内含报酬率无关；如果不是平价发行，期限越长债券投资收益率越偏离票面利率，溢价购买债券，期限越长内含报酬率越高，折价购买债券，期限越长内含报酬率越低，所以选项A错误；债券转换价格高，则表明转换比率低，债券内含报酬率越低。

【例10-26】(2014年单选题) 甲公司拟发行可转换债券，当前等风险普通债券的市场利率为5%，股东权益成本为7%。甲公司的企业所得税税率为20%。要使发行方案可行，可转换债券的税后资本成本的区间为(　　)。

A. 4%~7%

B. 5%~7%

C. 4%~8.75%

D. 5%~8.75%

【答案】A

【解析】等风险普通债券的税后利率 = 5% × (1 - 20%) = 4%，所以可转换债券的税后资本成本的区间是4%~7%。

【例10-27】(单选题) 甲公司于3年前发行了可转换债券，期限为10年，该债券面值为1 000元，票面利率为8%，市场上相应的公司债券利率为10%，假设该债券的转换比率为20，当前对应的每股股价为44.5元，则该可转换债券当前的底线价值为(　　)元。

A. 890　　B. 877.11

C. 902.67　　D. 950.26

【答案】C

【解析】债券价值 = 1 000 × 8% × (P/A, 10%, 7) + 1 000 × (P/F, 10%, 7) = 902.67，转股价值 = 20 × 44.5 = 890。底线价值是债券价值和转股价值两者中的较高者。

【例10-28】(2019年综合题) 甲公司是一家制造业上市公司，目前公司股票每股38元，预计股价未来增长率7%；长期借款合同中保护性条款约定甲公司长期资本负债率不可高于50%、利息保障倍数不可低于5倍。为占领市场并优化资本结构，公司拟于2019年末发行可转换债券筹资20 000万元。为确定筹资方案是否可行，收集资料如下：

资料一：甲公司2019年预计财务报表主要数据。

单位：万元

资产负债表项目	2019年末
资产总计	85 000
流动负债	5 000
长期借款	20 000
股东权益	60 000
负债和股东权益总计	85 000
利润表项目	2019年度
营业收入	187 500
财务费用	1 000
利润总额	10 000
所得税费用	2 500
净利润	7 500

甲公司2019年财务费用均为利息费用，资本化利息250万元。

资料二：筹资方案。

甲公司拟平价发行可转换债券，面值1 000元，票面利率6%，期限10年，每年末付息一次，到期还本。每份债券可转换20股普通股，不可赎回期5年，5年后赎回价格1 030元，此后每年递减6元。不考虑发行成本等其他费用。

资料三：甲公司尚无上市债券，也找不到合适的可比公司，评级机构评定甲公司的信用级别为AA级。目前上市交易的AA级公司债券及与之到期日相近的政府债券信息如下：

公司债券			政府债券	
发行公司	到期日	到期收益率	到期日	到期收益率
乙	2022年11月30日	5.69%	2022年12月10日	4.42%
丙	2025年1月1日	6.64%	2024年11月15日	5.15%
丁	2029年11月30日	7.84%	2029年12月10日	5.96%

甲公司股票目前β系数1.25，市场风险溢价5%，企业所得税税率25%。假设公司所筹集资金全部用于购置资产，资本结构以长期资本账面价值计算权重。

资料四：如果甲公司按筹资方案发债，预计2020年营业收入比2019年增长25%，财务费用在2019年财务费用基础上增加新发债券利息，资本化利息保持不变，企业应纳税所得额为利润总额，营业净利率保持2019年水平不变，不分配现金股利。

要求：

1. 根据资料一，计算筹资前长期资本负债率、利息保障倍数。

2. 根据资料二，计算发行可转换债券的资本成本。

3. 为判断筹资方案是否可行，根据资料三，利用风险调整法，计算甲公司税前债务资本成本；假设无风险利率，参考10年期政府债券到期收益率，计算筹资后股权资本成本。

4. 为判断是否符合借款合同中保护性条款的要求，根据资料四，计算筹资方案执行后2020年末长期资本负债率、利息保障倍数。

5. 基于上述结果，判断筹资方案是否可行，并简要说明理由。

【答案】

(1) 长期资本负债率 = 20 000/(20 000 + 60 000) = 25%

利息保障倍数 = (10 000 + 1 000)/(1 000 + 250) = 8.8。

(2) 转换价值 = 20 × 38 × (1 + 7%) = 1 065.94（元）

拟平价发行可转换债券，所以票面利率低于等风险普通债券市场利率，所以纯债券价值小于1 000元，因此底线价值 = 转换价值 = 1 065.94（元）。

在5年年末，底线价值大于赎回价格，所以应选择进行转股。

1 000 = 1 000 × 6% × (P/A, r_d, 5) + 1 065.94 × (P/F, x, 5)

当 r_d = 7% 时，1 000 × 6% × (P/A, 7%, 5) + 1 065.94 × (P/F, 8%, 5) = 1 006.03（元）

当 r_d = 8% 时，1 000 × 6% × (P/A, 8%, 5) + 1 065.94 × (P/F, 8%, 5) = 965.043（元）

(r_d − 7%)/(8% − 7%) = (1 000 − 1 006.03)/(965.04 − 1 006.03)

解得：r_d = 7.15%。

(3) 甲公司税前债务资本成本 = [(5.69% − 4.42%) + (6.64 − 5.15%) + (7.84% − 5.95%)]/3 + 5.95% = 7.5

筹资后股权资本成本 = 1.25 × 5% + 5.95% = 12.2%。

(4) 股东权益增加 = 7 500 × (1 + 25%) = 9 735（万元）

长期资本负债率 = (20 000 + 20 000)/(20 000 + 20 000 + 60 000 + 9 375) = 36.57%

利息保障倍数 = [7 500 × (1 + 25%)/(1 − 25%) + 1 000 + 20 000 × 6%]/1 000 + 20 000 × 6% + 250 = 6

长期资本负债率低于50%，利息保障倍数高于5倍，符合借款合同中保护性条款的要求。

(5) 可转换债券，税前资本成本7.15%小于税前债务资本成本7.5%，筹资方案不可行。

（三）可转换债券筹资的优点和缺点

特点	解释
优点	(1) 与普通债券相比，可转换债券使得公司能够以较低的利率取得资金。降低了公司前期的筹资成本。 (2) 与普通股相比，可转换债券使得公司取得了以高于当前股价出售普通股的可能性。有利于稳定公司股票价格
缺点	(1) 股价上涨风险。公司只能以较低的固定转换价格换出股票，会降低公司的股权筹资额。 (2) 股价低迷风险。发行可转换债券后，如果股价没有达到转股所需要的水平，可转债持有者没有如期转换普通股，则公司只能继续承担债务。在订有回售条款的情况下，公司短期内集中偿还债务的压力会更明显。 股价低迷风险。 (3) 筹资成本高于普通债券。尽管可转换债券的票面利率比普通债券低，但是加入转股成本之后的总筹资成本比普通债券要高

（四）可转换债券和认股权证的区别

项目	可转换债券	认股权证
1. 性质不同	在转换时没有增加新的资本	在认购股份时给公司带来新的权益资本

续表

项目	可转换债券	认股权证
2. 灵活性不同	类型繁多，千姿百态	灵活性较少
3. 适用情况不同	主要目的是发行股票而不是债券，只是因为当前股价偏低，希望通过将来转股以实现较高的股票发行价	主要目的是发行债券而不是股票，是为了发债而附带期权，只是因为当前利率要求高，希望通过捆绑期权吸引投资者以降低利率
4. 两者的发行费用不同	承销费用与纯债券类似	承销费用介于债务融资和普通股之间

第四节 租赁筹资

一、租赁的原因及概念（能力等级 1）

租赁，指在约定的期间内，出租人将资产使用权让与承租人以获取租金的合同。

（一）租赁的原因

原因	备注
1. 节税	节税是长期租赁存在的主要原因
2. 降低交易成本	交易成本的差别是短期租赁存在的主要原因
3. 减少不确定性	承租人不拥有租赁资产的所有权

（二）租赁的概念

要点	类型	特点
租赁的当事人	直接租赁	是指出租方（租赁公司或生产厂商）直接向承租人提供租赁资产的租赁形式。直接租赁只涉及出租人和承租人两方
	杠杆租赁	出租人引入资产时只支付引入所需款项（如购买资产的货款）的一部分（通常为资产价值的 20% ~40%），其余款项则以引入的资产或出租权等为抵押，向另外的贷款者借入；资产租出后，出租人以收取的租金向贷款者（债权人）还贷
	售后租回	是指承租人先将某资产卖给出租人，再将该资产租回的一种租赁形式

续表

要点	类型	特点
租赁期	短期租赁	短期租赁的时间明显少于租赁资产的经济寿命
	长期租赁	长期租赁的时间接近租赁资产的经济寿命
租赁费用	不完全补偿租赁	是指租金不足以补偿租赁资产的全部成本的租赁
	完全补偿租赁	是指租金超过资产全部成本的租赁
租赁的撤销	可以撤销租赁	是指合同中注明承租人可以随时解除租赁。通常，提前终止合同，承租人要支付一定的赔偿额
	不可撤销租赁	是指在合同到期前不可以单方面解除的租赁。如果经出租人同意或者承租人支付一笔足够大的额外款项，从而得到对方的认可，不可撤销租赁也可以提前终止
租赁资产的维修	毛租赁	指由出租人负责资产维护的租赁
	净租赁	指由承租人负责资产维护的租赁

【例 10－29】（多选题）杠杆租赁涉及的当事人有（　　）。

A. 出租人　　B. 承租人

C. 设备出售人　　D. 资金出借人

【答案】ABD

【解析】设备出售人与杠杆租赁无关。

（四）租赁费用

报价形式	租金包括的内容
1. 合同分别约定租金、利息和手续费	租赁资产的购置成本
2. 合同分别约定租赁费和手续费	（1）租赁资产的购置成本； （2）相关的利息
3. 合同只约定一项综合租金，没有分项的价格	（1）租赁资产的购置成本； （2）相关的利息； （3）营业成本； （4）出租人的利润

【例 10－30】（单选题）2017 年 9 月承租人和出租人签订了一份租赁合同，合同规定租赁资产的购置成本 200 万元，承租人分 10 年偿还，每年支付租金 20 万元，在租赁开始

日首付，尚未偿还的租赁资产购置成本以5%的年利率计算并支付利息，在租赁开始日首付。租赁手续费为15万元，于租赁开始日一次性付清。根据这份租赁合同，下列表述中，正确的是（　　）。

A. 租金仅指租赁资产的购置成本

B. 租金不仅仅指租赁资产的购置成本

C. 仅以手续费补偿出租人的期间费用

D. 利息和手续费就是出租人的利润

【答案】A

【解析】合同分别约定租金、利息和手续费，租金仅指租赁资产的购置成本，利息和手续费用于补偿出租人的营业成本，如果还有剩余则成为利润。本题手续费和利息是分别支付的，所以选项A的说法正确。

二、经营租赁和融资租赁（能力等级3）

（一）经营租赁和融资租赁的区别

要点	经营租赁	融资租赁
目的	取得经营活动需要的短期使用的资产	取得拥有长期资产所需要的资本
特征	短期（最主要特征）、可撤销、不完全补偿的毛租赁	长期（最主要特征）、不可撤销、完全补偿的净租赁
租期届满资产处置	出租方再出租给其他承租人，或作为二手设备出售	承租人以极低的租赁费继续无限期使用；出租人变卖资产；出租人允许承租人以出租人名义转卖资产，所得收益大部分归承租人少部分给出租人

（二）租赁的税务处理

1. 税法没有规定租赁的分类标准，可以采用会计准则对租赁的分类和确认标准；税收法规规定了租赁资产的计税基础和扣除时间，并且与会计准则不一致，应遵循税收法规

类型	说明
融资租赁	满足以下一项或数项标准： （1）在租赁期届满时，租赁资产的所有权转移给承租人； （2）承租人有购买租赁资产的选择权，所订立的购买价格预计将远低于行使选择权时租赁资产的公允价值，因而在租赁开始日就可以合理确定承租人将会行使这种选择权； （3）租赁期占租赁资产可使用年限的大部分（通常解释为≥75%）； （4）租赁开始日最低租赁付款额的现值几乎相当于（通常解释为≥90%）租赁开始日租赁资产的公允价值； （5）租赁资产性质特殊，如果不做重新改制，只有承租人才能使用
经营租赁	除融资租赁以外的租赁，全部归入经营租赁

2. 以经营租赁方式租入固定资产发生的租赁费支出，按照租赁期均匀扣除

3. 以融资租赁方式租入固定资产发生的租赁费支出，按照规定构成融资租入固定资产价值的部分应当提取折旧费用，分期扣除

即：租赁费不能作为费用扣除，应作为取得成本构成租入固定资产的计税基础（相当于分期付款购买）。

计税基础（租赁资产原值）= 租赁合同约定的付款总额（未约定付款总额的为资产的公允价值）+ 承租人在签订租赁合同过程中发生的相关费用

【例10－31】（多选题）下列有关租赁的表述中，错误的有（　　）。

A. 按照税法规定以融资租赁方式租入固定资产发生的租赁费支出，应按照租赁期限均匀扣除

B. 租赁费用的经济内容包括出租人的租赁资产的购置成本、营业成本以及相关的利息

C. 按照我国会计准则的规定，租赁期为租赁资产使用年限的大部分（75%或以上）的租赁，被视为融资租赁

D. 在我国会计上的费用化租赁即为税法上的可直接抵扣租赁

【答案】AB

【解析】按照税法规定以经营租赁方式租入固定资产发生的租赁费支出，应按照租赁期限均匀扣除，选项A错误；租赁费用的经济内容包括出租人的全部出租成本和利润。出租成本包括租赁资产的购置成本、营业成本以及相关的利息，选项B错误。

（三）租赁的决策分析

要点	说明
租赁分析的基本模型	从融资角度分析，无论经营租赁还是融资租赁，都是“租赁融资”。 租赁净现值 = 租赁的现金流量总现值 - 借款购买的现金流量总现值
租赁分析的折现率	（1）租赁费的折现率——有担保的债券利率（高于无风险报酬率）： ①租赁费定期支付，类似债券的还本付息，折现率应采用类似债务的利率； ②租赁资产是租赁融资的担保物，租赁费用现金流和有担保贷款在经济上是等价的。 （2）折旧抵税额的折现率——高于租赁费的折现率。 折旧抵税的前提（全部折旧抵税额均有足够的应税所得用于抵税、适用税率不变）存在不确定性，因此，折旧抵税额的风险比租赁费大一些。 （3）期末资产余值的折现率——项目的必要报酬率即加权平均资本成本（持有资产的经营风险大于借款的风险）。 【提示】在实务中的惯例是统一使用有担保的债券利率作为折现率；同时，对于折旧抵税额和期末资产余值进行比较谨慎的估计，即根据风险大小适当调整预计现金流量
对投资决策的影响	有时一个投资项目按常规筹资有负的净现值，如果租赁的价值较大，抵补常规分析负的净现值后还有剩余，则采用租赁筹资可能使项目具有投资价值。经过租赁净现值调整的项目净现值称为“调整净现值”。 项目的调整净现值 = 项目的常规净现值 + 租赁净现值

【例 10 - 32】（2017 年计算分析题）甲公司是一家制造业企业，产品市场需求处于上升阶段，为增加产能，公司拟于 2018 年初添置一台设备。有两种方案可供选择：

方案一：自行购置。预计设备购置成本 1 600万元，按税法规定，该设备按直线法计提折旧，折旧年限 5 年，净残值率 6%，预计该设备使用 4 年，每年年末支付维护费用 16 万元，4 年后变现价值 400 万元。

方案二：租赁。甲公司租用设备进行生产，租赁期 4 年，设备的维护费用由提供租赁服务的公司承担，租赁期内不得撤租，租赁期满时设备所有权不转让，租赁费总计 1 480万元，分 4 年偿付，每年年初支付 370 万元。甲公司的企业所得税税率为 25%，税前有担保的借款利率为 8%。

要求：

（1）计算方案一的初始投资额、每年折旧抵税额、每年维护费用税后净额、4 年后设备变现税后净额，并计算考虑货币时间价值的平均年成本。

（2）判断租赁性质，计算方案二的考虑货币时间价值的平均年成本。

（3）比较方案一和方案二的平均年成本，判断甲公司应选择方案一还是方案二。

【答案及解析】

（1）①初始投资额 = 1 600（万元）

②每年折旧 = (1 600 - 1 600 × 5%)/5 = 304（万元）

每年折旧抵税额 = 304 × 25 % = 76（万元）

③每年维护费用税后净额 = 16 × (1 - 25%) = 12（万元）

④年后账面价值 = 1 600 - 304 × 4 = 384（万元）

4 年后设备变现税后净额 = 400 - (400 - 384) × 25% = 396（万元）

⑤税后有担保的借款利率 = 8% × (1 - 25%) = 6%

现金流出总现值 = 1 600 + (- 76 + 12) × (*P/A*, 6%, 4) - 396 × (*P/F*, 6%, 4) = 1 600 + (- 76 + 12) × 3.4651 - 396 × 0.7921 = 1 064.56（万元）

平均年成本 = 1 064.56/(*P/A*, 6%, 4) = 1 064.56/3.4651 = 307.22（万元）。

（2）租赁期占租赁资产可使用年限 = 4/5 = 80%，大于 75%，所以属于融资租赁。

每年折旧 = (1 480 - 1 480 × 5%) /5 = 281.2（万元）

每年折旧抵税额 = 281.2 × 25% = 70.3（万元）

4 年后账面价值 = 1 480 - 281.2 × 4 = 355.2（万元）

4 年后设备变现税后净额 = 355.2 × 25% = 88.8（万元）

现金流出总现值 = 370 × (*P/A*, 6%, 4) × (1 + 6%) - 70.3 × (*P/A*, 6%, 4) - 88.8 ×

$(P/A, 6\%, 4) = 370 \times 3.4651 \times (1+6\%) - 70.3 \times 3.4651 - 88.8 \times 0.7921 = 1\ 045.08$（万元）

平均年成本 $= 1\ 045.08/(P/A, 6\%, 4) = 1\ 045.08/3.4651 = 301.60$（万元）。

（3）方案一的平均年成本大于方案二的平均年成本，所以甲公司应选择方案二。

三、售后回租（能力等级3）

是指卖主（即承租人）将一项自制或外购的资产出售后，又将该项资产从买主（即出租人）租回。在售后回租方式下，卖主同时是承租人，买主同时是出租人。

（一）会计处理

出租人会计处理	同其他租赁业务的会计处理没有什么区别
承租人会计处理	同其他租赁业务的会计处理有所不同。售后回租交易所产生的任何损益均应在以后各受益期采用合理的方法进行分摊，而不是确认为当期损益

（二）税务处理

承租人税务处理	融资性售后回租业务中，承租人出售资产的行为，不确认为营业收入，对融资性租赁的资产，仍按承租人出售原账面价值作为计税基础计提折旧。租赁期间，承租人支付的属于融资利息的部分，作为企业财务费用在税前扣除
出租人税务处理	对于出租人的租金收入，企业所得税法并未就如何计算应纳税所得额作出专门规定，企业可以按照财务、会计处理办法的规定确认收入或支出

【例10－33】（多选题）下列关于售后租回中说法正确的有（　　）。

A. 融资性售后回租业务中，承租人出售资产的行为，不确认为营业收入

B. 售后租回交易满足了会计准则规定的5条标准中的任何一条或数条，则应将该项交易认定为融资租赁

C. 租赁期间承租人支付的属于融资利息部分作为企业财务费用在税前扣除

D. 售后租回交易所产生的任何损益均应确认为当期损益

【答案】BC

【解析】对于出租人来讲，售后回租交易（无论是融资租赁还是经营租赁的售后回租交易）同其他租赁业务的会计处理没有什么区别。而对于承租人来讲，售后回租交易同其他租赁业务的会计处理有所不同。选项A不正确。售后租回交易所产生的任何损益均应在以后各种受益采用合理的方法进行分摊，而不是确认为当期损益。选项D不正确。

精选练习题

一、单项选择题

1. 假设A公司总股本的股数为100 000股，现采用公开方式发行20 000股，增发前一交易日股票市价为5元/股。老股东和新股东各认购了10 000股，假设不考虑新募集资金投资的净现值引起的企业价值的变化，在增发价格为4.5元/股的情况下，有关老股东和新股东的财富变化表述正确的是（　　）。

A. 新股东的财富减少等于老股东的财富增加

B. 新老股东的财富不变

C. 新股东的财富增加等于老股东的财富减少

D. 新股东的财富减少大于老股东的财富增加

2. 为了有利于引入战略投资者和机构投资者，上市公司应采取的发行方式为（　　）。

A. 配股

B. 公开增发股票

C. 非公开增发股票

D. 发行债券

3. A公司拟采用配股的方式进行融资。20×1年3月15日为配股除权登记日，以该公司20×0年12月31日总股本1 000万股为基数，每10股配2股。配股说明书公布之前20个交易日平均股价为5元/股，配股价格为4元/股。假定在分析中不考虑新募集投资的净现值引起的企业价值的变化，该配股股权的价值为（　　）元/股。

A. 4.83　　B. 0.17

C. 1.5　　D. 4

4. 短期租赁存在的主要原因在于（　　）。

A. 租赁双方的实际税率不同，通过租赁可以减税

B. 能够降低承租方的交易成本

C. 能够使承租人降低资本成本

D. 能够降低出租方的资本成本

5. 下列关于利用优先股筹资的特点说法错误的是（　　）。

A. 从投资者来看，优先股投资的风险比债券大

B. 从筹资者来看，优先股筹资的风险比债券大

C. 不支付股利不会导致公司破产

D. 优先股股利不可以税前扣除，其税后成本通常高于负债筹资

6. 下列有关租赁的表述中，正确的是（　　）。

A. 由承租人负责租赁资产维护的租赁，被称为毛租赁

B. 合同中注明出租人可以提前解除合同的租赁，被称为可以撤销租赁

C. 从承租人的角度来看，杠杆租赁与直接租赁并无区别

D. 典型的融资租赁是长期的、完全补偿的、不可撤销的毛租赁

7. 下列关于租赁的表述中，不正确的是（　　）。

A. 合同分别约定租金、利息和手续费时，租金指资产的购置成本

B. 合同分别约定租金和手续费时，租金指租赁资产的购置成本和相关的利息

C. 合同只约定一项综合租金时，租金包括租赁资产的购置成本、相关利息和营业成本

D. 出租成本包括租赁资产的购置成本、营业成本以及相关的利息

8. 甲公司2020年3月5日向乙公司购买了一处位于郊区的厂房，随后出租给丙公司。甲公司以自有资金向乙公司支付总价款的30%，同时甲公司以该厂房作为抵押向丁银行借入余下的70%价款。这种租赁方式是（　　）。

A. 经营租赁

B. 售后回租租赁

C. 杠杆租赁

D. 直接租赁

9. 在公司发行新股时，给原有股东配发一定数量的认股权证的主要目的是（　　）。

A. 为避免原有股东每股收益和股价被稀释

B. 作为奖励发给本公司的管理人员

C. 用来吸引投资者购买票面利率低于市场要求的长期债券

D. 为了促使股票价格上涨

10. 下列关于附带认股权债券的筹资成本表述正确的是（　　）。

A. 认股权证的筹资成本与普通股的资本成本基本一致

B. 认股权证的筹资成本与一般债券的资本成本一致

C. 认股权证的筹资成本应大于一般债券的资本成本但低于普通股的资本成本

D. 附带认股权证债券的利率较低，所以认股权证的筹资成本通常低于一般债券的资本成本

11. 如果企业在发行债券的契约中规定了允许提前偿还的条款（　　）。

A. 当预测年利息率下降时，一般应提前赎回债券

B. 当预测年利息率上升时，一般应提前赎回债券

C. 当债券投资人提出申请时，才可提前赎回债券

D. 当债券价格下降时，一般应提前赎回债券

12. 长期借款筹资与长期债券筹资相比，其特点是（　　）。

A. 利息能节税

B. 筹资弹性大

C. 筹资费用大

D. 债务利息高

13. 下列关于附认股权证债券的说法中，正确的是（　　）。

A. 附认股权证债券的筹资成本略高于公司直接增发普通股的筹资成本

B. 每张认股权证的价值等于附认股权证债券的发行价格减去纯债券价值

C. 附认股权证债券可以吸引投资者购买票面利率低于市场利率的长期债券

D. 认股权证在认购股份时会给公司带来

新的权益资本，行权后股价不会被稀释

二、多项选择题

1. 下列关于债券发行的说法中，正确的有（　　）。

A. 债券发行价格的形成受诸多因素的影响，其中主要是票面利率与市场利率的一致程度

B. 如果债券溢价发行，则投资者购买债券的报酬率会低于市场利率

C. 如果债券折价发行，则投资者购买债券的报酬率会高于市场利率

D. 如果债券平价发行，则投资者购买债券的报酬率会等于市场利率

2. 以下关于股权再融资的说法中，正确的有（　　）。

A. 采用股权再融资，会降低资产负债率

B. 在企业运营及盈利状况不变的情况下，可以提高净资产收益率

C. 可以改善企业资本结构

D. 配股筹资方式下，不会改变控股股东的控制权

3. 以公开、间接方式发行股票的特点有（　　）。

A. 发行范围广，易募足资本

B. 股票变现性强，流通性好

C. 有利于提高公司知名度

D. 发行成本低

4. 以下关于可转换债券的说法中，正确的有（　　）。

A. 在转换期内逐期降低转换比率，不利于投资人尽快进行债券转换

B. 在转换期内逐期提高转换价格，不利于投资人尽快进行债券转换

C. 设置赎回条款主要是为了保护发行企业与原有股东的利益

D. 设置回售条款可能会加大公司的财务风险

5. A 公司采用配股的方式进行融资。2010 年 3 月 25 日为配股除权登记日，以公司 2009 年 12 月 31 日总股本 1 000 000 股为基数，拟每 10 股配 1 股。配股价格为配股说明书公布前 20 个交易日公司股票收盘价平均值的 8 元/股的 85%，若除权后的股票交易市价为 7.8 元，若所有股东均参与了配股则（　　）。

A. 配股的除权价格为 7.89

B. 配股的除权价格为 8.19

C. 配股使得参与配股的股东“贴权”

D. 配股使得参与配股的股东“填权”

6. 抵押贷款指要求企业以抵押品作为担保的贷款，作为抵押贷款担保的抵押品可以有（　　）。

A. 房屋　　B. 股票

C. 债券　　D. 机器设备

7. 对企业而言，发行股票筹集资金的优点有（　　）。

A. 增强公司筹资能力

B. 降低公司财务风险

C. 降低公司资本成本

D. 资金使用限制较少

8. 以下关于优先股筹资的说法中不正确的有（　　）。

A. 优先股股利水平是确定的，但有的情况下，企业可以不必支付

B. 优先股股东没有表决权

C. 多数优先股是没有到期期限的

D. 在利率相同的情况下，优先股的筹资成本高于债务

9. 某企业已决定添置一台设备。企业的平均资本成本率为 15%，权益资本成本率为 18%；借款的预期税后平均利率为 13%，其中担保借款利率 12%，无担保借款利率 14%。该企业在进行设备租赁与购买的决策分析时，下列做法中不适宜的有（　　）。

A. 将租赁期现金流量的折现率定为 12%，租赁期末设备余值的折现率定为 18%

B. 将租赁期现金流量的折现率定为 13%，租赁期末设备余值的折现率定为 15%

C. 将租赁期现金流量的折现率定为 14%，租赁期末设备余值的折现率定为 18%

D. 将租赁期现金流量的折现率定为 15%，租赁期末设备余值的折现率定为 13%

10. 在其他条件确定的前提下，可转换债券的转换价格越高（　　）。

A. 对债券持有者越有利

B. 对发行公司越有利

C. 转换比率越高

D. 转换比率越低

11. 以下关于可转换债券的说法中，不正确的有（　　）。

A. 债券价值和转换价值中较低者，构成了底线价值

B. 可转换债券的市场价值不会低于底线价值

C. 在可转换债券的赎回保护期内，发行人可以赎回债券

D. 转换价格 = 债券面值 ÷ 转换比例

12. 与认股权证筹资相比，可转换债券筹资具有的特点有（　　）。

A. 转股时不会增加新的资本

B. 发行人通常是规模小，风险高的企业

C. 发行费比较低

D. 发行者的主要目的是发行股票

13. 可转换债券设置合理的回售条款，可以（　　）。

A. 保护债券投资人的利益

B. 可以促使债券持有人转换股份

C. 可以使投资者具有安全感，因而有利于吸引投资者

D. 可以使发行公司避免市场利率下降后，继续向债券持有人支付较高的债券票面利率所蒙受的损失

14. 某公司是一家生物制药企业，目前正处于高速成长阶段。公司计划发行 10 年期限的附认股权债券进行筹资。下列说法中，正确的有（　　）。

A. 认股权证是一种看涨期权，可以使用布莱克—斯科尔斯模型对认股权证进行定价

B. 使用附认股权债券筹资的主要目的是当认股权证执行时，可以以高于债券发行日股价的执行价格给公司带来新的权益资本

C. 使用附认股权债券筹资的缺点是当认股权证执行时，会稀释股价和每股收益

D. 为了使附认股权债券顺利发行，其内含报酬率应当介于债务市场利率和普通股成本之间

三、计算分析题

1. A 公司目前有发行在外的普通债券，每份市价 1 016 元（刚刚支付过最近一期利息），5 年后到期，每份面值 1 000 元，票面利率 6%，每年付息一次。为扩大产能，A 公司拟平价发行分离型附认股权证债券进行筹资。具体方案如下：债券每份面值 1 000 元，期限 5 年，票面利率 5%，每年付息一次；同时附送 10 张认股权证，认股权证在债券发行 4 年后到期，到期时每张认股权证可按 11 元的价格购买 1 股甲公司普通股票。当前 A 公司普通股每股市价 10 元，公司未来将处于生产经营的稳定增长期，可持续增长率 4%。公司的企业所得税税率 25%。

要求：

（1）计算公司普通债券的税前资本成本。

（2）计算该分离型附认股权证债券的税前资本成本。

（3）判断筹资方案是否合理，并说明理由；如果不合理，给出调整建议。

2. 甲公司是一家快速成长的上市公司，目前因项目扩建急需筹资 1 亿元。由于当前公司股票价格较低，公司拟通过发行可转换债券的方式筹集资金，并初步拟定了筹资方案。有关资料如下：

（1）可转换债券按面值发行，期限 5 年。每份可转换债券的面值为 1 000 元，票面利率为 5%，每年年末付息一次，到期还本。可转换债券发行一年后可以转换为普通股，转换价格为 25 元。

（2）可转换债券设置有条件赎回条款，当股票价格连续 20 个交易日不低于转换价格的 120% 时，甲公司有权以 1 050 元的价格赎回全部尚未转股的可转换债券。

（3）甲公司股票的当前价格为 22 元，预期股利为 0.715 元/股，股利年增长率预计为 8%。

（4）当前市场上等风险普通债券的市场利率为 10%。

（5）甲公司适用的企业所得税税率为 25%。

（6）为方便计算，假定转股必须在年末进行，赎回在达到赎回条件后可立即执行。

要求：

（1）计算发行日每份纯债券的价值。

（2）计算第 4 年年末每份可转换债券的底线价值。

（3）计算可转换债券的税前资本成本，判断拟定的筹资方案是否可行并说明

原因。

（4）如果筹资方案不可行，甲公司拟采取修改票面利率的方式修改筹资方案。假定修改后的票面利率需为整数，计算使筹资方案可行的票面利率区间。

3. A公司企业的所得税税率为25%，拟发行可转换债券筹资10 000万元，有关资料如下表所示：

单位：元

每张可转换债券售价	1 000
期限（年）	10
票面利率	5%
转换比率	45
年增长率	5%
当前期望股利（元/股）	1.5
当前股票市场价格（元/股）	15
等风险普通债券的市场利率（折现率）	9%
不可赎回期（年）	9
赎回价格（9年后1 040元）	1 040

要求：

（1）计算该公司的股权资本成本；

（2）确定发行日纯债券的价值和可转换债券的转换权的价格；

（3）计算第9年末该可转换债券的底线价值；

（4）计算该可转换债券的税前筹资成本；

（5）判断目前的可转换债券的发行方案是否可行，如不可行若采取提高票面利率的措施，应至少提高到多少？

4. A公司是一个制造企业，为增加产品产量决定添置一台设备，预计该设备将使用4年。公司正在研究应通过自行购置还是租赁取得该设备。有关资料如下：

（1）如果自行购置，预计设备购置成本100万元。该项固定资产的税法折旧年限为5年，预计净残值率为5%。4年后该设备的变现价值预计为30万元。设备维护费用（保险、保养、修理等）预计每年1万元，假设发生在每年年末。

（2）B租赁公司可提供该设备的租赁服务，租赁期4年，年租赁费20万元，在年初支付。租赁公司负责设备的维护，不再另外收取费用。租赁期内不得撤租。租赁期届满租赁资产所有权不转让。

（3）A公司的所得税税率为25%，税前借款（有担保）利率为10%。

要求：判断租赁性质并计算租赁净现值。

答案及解析

一、单项选择题

1.【答案】C

【解析】

$$增发后每股价格=\frac{500\ 000+20\ 000\times 4.5}{100\ 000+20\ 000}$$

=4.9167（元/股）

老股东财富变化：4.9166667×（100 000+10 000）－500 000－10 000×4.5=－4 166.7（元）

新股东财富变化：4.9166667×10 000－10 000×4.5=4 166.7（元）。

2.【答案】C

【解析】上市公司利用非公开发行方式发行股票相比较公开发行方式发行股票而言有利于引入战略投资者和机构投资者。

3.【答案】B

【解析】配股后每股价格=（1 000×5+1 000×0.2×4）/（1 000+1 000×0.2）=4.83（元/股）

配股股权的价值=（4.83－4）/5=0.17（元）。

4.【答案】B

【解析】租赁公司可以大批量购置某种资产，从而获得价格优惠，对于租赁资产的维修，租赁公司可能更内行更有效率，对于旧资产的处置，租赁公司更有经验。由此可知，承租人通过租赁可以降低交易成本，交易成本的差别是短期租赁存在的主要原因。

5.【答案】B

【解析】从筹资者来看，优先股筹资的风险比债券小。

6.【答案】C

【解析】由承租人负责租赁资产维护的租赁，被称为净租赁。选项 A 错误；合同中注明承租人可以提前解除合同的租赁，被称为可以撤销租赁。选项 B 错误；典型的融资租赁是长期的、完全补偿的、不可撤销的净租赁。选项 D 错误。

7. 【答案】C

【解析】合同只约定一项综合租金时，租金包括租赁资产的购置成本、相关利息和营业成本及出租人的利润，所以选项 C 不正确。

8. 【答案】C

【解析】参见教材租赁性质的判断。

9. 【答案】A

【解析】选项 B 是单独发给管理人员时才有的作用；选项 C 是认股权证与公司债券同时发行时才具有的作用。选项 D 不是认股权证的作用。

10. 【答案】C

【解析】附带认股权债券的资本成本，可以用投资人的内含报酬率来估计。计算出的内含报酬率必须处在债务的市场利率和普通股成本之间，才可以被发行人和投资人同时接受。

11. 【答案】A

【解析】预测年利息率下降时，如果提前赎回债券，而后以较低的利率来发行新债券，可以降低利息费用，对企业有利。

12. 【答案】B

【解析】借款时企业与银行直接交涉，有关条件可谈判确定，用款期间发生变动，也可与银行再协商。而债券融资面对的是社会广大投资者，协商改善融资条件的可能性很小。

13. 【答案】C

【解析】附认股权证债券的筹资成本应低于公司直接增发普通股的筹资成本，否则无法对筹资人不利，选项 A 表述错误；每张认股权证的价值 =（附认股权证债券的发行价格 - 纯债券价值）/每张债券附带的认股权数，所以选项 B 的表述错误；认股权证在认购股份时，由于认购价低于市价，因此行权后股价会被稀释。

二、多项选择题

1. 【答案】AD

【解析】债券折价发行或溢价发行的目的就是为了使投资者购买债券的报酬率与市场利率一致，所以选项 B、C 是错误的，应该选择选项 A、D。

2. 【答案】AC

【解析】采用股权再融资，会提高权益资本在资本总额中的比重，从而降低资产负债率，选项 A 正确；在企业运营及盈利状况不变的情况下，股权再融资可能会降低财务杠杆水平和净资产收益率，选项 B 错误；股权再融资有助于企业目标资本结构的实现，选项 C 正确；配股筹资方式下，若控股股东放弃认购配股的权利，则会削弱其控制权，选项 D 错误。

3. 【答案】ABC

【解析】公开间接方式需要通过中介机构对外公开发行，所以成本较高。

4. 【答案】CD

【解析】在转换期内逐期降低转换比率，说明越往后转换的股数越少，促使投资人尽快进行债券转换。

5. 【答案】AC

【解析】配股的除权价格 $=\dfrac{8\times1\ 000\ 000+100\ 000\times6.8}{1\ 000\ 000+100\ 000}=7.89$（元/股）

如果除权后股票交易市价高于该除权基准价格，这种情形使得参与配股的股东财富较配股前有所增加，一般称之为“填权”；反之股价低于除权基准价格则会减少参与配股股东的财富，一般称之为“贴权”。

6. 【答案】ABCD

【解析】抵押贷款指要求企业以抵押品作为担保的贷款。长期贷款的抵押品常常是房屋、建筑物、机器设备、股票、债券等等。

7. 【答案】ABD

【解析】股票筹资的资本成本一般较高。

8. 【答案】BC

【解析】优先股股利水平在发行时就确定了，当公司盈利达不到支付优先股利的水平时，公司不必支付股利，所以选项 A 是正确的；通常优先股在发行时规定没有表决权，但是有很多优先股规定，如果没有按时支付优先股股利，则其股东可以行使有限的表决权，所以选项 B 不正确；多数优先股规定是有明确的到期期限的，所以选项 C 不正确；对于发行公司来说，支付的优先股不能税前扣除，因此在利率相同的情况下优先股的筹资成本要高于债务，所以选项 D 的说法是正确的。

9.【答案】BCD

【解析】根据教材的相关规定，租赁期现金流量的折现率为税后有担保借款利率，租赁期末设备余值的折现率为全部使用权益资金筹资时的机会成本（即权益资本成本）。因此，本题只有选项 A 的做法正确，选项 B、C、D 是答案。

10.【答案】BD

【解析】可转换债券的转换价格越高，能够转换的股票股数越少，转换比率越低，对债券持有者不利。

11.【答案】AC

【解析】因为市场套利的存在，可转换债券的最低价值，应当是债券价值和转换价值两者中较高者，这也形成了底线价值；所以选项 A 的说法不正确。可转换债券设置有赎回保护期，在此之前发行者不可以赎回；所以选项 C 不正确。

12.【答案】ACD

【解析】可转换债券转换时，只是将债务资本转换为权益资本，不会增加新的资本，选项 A 正确；附认股权债券的发行人通常是规模小，风险高的企业，选项 B 错误；可转换债券的承销费用与纯债券类似，而附认股权债券的承销费用介于债务融资与普通股融资之间，选项 C 正确；发行可转换债券的主要目的是通过转换实现较高价位的股权融资，选项 D 正确。

13【答案】AC

【解析】选项 B、D 是设置赎回条款的优点。

14.【答案】CD

【解析】假设有效期内不分红很不现实，认股权证不能使用布莱克—斯科尔斯模型，选项 A 错误；附认股权债券筹资的主要目的是发行债券，选项 B 错误。

三、计算分析题

1.【答案及解析】

（1）假设公司普通债券的税前资本成本为 r_d，则：

$1\ 000 \times 6\% \times (P/A, r_d, 5) + 1\ 000 \times (P/F, r_d, 5) = 1\ 016$

当 $r_d = 5\%$ 时，$1\ 000 \times 6\% \times (P/A, 5\%, 5) + 1\ 000 \times (P/F, 5\%, 5) = 60 \times 4.3295 + 1\ 000 \times 0.7835 = 1\ 043.27$

当 $r_d = 6\%$ 时，$1\ 000 \times 6\% \times (P/A, 6\%, 5) + 1\ 000 \times (P/F, 6\%, 5) = 1\ 000$

$(r_d - 5\%)/(6\% - 5\%) = (1\ 016 - 1\ 043.27)/(1\ 000 - 1\ 043.27)$

解得：$r_d = 5.63\%$。

（2）三年后公司普通股每股市价 $= 10 \times (1 + 4\%)^4 = 11.70$（元）

假设该分离型附认股权证债券的税前资本成本为 i，则：

$1\ 000 = 1\ 000 \times 5\% \times (P/A, i, 5) + (11.70 - 11) \times 10 \times (P/F, i, 4) + 1\ 000 \times (P/F, i, 5)$

当 $i = 5\%$ 时，$1\ 000 \times 5\% \times (P/A, 5\%, 5) + (11.70 - 11) \times 10 \times (P/F, 5\%, 4) + 1\ 000 \times (P/F, 5\%, 5) = 50 \times 4.3295 + 7 \times 0.8227 + 1\ 000 \times 0.7835 = 1\ 005.73$

当 $i = 6\%$ 时，$1\ 000 \times 5\% \times (P/A, 6\%, 5) + (11.70 - 11) \times 10 \times (P/F, 6\%, 4) + 1\ 000 \times (P/F, 6\%, 5) = 50 \times 4.2124 + 7 \times 0.7921 + 1\ 000 \times 0.7473 = 963.46$

$(i - 5\%)/(6\% - 5\%) = (1\ 000 - 1\ 005.73)/(963.46 - 1\ 005.73)$

解得：$i = 5.14\%$。

（3）因为该分离型附认股权证债券的税前资本成本 5.14% 小于公司普通债券的税前资本成本 5.63%，所以该筹资方案不合理。

调整建议：可以提高票面利率、降低执行价格等。

2.【答案及解析】

（1）发行日每份纯债券的价值

$= 1\ 000 \times 5\% \times (P/A, 10\%, 5) + 1\ 000 \times (P/F, 10\%, 5)$

$= 1\ 000 \times 5\% \times 3.7908 + 1\ 000 \times 0.6209 = 810.44$（元）。

（2）第 4 年末债券价值 $= (50 + 1\ 000)/(1 + 10\%) = 954.55$（元）

可转换债券的转换比率 $= 1\ 000/25 = 40$

第 4 年年末每份可转换债券的转换价值

$= 40 \times 22 \times (1 + 8\%)^4$

$= 1\ 197.23$（元）

由于转换价值大于债券价值，所以第 4

年年末每份可转换债券的底线价值 1 197.23（元）。

（3）因为甲公司股票的价格到第四年是 22×（1+8%）4≈30，等于 25×1.2=30，所以如果在第四年不转换，则在第五年末就要按照 1 050 的价格赎回，则理性投资人会在第四年就转股。转换价值 $=22\times(1+8\%)^4\times 40=1\ 197.23$，计算可转换债券的税前资本成本：

$1\ 000=50\times(P/A,\ i,\ 4)+1\ 197.23\times(P/F,\ i,\ 4)$

当利率为 9% 时

$50\times(P/A,9\%,4)+1\ 197.23(P/F,9\%,4)=1\ 010.1$

当利率为 10% 时

$50\times(P/A,10\%,4)+1\ 197.23(P/F,10\%,4)=976.2$

内插计算得出：$i=9.30\%$

所以可转换债券的税前资本成本 9.30%。

因为可转换债券的税前资本成本小于等风险普通债券的市场利率（10%），对投资人没有吸引力，筹资方案不可行。

（4）计算使筹资方案可行的票面利率区间：

①计算使筹资方案可行的税前筹资成本的区间

股权成本是 0.715/22+8%=11.25%

税前股权成本=11.25%/(1-25%)=15%

普通债券成本=10%

因此，使筹资方案可行的税前筹资成本的区间为 10%～15%。

②计算使筹资方案可行的票面利率区间

假设税前筹资成本为 10% 时票面利率为 r_1，则：

$1\ 000=1\ 000\times r_1\times(P/A,10\%,4)+1\ 197.23(P/F,10\%,4)$

$r_1=5.75\%$，因为要求必须为整数，所以票面利率最低为 6%

假设税前筹资成本为 15% 时的票面利率为 r_2，则：

$1\ 000=1\ 000\times r_2\times(P/A,15\%,4)+1\ 197.23(P/F,15\%,4)$

$r_2=11\%$

所以，使筹资方案可行的最低票面利率 6%，使筹资方案可行的最高票面利率 11%。

3.【答案及解析】

（1）股权资本成本=期望股利/股价+增长率=1.5/15+5%=15%。

（2）发行日纯债券的价值 $=1\ 000\times5\%\times(P/A,\ 9\%,\ 10)+1\ 000\times(P/F,\ 9\%,\ 10)=50\times6.4177+1\ 000\times0.4224=743.29$（元）

可转换债券的转换权的价格=1 000-743.29=256.71（元）。

（3）第 9 年末转换价值=股价×转换比率 $=15\times(1+5\%)^9\times45=1\ 047.15$（元）

第 9 年末债券价值=未来各期利息现值+到期本金现值=1 050/(1+9%)=963.27（元）

第 9 年末底线价值=1 047.15 元。

（4）$1\ 000=50\times(P/A,r,9)+1\ 047.15\times(P/F,r,9)$

税前成本 $r=5.42\%$。

（5）它的税前成本低于普通债券的利率（9%）则对投资人没有吸引力。目前的方案，对于投资人缺乏吸引力，需要修改。

$1\ 000=1\ 000\times i\times(P/A,9\%,9)+1\ 047.15\times(P/F,9\%,9)$

$i=8.64\%$

至少提高到 8.64%，但不能超过股权的税前资本成本 20%［15%/(1+25%)］。

4.【答案及解析】

租赁方案决策分析 单位：万元

时间（年末）	0	1	2	3	4
租赁方案：					
租金支付	-20	-20	-20	-20	
计税基础	80				
折旧		15.2	15.2	15.2	15.2
折旧抵税		3.80	3.80	3.80	3.80
期末资产变现流入					0
期末资产账面价值					19.2
期末资产变现损益					-19.2

续表

时间(年末)	0	1	2	3	4
期末资产变现损失减税					4.80
各年现金流量	-20	-16.2	-16.2	-16.2	8.6
折现系数(8%)	1	0.9259	0.8573	0.7938	0.735
各年现金流量现值	-20	-15	-13.89	-12.86	6.32
租赁流出总现值	-55.43				

购买方案决策分析　单位：万元

时间(年末)	0	1	2	3	4
购买方案：					
购置设备	-100				
折旧抵税(25%)		19×25%=4.75	4.75	4.75	4.75
税后维护费用		-1×(1-25%)=-0.75	-0.75	-0.75	-0.75
期末资产变现流入					30
期末资产账面价值					24
期末资产变现损益					6
期末资产变现收益纳税					-1.5
各年现金流量	-100	4	4	4	32.5
折现系数(8%)	1	0.9259	0.8573	0.7938	0.7350
各年现金流量现值	-100	3.70	3.43	3.18	23.89
购买流出总现值	-65.80				
租赁优势	10.37				

租赁方案相对购买方案的净现值=(-55.43)-(-65.80)=10.37（万元）

所以租赁方案更有利。

第十一章　股利分配、股票分割与股票回购

本章考情分析

本章是一般章节，学习的目的是使考生掌握股利理论的观点、股利分配政策的4种主要类型、含义、采取的依据以及股票分割与回购对股东和公司的影响，并能够运用其改善企业的股利决策。

本章的考试题型以客观题为主，近3年平均分值为3分左右。其中剩余股利政策与外部筹资额等内容经常结合起来考核主观题。

考生在学习本章时，虽然内容较简单，但对概念、原理和方法要在比较的基础上，弄清它们之间的联系和区别。

本章教材变化

本章固定股利政策部分发生了变动，增加了稳定增长股利政策的内容。

本章思维导图

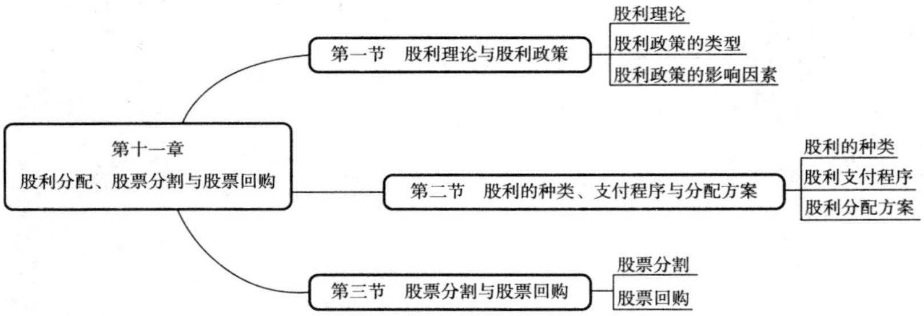

考点精讲及典型例题解析

第一节　股利理论与股利政策

一、股利理论（能力等级1）

股利理论	观点
1. 股利无关论（MM理论）	（1）投资者并不关心公司股利的分配。 （2）股利的支付比率不影响公司的价值。 【提示】该理论是建立在完全市场理论之上的，又被称为完全市场理论

续表

股利理论		观点
1. 股利无关论（MM 理论）		理论假设： （1）公司的投资政策已确定并且已经为投资者所理解； （2）不存在股票的发行和交易费用（即不存在股票筹资费用）； （3）不存在个人或公司所得税； （4）不存在信息不对称； （5）经理与外部投资者之间不存在代理成本
2. 股利相关论	税差理论	（1）如果不考虑股票交易成本，应采取低现金股利比率政策。 （2）如果存在股票的交易成本，甚至当资本利得税与交易成本之和大于股利收益税时，股东倾向采取高现金股利支付率政策
	客户效应理论	（1）边际税率较高的投资者偏好低股利支付率的股票，偏好少分现金股利、多留存。 （2）边际税率较低的投资者喜欢高股利支付率的股票。 投资者依据自身边际税率而显示出的对实施相应股利政策股票的选择偏好现象被称为客户效应。客户效应理论是对税差效应理论的进一步扩展，研究处于不同税收等级的投资者对待股利分配态度的差异。该理论认为公司在制定或调整股利政策时，不应该忽视股东对股利政策的需求
	“一鸟在手”理论	随着公司股利支付率的提高，权益价值因此而上升。 简言之，该理论认为“一鸟在手，强于二鸟在林”。 在手之鸟：当期现金股利；在林之鸟：未来的资本利得
	代理理论	（1）股东与债权人之间的代理冲突。债权人为保护自身利益，希望企业采取低股利支付率，债权人在与企业签订借款合同时，习惯于制定约束性条款对企业发放股利的水平进行制约。 （2）经理人员与股东之间的代理冲突。实施多分配少留存的股利政策，既有利于抑制经理人员随意支配自由现金流的代理成本，也有利于满足股东取得股利收益的愿望。 （3）控股股东与中小股东之间的代理冲突。对处于外部投资者保护程度较弱环境的中小股东希望企业采用多分配少留存的股利政策，以防控股股东的利益侵害。 【提示】如果在企业处于不同的公司治理机制条件下（如所有权结构，经理人员持股、董事会结构特征等），基于代理理论对股利分配政策选择的分析将是多种因素权衡的复杂过程
	信号理论	在信息不对称的情况下，公司可以通过股利政策向市场传递有关公司未来盈利能力的信息。股利政策所产生的信息效应会影响股票的价格股利信号理论为解释股利是否具有信息含量提供了一个基本分析逻辑，鉴于股东与投资者对股利信号信息的理解不同，所做出的对企业价值的判断也不同 【提示】如果考虑处于成熟期的企业，其盈利能力相对稳定，此时企业宣布增发股利特别是发放高额股利，可能意味着该企业目前没有新的前景很好的投资项目，预示着企业成长性趋缓甚至下降，因此，随着股利支付率提高，股票价格应该是下降的；而当宣布减少股利，则意味着企业需要通过增加留存收益为新增投资项目提供融资，预示着未来前景较好，因此，随着股利支付率降低，股票价格应该是上升的

【例 11－1】（2011 年单选题）下列关于股利分配理论的说法中，错误的是（　　）。

A. 税差理论认为，当股票资本利得税与股票交易成本之和大于股利收益税时，应采用高现金股利支付率政策

B. 客户效应理论认为，对于高收入阶层和风险偏好投资者，应采用高现金股利支付率政策

C. “一鸟在手”理论认为，由于股东偏好当期股利收益胜过未来预期资本利得，应采用高现金股利支付率政策

D. 代理理论认为，为解决控股股东和中小股东之间的代理冲突，应采用高现金股利支付率政策

【答案】B

【解析】客户效应理论认为，对于低收入

阶层和风险厌恶投资者，由于其税负低，并且偏好现金股利，他们希望公司多发放现金股利，所以公司应该实施高现金分红比例的股利政策。对于高收入阶层和风险偏好投资者，由于其税负高，并且偏好资本增长，他们希望公司少发放现金股利，并且通过获得资本利得适当避税，因此，公司应实施低现金分红比例，甚至不分红的股利政策。

【例 11－2】（多选题）根据客户效应理论，下列各项中，希望企业采取高股利支付率政策的有（　　）。

A. 边际税率高的投资者

B. 边际税率低的投资者

C. 享有税收优惠的养老基金投资者

D. 收入低的投资者

【答案】BCD

【解析】边际税率高的投资者会选择实施低股利支付率的股票，边际税率低的投资者则会选择实施高股利支付率的股票。所以选项 A 错误，选项 B 正确。收入低的投资者以及享有税收优惠的养老基金投资者表现出偏好高股利支付率的股票，希望支付较高且稳定的现金股利。

【例 11－3】（多选题）下列关于客户效应理论表述正确的有（　　）。

A. 边际税率较高的投资者偏好少分现金股利

B. 养老基金喜欢高股利支付率的股票

C. 较高的现金股利会引起低税率阶层的不满

D. 较低的现金股利会引起高税率阶层的不满

【答案】AB

【解析】较高的现金股利会引起高税率阶层的不满，较低的现金股利会引起低税率阶层的不满。

二、股利政策的类型（能力等级 2）

股利政策类型	含义	计算方法	优点	缺点
1. 剩余股利政策	是指在公司有着良好的投资机会时，根据一定的目标资本结构（最佳资本结构），测算出投资所需的权益资本，先从盈余当中留用，然后将剩余的盈余作为股利予以分配	股利＝净利润－投资所需自有资金＝净利润－投资所需资金×目标资金结构中自有资金的比例	①充分利用筹资成本最低的资金来源，保持理想的资本结构； ②使综合资金成本最低	①不利于投资者安排收入和支出； ②不利于公司树立良好形象
2. 固定股利稳定增长股利政策	固定股利或稳定增长股利政策是企业将每年派发的股利固定在某一特定水平或是在此基础上维持某一固定增长率而逐年稳定增长。 固定股利政策是将每年发放的股利固定在某一相对稳定的水平上并在较长的时期内不变，只有当公司认为未来盈余将会显著地、不可逆转地增长时，才提高年度的股利发放额。 稳定增长股利政策是每年发放的股利在上一年股利的基础上按固定增长率稳定增长	股利＝股票股数×固定的每股股利 或股利＝股票股数×固定的每股股利×(1＋固定增长率)	①固定或稳定增长的股利可以消除投资者内心的不确定性。等于向市场传递着公司经营业绩正常或稳定增长的信息，有利于树立公司良好形象，增强投资者对公司的信心，从而使公司股票价格稳定或上升； ②固定或稳定增长的股利额有利于投资者安排股利收入和支出，特别是对那些对股利有着高依赖性的股东更是如此	①股利支付与公司盈利能力相脱节，容易引起公司资金短缺，导致财务状况恶化； ②不能像剩余股利政策那样保持较低的资金成本
3. 固定股利支付率政策	是公司确定一个股利占盈余的比率，长期按此比率支付股利的政策	股利＝净利润×某一固定股利支付率	体现风险投资与风险收益的对等	①各年股利变动较大，极易造成公司不稳定的感觉； ②不利于稳定股票价格

续表

股利政策类型	含义	计算方法	优点	缺点
4. 低正常股利加额外股利政策	该股利政策是公司一般情况下每年只支付固定的、数额较低的股利，在盈余较多的年份，再根据实际情况向股东发放额外股利。但额外股利并不固定化，不意味着公司永久地提高了规定的股利支付率	股利 = 固定且数额较低的股利 + 额外股利	①股利具有较大灵活性； ②较稳定的股利可以吸引部分股东	

【提示】关于剩余股利政策理解的有关注意点：

①关于财务限制：在股利分配中，财务限制主要是指资本结构限制。资本结构是长期有息负债（长期借款和公司债券）和所有者权益的比率。保持目标资本结构不是指保持全部资产的负债比率，无息负债和短期借款不可能也不需要保持某种固定比率。短期负债筹资是营运资本管理问题，不是资本结构问题。保持目标资本结构，不是指一年中始终保持同样的资本结构。投资额指的是长期投资资本，而不是指资产总额。

②关于经济限制：出于经济上有利的原则，筹集资金要在既定目标结构的前提下，首先使用留存利润补充资金，其次的来源是长期借款，最后的选择是增发股份。

③关于法律限制：法律规定必须提取10%法定公积金。法律的这条规定，实际上只是对本年利润“留存”数额的限制，而不是对股利分配的限制。

【例 11－4】（2018 年单选题）目前甲公司有累计未分配利润 1 000 万元，其中上年实现的净利润 500 万元。公司正在确定上年利润的具体分配方案。按法律规定，净利润要提取 10% 的盈余公积金。预计今年需增加长期资本 800 万元。公司的目标资本结构是债务资本占 40%、权益资本占 60%。公司采用剩余股利政策，应分配的股利是（　　）万元。

A. 20　　B. 0

C. 540　　D. 480

【答案】A

【解析】应分配的股利 = 500 － 800 × 60% = 20（万元）。

【例 11－5】（2017 年单选题）甲公司 2016 年初未分配利润 －100 万元，2016 年实现净利润 1 200 万元。公司计划 2017 年新增资本支出 1 000 万元，目标资本结构（债务∶权益）为 3∶7。法律规定，公司须按净利润 10% 提取公积金。若该公司采取剩余股利政策，应发放现金股利（　　）万元。

A. 310　　B. 400

C. 380　　D. 500

【答案】D

【解析】利润留存 = 1 000 × 7/10 = 700（万元），应发放现金股利 = 1 200 － 700 = 500（万元）。

【例 11－6】（2014 年单选题）甲公司 2013 年实现税后利润 1 000 万元，2013 年年初未分配利润为 200 万元。公司按 10% 提取法定盈余公积。预计 2014 年需要新增投资资本为 500 万元。目标资本结构（债务/权益）为 4/6。公司执行剩余股利分配政策，2013 年可分配现金股利（　　）万元。

A. 700　　B. 800

C. 900　　D. 600

【答案】A

【解析】2013 年利润留存 = 500 × 60% = 300（万元），股利分配 = 1 000 － 300 = 700（万元）。

【例 11－7】（2012 年单选题）下列关于股利分配政策的说法中，错误的是（　　）。

A. 采用剩余股利分配政策，可以保持理想的资本结构，使加权平均资本成本最低

B. 采用固定股利支付率分配政策，可以使股利和公司盈余紧密配合，但不利于稳定股票价格

C. 采用固定股利分配政策，当盈余较低时，容易导致公司资金短缺，增加公司风险

D. 采用低正常股利加额外股利政策，股利和盈余不匹配，不利于增强股东对公司的信心

【答案】D

【解析】采用低正常股利加额外股利政策，使得一些依靠股利度日的股东每年至少可以得到虽然较低但比较稳定的股利收入，从而吸引住这部分股东。

【例 11－8】（计算分析题）今年年底的所有者权益总额为 9 000 万元，普通股 6 000 万股。目前的资本结构为长期负债占 55%，所有者权益占 45%，没有需要付息的流动负债。该公司的所得税税率为 30%。预计继续增加长期债务不会改变目前的 11% 的平均利率水平。

董事会在讨论明年资金安排时提出：

（1）计划年度分配现金股利 0.05 元/股；

（2）为新的投资项目筹集 4 000 万元的资金；

（3）计划年度维持目前的资本结构，并且不增发新股，不举借短期借款。

要求：测算实现董事会上述要求所需要的息税前利润。

【答案及解析】

（1）发放现金股利所需税后利润 = 0.05 × 6 000 = 300（万元）。

（2）投资项目所需税后利润 = 4 000 × 45% = 1 800（万元）。

（3）计划年度税后利润 = 300 + 1 800 = 2 100（万元）。

（4）税前利润 = 2 100/(1 － 30%) = 3 000（万元）。

（5）计划年度借款利息 =（原长期借款 + 新增借款）× 利率 = [（9 000/45%）× 55% + 4 000 × 55%] × 11% = 1 452（万元）。

（6）息税前利润 = 3 000 + 1 452 = 4 452（万元）。

三、股利政策的影响因素（能力等级 1）

影响因素		说明
法律限制	资本保全限制	不能用资本（股本和资本公积）发放股利
	企业积累限制	税后利润必须先提取法定公积金
	净利润限制	累计净利润为正数才可发放股利
	超额累积利润限制	防止股东利用资本利得收益逃税
	无力偿付限制	发放股利不能侵蚀偿债能力
股东因素	稳定收入与避税	以股利为主要收入来源的股东要求支付稳定股利，反对公司留存较多的利润；高收入股东要求少发股利以避税
	控制权的稀释	拥有控制权的股东希望少发股利以避免控制权稀释
公司因素	盈余稳定性	盈余稳定的公司经营风险和财务风险较低，筹资能力较强，股利支付能力较高
	公司的流动性	支付较多现金股利会减少现金持有量，降低公司流动性
	举债能力	举债能力较强（与资产流动性相关）的公司有可能采取高股利政策
	投资机会	有良好投资机会的公司往往少发股利，将大部分盈余用于投资
	资本成本	保留盈余无筹资费用，是比较经济的筹资渠道，若企业有扩大资金的需要，应采取低股利政策
	债务需要	若需要用经营积累偿还债务，则减少股利支付
其他限制	债务合同约束	债务合同，特别是长期债务合同，往往有限制公司现金支付程度的条款，使公司只得采取低股利政策
	通货膨胀	由于货币购买力下降，计提的折旧不能满足重置固定资产的需要，需要动用盈余补足，股利政策往往偏紧

【例 11－9】（2018 年多选题）在其他条件相同的情况下，下列关于公司股利政策的说法中，正确的有（　　）。

A. 成长中的公司倾向于采取高股利支付率政策

B. 盈余稳定的公司倾向于采取高股利支付率政策

C. 举债能力强的公司倾向于采取高股利支付率政策

D. 股东边际税率较高的公司倾向于采取高股利支付率政策

【答案】BC

【解析】成长中的公司需要较多的资金，应多利润留存，所以应采取低股利支付率政策，选项 A 错误；盈余稳定的公司，经营风险小，所以可以少利润留存，采取高股利支付率政策，选项 B 正确；举债能力强的公司，缺少资金的时候可以进行债务筹资，因此可以少利润留存，采取高股利支付率政策，选项 C 正确；股东边际税率较高的公司倾向于采取低股利支付率政策，少支付税款，选项 D 错误。

【例 11－10】（多选题）从下列哪些因素考虑股东往往希望公司提高股利支付率（　　）。

A. 规避风险

B. 稳定股利收入

C. 防止公司控制权旁落

D. 避税

【答案】AB

【解析】股东为防止控制权稀释，为了避税往往希望公司降低股利支付率。公司提高股利支付率，那么股东就要支付更多的所得税，起不到避税的作用。

第二节　股利的种类、支付程序与分配方案

一、股利的种类（能力等级 1）

种类	特点
1. 现金股利	现金股利是以现金支付的股利，它是股利支付的主要方式。公司支付现金股利除了要有累计盈余外，还要有足够的现金
2. 股票股利	股票股利是公司以增发的股票作为股利的支付方式
3. 财产股利	是以现金以外的资产支付的股利，主要是以公司所拥有的其他企业的有价证券，如债券、股票，作为股利支付给股东
4. 负债股利	是公司以负债支付的股利，通常以公司的应付票据支付给股东，不得已情况下也有发行公司债券抵付股利的

【提示】财产股利和负债股利实际上是现金股利的替代，这两种股利方式目前在我国公司实务中很少使用，但并非法律所禁止。

【例 11－11】（2016 年单选题）甲公司以持有的乙公司股票作为股利支付给股东，这种股利属于（　　）。

A. 现金股利　　B. 负债股利

C. 股票股利　　D. 财产股利

【答案】D

【解析】财产股利是指以现金以外的资产支付的股利，主要是以公司所拥有的其他企业的有价证券，如债券、股票等，作为股利支付给股东。

二、股利支付程序（能力等级 1）

顺序	日期	说明
1	股利宣告日	董事会将股东大会通过本年度利润分配方案的情况及股利支付情况予以公告的日期

续表

顺序	日期	说明
2	股权登记日	有权领取本期股利的股东资格登记截止日期。只有在股权登记日这一天登记在册的股东才有资格领取本期股利，而在这一天以后登记在册的股东，即使是在股利支付日之前买入的股票，也无权领取本期分配的股利
3	除息日（除权日）	股利所有权与股票本身分离的日期，（在我国）通常是股权登记日的下一个交易日，除息日起的股票价格中不包含本次派发的股利。在除息日当日及以后买入的股票不再享有本次股利分配的权利
4	股利支付日	向股东正式发放股利的日期

【例 11－12】（2014 年单选题）甲上市公司 2013 年度的利润分配方案是每 10 股派发现金股利 12 元，预计公司股利可以 10% 的速度稳定增长，股东要求的收益率为 12%。于股权登记日的甲公司股票的预期价格为（　　）元。

A. 60　　B. 61.2

C. 66　　D. 67.2

【答案】D

【解析】股权登记日的在册股东有权分取股利。其股票价格包含着股利，会高于除息日的股票价格，股权登记日的股票价格＝除息日的股票价格＋股利＝［1.2×（1＋10%）/（12%－10%）］＋1.2＝67.2（元）。

【例 11－13】（多选题）在我国，下列关于除息日表述正确的有（　　）。

A. 除息日的下一个交易日为股权登记日

B. 除息日交易的股票不再享有本次分红派息的权利

C. 在除息日前，股利权不从属于股票

D. 从除息日开始，新购入股票的投资者不能分享本次发放的股利

【答案】BD

【解析】一般来说，股权登记日的下一个交易日为除息日，所以选项 A 不正确。在除息日前，股利权从属于股票，所以选项 C 不正确。

三、股利分配方案（能力等级 2）

1. 股利分配方案的内容

内容	说明
（1）股利支付形式	决定是以现金股利、股票股利还是其他某种形式支付股利
（2）股利支付率	决定股利支付率的政策
（3）股利政策的类型	决定采取固定股利政策，还是稳定增长股利政策，或是剩余股利政策等
（4）股利支付程序	确定股利宣告日、股权登记日、除权除息日和股利支付率等具体事宜

2. 股票股利与资本公积转增股本

不变	股票股利的影响——留存收益转增资本。 ①资产、负债、所有者权益的账面总额； ②每股面值； ③股东持股比例； ④股东持股的市场价值总额（盈利总额和市盈率不变）
变化	①改变所有者权益的内部结构：未分配利润减少、股本增加（股票股利的面值）、资本公积增加（股票股利的市价与面值之差）； ②股数增加； ③若盈利总额和市盈率不变，由于股数增加会导致每股收益和每股市价下降：发放股票股利后每股收益（市价）$=\frac{\text{原每股收益（市价）}}{1+\text{股票股利发放率}}$

3. 股票股利与资本公积转增股本

相同点	①属于所有者权益的内部调整，所有者权益总额不变； ②使股东具有相同的股份增持效果，导致每股价值被稀释，从而使股票交易价格下降； ③每位股东持股比例不变，也不增加股东持有股份的价值
区别点	转增股本是将资本公积转为股本；股票股利属于利润分配，股东需要缴纳所得税

我国上市公司在实施利润分配方案时，可以是单独实施发放现金股利或股票股利的分配

方案，也可以是现金股利与股票股利组合方案，或者同时伴随着从资本公积转增股本。

4. 除息日，上市公司发放现金股利、股票股利以及资本公积转增资本后，股票的除权参考价

$$股票的除权参考价=\frac{股权登记日收盘价-每股现金股利}{1+送股率+转增率}$$

【例11-14】（2012年单选题）甲公司是一家上市公司，2011年的利润分配方案如下：每10股送2股并派发现金红利10元（含税），资本公积每10股转增3股。如果股权登记日的股票收盘价为每股25元，除权（息）日的股票参考价格为（　　）元。

A. 10　　B. 15　　C. 16　　D. 16.67

【答案】C

【解析】除权（除息）日的参考价 = (25 - 1)/(1 + 0.2 + 0.3) = 16（元）。

【例11-15】（多选题）发放股票股利与发放现金股利相比，其优点包括（　　）。

A. 减少股东税负

B. 改善公司资本结构

C. 提高每股收益

D. 避免公司现金流出

【答案】AD

【解析】发放股票股利可以增加原有股东持有的普通股股数，有些国家税法规定出售股票所需交纳的资本利得税率比收到现金股利所需交纳的所得税税率低，因此，选项A是答案；由于发放股票股利不会影响股东权益总额，所以，选项B不是答案；由于会导致普通股股数增加，如果盈利总额不变，则每股收益会下降，因此，选项C也不是答案。发放股票股利不用支付现金，所以，选项D是答案。

第三节　股票分割与股票回购

一、股票分割（能力等级2）

内容	说明
1. 含义	是指将面额较高的股票交换成面额较低的股票的行为。但它不属于股利支付方式
2. 意义	（1）增加股票股数，降低每股市价，从而吸引更多的投资者。 （2）股票分割往往是成长中公司的行为，给人们一种“公司正处于发展中”的印象，这种利好信息会在短时间内提高股价

提示：股票分割与股票股利的比较

内容	股票股利	股票分割
不同点	（1）每股面值不变； （2）股东权益结构变化； （3）股价上涨幅度不大时采用； （4）属于股利支付方式	（1）每股面值变小； （2）股东权益结构不变； （3）股价暴涨且预期难以下降时采用； （4）不属于股利支付方式
相同点	（1）普通股股数均增加（通常股票分割增加更多）； （2）如果净利润不变，市盈率不变，每股收益和每股市价均下降（股票分割下降更多）； （3）股东持股比例不变； （4）股东权益总额不变； （5）通常都是成长中公司的行为	

【例11-16】（2017年单选题）实施股票分割和股票股利产生的效果相似，它们都会（　　）。

A. 降低股票每股面值

B. 减少股东权益总额

C. 降低股票每股价格

D. 改变股东权益结构

【答案】C

【解析】选项A，股票分割会降低股票每股面值，股票股利不会改变股票每股面值；选项B、D，股票分割和股票股利都不会改变股东权益总额，但是股票股利会改变股东权益结构，股票分割不会改变股东权益结构。

【例11-17】（2018年多选题）甲公司拟按1股换2股的比例进行股票分割，分割前后其下列项目中保持不变的有（　　）。

A. 每股收益

B. 净资产

C. 资本结构

D. 股权结构

【答案】BCD

【解析】股票分割会导致股数增加，所以每股收益会下降，选项A错误；股票分割会导致每股面值下降，但是股本总额不变，所以净资产不变，资本结构和股权结构也是不变的，选项B、C、D正确。

【例11-18】（2017年单选题）甲公司目前普通股400万股，每股面值1元，股东权益总额1 400万元。如果按2股换成1股的比例进行股票反分割，下列各项中，正确的是（　　）。

A. 甲公司股数200万股

B. 甲公司每股面值0.5元

C. 甲公司股本200万元

D. 甲公司股东权益总额700万元

【答案】A

【解析】每股面值 = 1 × 2 = 2（元），股数 = 400/2 = 200（万股），股本 = 200 × 2 = 400（万元），股东权益总额不变，仍为1 400万元。所以选项A正确。

股票反分割	含义： 股票反分割也称股票合并，是股票分割的相反行为，即将数股面额较低的股票合并为一股面额较高的股票	带来的影响： （1）普通股股数减少； （2）每股面值变大，每股收益、每股市价、每股净资产上升； （3）股东权益内部结构不变； （4）资本结构不变（资产总额、负债总额、股东权益总额不变）； （5）在公司股价剧跌且预期难以上升时，才采用股票反分割的办法提升股价，往往给人们传递一种“公司发展不好”的信息

二、股票回购（能力等级2）

（一）股票回购的意义

要点	说明
含义	股票回购是指公司出资购回自身发行在外的股票。公司以多余现金购回股东所持有的股份，使流通在外的股份减少，每股股利增加，从而会使股价上升，股东能因此获得资本利得，这相当于公司支付给股东现金股利。所以，可以将股票回购看作是一种现金股利的替代方式
对股东的意义	股票回购后股东得到资本利得，当资本利得税率小于现金股利税率时，股东将得到纳税上的好处。 【提示】股票回购相比现金股利对股东利益具有不确定的影响
对公司的意义	对公司而言，股票回购有利于增加公司的价值： （1）向市场传递股价被低估的信号。 （2）用自由现金流进行股票回购，有助于增加每股盈利水平。 （3）避免股利波动带来的负面影响。 （4）发挥财务杠杆的作用。 （5）在一定程度上降低了公司被收购的风险。 （6）调节所有权结构

我国《公司法》规定，公司只有在以下四种情形下才能回购本公司的股份：一是减少公司注册资本；二是与持有本公司股份的其他公司合并；三是将股份奖励给本公司职工；四是股东因对股东大会作出的合并、分立决议持异议，要求公司收购其股份。

公司因第一种情况收购本公司股份的，应当在收购之日起10日内注销；属于第二、第四种情况的，应当在6个月内转让或者注销。公司因奖励职工回购股份的，不得超过本公司已发行股份总额的5%；用于回购的资金应当从公司的税后利润中支出；所收购的股份应当在一年内转让给职工。

（二）股票回购的方式

分类标准	类别	说明
1. 按股票回购的地点不同	场内公开收购	场外协议收购透明度比较低
	场外协议收购	
2. 按股票回购面向的对象不同	资本市场上进行随机回购	最为普遍
	向全体股东招标回购	回购价格高于当时的股价，成本费用较高
	向个别股东协商回购	必须保持回购价格的公正合理
3. 按筹资方式	举债回购	混合回购是指既动用剩余资金，又向银行等金融机构举债来回购本公司股票
	现金回购	
	混合回购	
4. 按回购价格的确定方式	固定价格要约回购	固定价格要约回购赋予所有股东向公司出售其所有持股票的均等机会，而且通常情况下公司享有在回购数量不足时取消回购计划或延长要约有效期的权力；可以在短时间内回购大量的股票。 荷兰式拍卖回购在回购价格方面给予公司更大的灵活性
	荷兰式拍卖回购	

【例11－19】（2015年多选题）甲公司盈利稳定，有多余现金，拟进行股票回购用于将来奖励本公司职工，在其他条件不变的情况下，股票回购产生的影响有（　　）。

A. 每股收益提高
B. 每股面额下降
C. 资本结构变化
D. 自由现金流减少

【答案】ACD

【解析】股票回购会使股数减少，每股收益提高，选项A正确；股票回购不会改变每股面额，选项B不正确；股票回购会使所有者权益减少，选项C正确；因一部分现金流用于股票回购，所以自由现金流量减少，选项D正确。

【例11－20】（多选题）我国《公司法》规定，经股东大会决议通过，以下哪些情况可以收购本公司股票（　　）。

A. 将股份奖励给本公司职工
B. 增加公司注册资本
C. 与持有本公司股份的其他公司合并
D. 改变公司资本结构

【答案】AC

【解析】我国《公司法》规定，公司不得收购本公司股份。但有下列情形之一的除外：

①减少公司注册资本；

②与持有本公司股份的其他公司合并；

③将股份奖励给本公司职工；

④股东因对股东大会作出的公司合并、分立决议持异议，要求公司收购其股份的。

所以本题的正确选项是A、C。

【例11－21】（2019年计算分析题）甲公司是一家高科技上市公司，流通在外普通股加权平均股数2 000万股，2018年净利润为5 000万元，为回馈投资者，甲公司董事会正在讨论相关分配方案，资料如下：

方案一：每10股发放现金股利6元；

方案二：每10股发放股票股利10股。

预计股权登记日：2019年10月20日

除权（除息）日：2019年10月21日

现金红利到账日：2019年10月21日

新增无限售条件流通股份上市日：2019年10月22日

假设甲公司股票2019年10月20日收盘价30元。

要求：

（1）如采用方案一，计算甲公司每股收益、每股股利。如果通过股票回购将等额现金支付给股东，回购价格每股50元，设计股票回股方案，并简述现金股利与股票回购的异同。

（2）如采用方案二，计算发放股票股利后甲公司每股股益，每股除权参考价。如果通过股票分割方式达到同样的每股收益稀释效果，设计股票分割方案，并简述股票股利与股票分割的异同。

【答案】

（1）每股收益＝5 000/2 000＝2.5（元）

每股股利＝6/10＝0.6（元）

股利总额＝0.6×2 000＝1 200（万元）

股票回购股数＝1 200/50＝24（万股）

股票回购方案：按照回购价格每股50元回购24万股股票。

相同点：股东都会得到现金收入1 200万元，公司所有者权益都会减少1 200万元。

不同点：股票回购却有着与发放现金股利不同的意义。

①对股东而言，股票回购后股东得到的资本利得需要交纳资本利得税，发放现金股利后则需交纳股利收益税。

②对公司而言，股票回购有利于增加公司价值：

第一，公司的进行股票回购的目的之一是向市场传递了股价被低估的信号。

第二，当公司可支配的现金流明显超过投资项目所需的现金流时，可以用自由现金流进行股票回购，有志于提高每股收益。

第三，避免股利波动带来的负面影响。

第四，发挥财务杠杆的作用。

第五，通过股票回购，可以减少外部流通股的数量，提高股票价格，在一定程度上降低公司被收购的风险。

第六，调节所有权结构。

（2）每股收益＝5 000/（2 000＋2 000/10×10）＝1.25（元）

每股除权参考价＝30/（1＋1）＝15（元）

股票分割方案：按1股换成2股的比例进行股票分割。

相同点：普通股股数增加；每股收益和每股市价下降；资本结构不变。

不同点：股票分割会降低每股面值，股票股利不会降低每股面值；股票分割不会导致股东权益内部结构变化，股票股利会导致

第十一章

股东权益内部结构变化；股票分割不属于股利支付方式，股票股利属于股利支付方式。

【提示】

	不同点	相同点
股票回购与现金股利的比较	（1）股票回购中股东得到的是资本利得，需交纳资本利得税，税赋低；而现金股利需交纳股利收益税，税赋高。 （2）股票回购对股东利益具有不稳定的影响；现金股利收益稳定。 （3）股票回购不属于股利支付方式；现金股利属于股利支付方式。 （4）股票回购可配合公司资本运作需要	（1）所有者权益均减少； （2）现金均减少

精选练习题

一、单项选择题

1. 由于股利比资本利得具有相对的确定性，因此公司应维持较高的股利支付率，这种观点属于（　　）。

A. 股利政策无关论（MM 理论）

B. “在手之鸟”理论

C. 信号传递理论

D. 代理理论

2. 处于成长中的企业多采取少分多留政策，根本原因是（　　）。

A. 企业举债能力强

B. 未来投资机会多

C. 盈余稳定

D. 筹资成本低

3. 下列情形中会使企业增加股利分配的是（　　）。

A. 市场竞争加剧，企业收益的稳定性减弱

B. 市场销售不畅，企业库存量持续增加

C. 经济增长速度减慢，企业缺乏良好的投资机会

D. 为保证企业的发展，需要扩大筹资规模

4. 我国上市公司不得用于支付股利的权益资金是（　　）。

A. 资本公积

B. 任意盈余公积

C. 法定盈余公积

D. 上年未分配利润

5. 下列说法中不正确的是（　　）。

A. 发放股票股利尽管不直接增加股东财富，但却引起股东人持股比例发生变化

B. 发放股票股利不导致公司资产的流出或负债的增加，因此公司价值也不会改变

C. 发放股票股利尽管不会引起股东权益总额发生变化，但它会引起股东权益各项目的结构发生变化

D. 发放股票股利后如果同时发放现金股利，则股东会得到更多的现金收入

6. 在净利润和市盈率不变的情况下，公司实行股票反分割导致的结果是（　　）。

A. 每股收益上升

B. 每股面额下降

C. 每股市价下降

D. 每股净资产不变

7. 某股份公司目前的每股收益和每股市价分别为 1.2 元和 21.6 元，现拟实施 10 送 2 的送股方案，如果盈利总额和市盈率不变，则送股后的每股收益和每股市价分别为（　　）元。

A. 1.2 和 20

B. 1.2 和 26

C. 1 和 18

D. 1 和 21.6

8. 以下关于剩余股利分配政策的表述中，正确的是（　　）。

A. 主要依靠股利维持生活的股东倾向于采用剩余股利分配政策的公司

B. 采用剩余股利政策时，公司的资产负债率要保持不变

C. 所谓剩余股利政策，就是在公司有着良好的投资机会时，公司的盈余首先应满足投资方案的需要。在满足投资方案需要后，如果还有剩余，再进行股利分配

D. 采用剩余股利政策时，只能分配本年利润的剩余部分

9. 在下列各项中，能够增加普通股股票发行在外股数，但不改变公司资本结构的行

为是（　　）。

A. 支付现金股利

B. 增发普通股

C. 股票分割

D. 股票回购

10. 某企业成立于 2020 年年初，当年实现利润总额 500 万元，适用的所得税税率为 25%，企业按照 10% 的比例提取法定公积金，没有纳税调整项目，企业真正可自主分配的部分占利润总额的（　　）。

A. 25%　　B. 67.5%

C. 65%　　D. 57%

11. 某公司本年流通在外普通股股数为 2 000万股，取得净利润 200 万元，年初累计未分配利润 600 万元，法律规定必须提取 10% 的公积金，则按照法律规定，该公司每股股利最高为（　　）元。

A. 0.4　　B. 0.09

C. 0.1　　D. 0.39

12. 某公司目标资本结构为权益资本与债务资本各占 50%，明年将继续保持。已知今年实现税后利润 600 万元，预计明年需要增加投资资本 800 万元，假设流通在外普通股为 200 万股，如果采取剩余股利政策，明年股东可获每股股利为（　　）元。

A. 1　　B. 2

C. 3　　D. 5

13. 实施股票分割与发放股票股利产生的效果相似，它们都会（　　）。

A. 增加股东权益总额

B. 降低股票每股价格

C. 降低股票每股面值

D. 改变股东权益结构

二、多项选择题

1. 下列关于客户效应理论说法中，正确的有（　　）。

A. 对于投资者来说，因其税收类别不同，对公司股利政策的偏好也不同

B. 边际税率较高的投资者偏好高股利支付率的股票，因为他们可以利用现金股利再投资

C. 边际税率较低的投资者偏好低股利支付率的股票，因为这样可以减少不必要的交易费用

D. 较高的现金股利满足不了高边际税率阶层的需要，较低的现金股利又会引起低税率阶层的不满

2. 某公司采用剩余股利政策分配股利，董事会正在制订 2019 年度的股利分配方案。在计算股利分配额时，需要考虑的因素是（　　）。

A. 公司的目标资本结构

B. 2019 年年末的货币资金

C. 2019 年实现的净利润

D. 2020 年需要的投资资本

3. 下列关于股票股利、股票分割和股票回购的表述中，正确的有（　　）。

A. 发放股票股利会导致股价下降，因此股票股利会使股票总市场价值下降

B. 如果发放股票股利后股票的市盈率增加，则原股东所持股票的市场价值增加

C. 发放股票股利和进行股票分割对企业的所有者权益各项目的影响是相同的

D. 股票回购本质上是现金股利的一种替代选择，但是两者带给股东的净财富效应不同

4. 股利相关论认为影响股利分配的公司方面的因素有（　　）。

A. 盈余的稳定性

B. 资产的流动性

C. 超额累积利润

D. 控制权的稀释

5. 发放股票股利的主要好处有（　　）。

A. 可使股东获得纳税上的好处

B. 可为公司留存现金

C. 可以降低每股价格，吸引更多的投资者

D. 发放股票股利的费用比发放现金股利费用低

6. 企业发放现金股利的后果有（　　）。

A. 资产总额减少

B. 所有者权益总额减少

C. 所有者权益结构调整

D. 每股利润下降

7. 某企业年初未弥补亏损为 100 万元，已超过税法规定的税前抵扣期限。本年税前利润 180 万元，提取法定公积金的比例为 10%，所得税税率为 25%，则下列说法正确的有（　　）。

A. 可供分配的利润为35万元

B. 提取法定公积金为3.5万元

C. 交纳所得税为45万元

D. 可供股东分配的利润为31.5万元

8. 按照资本保全约束的要求，企业发放股利所需资金的来源包括（　　）。

A. 当期利润　　B. 留存收益

C. 原始投资　　D. 股本

9. 股利无关论（MM理论）认为（　　）。

A. 投资者并不关心股利的分配

B. 股利支付率不影响公司的价值

C. 公司的价值完全由其投资的获利能力所决定

D. 投资者对股利和资本利得无偏好

10. 以下股利分配政策类型中，哪些不利于股价稳定（　　）。

A. 剩余股利政策

B. 固定股利政策

C. 固定股利支付率政策

D. 低正常股利加额外股利政策

11. 下列关于股利分配政策的表述中，错误的有（　　）。

A. 处于衰退期的企业在制定收益分配政策时，应当优先考虑企业积累

B. 金融市场利率走势下降时，公司一般不应采用高现金股利政策

C. 基于控制权的考虑，股东会倾向于较高的股利支付水平

D. 债权人不会影响公司的股利分配政策

12. 甲公司目前普通股400万股，每股面值1元，股东权益总额1 400万元。如果按2股换成1股的比例进行股票反分割，下列各项中，错误的是（　　）。

A. 甲公司股数200万股

B. 甲公司每股面值0.5元

C. 甲公司股本200万元

D. 甲公司股东权益总额700万元

13. 一般认为，股票回购所产生的效果有（　　）。

A. 稀释公司控制权

B. 提高每股收益

C. 改变资本结构

D. 抵御被收购

三、计算分析题

1. A是一家上市公司，在2017年度利润分配及资本公积转增股本实施公告中披露的分配方案主要包含以下内容：每10股送2股派发现金红利0.5元（含税，送股和现金红利均按10%代扣代缴个人所得税），转增4股。股权登记日：2018年3月1日（注：该日收盘价为49元）；除权（除息）日：2018年3月2日（注：该日的开盘价为32元）；新增可流通股份上市流通日：2018年3月3日；现金红利到账日：2018年3月15日。

A上市公司在实施利润分配前，所有者权益情况如下表所示：

单位：万元

项目	金额
股本（面额1元，已发行普通股50 000万股）	50 000
资本公积	50 000
盈余公积	20 000
未分配利润	100 000
所有者权益合计	220 000

要求：

（1）从A上市公司的利润分配及资本公积转增股本实施公告披露的信息分析该公司的股利分配形式包括哪些？

（2）计算确定A上市公司的利润分配及资本公积转增股本后的所有者权益各项目的数额。

（3）假设A上市公司的股东均为个人股东，确定公司应代扣代缴的个人所得税为多少，扣税后每股实际派发现金为多少？

（4）计算A上市公司在2018年3月2日除权（除息）日的参考价。

（5）分析A公司2017年度利润分配及资本公积转增股本方案对股东的影响。

2. 某公司成立于2019年1月1日。2019年度实现的净利润为1 000万元，分配现金股利550万元，提取法定公积金450万元（所提法定公积均已指定用途）。2020年度实现的净利润为900万元（不考虑计提法定公积的因素）。2021年计划增加投资，所需资金为700万元。假定公司目标资本结构为自有资本占60%，借入资本占40%。

要求：

（1）在保持目标资本结构的前提下，计算2020年投资方案所需的自有资金金额和需

要从外部借入的资金额。

（2）在保持目标资本结构的前提下，如果公司执行剩余股利政策，计算 2020 年度应分配的现金股利。

（3）在不考虑目标资本结构的前提下，如果公司执行固定股利政策，计算 2020 年应分配的现金股利、可用于 2021 年投资的留存收益和需要额外筹集的资金额。

（4）在不考虑目标资本结构的前提下，如果公司执行固定股利支付率政策，计算该公司的股利支付率和 2020 年度应分配的现金股利。

（5）假定公司 2021 年面临着从外部筹资的困难，只能从内部筹集筹资，不考虑目标资本结构，计算在此情况下 2020 年度应分配的现金股利。

答案及解析

一、单项选择题

1.【答案】B

【解析】"在手之鸟"理论认为留存收益再投资给投资者带来的收益具有较大的不确定性，并且投资的风险随着时间的推移会进一步增大，所以投资者更喜欢现金股利。

2.【答案】B

【解析】成长中企业的投资机会多，企业往往将盈余更多地留在企业扩大生产，促进企业的长期发展。

3.【答案】C

【解析】四个选项均属于财务限制方面的因素。其中，市场竞争加剧，企业收益的稳定性减弱时，公司一般采用低股利政策以减少因盈余下降而造成的股利无法支付、股利急剧下降的风险；市场销售不畅，企业库存量持续增加，会较多地占用公司的现金，公司可能无法支付较多的现金股利；为保证企业的发展，需要扩大筹资规模时，往往少发股利，但在经济增长速度减慢，企业缺乏良好的投资机会时，可能支付较高的股利，以避免保留大量现金造成资金的闲置。

4.【答案】A

【解析】按照资本保全原则不能用股本和资本公积金发放股利。

5.【答案】A

【解析】发放股票股利是按股东持股数的一定比率发放的，因此不会使股东持股比率发生变化。

6.【答案】A

【解析】股票反分割也称股票合并，是股票分割的相反行为，即将数股面额较低的股票合并为一股面额较高的股票，将会导致每股面额上升，每股市价上升、每股收益上升，股东权益总额不变，由于股数减少，所以每股净资产上升，所以选项 A 正确。

7.【答案】C

【解析】送股后，每股收益 = 1.2/(1 + 20%) = 1（元），每股市价 = 21.6/(1 + 20%) = 18（元）。

8.【答案】D

【解析】剩余股利政策是依靠股利维持生活的股东和养老基金管理人最不赞成的公司股利分配政策，所以选项 A 错误。保持目标资本结构，不是指保持全部资产的负债比例不变，无息负债和短期借款不可能也不需要保持某种固定比率，所以选项 B 是错误表述。选项 C 是错误表述，错误在于没有强调出满足目标结构下的权益资金需要。在剩余股利分配政策下，公司不会动用以前年度未分配利润，只能分配本年利润的剩余部分，选项 D 是正确表述。

9.【答案】C

【解析】支付现金股利不能增加发行在外的普通股股数；增发普通股能增加发行在外的普通股股数，但是也会改变公司资本结构；股票分割会增加发行在外的普通股股数，而且不会改变公司资本结构；股票回购会减少发行在外的普通股股数。

10.【答案】B

【解析】(1 − 25%) × (1 − 10%) = 67.5%。

11.【答案】D

【解析】最高可分配股利额 = 200 × (1 − 10%) + 600 = 780（万元），最高每股股利 = 780/2 000 = 0.39（元）。

12.【答案】A

【解析】利润留存 = 800 × 50%
= 400（万元）

股利分配 = 600 − 400 = 200（万元）

每股股利 = 200/200 = 1（元）。

13.【答案】B

【解析】股票分割与发放股票股利不会影响股东权益总额，选项 A 错误；股票分割会降低股票每股面值，但股票股利发放不影响股票面值，选项 C 错误；股票股利发放会改变股东权益结构，但股票分割不影响股东权益的结构。

二、多项选择题

1.【答案】AD

【解析】边际税率较高的投资者偏好低股利支付率的股票，边际税率较低的投资者偏好高股利支付率的股票。所以，选项 A、D 正确。

2.【答案】ACD

【解析】分配股利的现金问题，是营运资金管理问题，如果现金存量不足，可以通过短期借款解决，与筹集长期资本无直接关系。所以选项 B 项不需要考虑。

3.【答案】BD

【解析】参见教材股票股利、股票分割和股票回购的相关内容表述。本题有一定难度，综合性较强。

4.【答案】AB

【解析】选项 C 属于法律因素，选项 D 属于股东方面的因素。

5.【答案】ABC

【解析】因为资本利得所得税比股利所得税低，所以可使股东获得纳税上的好处；免予发放现金股利，可以留存现金；发放股票股利还可以降低每股价格，有利于投资者介入买卖。

6.【答案】ABC

【解析】现金股利不影响普通股股数，不会影响每股利润。

7.【答案】ABCD

【解析】由于年初未弥补亏损已超过税法规定的抵扣期限，故本年度不得在税前抵扣，故交纳的所得税 = 180 × 25% = 45（万元），本年净利润 = 180 − 45 = 135（万元），可供分配的利润（即提取法定公积金的基数）= 135 − 100 = 35（万元），故提取的法定公积金 = 35 × 10% = 3.5（万元），可供股东分配的利润 = 35 − 3.5 = 31.5（万元）。

8.【答案】AB

【解析】根据资本保全原则，企业发放的股利不得来源于原始投资（或股本），而只能来源于企业当期利润或留存收益。显然，本题四个选项中，只有选项 A、B 符合要求。

9.【答案】ABCD

【解析】参见教材股利理论相关内容的说明。

10.【答案】AC

【解析】固定股利政策和低正常股利加额外股利政策均有利于保持股价稳定。

11.【答案】ABCD

【解析】处于衰退期的企业在制定收益分配政策时，应当优先考虑将利润发放给股东，而不是企业积累；金融市场利率下降时，外部资金来源的资本成本降低，企业可以采取高股利支付率政策；基于控制权的考虑，股东会倾向于较低的股利支付水平；债权人会影响公司的股利分配政策。

12.【答案】BCD

【解析】每股面值 = 1 × 2 = 2（元），股数 = 400/2 = 200（万股），股本 = 200 × 2 = 400（万元），股东权益总额不变，仍为 1 400 万元。所以选项 A 正确。

13.【答案】BCD

【解析】股票回购会使股数减少，有利于转移或稳定控制权，所以选项 A 不对。

三、计算分析题

1.【答案及解析】

（1）从 A 上市公司的利润分配及资本公积转增股本实施公告披露的信息得知，该公司的股利分配形式包括现金股利和股票股利。

（2）A 上市公司 2017 年度利润分配方案实施后的所有者权益各项目如表所示：

单位：万元

项目	利润分配前	利润分配后
股本（面额 1 元，均为发行的普通股）	50 000	原股本 + 发放股票股利增加的股本 + 资本公积转增股本 = 50 000 + 50 000 × 20% + 50 000 × 40% = 8 000

续表

项目	利润分配前	利润分配后
资本公积	50 000	原资本公积 - 资本公积转增股本 = 50 000 - 50 000 × 40% = 30 000
盈余公积	20 000	20 000（不变）
未分配利润	100 000	原未分配利润 - 现金股利分配 - 股票股利分配 = 100 000 - 50 000 × 0.05 - 50 000 × 20% = 87 500
所有者权益合计	220 000	217 500

（3）应代扣代缴的现金股利个人所得税 = 50 000 × 0.05% = 250（万元）

应代扣代缴的股票股利个人所得税 = 50 000 × 20% × 10% = 1 000（万元）

股东实际收到的现金 = 50 000 × 0.05 - 250 - 1 000 = 1 250（万元）

扣税后每股实际派发现金 = 1 250/50 000 = 0.025（元/股）。

（4）除权参考价 =（股权登记日收盘价 - 每股现金股利）/（1 + 送股率 + 转增率）=（49 - 0.05）/（1 + 20% + 40%）= 30.59（元）。

（5）由于该公司除权（除息）日股票的开盘价为 32 元，相对于股权登记日（2018 年 3 月 1 日）的股价（该日收盘价为 49 元）有较大幅的下降，有利于使股价保持在合理的范围之内。而且由于除权（除息）日股票的开盘价 32 元高于除权参考价 30.59 元，会使股东获得股价相对上升的好处。

2.【答案及解析】

（1）投资方案所需的自有资金额 = 700 × 60% = 420（万元）

2020 年度投资需要从外部借入的资金额 = 700 × 40% = 280（万元）

或：2020 年度投资需要从外部借入的资金额 = 700 - 420 = 280（万元）。

（2）在保持目标资本结构的前提下，执行剩余股利政策：

2020 年度应分配的现金股利 = 900 - 420 = 480（万元）。

（3）在不考虑目标资本结构的前提下，执行固定股利政策：

2020 年度应分配的现金股利 = 2019 年的现金股利 = 550 万元

可用于 2021 年投资的留存收益 = 900 - 550 = 350（万元）

需要额外筹集的资金额 = 700 - 350 = 350（万元）。

（4）在不考虑目标资本结构的前提下，执行固定股利支付率政策：

$$股利支付率 = \frac{550}{1\ 000} \times 100\% = 55\%$$

2020 年度应分配的现金股利 = 900 × 55% = 495（万元）。

（5）2020 年度应分配的现金股利 = 900 - 700 = 200（万元）。

第十二章　营运资本管理

本章考情分析

本章是次重点章。主要介绍营运资本的投资和筹资政策，重点掌握营运资本投资和筹资策略的种类及特点；易变现率的确定；三种确定现金持有量的模式的相关成本和确定方法。

应收账款信用政策决策；商业信用筹资决策（尤其是放弃现金折扣成本率的确定）；借款有效年利率的确定。

从历年考试情况看，除客观题外，也可能以计算分析题的形式出现，近 3 年平均分值在 3 分左右。

建议考生学习本章内容时要把营运资本投资与筹资政策内容融合起来理解运用，也要注意和教材前面各章相关知识点之间的联系。

本章教材变化

本章内容没有实质性变动。

本章思维导图

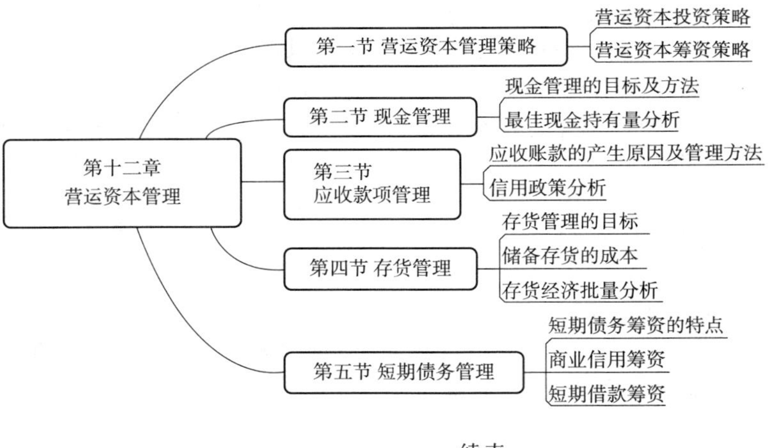

考点精讲及典型例题解析

第一节　营运资本管理策略

一、营运资本投资策略（能力等级 1）

（一）相关成本

要点	说明
短缺成本	随流动资产投资水平降低而增加

续表

要点	说明
持有成本	随流动资产投资水平上升而增加，主要是与流动资产相关的机会成本，一般低于加权平均资本成本，也低于总资产的平均报酬率，通常不高于短期借款利率

（二）相关策略

策略	含义	特点
适中型投资策略	就是按照预期的流动资产	流动资产最优

续表

策略	含义	特点
适中型投资策略	周转天数、销售额及其增长，成本水平和通货膨胀等因素确定的最优投资规模，安排流动资产投资	这种投资策略要求短缺成本和持有成本大体相等
保守型投资策略	就是企业持有较多的现金和有价证券，充足的存货，提供给客户宽松的付款条件并保持较高的应收账款水平。宽松的流动资产投资政策，表现为安排较高的流动资产/收入比率	承担较大的流动资产持有成本，但短缺成本较小
激进型投资策略	就是公司持有尽可能低的现金和小额的有价证券投资；在存货上作少量投资；采用严格的销售信用政策或者禁止赊销，紧缩的流动资产投资政策，表现为较低的流动资产/收入比率	节约流动资产的持有成本，但公司要承担较大的短缺成本

【例 12－1】（2017 年单选题）与激进型营运资本投资策略相比，适中型营运资本投资策略的（　　）。

A. 持有成本和短缺成本均较低

B. 持有成本较高，短缺成本较低

C. 持有成本和短缺成本均较高

D. 持有成本较低，短缺成本较高

【答案】B

【解析】激进型营运资本投资策略，表现为较低的流动资产/收入比率，所以持有成本最低，短缺成本最高，相比而言，适中型营运资本投资策略，持有成本较高，短缺成本较低。

【例 12－2】（2013 年单选题）企业采用保守型流动资产投资策略时，流动资产的（　　）。

A. 短缺成本较高

B. 管理成本较低

C. 机会成本较低

D. 持有成本较高

【答案】D

【解析】保守型流动资产投资政策，表现为安排较高的流动资产/收入比率，承担较大的持有成本，但短缺成本较小。

二、营运资本筹资策略（能力等级 3）

（一）营运资本筹资策略概述

要点	说明
概念	营运资本筹资策略，是指在总体上如何为流动资产筹资，采用短期资金来源还是长期资金来源，或者兼而有之
衡量指标	$易变现率=\frac{（股东权益+长期债务+经营性流动负债）-长期资产}{经营性流动资产}$ 【提示】“股东权益＋长期债务＋经营性流动负债”可视为（广义）长期筹资来源 易变现率衡量的就是经营性流动资产中长期筹资来源的比重。经营性流动负债也称为自发性流动负债，本章也将其视为广义长期筹资来源。易变现率高，资金来源的持续性强，偿债压力小，管理起来比较容易，称为保守型筹资策略。易变现率低，资金来源的持续性弱，偿债压力大，称为激进型筹资策略
指标含义	当易变现率＝1，经营性流动资产恰好全部使用（广义）长期筹资来源支持，不存在闲置的长期筹资来源，也未使用短期筹资来源
	易变现率＜1，一部分经营性流动资产［“易变现率”的部分］使用（广义）长期筹资来源支持；另一部分经营性流动资产［“（1－易变现率）”的部分］使用短期筹资来源（短期金融负债）支持
	易变现率＞1，（广义）长期筹资来源支持全部长期资产及经营性流动资产后，还存在一部分闲置资金［“（易变现率－1）”的部分］

（二）流动资产和流动负债的特殊分类

分类		含义
流动资产	波动性流动资产	受季节性、周期性影响的流动资产所需资金
	稳定性流动资产	即使处于经营淡季也仍然需要保留、用于满足企业长期稳定运行的流动资产所需资金
流动负债	临时性流动负债	金融性流动负债
	自发性流动负债	经营性流动负债

（三）营运资本筹资策略的种类

种类	适中型	激进型	保守型
匹配公式	（1）波动性流动资产 = 临时性负债 （2）长期资产 + 稳定性流动资产 = 股东权益 + 长期债务 + 经营性流动负债	（1）波动性流动资产 < 临时性流动负债 （2）长期资产 + 稳定性流动资产 > 股东权益 + 长期债务 + 经营性流动负债	（1）波动性流动资产 > 临时性流动负债 （2）长期资产 + 稳定性流动资产 < 股东权益 + 长期债务 + 经营性流动负债
易变现率	居中 （营业低谷为 1，营业高峰小于 1）	最小 （小于 1）	最大 （营业低谷大于 1，营业高峰小于 1）
临时性负债权重	比重居中	比重最大	比重最小
风险收益特征	资本成本居中； 风险收益适中	资本成本低； 风险收益均高	资本成本高； 风险收益均低

【提示】

（1）营业高峰时期，除非企业的全部资金来源均为长期性资金（长期债务 + 经营性流动负债 + 股东权益），不使用任何短期金融负债（极端保守的筹资政策），否则，只要短期金融负债 > 0（即至少一部分波动性流动资产使用短期金融负债融资），则无论是哪种营运资金筹资策略，其易变现率都将小于 1。

（2）由于营业低谷时期的经营性流动资产（稳定性流动资产）小于营业高峰时期的经营性流动资产（稳定性流动资产 + 波动性流动资产），因此，一般情况下，无论何种营运资本筹资策略，营业低谷期时的易变现率总是大于高峰期的易变现率。

【例 12 - 3】（2019 年单选题）甲公司在生产经营淡季占用 200 万元货币资金、300 万元应收账款、500 万元存货、900 万元固定资产以及 100 万元无形资产（除此以外无其他资产），在生产经营高峰期会额外增加 400 万元季节性存货。经营性流动负债、长期负债和股东权益总额始终保持在 2 000 万元，其余靠短期借款提供资金。甲公司的营运资本筹资策略是（　　）。

A. 适中型策略

B. 保守型策略

C. 激进型策略

D. 无法确定

【答案】A

【解析】长期性资产 = 200 + 300 + 500 + 900 + 100 = 2 000（万元），等于长期资金来源 2 000 万元，所以甲公司的营运资本筹资策略是适中型策略。

【例 12 - 4】（2015 年单选题）甲公司是一家生产和销售电暖气的企业，夏季是其生产经营淡季，应收账款、存货和应付账款处于正常状态。根据如下：甲公司资产负债表，该企业的营运资本筹资策略是（　　）。

A. 保守型筹资策略

B. 适中型筹资策略

C. 激进型筹资策略

D. 无法判断

甲公司资产负债表

2015 年 6 月 30 日　　　单位：万元

资产	金额	负债及所有者权益	金额
货币资金（经营）	30	应付账款	100
交易性金融资产	50	长期借款	200

续表

资产	金额	负债及所有者权益	金额
应收账款	120	股东权益	300
存货	150		
固定资产	250		
资产总计	600	负债及股东权益总计	600

【答案】A

【解析】在生产经营的淡季存在短期金融资产，属于保守型筹资策略，选项A正确。

【例12-5】（2014年多选题）与采用激进型营运资本筹资策略相比，企业采用保守型营运资本筹资策略时（　　）。

A. 资金成本较高

B. 易变现率较高

C. 举债和还债的频率较高

D. 蒙受短期利率变动损失的风险较高

【答案】AB

【解析】与激进型筹资策略相比，保守型筹资策略下短期金融负债占企业全部资金来源的比例较小，所以举债和还债频率较低，蒙受短期利率变动损失的风险也较低，选项C、D错误。

【例12-6】（2018年多选题）甲公司是季节性生产企业，波动性流动资产等于经营性流动负债和短期金融负债之和。下列关于甲公司营运资本筹资政策的说法中正确的有（　　）。

A. 甲公司采用的是保守型营运资本筹资政策

B. 甲公司在营业低谷时的易变现率小于1

C. 甲公司在营业高峰时的易变现率等于1

D. 甲公司在生产经营淡季有闲置资金

【答案】AD

【解析】波动性流动资产大于短期金融负债，甲公司采用的是保守型营运资本筹资政策，选项A正确；保守型营运资本筹资政策，在营业低谷时的易变现率大于1，在营业高峰时的易变现率小于1，选项B、C错误；保守型营运资本筹资政策下，长期资金来源满足部分波动性流动资产，而淡季的时候，不存在波动性流动资产，所以这部分资金就会闲置下来，形成闲置资金，选项D正确。

第二节　现金管理

一、现金管理的目标及方法（能力等级1）

（一）现金管理的目标

目标	说明
交易性需要	满足日常业务的现金支付需要，由现金收支不同步同量引起
预防性需要	置存现金以防发生意外的支付，预防性现金数额取决于现金流量的不确定性程度和企业的借款能力
投机性需要	置存现金用于不寻常的购买机会

（二）现金管理的方法

策略	内容
1. 力争现金流量同步	如果企业能尽量使它的现金流入与现金流出的时间趋于一致，就可以使其所持有的交易性现金余额降到最低水平。这就是所谓现金流量同步
2. 使用现金浮游量	从企业开出支票，收款人收到支票并存入银行，至银行将款项划出企业账户，中间需要一段时间。现金在这段时间的占用称为现金浮游量。不过，在使用现金浮游量时，一定要控制使用时间，否则会发生银行存款的透支
3. 加速收款	这主要指缩短应收账款的时间。做到既利用应收账款吸引顾客，又缩短收款时间，从两者之间找到适当的平衡点
4. 推迟应付账款的支付	指企业在不影响自己信誉的前提下，尽可能推迟应付款的支付期，充分运用供货方所提供的信用优惠

【例12-7】（单选题）企业为了使其持有的交易性现金余额降到最低，可采取（　　）。

A. 力争现金流量同步

B. 使用现金浮游量

C. 加速收款

D. 推迟应付款的支付

【答案】A

【解析】力争现金流量同步可使其持有的交易性现金余额降到最低。

二、最佳现金持有量分析（能力等级3）

（一）成本分析模式

1. 含义

成本分析模式是通过分析持有现金的成本，寻找使持有成本最低的现金持有量。

成本种类	含义	与现金持有量的关系
（1）机会成本	占用现金的代价，表现为因持有现金不能将其投资到生产经营领域而丧失的收益	同向变化关系
（2）管理成本	管理现金的各种开支，如管理人员工资、安全措施费等	无明显的比例关系
（3）短缺成本	缺乏必要的现金，不能应付业务开支所需，而使企业蒙受的损失或为此付出的代价	反向变化关系

2. 决策原则

现金持有总成本最低时的现金持有量即机会成本、管理成本和短缺成本之和最低时的现金持有量。

【例12－8】（2019年多选题）甲公司采用成本分析模式确定最佳现金持有量，下列说法中，正确的有（　　）。

A. 现金机会成本和短缺成本相等时的现金持有量是最佳现金持有量

B. 现金机会成本和管理成本相等时的现金持有量是最佳现金持有量

C. 现金机会成本最小时的现金持有量是最佳现金持有量

D. 现金机会成本、管理成本和短缺成本之和最小时的现金持有量是最佳现金持有量

【答案】AD

【解析】成本分析模式下，管理成本是固定成本，和现金持有量之间无明显的比例关系，因此有机会成本和短缺成本相等时的现金持有量即为最佳现金持有量，此时现金机会成本，管理成本和短缺成本之和最小。

【例12－9】（2016年多选题）企业采用成本分析模式管理现金，在最佳现金持有量下，下列各项中正确的有（　　）。

A. 机会成本等于短缺成本

B. 机会成本与管理成本之和最小

C. 机会成本等于管理成本

D. 机会成本与短缺成本之和最小

【答案】AD

【解析】

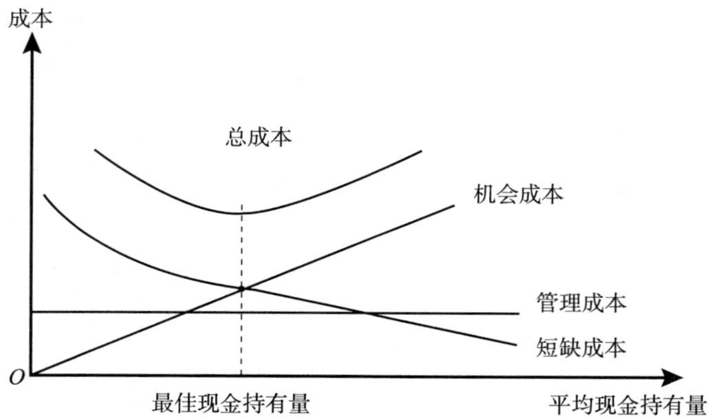

从上述图形中，我们可以看到，当机会成本＝短缺成本时，总成本是最小的，所以选项A正确。由于管理成本固定，所以当机会成本与短缺成本之和最小时，总成本是最小的，所以选项D正确。

（二）存货模式

（1）含义：存货模式是通过分析机会成本与交易成本寻找使这两者总成本最低的现金持有量。

（2）考虑相关成本：机会成本、交易成本。

种类	含义	与现金持有量的关系
机会成本	占用现金的代价，表现为因持有现金不能将其投资到生产经营领域而丧失的收益	同向变化关系
交易成本	企业每次以有价证券转换回现金是要付出代价的（如支付经纪费用）	与现金的平均持有量成反比

（3）计算公式：

1）总成本 = 交易成本 + 机会成本

$$= 每次交易成本 \times \frac{一定时期的现金需要量}{现金持有量} + 机会成本率 \times \frac{现金持有量}{2}$$

$$= T/C \times F + C/2 \times K$$

2）最佳现金持有量 C^*

$$= \sqrt{2 \times 一定时期现金需要量 \times 一次交易成本/机会成本率} = \sqrt{2TF/K}$$

【提示】

机会成本、交易成本与现金持有量之间的关系，可以图示如下：

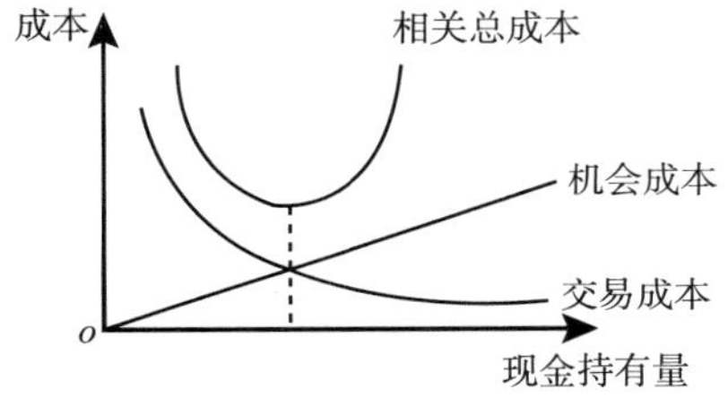

从上图可以看出，当机会成本与交易成本相等时，相关总成本最低，此时的持有量即为最佳持有量。由此可以得出：

$$\frac{C^*}{2} \times K = \frac{T}{C^*} \times F$$

$$C^* = \sqrt{\frac{2TF}{K}}$$

3）最佳有价证券交易次数（N）= 一定时期现金需要量 ÷ 最佳现金持有量 = T/C^*

4）最佳有价证券交易间隔期（天数 t）= 360 ÷ 最佳有价证券交易次数（N）

5）最佳总成本 $= \sqrt{2 \times 一定时期现金需要量 \times 一次交易成本 \times 机会成本率}$

$$= \sqrt{2TFK}$$

= 最佳现金持有量 × 机会成本率

$= C^* \times K$

式中：C^*——最佳现金持有量；T——一定时期现金需要量；F——每次金融资产转换的交易成本；K——持有现金的机会成本率。

（4）特点：

简单、直观；缺点是该模型假设现金需要量恒定，假定现金的流出量稳定不变，假设计划期内未发生其他净现金流入，需要现金靠变现证券满足未考虑现金安全库存。实际上这很少出现。

【例 12－10】（2017 年单选题）甲公司采用存货模式确定最佳现金持有量，在现金需求量保持不变的情况下，当有价证券转换为现金的交易费用从每次 100 元下降至 50 元、有价证券投资报酬率从 4% 上涨至 8% 时，甲公司现金管理应采取的措施是（　　）。

A. 最佳现金持有量保持不变

B. 将最佳现金持有量降低 50%

C. 将最佳现金持有量提高 50%

D. 将最佳现金持有量提高 100%

【答案】B

【解析】用 C^* 表示最佳现金持有量，T 表示现金需要量。当有价证券转换为现金的交易费用为 100 元、有价证券投资报酬率为 4% 时，$C^* = \sqrt[2]{\frac{2T \times 100}{4\%}} = \sqrt[2]{5\ 000T}$；当有价证券转换为现金的交易费用为 50 元、有价证券投资报酬率为 8% 时，$C^* = \sqrt[2]{\frac{2T \times 50}{8\%}} = \sqrt[2]{1\ 250T}$。所以，最佳现金持有量变动百分比 = $(\sqrt[2]{1\ 250T} - \sqrt[2]{5\ 000T}) / \sqrt[2]{5\ 000T} = -50\%$。甲公司现金管理应采取的措施是将最佳现金持有量降低 50%。

【例 12－11】（计算分析题）已知：某公司现金收支平衡，预计全年（按 360 天计算）现金需要量为 25 0000 元，现金与有价证券的转换成本为每次 500 元，有价证券年利率为 10%。

要求：

（1）使用存货模式计算最佳现金持有量。

（2）使用存货模式计算最佳现金持有量下的全年现金管理总成本、全年现金交易成本和全年现金持有机会成本。

（3）计算最佳现金持有量下的全年有价证券交易次数和有价证券交易间隔期。

【答案及解析】

（1）

最佳现金持有量 $=\sqrt{\frac{2\times 250\,000\times 500}{10\%}}$

$=50\,000$（元）。

（2）全年现金管理总成本 $=\sqrt{2\times 250\,000\times 500\times 10\%}=5\,000$（元）

全年现金交易成本 $=(250\,000/50\,000)\times 500=2\,500$（元）

全年现金持有机会成本 $=(50\,000/2)\times 10\%=2\,500$（元）。

（3）全年有价证券交易次数 $=250\,000/50\,000=5$（次）

有价证券交易间隔期 $=360/5=72$（天）。

（三）随机模式

相关成本	机会成本	交易成本
与现金持有量关系	正比例变动	反比例变动
基本原理	企业根据历史经验和现实需要，测算出一个现金持有量的控制范围，即制定出现金持有量的上限和下限，将现金量控制在上下限之内。 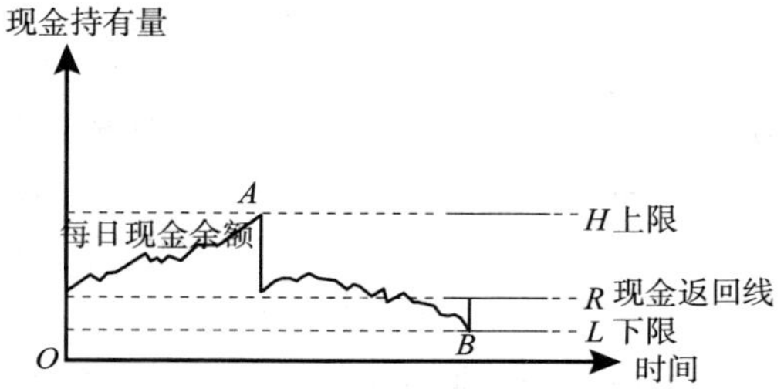 	
计算公式	（1）现金存量的上限（H）的计算公式：$H=3R-2L$ 或（$H-R$）$=2$（$R-L$） （2）下限（L）的影响因素：每日最低现金需要量；管理人员的风险承受倾向等。 （3）现金返回线（R）的计算公式：$R=\sqrt[3]{\frac{3b\delta^2}{4i}}+L$ 式中：b——每次有价证券的固定转换成本； i——有价证券的日利息率； δ——预期每日现金余额波动的标准差（可根据历史资料测算）	
适用范围	随机模式建立在企业的现金未来需求总量和收支不可预测的前提下	
特点	计算出来的现金持有量比较保守。只要现金持有量在上限和下限之间就不用进行控制，但一旦达到上限，就进行证券投资（$H-R$），使其返回到最优返回线。一旦达到下限，就变现有价证券（$R-L$）补足现金，使其达到最优返回线	

	存货模式	随机模式
相同点	相关成本（机会成本，交易成本）	
不同点	（1）未来现金需要量恒定； （2）不考虑现金安全储备	（1）建立在企业的未来现金需求总量和收支不可预测的前提下，因此计算出来的现金持有量比较保守； （2）考虑现金安全储备 L

【例 12-12】（2018 年单选题）甲公司采用随机模式进行现金管理。最低现金持有量 100 万元，现金返回线 150 万元。假设某日甲公司的现金余额是 280 万元，下列操作中正确的是（　　）。

A. 不操作

B. 买入有价证券 30 万元

C. 买入有价证券 130 万元

D. 买入有价证券 180 万元

【答案】C

【解析】$H=3R-2L=3\times150-2\times100=250$（万元），现金余额 280 万元，超过现金持有量上限 250 万元，所以应买入有价证券 130(280－150) 万元。

【例 12－13】（2014 年多选题）甲公司采用随机模式确定最佳现金持有量，最优现金返回线水平为 7 000 元，现金存量下限为 2 000元。公司财务人员的下列做法中，正确的有（　　）。

A. 当持有的现金余额为 1 500 元时，转让 5 500 元的有价证券

B. 当持有的现金余额为 5 000 元时，转让 2 000 元的有价证券

C. 当持有的现金余额为 12 000 元时，购买 5 000 元的有价证券

D. 当持有的现金余额为 20 000 元时，购买 13 000 元的有价证券

【答案】AD

【解析】$H=3R-2L=3\times7\,000-2\times2\,000=17\,000$（元），现金余额为 5 000 元和 12 000 元时，均介于 17 000 元和 2 000 元之间，不必采取任何措施，所以选项 B、C 不正确；当现金余额为 1 500 元时，低于现金持有量下限，应转让有价证券 7 000－1 500＝5 500（元），使现金持有量回升为 7 000 元，选项 A 正确；当现金余额为 20 000 元时，超过现金持有上限，应购买有价证券 20 000－7 000＝13 000（元），使现金持有量回落为 7 000 元，所以选项 D 正确。

【例 12－14】（2011 年多选题）某企业采用随机模式控制现金的持有量。下列事项中，能够使最优现金返回线上升的有（　　）。

A. 有价证券的收益率提高

B. 管理人员对风险的偏好程度提高

C. 企业每日的最低现金需要量提高

D. 企业每日现金余额变化的标准差增加

【答案】CD

【解析】现金返回线的计算公式：$R=\sqrt[3]{\frac{3b\delta^2}{4i}}+L$ 有价证券的收益率提高会使现金返回线下降，选项 A 错误；管理人员对风险的偏好程度提高，L 会下降，则最优现金返回线会下降，选项 B 错误。

第三节　应收款项管理

一、应收账款的产生原因及管理办法（能力等级 1）

（一）应收账款的产生原因

应收账款发生的原因		性质
1. 商业竞争	赊销以扩大销售	属于商业信用
2. 销售和收款的时间差距	结算手段落后	不属于商业信用

（二）应收账款的管理方法

内容	说明
应收账款回收情况的监督	一般来讲，拖欠时间越长，款项收回的可能性越小，形成坏账的可能性越大。实施对应收账款回收情况的监督，可以通过编制账龄分析表进行
收账政策的制定	（1）含义：企业对各种不同过期账款的催收方式，包括准备为此付出的代价，就是它的收账政策。 （2）特点：一般说来，收账的花费越大，收账措施越有力，可收回的账款应越多，坏账损失也就越小。因此制定收账政策，又要在收账费用和所减少坏账损失之间作出权衡

二、信用政策分析（能力等级 3）

信用政策的构成	信用期间
	信用标准
	现金折扣政策

（一）信用期间

内容	说明
1. 含义	信用期间是企业允许顾客从购货到付款之间的时间
2. 决策依据	信用期间的确定主要是分析改变现行信用期对收入和成本的影响。延长信用期，会使销售额增加，产生有利影响；与此同时应收账款、坏账损失、收账费用增加，产生不利影响。当前者大于后者时，可以延长信用期，否则不宜延长。如果缩短信用期间，情况与此相反

续表

内容	说明
3. 步骤	(1) 收益的增加 = 销售量的增加 × 单位边际贡献 = 销售额的增加 × 边际贡献率 【提示】上述计算是假定在销售量变动后，企业的固定成本不变。如果由于销售量大幅度增加，必须追加固定成本，则固定成本的变化也必须予以考虑。 (2) 应收账款占用资金的应计利息增加： 应计利息增加 = 信用期改变后的应收账款的应计利息 - 信用期改变前的应收账款的应计利息 应收账款应计利息 = 应收账款占用资金 × 资本成本 应收账款占用资金 = 应收账款平均余额 × 变动成本率 (3) 计算收账费用和坏账损失增加： 收账费用：题中一般已知 坏账损失：赊销额 × 坏账率 (4) 计算改变信用期的税前损益： 改变信用期的税前损益 = 收益增加 - 成本费用增加 (5) 决策：若增加的收益大于增加的成本费用，应改变信用期；否则，不应改变。 【提示】在上述分析的基础上，还可以作进一步的分析： (1) 由于放宽信用期使销货增加，相应地，存货会增加，从而使与存货采购和储存相关的成本增加。 (2) 由于存货增加，可能会引起应付账款的增加。这种负债的增加会节约企业的营运资金，减少营运资金的应计利息

【例 12－15】(2018 年多选题) 下列各项措施中，可降低应收账款周转天数的有(　　)。

A. 提高信用标准

B. 延长信用期限

C. 提高坏账准备计提比率

D. 提高现金折扣率

【答案】AD

【解析】提高信用标准可以减少信用品质差的客户，从而增加应收账款周转效率，降低应收账款周转天数，选项 A 正确；延长信用期限，会增加应收账款周转天数，选项 B 错误；提高坏账准备计提比率，不影响应收账款周转天数，因为应收账款周转天数是根据未扣除坏账准备的应收账款的余额计算的，所以选项 C 错误；提高现金折扣率，会吸引客户提前付款，从而降低应收账款周转天数，选项 D 正确。

【例 12－16】(2012 年单选题) 甲公司全年销售额为 30 000 元 (一年按 300 天计算)，信用政策是 "1/20、n/30"，平均有 40% 的顾客 (按销售额计算) 享受现金折扣优惠，没有顾客逾期付款。甲公司应收账款的年平均余额是 (　　) 元。

A. 2 000　　B. 2 400

C. 2 600　　D. 3 000

【答案】C

【解析】平均收现期 = 20 × 40% + 30 × 60% = 26 (天)

应收账款年平均余额 = 日销售额 × 平均收现期 = 30 000/300 × 26 = 2 600 (元)。

【例 12－17】(单选题) 某企业预计下年度销售额为 2 000 万元，其中 10% 为现销，赊销的信用条件为 "n/75"，预计应收账款周转天数为 90 天 (一年按 360 天计算)，变动成本率为 60%，资本成本为 10%，则应收账款的机会成本是 (　　) 万元。

A. 27　　B. 22.5

C. 45　　D. 50

【答案】A

【解析】应收账款机会成本 = 1 800/360 × 90 × 60% × 10% = 27 (万元)。

(二) 信用标准

信用标准是指顾客获得企业的交易信用所应具备的条件。如果顾客达不到信用标准，便不能享受企业的信用或只能享受较低的信用优惠。企业在设定某一顾客的信用标准时，往往先要评估他赖账的可能性。这可以通过 "5C" 系统来进行。

"5C" 系统	含义
1. 品质	指顾客的信誉，即履行偿债义务的可能性
2. 能力	指偿债能力，主要指企业流动资产的数量和质量以及与流动负债的比例条件
3. 资本	指顾客的财务实力和财务状况
4. 抵押	指顾客拒付款项或无力支付款项时能被用作抵押的资产
5. 条件	指影响顾客付款能力的经济环境

【例 12－18】(2017 年单选题) 应用 "5C" 系统评估顾客信用标准时，客户 "能

力”是指（　　）。

A. 偿债能力

B. 盈利能力

C. 营运能力

D. 发展能力

【答案】A

【解析】“5C”系统中，“能力”是指顾客的偿债能力，即其流动资产的数量和质量以及与流动负债的比例。

（三）现金折扣政策

1. 含义

现金折扣是企业对顾客在商品价格上所做的扣减。吸引顾客会为享受优惠而提前付款，缩短企业的平均收款期。另外，现金折扣也可以吸引一些把折扣当作减价出售的顾客前来购货，借此扩大销售量。

2. 信用期的决策方法（信用期的决策方法主要有总额分析法和差额分析法）

总额分析法	差量分析法
（1）计算各个方案的收益 ＝营业收入－变动成本 ＝边际贡献＝销售量×单位边际贡献 【提示】固定成本如有变化应予以考虑	（1）计算收益的增加 ＝增加的营业收入－增加的变动成本－增加的固定成本＝增加的边际贡献－增加的固定成本
（2）计算各个方案实施信用政策的成本： 第一，计算占用资金的应计利息； 第二，计算收账费用和坏账损失； 第三，计算折扣成本（若提供现金折扣时）	（2）计算实施信用政策成本的增加： 第一，计算占用资金的应计利息增加； 第二，计算收账费用和坏账损失增加； 第三，计算折扣成本的增加（若提供现金折扣时）
（3）计算各方案税前损益＝收益－成本费用	（3）计算改变信用期的增加税前损益 ＝收益增加－成本费用增加
决策原则：选择税前损益最大的方案为优	决策原则：如果改变信用期增加的税前损益大于0，可以改变

【提示】

计算占用资金的应计利息包含以下三部分：

（1）应收账款占用资金的应计利息＝日销售额×平均收现期×变动成本率×资本成本

（2）存货占用资金的应计利息＝（销售成本/存货周转率）×资本成本

（3）应付账款占用资金抵减的应计利息＝应付账款平均余额×资本成本

【例12－19】（2013年计算分析题）甲公司生产并销售某种产品，目前采用现金销售政策，年销售量180 000件，产品单价10元，单位变动成本6元，年平均存货周转次数（按销售成本计算）为3次，为了扩大销售量，甲公司拟将目前的现销政策改为赊销并提供一定的现金折扣，信用政策为“2/10、n/30”，改变信用政策后，年销售量预计提高12%，预计50%的客户（按销售量计算，下同）会享受现金折扣优惠，40%的客户在30天内付款，10%的客户平均在信用期满后20天付款，收回逾期应收账款发生的收账费用为逾期金额的3%，存货周转次数保持不变，应付账款年平均余额将由目前的90 000元增加至110 000元。

等风险投资的必要报酬率为15%，一年按360天计算。

要求：

（1）计算改变信用政策引起的以下项目的变动额：边际贡献、现金折扣成本、应收账款占用资金的应计利息、收账费用、存货占用资金的应计利息、应付账款占用资金的应计利息。

（2）计算改变信用政策引起的税前损益变化，并说明该信用政策改变是否可行。（2013年）

【答案及解析】

（1）边际贡献变动额＝180 000×12%×（10－6）＝86 400（元）

现金折扣成本变动额＝180 000×（1＋12%）×10×2%×50%＝20 160（元）

平均收账天数＝10×50%＋30×40%＋50×10%＝22（天）

应收账款占用资金的应计利息变动额＝［180 000×（1＋12%）×10/360］×22×60%×15%＝11 088（元）

增加的收账费用 $=180\ 000\times(1+12\%)\times10\times10\%\times3\%=6\ 048$（元）

增加的存货余额 $=180\ 000\times12\%\times6/3=43\ 200$（元）

增加的存货占用资金应计利息 $=43\ 200\times15\%=6\ 480$（元）

节约的应付账款占用资金应计利息 $=(110\ 000-90\ 000)\times15\%=3\ 000$（元）。

（2）改变信用政策引起的税前损益变化 $=86\ 400-20\ 160-11\ 088-6\ 048-6\ 480+3\ 000=45\ 624$（元）

该信用政策改变是可行的。

第四节　存货管理

一、储备存货的成本（能力等级3）

<table>
<tr><th>项目</th><th colspan="4">要点说明</th></tr>
<tr><td rowspan="9">储备存货的相关成本
$TC=TC_a+TC_c+TC_s$</td><td rowspan="3">(一)取得成本
$TC_a=F_1+\frac{D}{Q}K+DU$</td><td>购置成本（DU）</td><td>单价 $U\times$ 数量 D</td><td>与决策无关</td></tr>
<tr><td rowspan="2">订货成本（$F_1+\frac{D}{Q}K$）</td><td>变动性进货费用 K</td><td>与决策相关</td></tr>
<tr><td>固定性进货费用 F_1</td><td>与决策无关</td></tr>
<tr><td rowspan="2">(二)储存成本 $TC_c=F_2+K_cQ/2$
（$Q/2$ 表示存货的平均储备量）</td><td>变动性储存成本 $K_cQ/2$</td><td colspan="2">与决策相关</td></tr>
<tr><td>固定性储存成本 F_2</td><td colspan="2">与决策无关</td></tr>
<tr><td rowspan="4">(三)缺货成本 TC_s</td><td>停工损失</td><td colspan="2" rowspan="4">缺货成本是否属于存货决策的相关成本，要视企业是否允许缺货而定。只有允许缺货的企业，缺货成本才属于相关成本</td></tr>
<tr><td>信誉损失</td></tr>
<tr><td>丧失销售机会损失</td></tr>
<tr><td>紧急采购的额外支出</td></tr>
</table>

【例题12－20】（2017年多选题）根据存货经济批量模型，下列各项中，导致存货经济订货批量增加的情况有（　　）。

A. 单位储存成本增加

B. 存货年需求量增加

C. 订货固定成本增加

D. 单位订货变动成本增加

【答案】BD

【解析】存货经济订货批量 $=\sqrt{\frac{2KD}{K_c}}$，存货年需求量、单位订货变动成本与存货经济订货批量同向变动，所以选项B、D正确；单位储存成本与存货经济订货批量反向变动，所以选项A错误；订货固定成本与存货经济订货批量无关，所以选项C错误。

【例12－21】（多选题）下列各项中，属于存货储存成本的是（　　）。

A. 存货仓储费用

B. 存货破损和变质损失

C. 存货储备不足而造成的损失

D. 存货占用资金的应计利息

【答案】ABD

【解析】储存成本指为保持存货而发生的成本，包括存货占用资金所应计的利息、仓库费用、保险费用、存货破损和变质损失等。选项C属于存货的缺货成本，因此选项C不正确。

二、存货经济批量分析（能力等级3）

经济订货量或经济批量是指按照存货管理的目的，需要通过合理的进货批量和进货时间，使存货总成本最低的进货批量。

（一）经济订货量的基本模型

需满足的假设前提	基本公式
（1）企业能够及时补充存货，即需要订货时便可立即取得存货。 （2）能集中到货，而不是陆续入库。 （3）不允许缺货，即无缺货成本，TC_s 为零。 （4）需求量稳定，并且能预测，即 D 为已知常量。 （5）存货单价不变，即 U 为已知常量。 （6）企业现金充足，不会因现金短缺而影响进货。 （7）所需存货市场供应充足，所需存货市场供应充足，可以随时买到	（1）经济订货量：$Q^*=\sqrt{\frac{2KD}{K_C}}$ （2）存货相关总成本 = 变动订货成本 + 变动储存成本 $=\frac{D}{Q^*}K+\frac{Q}{2}K_C$ $TC（Q^*）=\sqrt{2KDK_C}$ （3）最佳订货次数（N^*）$=\frac{D}{Q^*}$ （4）最佳订货周期（t^*）$=\frac{1}{N^*}$ （5）经济订货量占用资金：$I^*=\frac{Q^*}{2}\times U$ 单价

提示：经济订货量考虑的相关成本：

（1）变动订货成本 = 年订货次数 × 每次订货变动成本 = $(D/Q)\times K$

（2）变动储存成本 = 年平均库存 × 单位储存变动成本 = $(Q/2)\times K_C$

上述相关成本与进货批量的关系如下图所示。

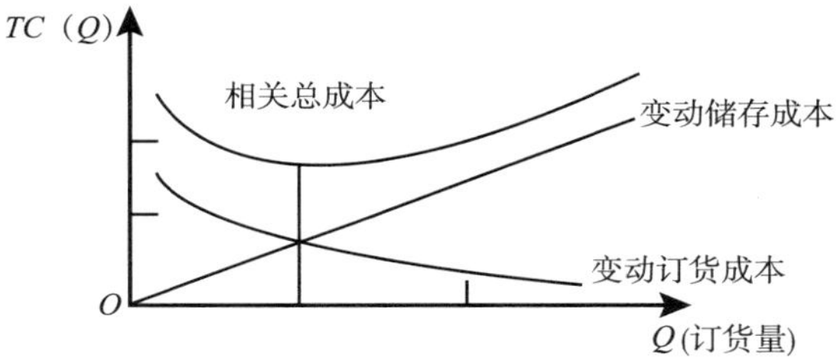

【例 12－22】（2017 年多选题）根据存货经济批量模型，下列各项中，导致存货经济订货批量增加的情况有（　　）。

A. 单位储存成本增加

B. 存货年需求量增加

C. 订货固定成本增加

D. 单位订货变动成本增加

【答案】BD

【解析】选项 B、D，存货经济订货批量 $Q^*=\sqrt[2]{\frac{2KD}{K_C}}$，其中，$K$ 为每次订货的变动成本，D 为存货年需要量，K_C 为存货的单位成本。所以，存货年需求量、单位订货变动成本与存货经济订货批量同向变动；选项 A，单位储存成本与存货经济订货批量反向变动；选项 C，订货固定成本与存货经济订货批量无关。

【例 12－23】（2012 年计算分析题）甲公司是一个汽车挡风玻璃批发商，为 5 家汽车制造商提供挡风玻璃。该公司总经理为了降低与存货有关的总成本，请你帮助他确定最佳的采购批量。有关资料如下：

（1）挡风玻璃的单位进货成本为 1 300元。

（2）全年需求预计为 9 900 块。

（3）每次订货发出与处理订单的成本为 38.2 元。

（4）每次订货需要支付运费 68 元。

（5）每次收到挡风玻璃后需要验货，验货时外聘一名工程师，验货需要 6 小时，每小时支付工资 12 元。

（6）为存储挡风玻璃需要租用公共仓库。仓库租金每年 2 800 元，另外按平均存量加收每块挡风玻璃 12 元/年。

（7）挡风玻璃为易碎品，损坏成本为年平均存货价值的 1%。

（8）公司的年资金成本为 5%。

（9）从订货至挡风玻璃到货，需要 6 个工作日。

（10）在进行有关计算时，每年按 300 个工作日计算。

要求：

（1）计算每次订货的变动成本；

（2）计算每块玻璃的变动储存成本；

（3）计算经济订货量；

（4）计算与经济订货量有关的存货总成本；

（5）计算再订货点。

【答案及解析】

（1）每次订货的变动成本 = 每次处理订单成本 + 每次运费 + 每次验货费 = 38.2 + 68 + 6 × 12 = 178.2（元）。

（2）每块玻璃的变动储存成本 = 单件仓储成本 + 单件损毁成本 + 单件存货占用资金成本 = 12 + 1 300 × 1% + 1 300 × 5% = 90（元）。

（3）经济订货批量 = $\sqrt{\frac{2 \times 9\ 900 \times 178.2}{90}}$ = 198（块）。

（4）与经济订货批量有关的存货总成本 = $(2 \times 9\ 900 \times 178.2 \times 90)^{1/2}$ = 17 820（元）。

（5）再订货点 = 6 × 9 900/300

= 198（块）。

（二）经济订货量基本模型的扩展

扩展内容	相关公式
1. 存在订货提前期	（1）再订货点（R）指企业再次发出订货单时尚有存货的库存量。 $R = L \times d$ = 平均交货时间 × 每日平均需求量 （2）提前订货对经济订货量并无影响，相关公式与基本模型完全一样。 【提示】订单虽然提前发出，但订货间隔时间、订货批量、订货次数不变，故提前订货期对经济订货量并无影响
2. 存货陆续供应和使用	设每日送货量为 P，存货每日耗用量为 d。 （1）经济订货量：$Q^* = \sqrt{\frac{2KD}{K_C} \cdot \frac{P}{P-d}}$ （2）存货相关总成本 = 变动订货成本 + 变动储存成本 $TC(Q^*) = \sqrt{2KDK_C\left(1-\frac{d}{P}\right)}$ （3）最佳订货次数 $N^* = D/Q^*$ （4）最佳订货周期 = $1/N^*$ （5）经济订货量占用资金 = $\frac{Q}{2} \times \left(1-\frac{d}{P}\right)$ × 单价 提示：Q——生产批量（订货量）； K——每次生产准备成本（每次订货成本）； P——每日产量（每日送货量）。 其他符号含义不变
3. 保险储备	①设保险储备量下的再订货点计算公式为： 再订货点（R）= 交货时间 × 平均日需求 + 保险储备 保险储备的含义：按照某一订货量和再订货点发出订单后，如果需求增大或送货延迟，就会发生缺货或供货中断。为防止由此造成的损失，就需要多储备一些存货以备应急之需，称为保险储备（安全存量）。 ②保险储备量的公式 总成本 = 年缺货成本 + 保险储备成本 = 一次订货缺货量 × 年订货次数 × 单位缺货成本 + 保险储备量 × 单位储存成本 即：$TC(S、B) = K_U SN + BK_C$ 式中： $TC(S、B)$——保险储备量的总成本； K_U——单位缺货成本； N——年订货次数； B——保险储备量； S——一次订货缺货量； K_C——单位储存变动成本。 ③最佳保险储备量确定的计算方法：首先计算不同保险储备量下的总成本［$TC(S、B)$］，然后再对比总成本，选定其中最低的保险储备量作为最佳保险储备量

【提示】

①$d = D/360$，订货提前期对经济订货量不产生影响。

②存货陆续供应和使用的经济订货量总成本一般公式 $TC = D/Q \times K + Q/2(1 - d/P)K_c$

③陆续供应和使用的经济订货量公式，还可用于自制与外购的选择决策。具体内容如下：

a：计算公式：

自制：总成本 = 生产成本 + 最佳生产批量成本 $TC = DC + [2DKK_c(1 - d/P)]^{1/2}$

外购：总成本 = 购置成本 + 最佳订货批量成本

无数量折扣：$TC = DU + (2DKK_c)^{1/2}$

有数量折扣：$TC = DU(1 - n\%) + D/Q \times K + Q/2 \times K_c$（$n\%$ 为数量折扣率）

b：决策标准：选择自制或外购总成本最低的方案。

c：自制和外购要分别考虑生产成本和购置成本（两者均为相关成本），有数量折扣外购不能用基本模型。如自制与外购决策涉及期限长（如5年期）则与长期投资项目决策相联系。

④对于延迟交货引起的缺货，也可以通过建立保险储备来解决。确定保险储备量时，只需将延迟到货的天数折算为增加的需求量即可。

【例12－24】（多选题）C公司生产中使用的甲标准件，全年共需耗用9 000件，该标准件通过自制方式取得。其日产量50件，单位生产成本50元；每次生产准备成本200元，固定生产准备成本每年10 000元；储存变动成本每件5元，固定储存成本每年20 000元。假设一年按360天计算，下列各项中，正确的有（　　）。

A. 经济生产批量为1 200件

B. 经济生产批次为每年12次

C. 经济生产批量占用资金为30 000元

D. 与经济生产批量相关的总成本是3 000元

【答案】AD

【解析】本题属于“存货陆续供应和使用”，每日供应量 P 为50件，每日使用量d为9 000/360＝25（件），代入公式可知：经济生产批量＝$[2 \times 9\,000 \times 200/5 \times 50/(50 - 25)]^{1/2}$＝1 200（件），经济生产批次为每年9 000/1 200 = 7.5（次），平均库存量 = 1 200/2 × (1 − 25/50) = 300（件），经济生产批量占用资金为300 × 50 = 15 000（元），与经济生产批量相关的总成本 = $[2 \times 9\,000 \times 200 \times 5 \times (1 - 25/50)]^{1/2}$ = 3 000（元）。

【例12－25】（2015年单选题）甲公司生产产品所需某种原料的需求量不稳定，为保障产品生产的原料供应，需要设置保险储备。确定合理保险储备量的判断依据是（　　）。

A. 缺货成本与保险储备成本之差最大

B. 缺货成本与保险储备成本之和最小

C. 边际保险储备成本大于边际缺货成本

D. 边际保险储备成本小于边际缺货成本

【答案】B

【解析】按照某一订货量和再订货点发出订单后，如果需求增大或送货延迟，就会发生缺货或供货中断。为防止由此造成的损失，就需要多储备些存货，以备应急之需，此称为保险储备。这些存货在正常情况下不动用，只有当存货过量使用或送货延迟时才动用。需求的增大或送货的延迟，都会发生缺货或供货中断。为防止由此造成的损失，就必须建立保险储备。找出最佳的保险储备量，使缺货损失和储存成本之和最小。

【例12－26】（2013年计算分析题）甲公司是一家机械加工企业，产品生产需要某种材料，年需求量为720吨（一年按360天计算）。该公司材料采购实行供应商招标制度，年初选定供应商并确定材料价格，供应商根据甲公司指令发货，运输费由甲公司承担。目前有两个供应商方案可供选择，相关资料如下：

方案一：选择A供应商，材料价格为每吨3 000元，每吨运费100元，每次订货还需支付返空、路桥等固定运费500元。材料集中到货，正常情况下从订货至到货需要10天，正常到货的概率为50%，延迟1天到货的概率为30%，延迟2天到货的概率为20%，当材料缺货时，每吨缺货成本为50元。如果设置保险储备，以一天的材料消耗量为最小单位。材料单位储存成本为200元/年。

方案二：选择当地B供应商，材料价格为每吨3 300元，每吨运费20元，每次订货还需支付固定运费100元。材料在甲公司指令发出当天即可送达，但每日最大送货量为10吨。材料单位储存成本为200元/年。

要求：

（1）计算方案一的经济订货量；分别计算不同保险储备量的相关总成本，并确定最合理的保险储备量；计算方案一的总成本。

（2）计算方案二的经济订货量和总成本。

（3）从成本角度分析，甲公司应选择哪个方案？

【答案及解析】

（1）购置成本 = 年需求量 ×（单价 + 单位运费）= 720 ×（3 000 + 100）= 2 232 000（元）

最佳订货次数 = 720 ÷ 60 = 12（次）

与批量有关的存货总成本 = 500 × 720 × 200 = 12 000（元）

不设置保险储备时：

缺货成本 =（2 × 30% + 4 × 20%）× 12 × 50 = 840（元）

保险储备成本 = 0

缺货成本 + 保险储备成本 = 840（元）

2 吨的保险储备时：

缺货成本 = 2 × 20% × 12 × 50 = 240（元）

保险储备成本 = 2 × 200 = 400（元）

缺货成本 + 保险储备成本 = 240 + 400 = 640（元）

4 吨的保险储备时：

缺货成本 = 0

保险储备成本 = 4 × 200 = 800（元）

缺货成本 + 保险储备成本 = 800（元）

经比较，设置 2 吨保险储备时的缺货成本与保险储备成本之和最低，应设置 2 吨的保险储备。

方案一的总成本 = 2 232 000 + 12 000 + 640 = 2 244 640（元）。

（2）

经济订货量 = $\sqrt{2 \times 100 \times 720 \div \frac{10}{10-2}}$ = 30（吨）

与经济批量有关的存货总成本 = $\sqrt{2 \times 100 \times 720 \times 200 \times \left(1-\frac{2}{10}\right)}$ = 4 800（元）

方案二的总成本 = 720 ×（3 300 + 20）+ 4 800 = 2 395 200（元）。

（3）方案一的总成本低于方案二的总成本，应当选择方案一。

【例 12－27】（2014 年计算分析题）甲公司是一家设备制造企业，常年大量使用某种零部件。该零部件既可以外购，也可以自制。如果外购，零部件单价为 100 元/件，每次订货的变动成本为 20 元，订货的固定成本较小，可以忽略不计。如果自制，有关资料如下：

（1）需要购买一套价值为 100 000 元的加工设备，该设备可以使用 5 年，使用期满无残值。

（2）需要额外聘用 4 名操作设备的工人，工人采用固定年薪制，每个工人的年薪为 25 000元。

（3）每次生产准备成本为 400 元，每日产量为 15 件。

（4）生产该零部件需要使用加工其他产品剩下的一种边角料，每个零部件耗用边角料 0.1 千克。公司每年产生该种边角料 1 000 千克，如果对外销售，单价为 100 元/千克。

（5）除上述成本外，自制零部件还需发生单位变动成本 50 元。

该零部件的全年需求量为 3 600 件，每年按 360 天计算。公司的资金成本为 10%，除资金成本外，不考虑其他储存成本。

要求：

（1）计算甲公司外购零部件的经济订货量、与批量有关的总成本、外购零部件的全年总成本。

（2）计算甲公司自制零部件的经济生产批量、与批量有关的总成本、自制零部件的全年总成本。（提示：加工设备在设备使用期内按平均年成本法分摊设备成本。）

（3）判断甲公司应该选择外购方案还是自制方案，并说明原因。

【答案】

（1）外购零部件的单位储存变动成本 = 100 × 10% = 10（元）

外购零部件的经济订货批量 = $(2 \times 3\,600 \times 20/10)^{1/2}$ = 120（件）

外购零部件与批量有关的总成本 = $(2 \times 3\,600 \times 20 \times 10)^{1/2}$ = 1 200（元）

外购零部件的全年总成本 = 100 × 3 600 + 1 200 = 361 200（元）。

（2）自制零部件的单位成本 = 50 + 100 × 0.1 = 60（元）

自制零部件的单位储存变动成本 = 60 × 10% = 6（元）

每日耗用量 = 3 600 ÷ 360 = 10（件）

自制零部件的经济生产批量 = 1 200（件）

自制零部件与批量有关的总成本 = 2 400（元）

设备使用期内的平均年成本 = 100 000 ÷（P/A，10%，5）= 100 000 ÷ 3.7908 = 26 379.66（元）

自制零部件的全年总成本 = 60 × 3 600 + 2 400 + 25 000 × 4 + 26 379.66 = 344 779.66（元）。

（3）由于自制零部件的全年总成本比外购零部件的全年总成本低，甲公司应该选择自制方案。

第五节　短期债务管理

一、短期债务筹资的特点（能力等级1）

特点	（1）筹资速度快，容易取得； （2）筹资富有弹性； （3）筹资成本较低； （4）筹资风险高

【例12－28】（多选题）与其他筹资方式相比，商业信用筹资的特点包括（　　）。

A. 容易取得

B. 筹资方便

C. 放弃现金折扣时所付出的成本较低

D. 限制条件少

【答案】ABD

【解析】商业信用筹资最大的优越性在于容易取得，选项A正确；对于多数企业来说，商业信用是一种持续性的信贷形式，且无须正式办理筹资手续，选项B、D正确；商业信用如果有现金折扣，放弃现金折扣时所付出的成本较高，选项C不正确。

二、商业信用筹资（能力等级2）

商业信用筹资：	
概念	商品交易中由于延期付款或预收货款所形成的企业间的借贷关系
具体形式	应付账款　应付票据　预收账款

1. 商业信用筹资优缺点

特点	说明
优点	自发性筹资，容易取得：持续性信贷形式，无须正式办理筹资手续；若没有现金折扣（或企业不放弃现金折扣）或使用不带息票据，商业信用筹资无成本
缺点	放弃现金折扣的机会成本较高

2. 应付账款

内容	决策
计算公式	放弃现金折扣的机会成本 $=\frac{\text{折扣百分比}}{1-\text{折扣百分比}}\times\frac{360}{\text{信用期}-\text{折扣期}}$ 例："2/10，N/30"，发票价格1 000元，若放弃现金折扣成本为： $\frac{2\%}{1-2\%}\times\frac{360}{30-10}=36.7\%$
含义	以上计算结果的含义为：当放弃现金折扣时，为资本成本率的概念，而当享有现金折扣时，为收益率的概念。所以，当准备享有现金折扣时，应选择计算结果大的方案；当准备放弃现金折扣时，应选择计算结果小的方案
影响因素	折扣率越高，折扣期越长，放弃折扣的信用成本率越高；信用期（付款期）越长，放弃折扣的信用成本率越低
决策依据	（1）如果能以低于放弃折扣的隐含利息成本（即放弃现金折扣成本）的利率借入资金，便应在现金折扣期内用借入的资金支付货款，享受现金折扣。 【提示】放弃折扣，实质上就是向供应商借款，其利率等于放弃折扣成本。如果借入银行资金利率低，应向银行借款。即归还供应商资金（享受折扣）。 （2）如果折扣期内将应付账款用于短期投资，所得的投资收益率高于放弃折扣的隐含利息成本，则应放弃折扣而去追求更高的收益。 【提示】投资收益高于向供应商借款的利率，应当投资。即不归还供应商借款（放弃折扣）——类似于投资决策。 （3）如果企业因缺乏资金而欲展延付款期，则需在降低了的放弃折扣成本与展延付款带来的损失之间做出选择。 （4）如果面对两家以上提供不同信用条件的卖方，应通过衡量放弃折扣成本的大小，选择信用成本最小（或所获利益最大）的一家。 ①如果决定享受现金折扣，应选择放弃现金折扣成本最大的方案，即享受时选高的（享受折扣类似于投资，放弃折扣成本相对于投资报酬率）。 ②如果决定放弃现金折扣，应选择放弃现金折扣成本最小的方案，即放弃时选低的（放弃折扣类似于筹资，放弃折扣成本相当于筹资利率）

三、短期借款筹资（能力等级2）

（一）短期借款的信用条件

信用条件	含义	说明
1. 信贷限额	银行规定无担保的贷款最高限	无法律效应，银行并不承担必须提供信贷限额的义务
2. 周转信贷协定	银行具有法律义务的承诺，提供不超过某一最高限额的贷款协定	有法律效应，银行必须满足企业不超过最高限额的借款，贷款限额未使用的部分，企业需要支付承诺费
3. 补偿性余额	银行要求借款企业保持按贷款限额或实际借款额一定百分比的最低存款额	补偿性余额提高了借款的实际利率。 有效年利率=报价利率/（1-补偿性余额比率）=实际支付的年用资费用/实际可用的借款额 【提示】上式未考虑补偿性余额的利息
4. 借款抵押	银行发放贷款时要求企业有抵押品担保	一种风险贷款，手续比较复杂，贷款利率较高
5. 偿还条件	到期一次偿还、定期等额偿还	企业希望一次偿还，银行希望定期等额偿还；另外，逾期加收罚息
6. 其他承诺	如及时提供财务报表、保持适当的财务水平（如特定的流动比率）等	为满足企业经营性临时资金需求

（二）短期借款利息支付方法

支付方法	利息支付方式	有效年利率
1. 收款法	借款到期时还本付息	报价利率
2. 贴现法	发放贷款时先从本金中扣除利息，到期时偿还本金	报价利率/(1-报价利率)
3. 加息法	分期等额偿还本息	报价利率×2

【例12-29】(2016年单选题) 甲公司与某银行签订周转信贷协议，银行承诺一年内随时满足甲公司最高8 000万元的贷款，承诺费按承诺贷款额度的0.5%于签订协议时交付，公司取得贷款部分已支付的承诺费用在一年后返还，甲公司在签订协议同时申请一年期贷款5 000万元，年利率8%，按年单利计息，到期一次还本付息，在此期间未使用承诺贷款额度的其他贷款，该笔贷款的实际成本最接近于（　　）。

A. 8.06%　　B. 8.8%

C. 8.3%　　D. 8.37%

【答案】D

【解析】该笔贷款的利息=5 000×8%=400（万元）

未使用借款部分的承诺费=(8 000-5 000)×0.5%=15（万元）

实际支付的用资费=400+15

实际可用的借款额=5 000-8 000×0.5%

该笔贷款的实际成本=(400+15)/(5 000-8 000×0.5%)=8.37%。

【例12-30】(2014年单选题) 甲公司向银行借款900万元，年利率为8%，期限1年，到期还本付息，银行要求按借款金额的15%保持补偿性余额（银行按2%付息）。该借款的有效年利率为（　　）。

A. 7.70%　　B. 9.06%

C. 9.41%　　D. 10.10%

【答案】B

【解析】利息=900×8%-900×15%×2%=72-2.7=69.3（万元），实际借款额=900×(1-15%)=765（万元），所以有效年利率=69.3/765=9.06%。

精选练习题

一、单项选择题

1. 下列关于激进型营运资本筹资策略的表述中，正确的是（　　）。

A. 激进型筹资策略的营运资本小于0

B. 激进型筹资策略是一种风险和收益均较低的营运资本筹资策略

C. 在营业低谷时，激进型筹资策略的易变现率小于1

D. 在营业低谷时，企业不需要短期金融

负债

2. 某公司持有有价证券的平均年利率为5%，公司的现金最低持有量为1 500元，现金余额的最优返回线为8 000元。如果公司现有现金20 000元，根据现金持有量随机模型，此时应当投资于有价证券的金额是（　　）元。

A. 0　　B. 6 500

C. 12 000　　D. 18 500

3. 应收账款赊销效果的好坏，依赖于企业的信用政策。公司在对是否改变信用期间进行决策时，不考虑的因素是（　　）。

A. 等风险投资的最低报酬率

B. 产品变动成本率

C. 应收账款损失率

D. 公司的所得税率

4. 在依据“5C”系统原理确定信用标准时，应掌握客户“能力”方面的信息，下列各项指标中最能反映客户“能力”的是（　　）。

A. 净经营资产利润率

B. 杠杆贡献率

C. 现金流量比率

D. 长期资本负债率

5. 甲企业生产经营淡季占用300万元的流动资产和500万元的长期资产。在生产经营的高峰期，额外增加200万元的季节性存货需求。如果企业的权益资本、长期负债和自发性流动负债的筹资额为700万元，其营业高峰时的易变现率为（　　）。

A. 40%　　B. 71%

C. 66%　　D. 29%

6. 使用成本分析模式确定最佳现金持有量时，持有现金的总成本不包括现金的（　　）。

A. 管理成本　　B. 机会成本

C. 交易成本　　D. 短缺成本

7. 下列关于流动资产投资政策的说法中，不正确的是（　　）。

A. 流动资产最优的投资规模，取决于持有成本和短缺成本总计的最小化

B. 流动资产投资管理的核心问题是如何应对投资需求的不确定性

C. 保守型投资策略下公司的短缺成本较少，但需承担较大的流动资产持有成本

D. 保守型投资策略表现为较低的流动资产/收入比率，公司承担的风险较低

8. 某公司根据存货模型确定的最佳现金持有量为100 000元，有价证券的年利率为10%。在最佳现金持有量下，该公司与现金持有量相关的现金使用总成本为（　　）元。

A. 5 000　　B. 10 000

C. 15 000　　D. 20 000

9. 某零件年需要量162 00件，日供应量60件，一次订货成本25元，单位储存成本1元/年，单价100元。假设一年为360天。需求是均匀的，不设置保险库存并且按照经济订货量进货，则下列各项计算结果中错误的是（　　）。

A. 经济订货量为1 800件

B. 最高库存量为450件

C. 经济订货量平均占用资金为22 500元

D. 与进货批量有关的总成本为600元

10. 某公司生产所需的零件全部通过外购取得，公司根据扩展的经济订货量模型确定进货量。下列情形中，能够导致零件经济订货量增加的是（　　）。

A. 供货单位需要的订货提前期延长

B. 每次订货的变动成本增加

C. 供货单位每天的送货量增加

D. 供货单位延迟交货的概率增加

11. 下列各项中，与再订货点无关的因素是（　　）。

A. 经济订货量　　B. 日耗用量

C. 交货天数　　D. 保险储备量

12. 根据存货经济进货批量的基本模型，经济进货批量错误的是（　　）。

A. 能使订货总成本与储存总成本相等的订货批量

B. 能使变动性订货成本与变动性储存成本相等的订货批量

C. 使存货总成本最低的进货数量

D. 能使变动性订货成本和变动性储存成本之和最低的进货数量

13. 下列说法不正确的是（　　）。

A. 激进型筹资策略的特点是临时性负债既融通波动性流动资产的资金需要，也解决部分永久性资产的资金需要

B. 保守型筹资策略的特点是临时性负债只融通部分波动性流动资产的资金需要，其

他的临时性流动资产和永久性流动资产由长期负债、自发性负债和权益资本筹集

C. 适中型筹资策略的特点临时性负债融通波动性流动资产的资金需要，永久性流动资产由长期负债、自发性负债和权益资本筹集

D. 适中型筹资策略的特点临时性负债既能融通波动性流动资产的资金需要也负责永久性长期资产资金的筹集

14. 以下不属于商业信用筹资方式特点的说法是（　　）。

A. 商业信用易于取得

B. 商业信用期限较短

C. 商业信用一般情况下成本较低

D. 商业信用的取得需要办理正式筹资手续

15. 企业与银行签订了为期一年的周转信贷协定，周转信贷额为1 000万元，年承诺费率为0.5%，借款企业年度内使用了600万元（使用期为半年），借款年利率为6%，则该企业当年应向银行支付利息和承诺费共计（　　）万元。

A. 20　　B. 21.5

C. 38　　D. 39.5

16. 向银行申请短期贷款，贷款利率10%，贴现法付息，银行规定补偿性余额为15%，借款的有效年利率为（　　）。

A. 11.76%　　B. 13.33%

C. 11.11%　　D. 12.13%

二、多项选择题

1. 企业预防性现金数额大小（　　）。

A. 与企业现金流量的可预测性成反比

B. 与企业借款能力成反比

C. 与企业业务交易量成反比

D. 与企业偿债能力成正比

2. 存货模式和随机模式是确定最佳现金持有量的两种方法。对这两种方法的以下表述中，正确的有（　　）。

A. 两种方法都考虑了现金的交易成本和机会成本

B. 存货模式简单、直观，比随机模式有更广泛的适用性

C. 随机模式可以在企业现金未来需要总量和收支不可预测的情况下使用

D. 随机模式确定的现金持有量，更易受到管理人员主观判断的影响

3. 下列关于营运资本投资策略特点表述正确的有（　　）。

A. 适中型营运资本投资策略下持有成本和短缺成本总计最小

B. 适中型营运资本投资策略下持有成本和短缺成本大体相等

C. 激进型营运资本投资策略下持有成本和短缺成本之和会低于适中型策略

D. 保守型投资策略下持有成本和短缺成本之和会高于适中型策略

4. 在信用期间、现金折扣的决策中，须考虑的因素有（　　）。

A. 货款结算需要的时间差

B. 公司所得税税率

C. 销售增加引起的存货资金的应计利息增减变化

D. 应收账款占用资金的应计利息

5. 某企业的临时性流动资产为120万元，经营性流动负债为20万元，短期金融负债为100万元。下列关于该企业营运资本筹资政策的说法中，正确的有（　　）。

A. 该企业采用的是适中型营运资本筹资政策

B. 该企业在营业低谷时的易变现率大于1

C. 该企业在营业高峰时的易变现率小于1

D. 该企业在生产经营淡季，可将20万元闲置资金投资于短期有价证券

6. 下列属于企业利用商业信用筹资的形式的有（　　）。

A. 应付账款

B. 应收账款

C. 预收货款

D. 预付账款

7. 下列关于适中型营运资本筹资策略的说法中，正确的是（　　）。

A. 波动性流动资产通过自发性流动负债筹集资金

B. 长期资产和稳定性流动资产通过权益、长期债务和自发性流动负债筹集资金

C. 部分波动性流动资产通过股东权益、长期债务和自发性流动负债筹集资金

D. 部分波动性流动资产通过自发性流动负债筹集资金

8. 根据存货经济订货量的基本模型，经济订货量是（　　）。

A. 能使订货总成本与储存总成本相等的订货批量

B. 能使订货变动成本与储存变动成本相等的订货批量

C. 能使订货总成本与储存总成本之和最小的订货批量

D. 能使订货变动成本与储存变动成本之和最小的订货批量

9. 下列各项因素中，对存货的经济订货批量没有影响的有（　　）。

A. 订货提前期

B. 送货期

C. 每日耗用量

D. 保险储备量

10. 在存货经济订货量基本模型中，导致经济订货量减少的因素有（　　）。

A. 存货年需要量增加

B. 单位缺货成本降低

C. 每次订货的变动成本降低

D. 单位存货变动储存成本增加

11. 下列会引起经济订货量占用资金同方向变动的是（　　）。

A. 存货年需要量的变动

B. 单位存货年储存变动成本的变动

C. 单价的变动

D. 每次订货的变动成本的变动

12. 在短期借款的利息计算和偿还方法中，企业实际负担利率高于名义利率的有（　　）。

A. 利随本清法付息

B. 贴现法付息

C. 贷款期内定期等额偿还贷款

D. 到期一次偿还贷款

13. 信贷额度与周转信贷协议的不同之处有（　　）。

A. 法律效力不同

B. 企业承担费用不同

C. 贷款利息率不同

D. 贷款付款方式不同

14. 补偿性余额的约束使借款企业所受的影响有（　　）。

A. 增加了应付利息

B. 减少了可用资金

C. 提高了筹资成本

D. 减少了应付利息

15. 某企业的主营业务是生产和销售食品，目前正处于生产经营活动的旺季。该企业的资产总额 6 000 万元，其中长期资产 3 000万元，流动资产 3 000 万元，永久性流动资产约占流动资产的 40%；负债总额 3 600 万元，其中流动负债 2 600 万元，流动负债的 65% 为自发性负债，由此可得出结论有（　　）。

A. 该企业奉行的是保守型营运资本筹资策略

B. 该企业奉行的是激进型营运资本筹资策略

C. 该企业奉行的是适中型营运资本筹资策略

D. 该企业目前的易变现率为 69.67%

16. 甲公司采用随机模式进行现金管理，确定最低现金持有量是 10 万元，现金返回线是 40 万元，下列操作中正确的有（　　）。

A. 当现金余额为 50 万元时，应用现金 10 万元买入有价证券

B. 当现金余额为 8 万元时，应转让有价证券换回现金 2 万元

C. 当现金余额为 110 万元时，应用现金 70 万元买入有价证券

D. 当现金余额为 80 万元时，不用进行有价证券与现金之间的转换操作

三、计算分析题

1. 某公司的年赊销收入为 720 万元，平均收账期为 60 天，坏账损失为赊销额的 10%，年收账费用为 5 万元。该公司认为通过增加收账人员等措施，可以使平均收账期降为 50 天，坏账损失降为赊销额的 7%。假设公司的资本成本率为 6%，变动成本率为 50%。

要求：计算为使上述变更经济上合理，新增收账费用的上限（每年按 360 天计算）。

2. B 公司目前采用 30 天按发票金额付款的信用政策。为了扩大销售，公司拟改变现有的信用政策，有两个可供选择的方案，有关数据如下：

	当前	方案一	方案二
信用期	n/30	n/60	2/10，1/2，n/30
年销售量（件）	72 000	86 400	79 200
销售单价（元）	5	5	0.25
边际贡献率	0.2	0.2	0.2
可能发生的收账费用（元）	3 000	5 000	2 850
可能发生的坏账损失（元）	6 000	10 000	5 400
平均存货水平（件）	10 000	15 000	11 000

如果采用方案二，估计会有20%的顾客（按销售量计算，下同）在10天内付款、30%的顾客在20天内付款，其余的顾客在30天内付款。

假设该项投资的资本成本为10%；一年按360天计算。

要求：

（1）采用差额分析法评价方案一。需要单独列示“应收账款应计利息差额”、“存货应计利息差额”和“净损益差额”；

（2）采用差额分析法评价方案二。需要单独列示“应收账款应计利息差额”、“存货应计利息差额”和“净损益差额”；

（3）哪一个方案更好些？

3. C公司生产中使用甲零件，全年共需耗用3 600件，该零件既可自行制造也可外购取得。

如果自制，单位制造成本为10元，每次生产准备成本34.375元，每日生产量32件。

如果外购，购入单价为9.8元，从发出订单到货物到达需要10天时间，一次订货成本72元。外购零件时可能发生延迟交货，延迟的时间和概率如下：

到货延迟天数	0	1	2	3
概率	0.6	0.25	0.1	0.05

假设该零件的单位储存变动成本为4元，单位缺货成本为5元，一年按360天计算。建立保险储备时，最小增量为10件。

要求：计算并回答以下问题。

（1）假设不考虑缺货的影响，C公司自制与外购方案哪个成本低？

（2）假设考虑缺货的影响，C公司自制与外购方案哪个成本低？

4. 上海东方公司是一家亚洲地区的玻璃套装门分销商，套装门在香港生产然后运至上海。管理当局预计年度需求量为10 000套。套装门的购进单价为395元（包括运费，单位是人民币，下同）。与定购和储存这些套装门相关资料如下：

（1）去年的订单共22份，总处理成本13 400元，其中固定成本10 760元，预计未来成本性态不变。

（2）虽然对于香港源产地商品进入大陆已经免除关税，但是对于每一张订单都要经双方海关的检查，其费用为280元。

（3）套装门从生产商运抵上海后，接受部门要进行检查。为此雇佣一名检验人员，每月支付工资3 000元，每个订单的抽检工作需要8小时，发生的变动费用每小时2.5元。

（4）公司租借仓库来存储套装门，估计成本为每年2 500元，另外加上每套门4元。

（5）在储存过程中会出现破损，估计破损成本平均每套门28.5元。

（6）占用资金利息等其他储存成本每套门20元。

（7）东方公司每年经营50周，每周营业6天。

要求：

（1）计算经济批量模型公式中“订货成本”。

（2）计算经济批量模型公式中“储存成本”。

（3）计算经济订货批量。

（4）计算每年与批量相关的存货总成本。

（5）计算最佳订货次数与最佳订货周期（天数）。

（6）计算经济订货量占用资金。

5. 已知某公司与甲零件有关的信息如下：

甲零件的年需求数量为36 000件（假设每年360天），购买价格每单位100元，储存变动成本为0.3元，订货成本每次600元，一次到货，订货至到货的时间间隔为26天。

要求：

（1）按照基本模型计算的最优经济订货量为多少？

（2）库存甲零件还剩多少时就应补充

订货？

（3）若该零件也可以自制，每天产量预计为200件，该公司已具备生产该零件的完全生产能力且无法转移，每次生产准备成本为4 000元，单位储存变动成本为1元，单位自制变动成本为80元，求零件自制的经济批量。

（4）按经济批量模型外购和自制方案的总成本，并作出采用何种方案的决策。

6. ABC公司是一个商业企业。现行的信用政策是40天内全额付款，赊销额平均占销售额的75%，其余部分为立即付现购买。目前的应收账款周转天数为45天（假设一年为360天，根据赊销额和应收账款期末余额计算，下同）。总经理今年1月初提出，将信用政策改为50天内全部付款，改变信用政策后，预期总销售额可增加20%，赊销比例增加到90%，其余部分为立即付现购买。预计应收账款周转天数延长到60天。

改变信用政策预计不会影响存货周转次数（用销售成本和期末存货计算）和销售成本率（目前销货成本占销售额的70%）。工资由目前的每年200万元，增加到380万元。除工资以外的营业费用和管理费用目前为每年300万元，预计不会因信用政策改变而变化。

上年末的资产负债表如下：

资产负债表

200×年12月31日　　　　单位：万元

资产	金额	负债及所有者权益	金额
现金	200	应付账款	100
应收账款	450	银行借款	600
存货	560	实收资本	1 500
固定资产	1 000	未分配利润	10
资产总计	2 210	负债及所有者权益总计	2 210

要求：假设该投资要求的必要报酬率为8.9597%，问公司是否改变信用政策？

7. 某企业在生产经营的淡季，需占用450万元的流动资产和750万元的固定资产；在生产经营的高峰期，会额外增加250万元的季节性存货需求：

（1）若无论经营淡季和旺季企业的权益资本、长期负债和自发性负债的筹资额始终保持为1 200万元，其余靠短期借款调节余缺，要求判断该企业采取的是哪种营运资本筹资政策，并计算其在营业高峰期和营业低谷时的易变现率。

（2）若无论经营淡季和旺季企业的权益资本、长期负债和自发性负债的筹资额始终保持为1 100万元，要求判断该企业采取的是哪种营运资本筹资政策，并计算其在营业高峰期和营业低谷时的易变现率。

（3）若无论经营淡季和旺季企业的权益资本、长期负债和自发性负债的筹资额始终保持为1 300万元，要求判断该企业采取的是哪种营运资本筹资政策，并计算其在营业高峰期和营业低谷时的易变现率。

8. 如果M公司正面对着甲、乙两家提供不同信用条件的卖方，甲公司的信用条件为“3/10，*N*/30”；乙公司的信用条件为“2/20，*N*/30”，请回答下面问题并说明理由。

（1）如M公司在10～30天之间用该笔应付账款有一投资机会，投资回报率为60%，M公司是否应在10天内归还甲公司的应付账款，以取得3%折扣？

（2）当M公司准备延期付款，那么应选择哪家供应商？

（3）当M公司准备享有现金折扣，那么应选择哪家供应商？

答案及解析

一、单项选择题

1.【答案】C

【解析】流动资产分为波动性流动资产和

稳定性流动资产，流动负债分为短期金融负债（临时性流动负债）和自发性流动负债，激进型营运资本筹资策略的临时性流动负债大于波动性流动资产，但是还有稳定性流动资产存在，所以激进型筹资策略的营运资本不一定小于0，选项A错误；激进型筹资策略是一种风险和收益均较高的营运资本筹资策略，选项B错误；激进型筹资策略即使是在营业低谷时，企业也会有短期金融负债的存在，选项D错误。

2. 【答案】A

【解析】$H=3R-2L=3\times 8\ 000-2\times 1\ 500=21\ 000$（元），根据现金管理的随机模式，如果现金量在控制上下限之间，可以不必进行现金与有价证券转换。

3. 【答案】D

【解析】应收账款赊销效果的好坏，依赖于企业的信用政策。公司在对是否改变信用期限进行决策时，要考虑的因素有：边际贡献、变动成本率、应计利息、收账费用和坏账损失（坏账损失率）等。

4. 【答案】C

【解析】所谓“5C”系统，是评估顾客信用品质的五个方面，即品质、能力、资本、抵押和条件。其中“能力”指顾客的偿债能力，主要指企业流动资产的数量和质量以及与流动负债的比例，所以应主要指短期偿债能力，所有选项中只有选项C属于短期偿债能力的指标。

5. 【答案】A

【解析】营业高峰易变现率 $=(700-500)/(300+200)\times 100\%=40\%$。

6. 【答案】C

【解析】成本分析模式考虑持有现金的机会成本、管理成本和短缺成本，交易成本是存货模式和随机模式的相关成本，选项C正确。

7. 【答案】D

【解析】激进型投资策略，表现为较低的流动资产/收入比率。该政策可以节约流动资产的持有成本，例如节约资金的机会成本，与此同时，该公司要承担较大的风险，例如经营中断和丢失营业收入等短缺成本。所以选项D的说法不正确。

8. 【答案】B

【解析】本题的主要考核点是最佳现金持有量确定的存货模式。在存货模式下，达到最佳现金持有量时，机会成本等于交易成本，即与现金持有量相关的现金使用总成本应为机会成本的2倍，机会成本 $=C/2\times K=100\ 000/2\times 10\%=5\ 000$（元），所以，与现金持有量相关的现金总成本 $=2\times 5\ 000=10\ 000$（元）。

9. 【答案】D

【解析】根据题目，可知是存货陆续供应和使用的模型，日耗用量 $=16\ 200/360=45$（件），$Q^*=\sqrt{2\times 16\ 200\times 25\div\left[1\times\left(1-\frac{45}{60}\right)\right]}=1\ 800$，选项A正确；最高库存 $=1\ 800\times\left(1-\frac{45}{60}\right)=450$（件），选项B正确；平均库存 $=\frac{1\ 800}{2}\times\left(1-\frac{45}{60}\right)=225$（件），平均占用资金 $=225\times 100=22\ 500$（元），选项C正确；$TC(Q^*)=\sqrt{2\times 16\ 200\times 25\times 1\times\left(1-\frac{45}{60}\right)}=450$（元），选项D不正确。

10. 【答案】B

【解析】根据公式每次订货成本增加，经济订货量增加，送货量增加导致经济订货量减少。

11. 【答案】A

【解析】再订货点 = 保险储备量 + 交货期内平均需要量 = 保险储备量 + 日耗用量 × 交货天数，所以与再订货点无关的因素是选项A。

12. 【答案】A

【解析】本题的主要考核点是存货经济进货批量的含义。根据存货经济进货批量模型，经济进货批量是能使变动性订货成本与变动性储存成本相等的订货批量，所以A不正确。

13. 【答案】D

【解析】适中型筹资策略是临时性负债满足波动性流动资产的资金需要，而永久性流动资产由长期债务、经营性流动负债和权益资本筹集。

14. 【答案】D

【解析】商业信用是一种持续性的信贷形式，且无须正式办理筹资手续。

15.【答案】B

【解析】利息 $=600\times6\%\times1/2=18$（万元），承诺费 = 未使用的承诺费 $=(1\,000-300)\times0.5\%=3.5$（万元），则该企业当年应向银行支付利息和承诺费共计21.5万元。

16.【答案】B

【解析】借款的有效年利率 $=10\%/(1-15\%-10\%)=13.33\%$。

二、多项选择题

1.【答案】AB

【解析】预防性需要是指置存现金以防发生意外的支付。现金流量的不确定性越大，预防性现金的数额也越大；此外预防性现金数额还与企业的借款能力有关。

2.【答案】ACD

【解析】存货模式假设未来的现金需求量恒定，在实务中很困难，所以适用范围更窄，因此选项B错误。

3.【答案】ABD

4.【答案】CD

【解析】在信用期间、现金折扣的决策中，主要考虑改变信用政策增加的收益与改变信用政策增加的成本之间的权衡，增加成本中最重要的是应收账款占用资金的应计利息，如果再进一步分析的话要考虑存货增减变动引起的存货占用资金的机会成本的变化。

5.【答案】BCD

【解析】由于短期金融负债小于临时性流动资产，该企业采用的是保守型营运资本筹资政策，选项A错误；在营业低谷时保守型营运资本筹资政策的易变现率大于1，适中型营运资本筹资政策的易变现率等于1，激进型营运资本筹资政策的易变现率小于1，选项B正确；在经营高峰时易变现率均小于1，选项C正确；由于在经营季节性需要时企业零时性流动资产120万元，短期金融负债100万元，所以在经营淡季，企业会有闲置资金20万元，可投资于短期有价证券，选项D正确。

6.【答案】AC

【解析】商业信用是指在商品交易中由于延期付款或预收货款所形成的企业间的借贷关系。主要包括应付账款、应付票据、预收货款。

7.【答案】B

【解析】适中型营运资本筹资策略下，波动性流动资产均通过短期金融负债筹集解决，所以选项A、C、D错误。

8.【答案】BCD

【解析】本题的主要考核点是存货经济订货量的含义。根据存货经济订货量模型，经济订货量是能使变动性订货成本与变动性储存成本相等的订货批量。在基本模型下，确定经济订货量不考虑与订货批量无关的成本，即不考虑固定性订货成本与固定性储存成本。

9.【答案】ABD

【解析】根据存货陆续供应和使用的经济订货批量模型可知，存货年需求量、单次订货成本、单位存货年变动性储存成本、每日耗用量和每日送货量均为影响存货经济订货批量的因素，而订货提前期、送货期和保险储备量的变动均不会影响经济订货批量。

10.【答案】CD

【解析】在存货经济订货量基本模型中，经济批量与存货年需要量、每次订货的变动成本同向变动，与单位存货变动储存成本反向变动，与缺货成本无关。

11.【答案】ACD

【解析】根据公式，经济订货量占用资金 $=Q/2\times U$，且 $Q=\sqrt{\frac{2KD}{K_c}}$，所以可以推出存货年需要量、每次订货的变动成本和单价的变动会引起经济订货量占用资金方向变动；单位存货年储存变动成本变动会引起经济订货量占用资金反方向变动。

12.【答案】BC

【解析】贴现法付息会使企业实际可用贷款额降低，企业实际负担利率高于名义利率。企业采用分期偿还贷款方法时，在整个贷款期内的实际贷款额是逐渐降低的，平均贷款额只有一半，但银行仍按贷款总额和名义利率来计息，所以会提高贷款的实际利率（实际利率 = 利息/贷款额/2）= 2 × 名义利率。

13.【答案】AB

【解析】周转信贷协议的法律效力高于信

贷额度，并且需要承担承诺费。这两点是二者的明显差别。

14.【答案】BC

【解析】补偿性余额是债权投资企业要求接受投资的借款企业必须将借款的10%～20%的平均存款余额留存在银行，不得使用的数量约束。

15.【答案】AD

【解析】临时性流动资产 = 3 000 ×（1 − 40%）= 1 800（万元）

短期金融负债 = 2 600 ×（1 − 65%）= 910（万元）

由于短期金融负债低于临时性流动资产，所以属于保守型政策。

权益 + 长期债务 + 经营性流动负债 = 负债权益总额 − 短期金融负债 = 6 000 − 910 = 5 090（万元）。

易变现率 =（权益 + 长期债务 + 经营性流动负债 − 长期资产）/经营性流动资产

= (5 090 − 3 000)/3 000 = 69.67%。

16.【答案】CD

【解析】$H = 3R - 2L = 3 \times 40 - 2 \times 10 = 100$（万元），当现金余额为50万元时，在上下限之内，不用进行有价证券与现金之间的转换操作，选项A错误；当现金余额为8万元时，小于最低现金持有量10万元，应转让有价证券换回现金32（40 − 8）万元，选项B错误；当现金余额为110万元时，大于现金持有量上限100万元，应用现金70（110 − 40）万元买入有价证券，选项C正确；当现金余额为80万元时，在上下限之内，不用进行有价证券与现金之间的转换操作，选项D正确。

三、计算分析题

1.【答案及解析】

单位：万元

	原方案	新方案
应收账款应计利息	720/360 × 60 × 50% × 6% = 3.6	720/360 × 50 × 50% × 6% = 3
坏账损失	720 × 10% = 72	720 × 7% = 50.4
收账费用	5	X
成本费用合计	80.6	X + 53.4

新收账费用 X = 80.6 − 53.4 = 27.2（万元）

新增收账费用上限 = 27.2 − 5 = 22.2（万元）

故采取新收账措施而增加的收账费用，不应超过22.2万元。

2.【答案及解析】

(1)

	目前	方案一	差额
营业收入	72 000 × 5 = 360 000	86 400 × 5 = 432 000	72 000
变动成本	360 000 × 80% = 288 000	432 000 × 80% = 345 600	57 600
边际贡献	72 000	86 400	14 400
应收账款应计利息	360 000/360 × 30 × 80% × 10% = 2 400	432 000/360 × 60 × 80% × 10% = 5 760	3 360
存货应计利息	10 000 × 5 × 80% × 10% = 4 000	15 000 × 5 × 80% × 10% = 6 000	2 000
收账费用	3 000	5 000	2 000
坏账损失	6 000	10 000	4 000
净损益差额			3 040

（2）

	目前	方案二	差额
营业收入	72 000×5=360 000	79 200×5=396 000	36 000
变动成本	360 000×80%=288 000	396 000×80%=316 800	28 800
边际贡献	72 000	79 200	7 200
应收账款应计利息	360 000/360×30×80%×10%=2 400	396 000/360×23×80%×10%=2 024 平均收现期=10×20%+20×30%+30×50%=23	-376
存货应计利息	10 000×5×80%×10%=4 000	11 000×5×80%×10%=4 400	400
收账费用	3 000	2 850	-150
坏账损失	6 000	5 400	-600
现金折扣成本	0	396 000×20%+396 000×30%×1%=2 772	2 772
净损益差额			5 154

（3）由于方案二增加的净损益 5 154 大于方案一增加的净损益，因此方案（2）好。

3.【答案及解析】

（1）外购相关总成本 $=3\ 600\times9.8+\sqrt{2\times3\ 600\times72\times4}=36\ 720$（元）

每日耗用量 =3 600/360=10（件）

自制相关总成本 $=3\ 600\times10+\sqrt{2\times3\ 600\times34.375\times4\times(1-10/32)}=36\ 825$（元）

外购方案的成本低。

（2）外购的经济订货批量 $=\sqrt{2\times3\ 600\times72/4}=360$（件）

每年订货次数 =3 600/360=10（次）

交货期内的平均每天需要量 =3 600/360=10（件）

如果延迟交货 1 天，则交货期为 10+1=11（天），交货期内的需要量 =11×10=110（件），概率为 0.25

如果延迟交货 2 天，则交货期为 10+2=12（天），交货期内的需要量 =12×10=120（件），概率为 0.1

如果延迟交货 3 天，则交货期为 10+3=13（天），交货期内的需要量 =13×10=130（件），概率为 0.05。

①保险储备 $B=0$ 时，再订货点 $R=10\times10=100$（件）

$S=(110-100)\times0.25+(120-100)\times0.1+(130-100)\times0.05=6$（件）

$TC(S,B)=6\times5\times10+0\times4=300$（元）。

②保险储备 B=10 时，再订货点 $R=100+10=110$（件）

$S=(120-110)\times0.1+(130-110)\times0.05=2$（件）

$TC(S,B)=2\times5\times10+10\times4=140$（元）。

③保险储备 $B=20$ 时，再订货点 $R=100+20=120$（件）

$S=(130-120)\times0.05=0.5$（件）

$TC(S,B)=0.5\times5\times10+20\times4=105$（元）。

④保险储备 $B=30$ 时，再订货点 $R=100+30=130$（件）

$S=0$

$TC(S,B)=30\times4=120$（元）。

通过比较得出，最合理的保险储备为 20 件，再订货点为 120 件。

考虑缺货情况下，外购相关总成本 =36 720+105=36 825（元）等于自制情况下相关总成本 36 825 元。

4.【答案及解析】

（1）计算经济批量模型公式中“订货成本”。

一次订货成本 =（13 400−10 760）÷22+280+8×2.5=420（元）。

（2）计算经济批量模型公式中“储存成本”。

单位储存成本 = 4 + 28.5 + 20 = 52.5（元）。

（3）计算经济订货批量。

经济订货批量 $= \sqrt{\dfrac{2 \times 10\ 000 \times 420}{52.5}} = 400$（套）。

（4）计算每年与批量相关的存货总成本。

每年与批量相关的存货总成本 $= \sqrt{2 \times 10\ 000 \times 420 \times 52.5} = 400 \times 52.5 = 21\ 000$（元）。

（5）计算最佳订货次数与最佳订货周期（天数）。

最佳订货次数 = 10 000 ÷ 400 = 25（次）

最佳订货周期 = 50 × 6 ÷ 25 = 12（天）。

（6）计算经济订货量占用资金。

经济订货量占用资金 = 400 ÷ 2 × 395 = 79 000（元）。

5.【答案及解析】

（1）$\sqrt{2 \times 36\ 000 \times 600 \div 0.3} = 12\ 000$（件）

（2）36 000 ÷ 360 × 26 = 2 600（件）

（3）

$\sqrt{2 \times 36\ 000 \times 4\ 000 \times 200 \div (200 - 100)}$ = 24 000（件）

（4）

外购总成本 $= \sqrt{2 \times 36\ 000 \times 2\ 000 \times 0.3} + 100 \times 36\ 000 = 3\ 606\ 572.67$（元）

自制总成本 =

$\sqrt{2 \times 36\ 000 \times 4\ 000 \times 1 \times (200 - 100) \div 200} + 80 \times 36\ 000$

= 2 892 000（元）。

因为自制方案的总成本较低，所以应选择自制方案。

6.【答案及解析】

（1）目前：赊销额 = 3 600（万元），销售额为 3 600 ÷ 75% = 4 800（万元）；

改变后：销售额 = 4 800 ×（1 + 20%）= 5 760（万元），赊销额 = 5 760 × 90% = 5 184（万元）。

（2）本题是商业企业，“销售成本率 = 变动成本率”。

（3）存货周转率不变，则有：（4 800 × 70%）/560 =（5 760 × 70%）/变化后的期末存货，变化后的期末存货 = 672（万元）。

	当前	变更后	差额
销售收入	4 800	5 760	960
变动成本	4 800 × 70% = 3 360	5 760 × 70% = 4 032	672
应收账款应计利息	（3 600/360）× 45 × 70% × 8.9597% = 28.22	（5 184/360）× 60 × 70% × 8.9597% = 54.19	25.97
存货应计利息	560 × 8.9597% = 50.18	672 × 8.9597% = 60.21	10.04
工资	200	380	180
应收账款的相关成本	278.4	494.4	216
收入与相关成本差额	1 161.6	1 233.6	72

结论：由于改变信用政策后税前收益增加，所以，应该改变信用政策。

7.【答案及解析】

（1）企业采取的是适中型筹资政策。

在营业高峰期其易变现率为：

易变变现率 $= \dfrac{\text{长期资金来源} - \text{长期资产}}{\text{流动资产}} = \dfrac{1\ 200 - 750}{450 + 250} = 64.29\%$

在营业低谷时其易变现率为：

易变现率 $= \dfrac{1\ 200 - 750}{450} = 100\%$。

（2）企业采取的是激进型筹资政策。

营业高峰易变现率 $= \dfrac{1\ 100 - 750}{450 + 250} = 50\%$

营业低谷易变现率 $= \dfrac{1\ 100 - 750}{450} = 77.78\%$。

（3）企业采取的是保守型筹资政策。

营业高峰易变现率 $= \dfrac{1\ 300 - 750}{450 + 250} = 78.57\%$

营业低谷易变现率 $=\frac{1\ 300-750}{450}=122.22\%$。

8.【答案及解析】

(1) 不应该。如果不对甲公司10天内付款，M公司放弃的现金折扣成本为：3%/(1－3%)×(360/20)=56%，但10～30天内运用该笔款项可得60%的回报率，60%＞56%，故企业应放弃折扣。

(2) 甲公司。放弃甲公司的现金折扣成本为56%，放弃乙公司的现金折扣成本为：2%/(1－2%)×(360/10)=73%。故应选择甲公司。

(3) 乙公司。当放弃现金折扣为资金成本率的概念，而当享有现金折扣时，为收益率的概念，所以当M公司准备享有现金折扣时，应选择收益率大的方案。

第十三章　产品成本计算

本章考情分析

本章属于成本管理中重要的章节，主要介绍成本计算的有关内容。

本章题型除客观题外，还有计算分析题甚至综合题，近3年平均分值为9分左右。主观题的考点主要集中在完工产品和在产品之间的分配、三种成本计算方法的特点与计算以及分步法下产品成本的计算。

考生学习本章时务必在理解的基础上有规律地记忆有关公式，不要死记硬背，注重计算与分析差异。

本章教材变化

本章对辅助生产费用的直接分配法的公式进行了修订，其次对联产品加工成本分配的分离点售价法和可变现净值法公式进行了补充，最后对平行结转分步法的基本特点进行了补充。

本章思维导图

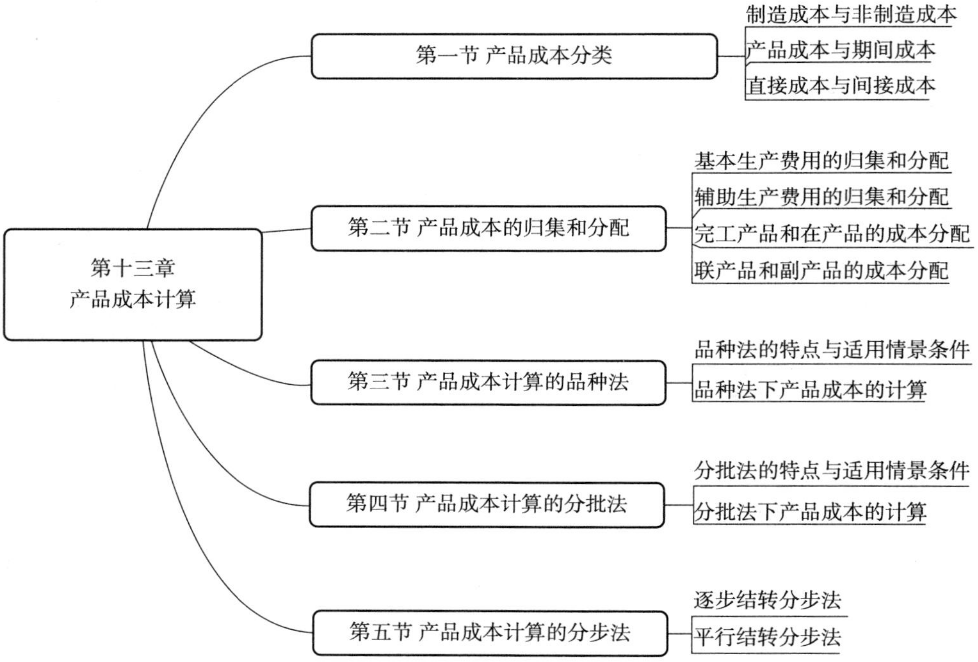

考点精讲及典型例题解析

第一节 产品成本分类

一、制造成本与非制造成本（能力等级 1）

制造成本	（1）直接材料成本：能够直接追溯到每个产品，并构成产品实体的材料成本； （2）直接人工成本：能够直接追溯到每个产品上的人工成本，包括直接参与生产产品的员工的工资、福利； （3）制造费用：除直接材料成本和直接人工成本以外的所有制造成本，包括间接材料成本、间接人工成本和其他制造费用
非制造成本	销售费用、管理费用和财务费用

【例 13－1】（2016 年单选题）企业在生产中为生产工人发放安全头盔所产生的费用，应计入（　　）。

A. 直接材料

B. 管理费用

C. 直接人工

D. 制造费用

【答案】D

【解析】生产工人发生的费用应该计入制造费用，所以选项 D 正确。

二、产品成本与期间成本（能力等级 1）

依据费用的发生与产品的关系可将费用划分为产品成本和期间成本。

产品成本	产品生产中所耗用的直接材料成本、直接人工成本和制造费用等
期间成本	企业经营活动中所发生的与该会计期间的销售、经营和管理等活动相关的管理费用、销售费用、财务费用等

概念	区别
制造成本与产品成本	制造成本与非制造成本是从成本归集范围是否是制造环节，还是非制造环节而言的，制造成本基本上只归集制造车间发生的成本。 产品成本则是指计入产品成本中的成本，当产品成本计算方法采用制造成本法时，产品成本与制造成本内容一致，但当采用变动成本法等其他方法时，产品成本内容与制造成本内容不一样。

【例 13－2】（单选题）在制造成本法下，以下各项支出中，可以计入产品成本的是（　　）。

A. 生产车间管理人员的工资

B. 因操作不当造成的废品净损失

C. 存货跌价损失

D. 行政管理部门使用的固定资产计提的折旧

【答案】A

【解析】本题的主要考核点是全部成本计算制度（即制造成本法）下产品成本的构成内容。在制造成本法下，因操作不当造成的废品净损失不可以计入产品成本，存货跌价损失计入资产减值损失，行政管理部门使用的固定资产计提的折旧应计入管理费用。

三、直接成本与间接成本——产品成本计入成本对象的方式不同（能力等级 1）

直接成本	与成本对象直接相关的、可以用经济合理方式追溯到成本对象的那一部分成本
间接成本	与成本对象相关联的成本中不能用一种经济合理的方式追溯到成本对象，不适宜直接计入

【例 13－3】（单选题）下列关于成本和费用的表述中，正确的是（　　）。

A. 非正常耗费在一定条件下可以对象化为成本

B. 生产经营所产生的耗费都可以对象化为成本

C. 生产过程中产生的废品和次品不构成成本

D. 成本是可以对象化的费用

【答案】D

【解析】非正常耗费不能计入产品成本，所以，选项 A 的说法不正确；生产过程中的耗费有可能计入产品成本，经营过程中的耗费不能计入产品成本，所以，选项 B 的说法不正确；生产过程中产生的废品和次品计入制造费用，所以，选项 C 的说法不正确；成本是转移到一定产出物的耗费，是针对一定产出物计算归集的。所以，选项 D 的说法正确。

第二节 产品成本的归集和分配

一、基本生产费用的归集和分配（能力等级 2）

归集和分配	说明
1. 材料费用的归集和分配	在企业的生产活动中，要大量消耗各种材料。如果材料按照产品分别领用，属于直接费用，应当根据领料凭证直接计入各种产品成本的“直接材料”项目。如果一批材料同时为几种产品共同耗用，则属于间接费用，需要采用简便的分配方法，分配计入各种产品成本。在消耗定额比较准确的情况下，通常采用材料定额消耗量比例或材料定额成本的比例进行分配。计算公式如下： （1）直接材料分配率＝材料总消耗量（或实际成本）/各种产品材料定额消耗量（或定额成本）之和 （2）某种产品应分配的材料数量（费用）＝该种产品的材料定额消耗量（或定额成本）×分配率
2. 职工薪酬的归集和分配	（1）计件工资制度。生产工人工资通常根据产量凭证计算并直接计入产品成本。 （2）计时工资制度。如果企业只生产一种产品，生产人员工资直接计入该种产品成本。如果企业生产多种产品，需要按照一定的分配方法在各种产品之间分配生产人员工资。工资费用的分配通常采用按产品实用工时比例分配的方法。 公式如下： 分配率＝生产工人工资总额/各种产品实用工时之和 某种产品应分配的工资费用＝该种产品实用工时×分配率
3. 制造费用的归集和分配	制造费用是指企业各生产单位为组织和管理生产而发生的各项间接费用。企业发生的制造费用，按照用途和发生地点，通过“制造费用”科目进行归集和分配。 在生产一种产品的车间中，制造费用可直接计入产品成本；在生产多种产品的车间中，需要采用合理简便的分配方法，将制造费用分配计入各种产品成本。 制造费用采用的分配标准有实用人工工时、定额人工工时、机器加工工时、直接人工费用等比例分配的方法

【例 13－4】（单选题）不同规格的同类产品共同耗用的材料费用，可以按照（　　）比例分配。

A. 材料定额消耗量

B. 材料定额成本

C. 产量或重量

D. 约当产量

【答案】C

【解析】几种产品共同耗用的材料，在消耗定额比较准确的情况下，通常采用材料定额消耗量比例或材料定额成本的比例进行分配；如果属于不同规格的同类产品，也可以按照产量或重量比例进行分配。

二、辅助生产费用的归集和分配（能力等级 3）

分配方法	含义	适用范围
直接分配法	计算公式： 辅助生产的单位成本 ＝辅助生产费用总额/［辅助生产产品（或劳务）总量－对其他辅助部门提供的产品（或劳务）量］ 公式中辅助生产的产品（或劳务）总量不包括辅助生产各车间相互提供的产品（或劳务）量 各受益车间、产品或各部门应分配的费用＝辅助生产的单位成本×该车间、产品或部门的耗用量	采用直接分配法，由于各辅助生产费用只是对外分配，计算工作简便。当辅助生产车间相互提供产品或劳务量差异较大时，分配结果往往与实际不符，因此，这种分配方法只适宜在辅助生产内部相互提供产品或劳务不多、不进行费用的交互分配对辅助生产成本和产品制造成本影响不大的情况下采用
交互分配法	进行两次分配： （1）在各辅助生产车间之间进行一次交互分配； （2）将各辅助生产车间交互分配后的实际费用，对辅助生产车间以外的各受益单位进行分配。 （1）对内交互分配率＝辅助生产费用总额/辅助生产提供的总产品或劳务总量 （2）对外分配率＝（交互分配前的成本费用＋交互分配转入的成本费用－交互分配转出的成本费用）/对辅助生产车间以外的其他部门提供的产品或劳务总量 （如 A 车间：交互分配前费用＋A 辅助车间耗 B 辅助车间－B 辅助车间耗 A 辅助车间）/（总耗用量－B 辅助车间耗 A 辅助车间）	采用交互分配法，辅助生产内部相互提供产品或劳务全都进行了交互分配，从而提高了分配结果的正确性。但各辅助生产费用要计算两个单位成本（费用分配率），进行两次分配，因而增加了计算工作量

【提示】

1. 直接分配法（只算外账，不算内账）

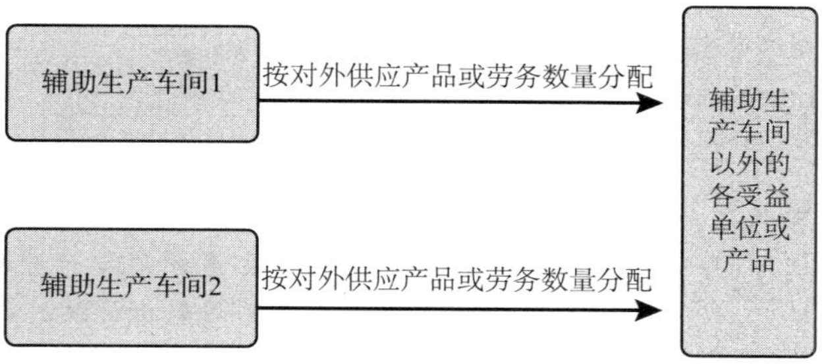

2. 交互分配法（先算内账，再算外账）

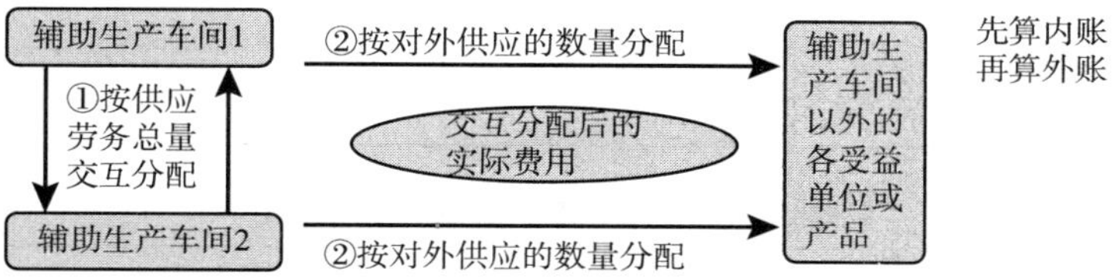

交互分配后的实际费用 = 交互分配前的成本费用 + 交互分配转入的成本费用 − 交互分配转出的成本费用

【例13-5】（单选题）采用交互分配法分配辅助生产费用时，第一次交互分配是在（　　）之间进行的。

A. 各辅助生产车间

B. 辅助生产车间以外的受益单位

C. 各受益的基本生产车间

D. 各受益的企业管理部门

【答案】A

【解析】交互分配法是分为两步的，一步是对内分配，一步是对外分配，其中第一步对内分配也就是在各辅助车间之间进行分配。

【例13-6】（2012年多选题）甲公司有供电、燃气两个辅助生产车间，公司采用交互分配法分配辅助生产成本。本月供电车间供电20万度，成本费用为10万元，其中燃气车间耗用1万度电；燃气车间供气10万吨，成本费用为20万元，其中供电车间耗用0.5万吨燃气。下列计算中，正确的有（　　）。

A. 供电车间分配给燃气车间的成本费用为0.5万元

B. 燃气车间分配给供电车间的成本费用为1万元

C. 供电车间对外分配的成本费用为9.5万元

D. 燃气车间对外分配的成本费用为19.5万元

【答案】ABD

【解析】供电车间分配给燃气车间的成本 $=10/20\times1=0.5$（万元），选项A正确；

燃气车间分配给供电车间的成本 $=20/10\times0.5=1$（万元），B正确；

供电车间对外分配的成本 $=10-0.5+1=10.5$（万元），C不正确；

燃气车间对外分配的成本 $=20-1+0.5=19.5$（万元），D正确。

【例13-7】（2013年计算分析题）甲公司有锅炉和供电两个辅助生产车间，分别为基本生产车间和行政管理部门提供蒸汽和电力，两个辅助生产车间之间也相互提供产品。2013年9月份的辅助生产及耗用情况如下：

（1）辅助生产情况：

项目	锅炉车间	供电车间
生产费用	60 000元	100 000元
生产数量	15 000吨	200 000度

（2）各部门耗用辅助生产产品情况：

耗用部门		锅炉车间	供电车间
辅助生产车间	锅炉车间		75 000 度
	供电车间	2 500 吨	
基本生产车间		12 000 吨	100 000 度
行政管理部门		500 吨	25 000 度

（3）蒸汽的计划单位成本为 5 元/吨，电力的计划单位成本为 0.4 元/度。

要求：

（1）分别采用直接分配法和交互分配法对辅助生产费用进行分配（结果填入下方表格中，不用列出计算过程）。

辅助生产费用分配表（直接分配法） 单位：元

项目		锅炉车间	供电车间	合计
待分配费用				
分配	基本生产成本			
	管理费用			

辅助生产费用分配表（交互分配法） 单位：元

项目		锅炉车间	供电车间	合计
待分配费用				
分配	基本生产成本			
	管理费用			

（2）说明直接分配法和交互分配法各自的优缺点，并指出甲公司适合采用哪种方法对辅助生产费用进行分配。

【答案及解析】

（1）

辅助生产费用分配表（直接分配法） 单位：元

项目		锅炉车间	供电车间	合计
待分配费用		60 000	100 000	160 000
分配	基本生产成本	57 600	80 000	137 600
	管理费用	2 400	20 000	22 400

辅助生产费用分配表（交互分配法） 单位：元

项目		锅炉车间	供电车间	合计
待分配费用		60 000	100 000	160 000
交互分配	锅炉车间	37 500	-37 500	
	供电车间	-10 000	10 000	
对外分配辅助生产费用		87 500	72 500	160 000
对外分配	基本生产成本	84 000	58 000	142 000
	管理费用	3 500	14 500	18 000

（2）直接分配法的优点：各辅助生产费用只对外分配，计算工作简便。

直接分配法的缺点：当辅助生产车间相互提供产品或劳务量差异较大时，分配结果往往与实际不符。

交互分配法的优点：由于进行了辅助生产内部的交互分配，提高了分配结果的正确性。

交互分配法的缺点：由于各辅助生产费用要计算两个单位成本（费用分配率），进行了两次分配，因而增加了计算工作量。

综上所述，甲公司适合采用交互分配法进行辅助生产费用分配。

三、完工产品和在产品的成本分配（能力等级 3）

（一）分配原理

基本公式	月初在产品成本 + 本月发生生产费用 = 本月完工产品成本 + 月末在产品成本

2. 完工产品和在产品的成本分配方法

月初在产品成本 + 本月发生生产费用为待分配费用，待分配费用在完工产品与月末在产品之间分配有两类方法：

倒挤法	先确定月末在产品成本，再用待分配费用减月末在产品成本得出完工产品的成本
分配法	将待分配费用按一定比例在完工产品与月末在产品之间进行分配

- 倒挤法
  - 不计算在产品成本
  - 在产品成本按年初数固定计算
  - 在产品成本按其所耗用的原材料费用计算
- 分配法
  - 约当产量法
  - 在产品成本按定额成本计算
  - 按定额比例分配完工产品和月末在产品成本的方法

方法	适用范围	费用的分配
(1) 不计算在产品成本（在产品生产成本为零）	该方法适用于月末在产品数量很小的情况	采用不计算在产品成本法时，由于期初在产品和期末在产品成本为零， 根据：期初在产品成本 + 本月生产费用 = 本月完工产品成本 + 期末在产品成本，则某种产品某月发生的生产费用之和，就是该月该种产品的完工产品成本
(2) 在产品成本按年初数固定计算	该方法适用于月末在产品数量很小，或者在产品数量虽大但各月之间在产品数量变动不大，月初、月末在产品成本的差额对完工产品成本影响不大的情况	采用该方法，由于期初在产品成本和期末在产品成本相等， 根据：期初在产品成本 + 本月生产费用 = 本月完工产品成本 + 期末在产品成本，则某种产品某月发生的生产费用之和，就是该月该种产品的完工产品成本。年终时，根据实际盘点的在产品数量，重新调整计算在产品成本，以避免在产品成本与实际出入过大，影响成本计算的正确性
(3) 在产品成本按其所耗用的原材料费用计算	该方法适用于原材料费用在产品成本中所占比重较大，而且原材料在生产开始时一次全部投入的情况下使用	采用该方法，月末在产品只计算应该负担的原材料费用，其他费用则全部由完工产品负担
(4) 约当产量法	该法适用于各月末在产品数量较大，而且变化也较大；产品成本中直接材料、直接人工和制造费用所占的比例都比较大	方法一：加权平均法 在产品约当产量 = 在产品数量 × 在产品完工程度 $单位成本 = \frac{月初在产品成本 + 本月发生的生产费用}{月末在产品约当产量 + 本月产成品数量}$ 产成品成本 = 单位成本 × 产成品数量 月末在产品成本 = 单位成本 × 月末在产品约当产量 【提示】分配工资、福利费和制造费用完工程度： (1) 通常假定处于某工序的在产品只完成本工序的一半： 某道工序完工程度 =（前面各道工序工时定额之和 + 本道工序工时定额 ×50%）÷ 产品工时定额 ×100% (2) 如果特指在产品所处工序的完工程度时，则： 某道工序完工程度 =（前面各道工序工时定额之和 + 本道工序工时定额 × 本道工序平均完工程度）÷ 产品工时定额 ×100% 分配原材料完工程度： (1) 若原材料在生产开始时一次投入： 在产品无论完工程度如何，都应和完工产品同样负担材料，即原材料完工程度为 100%。 (2) 若原材料陆续投入： ①分工序投入，但在每一道工序开始时一次投入 某工序在产品完工程度 = 本工序累积材料消耗定额 ÷ 产品材料消耗定额 ×100% ②分工序投入，但每一道工序随加工进度陆续投入 某工序在产品完工程度 =（前面各工序累积材料消耗定额 + 本工序材料消耗定额 ×50%）÷ 产品材料消耗定额 ×100%

续表

方法	适用范围	费用的分配
（4）约当产量法	该法适用于各月末在产品数量较大，而且变化也较大；产品成本中直接材料、直接人工和制造费用所占的比例都比较大	方法二：先进先出法 约当产量的计算公式如下： 月初在产品的约当产量（直接材料）=月初在产品数量×(1-已投料比例) 月初在产品的约当产量（直接人工+制造费用即转换成本）=月初在产品数量×（1-月初在产品的完工程度） 本期投入本期完工产品数量=本期全部完工产品数量-月初在产品数量 月末在产品的约当产量（直接材料）=月末在产品数量×月末在产品的完工程度 单位成本（分配率）= $\frac{\text{本期发生的生产费用}}{\text{月初在产品约当产量}+\text{本期投入本期完工产品数量}+\text{月末在产品约当产量}}$ 产成品成本=月初在产品成本+月初在产品本期加工成本+本期投入本期完工产品数量×分配率=月初在产品成本+月初在产品约当产量×分配率+本期投入本期完工产品数量×分配率 月末在产品成本=月末在产品约当产量×分配率
（5）在产品成本按定额成本计算	该法适用于各月末在产品数量变化较小，有较为准确的定额成本资料的情况下采用	月末在产品成本=月末在产品单位定额成本×月末在产品数量 产成品总成本=月初在产品定额成本+本月生产费用-月末在产品成本 【提示】期末应将定额成本调整为实际成本
（6）按定额比例分配完工产品和月末在产品成本的方法（定额比例法）	该法适用于各月末在产品数量变化较大，有较为准确的消耗定额资料的情况下采用	材料费用分配率 =[(月初在产品实际材料成本+本月投入的实际材料成本)/(完工产品定额材料成本+月末在产品定额材料成本)]×100% 完工产品应分配材料成本=完工产品定额材料成本×材料费用分配率 月末在产品应分配材料成本=月末在产品定额材料成本×材料费用分配率 工资（费用）分配率 =[月初在产品实际工资(费用)+本月投入的实际工资(费用)]/(完工产品定额工时+月末在产品定额工时)×100% 完工产品分配工资(费用)=完工产品定额工时×工资(费用)分配率 月末在产品应分配工资(费用)=月末在产品定额工时×工资(费用)分配率

【例13-8】（2018年单选题）甲企业基本生产车间生产乙产品，依次经过三道工序，工时定额分别为40小时、35小时和25小时。月末完工产品和在产品成本采用约当产量法分配。假设制造费用随加工进度在每道工序陆续均匀发生，各工序月末在产品平均完工程度60%，第三道工序月末在产品数量6 000件。分配制造费用时，第三道工序在产品约当产量是（　　）件。

A. 3 660　　B. 3 450

C. 6 000　　D. 5 400

【答案】D

【解析】第三道工序在产品约当产量=6 000×(40+35+25×60%)/(40+35+25)=5 400（件）。

【例13-9】（2014年单选题）甲产品在生产过程中，需经过二道工序，第一道工序定额工时2小时，第二道工序定额工时3小时。期末，甲产品在第一道工序的在产品40件，在第二道工序的在产品20件。作为分配计算在产品加工成本（不含原材料成本）的依据，如采用约当产量法下的加权平均法，其期末在产品约当产量为（　　）件。

A. 18　　B. 22

C. 28　　　　　　　D. 36

【答案】B

【解析】第一道工序的完工程度为：$(2\times50\%)/(2+3)\times100\%=20\%$，第二道工序的完工程度为：$(2+3\times50\%)/(2+3)\times100\%=70\%$，期末在产品约当产量 $=40\times20\%+20\times70\%=22$（件）。

【例 13－10】（单选题）乙产品月初在产品数量 100 件，月初在产品完工程度 70%，本月完工产品 500 件，本月开始投入生产 600 件，月末在产品 200 件，月末在产品完工程度 30%，本月发生直接人工和制造费用 4 900 元，假设采用先进先出约当产量法计算直接人工和制造费用的分配率为（　　）。

A. 13　　　　　　　B. 12

C. 10　　　　　　　D. 9

【答案】C

【解析】分配率 $=\dfrac{4\,900}{100\times(1-70\%)+400+200\times30\%}=10$。

【例 13－11】（多选题）下列哪些划分完工产品成本与在产品成本的方法，能使某种产品本月发生的生产费用就是本月完工产品的成本（　　）。

A. 不计算在产品成本的方法

B. 在产品成本按年初数固定计算的方法

C. 在产品成本按其所耗用的原材料费用计算

D. 定额比例法

【答案】AB

【解析】由于不计算在产品成本的方法和在产品成本按年初数固定计算的方法下，月初在产品成本等于月末在产品，所以，某种产品本月发生的生产费用就是本月完工产品的成本。

【例 13－12】（计算分析题）某企业生产 A 产品，有关 A 产品的定额资料为：单位产品的原材料定额成本 50 元，单位产品工时消耗定额 5 小时。某月完工产品 1 000 件，月末在产品 200 件，在产品投料程度 60%，完工程度 25%。本月月初在产品和本月份的生产费用合计为 126 420 元，其中原材料费用 50 820 元，直接人工 42 000 元，制造费用 33 600 元。

要求：按定额比例法计算完工产品和在产品的成本。

【答案及解析】

【原材料】

完工产品定额 $=1\,000\times50=50\,000$（元）

月末在产品定额 $=(200\times60\%)\times50=6\,000$（元）

分配率 $=50\,820/56\,000=0.9075$

完工产品成本 $=0.9075\times50\,000=45\,375$（元）

月末在产品成本 $=0.9075\times6\,000=5\,445$（元）

【直接人工】

完工产品定额 $=1\,000\times5=5\,000$（小时）

月末在产品定额 $=200\times25\%\times5=250$（小时）

分配率 $=42\,000/5\,250=8$（元/小时）

完工产品成本 $=8\times5\,000=40\,000$（元）

月末在产品成本 $=8\times250=2\,000$（元）

制造费用分配原理同直接人工，略。

【例 13－13】（2016 年计算题）甲公司是一家制造业企业，只生产和销售一种新型保温容器。产品直接消耗的材料分为主要材料和辅助材料。各月在产品结存数量较多，波动较大。公司在分配当月完工产品与月末在产品的成本时，对辅助材料采用加权平均约当产量法，对直接人工和制造费用采用定额比例法。

2016 年 6 月有关成本核算、定额资料如下：

（1）本月生产数量：

单位：只

月初在产品数量	本月投产数量	本月完工产品数量	月末在产品数量
300	3 700	3 500	500

（2）主要材料在生产开始时一次全部投入；辅助材料陆续均衡投入，月末在产品平均完工程度 60%。

（3）本月月初在产品成本和本月发生生产费用：

单位：元

	主要材料	辅助材料	人工费用	制造费用	合计
月初在产品成本	32 000	3 160	9 600	1 400	46 160
本月发生生产费用	508 000	34 840	138 400	28 200	709 440
合计	540 000	38 000	148 000	29 600	755 600

（4）单位产品工时定额：

	产成品	在产品
人工工时定额（小时/只）	2	0.8
机器工时定额（小时/只）	1	0.4

要求：

（1）计算本月完工产品和月末在产品的主要材料费用。

（2）按约当产量法计算本月完工产品和月末在产品的辅助材料费用。

（3）按定额人工工时比例计算本月完工产品和月末在产品的人工费用。

（4）按定额机器工时比例计算本月完工产品和月末在产品的制造费用。

（5）计算本月完工产品总成本和单位成本。

【答案及解析】

（1）计算本月完工产品和月末在产品的主要材料费用。

单位产品主要材料费用 = 540 000 ÷（3 500 + 500）= 135（元）。

完工产品的主要材料费用 = 135 × 3 500 = 472 500（元）

月末在产品的主要材料费用 = 135 × 500 = 67 500（元）

（或 = 540 000 − 472 500 = 67 500 元）。

（2）按加权平均约当产量法计算本月完工产品和月末在产品的辅助材料费用。

在产品约当产量 = 500 × 60% = 300（只）

单位产品辅助材料费用 = 38 000 ÷（3 500 + 300）= 10（元）

完工产品的辅助材料费用 = 10 × 3 500 = 35 000（元）

月末在产品的辅助材料费用 = 10 × 300 = 3 000（元）

（或 = 38 000 − 35 000 = 3 000 元）。

（3）按定额人工工时比例计算本月完工产品和月末在产品的人工费用。

人工费用分配率 = 148 000 ÷（3 500 × 2 + 500 × 0.8）= 20（元/小时）

完工产品的人工费用 = 20 × 3 500 × 2 = 140 000（元）

月末在产品的人工费用 = 20 × 500 × 0.8 = 8 000（元）

（或 = 148 000 − 140 000 = 8 000 元）。

（4）按定额机器工时比例计算本月完工产品和月末在产品的制造费用。

制造费用分配率 = 29 600 ÷（3 500 × 1 + 500 × 0.4）= 8（元/小时）

完工产品的制造费用 = 8 × 3 500 × 1 = 28 000（元）

月末在产品的制造费用 = 8 × 500 × 0.4 = 1 600（元）

（或 = 29 600 − 28 000 = 1 600 元）。

（5）计算本月完工产品总成本和单位成本。

完工产品总成本 = 472 500 + 35 000 + 140 000 + 28 000 = 675 500（元）

完工产品单位成本 = 675 500 ÷ 3 500 = 193（元/只）。

四、联产品和副产品的成本分配（能力等级 3）

联产品，是指使用同种原料，经过同一生产过程同时生产出来的两种或两种以上的主要产品。

联产品成本的计算，通常分为两个阶段进行：

（1）联产品分离前发生的生产费用即联合成本，可按一个成本核算对象设置一个成本明细账进行归集，然后将其总额按一定分配方法（如售价法、实物数量法等）在各联产品之间进行分配；

（2）分离后按各种产品分别设置明细账，归集其分离后所发生的加工成本。

（一）联产品加工成本的分配

分配的统一公式	联合成本分配率 = $\frac{\text{待分配联合成本}}{\text{各联产品分配标准合计}}$ 某联产品应分配联合成本 = 分配率 × 该产品分配标准

续表

具体分配方法	分离点售价法	在分离点售价法下，联合成本是以分离点上每种产品的销售价格为比例进行分配的。采用这种方法，要求每种产品在分离点时的销售价格能够可靠地计量。 联合成本分配率 = 待分配联合成本 ÷（A 产品分离点的总售价 + B 产品分离点的总售价） A 产品应分配联合成本 = 联合成本分配率 × A 产品分离点的总售价 B 产品应分配联合成本 = 联合成本分配率 × B 产品分离点的总售价 如果联产品在分离点上即可供销售，则可采用销售价格进行分配。 【提示】如果这些产品需要进一步加工后才可供销售，则需要对分离点上的销售价格进行估计
	可变现净值法	如果联产品尚需要进一步加工后才可供销售，可采用可变现净值进行分配： 可变现净值 = 最终售价 − 可分成本 = 分离点产量 × 产成品的单价 − 分离后的该产品的后续单独加工成本 联合成本分配率 = $\frac{\text{待分配联合成本}}{\text{A 产品可变现净值} + \text{B 产品可变现净值}}$ A 产品应分配联合成本 = 联合成本分配率 × A 产品可变现净值 B 产品应分配联合成本 = 联合成本分配率 × B 产品可变现净值 其中：某产品的可变现净值 = 分离点产量 × 该产品的单位售价 − 分离后的该产品的后续加工成本
	实物数量法	以产品的实物数量为基础分配的。 实物数量法通常适用于所生产的产品的价格很不稳定或无法直接确定的。 联合成本分配率 $= \frac{\text{待分配联合成本}}{\text{A 产品实物数量（或总重量）} + \text{B 产品实物数量（或总重量）}}$ A 产品应分配联合成本 = 联合成本分配率 × A 产品实物数量 B 产品应分配联合成本 = 联合成本分配率 × B 产品实物数量

（二）副产品加工成本的分配

要点	说明
含义	是指在同一生产过程中，使用同种原料，在生产主要产品的同时附带生产出来的非主要产品
分配方法	副产品首先采用简化方法确定副产品的加工成本（如预先规定的固定单价确定成本），然后从总成本中扣除，其余额就是主产品的加工成本。 主产品加工成本 = 总成本 − 副产品加工成本

【例 13 − 14】（2019 年单选题）甲工厂生产联产品 X 和 Y，9 月份产量分别为 690 件和 1 000 件。分离点前发生联合成本 40 000 元，分离点后分别发生深加工成本 10 000 元和 18 000 元，X 和 Y 的最终销售总价分别为 970 000 元和 1 458 000 元。按照可变现净值法，X 和 Y 的总加工成本分别是（　　）。

A. 16 000 元和 24 000 元

B. 12 000 元和 28 000 元

C. 22 000 元和 46 000 元

D. 26 000 元和 42 000 元

【答案】D

【解析】X 产品的可变现净值 = 970 000 − 10 000 = 960 000（元）

Y 产品的可变现净值 = 1 458 000 − 18 000 = 1 440 000（元）

X 产品总加工成本 = 40 000/（960 000 + 1 440 000）× 960 000 + 10 000 = 26 000（元）

Y 产品总加工成本 = 40 000/（960 000 + 1 440 000）× 1 440 000 + 18 000 = 42 000（元）。

【例 13 − 15】（2018 年单选题）甲公司生产甲、乙两种联产品。2018 年 9 月，甲、乙产品在分离前发生联合成本 32 万元。甲产品在分离后无需继续加工，直接出售，销售总价 30 万元，乙产品需继续加工，尚需发生加工成本 10 万元，完工后销售总价 20 万元。采用可变现净值法分配联合成本，甲产品应分摊的联合成本是（　　）万元。

A. 8　　B. 12.8

C. 19.2　　D. 24

【答案】D

【解析】甲产品应分摊的联合成本 = 32/（30 + 20 − 10）× 30 = 24（万元）。

【例 13 − 16】（多选题）某公司生产联产品 A 和 B，7 月份发生加工成本 650 万元，分别生产了 50 吨的 A 产品和 70 吨的 B 产品，其中 A 产品可以直接出售，价格为 15 万元/吨，B 产品需进一步加工，加工成本为 335 万元，加工后可按 25 万元/吨的价格出售，A、B 产品均不计算在产品成本，则下列表述正确的有（　　）。

A. A 产品每吨成本 3.9 万元

B. A 产品每吨成本 4.5 万元

C. B 产品每吨成本 6.07 万元

D. B 产品每吨成本 10.85 万元

【答案】BD

【解析】A 产品的成本 $=\frac{650}{50\times15+70\times25-335}\times(50\times15)=225.17$（万元）

每吨成本 $=225.17/50=4.5$（万元）

B 产品应分配的联合成本 $=\frac{650}{50\times15+70\times25-335}\times(70\times25-335)=424.83$（万元）

B 产品的总成本 $=424.83+335=759.83$（万元）

每吨成本 $=759.83/70=10.85$（万元）。

【例 13-17】（计算分析题）A 公司是一个化工生产企业，生产甲、乙、丙三种产品。这三种产品是联产品，本月发生联合生产成本 748 500 元。该公司采用可变现净值法分配联合生产成本。由于在产品主要是生产装置和管线中的液态原料，数量稳定并且数量不大，在成本计算时不计算月末在产品成本。产成品存货采用先进先出法计价。

本月的其他有关数据如下：

产品	甲	乙	丙
月初产成品成本（元）	39 600	161 200	5 100
月初产成品存货数量（千克）	18 000	52 000	3 000
销售量（千克）	650 000	325 000	150 000
生产量（千克）	700 000	350 000	170 000
单独加工成本（元）	1 050 000	787 500	170 000
产成品单位售价（元）	4	6	5

要求：

（1）分配本月联合生产成本；

（2）确定月末产成品存货成本。

【答案】

（1）用可变现净值法分配联合生产成本：

单位：元

产品	甲	乙	丙	合计
产量	700 000	350 000	170 000	
单价	4	6	5	
本月产量售价总额	2 800 000	2 100 000	850 000	5 750 000
单独加工成本	1 050 000	787 500	170 000	2 007 500
可变现净值	1 750 000	1 312 500	680 000	3 742 500
分配率	748 500/3 742 500 = 0.2			
分配联合生产成本	350 000	262 500	136 000	748 500

【解析】

甲产品可变现净值 $=4\times700\ 000-1\ 050\ 000=1\ 750\ 000$（元）

乙产品可变现净值 $=6\times350\ 000-787\ 500=1\ 312\ 500$（元）

丙产品可变现净值 $=5\times170\ 000-170\ 000=680\ 000$（元）

甲乙丙产品可变现净值合计 $=1\ 750\ 000+1\ 312\ 500+680\ 000=3\ 742\ 500$（元）

联合生产成本分配率 = 联合生产成本/可变现净值合计 $=748\ 500/3\ 742\ 500=0.2$

甲产品应分配的联合成本 $=0.2\times1\ 750\ 000=350\ 000$（元）

乙产品应分配的联合成本 $=0.2\times1\ 312\ 500=262\ 500$（元）

丙产品应分配的联合成本 $=0.2\times680\ 000=136\ 000$（元）。

（2）计算月末产成品存货成本：

单位：元

产品	甲	乙	丙
期初存量（千克）	18 000	52 000	3 000
本期产量（千克）	700 000	350 000	170 000
本期销量（千克）	650 000	325 000	150 000
期末存量（千克）	68 000	77 000	23 000
单独加工成本（元）	1 050 000	787 500	170 000
分配成本（元）	350 000	262 500	136 000
总成本（元）	1 400 000	1 050 000	306 000
单位成本（元）	2	3	1.8
期末存货成本（元）	136 000	231 000	41 400

第三节 产品成本计算的品种法

三种产品成本计算基本方法的比较

基本方法	适用范围	成本计算对象	成本计算期	完工产品与在产品成本划分
品种法	大量大批的单步骤生产的企业以及管理上不要求按照生产步骤计算产品成本的多步骤生产	产品品种	一般定期计算产品成本，成本计算期与会计核算报告期一致	如果月末有在产品，要将生产费用在完工产品和在产品之间进行分配
分批法	单件小批类型的生产	产品的批别	成本计算期与产品生产周期基本一致，而与核算报告期不一致	一般不存在完工产品与在产品之间分配费用的问题
分步法	它适用于大量大批的，管理上要求按照生产步骤计算产品成本的多步骤生产	各种产品的生产步骤	一般定期计算产品成本，成本计算期与会计核算报告期一致	月末需将生产费用在完工产品和在产品之间进行费用分配；除了按品种计算和结转产品成本外，还需要计算和结转产品的各步骤成本

一、品种法的特点与适用情景条件（能力等级1）

内容	说明
1. 含义	品种法是以产品品种为成本计算对象计算成本的方法
2. 适用范围	（1）大量大批单步骤生产的企业，如发电、供水、采掘等企业； （2）管理上不要求按照生产步骤计算产品成本的多步骤生产
3. 特点	（1）成本计算对象是产品品种； （2）一般定期（每月月末）计算产品成本——与产品生产周期不一致； （3）如果月末有在产品，要将生产费用在完工产品和在产品之间进行分配
4. 成本分配的基本流程	（1）辅助生产费用的分配； （2）直接材料、直接人工、制造费用在不同产品之间进行分配——横向分配； （3）同一产品内部，完工产品和在产品之间的成本分配——纵向分配

【例13－18】（单选题）各种成本计算方法根本主要体现在（　　）的不同。

A. 成本计算对象

B. 成本计算期

C. 完工产品和期末在产品的费用分配

D. 要素费用的归集和分配

【答案】A

【解析】事实上，各种成本计算方法都是以成本计算对象的不同来命名的。

二、品种法下产品成本的计算（能力等级2）

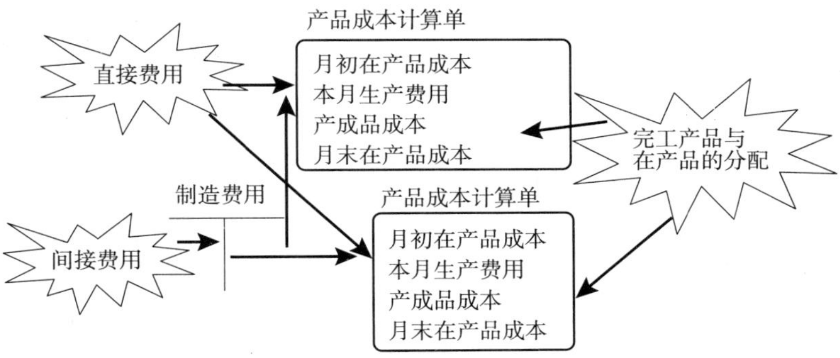

第四节 产品成本计算的分批法

一、分批法的特点与适用情景条件（能力等级1）

含义	是按照产品的批别计算产品成本的一种方法
适用范围	1. 适用于单件小批量类型的生产（如造船业、重型制造业等）； 2. 一般企业中的新产品试制或试验的生产； 3. 在建工程以及设备修理作业等。 【提示】品种法和下面介绍的分步法均适用于大量大批生产
主要特点	1. 成本计算对象是产品的批别。 2. 分批法下，产品成本计算是不定期的。成本计算期与产品生产周期基本一致，而与核算报告期不一致。 3. 在分批法下，在计算月末产品成本时，一般不存在完工产品与在产品之间分配费用的问题。 （1）单件生产，不存在分配问题； （2）小批生产，要么全部完工，要么全部未完工，一般也不存在分配问题； （3）批量稍大，跨月陆续完工交货时，需要进行分配

【提示】若同一批次产品跨月陆续完工，为了提供月末完工产品成本，需要进行分配。

【例13－19】（单选题）适合汽车修理企业采用的成本计算方法是（　　）。

A. 品种法

B. 分批法

C. 逐步结转分步法

D. 平行结转分步法

【答案】B

【解析】选项A品种法，它适用于大批、大量单步骤生产的企业。显然，汽车修理企业不会出现大批、大量同一毛病的汽车；选项C、D均为分步法，它适用于大批、大量、多步骤生产。而汽车修理企业不是这类企业；只有选项B才符合题意。因为，汽车修理业一般属于小批单件生产，所以适合采用分批法计算成本。

【例13－20】（多选题）成本计算分批法的特点是（　　）。

A. 产品成本计算期与产品生产周期基本一致，成本计算不定期

B. 月末无须进行在产品与完工产品之间的费用分配

C. 比较适用于冶金、纺织、造纸行业企业

D. 以成本计算品种法原理为基础

【答案】AD

【解析】产品成本计算的分批法，是按照产品批别计算产品成本的一种方法，它主要适用于单件小批类型的生产，如造船业、重型机器制造等，因此C选项错误。分批法下，产品成本的计算是与生产任务通知单的签发和结束紧密配合的，因此产品成本计算是不定期的，成本计算期与产品生产期基本一致，在计算月末产品成本时，一般不存在完工产品与在产品之间分配费用的问题，但在某些情况下，如月末完工产品所占比重较大时，也可以将生产费用在完工产品和在产品之间分配，因此选项A正确，而选项B错误。分批法其实是以品种法原理为基础的，品种法按单个产品为成本计算对象，而分批法是以产品的批别为成本计算对象，它们只是在成本计算期、月末生产费用分配等问题上存在区别，其他原理基本相似，因此选项D也是正确的。

二、分批法下产品成本的计算（能力等级2）

【例13－21】（计算分析题）某企业按照购货单位的要求，小批生产某些产品，采用分批法计算产品成本。该厂4月份投产甲产品10件，批号为401，5月份全部完工；5月份投产乙产品60件，批号为501，当月完工40件，并已交货，还有20件尚未完工。401批和501批产品成本计算单如下。各种费用的归集和分配过程省略。

甲产品成本计算单

批号：401　　产品名称：甲产品

开工日期：4 月 15 日　　委托单位：东方公司

批量：10 件　　完工日期：5 月 20 日

项目	直接材料费	直接人工费	制造费用	合计
4 月末余额	12 000	900	3 400	16 300
5 月发生费用：				
据材料费用分配表	4 600			4 600
据工资费用分配表		1 700		1 700
据制造费用分配表			8 000	8 000
合计	16 600	2 600	11 400	30 600
结转产成品（10 件）成本	16 600	2 600	11 400	30 600
单位成本	1 660	260	1 140	3 060

乙产品成本计算单

批号：501　　产品名称：乙产品

开工日期：5 月 5 日　　委托单位：佳丽公司

批量：60 件　　完工日期：5 月 25 日

项目	直接材料费	直接人工费	制造费用	合计
5 月发生费用：				
据材料费用分配表	18 000			18 000
据工资费用分配表		1 650		1 650
据制造费用分配表			4 800	4 800
合计	18 000	1 650	4 800	24 450
结转产成品（40 件）成本				
单位成本				
月末在产品成本				

本例由于原材料费用在生产开始时一次投入，所以原材料费用按完工产品和在产品的实际数量比例分配，而其他费用则按加权平均约当产量法进行分配。

1. 材料费用按完工产品产量和在产品数量作比例分配

产成品应负担的材料费用 $= \dfrac{18\ 000}{40+20} \times 40$

$=12\ 000$（元）

在成品应负担的材料费用 $= \dfrac{18\ 000}{40+20} \times 20$

$=6\ 000$（元）。

2. 其他费用按约当产量比例分配

（1）计算 501 批乙产品在产品加权平均约当产量，如下表：

乙产品加权平均约当产量计算表

工序	完工程度	在产品（件）		完工产品（件）	产量合计（件）
	①	②	③ = ① × ②	④	⑤ = ③ + ④
1	15%	4	0. 6		
2	25%	4	1		
3	70%	12	8. 4		
合计	—	20	10	40	50

（2）直接人工费用按加权平均约当产量法分配：

产成品应负担的直接人工费用 $=\frac{1\ 650}{40+10}\times 40=1\ 320$（元）

在产品应负担的直接人工费用 $=\frac{1\ 650}{40+10}\times 10=330$（元）

（3）制造费用按约当产量法分配：

产成品应负担的制造费用 $=\frac{4\ 800}{40+10}\times 40=3\ 840$（元）

在产品应负担的制造费用 $=\frac{4\ 800}{40+10}\times 10=960$（元）

将各项费用分配结果记入501批乙产品成本计算单即可计算出乙产品的产成品成本和月末在产品成本。

产品成本计算单

批号：501　　　　产品名称：乙产品
开工日期：5月5日　　　　委托单位：佳丽公司
批量：60件　　　　完工日期：5月25日

项目	直接材料费	直接人工费	制造费用	合计
5月发生费用：				
据材料费用分配表	18 000			18 000
据工资费用分配表		1 650		1 650
据制造费用分配表			4 800	4 800
合 计	18 000	1 650	4 800	24 450
结转产成品（40件）成本	12 000	1 320	3 840	17 160
单位成本	300	33	96	429
月末在产品成本	6 000	330	900	7 290

第五节　产品成本计算的分步法

内容	说明
1. 含义	分步法是按照产品的生产步骤计算产品成本的一种方法
2. 适用范围	适用于大量大批的多步骤生产的企业，如纺织、冶金、大量大批的机械制造企业
3. 特点	（1）成本计算对象是各种产品的生产步骤； （2）月末需将生产费用在完工产品和在产品之间进行费用分配； （3）除了按品种计算和结转产品成本外，还需要计算和结转产品的各步骤成本

【提示】

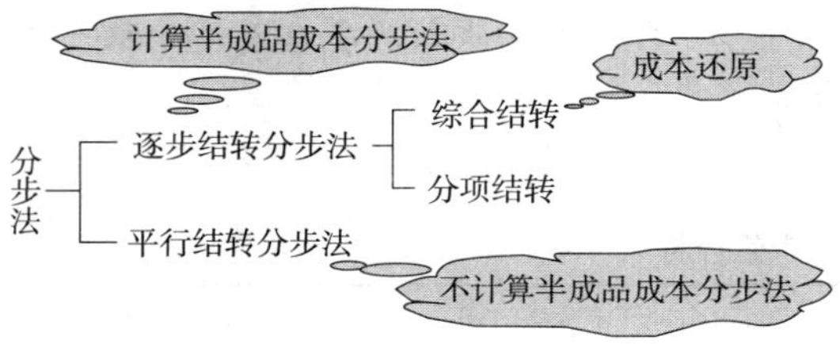

【例13－22】（2010年单选题）下列关于成本计算分步法的表述中，正确的是（　　）。

A. 逐步结转分步法不利于各步骤在产品的实物管理和成本管理

B. 当企业经常对外销售半成品时，应采用平行结转分步法

C. 采用逐步分项结转分步法时，无须进行成本还原

D. 采用平行结转分步法时，无须将产品生产费用在完工产品和在产品之间进行分配

【答案】C

【解析】逐步结转分步法下，可以结转半成品的成本，有利于各步骤在产品的实物管理和成本管理，所以选项A的说法不正确。当企业经常对外销售半成品时，应该采用逐步结转分步法，所以选项B不正确。采用平行结转分步法时，也需要将产品生产费用在完工产品和在产品之间进行分配，只是此时

的完工产品是最终的完工产品，所以选项 D 的说法不正确。

一、逐步结转分步法（能力等级 1）

<table>
<tr><th>内容</th><th>说明</th></tr>
<tr><td>1. 含义</td><td>逐步结转分步法是按照产品加工的顺序，逐步计算并结转半成品成本，直至最后加工步骤才能计算产成品成本的一种方法</td></tr>
<tr><td>2. 特点</td><td>完工产品与在产品之间分配费用是指各步骤完工产品与在产品之间的分配</td></tr>
<tr><td>3. 结转方式</td><td>（1）逐步结转分步法，按分步结转方式不同可分为综合结转分步法和分项结转分步法。
（2）综合结转分步法，是指上一步骤转入下一步骤的半成品成本，以“直接材料”或专设的“半成品”项目综合列入下一步骤的成本计算单中。如果半成品通过半成品库收发，由于各月所生产的半成品的单位成本不同，可采用先进先出或加权平均等方法计算。综合结转法需要进行成本还原。
①逐步综合结转分步法程序图：
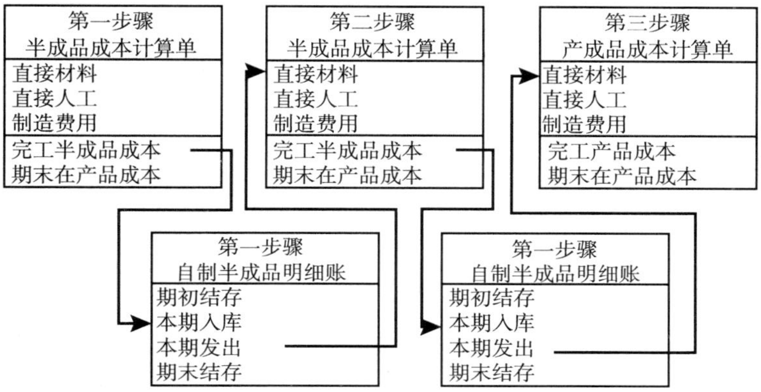

②综合结转的成本还原：
一般是按本月所产半成品的成本结构进行还原。即从最后一个步骤起，把各步骤所耗上一步骤半成品的综合成本按照上一步骤所产半成品成本的结构，逐步分解，还原出按原始成本项目反映的产成品成本。成本还原的次数较正常生产步骤少一步。
以三步骤（半成品 A→半成品 B→产成品）为例：
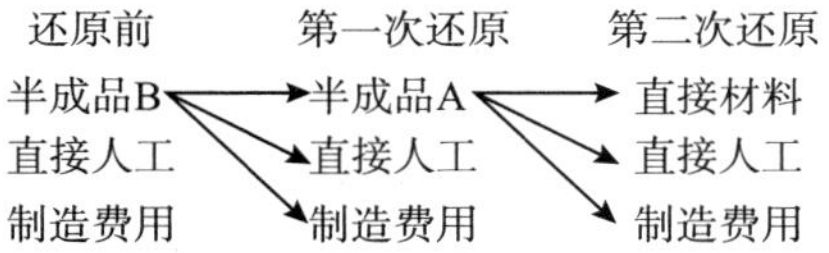

完工产品所耗半成品各成本项目还原额
$=$还原前完工产品所耗半成品成本$\times\dfrac{\text{本月上步骤生产该半成品各成本项目额}}{\text{本月上步骤生产该半成品成本}}$
$=$本月上步骤生产该半成品各成本项目额$\times\dfrac{\text{还原前完工产品所耗半成品成本}}{\text{本月上步骤生产该半成品成本}}$
$=$本月上步骤所产半成品各成本项目额$\times$还原分配率
【提示】如有三个及以上步骤的情形下，
成本还原分配率$=\dfrac{\text{产成品所耗以前生产步骤半成品成本合计}}{\text{以前生产步骤所产该种半成品成本合计}}$
这个计算公式适用范围更为广泛，属于通用公司</td></tr>
</table>

【例 13－23】（2012 年单选题）某种产品由三个生产步骤构成，采用逐步结转分步法计算成本。本月第一生产步骤转入第二生产步骤的生产费用为 4 000 元，第二生产步骤转入第三生产步骤的生产费用为 3 000 元。本月第三生产步骤发生的费用 3 500 元（不包括上一生产步骤转入的费用），月初在产品费用为 1 000 元，月末在产品费用为 700 元，本月该种产品的产成品成本为（　　）元。

A. 7 500　　B. 6 800

C. 6 500　　D. 1 700

【答案】B

【解析】本月发生费用 =3 000 +3 500 =6 500（元）

产成品成本 =1 000 +6 500 -700 =6 800（元）。

【例 13 -24】（2015 年计算分析题）甲公司是一家机械制造企业，只生产销售一种产品。生产过程分为两个步骤，第一步骤产出的半成品直接转入第二步骤继续加工，每件半成品加工成一件产成品。产品成本计算采用逐步综合结转分步法，月末完工产品和在产品之间采用加权平均约当产量法分配生产成本。

第一步骤耗用的原材料在生产开工时一次投入，其他成本费用陆续发生；第二步骤除耗用第一步骤半成品外，还需要追加其他材料，追加材料及其他成本费用陆续发生；第一步骤和第二步骤月末在产品完工程度均为本步骤的50%。

2015 年 6 月的成本核算资料如下：

（1）月初在产品成本：

单位：元

	半成品	直接材料	直接人工	制造费用	合计
第一步骤		3 750	2 800	4 550	11 100
第二步骤	6 000	1 800	780	2 300	10 880

（2）本月生产量：

单位：件

	月初在产品数量	本月投产数量	本月完工数量	月末在产品数量
第一步骤	60	270	280	50
第二步骤	20	280	270	30

（3）本月发生的生产费用：

单位：元

	直接材料	直接人工	制造费用	合计
第一步骤	16 050	24 650	41 200	81 900
第二步骤	40 950	20 595	61 825	123 370

要求：

（1）编制第一、二步骤成本计算单（结果填入下方表格中，不用列出计算过程）。

第一步骤成本计算单

2015 年 6 月

单位：元

	直接材料	直接人工	制造费用	合计
月初在产品成本				
本月生产费用				
合计				
分配率				
完工半成品转出				
月末在产品				

第二步骤成本计算单

2015 年 6 月　　单位：元

	半成品	直接材料	直接人工	制造费用	合计
月初在产品成本					
本月生产费用					
合计					
分配率					
完工产成品转出					
月末在产品					

(2) 编制产成品成本还原计算表（结果填入下方表格中，不用列出计算过程）。

产成品成本还原计算表

2015 年 6 月　　单位：元

	半成品	直接材料	直接人工	制造费用	合计
还原前产成品成本					
本月所产半成品成本					
成本还原					
还原后产成品成本					
还原后产成品单位成本					

【答案及解析】

(1)

第一步骤成本计算单

2015 年 6 月　　单位：元

	直接材料	直接人工	制造费用	合计
月初在产品成本	3 750	2 800	4 550	11 100
本月生产费用	16 050	24 650	41 200	81 900
合计	19 800	27 450	45 750	93 000
分配率	60	90	150	
完工半成品转出	16 800	25 200	42 000	84 000
月末在产品	3 000	2 250	3 750	9 000

计算说明：

直接材料约当产量 = 280 + 50 = 330（件）

直接材料分配率 = 19 800 ÷ 330 = 60（元/件）

完工半成品转出直接材料 = 280 × 60 = 16 800（元）

直接人工约当产量 = 280 + 50 × 0.5 = 305（件）

直接人工分配率 = 27 450 ÷ 305 = 90（元/件）

完工半成品转出直接人工 = 280 × 90 = 25 200（元）

制造费用约当产量 = 280 + 50 × 0.5 = 305（件）

制造费用分配率 = 45 750 ÷ 305 = 150（元/件）

完工半成品转出制造费用 = 280 × 150 = 42 000（元）。

第二步骤成本计算单

2015年6月　　单位：元

	半成品	直接材料	直接人工	制造费用	合计
月初在产品成本	6 000	1 800	780	2 300	10 880
本期投入成本	84 000	40 950	20 595	61 825	207 370
合计	90 000	42 750	21 375	64 125	218 250
分配率	300	150	75	225	
完工产成品转出	81 000	40 500	20 250	60 750	202 500
月末在产品	9 000	2 250	1 125	3 375	15 750

计算说明：

半成品约当产量 $=270+30=300$（件）

半成品分配率 $=90\ 000\div300=300$（元/件）

完工产成品转出半成品 $=270\times300=81\ 000$（元）

直接材料约当产量 $=270+30\times0.5=285$（件）

直接材料分配率 $=42\ 750\div285=150$（元/件）

完工产成品转出直接材料 $=270\times150=40\ 500$（元）

直接人工约当产量 $=270+30\times0.5=285$（件）

直接人工分配率 $=21\ 375\div285=75$（元/件）

完工产成品转出直接人工 $=270\times75=20\ 250$（元）。

（2）

产成品成本还原计算表

2015年6月　　单位：元

	半成品	直接材料	直接人工	制造费用	合计
还原前产成品成本	81 000	40 500	20 250	60 750	202 500
本月所产半成品成本		16 800	25 200	42 000	84 000
成本还原	－81 000	16 200	24 300	40 500	0
还原后产成品成本		56 700	44 550	101 250	202 500
还原后产成品单位成本		210	165	375	750

计算说明：

成本还原直接材料 $=81\ 000\div84\ 000\times16\ 800=16\ 200$（元）

成本还原直接人工 $=81\ 000\div84\ 000\times25\ 200=24\ 300$（元）

成本还原制造费用 $=81\ 000\div84\ 000\times42\ 000=40\ 500$（元）

还原后产成品单位成本 $=202\ 500\div270=750$（元/件）。

【例13－25】（2014年计算分析题）甲公司是一家化工原料生产企业，只生产一种产品，产品分两个生产步骤在两个基本生产车间进行，第一车间生产的半成品转入半成品库，第二车间领用半成品后继续加工成产成品，半成品的发出计价采用加权平均法。甲公司采用逐步综合结转分步法计算产品成本，月末对在产品进行盘点，并按加权平均约当产量法在完工产品和在产品之间分配生产费用。

第一车间耗用的原材料在生产过程中逐渐投入，其他成本费用陆续发生。第二车间除耗用第一车间生产A的半成品外，还需耗用其他材料，耗用的半成品和其他材料均在生产开始时一次投入，其他成本费用陆续发生。第一车间和第二车间的在产品完工程度均为50%。

甲公司还有机修和供电两个辅助生产车间，分别为第一车间、第二车间和行政管理部门提供维修和电力，两个辅助生产车间之间也相互提供产品或服务。甲公司按照交互分配法分配辅助生产费用。

甲公司2014年8月份的成本核算资料如下：

（1）月初在产品成本：

单位：元

生产车间	半成品	直接材料	直接人工	制造费用	合计
第一车间	—	2 750	2 625	3 625	9 000
第二车间	23 720	1 900	2 800	3 600	32 020

（2）本月生产量：

单位：吨

生产车间	月初在产品数量	本月完工数量	月末在产品数量
第一车间	5	70	8
第二车间	8	85	10

（3）机修车间本月发生生产费用6 500元，提供维修服务100小时；供电车间本月发生生产费用8 800元，提供电力22 000度。各部门耗用辅助生产车间产品或服务的情况如下：

耗用部门		机修车间（小时）	供电车间（度）
辅助生产部门	机修车间	—	2 000
	供电车间	20	—
基本生产车间	第一车间	40	10 200
	第二车间	35	9 300
行政管理部门		5	500
合计		100	22 000

（4）基本生产车间本月发生的生产费用：

单位：元

生产车间	直接材料	直接人工	制造费用
第一车间	86 050	71 375	99 632
第二车间	93 100	51 200	79 450.50

注：制造费用中尚未包括本月应分配的辅助生产费用。

（5）半成品收发结存情况：

半成品月初结存13吨，金额46 440元；本月入库70吨，本月领用71吨，月末结存12吨。

要求：

（1）编制辅助生产费用分配表（结果填入下方表格中，不用列出计算过程。单位成本要求保留四位小数）。

辅助生产费用分配表（交互分配法）

项目		机修车间			供电车间		
		耗用量（小时）	单位成本	分配金额	耗用量（度）	单位成本	分配金额
待分配项目							
交互分配	机修车间						
	供电车间						

续表

项目		机修车间			供电车间		
		耗用量（小时）	单位成本	分配金额	耗用量（度）	单位成本	分配金额
对外分配辅助生产费用							
对外分配	第一车间						
	第二车间						
	行政管理部门						
	合计						

（2）编制第一车间的半成品成本计算单（结果填入下方表格中，不用列出计算过程）。

第一车间半成品成本计算单

2014 年 8 月　　单位：元

项目	产量（吨）	直接材料	直接人工	制造费用	合计
月初在产品	—				
本月生产费用	—				
合计	—				
分配率	—				
完工半成品转出					
月末在产品					

（3）编制第二车间的产成品成本计算单（结果填入下方表格中，不用列出计算过程）。

第二车间产成品成本计算单

2014 年 8 月　　单位：元

项目	产量（吨）	半成品	直接材料	直接人工	制造费用	合计
月初在产品	—					
本月生产费用	—					
合计	—					
分配率	—					
完工产成品转出						
月末在产品						

【答案及解析】

（1）

辅助生产费用分配表（交互分配法）　　单位：元

项目		机修车间			供电车间		
		耗用量（小时）	单位成本	分配金额	耗用量（度）	单位成本	分配金额
待分配项目		100	65	6 500	22 000	0.4	8 800
交互分配	机修车间			800	-2 000		-800
	供电车间	-20		-1 300			1 300

续表

项目		机修车间			供电车间		
		耗用量（小时）	单位成本	分配金额	耗用量（度）	单位成本	分配金额
对外分配辅助生产费用		80	75	6 000	20 000	0.4650	9 300
对外分配	第一车间	40		3 000	10 200		4 743
	第二车间	35		2 625	9 300		4 324.5
	行政管理部门	5		375	500		232.5
	合计	80		6 000	20 000		9 300

（2）

第一车间半成品成本计算单

2014 年 8 月　　单位：元

项目	产量（吨）	直接材料	直接人工	制造费用	合计
月初在产品	—	2 750	2 625	3 625	9 000
本月生产费用	—	86 050	71 375	107 375	264 800
合计	—	88 800	74 000	111 000	273 800
分配率	—	1 200	1 000	1 500	3 700
完工半成品转出	70	84 000	70 000	105 000	259 000
月末在产品	8	4 800	4 000	6 000	14 800

（3）

第二车间产成品成本计算单

2014 年 8 月　　单位：元

项目	产量（吨）	半成品	直接材料	直接人工	制造费用	合计
月初在产品	—	23 720	1 900	2 800	3 600	32 020
本月生产费用	—	261 280	93 100	51 200	86 400	491 980
合计	—	285 000	95 000	54 000	90 000	524 000
分配率	—	3 000	1 000	600	1 000	5 600
完工产成品转出	85	255 000	85 000	51 000	85 000	476 000
月末在产品	10	30 000	10 000	3 000	5 000	48 000

二、平行结转分步法（能力等级 3）

内容	说明
1. 含义	这种方法又称不计算半成品成本分步法
2. 特点	采用平行结转分步法，每一生产步骤的生产费用也要在其完工产品与月末在产品之间进行分配
3. 结转方式	是指在计算各步骤成本时，不计算各步骤所产半成品成本，也不计算各步骤所耗上一步骤的半成品成本，而只计算本步骤发生的各项其他费用，产成品完工的同时计算各步骤归集的费用中应计入产成品成本的份额，将相同产品的各步骤成本明细账中的应计入产成品成本份额的部分平行结转、汇总，即可计算出该种产品的产成品成本。平行结转分步法的各步骤成本分配强调生产费用在最终完工产成品与广义在产品之间进行分配。广义在产品是包括本步骤在产品和本步骤已完工但未最终完工的所有后续仍需继续加工的在产品、半成品

续表

内容	说明
3. 结转方式	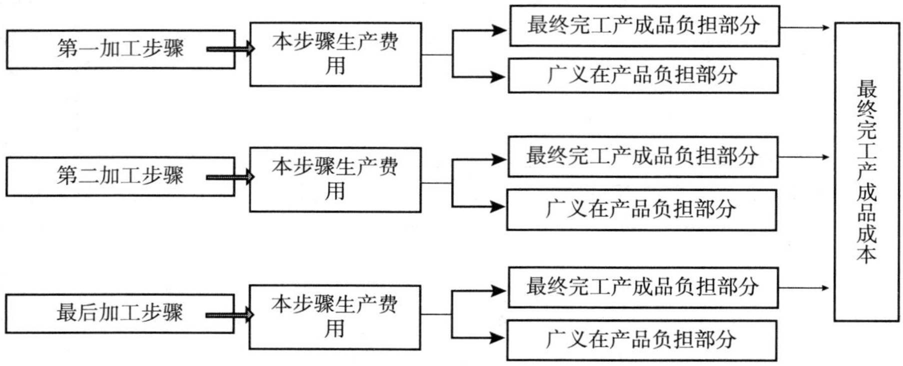

【提示】如何理解广义在产品。

该方法的核心：生产费用在完工产品与月末在产品之间的分配。这里的完工产品是指企业最后完工的产成品；这里的在产品（指的是广义的在产品）是指各步骤尚未加工完成的在产品和各步骤已完工但尚未最终完成的产品。

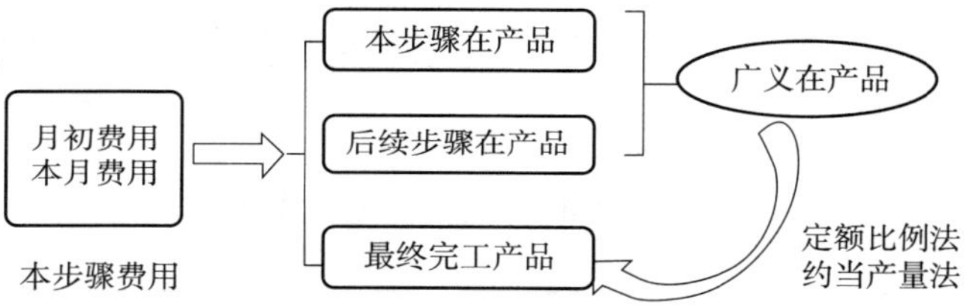

【例 13－26】（2012 年单选题）下列成本核算方法中，不利于考察企业各类存货资金占用情况的是（　　）。

A. 品种法

B. 分批法

C. 逐步结转分步法

D. 平行结转分步法

【答案】D

【解析】平行结转分步法不计算各步骤在产品的成本，因而不利于考察企业各类存货资金占用情况。

【例 13－27】（多选题）F 公司是一个家具制造企业。该公司该生产步骤的顺序，分别设置加工、装配和油漆三个生产车间。公司的产品成本计算采用平行结转分步法，按车间分别设置成本计算单。装配车间成本计算单中的“月末在产品成本”项目的“月末在产品”范围应包括（　　）。

A. “加工车间”正在加工的在产品

B. “装配车间”正在加工的在产品

C. “装配车间”已经完工的半成品

D. “油漆车间”正在加工的在产品

【答案】BCD

【解析】依据教材可知，采用平行结转分步法，每一生产步骤的生产费用也要在其完工产品与月末在产品之间进行分配。但这里的完工产品是指企业最后完工的产成品；这里的在产品是指各步骤尚未加工完成的在产品和各步骤已完工但尚未最终完成的产品。因此，装配车间成本计算单中的“月末在产品成本”项目的“月末在产品”范围应包括选项 B、C，但“油漆车间”是“装配车间”的下一道工序，该车间正在加工的在产品也属于“装配车间”已经完工的半成品。因此，选项 D 正确。由于“加工车间”并没有参与“装配车间”费用的分配，所以，选项 A 不是正确答案。

【例 13－28】（2011 年单选题）某企业只

生产一种产品，生产分两个步骤在两个车间进行，第一车间为第二车间提供半成品，第二车间将半成品加工成产成品。月初两个车间均没有在产品。本月第一车间投产100件，有80件完工并转入第二车间，月末第一车间尚未加工完成的在产品相对于本步骤的完工程度为60%；第二车间完工50件，月末第二车间尚未加工完成的在产品相对于本步骤的完工程度为50%。该企业按照平行结转分步法计算产品成本，各生产车间按加权平均约当产量法在完工产品和在产品之间分配生产费用。月末第一车间的在产品约当产量为（　　）件。

A. 12　　B. 27

C. 42　　D. 50

【答案】C

【解析】（100－80）×60%＋30＝42（件）。

【例13－29】（2012年计算分析题）甲公司生产A产品，生产过程分为两个步骤，分别在两个车间进行。一车间为二车间提供半成品。二车间将半成品加工成产成品。每件产成品消耗一件半成品。甲公司用平行结转分步法结转产品成本，月末对在产品和产成品进行盘点，用加权平均约当产量比例法在产成品和在产品之间分配。原材料在生产开始时一次投入，其他成本费用陆续发生。第二车间除了耗用第一车间的半成品外，还需要其他辅助材料，辅助材料在生产过程中陆续投入，其他成本费用陆续发生。两个车间的在产品相对本车间的完工度均为50%。相关资料如下：

月初在产品成本余额：

车间	直接材料费用	直接人工费用	制造费用	合计
第一车间	20 000	4 000	4 000	28 000
第二车间	1 500	3 600	2 400	7 500

本月产量：

车间	月初在产品	本月投入	本月完工	月末在产品
第一车间	40	600	590	50
第二车间	60	590	610	40

本月发生费用：

车间	直接材料费用	直接人工费用	制造费用	合计
第一车间	120 000	29 750	29 750	179 500
第二车间	30 000	72 000	48 000	150 000

要求：

（1）

计算第一车间A产品成本

	产量	约当产量	直接材料费用	直接人工费用	制造费用	合计
月初						
本月						
合计						
产成品本步份额						
月末在产品						

（2）

计算第二车间 A 产品成本

	产量	约当产量	直接材料费用	直接人工费用	制造费用	合计
月初						
本月						
合计						
产成品本步份额						
月末在产品						

（3）

计算 A 产品成本计算汇总表

生产车间	产成品数量	直接材料费用	直接人工费用	制造费用	合计
第一车间					
第二车间					
合计					
单位成本					

【答案及解析】

（1）

	产量	约当产量	直接材料费用	直接人工费用	制造费用	合计
月初	40		20 000	4 000	4 000	28 000
本月	600		120 000	29 750	29 750	179 500
合计			140 000	33 750	33 750	207 500
产成品本步份额	610	610	122 000	30 500	30 500	183 000
月末在产品	90	65	18 000	3 250	3 250	24 500

【注】

月末在产品约当产量 = 50 × 50% + 40 = 65

材料费用分配率 = 140 000/（610 + 90）= 200

人工费用分配率 = 33 750/（610 + 65）= 50

制造费用分配率 = 33 750/（610 + 65）= 50。

（2）

	产量	约当产量	直接材料费用	直接人工费用	制造费用	合计
月初	60		1 500	3 600	2 400	7 500
本月	590		30 000	72 000	48 000	150 000
合计	650		31 500	75 600	50 400	157 500
产成品本步份额	610	610	30 500	73 200	48 800	152 500
月末在产品	40	20	1 000	2 400	1 600	5 000

【注】

月末在产品约当产量 = 40 × 50% = 20

材料费用分配率 = 31 500/（610 + 20）= 50

人工费用分配率 = 75 600/（610 + 20）= 120

制造费用分配率 =50 400/(610 +20) =80。　　(3)

生产车间	产成品数量	直接材料费用	直接人工费用	制造费用	合计
第一车间	610	122 000	30 500	30 500	183 000
第二车间	610	30 500	73 200	48 800	152 500
合计		152 500	103 700	79 300	335 500
单位成本		250	170	130	550

【提示】(1) 逐步结转法与平行结转法的比较：

要点	逐步结转分步法	平行结转分步法
完工产品的含义不同	包括各中间步骤的完工的半产品和最终完工产成品	最终完工产成品
在产品的含义不同	本步骤尚未加工完成的半成品（即狭义在产品）	既包括本步骤尚未加工完成的半成品，也包括本步骤加工完毕、但尚未最终完工的产品（即广义在产品）
实物运动与资金运动是否同步	同步	不同步
是否计算半成品成本	计算	不计算
适用范围不同	适用于要求计算半成品成本的企业	适用于不要求计算半成品的企业

(2) 逐步结转分步法与平行结转分步法优缺点比较：

方法	优点	缺点
逐步结转分步法	能够提供各个生产步骤的半成品成本资料；能为各生产步骤的在产品实物管理及资金管理提供资料；能够全面地反映各步骤的生产耗费水平	成本结转工作量较大，如果采用逐步综合结转方法，还需要进行成本还原
平行结转分步法	不必逐步结转半成品成本；能够直接提供按原始成本项目反映的产成品成本资料，不必进行成本还原	不能提供各步骤的半成品成本资料；不能为各生产步骤在产品的实物管理及资金管理提供资料；不能全面反映各步骤产品的生产耗费水平（第一步骤除外）

【例 13－30】(2017 年计算分析题) 甲企业使用同种原料生产联产品 A 和 B，采用平行结转分步法计算产品成本。产品生产分为两个步骤，第一步骤对原料进行预处理后，直接转移到第二步骤进行深加工，生产出 A、B 两种产品，原料只在第一步骤生产开工时一次性投放，两个步骤的直接人工和制造费用随加工进度陆续发生，第一步骤和第二步骤均采用加权平均约当产量法在产成品和在产品之间分配成本，月末留存在本步骤的实物在产品的完工程度分别为 60% 和 50%。联产品成本按照可变现净值法进行分配，其中：A 产品可直接出售，售价为 8.58 元/千克；B 产品需继续加工，加工成本为 0.336 元/千克，售价为 7.2 元/千克。A、B 两种产品的产量比例为 6∶5。

2017 年 9 月相关成本核算资料如下：

(1) 本月产量资料：

单位：千克

	月初留存在本步骤的实物在产品	本月投产	合计	本月本步骤完成的产品	月末留存在本步骤的实物在产品
第一步骤	8 000	92 000	100 000	90 000	10 000
第二步骤	7 000	90 000	97 000	88 000	9 000

（2）月初在产品成本：

单位：元

	直接材料	直接人工	制造费用	合计
第一步骤	50 000	8 250	5 000	63 250
第二步骤	—	3 350	3 600	6 950

（3）本月发生成本：

单位：元

	直接材料	直接人工	制造费用	合计
第一步骤	313 800	69 000	41 350	424 150
第二步骤	—	79 900	88 900	168 800

要求：

（1）编制各步骤产品成本计算单以及产品成本汇总计算单（结果填入下方表格中，不用列出计算过程）。

第一步骤成本计算单

2017 年 9 月

单位：元

	直接材料	直接人工	制造费用	合计
月初在产品成本				
本月生产成本				
合计				
分配率				
产成品成本中本步骤份额				
月末在产品				

第二步骤成本计算单

2017 年 9 月

单位：元

	直接材料	直接人工	制造费用	合计
月初在产品成本				
本月生产成本				
合计				
分配率				
产成品成本中本步骤份额				
月末在产品				

产品成本汇总计算单

2017 年 9 月

单位：元

	直接材料	直接人工	制造费用	合计
第一步骤				
第二步骤				

（2）计算 A、B 产品的单位成本。

【答案及解析】

（1）各步骤产品成本计算单以及产品成本汇总计算单如下：

第一步骤成本计算单

2017 年 9 月　　单位：元

	直接材料	直接人工	制造费用	合计
月初在产品成本	50 000	8 250	5 000	63 250
本月生产成本	313 800	69 000	41 350	424 150
合计	363 800	77 250	46 350	487 400
分配率	363 800/(88 000 + 10 000 + 9 000) = 3.4	77 250/(88 000 + 10 000 × 60% + 9 000) = 0.75	46 350/(88 000 + 10 000) × 60% + 9 000 = 0.45	4.6
产成品成本中本步骤份额	88 000 × 3.4 = 299 200	88 000 × 0.75 = 66 000	88 000 × 0.45 = 39 600	404 800
月末在产品	(10 000 + 9 000) × 3.4 = 64 600	(10 000 × 60% + 9 000) × 0.75 = 11 250	(10 000 × 60% + 9 000) × 0.45 = 6 750	82 600

第二步骤成本计算单

2017 年 9 月　　单位：元

	直接材料	直接人工	制造费用	合计
月初在产品成本	—	3 350	3 600	6 950
本月生产成本	—	79 900	88 900	168 800
合计	—	83 250	92 500	175 750
分配率	—	83 250/(88 000 + 9 000 × 50%) = 0.9	92 500/(88 000 + 9 000 × 50%) = 1	1.9
产成品成本中本步骤份额	—	88 000 × 0.9 = 79 200	88 000 × 1 = 88 000	167 200
月末在产品	—	9 000 × 50% × 0.9 = 4 050	9 000 × 50% × 1 = 4 500	8 550

产品成本汇总计算单

2017 年 9 月　　单位：元

	直接材料	直接人工	制造费用	合计
第一步骤	299 200	66 000	39 600	404 800
第二步骤		79 200	88 000	167 200
合计	299 200	145 200	127 600	572 000

(2) 由于：A、B 两种产品的产量比例为 6 : 5，

所以：A 产品产量 = 88 000 × 6/(6 + 5) = 48 000（千克）

B 产品产量 = 88 000 × 5/(6 + 5) = 40 000（千克）

A 产品可变现净值 = 48 000 × 8.58 = 411 840（元）

B 产品可变现净值 = 40 000 × (7.2 − 0.336) = 274 560（元）

A 产品应分配的成本 = 572 000 × 411 840/(411 840 + 274 560) = 343 200（元）

A 产品单位成本 = 343 200/48 000 = 7.15（元/千克）

B 产品应分配的成本 = 572 000 × 274 560/(411 840 + 274 560) = 228 800（元）

B 产品单位成本 = 228 800/40 000 = 5.72（元/千克）。

精选练习题

一、单项选择题

1. A产品由三个生产步骤加工完成，采用逐步结转分步法计算成本。本月第一生产步骤的生产费用为2 500元，第二生产步骤的生产费用为3 600元，第三生产步骤的费用为2 500元。第三步骤月初在产品费用为700元，月末在产品费用为1 000元，本月该种产品的产成品成本为（　　）元。

A. 10 300　　B. 2 200

C. 8 300　　D. 5 800

2. 下列关于成本计算分步法的表述中，正确的是（　　）。

A. 逐步结转分步法不利于各步骤在产品的实物管理和成本管理

B. 当企业经常对外销售半成品时，应采用平行结转分步法

C. 采用逐步分项结转分步法时，无须进行成本还原

D. 采用平行结转分步法时，无须将产品生产费用在完工产品和在产品之间进行分配

3. 某产品本月完工50件，月末在产品60件，在产品平均完工程度为50%，累计发生产品费用100 000元，采用加权平均约当产量法计算在产品成本时，本月完工产品的总成本是（　　）元。

A. 37 500　　B. 45 455

C. 62 500　　D. 54 545

4. 产品成本计算不定期，一般也不存在完工产品与在产品之间费用分配问题的成本计算方法是（　　）。

A. 平行结转分步法

B. 逐步结转分步法

C. 分批法

D. 品种法

5. 甲制药厂正在试制生产某流感疫苗。为了核算此疫苗的试制生产成本，该企业最适合选择的成本计算方法是（　　）。

A. 品种法

B. 分步法

C. 分批法

D. 品种法与分步法相结合

6. 企业月末在产品数量较大，各月末在产品数量变化也较大，产品成本中原材料费用和工资、福利费等加工费用的比重相差不多，则完工产品与月末在产品的生产费用分配方法应采用（　　）。

A. 在产品按定额成本计价法

B. 在产品按所耗原材料费用计价法

C. 定额比例法

D. 约当产量比例法

7. 间接成本是指与成本对象相关联的成本中（　　）。

A. 不能追溯到成本对象的那一部分产品成本

B. 不能用一种经济合理的方式追溯到成本对象的那一部分产品成本

C. 可以直接追溯到成本对象的那一部分成本

D. 可以用经济合理的方式追溯到成本对象的那一部分成本

8. 甲产品单位工时定额为80小时，经过两道工序完成，第一道工序的工时定额为20小时，第二道工序的定额工时为60小时。假设本月末第一道工序有在产品30件，平均完工程度为60%；第二道工序有在产品50件，平均完工程度为40%。则分配人工费用时在产品的加权平均约当产量为（　　）件。

A. 32　　B. 38

C. 40　　D. 42

9. 平行结转分步法下，其完工产品与在产品之间的费用分配，是指下列（　　）两者之间的费用分配。

A. 各步骤完工半成品与月末加工中的在产品

B. 产成品与月末各步骤尚未加工完成的在产品

C. 各步骤完工半成品与月末各步骤尚未完工的在产品

D. 产成品与月末各步骤尚未加工完成的在产品和各步骤已完工但尚未最终完成的产品

10. 工业企业生产某种产品由两道工序组成，原材料在每道工序开始时一次投入，每道工序的原材料消耗定额为：第一道工序25千克，第二道工序15千克，第二道工序的完

工率（　　）。

A. （25 + 15 × 50）÷ 40 × 100%

B. 15 × 50% ÷ 40 × 100%

C. （25 + 15）÷ 40 × 100%

D. （25 × 50% + 15 × 50%）÷ 40 × 100%

11. 完工和在产的划分方法中使实际成本脱离定额的差异完全由完工产品负担的是（　　）。

A. 约当产量法

B. 定额比例法

C. 在产品成本按定额成本计算

D. 在产品成本按其所耗用的原材料费用计算

12. 在平行结转分步法下，其完工产品与在产品之间的费用分配，是指（　　）两者之间的费用分配。

A. 各步骤完工半成品与月末该步骤的在产品

B. 产成品与月末各步骤尚未加工完成的在产品

C. 产成品与月末各步骤尚未加工完成的在产品和各步骤已完工但尚未最终完成的产品

D. 各步骤完工半成品与月末各步骤尚未完工的在产品

13. 某种产品生产分两个步骤，采用逐步结转分步法计算产品成本。本月第一步骤入库的完工半成品成本为 6 000 元；第二步骤领用的半成品成本为 3 000 元，本月发生的其他生产费用为 5 000 元，月初、月末在产品成本分别为 800 元和 300 元。据此计算的该产品产成品成本为（　　）元。

A. 8 000　　B. 5 500

C. 9 000　　D. 8 500

14. 甲公司生产某种产品，需 2 道工序加工完成，公司不分步计算产品成本。材料在各工序开始时一次投入，该产品的定额材料费用为 100 千克，其中第 1 道工序的定额材料成本为 20 千克，第 2 道工序的定额材料成本为 80 千克。月末盘点时，第 1 道工序的在产品数量为 100 件，第 2 道工序的在产品数量为 200 件。月末在产品材料的约当产量为（　　）件。

A. 100　　B. 120

C. 200　　D. 220

二、多项选择题

1. 以下关于成本计算分步法的表述中，正确的有（　　）。

A. 逐步结转分步法有利于各步骤在产品的实物管理和成本管理

B. 当企业经常对外销售半成品时，不宜采用平行结转分步法

C. 采用逐步分项结转分步法时，需要进行成本还原

D. 采用平行结转分步法时，无须将产品生产费用在完工产品和在产品之间进行分配

2. 企业生产费用在完工产品与在产品之间进行分配方法的选择是根据（　　）。

A. 在产品数量的多少

B. 各月的在产品数量变化的大小

C. 各项费用比重的大小

D. 定额管理基础的好坏

3. 成本在完工产品和在产品之间进行分配的下列方法中，会使本月发生的生产费用全部由本月完工产品负担的，包括（　　）。

A. 不计算在产品法

B. 在产品成本按年初数固定计算

C. 在产品成本按其所耗用的原材料费用计算

D. 约当产量法

4. 逐步结转分步法的优点有（　　）。

A. 能提供各个步骤的半成品成本资料

B. 能为各生产步骤在产品的实物管理和资金管理提供资料

C. 能全面反映各该步骤产品的生产耗用水平

D. 能直接提供按原始成本项目反映的产成品成本资料

5. 在产品按年初数固定计算，适用于下列产品（　　）。

A. 各月末在产品数量变化较大

B. 各月末在产品数量较小

C. 各月末在产品数量很大

D. 各月末在产品数量虽大，但各月之间变化不大

6. 下列表述正确的有（　　）。

A. 联产品是指使用同种原料，经过同一生产过程同时生产出来的两种或两种以上的主要产品

B. 联产品是指使用同种原料，经过同一生产过程同时生产出来的两种或两种以上的主要产品和非主要产品

C. 副产品是指使用同种原料，在同一生产过程中，在生产主要产品的同时附带生产出来的非主要产品

D. 通常先确定主产品的加工成本，然后，再确定副产品的加工成本

7. 企业为了（　　）需要计算产品各生产步骤的半成品成本。

A. 提供各种产成品所耗用的同一种半成品的费用数据

B. 全面地分析和考核各生产步骤的生产耗费水平和资金占用水平

C. 进行同行业半成品成本指标的对比

D. 计算对外销售的半成品的损益

8. 下列可以采用分步法计算半成品成本的企业有（　　）。

A. 钢铁厂　　B. 纺织厂

C. 发电厂　　D. 机械修理厂

9. 采用平行结转分步法计算成本的优点是（　　）。

A. 各步骤可以同时计算产品成本

B. 不必进行成本还原

C. 为各个生产步骤在产品实物管理与资金管理提供资料

D. 成本计算期与生产周期一致

三、计算分析题

1. F公司是一个服装生产企业，常年大批量生产甲、乙两种工作服。产品生产过程划分为裁剪、缝纫两个步骤，相应设置裁剪、缝纫两个车间。裁剪车间为缝纫车间提供半成品，经缝纫车间加工最终形成产成品。甲、乙两种产品耗用主要材料（布料）相同，且在生产开始时一次投入。所耗辅助材料（缝纫线和扣子等）由于金额较小，不单独核算材料成本，而直接计入制造费用。

F公司采用平行结转分步法计算产品成本。实际发生生产费用在各种产品之间的分配方法是：材料费用按定额材料费用比例分配：生产工人薪酬和制造费用按实际生产工时分配。月末完工产品与在产品之间生产费用的分配方法是：材料费用按定额材料费用比例分配；生产工人薪酬和制造费用按定额工时比例分配。F公司8月份有关成本计算资料如下：

（1）甲、乙两种产品定额资料：

甲产品定额资料

	单件产成品定额		本月（8月份）投入	
生产车间	材料费用（元）	工时（小时）	材料费用（元）	工时（小时）
裁剪车间	60	1.0	150 000	1 500
缝纫车间		2.0		4 000
合计	60	3.0	150 000	5 500

乙产品定额资料

	单件产成品定额		本月（8月份）投入	
生产车间	材料费用（元）	工时（小时）	材料费用（元）	工时（小时）
裁剪车间	80	0.5	100 000	500
缝纫车间		1.5		2 500
合计	80	2.0	100 000	3 000

（2）8月份甲产品实际完工入库产成品2 000套。

（3）8月份裁剪车间、缝纫车间实际发生的原材料费用、生产工时数量以及生产工人薪酬、制造费用如下：

8月份裁剪车间实际耗用生产工时和生产费用

产品名称	材料费用（元）	生产工时（小时）	生产工人薪酬（元）	制造费用（元）
甲产品		1 600		
乙产品		800		
合计	280 000	2 400	30 000	120 000

8月份缝纫车间实际耗用生产工时和生产费用

产品名称	材料费用（元）	生产工时（小时）	生产工人薪酬（元）	制造费用（元）
甲产品		4 200		
乙产品		2 800		
合计		7 000	140 000	350 000

（4）裁剪车间和缝纫车间甲产品的期初在产品成本如下：

项目	车间	直接材料（元）		定额工时	直接人工	制造费用	合计
		定额	实际	（小时）	（元）	（元）	（元）
月初在产品成本	裁剪车间	30 000	30 000	2 000	18 500	60 000	108 500
	缝纫车间			800	7 200	15 600	22 800

要求：

（1）将裁剪车间和缝纫车间8月份实际发生的材料费用、生产工人薪酬和制造费用在甲、乙两种产品之间分配。

（2）编制裁剪车间和缝纫车间的甲产品成本计算单，结果填入答题卷给定的“甲产品成本计算单”中。

甲产品成本计算单

裁剪车间

项目	产品产量（套）	直接材料（元）		定额工时（小时）	直接人工（元）	制造费用（元）	合计（元）
		定额	实际				
月初在产品成本	—	30 000	30 000	2 000	18 500	60 000	108 500
本月生产费用	—						
生产费用合计	—						
分配率	—	—		—			—
计入产成品份额							
月末在产品成本	—						

甲产品成本计算单

缝纫车间

项目	产品产量（套）	直接材料（元）		定额工时（小时）	直接人工（元）	制造费用（元）	合计（元）
		定额	实际				
月初在产品成本	—	—	—	800	7 200	15 600	22 800
本月生产费用	—	—	—				
生产费用合计	—	—	—				
分配率	—	—	—	—			—
计入产成品份额		—	—				
月末在产品成本	—	—	—				

（3）编制甲产品的成本汇总计算表，结果填入答题卷给定的“甲产品成本汇总计算表”中。

甲产品成本汇总计算表

生产车间	产成品数量（套）	直接材料费用（元）	直接人工费用（元）	制造费用（元）	合计（元）

2. 某企业每月月末进行在产品的盘点，产成品和月末在产品之间分配费用的方法采用定额比例法；材料费用按定额材料费用比例分配，其他费用按定额工时比例分配。定额资料见定额汇总表，本月发生的生产费用数据已记入成本计算单。

定额汇总表

单位：元

项目	月初在产品		本月投入		产成品					月末在产品	
	材料费用	工时（小时）	材料费用	工时（小时）	单件材料定额	单件工时定额	产量（件）	材料费总定额	工时总定额	材料费用	工时（小时）
第一车间	5 000	200	18 000	1 100	100	6	200	20 000	1 200	2 800	110

第一车间：成本计算单

单位：元

项目	产量	直接材料定额	直接材料费用	定额工时（小时）	直接人工费用	制造费用	合计
月初在产品			5 500		200	600	6 300
本月费用			19 580		4 778	7 391	31 749
合计			25 080		4 978	7 991	38 049
分配率							
产成品							
月末在产品							

要求：计算填列“第一车间成本计算单”。

3. 甲企业生产产品A，采用逐步综合结转分步法计算产品成本，产品生产分为两个步骤，第一步骤对原料进行预处理，随后直接转移到第二步骤进行深加工，原料在第一步骤生产开工时一次性投放，第二步骤领用第一步骤产成品（即半成品）继续加工，不再投入新的原料，两个步骤的直接人工和制造费用随加工进度陆续发生。第一步骤和第二步骤均采用加权平均约当产量法在产成品和在产品之间分配成本。月末在产品的完工程度分别为60%和50%。第二步骤所耗第一步骤半成品的单位成本按加权平均法计算分配率（即月初在产品和本月发生成本中半成品的合计金额除以合计约当产量）。

2017年9月成本核算相关资料如下：

（1）本月产量资料：

单位：千克

	月初在产品	本月投产	合计	产成品	月末在产品
第一步骤	8 000	92 000	100 000	90 000	10 000
第二步骤	6 000	90 000	96 000	88 000	8 000

（2）月初在产品成本：

单位：元

	直接材料	半成品	直接人工	制造费用	合计
第一步骤	40 000		8 000	5 000	53 000
第二步骤		84 000	29 000	31 000	144 000

（3）本月发生成本：

单位：元

	直接材料	直接人工	制造费用	合计
第一步骤	290 000	55 360	37 240	382 600
第二步骤		799 000	889 000	1 688 000

要求：

（1）编制各步骤产品成本计算单（结果填入下方表格中，不用列出计算过程）。

第一步骤成本计算单

2017 年 9 月　　单位：元

	直接材料	直接人工	制造费用	合计
月初在产品成本				
本月生产成本				
合计				
分配率				
完工半成品转出				
月末在产品				

第二步骤成本计算单

2017 年 9 月　　单位：元

	半成品	直接人工	制造费用	合计
月初在产品成本				
本月生产成本				
合计				
分配率				
产成品				
月末在产品				

（2）计算 A 产品单位成本，并进行成本还原（结果填入下方表格中，不用列出计算过程）。

产成品成本还原计算表

产品名称：A 产品　　单位：元

	半成品	直接材料	直接人工	制造费用	成本合计
还原前产成品成本					
本月所产半成品单位成本					
成本还原					
还原后产成品成本					
还原后产成品单位成本					

要求：试根据上述资料，计算甲半成品、产成品成本并进行成本还原。（按半成品成本项目结构比例进行还原，结构比例保留小数点后两位）

答案及解析

一、单项选择题

1.【答案】B

【解析】在逐步结转分步法下，上一步骤的生产成本要结转给下一步骤，所以在本题中，第一、第二步骤的生产成本都要加在第三步骤的生产费用中。根据公式“月初在产品成本 + 本月发生的生产费用 = 月末在产品成本 + 产成品成本”，该种产成品成本为 2 500 + 700 − 1 000 = 2 200（元）。但是这道题目本身还有一些问题，需要引起广大学员的注意。（1）在逐步结转分步法下，上一步骤的生产成本未必一定全部转到下一步骤；（2）即使全部转到下一步骤，第二步骤的费用也应该是已经包括了第一步骤，第三步骤的费用已经包括了第一和第二步骤，不能再重复计算；（3）这样一种重复计算的思想，倒是与平行结转分步法比较接近，但也不严格。

2.【答案】C

【解析】逐步结转分步法在完工产品与在产品之间分配费用，是指各步骤完工产品与在产品之间的分配，能为各生产步骤的在产品实物管理及资金管理提供资料，所以选项A不正确。采用逐步综合结转分步法，要进行成本还原，采用逐步分项结转分步法，无须进行成本还原，所以选项C正确。平行结转分步法不计算半成品成本，因此企业经常对外销售半成品不应采用此方法，B不正确。平行结转分步法每个生产步骤的生产费用要在其完工产品与月末在产品之间分配，只是这里的完工产品是最终完工产品，在产品是广义在产品，所以D不正确。

3.【答案】C

【解析】在约当产量法下，本月完工产品总成本 = 50 × 100 000 ÷（50 + 60 × 50%）= 62 500（元）。

4.【答案】C

【解析】在分批法下，由于成本计算期与产品的生命周期基本一致，与会计核算报告期不一致，因而在月末一般不需计算完工产品成本，因此一般也不存在完工产品与在产品之间费用分配问题。

5.【答案】C

【解析】分批法适合于小批单件类型的生产，也可用于新产品试制或试验的生产。

6.【答案】D

【解析】月末在产品数量较大，且变化也较大而料工费发生均匀，应采用约当产量比例法。

7.【答案】B

【解析】间接成本是指与成本对象相关联的成本中不能用一种经济合理的方式追溯到成本对象的那一部分产品成本。这里的关键词是“不能用经济合理的方式追溯”。

8.【答案】A

【解析】第一道工序在产品的完工率 =（20 × 60%）/80 = 15%，第二道工序在产品的完工率 =（20 + 60 × 40%）/80 = 55%，在产品的约当产量 = 30 × 15% + 50 × 55% = 32（件）。因此，A选项是正确的。

9.【答案】D

【解析】平行结转分步法只计算本步骤发生的各项费用，以及在这些费用中应计入产成品成本的份额。因此，这里的完工产品是指企业最后完工的产成品，而把各步骤的在产品和各步骤已完工但尚未最终完成的产品都看成是在产品，即广义在产品。

10.【答案】C

【解析】产品进入第二道工序时材料已全部投入，因此完工率为100%。

11.【答案】C

【解析】在产品成本按定额成本计算时，将月初在产品成本加上本月发生费用，减去月末在产品的定额成本，就可算出产成品的总成本了。由此可知，实际成本脱离定额的差异会完全由完工产品负担。

12.【答案】C

【解析】采用平行结转分步法，每一生产步骤的生产费用也要在其完工产品与月末在产品之间进行分配。但这里的完工产品是指企业最终完工的产成品；这里的在产品是指各步骤尚未加工完成的在产品和各步骤已完工但尚未最终完成的产品。

13.【答案】D

【解析】产成品的成本应从第二步骤来计算：产成品成本 = 月初在产品成本 +（本月领用的半成品成本 + 其他生产费用）- 月末在产品成本 = 800 +（3 000 + 5 000）- 300 = 8 500（元）。

14.【答案】D

【解析】月末在产品约当产量 = 100 ×（20/100）+ 200 × [（20 + 80）/100] = 220（件）。

二、多项选择题

1.【答案】AB

【解析】本题的主要考核点是成本计算分步法的特点。逐步结转分步法有利于各步骤在产品的实物管理和成本管理，同时也计算各步骤的半成品成本，当企业经常对外销售半成品时，适宜采用此法，而不宜采用平行结转分步法（不计算各步骤的半成品成本法）。采用逐步综合结转分步法时，需要进行成本还原，而采用逐步分项结转分步法时，无须进行成本还原。采用平行结转分步法时，各步骤生产费用需要在完工产品和月末在产品之间进行分配。

2.【答案】ABCD

【解析】生产费用在完工产品与在产品之间的分配，在成本计算工作中是一个重要而又比较复杂的问题。企业应当根据在产品数量的多少、各月在产品数量变化的大小、各项费用比重的大小，以及定额管理基础的好坏等具体条件，选择既合理又简便的分配方法。

3.【答案】AB

【解析】根据各种生产成本在完工产品与在产品之间的成本分配方法的特点确定。

4.【答案】ABC

【解析】逐步结转分步法是按照产品加工的顺序，逐步计算并结转半成品成本。

5.【答案】BD

【解析】在产品按年初数固定计算，适用于各月末在产品数量较小，或者各月末在产品数量虽大，但各月之间变化不大的产品。

6.【答案】AC

【解析】本题的考点是联产品和副产品的比较。副产品是指在同一生产过程中，使用同种原料，在生产主要产品的同时附带生产出来的非主要产品。由于副产品价值相对较低，而且在全部产品生产中所占的比重较小，因而可以采用简化的方法确定其成本，然后从总成本中扣除，其余额就是主产品的成本。在分配主产品和副产品的加工成本时，通常先确定副产品的加工成本，然后再确定主产品的加工成本。

7.【答案】ABCD

【解析】分步法按照产品的生产步骤计算产品成本，是为考核和分析各种产品及各生产步骤的半成品成本计划的执行情况提供资料。

8.【答案】AB

【解析】发电厂属于单步骤生产企业，只能采用品种法进行成本计算；机械修理厂属于单件小批生产企业，应该采用分批法计算产品成本。

9.【答案】AB

【解析】AB 是平行结转分步法的优点，C 是其无法做到的，从而不能为各个生产步骤在产品实物管理与资金管理提供资料成为其缺点。

三、计算分析题

1.【答案及解析】

（1）裁剪车间：

①材料分配率 = 280 000/（150 000 + 100 000）= 1.12

甲分配材料：1.12 × 150 000 = 168 000（元）

乙分配材料：1.12 × 100 000 = 112 000（元）

②人工分配率 = 30 000/2 400 = 12.5

甲分配人工 = 12.5 × 1 600 = 20 000（元）

乙分配人工 = 12.5 × 800 = 10 000（元）

③制造费用分配率 = 120 000/2 400 = 50

甲分配制造费用 = 50 × 1 600 = 80 000（元）

乙分配制造费用 = 50 × 800 = 40 000（元）。

缝纫车间：

①人工分配率 = 140 000/7 000 = 20

甲分配人工 = 20 × 4 200 = 84 000（元）

乙分配人工 = 20 × 2 800 = 56 000（元）

②制造费用分配率：350 000/7 000 = 50

甲分配制造费用 = 50 × 4 200 = 210 000（元）

乙分配制造费用 = 50 × 2 800 = 140 000

（元）。（2）

甲产品成本计算单

裁剪车间

项目	产品产量（套）	直接材料（元）		定额工时（小时）	直接人工（元）	制造费用（元）	合计（元）
		定额	实际				
月初在产品成本	—	30 000	30 000	2 000	18 500	60 000	108 500
本月生产费用	—	150 000	168 000	1 500	20 000	80 000	268 000
生产费用合计	—	180 000	198 000	3 500	38 500	140 000	376 500
分配率	—	—	1.1	—	11	40	—
计入产成品份额		120 000	132 000	2 000	22 000	80 000	234 000
月末在产品成本	—	60 000	66 000	1 500	16 500	60 000	142 500

甲产品成本计算单

缝纫车间

项目	产品产量（套）	直接材料（元）		定额工时（小时）	直接人工（元）	制造费用（元）	合计（元）
		定额	实际				
月初在产品成本	—	—	—	800	7 200	15 600	22 800
本月生产费用	—	—	—	4 000	84 000	210 000	294 000
生产费用合计	—	—	—	4 800	91 200	225 600	316 800
分配率	—	—	—	—	19	47	—
计入产成品份额		—	—	4 000	76 000	188 000	264 000
月末在产品成本	—	—	—	800	15 200	37 600	52 800

（3）

甲产品成本汇总计算表

生产车间	产成品数量（套）	直接材料费用（元）	直接人工费用（元）	制造费用（元）	合计（元）
裁剪		132 000	22 000	80 000	234 000
缝纫			76 000	188 000	264 000
合计	2 000	132 000	98 000	268 000	498 000
单位成本		66	49	134	249

2. 【答案及解析】

第一车间：甲成本计算单

单位：元

项目	产量	直接材料定额	直接材料费用	定额工时（小时）	直接人工费用	制造费用	合计
月初在产品		5 000	5 500	200	200	600	6 300
本月费用		18 000	19 580	1 100	4 778	7 391	31 749
合计		23 000	25 080	1 300	4 978	7 991	38 049
分配率			25 080 ÷ (20 000 + 2 800) = 1.10		4 978 ÷ (1 200 + 110) = 3.80	7 991 ÷ (1 200 + 110) = 6.10	
产成品	200	20 000	22 000	1 200	4 560	7 320	33 880
月末在产品		2 800	3 080	110	418	671	4 169

【解析】本题完工产品和月末在产品的定额费用和定额工时都比较容易确定，只是在计算费用分配时需注意两点：一是计算公式的确定；二是该分配率的计算正确与否直接决定着完工产品和月末在产品成本的分配以及明细表的填列。

3.【答案及解析】

（1）

第一步骤成本计算单

2017 年 9 月　　单位：元

	直接材料	直接人工	制造费用	合计
月初在产品成本	40 000	8 000	5 000	53 000
本月生产成本	290 000	55 360	37 240	382 600
合计	330 000	63 360	42 240	435 600
分配率	330 000/(90 000 + 10 000) = 3.3	63 360/(90 000 + 10 000 × 60%) = 0.66	42 240/（90 000 + 10 000 × 60%）= 0.44	4.4
完工半成品转出	90 000 × 3.3 = 297 000	90 000 × 0.66 = 59 400	90 000 × 0.44 = 39 600	396 000
月末在产品	10 000 × 3.3 = 33 000	10 000 × 60% × 0.66 = 3 960	10 000 × 60% × 0.44 = 2 640	39 600

第二步骤成本计算单

2017 年 9 月　　单位：元

	半成品	直接人工	制造费用	合计
月初在产品成本	84 000	29 000	31 000	144 000
本月生产成本	396 000	799 000	889 000	2 084 000
合计	480 000	828 000	920 000	2 228 000
分配率	480 000/(88 000 + 8 000) = 5	828 000/(88 000 + 8 000 × 50%) = 9	920 000/(88 000 + 8 000 × 50%) = 10	24
产成品	88 000 × 5 = 440 000	88 000 × 9 = 792 000	88 000 × 10 = 880 000	2 112 000
月末在产品	8 000 × 5 = 40 000	8 000 × 50% × 9 = 36 000	8 000 × 50% × 10 = 40 000	116 000

（2）

产成品成本还原计算表

产品名称：A 产品　　单位：元

	半成品	直接材料	直接人工	制造费用	成本合计
还原前产成品成本	440 000		792 000	880 000	2 112 000
本月所产半成品单位成本		3.3	0.66	0.44	4.4
成本还原	-440 000	440 000 × 3.3/4.4 = 330 000	440 000 × 0.66/4.4 = 66 000	440 000 × 0.44/4.4 = 44 000	0
还原后产成品成本		330 000	858 000	924 000	2 112 000
还原后产成品单位成本		3.75	9.75	10.5	

第十四章　标准成本法

本章考情分析

本章是非重点章，属于成本核算的内容。从近 3 年的考试来看，题型主要是客观题，但也有出计算分析题的可能性，计算分析题的出题点在标准成本的差异计算与分析。本章平均分值在 3 分左右。

考生学习本章时务必理清思路，在理解的基础上有规律地记忆有关公式，不要死记硬背，注重计算与分析。

本章教材变化

本章中将变动制造费用数量标准统一修改为用量标准。另外，对三因素分析法进行了补充说明。

本章思维导图

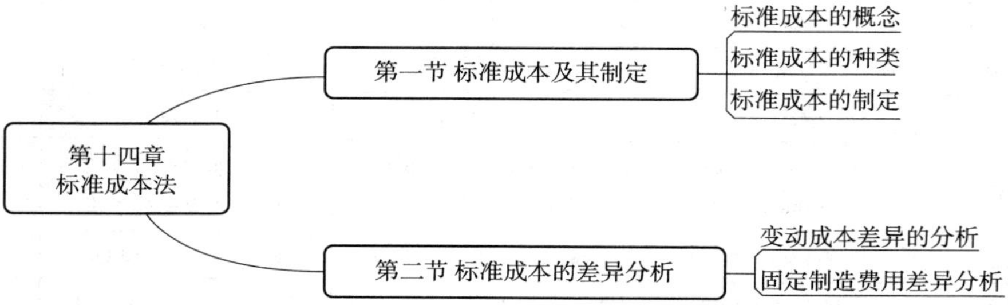

考点精讲及典型例题解析

第一节　标准成本及其制定

一、标准成本的概念（能力等级 1）

要点	说明
定义	标准成本是通过精确的调查、分析与技术测定而制定的，用来评价实际成本、衡量工作效率的一种目标成本
含义	“标准成本”一词在实际工作中有两种含义： （1）单位产品的标准成本（成本标准）： 成本标准 = 单位产品标准成本 = 单位产品标准消耗量 × 标准单价 （2）实际产量的标准成本： 标准成本 = 实际产量 × 单位产品标准成本

【提示】讨论标准成本制定时，“标准成本”是指单位产品标准成本；讨论成本差异计算时，“标准成本”是指实际产量下的标准成本。

二、标准成本的种类（能力等级1）

分类标准	种类	含义	依据及用途
制定标准成本所根据的生产技术和经营管理水平	（1）理想标准成本	在最优的生产条件下，利用现有的规模和设备能够达到的最低成本	依据：理论上的业绩标准；生产要素的理想价格；可能实现的最高生产经营能力利用水平。 用途：提供一个完美无缺的目标，揭示实际成本下降的潜力，因为其提出的标准太高，不宜作为考核的依据
	（2）正常标准成本	在效率良好的条件下，根据下期一般应该发生的生产要素消耗量、预计价格和预计生产经营能力利用程度制定出来的标准成本	依据：考虑了生产经营过程中难以避免的损耗和低效率。 用途：在标准成本系统中广泛使用正常的标准成本
标准成本的适用期	（1）现行标准成本	根据其适用期间应该发生的价格、效率和生产经营能力利用程度等预计的标准成本	可以作为评价实际成本的依据，也可以用来对存货和销货成本进行计价
	（2）基本标准成本	只要生产的基本条件无重大变化，就不予变动的一种标准成本。 【提示】所谓生产的基本条件的重大变化是指产品的物理结构变化，重要原材料和劳动力价格的重要变化，生产技术和工艺的根本变化等	与各期实际成本进行对比，可以反映成本变动的趋势；但不宜用来直接评价工作效率和成本控制的有效性

正常标准成本的特点	
1	它用科学方法根据实验和过去实践经充分研究后制定出来，具有客观性和科学性
2	它既排除了各种偶然性和意外情况，又保留了目前条件下难以避免的损失，代表正常情况下的消耗水平，具有现实性
3	它是应该发生的成本，可以作为评价业绩的尺度，成为督促职工去努力争取的目标，具有激励性
4	它可以在工艺技术水平和管理有效性水平变化不大时持续使用，不需要经常修订，具有稳定性

【例14－1】（2018年多选题）下列各项情形中，需要对基本标准成本进行修订的有（　　）。

A. 产品的物理结构发生变化

B. 重要原材料价格发生重大变化

C. 生产技术和工艺发生根本变化

D. 市场供求变化导致售价发生变化

【答案】ABC

【解析】基本标准成本是指一经制定，只要生产的基本条件无重大变化，就不予变动的一种标准成本。所谓生产的基本条件的重大变化是指产品的物理结构变化，重要原材料和劳动力价格的重要变化，生产技术和工艺的根本变化等。只有这些条件发生变化，基本标准成本才需要修订。由于市场供求变化导致的售价变化和生产经营能力利用程度的变化，由于工作方法改变而引起的效率变化等，不属于生产的基本条件变化，对此不需要修订基本标准成本。

【例14－2】（2016年多选题）下列各项中，需要修订产品基本标准成本的情况有（　　）。

A. 产品生产能量利用程度显著提升

B. 生产工人技术操作水平明显改进

C. 产品物理结构设计出现重大改变

D. 产品主要材料价格发生重要变化

【答案】CD

【解析】基本标准成本是指一经制定，只要生产的基本条件无重大变化，就不予变动的一种标准成本。所谓生产的基本条件的重大变化是指产品的物理结构变化，重要原材料和劳动力价格的重要变化，生产技术和工艺的根本变化等。只有这些条件发生变化，基本标准成本才需要修订。由于市场供求变化导致的售价变化和生产经营能力利用程度的变化，由于工作方法改变而引起的效率变化等，不属于生产的基本条件变化，对此不需要修订基本标准成本。

【例14－3】（2014年多选题）甲公司制定产品标准成本时采用现行标准成本。下列情况中，需要修订现行标准成本的有（　　）。

A. 季节原因导致材料价格上升

B. 订单增加导致设备利用率提高

C. 采用新工艺导致生产效率提高

D. 工资调整导致人工成本上升

【答案】ABCD

【解析】现行标准成本指根据其适用期间应该发生的价格、效率和生产经营能力利用程度等预计的标准成本。在这些决定因素变化时，现行标准成本需要按照改变了的情况加以修订。

【例 14－4】（2012 年单选题）甲公司制定成本标准时采用基本标准成本。出现下列情况时，不需要修订基本标准成本的是（　　）。

A. 主要原材料的价格大幅度上涨

B. 操作技术改进，单位产品的材料消耗大幅度减少

C. 市场需求增加，机器设备的利用程度大幅度提高

D. 技术研发改善了产品性能，产品售价大幅度提高

【答案】C

【解析】基本标准成本是指一经制定，只要生产的基本条件无重大变化，就不予变动的一种标准成本。所谓生产的基本条件的重大变化是指产品的物理结构的变化，重要原材料和劳动力价格的重要变化，生产技术和工艺的根本变化。只有这些条件发生变化，基本标准成本才需要修订。由于市场供求变化导致的售价变化和生产经营能力利用程度变化，由于工作方法改变而引起的效率变化等，不属于生产的基本条件的重大变化。

三、标准成本的制定（能力等级 2）

（一）直接材料标准成本

用量标准	单位产品的材料标准消耗量，是在现有技术条件生产单位产品所需的材料数量，包括必不可少的消耗以及各种难以避免的损失
价格标准	预计下一年度实际需要支付的进料单位成本，包括发票价格、运费、检验、正常损耗等成本，是取得材料的完全成本

【例 14－5】（2014 年单选题）甲公司是一家化工生产企业，生产单一产品，按正常标准成本进行成本控制。公司预计下一年度的原材料采购价格为 13 元/千克，运输费为 2 元/千克，运输过程中的正常损耗为 5%，原材料入库后的储存成本为 1 元/千克。该产品的直接材料价格标准为（　　）元。

A. 15　　B. 15.75

C. 15.79　　D. 16.79

【答案】C

【解析】直接材料的价格标准包含发票价格、运费、检验费和正常损耗等成本。所以本题该产品的直接材料价格标准＝(13＋2)/(1－5%)＝15.79（元）。

【例 14－6】（2014 年多选题）下列各项原因中，属于材料价格差异形成原因的有（　　）。

A. 材料运输保险费率提高

B. 运输过程中的损耗增加

C. 加工过程中的损耗增加

D. 储存过程中的损耗增加

【答案】AB

【解析】材料价格差异是在采购过程中形成的，采购部门未能按标准价格进货的原因有许多，如供应厂家价格变动、未按经济采购批量进货、未能及时订货造成的紧急订货、采购时舍近求远使运费和途耗增加、不必要的快速运输方式、违反合同被罚款、承接紧急订货造成额外采购等。

【例 14－7】（2013 年多选题）制定正常标准成本时，直接材料价格标准应包括（　　）。

A. 运输费

B. 仓储费

C. 入库检验费

D. 运输途中的合理损耗

【答案】ACD

【解析】直接材料的价格标准是预计下一年度实际需要支付的进料单位成本，包括发票价格、运费、检验和正常损耗等。选项 B 是属于储存环节的成本，不属于进料环节的成本。

（二）直接人工标准成本

用量标准	单位产品的标准工时，是在现有生产技术条件下，生产单位产品所需要的时间，包括直接加工必不可少的时间、必要的间歇和停工、不可避免的废品耗用工时等
价格标准	标准工资率，可能是预定的工资率，也可能是正常的工资率

【例 14－8】（2015 年单选题）甲公司是制造业企业，生产 W 产品，生产工人每月工作 22 天，每天工作 8 小时，平均月薪 13 200 元，该产品的直接加工必要时间每件 3 小时，正常工间休息和设备调整等非生产时间每件 0.2 小时，正常的废品率 8%，单位产品直接人工标准成本是（　　）元。

A. 244.57　　B. 240

C. 259.2　　D. 260.87

【答案】D

【解析】价格标准 = 13 200/（22 × 8）

用量标准 =（3 + 0.2）/（1 − 8%）

单位产品直接人工标准成本 = [13 200/(22 × 8)] × [(3 + 0.2)/(1 − 8%)] = 260.87（元）。

【例 14−9】（2015 年单选题）甲公司是制造业企业，生产 W 产品。生产工人每月工作 22 天，每天工作 8 小时，平均月薪 6 600 元。该产品的直接加工必要时间每件 1.5 小时，正常工间休息和设备调整等非生产时间每件 0.1 小时，正常的废品率 4%，单位产品直接人工标准成本是（　　）元。

A. 56.25　　B. 58.5

C. 62.4　　D. 62.5

【答案】D

【解析】标准成本计算，单位产品直接人工标准成本 = (6 600 ÷ 22) ÷ 8 × (1.5 + 0.1) ÷ (1 − 4%) = 62.5（元）。

【例 14−10】（2014 年单选题）甲公司是一家模具制造企业，正在制定某模具的标准成本。加工一件该模具需要的必不可少的加工操作时间为 90 小时，设备调整时间为 1 小时，必要的工间休息为 5 小时。正常的废品率为 4%。该模具的直接人工标准工时是（　　）小时。

A. 93.6　　B. 96

C. 99.84　　D. 100

【答案】D

【解析】标准工时是指在现有生产技术条件下，生产单位产品所需要的时间，包括直接加工操作必不可少的时间，以及必要的间歇和停工，如工间休息、调整设备时间、不可避免的废品耗用工时等。所以该模具的直接人工标准工时 = (90 + 1 + 5)/(1 − 4%) = 100（小时）。

（三）制造费用标准成本——变动制造费用与固定制造费用分别制定

用量标准	单位产品直接人工工时标准，或机器工时等其他用量标准，变动制造费用与固定制造费用的用量标准要保持一致，以便进行差异分析
价格标准	标准分配率 = $\frac{\text{变动或固定制造费用预算总额}}{\text{直接人工标准总工时（生产能量）}}$

【提示】各部门的制造费用标准成本分为变动制造费用标准成本和固定制造费用标准成本两部分。固定制造费用的用量标准与变动制造费用的用量标准相同，包括直接人工工时、机器工时、其他用量标准等，并且两者要保持一致，以便进行差异分析。

【例 14−11】（2019 年单选题）甲企业生产能量 1 100 件，每件产品标准工时 1.1 小时，固定制造费用标准分配率 8 元/小时。本月实际产量 1 200 件，实际工时 1 000 小时，固定制造费用 12 000 元。固定制造费用标准成本是（　　）元。

A. 9 680　　B. 8 000

C. 10 560　　D. 14 520

【答案】C

【解析】固定制造费用标准成本 = 实际产量标准工时 × 固定制造费用标准分配率 = 1 200 × 1.1 × 8 = 10 560（元）。

第二节　标准成本的差异分析

一、变动成本差异的分析（能力等级 3）

（一）变动成本的差异分析公式

项目	价格差异	数量差异
直接材料	价格差异 = (实际价格 − 标准价格) × 实际数量	数量差异 = (实际数量 − 标准数量) × 标准价格
直接人工	工资率差异 = (实际工资率 − 标准工资率) × 实际工时	效率差异 = (实际工时 − 标准工时) × 标准工资率
变动制造费用	耗费差异 = (实际分配率 − 标准分配率) × 实际工时	效率差异 = (实际工时 − 标准工时) × 标准分配率

【提示】(1) 效率差异；(2) 标准工时；(3) 差异形成原因；(4) 责任归属。

（二）变动成本项目差异的责任归属

内容	用量差异			价格差异		
	材料用量差异	人工效率差异	变动制造费用效率差异	材料价格差异	人工工资率差异	变动制造费用耗费差异
责任部门	主要是生产部门的责任			采购部门	由人事劳动部门管理	部门经理负责
注意	以上的责任归属仅指一般情况，实际中会存在例外情况。如采购材料质量差导致材料数量差异是采购部门的责任					

【例 14－12】（2018 年多选题）下列各项中，易造成材料数量差异的情况有（　　）。

A. 优化操作技术节约材料

B. 材料运输保险费提高

C. 工人操作疏忽导致废品增加

D. 机器或工具不合适多耗材料

【答案】ACD

【解析】材料数量差异是在材料耗用过程中形成的，反映生产部门的成本控制业绩。材料运输保险费提高影响的是价格差异。

【例 14－13】（2017 年单选题）甲公司生产销售乙产品，当月预算产量 1 200 件，材料标准用量 5 千克/件，材料标准单价 2 元/千克，当月实际产量 1 100 件，购买并耗用材料 5 050 千克。实际采购价格比标准价格低 10%。则当月直接材料成本数量差异是（　　）元。

A. －900　　B. －1 100

C. －1 060　　D. －1 900

【答案】A

【解析】直接材料成本数量差异 =（5 050－1 100×5）×2 = －900（元）。

【例 14－14】（2014 年单选题）甲公司采用标准成本法进行成本控制。某种产品的变动制造费用标准分配率为 3 元/小时，每件产品的标准工时为 2 小时。2014 年 9 月，该产品的实际产量为 100 件，实际工时为 250 小时，实际发生变动制造费用 1 000 元，变动制造费用耗费差异为（　　）元。

A. 150　　B. 200

C. 250　　D. 400

【答案】C

【解析】变动制造费用的耗费差异 =（变动制造费用实际分配率－变动制造费用标准分配率）×实际工时 =（1 000/250－3）×250 = 250（元）。

二、固定制造费用差异分析（能力等级 3）

二因素分析法		三因素分析法	
耗费差异	固定制造费用耗费差异 = 固定制造费用实际数－固定制造费用预算数	耗费差异	固定制造费用耗费差异 = 固定制造费用实际数－固定制造费用预算数 = 固定制造费用实际数－固定制造费用标准分配率×生产能量
能量差异	固定制造费用能量差异 = 固定制造费用预算数－固定制造费用标准成本 =（生产能量－实际产量标准工时）×固定制造费用标准分配率	固定制造费用闲置能量差异	固定制造费用闲置能量差异 = 固定制造费用预算－实际工时×固定制造费用标准分配率 =（生产能量－实际工时）×固定制造费用标准分配率 【提示】因为固定制造费用一般与形成企业生产能力的机械设备和厂房相联系。比如一台机器，它每月设计可运行 1 000 小时，这是它的能力或能量，但实际运转了 800 小时。那它就闲置了 200 小时/月，这就会产生闲置能量差异
		固定制造费用效率差异	固定制造费用效率差异 =（实际工时－实际产量标准工时）×固定制造费用标准分配率 【提示】实际产量标准工时是根据实际生产产量和每件产品在这些机器上加工的单位标准工时计算的公式。但实际加工有实际工时，这两者之间的差体现了效率，所以称为效率差异

【例 14-15】（2018 年单选题）使用三因素法分析固定制造费用差异时，固定制造费用闲置能量差异是（　　）。

A. 实际工时偏离生产能量而形成的差异

B. 实际费用与预算费用之间的差异

C. 实际工时脱离实际产量标准工时形成的差异

D. 实际产量标准工时偏离生产能量形成的差异

【答案】A

【解析】固定制造费用闲置能量差异 =（生产能量 - 实际工时）× 固定制造费用标准分配率，所以选项 A 正确；选项 B 是固定制造费用耗费差异；选项 C 是固定制造费用效率差异；选项 D 是固定制造费用能量差异。

【例 14-16】（2017 年单选题）甲企业采用标准成本法进行成本控制。当月产品实际产量大于预算产量时，导致的成本差异是（　　）。

A. 直接材料数量差异

B. 变动制造费用效率差异

C. 直接人工效率差异

D. 固定制造费用能量差异

【答案】D

【解析】固定制造费用能量差异是指固定制造费用预算与固定制造费用标准成本的差额，用公式表示为：固定制造费用能量差异 = 固定制造费用预算数 - 固定制造费用标准成本。因此，实际产量大于预算产量时，成本差异表现为固定制造费用能量差异。

【例 14-17】（2015 年单选题）甲公司本月发生固定制造费用 35 800 元，实际产量 2 000 件，实际工时 2 400 小时。企业生产能量 3 000 小时，每件产品标准工时 1 小时，固定制造费用标准分配率 10 元/小时，固定制造费用耗费差异是（　　）元。

A. 不利差异 5 800

B. 不利差异 4 000

C. 不利差异 6 000

D. 不利差异 10 000

【答案】A

【解析】固定制造费用耗费差异 = 固定制造费用实际数 - 固定制造费用预算数 = 35 800 - 3 000 × 10 = 5 800（元）。

【例 14-18】（2016 年计算分析题）甲公司是一家制造业企业，只生产和销售防滑瓷砖一种产品。产品生产工艺流程比较成熟，生产工人技术操作比较熟练，生产组织管理水平较高，公司实行标准成本制度，定期进行标准成本差异分析。

甲公司生产能量 6 000 平方米，2016 年 9 月实际生产 5 000 平方米。其他相关资料如下：

（1）实际消耗量：

	直接材料	直接人工	变动制造费用	固定制造费用
实际使用量	24 000 千克	5 000 人工小时	8 000 机器小时	8 000 机器小时
实际单价	1.5 元/千克	20 元/小时	15 元/小时	10 元/小时

（2）标准成本资料：

项目	用量标准	价格标准
直接材料	5 千克/平方米	1.6 元/千克
直接人工	1.2 小时/平方米	19 元/小时
变动制造费用	1.6 小时/平方米	12.5 元/小时
固定制造费用	1.5 小时/平方米	8 元/小时

要求：

（1）计算直接材料的价格差异、数量差异和成本差异。

（2）计算直接人工的工资效率差异、人工效率差异和成本差异。

（3）计算变动制造费用的耗费差异、效率差异和成本差异。

（4）计算固定制造费用的耗费差异、闲置能量差异、效率差异和成本差异。

（5）计算产品成本差异总额和单位成本差异。

【答案及解析】

(1) ①直接材料的价格差异 =(1.5 − 1.6)×24 000 = −2 400（元）(F)

②直接材料的数量差异 =(24 000 − 5 000×5)×1.6 = −1 600（元）(F)

③成本差异 = 24 000×1.5 − 5 000×5×1.6 = −4 000（元）(F)。

(2) ①直接人工的工资率差异 =(20 − 19)×5 000 = 5 000（元）(U)

②直接人工的效率差异 =(5 000 − 5 000×1.2)×19 = −19 000（元）(F)

③直接人工的成本差异 = 5 000×20 − 5 000×1.2×19 = −14 000（元）(F)。

(3) ①变动制造费用的耗费差异 =(15 − 12.5)×8 000 = 20 000（元）(U)

②变动制造费用的效率差异 =(8 000 − 5 000×1.6)×12.5 = 0（元）

③变动制造费用的成本差异 = 8 000×15 − 5 000×1.6×12.5 = 20 000（元）(U)。

(4) ①固定制造费用耗费差异 = 8 000×10 − 6 000×1.5×8 = 8 000（元）(U)

②固定制造费用的闲置能量差异 =(6 000×1.5 − 8 000)×8 = 8 000（元）(U)

③固定制造费用的效率差异 =(8 000 − 5 000×1.5)×8 = 4 000（元）(U)

④固定制造费用的成本差异 = 8 000×10 − 5 000×1.5×8 = 20 000（元）(U)。

(5) ①成本差异总额 = −4 000 − 14 000 + 20 000 + 20 000 = 22 000（元）

②单位成本差异 = 22 000/5 000 = 4.4（元/平方米）。

精选练习题

一、单项选择题

1. 出现下列情况时，不需要修订基本标准成本的是（　　）。

A. 产品的物理结构发生变化

B. 重要原材料和劳动力价格发生变化

C. 生产技术和工艺发生变化

D. 市场变化导致的生产能力利用程度发生变化

2. 本月生产甲产品 8 000 件，实际耗用 A 材料 32 000 千克，其实际价格为每千克 40 元。该产品 A 材料的用量标准为 3 千克，标准价格为 45 元，其直接材料成本差异为（　　）元。

A. 200 000　　B. 230 000

C. 180 000　　D. 216 000

3. 下列有关制定正常标准成本的表述中，正确的是（　　）。

A. 直接材料的价格标准不包括购进材料发生的检验成本

B. 直接人工的标准工时包括自然灾害造成的停工工时

C. 直接人工的价格标准是指标准工资率，它可能是预定的工资率，也可能是正常的工资率

D. 企业可以在采用机器工时作为变动制造费用的数量标准时，采用直接人工工时作为固定性制造费用的数量标准

4. 以下关于变动制造费用效率差异的计算公式中，正确的是（　　）。

A. 变动制造费用实际数 − 变动制造费用预算数

B.(实际工时 − 标准产量标准工时)×变动制造费用标准分配率

C. 实际工时×(变动费用实际分配率 − 变动费用标准分配率)

D.(实际工时 − 实际产量标准工时)×变动制造费用标准分配率

5. 以资源无浪费、设备无故障、产出无废品、工时都有效的假设前提为依据而制定的标准成本是（　　）。

A. 基本标准成本

B. 理想标准成本

C. 正常标准成本

D. 现行标准成本

6. 在固定制造费用的三因素分析法中，二因素分析法中的固定制造费用能量差异可进一步分为（　　）。

A. 耗费差异和效率差异

B. 闲置能量差异和效率差异

C. 闲置能量差异和耗费差异

D. 实际差异和计划差异

7. 固定制造费用的闲置能量差异是指（　　）。

A. 固定制造费用预算与固定制造费用标准成本的差额

B. 实际工时未达到标准能量而形成的差异

C. 实际工时脱离标准工时而形成的差异

D. 固定制造费用的实际金额脱离预算金额而形成的差异

8. 直接人工的价格标准，在采用计件工资制度下，就是（　　）。

A. 实际的工资率

B. 预定的小时工资

C. 预定的工资率

D. 实际的小时工资

9. 下列各项中，属于“直接人工标准工时”组成内容的是（　　）。

A. 由于设备意外故障产生的停工工时

B. 由于更换产品产生的设备调整工时

C. 由于生产作业计划安排不当产生的停工工时

D. 由于外部供电系统故障产生的停工工时

10. 甲公司每月正常生产量为500件，每件产品标准变动制造费用为12元，每件产品标准耗用工时为4小时，本月实际生产了420件，本期实际耗用直接人工5小时/件，每件产品实际成本为16元，则该产品变动制造费用的耗费差异为（　　）元。

A. 8 400　　B. 400

C. 420　　D. 6 000

11. 某公司生产单一产品，实行标准成本管理。每件产品的标准工时为3小时，固定制造费用的标准成本为6元，企业生产能力为每月生产产品400件。7月份公司实际生产产品350件，发生固定制造成本2 250元，实际工时为1 100小时。根据上述数据计算，7月份公司固定制造费用效率差异为（　　）元。

A. 100　　B. 150

C. 200　　D. 300

12. 在成本差异分析中，数量差异的大小是（　　）。

A. 由用量脱离标准的程度以及实际价格高低所决定的

B. 由用量脱离标准的程度以及标准价格高低所决定

C. 由价格脱离标准的程度以及实际用量高低所决定

D. 由价格脱离标准的程度以及标准数量高低所决定

13. 正常标准成本从数额上看（　　）。

A. 它应当大于理想标准成本，但又小于历史平均成本

B. 它应当大于理想标准成本，也大于历史平均成本

C. 它应当小于理想标准成本，但大于历史平均成本

D. 它应当小于理想标准成本，也小于历史平均成本

14. 使用三因素分析法分析固定制造费用差异时，固定制造费用的效率差异反映（　　）。

A. 实际工时脱离生产能量形成的差异

B. 实际工时脱离实际产量标准工时形成的差异

C. 实际产量标准工时脱离生产能量形成的差异

D. 实际耗费与预算金额的差异

15. 企业进行固定制造费用差异分析时可以使用三因素分析法。下列关于三因素分析法的说法中，正确的是（　　）。

A. 固定制造费用耗费差异 = 固定制造费用实际成本 - 固定制造费用标准成本

B. 固定制造费用闲置能量差异 =（生产能量 - 实际工时）× 固定制造费用标准分配率

C. 固定制造费用效率差异 =（实际工时 - 标准产量标准工时）× 固定制造费用标准分配率

D. 三因素分析法中的闲置能量差异与二因素分析法中的能量差异相同

二、多项选择题

1. 标准成本按其所依据的生产技术和经营管理水平的分类包括（　　）。

A. 理想标准成本　　B. 正常标准成本

C. 现行标准成本　　D. 基本标准成本

2. 在进行标准成本差异分析时，通常把变动成本差异分为价格脱离标准造成的价格差异和用量脱离标准造成的数量差异两种类型。下列标准成本差异中，通常应由生产部门负责的有（　　）。

A. 直接材料的价格差异

B. 直接人工的数量差异

C. 变动制造费用的价格差异

D. 变动制造费用的数量差异

3. 下列各项原因中，属于材料价格差异形成原因的有（　　）。

A. 材料运输保险费率提高

B. 运输过程中的损耗增加

C. 加工过程中的损耗增加

D. 储存过程中的损耗增加

4. 造成材料数量差异的主要原因有（　　）。

A. 操作疏忽造成废品废料增加

B. 工人用料不用心

C. 机器或工具不适用造成用料增加

D. 新工人上岗造成多用料

5. 在进行标准成本分析时，形成材料价格差异的原因有（　　）。

A. 供应厂家价格变动

B. 购入材料质量低劣

C. 未按经济采购批量订货

D. 违反合同被罚款

6. 下列说法不正确的有（　　）。

A. 理想标准成本可以作为考核的依据

B. 正常标准成本可以调动职工的积极性，在标准成本系统中广泛使用

C. 现行标准成本不可以用来对成本计价

D. 基本标准成本不宜用来直接评价工作效率和成本控制的有效性

7. 下列成本差异中，通常不属于生产部门责任的有（　　）。

A. 直接材料价格差异

B. 直接人工工资率差异

C. 直接人工效率差异

D. 变动制造费用效率差异

8. 某产品的单位产品标准成本为：工时消耗3小时，变动制造费用小时分配率5元，固定制造费用小时分配率为2元，本月生产产品500件，实际使用工时1 400小时，生产能量为1 620小时，实际发生变动制造费用7 700元，实际发生固定制造费用3 500元，则下列有关制造费用差异计算正确的有（　　）元。

A. 变动制造费用耗费差异为700

B. 变动制造费用效率差异为 -500

C. 固定制造费用耗费差异260

D. 固定制造费用闲置能量差异240

9. 以下关于固定制造费用差异分析的表述中，错误的有（　　）。

A. 根据二因素分析法，固定制造费用差异分为耗费差异与效率差异

B. 固定制造费用闲置能量差异是生产能量与实际产量的标准工时之差，与固定制造费用标准分配率的乘积

C. 固定制造费用的实际金额与固定制造费用预算金额之间的差额，称为固定制造费用效率差异

D. 固定制造费用能量差异反映未能充分使用现有生产能量而造成的损失

10. 下列固定制造费用成本差异的计算公式中，正确的有（　　）。

A. 固定制造费用耗费差异 = 固定制造费用实际数 - 固定制造费用预算数

B. 固定制造费用能量差异 =（生产能量 - 实际工时）× 固定制造费用标准分配率

C. 固定制造费用闲置能量差异 = 固定制造费用预算数 - 固定制造费用标准成本

D. 固定制造费用效率差异 =（实际工时 - 实际产量标准工时）× 固定制造费用标准分配率

三、计算分析题

1. 甲公司采用标准成本制度核算产品成本，期末采用“结转本期损益法”处理成本差异。原材料在生产开始时一次投入，其他成本费用陆续发生。在产品成本按照约当产量法计算，约当产量系数为0.5。

月初结存原材料20 000千克；本月购入原材料32 000千克，其实际成本为20 000元；本月生产领用原材料48 000千克。

本月消耗实际工时1 500小时，实际工资额为12 600元。变动制造费用实际发生额为6 450元，固定制造费用为1 020元。

本月月初在产品数量为60件，本月投产数量为250件，本月完工入库数量为200件，本月销售100件（期初产成品数量为零）。甲公司对该产品的产能为1 520小时/月。

产品标准成本资料如下表所示：

产品标准成本

成本项目	标准单价	标准消耗量	标准成本
直接材料	0.6元/千克	200千克/件	120元
直接人工	8元/小时	5小时/件	40元
变动制造费用	4元/小时	5小时/件	20元
固定制造费用	1元/小时	5小时/件	5元
单位标准成本			185元

要求：

（1）计算变动成本项目的成本差异。

（2）计算固定成本项目的成本差异（采用三因素法）。

（3）分别计算期末在产品和期末产成品的标准成本。

2. 高升公司运用标准成本系统计算产品成本，并采用结转本期损益法处理成本差异。有关资料如下：

（1）单位产品标准成本：

直接材料标准成本：6 千克 ×1.5 元/千克 =9（元）

直接人工标准成本：4 小时 ×4 元/小时 =16（元）

变动制造费用标准成本：4 小时 ×3 元/小时 =12（元）

固定制造费用标准成本：4 小时 ×2 元/小时 =8（元）

单位产品标准成本：9 + 16 + 12 + 8 = 45（元）

（2）其他情况：

原材料：期初无库存原材料；本期购入 3 500 公斤，单价 1.6 元/千克，耗用 3 250 千克。

在产品：期初在产品存货 40 件，原材料为一次投入，完工程度 50%；本月投产 450 件，完工入库 430 件；期末在产品 60 件，原材料为一次投入，完工程度 50%。

产成品：期初产成品存货 30 件，本期完工入库 430 件，本期销售 440 件。

本期耗用直接人工 2 100 小时，支付工资 8 820 元；支付变动制造费用 6 480 元，支付固定制造费用 3 900 元；生产能量为 2 000 小时。

要求：

（1）计算产品标准成本差异（直接材料价格差异按采购量计算，固定制造费用成本差异按三因素分析法计算）。

（2）计算企业期末存货成本。

3. 资料：某产品 5 月份的投产和库存情况如下表：

月初在产品	本月投入数量	本月产出数量	月末在产品
200 台	500 台	650 台	50 台

本产品需经两道工序加工，月初在产品和月末在产品中，两道工序的数量各占 50%。两道工序的材料消耗定额和工时定额如下表所示：

工序	原材料	工时
一工序	90 千克	70 小时
二工序	30 千克	10 小时
合计	120 千克	80 小时

材料系在每道工序开始时一次投入；每道工序的工时费用按平时完工 50% 计算。每千克材料的定额成本 8 元；每小时的定额工资 5 元。

要求：

（1）本月在产品明细账如下表，试根据约当产量法将下表空白处填齐。

单位：元

项目	材料	人工	制造费用	合计
月初在产品成本	196 000	75 000	50 000	321 000
本月投入	500 000	180 000	70 000	750 000
本月完工				
月末在产品成本				

（2）根据标准成本法原理，分别计算材料和直接人工成本差异（材料的实际价格为每千克 8.5 元，人工实际单位工时为 4.5 元）。

答案及解析

一、单项选择题

1.【答案】D

【解析】产品的物理结构变化，重要原材料和劳动力价格的重要变化，生产技术和工艺的根本变化等，只有这些条件发生变化，基本标准成本才需修订。因此 D 选项市场变化导致的生产能力利用程度的变化，不属于生产的基本条件的变化，也就不需要修订基本标准成本。

2.【答案】A

【解析】直接材料实际成本 =32 000 ×40

$=1\ 280\ 000$（元），直接材料标准成本 $=8\ 000\times3\times45=1\ 080\ 000$（元），直接材料成本差异 $=1\ 280\ 000-1\ 080\ 000=200\ 000$（元），或：材料用量差异 $=(32\ 000-8\ 000\times3)\times45=360\ 000$（元），材料价格差异 $=(40-45)\times32\ 000=-160\ 000$（元），直接材料成本差异 $=360\ 000+(-160\ 000)=200\ 000$（元）。

3.【答案】C

【解析】直接材料的价格标准包括发票价格、运费、检验和正常损耗等成本，是取得材料的完全成本，所以 A 错误；直接人工标准工时是指在现有生产技术条件下，生产单位产品所需要的时间，包括直接加工操作必不可少的时间，以及必要的间歇和停工，如工间休息、调整设备时间、不可避免的废品耗用工时等，其中并不包括自然灾害造成的停工工时，所以 B 错误；直接人工的价格标准是指标准工资率，它可能是预定的工资率，也可能是正常的工资率，所以 C 正确；固定制造费用的用量标准与变动制造费用的用量标准相同，包括直接人工工时、机器工时、其他用量标准等，并且两者要保持一致，以便进行差异分析，所以 D 错误。

4.【答案】D

【解析】变动制造费用的效率差异是指实际工时脱离标准工时，按标准小时费用率计算确定的金额。这里的标准工时指的是根据实际产量计算的标准工时。

5.【答案】B

【解析】理想标准成本是指在最优的生产条件下，利用现有的规模和设备能够达到的最低成本。

6.【答案】B

【解析】二因素分析法与三因素分析法的区别就在于：二因素分析法中的第二个差异（即固定制造费用能量差异）可以再进一步分解。这里的关键是要记住分解后的差异名称。

7.【答案】B

【解析】固定制造费用预算与固定制造费用标准成本的差额为固定制造费用能量差异；实际工时脱离标准工时形成的差异为效率差异；固定制造费用的实际金额脱离预算金额形成的差异为耗费差异。

8.【答案】B

【解析】直接人工的价格标准，在采用计件工资制度下，就是预定的小时工资。

9.【答案】B

【解析】标准工时指在现有生产条件下，生产产品所需的时间，包括直接加工操作必不可少的时间，及必要的间歇和停工（如工间休息、调整设备时间）；A、C、D 选项为意外或管理不当所占用的时间，不属于标准工时的组成内容。

10.【答案】C

【解析】标准小时费用分配率 $=12/4=3$（元/小时）

实际小时费用分配率 $=16/5=3.2$（元/小时）

耗费差异 $=(3.2-3)\times2\ 100=420$（元）。

11.【答案】A

【解析】固定制造费用效率差异 =（实际工时 - 实际产量标准工时）× 固定制造费用标准分配率 $=(1\ 100-350\times3)\times6/3=100$（元）。

12.【答案】B

【解析】在成本差异分析中，数量差异的大小是由用量脱离标准的程度以及标准价格高低所决定的。

13.【答案】A

【解析】正常标准成本考虑了难以避免的损耗，所以大于理想标准成本，正常标准成本应低于历史平均水平以体现激励性。

14.【答案】B

【解析】选项 A 为闲置能量差异；选项 C 为二因素分析法下的能量差异；选项 D 为耗费差异。

15.【答案】B

【解析】固定制造费用耗费差异 = 固定制造费用实际成本 - 固定制造费用预算成本，选项 A 错误；固定制造费用效率差异 =（实际工时 - 实际产量标准工时）× 固定制造费用标准分配率，选项 C 错误；二因素分析法中的能量差异可以进一步分解为三因素法中的闲置能量差异和效率差异，选项 D 错误。

二、多项选择题

1.【答案】AB

【解析】按照标准成本制定所根据的生产

技术和经营管理水平，分为理想标准成本和正常标准成本；按其适用期，分为现行标准成本和基本标准成本。

2.【答案】BCD

【解析】材料价格差异是在采购过程中形成的，不应由耗用材料的生产部门负责，而应由采购部门对其作出说明，A 错误；直接人工的数量差异，它主要是生产部门的责任，B 正确；变动制造费用的价格差异是部门经理的责任，他们有责任将变动制造费用控制在弹性预算限额之内，C 正确；变动制造费用数量差异，是由于实际工时脱离了标准，多用工时导致的费用增加，因此其形成原因与人工数量差异相同，选项 D 正确。

3.【答案】AB

【解析】材料价格差异是在采购过程中形成的，采购部门未能按标准价格进货的原因有许多，如供应厂家价格变动、未按经济采购批量进货、未能及时订货造成的紧急订货、采购时舍近求远使运费和途耗增加、不必要的快速运输方式、违反合同被罚款、承接紧急订货造成额外采购等。

4.【答案】ABCD

【解析】材料数量差异是在材料耗用过程中形成的，它反映生产部门的成本控制业绩，ABCD 四个选项均是生产过程中造成的差异，为正确选择。

5.【答案】ACD

【解析】购入的材料质量低劣会使用料超过标准，是造成直接材料数量差异的原因之一。

6.【答案】AC

【解析】依据教材可知：理想标准成本不可以可以作为考核的依据；现行标准成本不可以用来对成本计价。

7.【答案】AB

【解析】直接材料的价格差异应由采购部门负责，直接人工工资率差异应由劳动人事部门负责。

8.【答案】ABC

【解析】变动制造费用耗费差异 = 实际工时 ×（变动制造费用实际分配率 − 变动制造费用标准分配率）= 1 400 ×（7 700 ÷ 1 400 − 5）= 700（元）

变动制造费用效率差异 =（实际工时 − 标准工时）× 变动制造费用标准分配率 =（1 400 − 500 × 3）× 5 = −500（元）

固定制造费用耗费差异 = 实际 − 预算 = 3 500 − 1 620 × 2 = 260（元）

固定制造费用闲置能量差异 =（生产能量 − 实际工时）× 固定制造费用标准分配率 =（1 620 − 1 400）× 2 = 440（元）。

9.【答案】ABC

【解析】此类题百考不厌，但做对的人较少，主要是没有记清公式。根据二因素分析法，固定制造费用差异分为耗费差异与能量差异。其中，固定制造费用耗费差异是固定制造费用实际金额与预算金额之间的差额；能量差异则是固定制造费用预算与固定制造费用标准成本的差额。能量差异还可进一步分解为固定制造费用闲置能量差异和固定制造费用效率差异。其中，固定制造费用闲置能量差异是实际工时未达到标准能量而形成的差额，固定制造费用效率差异是实际工时脱离标准工时所形成的差额。有人认为，能量差异不仅包括“未能充分使用现有生产能量而造成的损失”（即固定制造费用闲置能量差异），还包括实际工时脱离实际产量下的标准工时所形成的固定制造费用效率差异，故选项 D 也是一种错误的表述，答案应包括它。其实，选项 D 是教材中的原话，强调能量差异反映“未能充分使用现有生产能量而造成的损失”（而未涉及“实际工时脱离实际产量下的标准工时所形成的固定制造费用效率差异”），由于未用“能量差异就是未能充分使用现有生产能量而造成的损失”之类的语言，所以，所表述的内容虽然小于能量差异的外延，但也不能算错。

10.【答案】AD

【解析】固定制造费用能量差异 = 固定制造费用预算数 − 固定制造费用标准成本 =（生产能量 − 实际产量标准工时）× 固定制造费用标准分配率，固定制造费用闲置能量差异 =（生产能量 − 实际工时）× 固定制造费用标准分配率，所以选项 B、C 不正确。

三、计算分析题

1.【答案及解析】

（1）材料价格差异 = 实际价格 − 标准价格 = 20 000 − 32 000 × 0.6 = 800（元）

材料数量差异 =（48 000 − 250 × 200）× 0.6 = −1 200（元）

期末在产品数量 = 60 + 250 − 200 = 110（件）

本月完成的约当产量 = 200 + 110 × 0.5 − 60 × 0.5 = 225（件）

直接人工工资率差异 = 12 600 − 1 500 × 8 = 600（元）

直接人工效率差异 =（1 500 − 225 × 5）× 8 = 3 000（元）

变动制造费用效率差异 =（1 500 − 225 × 5）× 4 = 1 500（元）

变动制造费用耗费差异 = 6 450 − 1 500 × 4 = 450（元）。

（2）固定制造费用耗费差异 = 1 020 − 1 520 × 1 = −500（元）

固定制造费用闲置能量差异 =（1 520 − 1 500）× 1 = 20（元）

固定制造费用效率差异 =（1 500 − 225 × 5）× 1 = 375（元）

（3）期末在产品标准成本 = 110 × 120 + 110 × 0.5 ×（40 + 20 + 5）= 16 775（元）

期末产成品标准成本 =（200 − 100）× 185 = 18 500（元）。

2.【答案及解析】

本题的主要考核点是产品标准成本差异和期末存货成本的计算。

（1）

①材料价格差异 =（1.6 − 1.5）× 3 500 = 350（元）

②材料用量差异 =（3 250 − 450 × 6）× 1.5 = 825（元）

③人工费用和制造费用约当产量 = 60 × 50% + 430 − 40 × 50% = 440（件）

④人工工资率差异 =（8 820/2 100 − 4）× 2 100 = 420（元）

⑤人工效率差异 =（2 100 − 440 × 4）× 4 = 1 360（元）

⑥变动制造费用耗费差异 =（6 480/2 100 − 3）× 2 100 = 180（元）

⑦变动制造费用效率差异 =（2 100 − 440 × 4）× 3 = 1 020（元）

⑧固定制造费用耗费差异 = 3 900 − 2 000 × 2 = −100（元）

⑨固定制造费用闲置能量差异 =（2 000 − 2 100）× 2 = −200（元）

⑩固定制造费用效率差异 =（2 100 − 440 × 4）× 2 = 680（元）。

（2）

①原材料期末成本 =（3 500 − 3 250）× 1.5 = 375（元）

②在产品期末成本 = 60 × 9 + 60 × 50% ×（16 + 12 + 8）= 1 620（元）

③产成品期末成本 =（30 + 430 − 440）× 45 = 900（元）

④企业期末存货成本 = 375 + 1 620 + 900 = 2 895（元）。

3.【答案及解析】

（1）按照约当产量法计算产品成本：

项目	材　料	人　工	制造费用	合计
月初在产品成本	196 000	75 000	50 000	321 000
本月投入	500 000	180 000	70 000	750 000
本月完工	652 106	242 190	113 971	1 008 267
月末在产品成本	43 894	12 801	6 029	62 733

有关计算过程如下：

第一道工序材料投入程度 = 90 ÷ 120 = 75%

第二道工序材料投入程度 =（90 + 30）÷ 120 = 100%

期末在产品原材料分配时的约当产量 = 25 × 75% + 25 × 100% = 43.75（台）

第一道工序工时投入程度 =（70 × 50%）÷ 80 = 43.75%

第二道工序工时投入程度 =（70 + 10 × 50%）÷ 80 = 93.75%

期末在产品人工费用分配时的约当产量 = 25 × 43.75% + 25 × 93.75% = 10.9375 + 23.4375 = 34.375（台）

原材料分配率 =（196 000 + 500 000）÷（650 + 43.75）= 1 003.24

人工费用分配率 =（75 000 + 180 000）÷（650 + 34.375）= 372.60

制造费用分配率 =（50 000 + 70 000）÷（650 + 34.375）= 175.34。

（2）根据标准成本法原理，分别计算原材料和直接人工数量差异：

材料消耗实际完成的约当产量 =（25 × 75% + 25 × 100%）+ 650 −（100 × 75% + 100 × 100%）= 518.75（台）

人工实际完成的约当产量 =（25 × 43.75% + 25 × 93.75%）+ 650 −（100 × 43.75% + 100 × 93.75%）= 546.88（台）

材料数量差异 =（500 000 ÷ 8.5 − 518.75 × 120）× 8 = −27 411.76（元）

材料价格差异 = 500 000 ÷ 8.5 ×（8.5 − 8）= 29 411.76（元）

材料成本总差异 = −27 411.76 + 29 411.76 = 2 000（元）

人工效率差异 =（180 000 ÷ 4.5 − 546.88 × 80）× 5 = −18 752（元）

工资率差异 =（4.5 − 5）× 180 000 ÷ 4.5 = −20 000（元）

人工成本总差异 = −18 752 +（−20 000）= −38 752（元）。

第十五章　作业成本法

本章考情分析

本章属于非重点章，主要介绍作业成本计算的有关内容。本章考试的题型主要以客观题为主，近3年平均考分3分。

本章的考点主要集中在作业成本法的主要特点、作业成本库的分类及特点、成本动因的分类及特点、作业成本的计算方法、增值作业和非增值作业的划分以及作业成本法的优点和局限性。

本章教材变化

本章内容无实质性变动。

本章思维导图

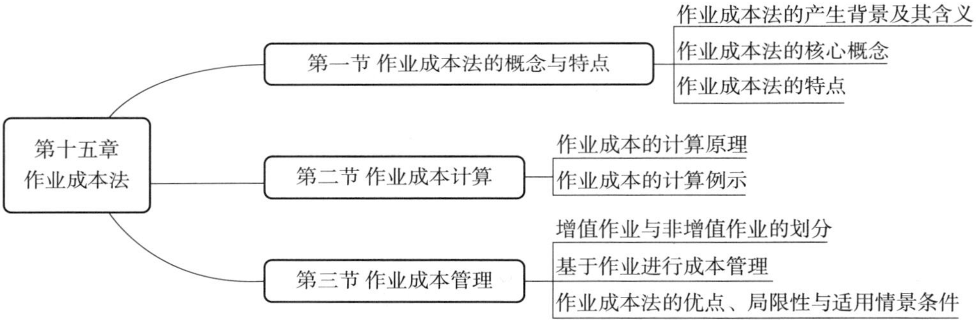

考点精讲及典型例题解析

第一节　作业成本法的概念与特点

一、作业成本法的产生背景及其含义（能力等级1）

（一）作业成本法的产生背景

1．“机器取代人”的自动化制造时代来临

企业直接人工成本比重大大下降，制造费用（主要是折旧费用等固定成本）比重大大增加，因此制造费用的分配科学与否将很大程度上决定产品成本计算的准确性和成本控制的有效性。

2．传统成本计算方法的缺陷

一是将固定成本分摊给不同种类产品；二是产生误导决策的成本信息。制造费用按产量基础（或生产量相关的直接人工、人工工时、机器工时等）分配，而许多制造费用并非产量的函数，而是与其他变量（如生产批次）存在因果关系。

（二）作业成本法的含义

要点	说明
含义	作业成本法是将间接成本和辅助费用更准确地分配到产品和服务的一种成本计算方法

续表

要点	说明
原理	在计算产品成本时，首先按经营活动中发生的各项作业来归集成本，计算出作业成本；然后再按各项作业成本与成本对象之间的因果关系，将作业成本分配到成本对象，最终完成成本计算过程
比较	（1）在作业成本法下，直接成本可以直接计入有关产品，与传统的成本计算并无差异，只是直接成本的范围比传统成本计算的要大，凡是便于追溯到产品的材料、人工和其他成本都可以直接归属于特定产品，尽量减少不准确的分配。 （2）不能追溯到产品的成本，则先追溯到有关作业或分配到有关作业，计算作业成本，然后再分配到有关产品

【提示】作业成本法与传统的成本计算方法的异同：

相同点	直接成本（如直接材料成本）可以直接计入有关产品
区别点	间接成本（制造费用等）则首先分配到有关作业，计算作业成本，然后再将作业成本分配到有关产品。 传统的成本计算方法：即“资源→产品”； 作业成本法下成本计算的方法：“资源→作业→产品”

【例15－1】（2015年多选题）与作业基础成本计算制度相比，产量基础成本计算制度存在的局限性有（　　）。

A. 间接成本集合缺乏同质性

B. 成本计算过于复杂

C. 容易夸大高产量产品的成本

D. 成本分配基础与间接成本集合之间缺乏因果联系

【答案】ACD

【解析】传统成本计算法下，是把不同性质的各种间接费用按部门归集在一起，以产量为基础将间接费用分配到各种产品，所以选项A、C、D正确。

二、作业成本法的核心概念（能力等级1）

概念	要点
作业	作业是指企业中特定组织（成本中心、部门或产品线）重复执行的任务或活动

续表

概念			要点
成本动因	含义		成本动因是指作业成本或产品成本的驱动因素
	作用		在作业成本法下，成本动因是成本分配的依据
成本动因	分类	资源动因	引起作业成本增加的驱动因素，用来衡量一项作业的资源消耗量，是将资源成本分配给作业的依据
		作业动因	衡量一个成本对象（产品、服务或顾客）需要的作业量，是产品成本增加的驱动因素，用于计量各成本对象耗用作业的情况，是将作业成本分配给产品的依据

【例15－2】（2017年单选题）甲企业采用作业成本法计算产品成本，每批产品生产前需要进行机器调试，在对调试作业中心进行成本分配时，最适合采用的作业成本动因是（　　）。

A. 产品品种

B. 产品数量

C. 产品批次

D. 每批产品数量

【答案】C

【解析】生产前机器调试属于批次级作业，它们的成本取决于批次，所以作业成本动因应采用产品批次。

三、作业成本法的特点（能力等级1）

特点	内容
1. 成本计算分为两个阶段	作业成本法的基本指导思想是，“作业消耗资源、产品（服务或顾客）消耗作业”。根据这一指导思想，作业成本法把成本计算过程划分为两个阶段： 第一阶段：将作业执行中耗费的资源分配（包括追溯和间接分配）到作业，计算作业的成本。 第二阶段：根据第一阶段计算的作业成本分配（包括追溯和动因分配）到各有关成本对象（产品或服务）。 作业成本法下，间接成本的分配路径是：“资源→作业→产品”； 传统成本计算方法下，间接成本的分配路径是：“资源→部门→产品”

续表

特点	内容	
2. 成本分配强调因果关系	作业成本法的成本分配主要使用追溯和动因分配，尽可能减少不准确的分摊，因此能够提供更加真实、准确的成本信息	成本追溯，是指把成本直接分配给相关的成本对象。 【提示】使用直接追溯方式得到的产品成本是最准确的
		动因分配，是指根据成本动因将成本分配到各成本对象的过程。 【提示】动因分配虽然不像追溯那样准确，但只要因果关系建立恰当，成本分配的结果同样可以达到较高的准确程度
		分摊，有些成本既不能追溯，也不能合理、方便地找到成本动因，只好使用产量作为分配基础，将其强制分摊给成本对象
3. 成本分配使用众多不同层面的成本动因	采用不同层面的、众多的成本动因进行成本分配，要比采用单一分配基础更加合理，更能保证产品成本计算的准确性	

【例 15－3】（单选题）下列关于作业成本法的说法，错误的有（　　）。

A. 作业成本法强调使用不同层面和数量众多的资源成本动因将作业成本追溯到产品

B. 作业成本法是将间接成本和辅助费用更准确地分配到作业、生产过程、产品、服务及顾客中的一种成本计算方法

C. 作业成本法的基本思想是“产品消耗作业，作业消耗资源”

D. 作业成本法强调使用直接追溯和动因追溯方式来分配成本

【答案】A

【解析】作业成本法把资源的消耗是按资源成本动因首先追溯到作业，然后使用不同层面和数量众多的作业成本动因将作业成本追溯到产品。选项 A 错在把作业成本动因说成是资源成本动因。

第二节　作业成本计算

一、作业成本的计算原理（能力等级 3）

（一）作业的认定

作业认定有两种形式：一种是根据企业总的生产流程，自上而下进行分解；另一种形式是通过与员工和经理进行交谈，自下而上地确定他们所做的工作，并逐一认定各项作业。

（二）作业成本库的设计

种类	含义	特点	举例
单位级作业成本库	单位级作业是指每一单位产品至少要执行一次的作业	单位级作业成本是直接成本，可以追溯到每个单位产品上，即直接计入成本对象的成本计算单	直接材料、直接人工成本、机器成本和直接能源消耗。 【提示】这种作业的成本与产量成比例变动
批次级作业成本库	批次级作业是指同时服务于每批产品或许多产品的作业	它们的成本取决于批次，而不是每批中单位产品的数量	生产前的机器调试、成批产品转移至下一工序的运输、成批采购和检验等。 【提示】这种作业的成本与产品批数成比例变动
品种级（产品级）作业成本库	品种级（产品级）作业是指服务于某种型号或样式产品的作业	品种级（产品级）作业成本仅仅因为某个特定的产品线存在而发生	产品设计、产品生产工艺规程制定、工艺改造、产品更新等。 【提示】这种作业的成本随产品品种数而变化，不随产量、批次数而变化
生产维持级作业成本库	生产维持级作业是指服务于整个工厂的作业	它们是为了维护生产能力而进行的作业，不依赖于产品的数量、批次和种类	工厂保安、维修、行政管理、保险、财产税等

【例 15－4】（2019 年多选题）甲公司采用作业成本法，下列选项中，属于生产维持级作业库的有（　　）。

A. 工厂安保

B. 机器加工

C. 行政管理

D. 半成品检验

【答案】AC

【解析】生产维持级作业是指服务于整个工厂的作业，例如工厂保安维修，行政管理，保险，财产税等。

【例 15－5】（单选题）按产出方式的不同，企业的作业可以分为以下四类。其中，

随产量变动而正比例变动的作业是（　　）。

A. 单位级作业

B. 批次级作业

C. 品种级作业

D. 生产维持级作业

【答案】A

【解析】单位级作业（即与单位产品产出相关的作业），这类作业是随着产量变动而变动的。因此，A 正确；批次级作业（即与产品的批次数量相关的作业），这类作业是随着产品的批次数的变动而变动的；品种级作业（即与产品品种相关的作业）；生产维持级作业是指为维持企业的生产条件而产生的作业，它们有益于整个企业，而不是具体产品。

（三）资源成本分配到作业

资源成本动因和作业成本之间一定要存在因果关系，常见的资源成本动因包括：

作业	资源成本动因
机器运行作业	机器小时
安装作业	安装小时
清洁作业	平方米
材料移动作业	搬运次数、搬运距离、吨公里
人事管理作业	雇员人数、工作时间
能源消耗	电表、流量表、装机功率和运行时间
制作订单作业	订单数量
顾客服务作业	服务电话次数、服务产品品种数、服务的时间

【例 15－6】（2017 年单选题）甲企业采用作业成本法计算产品成本，每批产品生产前需要进行机器调试，在对调试作业中心进行成本分配时，最适合采用的作业成本动因是（　　）。

A. 产品品种

B. 产品数量

C. 产品批次

D. 每批产品数量

【答案】C

【解析】生产前机器调试属于批次级作业，它们的成本取决于批次，所以作业成本动因应采用产品批次，所以选项 C 正确。

【例 15－7】（2017 年多选题）下列各项作业中，属于品种级作业的有（　　）。

A. 产品组装

B. 产品生产工艺改造

C. 产品检验

D. 产品推广方案制定

【答案】BD

【解析】品种级作业是指服务于某种型号或样式产品的作业。例如，产品设计、产品生产工艺规程制定、工艺改造、产品更新等。选项 A 属于单位级作业，选项 C 属于批次级作业。

【例 15－8】（多选题）下列各项中，适合作为单位级作业的作业动因有（　　）。

A. 生产准备次数

B. 零部件产量

C. 采购次数

D. 耗电千瓦时数

【答案】BD

【解析】单位级作业指每一单位产品至少要执行一次的作业，因此其成本与产量成比例变动，如果产量增加一倍，则成本也会增加一倍。

（四）作业成本分配到成本对象

（1）单位作业成本（分配率）= $\frac{\text{本期作业成本库归集总成本}}{\text{作业量（作业成本动因的数量）}}$

（2）作业量的计量单位（作业成本动因）有三类：

①业务动因——精确度最差，执行成本最低：

含义	以执行的次数作为作业动因，并假定执行每次作业的成本（包括耗用的时间和单位时间耗用的资源）相等，如：检验完工产品质量作业的次数
成本分配	分配率（每次作业成本）= 归集期内作业总成本 ÷ 归集期内总作业次数 某产品应分配的作业成本 = 分配率 × 该产品耗用的作业次数

②持续动因——精确度和成本居中：

含义	执行一项作业所需的时间标准（以执行的时间作为作业动因），假设前提是执行作业的单位时间内耗用的资源是相等的，适用于不同产品所需作业量差异较大的情况，如：检验不同产品所耗用时间长短差别很大

续表

成本分配	分配率（每工时作业成本）= 归集期内作业总成本 ÷ 归集期内总作业时间 某产品应分配的作业成本 = 分配率 × 该产品耗用的作业时间

③强度动因——精确度最高，执行成本最高：

是在某些特殊情况下，将作业执行中实际耗用的全部资源单独归集，直接计入某一特定的产品。

强度动因一般适用于某一特殊订单或某种新产品试制等，用产品订单或工作单记录每次执行作业时耗用的所有资源。

【例 15－9】（2016 年单选题）下列各项中，应使用强度动因作为作业量计量单位的是（　　）。

A. 产品的生产准备　B. 产品的研究开发

C. 产品的机器加工　D. 产品的分批质检

【答案】B

【解析】产品的研究开发适合采用强度动因进行分配。

【例 15－10】（单选题）在下列作业动因中，有关精确度与执行成本间关系表述不正确的是（　　）。

A. 业务动因的精确度最差，但其执行成本最低

B. 强度动因的精确度最高，但其执行成本最昂贵

C. 持续动因的精确度和执行成本居中

D. 业务动因的精确度最高，但其执行成本最昂贵

【答案】D

【解析】业务动因的精确度最差，但其执行成本最低，选项 D 的表述是不正确的。

二、作业成本的计算例示（能力等级 3）

要点	说明
1. 按实际作业成本分配率分配作业成本的计算步骤及公式	（1）计算作业成本分配率： 实际作业成本分配率 = 当期实际发生的作业成本/当期实际作业产出 （2）某产品耗用的作业成本 = Σ（该产品耗用的作业量 × 实际作业成本分配率） （3）某产品当期发生总成本 = 当期投入该产品的直接成本 + 该产品当期耗用的各项作业成本

续表

要点	说明
2. 按预算（正常）作业成本分配率分配作业成本的计算步骤及公式	（1）确定预算（或正常）作业成本分配率 = 预计作业成本/预计（正常）作业产出 （2）按预算（正常）作业成本分配率分配作业成本： 某产品已分配作业成本 = 预算（正常）分配率 × 该产品实际耗用的作业量 （3）计算当期投入的总成本： 某产品当期发生总成本 = 该产品当期发生的实际直接成本 + 该产品已分配作业成本 （4）计算、结转作业成本差异： 作业成本差异 = 当期实际作业成本 − 已分配的作业成本 （5）会计期末进行作业成本差异调整： ①发生的差异可以直接结转本期营业成本； ②发生的差异也可以计算作业成本差异分配率并据此分配给各个产品对象。 【提示】通常按照预算作业成本比例进行分配
通过比较完全成本法和作业成本法的计算结果得出结论	（1）完全成本法扭曲了产品成本，即高估了简单产品的成本，低估了复杂产品的成本。 （2）作业成本法和完全成本法都是对全部生产成本进行分配，不区分固定成本和变动成本，这与变动成本法不同。从长远来看，所有成本都是变动成本，都应当分配给产品。 （3）完全成本法以直接人工作为间接费用的唯一分配率，夸大了高产量产品的单位成本

【例 15－11】（2019 年计算分析题）甲公司是一家制造企业，生产 A、B 两种产品，生产车间有两台设备，其中一台属于高端智能制造设备，另一台属于手工加工设备，A、B 产品均需先后经过智能制造和手工加工两道作业工序方可完成。A 产品主要由智能制造设备完成，B 产品主要由手工加工设备完成。原材料均在开工时一次性投入，公司现采用传统成本计算法，计算成本，直接材料、直接人工直接记入产品成本，制造费用先按车间归集，再按直接人工工资比例分配进入产品成本。2019 年 9 月生产成本相关资料如下：

（1）本月生产量

单位：件

	月初在产品	本月投产	本月完工	月末在产品
A 产品	0	120	80	40
B 产品	0	100	50	50

（2）传统成本计算法下 A、B 产品成本计算单

A 产品成本计算单

2019 年 9 月　　单位：元

项目	直接材料	直接人工	管理费用	合计
	0	0	0	0
本月生产费用	15 000	12 500	62 500	90 000
合计	15 000	12 500	62 500	90 000
完工产品成本（80 件）	10 000	10 000	50 000	70 000
单位成本	125	125	625	875
月末在产品成本（40 件）	5 000	2 500	12 500	20 000

B 产品成本计算单

2019 年 9 月　　单位：元

项目	直接材料	直接人工	管理费用	合计
月初在产品成本	0	0	0	0
本月生产费用	40 000	45 000	225 000	310 000
合计	40 000	45 000	225 000	310 000
完工产品成本（50 件）	20 000	30 000	150 000	200 000
单位成本	400	600	3 000	4 000
月末在产品成本（50 件）	20 000	15 000	75 000	110 000

（3）产品毛利

单位：元

项目	单位成本	单位售价	单位毛利
A 产品	875	1 000	125
B 产品	4 000	36 000	-400

目前，A 产品供不应求，B 产品滞销。公司销售经理建议 A 提价，B 降价，以提高公司获利能力。生产经理认为制造费用大部分由只能制造设备引起，按直接人工工资比例分配导致 A、B 产品成本计算不准确，应采用作业成本法对制造费用分配进行优化，从而为调价提供可靠的成本数据。公司财务部门和生产技术部门对生产过程进行了分析，识别出三项作业，分别是设备检修作业、智能制造作业和手工加工作业。设备检修作业的作业动因是机器工时，手工加工作业的作业动因是人工工时。直接人工成本不再单列成本项目，被归入相应作业库。相关资料如下：

（1）月末在产品

A 在产品 40 件，全部处于智能制造阶段，尚未进入手工加工阶段，平均完成智能制造作业的 50%；

B 在产品 50 件，智能制造作业全部完成，手工加工作业平均完成 60%。

（2）作业成本

作业成本库	作业成本（元）	作业动因	作业量		
			智能制造作业	手工加工作业	合计
机器检修作业	72 000	检修次数（次）	5	1	6
			A 产品	B 产品	合计
智能制造作业	53 000	机器工时（小时）	350	150	500
手工加工作业	220 000	人工工时（小时）	20	230	250
合计	345 000		—	—	—

要求：

（1）编制作业成本分配表（结果填入下方表格中，不用列出计算过程）。

作业名称	分配率	作业成本（元）	
		智能制造作业	手工加工作业
设备检修作业			
—	—	A 产品	B 产品
智能制造作业			
手工加工作业			

（2）编制产品成本计算单（结果填入下方表格中，不用列出计算过程）。

A 产品成本计算单

2019 年 9 月　　单位：元

项目	直接材料	作业成本		合计
		智能制造作业	手工加工作业	
月初在产品成本				
本月生产费用				
合计				
完工产品成本				
单位成本				
月末在产品成本				

B 产品成本计算单

2019 年 9 月　　单位：元

项目	直接材料	作业成本		合计
		智能制造作业	手工加工作业	
月初在产品成本				
本月生产费用				
合计				
完工产品成本				
单位成本				
月末在产品成本				

（3）根据作业成本法计算的单位产品成本，判断 A、B 产品目前定价是否合理，并简要说明理由。

【答案】

（1）

单位：元

作业名称	分配率	作业成本	
		智能制造作业	手工加工作业
设备检修作业	72 000/6 = 12 000	125 000 × 5 = 60 000	12 000
—	—	A 产品	B 产品
智能制造作业	(53 000 + 60 000)/500 = 226	226 × 350 = 79 100	226 × 150 = 33 900
手工加工作业	(220 000 + 12 000)/250 = 928	928 × 20 = 18 560	928 × 230 = 213 440

(2)

A 产品成本计算单

2019 年 9 月　　单位：元

项目	直接材料	作业成本		合计
		智能制造作业	手工加工作业	
月初在产品成本	0	0	0	0
本月生产费用	15 000	79 100	18 560	112 660
合计	15 000	79 100	18 560	112 660
完工产品成本	10 000	63 280	18 560	91 840
单位成本	15 000/(80 +40) =125	79 100/(80 +40 × 50%) =791	18 560/(80 +40 × 0%) =232	1 148
月末在产品成本	5 000	15 820	0	20 820

B 产品成本计算单

2019 年 9 月　　单位：元

项目	直接材料	作业成本		合计
		智能制造作业	手工加工作业	
月初在产品成本	0	0	0	0
本月生产费用	40 000	33 900	213 400	287 340
合计	40 000	33 900	213 400	287 340
完工产品成本	20 000	16 950	133 400	170 350
单位成本	40 000/(50 +50) =400	33 900/(50 +50 × 100%) =339	33 900/(50 +50 × 100%) =339	3 407
月末在产品成本	20 000	16 950	16 950	116 990

(3) 因为 A 产品单位成本 1 148 元大于目前单位售价 1 000 元，所以 A 产品定价不合理。B 产品单位成本 3 407 元低于原来的单位售价 3 600 元，所以 B 产品合理。

第三节　作业成本管理

一、增值作业与非增值作业的划分（能力等级 1）

要点	说明
含义	增值作业与非增值作业是站在顾客角度划分的。 最终增加顾客价值的作业是增值作业；否则就是非增值作业
区分标准	就是看这个作业的发生是否有利于增加顾客的价值，或者说增加顾客的效用

【例 15 – 12】（单选题）作业成本法划分增值与非增值作业是基于（　　）。

A. 是否有利于增加股东财富

B. 是否有利于增加顾客的效用

C. 是否有利于降低成本

D. 是否有利于提高产品质量

【答案】B

【解析】增值作业与非增值作业是站在顾客角度划分的。区别增值作业和非增值作业的标准就是看这个作业的发生是否有利于增加顾客的价值，或者说增加顾客的效用。

二、基于作业进行成本管理（能力等级 1）

要点	说明
1. 作业成本管理的含义	应用作业成本计算提供的信息，从成本的角度进行管理。作业成本管理主要从成本方面来优化企业的作业链和价值链，是作业管理的中介，是作业管理的核心方面

续表

要点	说明
2. 作业成本管理的目标	作业成本管理就是要努力找到非增值作业成本并努力消除它、转换它或将之降到最低
3. 作业成本管理的内容	（1）确认和分析作业； （2）作业链——价值链分析和成本动因分析； （3）业绩评价； （4）报告非增值作业成本
4. 作业分析的内容	（1）辨别不必要或非增值作业； （2）对重点进行增值作业分析； （3）将作业与先进水平比较； （4）分析作业间的联系

三、作业成本法的优点、局限性与适用情景条件（能力等级2）

（一）作业成本法优点

优点	解释
1. 成本计算更准确	作业成本法的主要优点减少了传统成本信息对于决策的误导。一方面作业成本法扩大了追溯到个别产品的成本比例，减少了成本分配对于产品成本的扭曲；另一方面采用多种成本动因作为间接成本的分配基础，使得分配基础与被分配成本的相关性得到改善
2. 成本控制与成本管理更有效	从成本动因上改进成本控制，包括改进产品设计和生产流程等，可以消除非增值作业、提高增值作业的效率，有助于持续降低成本和不断消除浪费
3. 为战略管理提供信息支持	战略管理需要相应的信息支持。 （1）作业成本法与价值链分析概念一致，可以为其提供信息支持； （2）对成本领先战略提供支持

【提示】在作业成本法下，直接成本可以直接计入有关产品，与传统的成本计算方法并无差异，只是直接成本的范围比传统成本计算的要大，凡是易于追溯到产品的材料、人工和其他成本都可以直接归属于特定产品，尽量减少不准确的分配。不能追溯到产品的成本，则先追溯有关作业或分配到有关作业，计算作业成本，然后再将作业成本分配到有关产品。

（二）作业成本法的局限性

优点	解释
1. 开发维护费用较高	作业成本法的成本动因数量较大，开发和维护费用越高
2. 不符合对外财务报告的要求	由于作业成本计算出的产品成本包含制造成本，也可能包含部分非制造成本。因此，为使对外财务报告符合会计准则的要求，需要重新调整作业成本法下的数据，工作量大，技术难度大，可能出现混乱
3. 确定成本动因比较困难	间接成本并非都与特定的成本动因相关联。可能：（1）找不到成本动因；（2）寻找成本高；（3）成本动因相关程度都很低
4. 不利于通过组织控制进行的管理控制	作业成本系统的成本库与企业的组织结构不一致，不利于提供管理控制的信息。作业成本法改善了经营决策信息，牺牲了管理控制信息

（三）作业成本法的适用情景条件

方法	适用条件
作业成本法	（1）从成本结构看，制造费用在产品成本中占较大比重； （2）从产品品种看，产品多样性程度高； （3）从外部环境看，面临激烈竞争； （4）从公司规模看，公司规模较大

【例15－13】（2015年多选题）某企业生产经营的产品品种繁多，间接成本比重较高，成本会计人员试图推动该企业采用作业成本法计算产品成本，下列理由中适合用于说服管理层的有（　　）。

A. 通过作业管理可以提高成本控制水平

B. 使用作业成本信息有利于价值链分析

C. 使用作业成本法可提高成本分配准确性

D. 使用作业成本信息可以提高经营决策质量

【答案】ABCD

【解析】本题的考点是作业成本法的优点。

总之：企业生产自动化程度较高、直接人工比较少，企业的作业流程比较清晰、企业相关业务数据完备而且可获得、企业信息化基础工作较好、易产生成本扭曲并且准确的成本信息具有较大价值时，适宜采用作业成本法。

精选练习题

一、单项选择题

1. 下列有关作业成本法的说法正确的是（　　）。

A. 作业成本法认为，将成本分配到成本对象有两种不同的形式：直接追溯和动因追溯

B. 在运用作业成本法计算产品成本时，人们通常关注的重点是间接经营成本

C. 在作业成本法下，运用资源动因可以将作业成本分配给有关产品

D. 作业成本法能够提供更加真实、准确的成本信息

2. 下列各项中，能够从价值上反映企业作业链的指标是（　　）。

A. 资源量　　B. 作业量

C. 价值链　　D. 作业管理

3. 下列作业中属于品种级作业的是（　　）。

A. 机器加工、组装

B. 产品更新

C. 工厂保安

D. 生产前机器调试

4. 下列各项中，应当纳入作业管理的成本范围的是（　　）。

A. 为获取资源发生的支出

B. 资源的耗用

C. 反映支出水平的增减变动

D. 生产过程的一切支出

5. 下列各项中，属于机器调整作业动因的是（　　）。

A. 产品设计　　B. 一般管理

C. 生产批次　　D. 检验次数

6. 下列各项中，属于机器设备的资源动因是（　　）。

A. 人工小时　　B. 机器小时

C. 生产批次　　D. 材料消耗数量

7. 在作业成本法下，引起作业成本变动的驱动因素称为（　　）。

A. 资源动因　　B. 作业动因

C. 数量动因　　D. 产品动因

8. 某车间只生产两种产品，其裁剪作业成本按预算分配率分配，本月按照预算分配率分配的裁剪成本西服是 45 000 元，夹克为 25 000 元，若本月车间实际发生的裁剪成本为 68 600 元，则夹克的实际成本应为（　　）元。

A. 44 100　　B. 24 500

C. 68 600　　D. 26 500

9. 下列表述不正确的是（　　）。

A. 作业成本管理就是要努力找到非增值作业成本并努力消除它、转换它或将之降到最低

B. 作业成本管理主要从成本方面来优化企业的作业链和价值链

C. 面临的竞争越激烈的企业适合采用作业成本法

D. 公司规模较大的企业不适合采用作业成本法

10. 下列关于作业成本法的说法，错误的是（　　）。

A. 作业成本法强调使用不同层面和数量众多的资源成本动因将作业成本追溯到产品

B. 作业成本法是将间接成本和辅助费用更准确地分配到作业、生产过程、产品、服务及顾客中的一种成本计算方法

C. 作业成本法的基本思想是“产品消耗作业，作业消耗资源”

D. 作业成本法强调使用直接追溯和动因追溯方式来分配成本

二、多项选择题

1. 下列说法不正确的有（　　）。

A. 作业成本管理由两个相互关联的过程组成，其中的一方面是作业成本的计算（分配）过程，即所谓的过程观，反映作业产生的原因、作业的确认和作业的评价

B. 传统成本管理的对象是产品，作业成本管理的对象是作业

C. 传统成本管理忽视非增值成本，而作业管理高度重视非增值成本

D. 传统成本管理以最优或理想成本作为控制标准，作业成本管理以现实可能达到的水平作为控制标准

2. 成本动因按其在作业成本中体现的分配性质不同，可以分为（　　）。

A. 资源动因　　B. 作业动因

C. 产品动因　　D. 需求动因

3. 在资源耗用模型中，将作业所耗用的资源分为（　　）。

A. 按需求量随时可获得的资源

B. 按供应量随时可获得的资源

C. 预先获得的短期资源

D. 预先获得的长期资源

4. 与作业基础成本计算制度相比，产量基础成本计算制度存在的局限性有（　　）。

A. 间接成本集合缺乏同质性

B. 成本计算过于复杂

C. 容易夸大高产量产品的成本

D. 成本分配基础与间接成本集合之间缺乏因果联系

5. 下列各项中，可以作为作业成本计算理论依据的有（　　）。

A. 作业消耗资源

B. 产品消耗作业

C. 直接人工成本的增加

D. 间接费用的降低

6. 下列关于作业成本法与传统的成本计算方法（以产量为基础的完全成本计算方法）比较的说法中，正确的有（　　）。

A. 传统的成本计算方法对全部生产成本进行分配，作业成本法只对变动成本进行分配

B. 传统的成本计算方法按部门归集间接费用，作业成本法按作业归集间接费用

C. 作业成本法的直接成本计算范围要比传统的成本计算方法的计算范围小

D. 与传统的成本计算方法相比，作业成本法不便于实施责任会计和业绩评价

7. 以下关于成本动因的叙述，正确的有（　　）。

A. 成本动因也称成本驱动因素

B. 成本动因是指可以引起相关成本对象的总成本发生变动的因素

C. 引起作业成本变动的因素，称为资源动因

D. 引起产品成本变动的驱动因素，称为作业动因

8. 下列各项中，可以作为直接人工作业动因的有（　　）。

A. 生产批次　　B. 订单份数

C. 机器小时　　D. 人工小时

9. 下列有关"资源动因"表述正确的有（　　）。

A. 它是引起作业成本变动的因素

B. 它是引起产品成本变动的因素

C. 它被用来衡量一项作业对资源的消耗量，运用它可以将资源成本分配给各有关作业

D. 它是计量各种产品对作业耗用的情况，并被用来作为作业成本的分配基础

10. 一般而言，在一个制造企业中，下列各项中属于非增值作业的有（　　）。

A. 等待作业

B. 材料或者在产品堆积作业

C. 废品清理作业

D. 次品处理作业

11. 下列关于作业成本法的说法，正确的有（　　）。

A. 作业成本法强调使用不同层面和数量众多的资源成本动因将作业成本追溯到产品

B. 作业成本法是将间接成本和辅助费用更准确地分配到作业、生产过程、产品、服务及顾客中的一种成本计算方法

C. 作业成本法的基本思想是"产品消耗作业，作业消耗资源"

D. 作业成本法强调使用直接追溯和动因追溯方式来分配成本

三、计算分析题

1. 资料：某企业本月生产A、B两种产品，其中A产品技术工艺过程较为简单，生产批量较大；B产品技术工艺过程较为复杂，生产批量较小。传统成本计算所需的有关资料见下表1；经作业分析后，为制造费用的归集和分配所建立的作业成本库及其可追溯成本、成本动因等有关资料见表2。

表1

项目	A产品	B产品
产量（件）	40 000	5 000
机器工时	20 000	2 000
直接人工成本（元）	120 000	14 000
直接材料成本（元）	400 000	50 000
制造费用（元）	220 000	

表 2

作业成本库（作业中心）	可追溯成本	成本动因	作业量		
			A 产品	B 产品	合计
材料采购	48 000	采购次数	45	35	80
生产准备	24 000	准备次数	80	40	120
质量检验	36 000	检验次数	60	30	90
机器工作	88 000	机器工时	20 000	2 000	22 000
设备维修	24 000	维修小时	700	500	1 200
合计	220 000	—	—	—	—

要求：

（1）根据以上资料，分别采用传统成本计算方法（制造费用分配按机器工时比例）和作业成本法计算 A、B 两种产品的成本。

（2）将两种产品的计算方法下单位 A、B 产品所负担的制造费用加以比较（以作业成本法的计算结果为基准）。

2. LZB 公司成功地生产和销售两种打印机，假设该公司两种产品的财务和成本数据如下：

品种	豪华型	普通型
产量	5 000	15 000
售价（元）	4 000	2 000
单位直接材料和人工成本(元)	2 000	800
直接人工（小时）	25 000	75 000

公司管理会计师划分了下列作业、间接成本集合及成本动因：

作业	间接成本集合	作业动因
调整	300 万元	调整次数
机器运行	1 625 万元	机器小时
包装	75 万元	装单数量
合计	2 000 万元	

两种产品的实际作业量如下：

作业动因	豪华型作业消耗	普通型作业消耗	合计
调整次数（次）	200	100	300
机器小时（小时）	55 000	107 500	162 500
包装单数量（个）	5 000	10 000	15 000

要求：

（1）采用传统（产量基础）成本计算制度，以直接人工工时为分配标准，确定两种产品的单位盈利能力。

（2）采用作业基础成本计算制度，确定两种产品的单位盈利能力。

四、综合题

1. 甲公司是一家制造企业，生产 A、B 两种产品，产品分两个步骤在两个基本生产车间进行。第一车间将原材料手工加工成同一规格型号的毛坯，转入半成品库；第二车间领用毛坯后，利用程控设备继续加工，生产出 A、B 两种产品，每件产品耗用一件毛坯。公司根据客户订单分批组织生产，不同批次转换时，需要调整机器设备。甲公司分车间采用不同的成本核算方法：

第一车间采用品种法。原材料在开工时一次投入，其他费用陆续均匀发生。生产成本采用约当产量法在完工半成品和月末在产品之间进行分配。完工半成品按实际成本转入半成品库，发出计价采用加权平均法。

第二车间采用分批法和作业成本法相结合的方法。第二车间分批组织生产，当月开工当月完工，无月初月末在产品。除耗用第一车间的半成品外，不再耗用其他材料，耗用的半成品在生产开始时一次投入，直接人工费用陆续均匀发生。由于第二车间是自动化机加工车间，制造费用在总成本中比重较高，公司采用作业成本法按实际分配率分配制造费用。

2018 年 9 月，相关成本资料如下：

（1）本月半成品，A 产品、B 产品的产量：

单位：件

	月初在产品	本月投产	本月完工	月末在产品
第一车间半成品	200	2 600	1 800	1 000（完工程度 60%）
第二车间半成品	0	1 000	1 000	0
第三车间半成品	0	500	500	0

（2）月初半成品库存 400 件，单位平均成本 127.5 元。

（3）第一车间月初在产品成本和本月生产费用：

第十五章

单位：元

	直接材料	直接人工	制造费用	合计
月初在产品成本	7 000	8 000	1 200	16 200
本月生产费用	77 000	136 000	22 800	235 800
合计	84 000	144 000	24 000	252 000

（4）第二车间本月直接人工成本：

单位：元

产品品种	A 产品	B 产品	C 产品
直接人工总成本	17 200	7 800	25 000

（5）第二车间本月制造费用：

作业成本率	作业成本（元）	作业成因	作业量		
			A 产品	B 产品	C 产品
设备调整	30 000	批次（批）	10	5	15
加工检验	2 400 000	产量（件）	1 000	500	1 500
合计	2 430 000	—	—	—	—

要求：

（1）编制第一车间成本计算单（结果填入下方表格中不用列出计算过程）。

第一车间成本计算单

产品名称：半成品　　　　单位：元

	直接材料	直接人工	制造费用	合计
月初在产品成本				
本月生产费用				
合计				
约当产量				
单位成本				
完工半成品转出				
月末在产品成本				

（2）计算半成品发出的加权平均单位成本。

（3）编制第二车间作业成本分配表（结果填入下方表格中，不用列出计算过程）。

作业成本分配表

单位：元

作业成本库	作业成本	作业分配率	A 产品		B 产品	
			作业量	分配金额	作业量	分配金额
设备调整						
加工检验						
合计						

（4）编制 A、B 产品汇总成本计算单（结果填入下方表格中，不用列出计算过程）。

汇总成本计算单

单位：元

	A 产品	B 产品
半成品成本转入		
直接人工		
制造费用		
其中：设备调整		
加工检验		
制造费用小计		
总成本		
单位成本		

答案及解析

一、单项选择题

1.【答案】D

【解析】作业成本法认为，将成本分配到成本对象有三种不同的形式：直接追溯、动因追溯和分摊，不过作业成本法强调使用直接追溯和动因追溯方式来分配成本，尽可能避免用分摊方式，所以选项 A 不正确；在运用作业成本法计算产品成本时，人们通常关注的重点是制造成本，强调制造费用的分配，所以选项 B 不正确；在作业成本计算中，成本动因可分为资源动因和作业动因。其中，运用资源动因可以将资源成本分配给有关作业。所以选项 C 不正确；作业成本法强调直接使用追溯和动因追溯来分配成本，尽可能避免使用分摊方式，因此能够提供更加真实、准确的成本信息，所以选项 D 正确。

2.【答案】C

【解析】能够从价值上反映企业作业链的指标价值链。

3.【答案】B

【解析】选项 A 属于单位级作业；选项 C 属于生产维持级作业；选项 D 属于批次级作业。

4.【答案】B

【解析】资源的耗用应当纳入作业管理的成本范围。

5. 【答案】C

【解析】生产批次属于机器调整作业动因。

6. 【答案】B

【解析】机器小时属于机器设备的资源动因。

7. 【答案】A

【解析】成本动因分为两种：（1）资源动因，即引起作业成本变动的驱动因素；（2）作业动因，即引起产品成本变动的驱动因素。

8. 【答案】B

【解析】成本差异调整率 $=\frac{68\ 600-70\ 000}{70\ 000}$

$=-2\%$

所以夹克应承担的实际成本 $=25\ 000-2\%\times25\ 000=24\ 500$（元）

西服应承担的实际成本 $=45\ 000-2\%\times45\ 000=44\ 100$（元）。

9. 【答案】D

【解析】公司规模比较大，有强大的信息沟通渠道和完善的信息管理基础设施，并且对信息的需求更为强烈，适合采用作业成本法。

10. 【答案】A

【解析】作业成本法把资源的消耗是按资源成本动因首先追溯到作业，然后使用不同层面和数量众多的作业成本动因将作业成本追溯到产品。选项A错在把作业成本动因说成是资源成本动因。

二、多项选择题

1. 【答案】ABD

【解析】作业成本管理由两个相互关联的过程组成：一方面是作业成本的计算（分配）过程，即所谓的成本观或成本分配观；另一方面是作业的控制过程，即所谓的过程观，反映作业产生的原因、作业的确认和作业的评价。由此可知，选项A的说法不正确；传统成本管理的对象主要是产品，而作业成本管理的对象不仅是产品，而且包括作业，因此，选项B的说法不正确；传统成本管理以现实可能达到的水平作为控制标准，作业成本管理以最优或理想成本作为控制标准，所以，选项D的说法不正确。根据教材可知，选项C的说法正确。

2. 【答案】AB

【解析】成本动因按其在作业成本中体现的分配性质不同，可以分为资源动因和作业动因。

3. 【答案】ACD

【解析】在资源耗用模型中，将作业所耗用的资源分为按需求量随时可获得的资源、预先获得的短期资源和预先获得的长期资源。

4. 【答案】ACD

【解析】传统成本计算法下，是把不同性质的各种间接费用按部门归集在一起，以产量为基础将间接费用分配到各种产品，所以选项A、C、D正确。

5. 【答案】AB

【解析】作业消耗资源和产品消耗作业均可以作为作业成本计算理论依据。

6. 【答案】BD

【解析】作业成本法和完全成本法都是对全部生产成本进行分配，不区分固定成本和变动成本，这与变动成本法不同。从长远看，所有成本都是变动成本，都应当分配给产品，选项A错误；作业成本法强调尽可能扩大追溯到个别产品的成本比例，因此其直接成本计算范围通常要比传统的成本计算方法的计算范围大，选项C错误。

7. 【答案】ABCD

【解析】成本动因，也称成本驱动因素，是指可以引起相关成本对象的总成本发生变动的因素。成本动因分为两种：（1）资源动因，即引起作业成本变动的驱动因素；（2）作业动因，即引起产品成本变动的驱动因素。

8. 【答案】CD

【解析】机器小时和人工小时可以作为直接人工作业动因。

9. 【答案】AC

【解析】成本动因分为资源成本动因和作业成本动因。选项B、D是作业成本动因的含义和特征。

10. 【答案】ABCD

【解析】一般而言，在一个制造企业中，非增值作业有：等待作业、材料或者在产品堆积作业、产品或者在产品在企业内部迂回运送作业、废品清理作业、次品处理作业、返工作业、无效率重复某工序作业、由于订单信息不准确造成没有准确送达需要再次送达的无效率作业等。

11. 【答案】BCD

【解析】作业成本法把资源的消耗是按资源成本动因首先追溯到作业，然后使用不同层面和数量众多的作业成本动因将作业成本追溯到产品。选项A错在把作业成本动因说成是资源成本动因。

三、计算分析题

1.【答案及解析】

（1）传统成本计算法下A、B产品成本的计算：

①计算制造费用分配率，并分配制造费用：

$$制造费用分配率=\frac{220\ 000}{20\ 000+2\ 000}=10$$

A产品分配制造费用 = 10 × 20 000 = 200 000（元）

B产品分配制造费用 = 10 × 2 000 = 20 000（元）

②计算A、B产品的总成本和单位成本：

A产品总成本 = 120 000 + 400 000 + 200 000 = 720 000（元）

B产品总成本 = 14 000 + 50 000 + 20 000 = 84 000（元）

$$A产品单位成本=\frac{720\ 000}{40\ 000}=18（元）$$

$$A产品单位成本=\frac{84\ 000}{5\ 000}=16.8（元）。$$

（2）作业成本法下A、B产品成本的计算：

①计算成本动因分配率：

每次采购成本 = 48 000/80 = 600（元）

每次生产准备成本 = 24 000/120 = 200（元）

每次质量检验成本 = 36 000/ 90 = 400（元）

每工时机器工作成本 = 88 000/22 000 = 4（元）

每小时设备维修成本 = 24 000 /1 200 = 20（元）

②计算A、B产品的总成本和单位成本：

A产品总成本 = 120 000 + 400 000 + (600 × 45 + 200 × 80 + 400 × 60 + 4 × 20 000 + 20 × 700)

= 120 000 + 400 000 + 161 000

= 681 000（元）

B产品总成本 = 14 000 + 50 000 + (600 × 35 + 200 × 40 + 400 × 30 + 4 × 2 000 + 20 × 500)

= 14 000 + 50 000 + 59 000

= 123 000（元）

A产品单位成本 = 681 000/40 000 = 17.025（元）

B产品单位成本 = 123 000/5 000 = 24.6（元）。

（3）两种成本计算方法下单位A、B产品所负担制造费用的比较，见下表：

单位：元

产品	作业成本法	传统成本法	绝对差	相对差
A	161 000/40 000 = 4.025	200 000/40 000 = 5	0.975	24.22%
B	59 000/5 000 = 11.8	20 000/5 000 = 4	-7.8	-66.1%

2.【答案及解析】

（1）

直接人工小时合计 = 25 000 + 75 000 = 100 000（小时）

间接成本分配率 = 20 000 000/100 000 = 200（元/小时）

分配给豪华型的间接成本 = 200 × 25 000 = 5 000 000（元）

单位豪华型的间接成本 = 5 000 000/5 000 = 1 000（元/台）

分配给普通型的间接成本 = 200 × 75 000 = 15 000 000（元）

单位普通型的间接成本 = 15 000 000/15 000 = 1 000（元/台）。

传统成本法下盈利分析

	豪华型	普通型
单位售价	4 000	2 000
单位产品成本：		
直接材料和人工	2 000	800
工厂间接成本	1 000	1 000
单位产品成本合计	3 000	1 800
产品利润	1 000	200

（2）每一作业成本动因的成本动因率：

调整成本分配率 = 3 000 000/300 = 10 000（元/次）

机器运行成本分配率 = 16 250 000/

162 500 = 100（元/小时）

包装成本分配率 = 750 000/15 000 = 50（元/个）

豪华型打印机应分配的间接成本 = 10 000 × 200 + 100 × 55 000 + 50 × 5 000 = 7 750 000（元）

单位豪华型的间接成本 = 7 750 000/5 000 = 1 550（元）

普通型打印机应分配的间接成本 = 10 000 × 100 + 100 × 107 500 + 50 × 10 000 = 12 250 000（元）

单位普通型的间接成本 = 12 250 000/15 000 = 816.67（元）

作业成本法下盈利分析

	豪华型	普通型
单位售价（元）	4 000	2 000
单位产品成本（元）		
直接材料和人工	2 000	800
工厂间接成本	1 550	816.67
单位产品成本合计	3 550	1 616.67
产品利润	450	383.33

四、综合题

1.【答案及解析】

（1）

第一车间成本计算单

产品名称：半成品　　　　单位：元

	直接材料	直接人工	制造费用	合计
月初在产品成本	7 000	8 000	1 200	16 200
本月生产费用	77 000	136 000	22 800	235 800
合计	84 000	144 000	24 000	252 000
约当产量	2 800	2 400	2 400	
单位成本	30	60	10	100
完工半成品转出	54 000	108 000	18 000	180 000
月末在产品成本	30 000	36 000	6 000	72 000

（2）半成品发出的加权平均单位成本 = （400 × 127.5 + 180 000）÷（400 + 1 800）= 105（元）。

（3）

作业成本分配表

单位：元

作业成本库	作业成本	作业分配率	A产品		B产品	
			作业量	分配金额	作业量	分配金额
设备调整	30 000	2 000	10	20 000	5	10 000
加工检验	2 400 000	1 600	1 000	1 600 000	500	800 000
合计	2 430 000			1 620 000		810 000

（4）

汇总成本计算单

单位：元

	A产品	B产品
半成品成本转入	105 000	52 500
直接人工	17 200	7 800
制造费用		
其中：设备调整	20 000	10 000
加工检验	1 600 000	800 000
制造费用小计	1 620 000	810 000
总成本	1 742 200	870 300
单位成本	1 742.20	1 740.60

第十六章　本量利分析

本章考情分析

本章属于较重点章节，主要是作为相关章节的基础，介绍了本量利分析的基本公式及其应用。

从历年考试情况看既有客观题也有主观题，近3年平均分值为8分左右。考点主要集中在本量利分析的基本公式、盈亏临界分析和各因素敏感系数的分析计算。

本章公式较多，建议考生千万不要死记硬背，而是要理解的基础上灵活掌握公式及公式间的关系，并熟悉与其他相关章节内容的联系。

本章教材变化

本章对一些公式中涉及的专业名词进行了细节规范和修订，无实质性变动。

本章思维导图

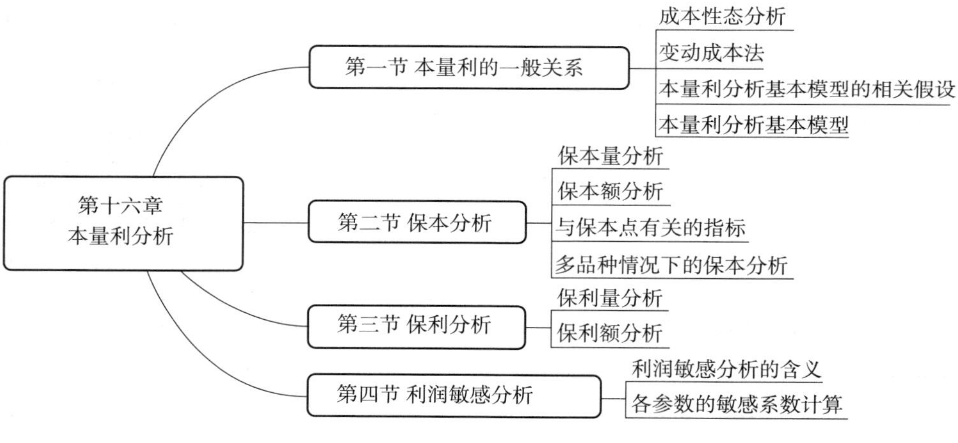

考点精讲及典型例题解析

第一节　本量利的一般关系

一、成本性态分析（能力等级2）

成本性态的含义	也称为成本习性，是指成本总额与业务量（如产品产量、销量等）之间的内在关系

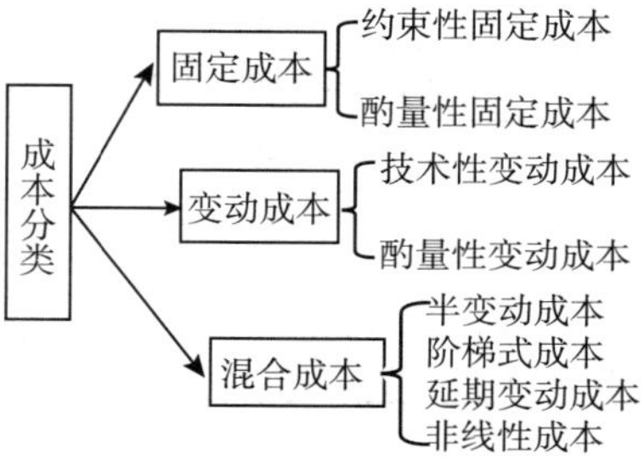

（一）固定成本

要点	说明
含义	是指在特定的业务量范围内不受业务量变动影响，一定期间的总额能保持相对稳定的成本

续表

要点	说明
注意问题	(1) 一定期间的固定成本的稳定性是有条件的，即业务量变动的范围是有限的。能够使固定成本保持稳定的特定的业务量范围，称为相关范围。 (2) 一定期间固定成本的稳定性是相对的，即对于产量来说它是稳定的，但这并不意味着每月该项成本的实际发生额都完全一样。 (3) 固定成本的稳定性是针对成本总额而言的，如果从单位产品分摊的固定成本来看，正好相反。产量增加，单位固定成本减少；产量减少，单位固定成本增加
分类	(1) 约束性固定成本（承担固定成本）。不能通过当前的管理决策行动加以改变的固定成本。约束性固定成本给企业带来的是持续一定时间的生产经营能力。如：固定资产折旧、财产保险、管理人员工资、取暖费、照明费。 【提示】约束性固定成本属于企业“生产经营能力”成本，是企业为了维持一定的业务量所必须负担的最低成本。要想降低约束性固定成本，只能从合理利用经营能力，降低单位固定成本入手。 (2) 酌量性固定成本。可以通过管理决策行动改变其数额的固定成本。酌量性固定成本关系到企业的竞争能力，也是一种提供“生产经营能力”的成本。如：科研开发费、广告费、职工培训费

【例 16-1】（2015 年单选题）下列各项成本费用中，属于酌量性固定成本的是（　　）。

A. 广告费

B. 运输车辆保险费

C. 生产部门管理人员工资

D. 行政部门耗用的水电费

【答案】A

【解析】可以通过管理决策行动改变的变动成本，称为酌量性变动成本。按销售额一定百分比开支的佣金、新产品研制费、技术转让费以及可按人的意愿投入的辅料。

（二）变动成本

要点	说明
含义	在特定的产量范围内其总额随产量变动而正比例变动的成本
注意问题	(1) 相关范围；(2) 总额正比例变动，单位额（单位变动成本）稳定
分类	(1) 技术性变动成本。与产量有明确的技术或实物关系的变动成本。这类成本是利用生产能力所必须发生的成本。 (2) 酌量性变动成本。可以通过管理决策行动改变的变动成本。例如按照销售额的一定百分比开支的销售佣金、新产品研制费、技术转让费

【提示】如果把成本分为固定成本和变动成本，业务量增加时固定成本不变，只有变动成本随业务量增加而增加，那么总成本的增加额是由于变动成本增加引起的。因此，变动成本是产品生产的增量成本。

【例 16-2】（2013 年单选题）下列各项中，属于酌量性变动成本的是（　　）。

A. 直接人工成本

B. 直接材料成本

C. 产品销售税金及附加

D. 按销售额一定比例支付的销售代理费

【答案】D

【解析】酌量性变动成本的发生额是由经理人员决定的，所以选项 D 正确。

（三）混合成本

要点	说明
含义	是指除固定成本和变动成本之外的，介于两者之间的成本，它们因产量变动而变动，但不成正比例关系
分类	(1) 半变动成本：是指在初始基数的基础上，随产量正比例增长的成本。 (2) 阶梯式成本：是指总额随产量呈阶梯式增长的成本，亦称步增成本或半固定成本。 (3) 延期变动成本：是指在一定产量范围内总额保持稳定，超过特定产量则开始随产量比例增长的成本。 (4) 非线性成本：包括变化率递减的成本和变化率递增的成本

【例 16-3】（2019 年单选题）电信运营商推出“手机 29 元不限流量，可免费通话 1 000 分钟，超出部分主叫国内通话每分钟 0.1 元”套餐业务，选用改套餐的消费者每月手机费属于（　　）。

A. 固定成本

B. 半变动成本

C. 阶梯式成本

D. 延期变动成本

【答案】D

【解析】延期变动成本，是指在一定业务量范围内总额保持稳定，超过特定业务量则开始随业务量比例增长的成本。

【例 16-4】（2016 年单选题）甲消费者每月购买的某移动通信公司 58 元套餐，含主叫长市话 450 分钟，超出后主叫国内长市话每分钟 0.15 元。该通讯费是（　　）。

A. 变动成本

B. 半变动成本

C. 阶梯式成本

D. 延期变动成本

【答案】D

【解析】指在一定产量范围内总额保持稳定，超过特定产量则开始随产量比例增长的成本。

（四）混合成本的分解

1. 回归直线法

要点	说明
含义	是根据一系列历史成本资料，用数学上的最小平方法的原理，计算能代表平均成本水平的直线截距和斜率，以其作为固定成本和单位变动成本的一种成本估计方法
公式	$a=\frac{\sum x_i^2\sum y_i-\sum x_i y_i}{n\sum x_i^2-(\sum x_i)^2}$ $b=\frac{n\sum x_i y_i-\sum x_i\sum y_i}{n\sum x_i^2-(\sum x_i)^2}$ 或利用联立方程：$\sum y_i=na+b\sum x_i$ $\sum x_i\sum y_i=a\sum x_i+b\sum x_i^2$
特点	在采用传统成本计算方法时，可以用回归直线法估计固定成本和单位变动成本数据，以便用于成本计划和控制。回归直线法在理论上比较健全，计算结果精确，但计算过程比较繁琐

【例16-5】（计算题）某企业生产的甲产品7～12月份的产量及成本资料如下表所示：

	7	8	9	10	11	12
产量（件）	40	42	45	43	46	50
总成本（元）	8 800	9 100	9 600	9 300	9 800	10 500

要求：采用回归直线法进行成本性态分析。

【答案及解析】

列表计算$\sum x$、$\sum y$、$\sum xy$、$\sum x^2$，其结果如下表所示：

月份	产量 X	混合成本 Y	XY	X^2
7	40	8 800	352 000	1 600
8	42	9 100	382 200	1 764
9	45	9 600	432 000	2 025
10	43	9 300	399 900	1 849
11	46	9 800	450 800	2 116
12	50	10 500	525 000	2 500
$n=6$	$\sum x=266$	$\sum y=57\ 100$	$\sum xy=2\ 541\ 900$	$\sum x^2=11\ 854$

将上表中的有关数据代入

$na+b\sum x_i=\sum y_i$　　（1）

$a\sum x_i+b\sum x_i^2=\sum x_i y_i$　　（2）

即：

$6\times a+266\times b=57\ 100$　　（1）

$266\times a+11\ 854\times b=2\ 541\ 900$　　（2）

解得：$b=170.65$

$a=1\ 951.18$

即成本性态模型为：$Y=1\ 951.18+170.65x$

这个模型说明单位变动成本为170.65元，固定成本总额为1 951.18元。

2. 工业工程法

要点	说明
含义	是指运用工业工程的研究方法，逐项研究决定成本高低的每个因素，在此基础上直接估算固定成本和单位变动成本的一种成本估计方法
基本做法	使用工业工程法估计成本的基本做法是： （1）选择需要研究的成本项目； （2）观察现行方法并记录全部事实，主要是投入的成本和产出的数量； （3）进行全面的科学分析，研究出最实用、最有效、最经济的新的工作方法； （4）把新的方法确定为标准的方法，并测定新方法的每项投入的成本，将与产量有关的部分归集为单位变动成本，将与产量无关的部分汇集为固定成本
适用	可以在没有历史成本数据、历史成本数据不可靠，或者需要对历史成本分析结论进行验证的情况下使用。尤其是在建立标准成本和制定预算时，使用工业工程法，比历史成本分析更加科学

二、变动成本法

含义	也称直接成本法、边际成本法。在此方法下，产品成本只包括直接材料、直接人工和变动制造费用，即变动生产成本，变动生产成本随生产量的变化呈正比例变化。产品成本只包括变动生产成本，即直接材料、直接人工和变动制造费用；固定制造费用和非生产成本全部作为期间费用
优点	变动成本法消除了在完全成本法下，销售不变但可通过增加生产、调节库存来调节利润的问题 （1）使企业内部管理者更加注重销售，更加注重市场，便于进行更为合理的内部业绩评价，为企业内部管理提供有用的管理信息，为企业预测前景、规划未来和作出正确决策服务； （2）能够揭示利润和业务量之间的正常关系； （3）便于分清各部门经济责任，有利于进行成本控制和业绩评价； （4）简化成本计算，便于加强日常管理
完全成本法与变动成本法的不同	完全成本法下，产品成本包括直接材料、直接人工和变动制造费用、固定制造费用。而在变动成本法下产品成本中不包含固定制造费用，而是将其与期间费用一起一次进入当期损益

【例 16-6】（2011 年单选题）如果企业采用变动成本法核算产品成本，产品成本的计算范围是（　　）。

A. 直接材料、直接人工

B. 直接材料、直接人工、间接制造费用

C. 直接材料、直接人工、变动制造费用

D. 直接材料、直接人工、变动制造费用、变动管理及销售费用

【答案】C

【解析】变动成本法核算产品成本，产品成本的计算范围只包括变动制造成本。

三、本量利分析基本模型的相关假设（能力等级 1）

假设	内容
1. 相关范围假设	（1）期间假设 无论固定成本和变动成本，是在特定期间范围内分析和计量的结果。 （2）业务量假设 固定成本和变动成本，是在一定业务量范围内分析和计量的结果
2. 模型线性假设	（1）固定成本不变；（2）变动成本与业务量呈完全线性关系（即单位变动成本不变）；（3）营业收入与销售数量呈完全线性关系（销售价格不变）
3. 产销平衡假设	本量利分析中的“量”指的是销售数量而非生产数量，站在销售数量的角度进行本量利分析时，就必须假设产销关系是平衡的
4. 品种结构不变假设	各种产品的营业收入在总收入中所占的比重不变

四、本量利分析基本模型（能力等级 3）

（一）损益方程式

内容	说明
基本的损益方程式	息税前利润 = 单价 × 销量 - 单位变动成本 × 销量 - 固定成本 =（单价 - 单位变动成本）× 销量 - 固定成本 【提示】这个方程式含有相互联系的 5 个变量，给定其中 4 个变量值，就能够求出另一个变量的值。对此不必死记硬背教材中的公式
包含期间成本的损益方程式	息税前利润 = 单价 × 销量 -（单位变动生产成本 + 单位变动销售和管理费用）× 销量 -（固定生产成本 + 固定销售和管理费用）

续表

内容	说明
计算税后利润的损益方程式	税后利润 =（单价 × 销量 - 单位变动成本 × 销量 - 固定成本）×（1 - 所得税税率）

（二）边际贡献方程式

内容	说明
有关指标及计算公式	（1）单位边际贡献 = 单价 - 单位变动成本 （2）边际贡献 = 销售收入 - 变动成本 =（单价 - 单位变动成本）× 销量 （3）边际贡献率 = 边际贡献/销售收入 × 100% = 单位边际贡献/单价 × 100% （4）变动成本率 = 变动成本/销售收入 × 100% = 单位变动成本/单价 × 100% （5）边际贡献率 + 变动成本率 = 1
边际贡献的分类	边际贡献也可以具体分为制造边际贡献（生产边际贡献）和产品边际贡献（总营业边际贡献）。 销售收入 - 变动生产成本 = 制造边际贡献 制造边际贡献 - 变动销售和管理费用 = 产品边际贡献
边际贡献方程式	息税前利润 = 销量 × 单位边际贡献 - 固定成本 息税前利润 = 销售收入 × 边际贡献率 - 固定成本 应用于多品种企业时，使用加权平均边际贡献率 加权平均边际贡献率 =（Σ各产品边际贡献/Σ各产品销售收入）× 100% 加权平均边际贡献率 = Σ（各产品边际贡献率 × 各产品占总销售比重） 【提示】单一产品边际贡献率只受 P、V 的影响。多品种产品边际贡献率受 P、V 和 Q 的影响

（三）本量利关系图

种类	横轴	销售收入线	变动成本线
基本的本量利关系图	销售量（实物量 Q）	斜率为单价 P	斜率为单位变动成本
		销售收入 $= P \times Q$	变动成本 $= V \times Q$
正方形本量利关系图	销售收入（金额 S）	斜率为 1	斜率为变动成本率
		销售收入 $= 1 \times S$	变动成本 = 变动成本率 $\times S$

【提示】（1）基本的本量利图

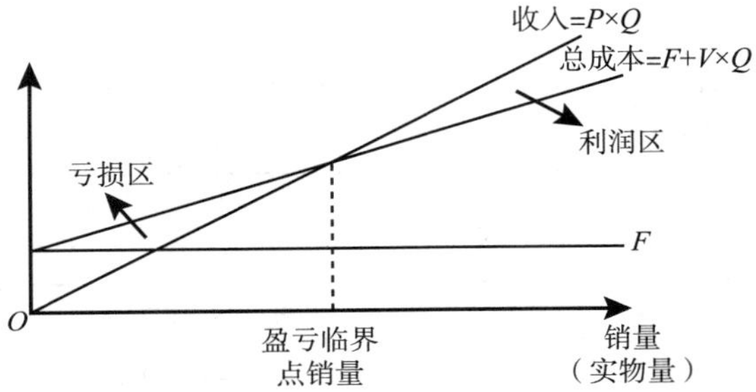

（2）正方形本量利图

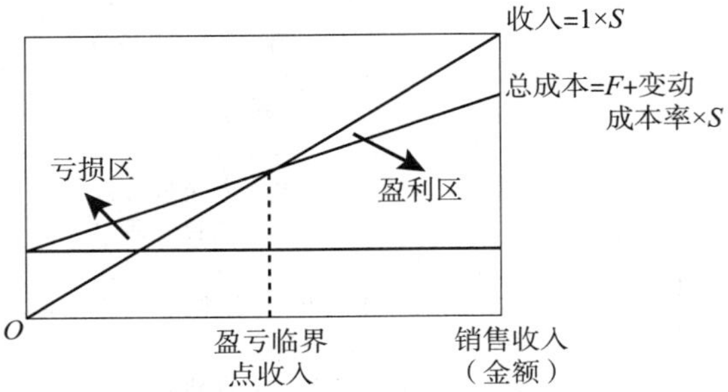

（3）边际贡献式的本量利关系图——能直观反映边际贡献

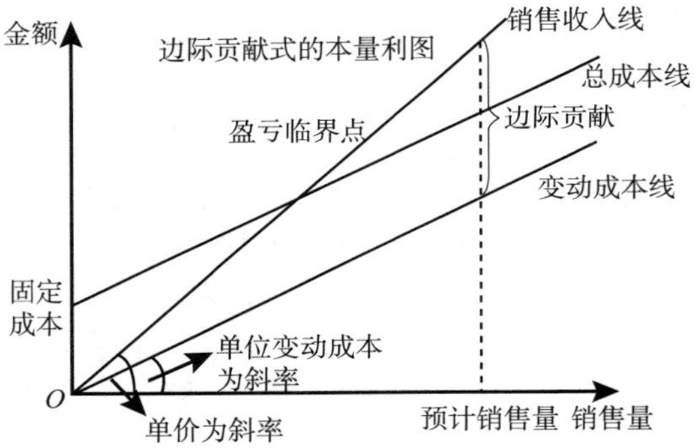

【例 16－7】（单选题）产品边际贡献是指（　　）。

A. 销售收入与产品变动成本之差

B. 销售收入与销售和管理变动成本之差

C. 销售收入与制造边际贡献之差

D. 销售收入与全部变动成本（包括产品变动成本和期间变动成本）之差

【答案】D

【解析】边际贡献分为制造边际贡献和产品边际贡献，其中，制造边际贡献＝销售收入－产品变动成本，产品边际贡献＝制造边际贡献－销售和管理变动成本＝销量×（单价－单位变动成本）。

【例 16－8】（多选题）某企业只生产一种产品，单价 20 元，单位变动成本 12 元，固定成本为 2 400 元，满负荷运转下的正常销售量为400 件。以下说法中，正确的有（　　）。

A. 在“销售”以金额表示的边际贡献式本量利图中，该企业的变动成本线斜率为 12

B. 在“销售”以销售量表示的边际贡献式本量利图中，该企业的变动成本线斜率为 12

C. 在“销售”以金额表示的边际贡献式本量利图中，该企业的营业收入线斜率为 20

D. 在“销售”以销售量表示的边际贡献式本量利图中，该企业的营业收入线斜率为 20

【答案】BD

【解析】本题的主要考核点是本量利分析。在“销售”以金额表示的边际贡献式本量利图中，变动成本＝变动成本率×营业收入，所以该企业的变动成本线斜率为变动成本率，即 60%，营业收入线斜率为 1。

第二节　保本分析

一、单一产品情况下的保本分析（能力等级 3）

内容	说明
1. 保本点的确定	保本点也称“盈亏临界点”是企业收入和成本相等的经营状态，即边际贡献等于固定成本时企业所处的既不盈利也不亏损的状态
2. 计算公式	（1）保本量（盈亏临界点销售量）＝固定成本/（单价－单位变动成本） ＝固定成本/单位边际贡献 （2）保本额（盈亏临界点销售额）＝固定成本/边际贡献率 （3）盈亏临界点作业率＝盈亏临界点销售量/实际或预计销售量×100%
3. 安全边际含义	是指实际或预计的销售额超过盈亏临界点销售额的差额，它表明销售额下降多少企业仍不致亏损
4. 安全边际计算公式	（1）安全边际额＝实际或预计销售额－盈亏临界点销售额 （2）安全边际量＝实际或预计销售量－盈亏临界点销售量

续表

内容	说明
4. 安全边际计算公式	(3) 安全边际率 = $\frac{\text{安全边际额（量）}}{\text{实际或预计销售额（量）或实际订货额（量）}}$ (4) 安全边际率 + 盈亏临界点作业率 = 1 (5) 息税前利润 = 安全边际量 × 单位边际贡献 = 安全边际额 × 边际贡献率 (6) 销售息税前利润率 = 安全边际率 × 边际贡献率 (7) 安全边际率 = 1/*DOL* = *DFL*/*DTL*

【例 16－9】（2013 年单选题）甲公司只生产一种产品，变动成本率为 40%，盈亏临界点作业率为 70%。甲公司的息税前利润率是（　　）。

A. 18%

B. 28%

C. 42%

D. 12%

【答案】A

【解析】销售息税前利润率 = 安全边际率 × 边际贡献率 =（1－70%）×（1－40%）= 18%。

【例 16－10】（多选题）关于利润计算的下列公式中，正确的有（　　）。

A. 利润 = 边际贡献总额－固定成本

B. 利润 = 安全边际额 × 边际贡献率

C. 利润 = 安全边际量 × 单位边际贡献

D. 利润 =（实际或预计销售额－盈亏临界点销售额）× 边际贡献率

【答案】ABCD

【解析】重点是要清楚利润与盈亏临界分析的关系，在全部销售量中，只有超过保本点的部分才能为企业提供利润，而且超过保本点的销售量所提供的边际贡献就是企业的利润。

【例 16－11】（单选题）下列关于安全边际和边际贡献的表述中，错误的是（　　）。

A. 边际贡献的大小，与固定成本支出的多少无关

B. 边际贡献率反映产品给企业做出贡献的能力

C. 提高安全边际或提高边际贡献率，可以提高利润

D. 降低安全边际率或提高边际贡献率，可以提高销售利润率

【答案】D

【解析】销售利润率 = 安全边际率 × 边际贡献率，由公式可知，销售利润率与安全边际率成正比例，因此，D 选项是错误的。

【例 16－12】（单选题）某企业生产甲产品，已知该产品的单价为 10 元，单位变动成本为 4 元，销售量为 500 件，固定成本总额为 1 000 元，则边际贡献率和安全边际率分别为（　　）。

A. 60% 和 66.67%

B. 60% 和 40%

C. 40% 和 66.67%

D. 40% 和 60%

【答案】A

【解析】边际贡献率 =（10－4）/10 × 100% = 60%，盈亏临界点销售量 = 1 000/（10－4）= 166.67（件），安全边际率 =（500－166.67）/500 × 100% = 66.67%。

二、多品种情况下的保本分析（能力等级 3）

内容	说明
1. 分析方法	加权平均边际贡献率
2. 计算公式	加权平均边际贡献率 = $\frac{\Sigma \text{某产品边际贡献}}{\Sigma \text{各产品销售收入}}$ = Σ（各产品的边际贡献率 × 各产品销售比重） 补充： 综合保本点销售额 = $\frac{\text{固定成本总额}}{\text{加权平均边际贡献率}}$ 某产品保本点销售额 = 综合保本点销售额 × 该产品销售比重 某产品保本点销售量 = 该产品保本点销售额/该产品的单价

【例 16－13】（单选题）下列关于多种产品加权平均边际贡献率的计算公式中，错误的是（　　）。

A. 加权平均边际贡献率 =（Σ 各产品边际贡献/Σ 各产品销售收入）× 100%

B. 加权平均边际贡献率 = Σ（各产品安全边际率 × 各产品销售利润率）

C. 加权平均边际贡献率 =（利润 + 固定成本）/Σ 各产品销售收入 × 100%

D. 加权平均边际贡献率 = Σ（各产品边

际贡献率×各产品占总销售比重）

【答案】B

【解析】根据教材内容可知，A、D的表达式正确；由于安全边际率×边际贡献率＝销售利润率，所以，B的表达式不正确；同时，由于总的边际贡献＝利润＋固定成本，所以，C的表达式也正确。

【例16－14】（2014年计算分析题）甲公司生产A、B、C三种产品，三种产品共用一条生产线，该生产线每月生产能力为12 800机器小时，目前已经满负荷运转。为使公司利润最大，公司正在研究如何调整三种产品的生产结构，相关资料如下：

（1）公司每月固定制造费用为400 000元，每月固定管理费用为247 500元，每月固定销售费用为300 000元。

（2）三种产品当前的产销数据：

项目	产品A	产品B	产品C
每月产销量（件）	1 400	1 000	1 200
销售单价（元）	600	900	800
单位变动成本（元）	400	600	450
生产单位产品所需机器工时（小时）	2	4	5

（3）公司销售部门预测，产品A还有一定的市场空间，按照目前的市场情况，每月销售量可以达到2 000件，产品B和产品C的销量不受限制；生产部门提出，产品B受技术工人数量的限制，每月最多可以生产1 500件，产品A和产品C的产量不受限制。

要求：

（1）计算当前A、B、C三种产品的边际贡献总额、加权平均边际贡献率、盈亏临界点的销售额。

（2）计算调整生产结构后A、B、C三种产品的产量、边际贡献总额、甲公司每月的税前利润增加额。

【答案及解析】

（1）产品A的边际贡献＝1 400×（600－400）＝280 000（元）

产品B的边际贡献＝1 000×（900－600）＝300 000（元）

产品C的边际贡献＝1 200×（800－450）＝420 000（元）

边际贡献总额＝280 000＋300 000＋420 000＝1 000 000（元）

营业收入总额＝1 400×600＋1 000×900＋1 200×800＝2 700 000（元）

加权平均边际贡献率＝1 000 000/2 700 000＝37.04%

盈亏临界点的销售额＝（400 000＋247 500＋300 000）/37.04%＝2 558 045.36（元）。

（2）计算调整生产结构后A、B、C三种产品的产量、边际贡献总额、甲公司每月的税前利润增加额。

产品A的单位工时边际贡献＝（600－400）/2＝100（元）

产品B的单位工时边际贡献＝（900－600）/4＝75（元）

产品C的单位工时边际贡献＝（800－450）/5＝70（元）

按产品A、B、C的单位工时边际贡献大小顺序安排生产，产品A的产量为2 000件，产品B的产量为1 500件，剩余的生产能力安排产品C的生产。

产品C的产量＝（12 800－2 000×2－1 500×4）/5＝560（件）

产品A的边际贡献＝（600－400）×2 000＝400 000（元）

产品B的边际贡献＝（900－600）×1 500＝450 000（元）

产品C的边际贡献＝（800－450）×560＝196 000（元）

边际贡献总额＝400 000＋450 000＋196 000＝1 046 000（元）

甲公司每月税前利润增加额＝1 046 000－1 000 000＝46 000（元）。

【例16－15】（2015年计算分析题）甲公司是一家生物制药企业，研发出一种专利产品。该产品投资项目已完成可行性分析，厂房建造和设备购置安装工作也已完成，新产品将于2016年开始生产并销售。目前，公司正对该项目进行盈亏平衡分析。相关资料如下：

（1）专利研发支出资本化金额350万元，

专利有效期10年，预计无残值；建造厂房使用的土地使用权，取得成本300万元，使用年限30年，预计无残值。两种资产均采用直线法计提摊销。

厂房建造成本500万元，折旧年限30年，预计净残值率10%；设备购置成本100万元，折旧年限10年，预计净残值率5%。两种资产均采用直线法计提折旧。

（2）新产品销售价格每瓶100元，销量每年可达10万瓶；每瓶材料成本20元，变动制造费用15元，包装成本9元。

公司管理人员实行固定工资制，生产工人和销售人员实行基本工资加提成制。预计新增管理人员2人，每人每年固定工资5万元；新增生产工人15人，人均月基本工资1 500元，生产计件工资每瓶1元；新增销售人员5人，人均月基本工资1 500元，销售提成每瓶5元。

每年新增其他费用：财产保险费6.5万元，广告费60万元，职工培训费10万元，其他固定费用8万元。

（3）假设年生产量等于年销售量。

要求：

（1）计算新产品的年固定成本总额和单位变动成本。

（2）计算新产品的盈亏平衡点年销售量、安全边际率和年息税前利润。

（3）计算该项目的经营杠杆系数。

【答案及解析】

（1）厂房折旧 = 500 ×（1 − 10%）÷ 30 = 15（万元）

设备折旧 = 100 ×（1 − 5%）÷ 10 = 9.5（万元）

新产品的年固定成本总额 = 专利摊销 + 土地摊销 + 固定资产折旧 + 管理人员工资 + 生产工人固定工资 + 销售人员固定工资 + 财产保险费 + 广告费 + 职工培训费 + 其他固定费用

= 35 + 10 +（15 + 9.5）+ 5 × 2 + 0.15 × 12 × 15 + 0.15 × 12 × 5 + 6.5 + 60 + 10 + 8

= 35 + 10 + 24.5 + 10 + 27 + 9 + 6.5 + 60 + 10 + 8

= 200（万元）

新产品的单位变动成本 = 材料费用 + 变动制造费用 + 包装费 + 计件工资 + 销售提成

= 20 + 15 + 9 + 1 + 5

= 50（元）。

（2）盈亏平衡点年销售量 = $\frac{200}{100-50}$ = 4（万瓶）

安全边际率 = 1 − $\frac{4}{10}$ = 60%

年息税前利润 =（100 − 50）×（10 − 4）= 300（万元）。

（3）经营杠杆系数 =（息税前利润 + 固定成本）÷ 息税前利润 = $\frac{300+200}{300}$ = 1.67

［或，经营杠杆系数 = 边际贡献 ÷（边际贡献 − 固定成本）= $\frac{(200-50)\times 20}{(100-50)\times 10-200}$ = 1.67］。

第三节 保利分析（能力等级3）

指标	计算公式
保利量	保利量 =（固定成本 + 目标利润）/（单价 − 单位变动成本）
保利额	保利额 =（固定成本 + 目标利润）/ 边际贡献率

【提示】

（1）目标利润一般是指税前利润，若已知目标税后利润：

保利量 = ［固定成本 + 目标税后利润 /（1 − 所得税税率）］/ 单位边际贡献

保利额 = ［固定成本 + 目标税后利润 /（1 − 所得税率）］/ 边际贡献率

（2）保利分析计算的实质：无须记公式，利用量本利的基本模型，已知目标利润，倒求销量或销售额即可。

第四节 利润敏感分析（能力等级3）

内容	说明
1. 含义	主要研究与分析有关参数发生多大变化会使盈利转为亏损，各参数变化对利润变化的影响程度，以及各因素变动时如何调整销量，以保证原目标利润的实现等问题

续表

内容	说明
2. 有关参数发生多大变化使盈利转为亏损	分析当单价、单位变动成本、产销量或固定成本总额的其中一个因素发生怎样的变化时将使利润为零。也就是令利润等于零，其他因素不变，求其中一个因素的值。 ①单价的最小值是企业能忍受的单价最小值； ②销售量最小值是企业能忍受的销售量最小值； ③单位变动成本的最大值是企业能忍受的最大值； ④固定成本最大值是企业能忍受的最大值
3. 各因素变化对利润变化的影响程度—计算敏感系数	各参数变化都会引起利润的变化，但其影响程度各不相同。有的参数发生微小变化，就会使利润发生很大的变动。利润对这些参数的变化十分敏感，称这类参数为敏感因素。与此相反，有些参数发生变化后，利润的变化不大，反应比较迟钝，称之为不敏感因素。反应敏感程度的指标是敏感系数。 计算敏感系数： 敏感系数 = 目标值变动百分比/参量值变动百分比 销售量的敏感系数 = 利润变动百分比/销售量变动百分比 = DOL 【提示】 (1) 研究企业各参数变动1%或1倍时对利润影响程度： 百分比 =（变化后 - 变化前）/变化前； 敏感系数（S）前用"+"表示该参数与利润同方向变动，"-"表示该参数与利润反方向变动； (2) S是一个倍数值，表示利润变动与某因素变动的倍数关系。其中销量对利润的敏感系数亦称经营杠杆系数，杠杆作用是指销售的较小变动会引起利润较大的同向变动。敏感系数提供了各因素变动百分比和利润变动百分比之间的比例，但不能直接显示变化后利润的值。为了弥补这种不足，有时需要编制"敏感分析表"和"敏感分析图"，列示各因素变动百分率及相应的利润值 (3) 就教材案例而言，影响利润的诸因素中最敏感的是单价（敏感系数5），其次是单位变动成本（敏感系数 -3），再次是销量（敏感系数2），最后是固定成本（敏感系数 -1）

【例16-16】（2018年单选题）甲公司只生产一种产品，目前处于盈利状态，单位变动成本10元，息税前利润对变动成本敏感系数为 -4。假定其他条件不变，甲公司盈亏平衡点时的单位变动成本为（　　）元。

A. 7.5　　B. 9.6

C. 10.4　　D. 12.5

【答案】D

【解析】甲公司盈亏平衡点时，息税前利润变动率 = -100%，变动成本变动率 = (-100%)/(-4) = 25%，单位变动成本 = 10×(1+25%) = 12.5（元）。

【例16-17】（2014年单选题）甲公司只生产一种产品，每件产品的单价为5元，单价敏感系数为5。假定其他条件不变，甲公司盈亏平衡时的产品单价是（　　）元。

A. 3　　B. 3.5

C. 4　　D. 4.5

【答案】C

【解析】甲公司盈亏平衡时，说明利润的变动率为 -100%，单价敏感系数 = 利润变动百分比/单价变动百分比 = [（0 - $EBIT$）/$EBIT$] / [（单价 - 5）/5] = -100% / [（单价 - 5）/5] = 5，单价 = 4（元）。

【例16-18】（计算分析题）甲公司只生产一种A产品，为了更好地进行经营决策和目标控制，该公司财务经理正在使用2011年相关数据进行本量利分析，有关资料如下：

(1) 2011年产销量为8 000件，每件价格1 000元。

(2) 生产A产品需要的专利技术需要从外部购买取得，甲公司每年除向技术转让方支付50万的固定专利使用费外，还需按营业收入的10%支付变动专利使用费。

(3) 2011年直接材料费用200万元，均为变动成本。

(4) 2011年人工成本总额为180万元，其中：生产工人采取计件工资制度，全年人工成本支出120万元，管理人员采取固定工资制度，全年人工成本支出为60万元。

(5) 2011年折旧费用总额为95万元，其中管理部门计提折旧费用15万元，生产部门计提折旧费用80万元。

(6) 2011年发生其他成本及管理费用87万元，其中40万元为变动成本，47万元为固定成本。

要求：

(1) 计算A产品的单位边际贡献、盈亏

临界点销售量和安全边际率。

（2）计算甲公司税前利润对销售量和单价的敏感系数。

（3）如果2012年原材料价格上涨20%，其他因素不变，A产品的销售价格应上涨多大幅度才能保持2011年的利润水平。

【答案】

（1）固定成本 = 500 000 + 950 000 + 600 000 + 470 000 = 2 520 000（元）

单位变动成本 = 1 000 × 10% + (2 000 000 + 1 200 000 + 400 000) ÷ 8 000 = 100 + 450 = 550（元）

单位边际贡献 = 单价 − 单位变动成本 = 1 000 − 550 = 450（元）

盈亏临界点销售量 = 2 520 000/450 = 5 600（件）

盈亏临界点作业率 = 5 600/8 000 × 100% = 70%

安全边际率 = 1 − 盈亏临界点作业率 = 30%。

（2）当前税前利润 = 450 × 8 000 − 2 520 000 = 1 080 000（元）

当销售量增加10%时：

税前利润 = 450 × 8 000 ×（1 + 10%）− 2 520 000 = 1 440 000（元）

税前利润变动百分比 =（1 440 000 − 1 080 000）/1 080 000 = 33.33%

销售量的敏感系数 = 33.33%/10% = 3.33

当单价增长10%时：

单位变动专利使用费增加 = 100 × 10% = 10（元）

单位变动成本 = 550 + 10 = 560（元）

税前利润 = [1 000 ×（1 + 10%）− 560] × 8 000 − 2 520 000 = 1 800 000（元）

税前利润变动百分比 =（1 800 000 − 1 080 000）/1 080 000 = 66.67%

单价的敏感系数 = 66.67%/10% = 6.67。

（3）单价为 P

单位变动成本 = P × 10% + [2 000 000 ×（1 + 20%）+ 1 200 000 + 400 000）] ÷ 8 000 = P × 10% + 500

（P − P × 10% − 500）× 8 000 − 2 520 000 = 1 080 000（元）

P = [（1 080 000 + 2 520 000）/8 000 + 500] /（1 − 10%）

P = 1 055.56（元）

价格的上涨幅度 =（1 055.56 − 1 000）/1 000 = 5.56%。

【例16－19】（2016年计算分析题）甲公司拟加盟乙快餐集团。乙集团对加盟企业采取不从零开始的加盟政策：将已运营2年以上、达到盈亏平衡条件的自营门店整体转让给符合条件的加盟商；加盟经营协议期限15年，加盟时一次性支付450万元加盟费；加盟期内，每年按年营业额的10%向乙集团支付特许经营权使用费和广告费。甲公司预计将于2016年12月31日正式加盟，目前正进行加盟店2017年度的盈亏平衡分析。

其他相关资料如下：

（1）餐厅面积400平方米，仓库面积100平方米，每平方米年租金2 400元。

（2）为扩大营业规模，新增一项固定资产。该资产原值300万元，按直线法计提折旧，折旧年限10年（不考虑残值）。

（3）快餐每份售价40元，变动制造成本率50%，每年正常销售量15万份。

假设固定成本、变动成本率保持不变。

要求：

（1）计算加盟店年固定成本总额、单位变动成本、盈亏临界点销售额及正常销售量时的安全边际率。

（2）如果计划目标税前利润达到100万元，计算快餐销售量；假设其他因素不变，如果快餐销售价格上浮5%，以目标税前利润100万元为基数，计算目标税前利润变动的百分比及目标税前利润对单价的敏感系数。

（3）如果计划目标税前利润达到100万元且快餐销售量达到20万份，计算加盟店可接受的快餐最低销售价格。

【答案及解析】

（1）计算加盟店年固定成本总额、单位变动成本、盈亏临界点销售额及正常销售量时的安全边际率。

加盟店年固定成本总额 = 450/15 + 0.24 ×（400 + 100）+ 300/10 = 180（万元）

变动成本率 = 50% + 10% = 60%

单位变动成本 = 40 × 60% = 24（元）

盈亏临界点销售额 = $\dfrac{180}{(40-24)/40}$ = 450（万元）

第十六章

$$[\text{或}=\frac{180}{1-60\%}=450\ (\text{万元})]$$

$$\text{安全边际率}=\frac{40\times15-450}{40\times15}=25\%$$

$$(\text{或}=1-\frac{450}{40\times15}=25\%)\text{。}$$

(2) 如果计划目标税前利润达到100万元，计算快餐销售量；假设其他因素不变，如果快餐销售价格上浮5%，以目标税前利润100万元为基数，计算目标税前利润变动的百分比及目标税前利润对单价的敏感系数。

目标税前利润达到100万元的销售量 $=\frac{180+100}{40\times(1-60\%)}=17.5$（万份）

目标税前利润变动的百分比 $=\frac{17.5\times[40\times(1+5\%)\times(1-60\%)-40\times(1-60\%)]}{100}$ $=14\%$

目标税前利润对单价的敏感系数 $=14\%/5\%=2.8$。

(3) 如果计划目标税前利润达到100万元且快餐销售量达到20万份，计算加盟店可接受的快餐最低销售价格。

快餐可接受的最低销售价格 $=\frac{180+100}{20\times(1-60\%)}=35$（元）。

【例16-20】(2017年综合题) 甲公司是一家智能机器人制造企业，目前生产A、B、C三种型号机器人，最近几年该行业市场需求变化较大，公司正进行生产经营的调整和决策。相关资料如下：

(1) 预计2018年A型机器人销量为1 500台，单位售价为24万元，单位变动成本为14万元；B型机器人销量为1 000台，单位售价为18万元，单位变动成本为10万元；C型机器人销量为2 500台，单位售价为16万元，单位变动成本为10万元；固定成本总额为10 200万元。

(2) A、B、C三种型号机器人都需要通过同一台关键设备加工，该设备是公司的关键限制资源，该设备总的加工能力为5 000小时，A、B、C三种型号机器人利用该设备进行加工的时间分别为1小时、2小时和1小时。

要求：

(1) 为有效利用关键设备，该公司2018年A、B、C三种型号机器人各应生产多少台？营业利润总计多少万元？

(2) 基于要求 (1) 的结果，计算公司2018年的加权平均边际贡献率、加权平均盈亏平衡销售额及A型机器人的盈亏平衡销售额、盈亏平衡销售量、盈亏临界点作业率。

(3) 假设公司根据市场需求变化，调整产品结构，计划2019年只生产A型机器人，预计2019年A型机器人销量达到5 000台，单位变动成本保持不变，固定成本增加到11 200万元，若想达到要求 (1) 的营业利润，2019年公司A型机器人可接受的最低销售单价是多少？(4) 基于要求 (3) 的单位售价、单位变动成本、固定成本和销量，分别计算在这些参数增长10%时营业利润对各参数的敏感系数，然后按营业利润对这些参数的敏感程度进行排序，并指出对营业利润而言哪些参数是敏感因素。

【答案及解析】

(1) A型机器人单位小时边际贡献 $=(24-14)/1=10$（万元/小时）

B型机器人单位小时边际贡献 $=(18-10)/2=4$（万元/小时）

C型机器人单位小时边际贡献 $=(16-10)/1=6$（万元/小时）

因为A型机器人单位小时边际贡献 > C型机器人单位小时边际贡献 > B型机器人单位小时边际贡献，所以应该先生产A型机器人，再生产C型机器人，最后生产B型机器人。

因为A型机器人销量为1 500台，所以A型机器人生产1 500台，总工时为1 500小时，C型机器人销量为2 500台，所以C型机器人生产2 500台，总工时为2 500小时。

剩余工时 $=5\ 000-1\ 500-2\ 500=1\ 000$（小时），所以应该生产B型机器人的数量 $=1\ 000/2=500$（台）

即：生产A型机器人1 500台，C型机器人2 500台，B型机器人500台。

营业利润 $=1\ 500\times(24-14)+2\ 500\times(16-10)+500\times(18-10)-10\ 200=23\ 800$（万元）。

(2) 加权平均边际贡献率 $=[1\ 500\times(24-14)+2\ 500\times(16-10)+500\times(18-10)]/(1\ 500\times24+2\ 500\times16+500\times$

18) = 40%

加权平均盈亏平衡销售额 = 10 200/40% = 25 500（万元）

A 型机器人的盈亏平衡销售额 = 25 500 × 1 500 × 24/(1 500 × 24 + 2 500 × 16 + 500 × 18) = 10 800（万元）

A 型机器人的盈亏平衡销售量 = 10 800/24 = 450（台）

A 型机器人的盈亏临界点作业率 = 450/1 500 = 30%。

（3）假设可接受的最低销售单价是 W，则：（W − 14）× 5 000 − 11 200 = 23 800，解得：W = 21（万元）。

（4）①单价增长 10%：变化后的营业利润 = [21 ×（1 + 10%）− 14] × 5 000 − 11 200 = 34 300（万元）

营业利润变动百分比 =（34 300 − 23 800)/23 800 = 44.12%

营业利润对单价的敏感系数 = 44.12%/10% = 4.41

单位变动成本增长 10%：变化后的营业利润 = [21 − 14 ×（1 + 10%）] × 5 000 − 11 200 = 16 800（万元）

营业利润变动百分比 = (16 800 − 23 800)/23 800 = −29.41%

营业利润对单位变动成本的敏感系数 = −29.41%/10% = −2.94

销量增长 10%：变化后的营业利润 = (21 − 14）× 5 000 ×（1 + 10%）− 11 200 = 27 300（万元）

营业利润变动百分比 = (27 300 − 23 800)/23 800 = 14.71%

营业利润对销量的敏感系数 = 14.71%/10% = 1.47

固定成本增长 10%：

变化后的营业利润 = (21 − 14）× 5 000 − 11 200 ×（1 + 10%）= 22 680（万元）

营业利润变动百分比 = (22 680 − 23 800)/23 800 = −4.71%

营业利润对固定成本的敏感系数 = −4.71%/10% = −0.47

②敏感程度由大到小的顺序是：单价、单位变动成本、销量、固定成本。

③敏感系数的绝对值大于 1 的因素属于敏感因素，所以单价、单位变动成本、销量属于敏感系数。

精选练习题

一、单项选择题

1. 根据本量利分析原理，只能提高安全边际而不会降低盈亏临界点的措施是（　　）。

A. 提高单价

B. 增加产销量

C. 降低单位变动成本

D. 压缩固定成本

2. 下列关于混合成本性态分析的说法中，错误的是（　　）。

A. 半变动成本可分解为固定成本和变动成本

B. 延期变动成本在一定业务量范围内为固定成本，超过该业务量可分解为固定成本和变动成本

C. 阶梯式成本在一定业务量范围内为固定成本，当业务量超过一定限度，成本跳跃到新的水平时，以新的成本作为固定成本

D. 为简化数据处理，在相关范围内曲线成本可以近似看成变动成本或半变动成本

3. C 公司的固定成本（包括利息费用）为 600 万元，资产总额为 10 000 万元，资产负债率为 50%，负债平均利息率为 8%，净利润为 800 万元，该公司适用的所得税税率为 20%，则税前经营利润对销量的敏感系数是（　　）。

A. 1.43　　B. 1.2

C. 1.14　　D. 1.08

4. 单一产品的固定成本不变，单价和单位变动成本等比例上升，则盈亏临界点销售量（　　）。

A. 上升　　B. 下降

C. 不变　　D. 都可能出现

5. 已知某项成本的习性模型为：$y = 1\ 000 + 2x$，当业务量 x 由 1 000 单位上升到 2 000 单位时，该项成本的增加量为（　　）。

A. 3 000　　B. 5 000

C. 2 000　　D. 1 000

6. 已知利润对销售量的敏感性系数为 2，

总杠杆系数为3，息税前利润由200万元增加到600万元，则每股利润由1元增加到（　　）元。

A. 0.45　　B. 1.25

C. 0.75　　D. 4

7. 敏感系数所具有的性质是（　　）。

A. 敏感系数为正数，参量值与目标值发生同方向变化

B. 敏感系数为负数，参量值与目标值发生同方向变化

C. 只有敏感系数大于1的参量才是敏感因素

D. 只有敏感系数小于1的参量才是敏感因素

8. 假设某企业只生产销售一种产品，单价50元，边际贡献率40%，每年固定成本300万元，预计下年产销量20万件，则价格对利润影响的敏感系数为（　　）。

A. 10　　B. 8

C. 4　　D. 40

9. 某公司对营销人员薪金支付采取，在正常销量以内支付固定月工资，当销量超过正常水平后则支付每件10元的奖励，这种人工成本就属于（　　）。

A. 半变动成本

B. 步增成本

C. 延期变动成本

D. 曲线成本

10. 若某一企业的经营处于盈亏临界状态，错误的说法是（　　）。

A. 此时销售额正处于营业收入线与总成本线的交点

B. 此时的经营杠杆系数趋近于无穷小

C. 此时的营业销售利润率等于零

D. 此时的边际贡献等于固定成本

11. 某企业本月固定成本10 000元，生产一种产品，单价100元，单位变动成本80元，本月销售量为1 000件。如果打算使下月比本月的利润提高20%，假设其他的资料不变，则销售量应提高（　　）。

A. 12%　　B. 10%

C. 8%　　D. 15%

12. 在变动成本法下，下列各项中不属于产品成本的是（　　）。

A. 直接材料

B. 直接人工

C. 变动制造费用

D. 变动销售及管理费用

13. 甲公司只生产销售一种产品，变动成本率30%，盈亏临界点作业率40%，甲公司销售息税前利润率是（　　）。

A. 18%　　B. 12%

C. 42%　　D. 28%

二、多项选择题

1. 下列各项中，属于变动成本项目的有（　　）。

A. 采用工作量法计提的折旧

B. 不动产财产保险费

C. 直接人工费

D. 写字楼物业管理费

2. 依据边际贡献方程式，产品边际贡献是营业收入减去产品变动成本以后的差额，因此，提高产品边际贡献的途径有（　　）。

A. 提高销售单价

B. 降低单位产品变动成本

C. 降低单位变动销售费用

D. 降低单位变动管理费用

3. 下列关于固定成本的叙述，正确的有（　　）。

A. 固定成本是指在特定的产量范围内不受产量变动的影响，在一定期间内总额保持固定不变的成本

B. 约束性固定成本给企业带来的是持续一定时间的生产经营能力

C. 酌量性固定成本是可以通过管理决策行动改变其数额的固定成本

D. 在相关范围内，产量增加，单位固定成本减少；产量减少，单位固定成本增加

4. 下列相关表述中正确的有（　　）。

A. 单位变动成本一般会随业务量变化而相应变动

B. 所谓保本是指企业的边际贡献与固定成本相等

C. 产品边际贡献指营业收入减去生产制造过程中的变动成本和销售、管理费中的变动费用之后的差额

D. 固定成本的降低额即是目标利润的增加额

5. 下列各项中，属于约束性固定成本的

有（　　）。

A. 管理人员薪酬　B. 折旧费

C. 职工培训费　　D. 研究开发支出

6. G公司采用变动成本计算制度。该公司某车间本月实际发生的电费为1 100元，应将其分别计入“固定制造费用”和“变动制造费用”账户。已知电力成本（y）与生产量（x）的弹性预算方程为：$y=450+10x$；月初在产品30件，本月投产60件，本月完工50件；在产品平均完工程度为50%。下列有关电力成本的各项中，正确的有（　　）。

A. 本月变动成本的预算金额为500元

B. 本月总成本的预算金额为1 000元

C. 记入“固定制造费用”账户495元

D. 记入“变动制造费用”账户550元

7. 在变动成本法下，下列各项中作为制造边际贡献的扣除项目的有（　　）。

A. 变动制造费用

B. 变动销售费用

C. 固定制造费用

D. 固定管理费用

8. 下列哪些是敏感系数所不具有的性质（　　）。

A. 敏感系数为正数，参量值与目标值发生同方向变化

B. 敏感系数为负数，参量值与目标值发生同方向变化

C. 只有敏感系数大于1的参量才是敏感因素

D. 只有敏感系数小于1的参量才是敏感因素

9. 下列表述中正确的有（　　）。

A. 要想降低酌量性固定成本，只能从合理利用经营能力，降低单位固定成本入手

B. 管理人员工资属于约束性固定成本

C. 职工培训费属于酌量性固定成本

D. 酌量性固定成本关系到企业的竞争能力，也是一种提供生产“经营能力”的成本

10. 甲公司的经营处于盈亏临界点，下列表述正确的有（　　）。

A. 经营杠杆系数等于零

B. 安全边际等于零

C. 销售额等于销售收入线与总成本线交点处销售额

D. 边际贡献等于固定成本

三、计算分析题

1. 某企业只产销一种产品，预计2020年销售量为200 000件，每件售价10元，单位成本为8.5元，其中单位变动制造成本6元，单位变动销售费用0.7元，单位变动管理费用0.3元，该企业适用的所得税税率为25%。

要求：

（1）计算盈亏临界点的销售量，及安全边际率。

（2）计算预计企业能够实现的税后净利。

（3）测算有关参数（单价、销量、单位变动成本、固定成本）发生多大变化（假定每次只变动一个因素），会使盈利转为亏损。

（4）根据第3问，运用敏感性分析原理，测算其对利润的敏感系数。

2. 某公司只产销一种产品，2019年销售量为10 000万件，每件售价200元，单位成本为150元，其中单位变动成本120元，该企业拟使2020年利润在2019年基础上增加20%。

要求：

（1）运用本量利分析原理进行规划，从哪些方面采取措施（要求定量计算；假定采取某项措施时，其他条件不变），才能实现目标利润。

（2）测算该公司的经营杠杆系数。

（3）如该公司股本总额为3 600 000万元，董事会在讨论2020年资金安排时提出：①计划年度股利支付率为40%；②计划年度新增留存收益按股本的10%增加，公司适用的所得税税率为25%。测算实现董事会上述要求所需要的目标利润。

3. 某企业只生产一种A产品，产销平衡。有关资料如下：

预计年产销量27 000件，单位售价为2元，单位变动成本为1.5元，计划期固定成本为10 000元。该企业拟计划采取甲、乙方案提供的如下措施，优化目前的营销。

甲方案：单价由原来的2元提高到2.5元，但为了使产品预期的销售量能顺利销售出去，全年需增加广告费支出2 000元。

乙方案：假设企业的生产能力还有剩余，能增加产量，可以采取薄利多销的措施。经研究决定：单价降低5%，可使销售量增

加12.5%。

要求：

(1) 针对甲方案：提高单价的同时增加广告费，计算下列指标：

①盈亏临界点的销售量；

②实现原来目标利润所需的销售量；

③如果此时能完成原来预计的销售量，可比原定目标增加多少利润？

(2) 针对乙方案：降低售价的同时增加销售量，计算下列指标：

①盈亏临界点的销售量；

②实现原来目标利润所需的销售量；

③如果完成预计降价后的销售量，可比原定目标增加多少利润？

4. D物业公司在服务住宅区内开设了一家家政服务中心，为住宅区内住户提供钟点家政服务。家政服务中心将物业公司现有办公用房作为办公场所，每月固定分摊物业公司折旧费、水电费、电话费等共计4 000元。此外，家政服务中心每月发生其他固定费用900元。

家政服务中心现有2名管理人员，负责接听顾客电话、安排调度家政工人以及其他管理工作，每人每月固定工资2 000元；招聘家政工人50名，家政工人工资采取底薪加计时工资制，每人除每月固定工资350元外，每提供1小时家政服务还可获得6元钱。

家政服务中心按提供家政服务小时数向顾客收取费用，目前每小时收费10元，每天平均有250小时的家政服务需求，每月按30天计算。

根据目前家政工人的数量，家政服务中心每天可提供360小时的家政服务。为了充分利用现有服务能力。家政服务中心拟采取降价10%的促销措施。预计降价后每天的家政服务需求小时数将大幅提高。

要求：

(1) 计算采取降价措施前家政服务中心每月的边际贡献和税前利润。

(2) 计算采取降价措施前家政服务中心每月的盈亏临界点销售量和安全边际率。

(3) 降价后每月家政服务需求至少应达到多少小时，降价措施才是可行的？此时的安全边际是多少？

四、综合题

1. 甲公司是一家空气净化器制造企业，共设三个生产部门，分别生产X、Y、Z三种空气净化器，最近几年该行业市场需求变化较大，公司正进行生产经营的调整和决策。

公司预计2018年X净化器销量3万台，单位售价10 000元，单位变动成本6 000元，固定成本3 375万元；Y净化器销量3万台，单位售价6 000元，单位变动成本3 000元，固定成本2 025万元；Z净化器销量4万台，单位售价3 000元，单位变动成本2 625元，固定成本1 350万元。总部管理费用4 500万元，按预测的销售收入比例分摊给X、Y、Z三种净化器的生产部门。

要求：

(1) 分别计算X、Y、Z三种净化器的边际贡献、营业利润，分别判断是应继续生产还是停产，并说明理由。

(2) 基于要求(1)的结果，计算该企业2018年的加权平均边际贡献率、加权平均盈亏平衡销售额及X净化器的盈亏平衡销售额、盈亏平衡销售量、盈亏临界点作业率。

(3) 假设该公司根据市场需求变化，调整产品结构，计划2019年只生产X净化器。预计2019年X净化器销量达到6万台，单位变动成本、固定成本保持不变，总部管理费用增加到5 250万元。若想达到要求(1)的营业利润总额，2019年该企业X净化器可接受的最低销售单价是多少？

(4) 基于要求(3)的单位售价、单位变动成本、固定成本和销量，分别计算在这些参数增长10%时营业利润对各参数的敏感系数，然后按营业利润对这些参数的敏感程度进行排序，并指出对营业利润而言哪些参数是敏感因素。

答案及解析

一、单项选择题

1.【答案】B

【解析】提高单价、降低单位变动成本和压缩固定成本都会降低盈亏临界点。增加产销量会提高安全边际且对盈亏临界点销售量没有影响，所以本题选项 B 正确。

2. 【答案】B

【解析】延期变动成本在某一业务量以下表现为固定成本，超过这一业务量则成为变动成本，选项 B 错误。

3. 【答案】C

【解析】税前经营利润对销量的敏感系数也可称为经营杠杆系数：由于 $DOL = M/EBIT = 1 + F/EBIT$，则解出 $EBIT$ 即可，$EBIT$ = 净利润/(1 − 20%) + 利息费用 = 800/(1 − 20%) + 1 000 × 50% × 8% = 1 400 万元，则 $DOL = 1 + F/EBIT = 1 + (600 - 400)/1\ 400 = 1.14$。因此，选项 C 正确。

4. 【答案】B

【解析】盈亏临界点销售量 = 固定成本 ÷ (单价 − 单位变动成本) = 固定成本 ÷ 单位边际贡献，单价和单位变动成本都上升的情况下，单位边际贡献可能上升，那么盈亏临界点的销售量将下降。

5. 【答案】C

【解析】注意本题要求确定的是该项成本的增加量。当业务量为 1 000 时，该项成本总额为 3 000，当业务量为 2 000 时，该项成本总额为 5 000，因此，该项成本的增加量为 5 000 − 3 000 = 2 000。

6. 【答案】D

【解析】已知利润对销售量的敏感性系数为 2，即知经营杠杆系数为 2，又知总杠杆系数为 3，则财务杠杆系数为 1.5，息税前利润由 200 万元增加到 600 万元，增长率为 2，表明每股利润的变动率为 1.5 × 2 = 3，即每股利润由 1 元增加到 4 元。

7. 【答案】A

【解析】敏感系数 = 目标值变动百分比/参量值变动百分比。

8. 【答案】A

【解析】下年预计利润 = 收入 − 变动成本 − 固定成本 = 20 × 50 − 20 × 50 × (1 − 40%) − 300 = 100（万元）

假设价格增长 10%，达到 55 元，单位变动成本不变还是 30，由于单价变动，所以不能用原来的边际贡献率来计算。

预计利润 = 20 × 55 − 20 × 30 − 300 = 200（万元），利润变动率 = (200 − 100)/100 = 100%，单价的敏感系数 = 100%/10% = 10。

9. 【答案】C

【解析】半变动成本，是指在初始基数的基础上随产量正比例增长的成本；阶梯式成本，是指总额随产量呈阶梯式增长的成本，亦称步增成本或半固定成本；延期变动成本，是指在一定产量范围内总额保持稳定，超过特定产量则开始随产量比例增长的成本；曲线成本是指总额随产量增长而呈曲线增长的成本。

10. 【答案】B

【解析】盈亏临界状态是能使企业利润为零，处于不盈不亏的状态，其判断标志是：营业收入线与总成本线相交、收入总额与成本总额相等、边际贡献等于固定成本，而且当销售额处于盈亏临界点时，经营杠杆系数趋近于无穷大。

11. 【答案】B

【解析】本月的利润 = 1 000 × (100 − 80) − 10 000 = 10 000（元），提高后的销售量 = [10 000 + 10 000 × (1 + 20%)]/(100 − 80) = 1 100（件），即销售量提高 10%。

12. 【答案】D

【解析】变动成本法下，产品成本只包括直接材料、直接人工和变动制造费用。

13. 【答案】C

【解析】盈亏临界点作业率 + 安全边际率 = 1，因此，安全边际率 = 1 − 40% = 60%。变动成本率 + 边际贡献率 = 1，因此，边际贡献率 = 1 − 30% = 70%。销售息税前利润率 = 安全边际率 × 边际贡献率 = 60% × 70% = 42%。

二、多项选择题

1. 【答案】AC

【解析】采用工作量法计提的折旧，与工作量成正比例变化，所以属于变动成本；直接人工费也属于变动成本。

2. 【答案】ABCD

【解析】边际贡献分为制造边际贡献和产品边际贡献，其中制造边际贡献是营业收入减去产品变动成本以后的差额，而产品边际贡献是营业收入减去产品变动成本再减去销售和管理变动成本以后的差额。

3. 【答案】BCD

【解析】固定成本是指在特定的产量范围内不受产量变动的影响，在一定期间内总额保持相对稳定的成本，选项 A 错误；约束性固定成本是企业为维持一定的业务量所必须负担的最低成本，属于“经营能力”成本，选项 B 正确；酌量性固定成本的发生额依据企业的经营方针由经理人员决定，选项 C 正确；在相关范围内，单位固定成本与业务量成反比，选项 D 正确。

4. 【答案】BCD

【解析】单位产品的变动成本相对于业务量来说是固定的，所以 A 错误。

5. 【答案】AB

【解析】参见教材约束性固定成本的内容。

6. 【答案】BC

【解析】本月投产约产量 = 月末在产约当产量 + 完工约当产量 - 月初在产约当产量

$=40\times50\%+50-30\times50\%=55$

本月变动成本预算金额 $=10\times55=550$

本月总成本预算金额 $=450+550=1\ 000$

变动比重 $=\dfrac{500}{1\ 000}=55\%$；固定比重 $=1-55\%=45\%$

固定制造费用分配额 $=1\ 100\times45\%=495$

变动制造费用分配额 $=1\ 100\times55\%=605$。

7. 【答案】BCD

【解析】在变动成本法下，固定制造费用和非生产成本全部作为边际贡献（销售额与变动生产成本的差额）的扣除项目。

8. 【答案】BCD

【解析】敏感系数 = 目标值变动百分比/参量值变动百分比，只有 A 为正确。

9. 【答案】BCD

【解析】要想降低约束性固定成本，只能从合理利用经营能力、降低单位固定成本入手。所以选项 A 不正确。

10. 【答案】BCD

【解析】甲公司的经营处于盈亏临界点，息税前利润为 0，经营杠杆系数 = 边际贡献/息税前利润，分母为 0，经营杠杆系数趋于无穷大，选项 A 错误。甲公司的经营处于盈亏临界点，所以实际销售额 = 盈亏临界点销售额，安全边际等于 0，此时息税前利润 = 销售收入 - 总成本 = 销售收入 - 变动成本 - 固定成本 = 边际贡献 - 固定成本 = 0，所以选项 B、C、D 正确。

三、计算分析题

1. 【答案及解析】

（1）计算盈亏临界点的销售量，及安全边际率

固定总成本 $=200\ 000\times(8.5-6-1)=300\ 000$（元）

单位变动成本 $=6+0.7+0.3=7$（元）

单位边际贡献 $=10-7=3$（元）

盈亏临界点的销售量 $=300\ 000/3=100\ 000$（件）

安全边际率 $=(200\ 000-100\ 000)/200\ 000=50\%$。

（2）计算预计企业能够实现的税后净利

预计税前利润 $=200\ 000\times(10-7)-300\ 000=300\ 000$（元）

预计税后利润 $=300\ 000\times(1-25\%)=225\ 000$（元）。

（3）测算有关参数（单价、销量、单位变动成本、固定成本）发生多大变化（假定每次只变动一个因素），会使盈利转为亏损。

单价：

$0=(P-7)\times200\ 000-300\ 000$

$P=8.5$（元）

$(8.5-10)/10=-15\%$

单价降为 8.5，下降 15%，会使盈利转为亏损。

单位变动成本：

$0=(10-V)\times200\ 000-300\ 000$

$V=8.5$

$(8.5-7)/7=21.43\%$

单位变动成本上升为 8.5，上升 21.43%，会使盈利转为亏损。

销量：

销量降为 100 000，下降 50%，会使盈利转为亏损。

固定成本：

$0=(10-7)\times200\ 000-F$

$F=600\ 000$

$(600\ 000-300\ 000)/300\ 000=100\%$

固定成本上升为 600 000，上升 100%，会使盈利转为亏损。

（4）根据第 3 问，运用敏感性分析原理，测算其对利润的敏感系数。

单价敏感系数 $=-100\%/-15\%=6.67$

销量敏感系数 = -100% / -50% = 2

单位变动成本敏感系数 = -100%/21.43% = -4.67

固定成本敏感系数 = -100%/100% = -1。

2.【答案及解析】

（1）2019年固定成本 = 销量 ×（单位成本 - 单位变动成本）

= 10 000 ×（150 - 120）

= 300 000（万元）

（说明：单位成本中包括单位变动成本和单位固定成本）

2019年利润 = 销量 ×（单价 - 单位变动成本）- 固定成本

= 10 000 ×（200 - 120）- 300 000 = 500 000（万元）

2020年目标利润 = 500 000 ×（1 + 20%）= 600 000（万元）

实现目标利润的措施如下：

①提高销量

=（300 000 + 600 000）÷（200 - 120）- 10 000 = 1 250（万件）

提高% = 1 250/10 000 = 12.5%

②降低单位变动成本

= 120 - [200 -（600 000 + 300 000）÷ 10 000] = 10（元）

降低% = 10/120 = 8.33%

③降低固定成本

= 300 000 - [10 000 ×（200 - 120）- 600 000]

= 100 000（元）

降低% = 100 000/300 000 = 33.33%

④提高价格

= [（300 000 + 600 000）÷ 10 000 + 120] - 200

= 10（元）

提高% = 10/200 = 5%。

（2）计算经营杠杆系数：

变动前经营杠杆系数 = 20% ÷ 12.5% = 1.6

或：DOL = 10 000 ×（200 - 120）/ 500 000 = 1.6

变动后经营杠杆系数 = 11 250 ×（200 - 120）/ 600 000 = 1.5。

（3）净利润 = $\frac{\text{本年新增留存收益}}{1-\text{股利分配比率}}$ = 3 600 000 × 10%/（1 - 40%）= 600 000（万元）

目标利润 = 600 000/（1 - 25%）= 800 000（万元）。

3.【答案及解析】

采取各种措施前盈亏临界点的销售量 = $\frac{10\ 000}{2-1.5}$ = 20 000（件）

采取各种措施前的目标利润 = 安全边际量 × 单位边际贡献

=（27 000 - 20 000）×（2 - 1.5）

= 3 500（元）

（1）甲方案：提高单价的同时增加广告费。

①盈亏临界点的销售量 = $\frac{10\ 000+2\ 000}{2.5-1.5}$ = 12 000（件）

②实现原来目标利润所需的销售量 = $\frac{10\ 000+2\ 000+3\ 500}{2.5-1.5}$ = 15 500（件）。

③如果此时能完成原来预计的销售量，可比原定目标多实现利润 =（27 000 - 15 500）×（2.5 - 1.5）= 11 500（元）。

（2）乙方案：降低售价的同时增加销售量。

①盈亏临界点的销售量 = $\frac{10\ 000}{2\times(1-5\%)-1.5}$ = 25 000（件）

②实现原来目标利润所需的销售量 = $\frac{10\ 000+3\ 500}{1.9-1.5}$ = 33 750（件）

③如果完成预计降价后的销售量，可比原定目标多实现利润 = [27 000（1 + 12.5%）- 33 750] ×（1.9 - 1.5）= -1 350（元）。

4.【答案及解析】

（1）边际贡献 = 250 × 30 × 10 - 250 × 30 × 6 = 30 000（元）

固定成本 = 4 000 + 900 + 2 000 × 2 + 350 × 50 = 26 400（元）

税前利润 = 30 000 - 26 400 = 3 600（元）。

（2）盈亏临界销售量 = 26 400/（10 - 6）= 6 600（小时）

安全边际率 =（250 × 30 - 6 600）/（250 × 30）= 12%。

（3）假设最低销售量最少为 X 小时，有等式：X [10 ×（1 - 10%）- 6] = 30 000 成立，得到最低销售量为 10 000 小时。

第十六章

安全边际 = 10 000 - 26 400/(9 - 6) = 1 200（小时）。

四、综合题

1.【答案及解析】

（1）X净化器应分配的管理费用 = 4 500 × 3 × 10 000/(3 × 10 000 + 3 × 6 000 + 4 × 3 000) = 2 250（万元）

Y净化器应分配的管理费用 = 4 500 × 3 × 6 000/(3 × 10 000 + 3 × 6 000 + 4 × 3 000) = 1 350（万元）

Z净化器应分配的管理费用 = 4 500 × 4 × 3 000/(3 × 10 000 + 3 × 6 000 + 4 × 3 000) = 900（万元）

①X净化器：部门边际贡献 = 3 × (10 000 - 6 000) = 12 000（万元）

部门营业利润 = 12 000 - 3 375 - 2 250 = 6 375（万元）

②Y净化器：部门边际贡献 = 3 × (6 000 - 3 000) = 9 000（万元）

部门营业利润 = 9 000 - 2 025 - 1 350 = 5 625（万元）

③Z净化器：部门边际贡献 = 4 × (3 000 - 2 625) = 1 500（万元）

部门营业利润 = 1 500 - 1 350 - 900 = -750（万元）

X、Y净化器部门营业利润为正数，不应停产。由于Z净化器部门营业利润为负数，则应判断是否停产Z净化器。若不停产Z净化器，甲公司营业利润 = 6 375 + 5 625 + (-750) = 11 250（万元）；若停产Z净化器，则甲公司营业利润 = (12 000 + 9 000) - (3 375 + 2 025) - 4 500 = 11 100（万元）。由于停产Z净化器将导致甲公司营业利润下降，所以不应该停产。

（2）加权平均边际贡献率 = (12 000 + 9 000 + 1 500)/(3 × 10 000 + 3 × 6 000 + 4 × 3 000) = 37.5%

加权平均盈亏平衡销售额 = (3 375 + 2 025 + 1 350 + 4 500)/37.5% = 30 000（万元）

X净化器的盈亏平衡销售额 = 30 000 × 3 × 10 000/(3 × 10 000 + 3 × 6 000 + 4 × 3 000) = 15 000（万元）

X净化器的盈亏平衡销售量 = 15 000/10 000 = 1.5（万台）

X净化器的盈亏临界点作业率 = 1.5/3 = 50%。

（3）甲公司营业利润总额 = 6 375 + 5 625 - 750 = 11 250（万元）

假设X净化器可接受的最低销售单价为P，则：

$(P - 6\ 000) \times 6 - (3\ 375 + 5\ 250) = 11\ 250$

求得：$P = 9\ 312.5$（元）。

（4）固定成本总额 = 3 375 + 5 250 = 8 625（万元）

①单价增长10%，

由于：

营业利润 = (单价 - 单位变动成本) × 销售量 - 固定成本

= [9 312.5 × (1 + 10%) - 6 000] × 6 - 8 625

= 16 837.5（万元）

营业利润增长率 = (16 837.5 - 11 250)/11 250 = 49.67%

营业利润对单价的敏感系数 = 49.67%/10% = 4.97

单位变动成本增长10%，

由于：营业利润 = (单价 - 单位变动成本) × 销售量 - 固定成本

= [9 312.5 - 6 000 × (1 + 10%)] × 6 - 8 625

= 7 650（万元）

营业利润增长率 = (7 650 - 11 250)/11 250 = -32%

营业利润对单位变动成本的敏感系数 = -32%/10% = -3.2

销量：

由于：营业利润 = (单价 - 单位变动成本) × 销售量 - 固定成本

= [9 312.5 - 6 000] × 6 × (1 + 10%) - 8 625

= 13 237.5（万元）

营业利润增长率 = (13 237.5 - 11 250)/11 250 = 17.67%

营业利润对销量的敏感系数 = 17.67%/10% = 1.77

固定成本增长10%，

营业利润 = (单价 - 单位变动成本) × 销售量 - 固定成本

= [9 312.5 - 6 000] × 6 - 8 625 × (1 + 10%)

= 10 387.5（万元）

则有：

营业利润增长率 = (10 387.5 - 11 250)/11 250 = -7.67%

营业利润对固定成本的敏感系数 = -7.67%/10% = -0.77。

②敏感程度由大到小的顺序是：单价、单位变动成本、销量和固定成本。

③敏感因素是指敏感系数绝对值大于1的因素，所以单价、单位变动成本和销量属于敏感因素。

第十七章　短期经营决策

本章考情分析

本章属于次重点章，主要阐述短期经营决策中生产决策、定价决策和订货决策的相关内容。

本章考试题型除客观题外，通常会出计算分析题，近3年分值约5分左右。主要熟悉短期决策分析的主要内容，重点掌握生产决策分析和最佳经济批量的决策分析。

考生在学习本章时，要理清各种成本概念及决策方法之间的区别，不要死记硬背概念，而要结合实际，在理解的基础上灵活掌握，注意主观题容易出题的地方。

本章教材变化

本章修改了机会成本的概念，并补充了单位限制资源边际贡献的定义及公式。

本章思维导图

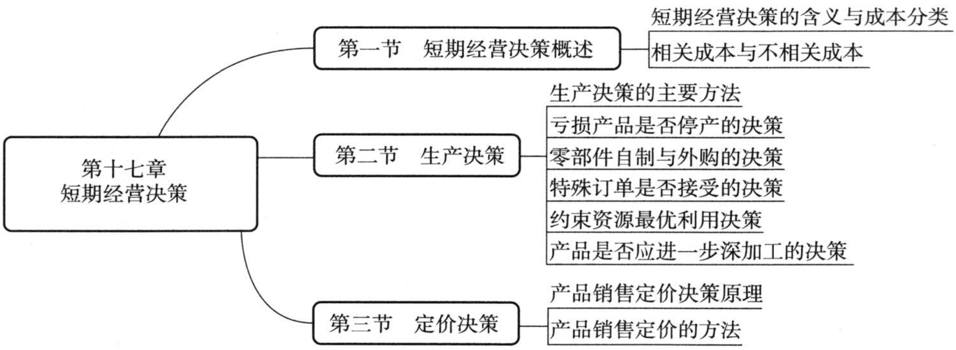

考点精讲及典型例题解析

第一节　短期经营决策概述

一、短期经营决策的含义与成本分类（能力等级1）

（一）含义

是指对企业一年以内或者维持当前的经营规模的条件下所进行的决策。

（二）主要特点

是在既定的规模条件下决定如何有效地进行资源的配置，以获得最大的经济效益。

【提示】短期经营决策通常不涉及固定资产投资和经营规模的改变，是在成本性态分析时提到的“相关范围”内所进行的决策。

（三）四个步骤

1. 明确决策问题和目标
2. 收集相关资料并制定备选方案
3. 对备选方案作出评价，选择最优方案

4. 决策方案的实施与控制

二、相关成本与不相关成本（能力等级3）

（一）相关信息的特点

第一，相关信息是面向未来的；

第二，相关信息在各个备选方案之间应该有所差异。

决策的相关信息应该同时具备上述两个特点。

（二）相关成本与不相关成本

成本	说明
1. 相关成本	（1）含义：相关成本是指与决策相关的成本，在分析评价时必须加以考虑，它随着决策的改变而改变。 （2）表现形式（8个）： ①边际成本：产量增加或减少一个单位所引起的成本变动。 ②机会成本是指实行本方案的一种代价，失去所放弃方案的潜在收益。 【提示】机会成本要求我们在决策中全面考虑可能采取的各种方案，以便为既定资源寻求最为有利的使用途径。 ③重置成本：目前从市场上购置一项原有资产所需支付的成本，也可以称之为现时成本或现行成本，它带有现时估计的性质。 ④付现成本：需要在将来或最近期间支付现金的成本，是一种未来成本。 【提示】只有符合企业目前实际支付能力的方案，才能算得上最优的方案。与资本预算中所提的付现成本不是一个含义。 ⑤可避免成本：有时几个方案在决策中，那些与落选方案关联的成本也称为可避免成本。 【提示】譬如酌量性固定成本就属此类。 ⑥可延缓成本：同已经选定、但可以延期实施而不会影响大局的某方案相关联的成本。 ⑦专属成本：可以明确归属于某种、某批或某个部门的固定成本。 ⑧差量成本：两个备选方案的预期成本之间的差异数，亦称差别成本或差额成本
2. 不相关成本	（1）含义：不相关成本是相关成本的反义，它是指与决策没有关联的成本。 （2）表现形式（4个）： ①沉没成本：过去已发生的，现在或将来的决策无法改变的成本。 【提示】沉没成本一经耗费就一去不复返了。 ②不可避免成本：通过管理决策行为而不能改变其数额的成本。 【提示】譬如约束性固定成本就属此类。 ③不可延缓成本：相对于可延缓成本而言的，它是指即使财力有限也必须在企业计划期间发生，否则就会影响企业大局的已选定方案的成本。 ④共同成本：那些需要几种、几批或有关部门共同分担的固定成本。共同成本具有共享性、基础性和无差别性特征。比如，企业的管理人员工资、车间中的照明费以及需要由各种产品共同负担的联合成本，共享企业的共同基础设施等

【提示】决策的相关信息应该同时具备上述两个特点，同时其也是区分相关成本和不相关成本的标准。

【例17－1】（多选题）下列各项中属于机会成本的有（　　）。

A. 接受追加订货而使正常产量减少的边际贡献

B. 进一步深加工前的半成品所发生的成本

C. 应收账款占用资金的应计利息

D. 旧设备变现价值应视为继续使用旧设备的机会成本

【答案】ACD

【解析】由于接受追加订货而使正常产量减少的边际贡献应视为机会成本，选项A正确；进一步深加工前的半成品所发生的成本，都是无关的沉没成本。因为无论是否深加工，这些成本都已经发生而不能改变。选项B错误；应收账款占用资金的应计利息应视为资金占用在应收账款而放弃其他方案的最大收益也应视为一项机会成本，选项C正确；投资决策中，旧设备变现价值在动用现有资源于项目时，投入的资产是其变现价值。这个设备的变现价值假设是10 000元，如果不用于该项目，它可以出售，企业将获得10 000元。它应是用于继续使用旧设备的机会成本，选项D正确。

第二节 生产决策

一、生产决策的主要方法（能力等级2）

（一）差量分析法

方案	方案一	方案二	差量
相关收入A	A1	A2	A1－A2＝差额收入
相关成本B	B1	B2	B1－B2＝差额成本
决策指标	差额利润＝差额收入－差额成本		
决策原则	差额利润＞0，选方案一 差额利润＜0，选方案二 差额利润＝0，方案一和方案二无差别		

【例17－2】（计算题）LZB公司一条电脑生产线可以生产平板电脑也可生产手提电脑，但只能生产其中之一。生产平板电脑，预计销售量10万台，单位变动成本2 160元，售价3 600元；生产手提电脑，预计销售量15万台，单位变动成本1 570元，售价2 500元。生产两种产品的固定成本相同。

要求：采用差量分析法帮助公司做出决策。

【答案及解析】

差量收入＝平板电脑收入－手提电脑收入＝10×3 600－15×2 500＝36 000－37 500＝－1 500（万元）

差量成本＝平板电脑成本－手提电脑成本＝10×2 160－15×1 570＝21 600－23 625＝－2 025（万元）

差量损益＝差量收入－差量成本＝－1 500－（－2 025）＝525（万元）

决策：生产平板电脑比生产手提电脑可多获得利润525万元，则应生产平板电脑。

（二）边际贡献分析法

含义	是通过对比各个备选方案的边际贡献额的大小来确定最优方案的决策方法
决策原则	选择边际贡献总额最大的方案为优
适用条件	生产能力不变、固定成本总额稳定不变 【提示】相关损益分析法是边际贡献法的特例。若有专属成本发生，需从边际贡献总额中扣除专属成本，选择相关损益最大的方案即 相关损益＝相关收入－相关成本 ＝相关收入－（变动成本＋专属成本）

（三）本量利分析法

决策指标	利润
计算公式	利润＝营业收入－变动成本－固定成本 ＝（单价－单位变动成本）×销量－固定成本 $=(P-V)\times Q-F$
决策原则	选择利润高的方案为优

二、生产决策方法的运用（能力等级3）

典型的生产决策	说明
1. 亏损产品是否停产的决策	决策原则：如果亏损产品能够提供正的边际贡献，就不该停产。 【提示】 ①设备能力无法转移时，若亏损产品单位边际贡献大于零，则不能停产，反之则停产。 ②设备能力可以转移时，转移后创造的收益若大于原亏损产品提供的边际贡献，则应停产，否则不能停产
2. 零部件自制与外购的决策	决策原则：比较外购单价与自制的相关成本，选择较低者。 【提示】 （1）自制相关成本的确定： ①只包含变动成本。有剩余生产能力，且剩余生产能力无法转移他用。 ②包括变动成本和机会成本。有剩余生产能力，且剩余生产能力可以转移他用。 ③变动成本和专属成本。没有足够生产能力，需增加专属投资。 （2）在决策时还需要考虑企业是否有剩余生产能力。 （3）在进行自制还是外购的决策时，决策者还要考虑外购产品的质量、送货的及时性、长期供货能力、供货商的新产品研发能力以及原有职工的抱怨程度等因素

续表

典型的生产决策	说明
3. 特殊订单是否接受的决策	决策原则：比较该订单所提供的边际贡献是否能够大于该订单所引起的相关成本，增加的相关损益大于0，可接受订单。 【提示】 ①剩余生产能力无法转移，且不需追加专属成本，也不影响正常销售，追加特殊订单的产品单价大于单位变动成本，即可接受订单； ②剩余生产能力无法转移，但需追加专属成本，追加特殊订单的产品边际贡献大于追加专属成本，即可接受订单； ③剩余生产能力无法转移，且不需追加专属成本，但是剩余生产能力不足以完成全部追加订货，即会减少目前的正常销售，则减少当前的边际贡献视为接受订单的机会成本，追加特殊订单的产品边际贡献大于该机会成本，即可接受订单； ④剩余生产能力可以转移，转移生产能力形成的收益视为追加订货的机会成本，追加特殊订单的产品边际贡献大于该机会成本，即可接受订单
4. 约束资源最优利用决策	决策原则：按照约束资源（或紧缺资源，又称限制资源）利用效益的最大化安排生产，即选择单位限制资源的边际贡献最大的产品优先安排生产。单位限制资源边际贡献 $=\dfrac{\text{单位产品边际贡献}}{\text{该单位产品所需限制资源量}}$。 【提示】 （1）约束资源是指企业拥有的实际资源能力小于需要的资源能力的资源，即制约企业实现生产经营目标的瓶颈资源，也可称最紧缺资源，如流动资金、原材料劳动力、生产设备、技术等要素及要素投入的时间安排等。 （2）这类决策通常是短期的日常的生产经营安排，不考虑固定成本
5. 产品是否应进一步深加工的决策	决策思路：深加工后出售收入与直接出售收入的差额大于深加工发生的追加成本，则应该深加工后再出售。 【提示】 （1）进一步深加工前的半成品所发生的成本，都是无关的沉没成本。因为无论是否深加工，这些成本都已经发生而不能改变。 （2）对这类决策通常采用差量分析的方法，即： 差额利润 = 加工后出售和直接出售的收入之差 − 进一步加工所需的追加成本 差额利润 >0，才可选择深加工

【例 17－3】（2018 年单选题）甲公司生产销售乙、丙、丁三种产品，固定成本 50 000 元。除乙产品外，其余两种产品均盈利。乙产品销售量 2 000 件，单价 105 元，单位成本 110 元（其中，单位直接材料成本 20 元，单位直接人工成本 35 元，单位变动制造费用 45 元，单位固定制造费用 10 元）。假定生产能力无法转移，在短期经营决策时，决定继续生产乙产品的理由是（　　）元。

A. 乙产品单价大于 55

B. 乙产品单价大于 20

C. 乙产品单价大于 100

D. 乙产品单价大于 80

【答案】C

【解析】在短期内，如果企业的亏损产品能够提供正的边际贡献，就应该继续生产乙产品。乙产品的单位变动成本 = 单位直接材料成本 + 单位直接人工成本 + 单位变动制造费用 = 20 + 35 + 45 = 100（元），所以乙产品单价大于 100 元，就应该继续生产乙产品。

【例 17－4】（2018 年多选题）零部件自制或外购决策中，如果有剩余产能，需要考虑的因素有（　　）。

A. 专属成本　　B. 变动成本

C. 沉没成本　　D. 机会成本

【答案】ABD

【解析】选项 A、B、D 属于自制方案的相关成本；选项 C 属于不相关成本，不属于零部件自制与外购的决策需要考虑的因素。

【例 17－5】（2019 年单选题）甲是一家汽车制造企业，每年需要 M 零部件 20 000 个，可以自制或外购，自制时直接材料费用为 400 元/个，直接人工费用为 100 元/个，变动制造费用为 200 元/个，固定制造费用为 150 元/个，甲公司有足够的生产能力，如不自制，设备出租可获得年租金 400 000 元，甲选择外购的条件是单价小于（　　）元。

A. 720　　B. 680

C. 830　　D. 870

【答案】A

【解析】自制的相关成本 = （400 + 100 + 200）×200 000 + 400 000 = 14 400 000（元）

如选择外购，单价 < 14 400 000/20 000 = 720（元）。

【例 17 - 6】（2019 年计算分析题）甲公司生产 A、B 两种产品，A 产品是传统产品，造价高，定价低，多年亏损，但市场仍有少量需求，公司一直坚持生产。B 产品是最近几年新开发的产品，由于技术性能好、质量高，颇受用户欢迎，目前市场供不应求，2019 年末，公司计划、销售和财务部门一起编制下一年的生产计划，在该计划基础上，财务部门预测收入、成本和利润相关，信息如下：

预计利润表

2020 年　　　　单位：万元

	A	B	合计
营业收入	1 220	560	1 780
营业成本	1 260	440	1 700
税前营业利润	-40	120	80

经财务部门测算，A、B 产品的变动成本率分别为 70% 和 40%。公司领导根据财务部门预测，提出如下几个问题：

（1）2020 年公司税前营业利润能否达到 100 万元？

（2）A 产品亏损 40 万元，可否考虑停产？

（3）若能添置设备，扩大生产能力，增产能否增利？

根据公司领导提出的问题，财务部门和相关部门共同研究，提出如下三个方案：

方案一：停止生产 A 产品，按原计划生产 B 产品。

方案二：停止生产 A 产品，调整生产计划，平衡生产能力，使 B 产品增产 80%。

方案三：在 2020 年原生产计划基础上，投资 50 万元购置一台设备，用于生产 B 产品，B 产品增产 10%，预计该设备使用年限 5 年，按直线法计提折旧，无残值。

要求：（1）分别计算 A、B 产品的变动成本和边际贡献。

（2）分别计算三个方案的税前营业利润，并据以选择最优方案。

（3）基于要求（2）的结果，依次回答公司领导提出的三个问题，并简要说明理由。

【答案】

（1）A 产品的变动成本 = 1 220 × 70% = 854（万元）

A 产品的边际贡献 = 1 220 - 854 = 366（万元）

B 产品的变动成本 = 560 × 40% = 224（万元）

B 产品的边际贡献 = 560 - 224 = 336（万元）。

（2）企业总固定成本 =（1 260 - 854）+（440 - 224）= 622（万元）

方案一的税前营业利润 = 336 - 622 = -286（万元）

方案二的税前营业利润 = 560 ×（1 + 80%）×（1 - 40%）- 662 = -17.2（万元）

方案三的税前营业利润 = 80 + 560 × 10% ×（1 - 40%）- 50/5 = 103.6（万元）

方案三的税前营业利润最大，应选择方案三。

（3）①方案三的税前营业利润 103.6 万元，大于 100 万元，2020 年公司税前营业利润能达到 100 万元。

②A 产品能提供正的边际贡献，考虑停产 A 产品后的税前营业利润为负数，所以不能考虑停产 A 产品。

③添置设备扩大生产能力，增加的边际贡献大于增加的固定成本，所以增产能增利。

【例 17 - 7】（2018 年综合题）甲公司是一家制造业上市公司，生产 A、B、C 三种产品，最近几年，市场需求旺盛，公司正在考虑通过筹资扩大产能。2018 年，公司长期债务 10 000 万元，年利率 6%，流通在外普通股 1 000 万股，每股面值 1 元，无优先股。

资料一：A、B、C 三种产品都需要通过一台关键设备加工，该设备是公司的关键约束资源。年加工能力 2 500 小时。假设 A、B、C 三种产品当年生产当年销售。年初年末无存货，预计 2019 年 A、B、C 三种产品的市场正常销量及相关资料如下：

	A 产品	B 产品	C 产品
市场正常销量（件）	400	600	1 000
单位售价（万元）	2	4	6
单位变动成本（万元）	1.2	1.6	3.5

续表

	A 产品	B 产品	C 产品
单位约束 资源消耗（小时）	1	2	2.5
固定成本总额（万元）	1 000		

资料二：为满足市场需求，公司 2019 年初拟新增一台与关键约束资源相同的设备，需要筹集 10 000 万元。该设备新增年固定成本 600 万元，原固定成本总额 1 000 万元照常发生，现有两种筹资方案可供选择。

方案 1：平价发行优先股筹资 6 000 万元，面值 100 元，票面股息率 10%，按每份市价 1 250 元发行债券筹资 4 000 万元，期限 10 年，面值 1 000 元，票面利率 9%。

方案 2：平价发行优先股筹资 6 000 万元，面值 100 元，票面股息率 10%，按每份市价 10 元发行普通股筹资 4 000 万元。

资料三：新增关键设备到位后，假设 A 产品尚有市场空间，其他条件不变，如果剩余产能不能转移，公司拟花费 200 万元进行广告宣传，通过扩大 A 产品的销量实现剩余产能的充分利用。

公司的企业所得税税率为 25%。

要求：

（1）根据资料一，为有效利用现有的一台关键设备，计算公司 A、B、C 三种产品的生产安排优先顺序和产量，在该生产安排下，公司的经营杠杆和财务杠杆各是多少？

（2）根据资料二，采用每股收益无差别点法，计算两个方案每股收益无差别点的息税前利润，并判断公司应选择哪一个筹资方案。在该筹资方案下，公司的经营杠杆、财务杠杆、每股收益各是多少？

（3）结合要求（1）、（2）的结果，需要说明经营杠杆、财务杠杆发生变化的主要原因。

（4）根据资料三，计算并判断公司是否应利用该剩余产能。

【答案】

（1）①A 产品单位约束资源边际贡献 =（2 - 1.2）/1 = 0.8（万元）

B 产品单位约束资源边际贡献 =（4 - 1.6）/2 = 1.2（万元）

C 产品单位约束资源边际贡献 =（6 - 3.5）/2.5 = 1（万元）

B 产品单位约束资源边际贡献 > C 产品单位约束资源边际贡献 > A 产品单位约束资源边际贡献，所以应先安排生产 B 产品，其次是 C 产品，最后生产 A 产品。

因为假设 A、B、C 三种产品当年生产当年销售。年初年末无存货，所以 B 产品的产量 = 销售量 = 600（件），C 产品的产量 =（2 500 - 600 × 2）/2.5 = 520（件），没有剩余加工能力，所以不生产 A 产品。

②边际贡献 =（4 - 1.6）× 600 +（6 - 3.5）× 520 = 2 740（万元）

息税前利润 = 2 740 - 1 000 = 1 740（万元）

税前利润 = 1 740 - 10 000 × 6% = 1 140（万元）

经营杠杆系数 = 2 740/1 740 = 1.57

财务杠杆系数 = 1 740/1 140 = 1.53。

（2）①[（*EBIT* - 10 000 × 6% - 4 000/1 250 × 1 000 × 9%）×（1 - 25%）- 6 000 × 10%]/1 000 = [（*EBIT* - 10 000 × 6%）×（1 - 25%）- 6 000 × 10%]/（1 000 + 4 000/10）

解得：*EBIT* = 2 408（万元）

预计息税前利润 =（2 - 1.2）× 400 +（4 - 1.6）× 600 +（6 - 3.5）× 1 000 - 1 000 - 600 = 2 660（万元）

预计息税前利润 2 660 万元大于每股收益无差别点的息税前利润 2 408 万元，所以应该选择财务杠杆大的方案 1 进行筹资。

②边际贡献 = 预计息税前利润 + 固定成本 = 2 660 + 1 000 + 600 = 4 260（万元）

归属于普通股的税前利润 = 2 660 - 10 000 × 6% - 4 000/1 250 × 1 000 × 9% - 6 000 × 10%/（1 - 25%）= 972（万元）

经营杠杆系数 = 4 260/2 660 = 1.6

财务杠杆系数 = 2 660/972 = 2.74

每股收益 = [（2 660 - 10 000 × 6% - 4 000/1 250 × 1 000 × 9%）×（1 - 25%）- 6 000 × 10%]/1 000 = 0.73（元）。

（3）因为新增一台与关键约束资源相同的设备，导致固定成本增加，所以会提高经营杠杆。

因为采用方案 1 进行筹资，增加固定性资本成本（利息费用和优先股股利），所以会提高财务杠杆。

（4）公司2019年初拟新增一台与关键约束资源相同的设备，所以年加工能力5 000小时，按照市场正常销量生产后剩余的产能 = 5 000 - 400 × 1 - 600 × 2 - 1 000 × 2.5 = 900（小时）

该剩余产能可以生产的A产品产量 = 900/1 = 900（件）

息税前利润 = 900 ×（2 - 1.2）- 200 = 520（万元）

息税前利润大于0，所以应利用该剩余产能。

第三节　定价决策（能力等级1）

要点	说明
1. 产品定价决策原理	（1）在完全竞争的市场中，市场价格是单个厂商所无法左右的，每个厂商只是均衡价格的被动接受者。 （2）在垄断竞争和寡头垄断市场中，厂商可以对价格有一定的影响力。 （3）在完全垄断的市场中，企业可以自主决定产品的价格。 【提示】产品定价决策通常是针对后三种市场。 管理会计人员主要是从产品成本与销售价格之间的关系角度为管理者提供产品定价的有用信息
2. 产品的基本定价方法	（1）成本加成定价法。 ①完全成本加成法。 在完全成本加成法下，成本基数为单位产品的制造成本，加成部分必须能弥补销售以及管理费用等非制造成本，并为企业提供满意的利润。 【提示】“加成”的内容应该包括非制造成本及合理的利润。 ②变动成本加成法。 企业采用变动成本加成，成本基数为单位产品的变动成本，加成的部分要求弥补全部的固定成本，并为企业提供满意的利润。 【提示】“加成”的内容应该考虑是否涵盖了全部的固定成本和预期利润。 【提示】除了使用完全成本加成法和变动成本加成法以外，企业还可以使用标准成本法，即以标准成本作为成本基数，在此基础上进行加成定价。 （2）市场定价法。 对于有活跃市场的产品，可以根据市场价格来定价，或者根据市场上同类或者相似产品的价格来定价。 【提示】市场定价法有利于时刻保持对市场的敏感性，对同行的敏锐性。 （3）新产品的定价方法。 ①撇脂性定价法。 在新产品试销初期先定出较高的价格，以后随着市场的逐步扩大，再逐步把价格降低。这是一种短期性策略，往往适用于产品的生命周期较短的产品。 ②渗透性定价法。 在新产品试销初期以较低的价格进入市场，以期迅速获得市场份额，等到市场地位已经较为稳固的时候，再逐步提高销售价格，所以这是一种长期的市场定价策略。 （4）有闲置能力条件下的定价方法。 在企业具有闲置生产能力时，面对市场需求的变化所采用的定价方法。 企业产品的价格应该在变动成本与目标价格之间进行选择。只要价格高于增量成本（即变动成本）企业就可以接受。 【提示】这种定价方法虽然定价会较低，但是短期内可以维持企业的正常运营，并维持员工的稳定，还可以抵补一部分固定成本。 变动成本 = 直接材料 + 直接人工 + 变动制造费用 + 变动销售和行政管理费用 目标价格 = 变动成本 + 成本加成

【例17-8】（2017年单选题）下列各项经营活动中，通常不使用资本成本的是（　　）。

A. 产品定价决策

B. 营运资本管理

C. 存货采购决策

D. 企业价值评估

【答案】A

【解析】营运资本管理中应收账款占用资金应计利息等的计算会使用资本成本，选项B错误；存货采购决策中存货占用资金应计利息等的计算会使用资本成本，选项C错误；企业价值评估中企业价值等的计算会使用资本成本，选项D错误。

【例 17－9】（计算分析题）戊公司生产和销售 E、F 两种产品，每年产销平衡。为了加强产品成本管理，合理确定下年度经营计划和产品销售价格，该公司专门召开总经理办公会进行讨论。相关资料如下：

资料一：2014 年 E 产品实际产销量为 3 680 件，生产实际用工为 7 000 小时，实际人工成本为 16 元/小时。标准成本资料如下表 E 所示：

表 E　　产品单位标准成本

项目	直接材料	直接人工	制造费用
价格标准	35 元/千克	15 元/小时	10 元/小时
用量标准	2 千克/件	2 小时/件	2 小时/件

资料二：F 产品年设计生产能力为 15 000 件，2015 年计划生产 12 000 件，预计单位变动成本为 200 元，计划期的固定成本总额为 720 000 元。该产品适用的消费税税率为 5%，成本利润率为 20%。

资料三：戊公司接到 F 产品的一个额外订单，意向订购量为 2 800 件，订单价格为 290 元/件，要求 2015 年内完工。

要求：

（1）根据资料一，计算 2014 年 E 产品的下列指标：①单位标准成本；②直接人工成本差异；③直接人工效率差异；④直接人工工资率差异。

（2）根据资料二，运用全部成本费用加成定价法测算 F 产品的单价。

（3）根据资料三，运用变动成本费用加成定价法测算 F 产品的单价。

（4）根据资料二、资料三和上述测算结果，作出是否接受 F 产品额外订单的决策，并说明理由。

（5）根据资料二，如果 2015 年 F 产品的目标利润为 150 000 元，销售单价为 350 元，假设不考虑消费税的影响。计算 F 产品保本销售量和实现目标利润的销售量。

【答案及解析】

（1）①单位标准成本 = 35 × 2 + 15 × 2 + 10 × 2 = 120（元）

②直接人工成本差异 = 实际产量下实际工时 × 实际工资率 － 实际产量下标准工时 × 标准工资率 = 7 000 × 16 － 3 680 × 2 × 15 = 1 600（元）（超支）

直接人工效率差异 =（实际产量下实际工时 － 实际产量下标准工时）× 标准工资率 =（7 000 － 3 680 × 2）× 15 = － 5 400（元）（节约）

直接人工工资率差异 =（实际工资率 － 标准工资率）× 实际产量下实际工时 =（16 － 15）× 7 000 = 7 000（元）（超支）。

（2）全部成本费用加成定价法确定的 F 产品的单价：

单位产品价格 = 单位成本 ×（1 + 成本利润率）/（1 － 适用税率）=（200 + 720 000/12 000）×（1 + 20%）/（1 － 5%）= 328.42（元）。

（3）变动成本费用加成定价法确定的 F 产品的单价：

单位产品价格 = 单位变动成本 ×（1 + 成本利润率）/（1 － 适用税率）= 200 ×（1 + 20%）/（1 － 5%）= 252.63（元）。

（4）由于额外订单价格 290 元高于按变动成本费用加成定价法确定的 F 产品的单价 252.63 元，接受额外订单在不增加固定成本的情形下增加边际贡献，即增加利润，故应接受这一额外订单。

（5）保本销售量 = 720 000/（350 － 200）= 4 800（件）

实现目标利润的销售量 =（150 000 + 720 000）/（350 － 200）= 5 800（件）。

精选练习题

一、单项选择题

1. 有关产品是否进行深加工决策中，深加工前的半成品成本属于（　　）。

A. 估算成本　　B. 重置成本

C. 机会成本　　D. 沉没成本

2. 在经济决策中应由中选的最优方案负担的、按所放弃的次优方案潜在收益计算的资源损失，即（　　）。

A. 增量成本　　B. 加工成本

C. 机会成本　　D. 专属成本

3. 企业去年生产某亏损产品的贡献边际 3 000 元，固定成本是 1 000 元，假定今年其他条件不变，但生产该产品的设备可对外出租，一年的增加收入为（　　）元时，应停产该种产品。

A. 2 001　　B. 3 100

C. 1 999　　D. 2 900

4. 当企业生产资源受到限制时，为了有效安排生产，应优先安排（　　）。

A. 单位限制资源最小的产品

B. 单位限制资源的边际贡献最大的产品

C. 单位限制资源的成本最小的产品

D. 单位限制资源的营业收入最大的产品

5. 在产销平衡的情况下，一个企业同时生产多种产品，其中一种单位边际贡献为正的产品最终变为亏损产品，其根本原因是（　　）。

A. 该产品存在严重积压

B. 该产品总成本太高

C. 该产品上分担的固定成本相对较高

D. 该产品的销量太小

6. 在进行半产品是否进一步深加工决策时，应对半成品在加工后增加的收入和（　　）进行分析研究。

A. 进一步加工前的变动成本

B. 进一步加工追加的成本

C. 进一步加工前的全部成本

D. 加工前后的全部成本

7. 以完全成本加成法定价时，下列表述正确的有（　　）。

A. 以完全成本加成法定价时，其成本基础包括单位产品的直接材料、直接人工与变动制造费用

B. 以完全成本加成法定价时，其成本基础包括单位产品的直接材料、直接人工与制造费用

C. 以完全成本加成法定价时，其加成数为目标利润

D. 以完全成本加成法定价时，其加成数包括单位产品的销售费用、管理费用

8. 在短期经营决策中，企业不接受特殊价格追加订货的原因是买方出价低于（　　）。

A. 正常价格

B. 单位产品成本

C. 单位变动生产成本

D. 单位固定成本

9. 甲公司生产乙产品，生产能力为500件，目前正常订货量为400件，剩余生产能力无法转移。正常销售单价80元，单位产品成本50元，其中变动成本40元。现有客户追加订货100件，报价70元，甲公司如果接受这笔订货，需要追加专属成本1 200元。甲公司若接受这笔订货，将增加利润（　　）元。

A. 800　　B. 2 000

C. 1 800　　D. 3 000

10. 新推出的计算机产品在上市初期的定价相对较高，这种定价策略是（　　）。

A. 渗透定价法

B. 撇脂性定价法

C. 有闲置能力条件下的定价方法

D. 成本加成定价法

二、多项选择题

1. 以下有关新产品定价的表述中正确的有（　　）。

A. 撇脂性定价法在新产品试销初期通常价格较高

B. 渗透性定价法在新产品试销初期通常价格较低

C. 撇脂性定价法适用于产品的生命周期较长的产品

D. 渗透性定价是一种短期的市场定价策略

2. 下列属于产品定价决策通常针对的市场有（　　）。

A. 完全竞争市场

B. 垄断竞争市场

C. 寡头垄断市场

D. 完全垄断市场

3. 下列有关不可避免成本的表述错误的有（　　）。

A. 约束性固定成本属于不可避免成本

B. 酌量性固定成本属于不可避免成本

C. 不可避免成本是指通过管理决策行为而不能改变其数额的成本

D. 不可避免成本指可以明确归属于某种、某批或某个部门的固定成本

4. 企业同时生产甲、乙两种产品，其中甲产品是亏损产品，且甲产品的生产能力无法转移，则下列表述不正确的有（　　）。

A. 若乙产品的利润超过甲产品的亏损，甲就不应停产

B. 若甲产品能够提供边际贡献，甲就不

应停产

C. 若甲产品能够提供边际贡献大于乙产品，甲就不应停产

D. 若甲产品能够提供营业收入，甲就不应停产

5. 下列各项因素中，影响经济订货批量大小的有（　　）。

A. 仓库人员的固定月工资

B. 存货的年耗用量

C. 存货资金的应计利息

D. 保险储备量

6. 下列成本中属于不相关成本的有（　　）。

A. 专属成本

B. 共同成本

C. 可延缓成本

D. 不可延缓成本

7. 某企业生产所需要的甲零件可以自制也可以外购。如果自制单位成本为80元，企业目前有足够的生产能力，且剩余能力无法转移；如果外购，外购成本每件70元，则下列表述正确的有（　　）。

A. 外购成本低，应选择外购

B. 如果自制的单位变动成本小于70元，则选择自制

C. 如果选择自制的边际贡献大于外购的边际贡献，则选择自制

D. 只要自制的边际贡献大于0就应选择自制

8. 在进行自制还是外购的决策时，下列各项中属于决策者需要考虑的因素有（　　）。

A. 外购产品的质量

B. 送货的及时性

C. 供货商的新产品研发能力

D. 本企业有关职工的抱怨程度

9. 当剩余生产能力无法转移时，亏损产品不应停产的条件有（　　）。

A. 该亏损产品的变动成本率大于1

B. 该亏损产品的变动成本率小于1

C. 该亏损产品的贡献边际大于0

D. 该亏损产品的单位贡献边际大于0

三、计算分析题

1. 某厂利用现有设备既可生产A产品，也可生产B产品，有关资料如下表：

项目	A产品	B产品
产销量（件）	1 000	1 500
销售单价	15	10
单位变动成本	8	4
固定总成本	5 000	5 000

要求：

（1）用差量分析法，确定生产哪种产品更好？

（2）若现有生产能力为15 000机器小时，生产A产品每件需15小时，B产品需要10小时，用贡献毛益法确定生产哪种产品？

2. 某公司需要一种零件，过去全部自制，全年需要量6 400个，现有一供应商愿提供该零件，售价每个25元，公司近一年自制该零件的成本资料如下表：

单位：元

成本项目	金额
直接材料	9
直接人工	7
变动制造费用	4
固定制造费用	
其中：专属固定费用	3
共同固定费用	5
单位成本	28

要求：

①公司停产该产品，有关设备别无他用，问零件是自制还是外购？

②若公司停产该产品，有关设备可生产另一新产品，每年可提供边际贡献15 800元，问此时零件是自制还是外购。

3. LZB公司每年需用A零件20万件，假设该零件既可以自制，也可以外购。如果外购每件单价400元；如果自行生产，每件生产成本为：直接材料250元，直接人工100元，变动制造费用40元。

要求：在下列两种情况下运用差量分析法为公司做出零件应自制还是外购的决策。

（1）企业已具备自制零部件的生产能力且无法转移。

（2）假设企业自制零部件需增加一台设备，专属固定成本250万元。

4. LC企业每年现有甲产品的最大生产能力为7 500件，正常市场价格为每件300元，甲产品每年正常市场产销量6 000件，有关甲产品的成本资料如下：

单位：元

项目	金额
直接材料	120
直接人工	75
变动制造费用	15
固定制造费用	30
单位制造成本	240

要求：

(1) 客户订货1 500件，报价每件225元。若接受追加订货，需要购置4 000元专用设备，计算分析是否可以接受该订单。

(2) 客户订货1 700件，报价每件225元。若接受追加订货，不需要购专用设备，但需要减少正常销售量200件，计算分析是否可以接受该订单。

(3) 客户订货1 500件，报价每件225元。若接受订单需要追加专属设备投资4 000元。剩余生产能力可以用于生产乙产品，该产品营业收入400 000元，销售成本370 000元，计算分析是否可以接受该订单。

答案及解析

一、单项选择题

1. 【答案】D

【解析】进一步深加工前的半成品所发生的成本，都是无关的沉没成本。因为无论是否深加工，这些成本都已经发生而不能改变。

2. 【答案】C

【解析】放弃另一个方案提供收益的机会而实行本方案时，失去所放弃方案的潜在收益是实行本方案的一种代价，称为本方案的机会成本。机会成本要求我们在决策中全面考虑可能采取的各种方案，以便为既定资源寻求最为有利的使用途径。

3. 【答案】B

【解析】如果企业的亏损产品能够提供正的边际贡献，就不应该立即停产。

4. 【答案】B

【解析】优先安排“单位限制资源的边际贡献”最大的方案，可以使边际贡献总额最大。

5. 【答案】C

【解析】单位边际贡献为正的产品最终变为亏损产品，其根本原因是该产品上分担的固定成本相对较高。

6. 【答案】B

【解析】相关成本只应该包括进一步深加工所需的追加成本。

7. 【答案】B

【解析】以完全成本加成法定价时，其成本基础是单位产品的制造成本，加成数是非制造成本及目标利润。

8. 【答案】C

【解析】特殊订单是否接受的决策总的分析思路是比较该订单所提供的边际贡献是否能够大于该订单所引起的相关成本。

9. 【答案】C

【解析】增加利润 = 100 ×（70 − 40）− 1 200 = 1 800（元）。

10. 【答案】B

【解析】撇脂性定价法是指在新产品上市之初确定较高的价格，并随着生产能力的提高逐渐降低价格。这一方法旨在产品生命周期的极早阶段获取较高的单位利润。

二、多项选择题

1. 【答案】AB

【解析】撇脂性定价法在新产品试销初期先定出较高的价格，以后随着市场的逐步扩大，再逐步把价格降低，是一种短期性的策略，往往适用于产品的生命周期较短的产品，所以选项A正确，选项C错误；渗透性定价是在新产品试销初期以较低的价格进入市场，等到市场地位已经较为稳固的时候，再逐步提高销售价格，这是一种长期的市场定价策略，所以选项B正确，选项D错误。

2. 【答案】BCD

【解析】完全竞争市场下企业无法左右产品价格，是均衡价格的被动接受者，所以产品定价决策通常针对的是垄断竞争市场、寡头垄断市场和完全垄断市场。

3. 【答案】BD

【解析】酌量性固定成本属于可避免成

本，选项 B 错误；明确归属于某种、某批或某个部门的固定成本是专属成本，不一定是不可避免成本。

4. 【答案】ACD

【解析】如果企业的亏损产品能够提供正的边际贡献，就不应该立即停产。

5. 【答案】BC

【解析】根据存货经济订货批量的公式，可以确定影响经济订货批量大小的因素主要是存货的年耗用量，单位存货的年储存成本和每次订货成本，存货资金的应计利息是最主要的变动储存成本，因此选项 B、C 是相关影响因素。而选项 A 是固定储存成本与经济订货量无关，保险储备是企业为避免缺货或供应中断损失而额外储备的存货，它一旦确定后就形成企业一个相对固定的储存成本，它不影响每次订货量。

6. 【答案】BD

【解析】沉没成本、不可避免成本、不可延缓成本、共同成本为非相关成本。

7. 【答案】BC

【解析】企业自制目前有足够的生产能力，且剩余能力无法转移，因此固定成本是非相关成本，只有变动成本是决策相关成本。

8. 【答案】ABCD

【解析】在进行自制还是外购的决策时，决策者除了要考虑相关成本因素以外，还要考虑外购产品的质量、送货的及时性、长期供货能力、供货商的新产品研发能力以及本企业有关职工的抱怨程度等因素，在综合考虑各方面因素之后才能进行最后的选择。

9. 【答案】BCD

【解析】亏损产品是否停产的决策：在短期内，如果企业的亏损产品能够提供正的边际贡献，就不应该立即停产。

三、计算分析题

1. 【答案及解析】

（1）因为

差量收入 = 15 × 1 000 − 10 × 1 500 = 0（元）

差量成本 = 8 × 1 000 − 4 × 1 500 = 2 000（元）

差量损益 = 0 − 2 000 = − 2 000（元），小于零，后者为优。

所以选择 B 产品生产，可多获利润 2 000 元。

（2）①用边际贡献总额法决策：

A 产品边际贡献总额 =（15 − 8）× 15 000 ÷ 15 = 7 000（元）

B 产品边际贡献总额 =（10 − 4）× 15 000 ÷ 10 = 9 000（元）

∴ 应选择 B 产品生产。

②用机器小时边际贡献法决策：

A 产品单位机器小时创造的边际贡献 =（15 − 8）÷ 15 = 0.47（元/小时）

B 产品单位机器小时创造的边际贡献 =（10 − 4）÷ 10 = 0.6（元/小时）

∴ 应选择 B 产品生产。

2. 【答案及解析】

①因为设备除自制零件外，别无他用，无机会成本。

则：外购成本 = 6 400 × 25 = 160 000（元）

自制成本 =（9 + 7 + 4 + 3）× 6 400 = 147 200（元）

∴ 零件自制为宜（可节约成本 12 800 元）。

②若自制，15 800 元边际贡献则形成自制零件的机会成本。

则：外购成本 = 160 000（元）；自制成本 = 147 200 + 15 800 = 163 000（元）

∴ 零件外购为宜（可节约成本 3 000 元）。

3. 【答案及解析】

（1）在自制零部件生产能力且无法转移时由于是公司自用生产零件，不存在收入，即差量收入为 0

差量成本 = 外购相关成本 − 自制相关成本 = 20 × 400 − 20 ×（250 + 100 + 40）= 200（万元）

差量损益 = 0 − 200 = − 200（万元）

分析决策：采用零部自制方案可节约成本 200 万元，应选择零部自制方案。

（2）因没有自制零部件生产能力自制需增加专属固定成本时差量收入为 0

差量成本 = 外购相关成本 − 自制相关成本 = 20 × 400 − [20 ×（250 + 100 + 40）+ 250] = − 50（万元）

差量损益 = 0 −（− 50）= 50（万元）

分析决策：采用零部自制方案多付出成本 50 万元，应选择零部件外购方案。

4.【答案及解析】

（1）接受订单增加的利润 = 1 500 ×（225 − 210）− 4 000 = 18 500（元）

接受订单可以增加利润 18 500 元，可以接受订单。

最大生产能力为 7 500 件，目前年正常市场产销量 6 000 件。

（2）接受订单增加的利润 = 1 700 ×（225 − 210）− 200 ×（300 − 210）= 7 500（元）

接受订单可以增加利润 7 500 元，可以接受订单。

最大生产能力为 7 500 件，目前年正常市场产销量 6 000 件

当前产品正常市场价格为每件 300 元。

（3）接受订单增加的利润 = 1 500 ×（225 − 210）− 4 000 −（400 000 − 370 000）= 11 500（元）

接受订单可以增加利润 11 500 元，可以接受订单。

最大生产能力为 7 500 件，目前年正常市场产销量 6 000 件。

第十八章　全面预算

本章考情分析

本章属于次重点章，主要讲述预算的编制方法和营业预算、财务预算的编制。其核心内容是现金预算的编制。学习的目的要求考生熟悉全面预算的体系和编制方法，能够编制企业各种营业预算和财务预算。

本章考试题型既有客观题也有计算分析题，近 3 年平均分值约为 4 分左右。

考生在学习本章时，需要熟悉预算编制的基本流程，弄清每一项计算的数据来源，掌握各预算之间数据的衔接和勾稽关系。

本章教材变化

本章对直接材料预算的计算公式进行了细节完善，无实质性变动。

本章思维导图

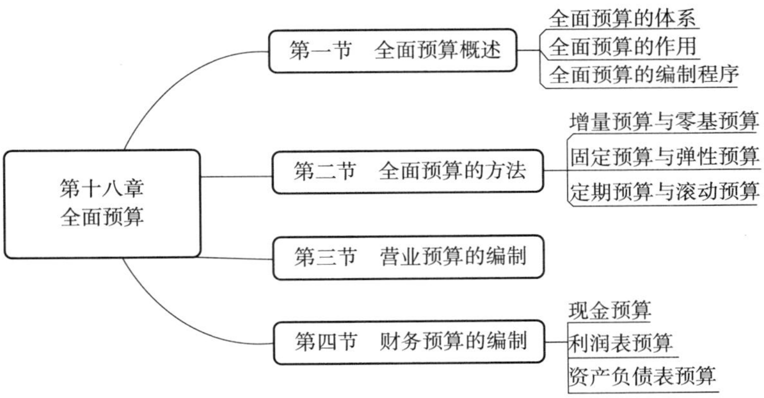

考点精讲及典型例题解析

第一节　全面预算概述（能力等级 1）

要点	内容
1. 全面预算的体系	（1）含义：全面预算是通过企业内外部环境的分析，在预测与决策基础上，调配相应的资源，对企业未来一定时期的经营和财务做出一系列具体计划。预算是计划的数字化、表格化、明细化的表达。 （2）特征：全员、全过程、全部门的特征。 （3）内容：全面预算是由资本预算、经营预算和财务预算等类别的一系列预算构成的体系

续表

要点	内容
1. 全面预算的体系	(1) 按其涉及的预算期分： 1) 长期预算：包括长期销售预算和资本支出预算，有时还包括长期资金筹措预算和研究与开发预算。 2) 短期预算：指年度预算，或者时间更短的季度或月度预算。 (2) 按其涉及的内容分： 1) 专门预算：是指其他反映企业某一方面经济活动的预算。 2) 综合预算：是指利润表预算和资产负债表预算，它们反映企业的总体状况，是各种专门预算的综合。 (3) 按其涉及的业务活动领域分： 1) 投资预算（如资本预算）。 2) 营业预算（或称经营预算）。是关于采购、生产、销售业务的预算，包括销售预算、生产预算、成本预算等。 3) 财务预算。关于利润、现金和财务状况的预算，包括现金预算、利润表预算和资产负债表预算。全面预算体系中各项预算之间的关系： 销售预算是年度预算的编制起点，应根据长期市场预测和生产能力，编制长期销售预算，以此为基础确定本年度销售预算，并根据企业财力确定资本预算。以销售预算为基础，根据以销定产的原则确定生产预算和销售费用等。根据生产预算确定直接材料、直接人工和制造费用预算。产品成本预算和现金预算是以上有关预算的汇总。利润表预算和资产负债表预算是全部预算的综合
2. 全面预算的作用	企业预算是各级各部门工作的奋斗目标、协调工具、控制标准、考核依据，在经营管理中发挥着重大作用
3. 全面预算的编制程序	(1) 企业决策机构根据长期规划，利用本量利分析等工具，提出企业一定时期的总目标，并下达规划指标。 (2) 最基层成本控制人员自行草编预算，使预算能较为可靠、较为符合实际。 (3) 各部门汇总部门预算，并初步协调本部门预算，编制出销售、生产、财务等预算。 (4) 预算委员会审查、平衡各预算，汇总出公司的总预算。 (5) 经过总经理批准，审议机构通过或者驳回修改预算。 (6) 主要预算指标报告给董事会或上级主管单位，讨论通过或者驳回修改。 (7) 批准后的预算下达给各部门执行

【例 18－1】（单选题）下列预算中，属于财务预算的是（　　）。

A. 销售预算　　B. 生产预算

C. 产品成本预算　D. 资本支出预算

【答案】D

【解析】财务预算：关于资金筹措和使用的预算，包括短期的现金收支预算和信贷预算，以及长期的资本支出预算和长期资金筹措预算。

第二节　全面预算的编制方法

一、增量预算与零基预算（能力等级 2）

方法	含义	前提条件	优缺点
增量预算（调整预算法）	是指以历史期实际经济活动及其预算为基础，结合预算期经济活动及相关影响因素的变动情况，通过调整历史期经济活动项目及金额形成预算的预算编制	(1) 现有业务活动是企业必需的；(2) 原有的各项业务都是合理的	缺点：当预算期的情况发生变化，预算数额受到基期不合理因素的干扰，可能导致预算的不准确，不利于调动各部门达成预算目标的积极性。 优点：编制工作量小
零基预算（以零为基础编制预算）	是指企业不以历史期经济活动及其预算为基础，以零为起点，从实际需要出发分析预算期经济活动的合理性，经综合平衡，形成预算的预算编制	不受前期费用项目和费用水平的制约，能够调动各部门降低费用的积极性	特别适用于不经常发生的预算或预算编制基础变化较大的预算项目。 缺点：编制工作量大。 优点：不受前期费用项目和费用水平的制约，能够调动各部门降低费用的积极性

【例 18－2】（单选题）下列各项中，不属于增量预算基本假定的是（　　）。

A. 增加费用预算是值得的

B. 预算费用标准必须进行调整

C. 原有的各项开支都是合理的

D. 现有的业务活动为企业必需

【答案】B

【解析】增量预算的基本假定：（1）现有的业务活动是企业必需的；（2）原有的各项开支都是合理的；（3）增加费用预算是值得的。因此 B 选项不属于增量预算基本假定。

【例 18－3】（2014 年多选题）与增量预算编制方法相比，零基预算编制方法的优点有（　　）。

A. 编制工作量小

B. 可以重新审视现有业务的合理性

C. 可以避免前期不合理费用项目的干扰

D. 可以调动各部门降低费用的积极性

【答案】BCD

【解析】运用零基预算法编制费用预算的优点是不受前期费用项目和费用水平的制约，能够调动各部门降低费用的积极性，但其缺点是编制工作量大。

二、固定预算和弹性预算（能力等级 2）

（一）固定预算与弹性预算的比较

方法	含义	特点及适用范围
固定预算（静态预算）	是指在编制预算时，只根据预算期内正常、可实现的某一固定的业务量水平作为唯一基础来编制预算的方法	存在适应性差和可比性差的缺点。一般适用于经营业务稳定，生产产品产销量稳定，能准确预测产品需求及产品成本的企业，也可用于编制固定费用预算
弹性预算（动态预算）	在成本性态分析的基础上，依据量本利之间的联动关系，按照预算期内可能的一系列业务量水平及其相应预算项目所消耗资源的预算编制方法	适用于与业务量有关的预算的编制，主要用于成本费用预算和利润预算，尤其是成本费用预算。特点是预算范围宽、可比性强

【例 18－4】（单选题）下列预算编制方法中，基于一系列可预见的业务量水平编制的、能适应多种情况的预算是（　　）。

A. 弹性预算　　B. 固定预算

C. 增量预算　　D. 零基预算

【答案】A

【解析】弹性预算与固定预算是一对相对的概念，固定预算的业务量固定不变，而弹性预算按一系列业务量水平编制，能够适应多种情况。

（二）弹性预算的编制

（1）业务量的选择。

①业务量计量单位。

以手工操作为主的车间应选用人工工时；制造单一产品或零件的部门，可以选用实物数量；修理部门可以选用直接修理工时等。

②业务量范围。

一般来说，可定在正常生产能力的 70% ~110% 之间，或以历史上最高业务量或最低业务量为其上下限。

（2）弹性预算的编制方法：

方法	编制要点	优点	缺点
公式法	确定 $Y=a+bx$ 中的 a、b 来编制弹性预算	便于计算任何业务量的预算成本	对于阶梯成本和曲线成本只能用数学方法修正为直线，再运用公式法

【提示】任何成本均可用 $Y=a+bX$ 近似表示，只要在预算中列示 a、b，便可随时计算出任一业务量的预算成本。

列表法	将业务量分为若干个水平，按不同的业务量水平编制预算	①可直接找到与业务量相近的预算成本；②阶梯成本和曲线成本可按总成本性态模型计算填列，不必用数学方法修正为近似的直线成本	在评价和考核实际成本时，往往需要使用插补法计算“实际业务量的预算成本”，比较麻烦

【例 18－5】（2014 年单选题）甲公司机床维修费为半变动成本，机床运行 100 小时的维修费为 250 元，运行 150 小时的维修费为 300 元，机床运行时间为 80 小时，维修费为（　　）元。

A. 220　　B. 230

C. 250　　D. 200

【答案】B

【解析】本题为公式法下弹性预算的编制。半变动成本的计算式为 $y=a+bx$，则有 $250=a+b\times100$；$300=a+b\times150$，联立方程解得，$a=150$（元），$b=1$（元/小时），则运行80小时的维修费 $=150+1\times80=230$（元）。

【例18-6】（多选题）用列表法编制的弹性预算，主要特点有（　　）。

A. 不管实际业务量多少，不必经过计算即可找到与实际业务量相近的预算成本，控制成本比较方便

B. 混合成本中的阶梯成本和曲线成本可按其性态直接在预算中反映

C. 评价和考核实际成本时往往需要使用插补法计算实际业务量的预算成本

D. 不以成本性态分析为前提

【答案】ABC

【解析】弹性预算的编制应以成本性态分析为前提，无论是公式法还是列表法，都应以成本性态分析为前提。

三、定期预算和滚动预算（能力等级2）

（一）定期预算法

要点	说明
含义	是以固定不变的会计期间（如年度、季度、月份）作为预算期间编制预算的方法
优点	采用定期预算法编制预算，保证预算期间与会计期间在时期上配比，便于依据会计报告的数据与预算的比较，考核和评价预算的执行结果
缺点	不利于前后各个期间的预算衔接，不能适应连续不断的业务活动过程的预算管理

（二）滚动预算法（连续、永续预算法）

要点	说明
含义	是在上期预算完成情况基础上，调整和编制下期预算，并将预算期间逐期连续向后滚动推移，使预算期间保持一定的时期跨度
优点	能够保持预算的持续性，有利于考虑未来业务活动，结合企业近期目标和长期目标；使预算随时间的推进不断加以调整和修订，能使预算与实际情况更相适应，有利于充分发挥预算的指导和控制作用
缺点	编制工作量大

【提示】滚动方式：（1）逐月；（2）逐季；（3）混合。不含“逐年”。

①逐月滚动编制的预算比较精确，但工作量比较大；

②逐季滚动比逐月滚动的工作量小，但精确度较差；

③混合滚动在预算编制过程中，同时以月份和季度作为预算的编制和滚动单位，这种预算方法的理论依据是人们对未来的了解程度具有对近期的预计把握较大，对远期的预计把握较小的特征。

【例18-7】（2013年多选题）短期预算可采用定期预算法编制，该方法（　　）。

A. 有利于前后各个期间的预算衔接

B. 可以适应连续不断的业务活动过程的预算管理

C. 有利于按财务报告数据考核算和评价预算的执行结果

D. 使预算期间与会计期间在时期上配比

【答案】CD

【解析】定期预算的优点在于保证预算期间与会计期间在时期上配比，便于依据会计报告的数据与预算的比较，考核和评价预算的执行结果。其缺点是不利于前后各个期间的预算衔接，不能适应连续不断的业务活动过程的预算管理。

【例18-8】（多选题）下列说法中，正确的有（　　）。

A. 弹性预算法适用于与业务量有关的预算的编制

B. 因为制造费用的发生与生产有关，所以制造费用预算的编制要以生产预算为基础

C. 定期预算法便于依据会计报告的数据与预算的比较，有利于前后各个期间的预算衔接

D. 管理费用预算一般以过去的实际开支为基础，按预算期的可预见变化来调整

【答案】AD

【解析】制造费用通常分为变动制造费用和固定制造费用。变动制造费用与生产量直接相关，所以变动制造费用以生产预算为基础来编制。固定制造费用，通常与本期产量无关，需要按每期实际需要的支付额预计，所以选项B不正确；采用定期预算法编制预算保证预算期间与会计期间在时间上配比，便于依据会计报告的数据与预算的数据比较，考核和评价预算的执行结果。但不利于前后各个期间的预算衔接，不能适应连续不断的业务活动过程的预算管理，所以选项C不正确。

第三节　营业预算（能力等级3）

预算内容	编制说明
1. 销售预算	销售预算是全面预算的编制起点，也是编制其他有关预算的基础。 营业收入 = 预计销量 × 预计单价（假定不考虑增值税） 本期销售本期收现 = 本期销售额 × 当期收现率 本期销售下期收现 = 本期销售额 × 下期收现率 本期现金收入 = 前期货款本期收回 + 本期货款本期收回
2. 生产预算	生产预算是在销售预算的基础上编制的，其主要内容有销售量、生产量、期初和期末存货量。 【提示】该预算只有实物量指标，没有价值量指标。无法直接为现金预算提供资料。 预计期末产成品存货 = 下期销售量 × $x\%$ 预计期初产成品存货 = 上期期末产成品存货 预计生产量 =（预计销售量 + 预计期末产成品存货）- 预计期初产成品存货
3. 直接材料预算	预计期末材料存量 = 下期生产需用量 × $x\%$ 预计期初材料存量 = 上期末材料存量 预计材料采购量 =（预计生产需用量 + 预计期末材料存量）- 预计期初材料存量 预计采购金额 = 预计材料采购量 × 计划单价 本期材料付现 = 本期采购金额 × 采购当期付现率 下期材料付现 = 本期采购金额 × 采购下期付现率 本期现金支出 = 本期采购本期付现 + 上期采购本期付现
4. 直接人工预算	它是以生产预算为基础编制的，其主要内容有预计产量，单位产品工时，人工总工时，每小时人工成本和人工总成本。 某种产品直接人工总工时 = 单位产品定额工时 × 该产品预计生产量 某种产品直接人工总成本 = 单位工时工资率 × 该种产品直接人工工时总数 由于人工工资都需要使用现金支付，所以不需另外预计现金支出，可直接参加现金预算的汇总
5. 制造费用预算	制造费用预算分为变动制造费用和固定制造费用两部分。 变动制造费用以生产预算为基础来编制，固定制造费用需要逐项进行预计，通常与本期产量无关，按每季实际需要的支付额预计，然后求出全年数。 预计制造费用现金支出 = 预计变动性制造费用现金支出 + 预计固定性制造费用现金支出 【提示】预计变动性制造预算费用额 = 变动性制造费用预计分配率 × 预计直接人工工时 变动性制造费用预计分配率 = 变动性制造费用预算总额/人工总工时的预算数
6. 产品成本预算	它是销售预算、生产预算，直接材料预算、直接人工预算、制造费用预算的汇总，其主要内容是产品的单位成本和总成本。产品成本预算是预算期产品生产成本的预算
7. 销售费用和管理费用预算	销售费用预算是指为了实现销售预算而支付的费用预算。它以销售预算为基础。 管理费用多属于固定成本。管理费用预算一般是以过去的实际开支为基础，按预算期可预见的变化来调整

【例 18-9】（2019 年单选题）甲公司正在编制直接材料预算。预计单位产成品材料消耗量 10 千克。材料价格 40 元/千克，第一季度期初期末材料存货分别为 600 千克和 550 千克，第一季度，第二季度产成品销量分别为 300 件和 250 件，期末产成品存货按下季度销量 10% 安排，预计第一季度材料采购金额是（　　）元。

A. 116 000　　B. 120 000

C. 118 000　　D. 140 000

【答案】A

【解析】第一季度生产量 = 250 × 10% + 300 - 300 × 10% = 295（件）

第一季度材料采购量 = 295 × 10 + 550 -

600 = 2 900（千克）

预计第一季度材料采购金额 = 2 900 × 40 = 116 000（元）。

【例 18 - 10】（2017 年单选题）甲企业生产一种产品，每件产品消耗材料 10 千克。预计本期产量 155 件，下期产量 198 件，本期期初材料 310 千克，期末材料按下期产量用料的 20% 确定。本期预计材料采购量为（　　）千克。

A. 1 464　　B. 1 860

C. 1 636　　D. 1 946

【答案】C

【解析】本期期末材料 = 198 × 10 × 20% = 396（千克），本期预计材料采购量 =（生产需用量 + 期末材料）- 期初材料 =（155 × 10 + 396）- 310 = 1 636（千克）。

【例 18 - 11】（2016 年多选题）下列营业预算中，通常需要预计现金支出的预算有（　　）。

A. 生产预算

B. 直接材料预算

C. 制造费用预算

D. 销售费用预算

【答案】BCD

【解析】本期现金支出 = 本期采购本期付现 + 上期采购本期付现，选项 B 正确；预计制造费用现金支出 = 预计变动性制造费用现金支出 + 预计固定性制造费用现金支出，选项 C 正确；销售费用同样需要付现金，选项 D 正确。

【例 18 - 12】（2019 年多选题）编制直接人工预算时，影响直接人工总成本的因素有（　　）。

A. 预计直接人工工资率

B. 预计产量

C. 预计车间辅助人员工资

D. 预计单位产品直接人工工时

【答案】ABD

【解析】直接人工预算是以生产预算为基础编制的，其主要内容有预算产量、单位产品工时、人工总工时、每小时人工成本和人工总成本。

【例 18 - 13】（2012 年单选题）甲公司正在编制下一年度的生产预算，期末产成品存货按照下季度销量的 10% 安排。预计一季度和二季度的销售量分别为 150 件和 200 件，一季度的预计生产量是（　　）件。

A. 145　　B. 150

C. 155　　D. 170

【答案】C

【解析】一季度预计生产量 = 150 +（200 - 150）× 10% = 155（件）。

第四节　财务预算的编制

一、现金预算（能力等级 3）

现金预算由四部分组成：现金收入、现金支出、现金多余或不足、现金的筹措和运用。

现金预算的具体编制格式如下（应重点把握现金预算的结构及编制方法）：

期初现金余额 ①	
+：本期经营现金收入（前期销售本期收现 + 本期销售本期收现）②	
本期可动用的现金（合计数）③ = ① + ②	
经营现金支出：④	
-：直接材料采购支出（前期购入本期支付 + 本期购入本期支付） 直接工资支出（预算数） 付现间接费支出（间接费用 - 折旧 - 摊销等） 预交所得税费用（估算） 预分股利（估计）	
资本性现金支出：⑤ 投资支出（购买设备资本预算）	
本期现金支出（合计数）⑥ = ④ + ⑤	
现金余缺	（本期可动用的现金 - 本期现金支出合计）⑦ = ③ - ⑥
资金筹措及运用 ⑧	
借款或变现证券	不足 + 最低余额（已知数）、取整
还款或短期投资	多余 - 最低余额（已知数）、取整
期末现金余额	（大于或等于最低余额）⑨ = ⑦ ± ⑧

【提示】借款利息的计算是一个难点，需要注意的是：①“借款在期初，还款在期末”，即借款发生在借款期的期初，还款发生在还款期的期末。如 4 月的短期借款 10 000 元在 4 月初借入，6 月份归还短期借款时在月末归还；还款期为 3 个月。②“长期借款利息支付的次数”，关注题中有没有涉及长期借

款，并根据题中的条件判断是否考虑；如中长期借款是每季度支付一次利息，则题中在6月末要支付长期借款利息。③“短期借款利息还本时支付是采用利随本清还是按月支付利息或按季支付利息”，考试时题中通常指明。如采用利随本清法，其意思是在归还短期借款本金的时候，计算归还的本金应支付的利息，没有归还的部分不计算利息。其利息＝当期还款额×利率×已计利息的月份数/12，如采用按月支付利息则利息＝未还款（包括本期归还款）×利率×未计利息的月份数/12。不管采用何种方式，就针对某一笔借款的支付的利息总额是不变的，变化的是利息额的各月支付额不同。

【例18－14】（单选题）某期现金预算中假定出现了正值的现金收支差额，且超过额定的期末现金余额时，单纯从财务预算调剂现金余缺的角度看，该期不宜采用的措施是（　　）。

A. 偿还部分借款利息

B. 偿还部分借款本金

C. 抛售短期有价证券

D. 购入短期有价证券

【答案】C

【解析】现金预算中如果出现了正值的现金收支差额，且超过额定的期末现金余额时，说明企业现金有剩余，应当运用资金，选项A、B、D都是运用现金的措施。而选项C是补充现金的措施，所以选选项C。

【例18－15】（2018年计算题）甲公司是一家制造企业，正在编制2019年第一、二季度现金预算，年初现金余额52万元。相关资料如下：

（1）预计第一季度销量30万件，单位售价100元；第二季度销量40万件，单位售价90元；第三季度销量50万件，单位售价85元，每季度销售收入60%当季收现，40%下季收现，2019年初应收账款余额800万元，第一季度收回。

（2）2019年初产成品存货3万件，每季末产成品存货为下季销量的10%。

（3）单位产品材料消耗量10千克，单价4元/千克，当季所购材料当季全部耗用，季初季末无材料存货，每季度材料采购货款50%当季付现，50%下季付现。2019年初应付账款余额420万元，第一季度偿付。

（4）单位产品人工工时2小时，人工成本10元/小时；制造费用按人工工时分配，分配率7.5元/小时。销售和管理费用全年400万元，每季度100万元。假设人工成本、制造费用、销售和管理费用全部当季付现。全年所得税费用100万元，每季度预缴25万元。

（5）公司计划在上半年安装一条生产线，第一、二季度分别支付设备购置450万元、250万元。

（6）每季末现金余额不能低于50万元。低于50万元时，向银行借入短期借款，借款金额为10万元的整数倍。借款季初取得，每季末支付当季利息，季度利率2%。高于50万元时，高出部分按10万元的整数倍偿还借款，季末偿还。

第一、二季度无其他融资和投资计划。

要求：根据上述资料，编制公司2019年第一、二季度现金预算（结果填入下方表格中，不用列出计算过程）。

现金预算　　单位：万元

项目	第一季度	第二季度
期初现金余额		
加：销货现金收入		
可供使用的现金合计		
减：各项支出		
材料采购		
人工成本		
制造费用		
销售和管理费用		

续表

项目	第一季度	第二季度
所得税费用		
购买设备		
现金支出合计		
现金多余或不足		
加：短期借款		
减：归还短期借款		
减：支付短期借款利息		
期末现金余额		

【答案】

现金预算

单位：万元

项目	第一季度	第二季度
期初现金余额	52	50
加：销货现金收入	30×100×60%+800=2 600	30×100×40%+40×90×60%=3 360
可供使用的现金合计	2 652	3 410
减：各项支出		
材料采购	(30+40×10%-3)×10×4×50%+420=1 040	(30+40×10%-3)×10×4×50%+(40+50×10%-40×10%)×10×4×50%=1 440
人工成本	(30+40×10%-3)×2×10=620	(40+50×10%-40×10%)×2×10=820
制造费用	7.5×(30+40×10%-3)×2=465	7.5×(40+50×10%-40×10%)×2=615
销售和管理费用	100	100
所得税费用	25	25
购买设备	450	250
现金支出合计	2 700	3 250
现金多余或不足	-48	160
加：短期借款	100	0
减：归还短期借款	0	100
减：支付短期借款利息	100×2%=2	2
期末现金余额	50	58

第一季度短期借款 X：

$-48+X-X\times 2\%\geqslant 50$，$X\geqslant 100$，借款金额为10万元的整数倍，借款100万元。

第二季度归还短期借款 Y：

$160-Y-2\geqslant 50$，解得：$Y\leqslant 108$，高出部分按10万元的整数倍偿还借款，归还短期借款100万元。

二、利润表预算与资产负债表预算（能力等级3）

预算内容	编制说明
1. 利润表预算	(1) 利润表预算以相关的营业预算、专门预算、现金预算作为编制依据。 (2) 按照权责发生制来编

续表

预算内容	编制说明
1. 利润表预算	(3) 所得税费用通常不是根据"利润"和所得税税率计算，而是在利润规划时估计，并已列入现金预算
2. 资产负债表预算	(1) 资产负债表预算与实际的资产负债表内容、格式相同，只不过数据是反映预算期末的财务状况。 (2) 该表是利用本期期初资产负债表，根据销售、生产、资本等预算的有关数据加以调整编制的。 (3) 资产负债表预算在预算期初资产负债表的基础上，以相关的营业预算、专门预算、现金预算、利润表预算作为编制依据，是全面预算体系的终点

【例 18-16】(多选题) 下列关于全面预算中的利润表预算编制的说法中，正确的有(　　)。

A. "营业收入"项目的数据，来自销售预算

B. "销货成本"项目的数据，来自生产预算

C. "销售及管理费用"项目的数据，来自销售及管理费用预算

D. "所得税费用"项目的数据，通常是根据利润表预算中的"利润"项目金额和本企业适用的法定所得税税率计算出来的

【答案】AC

【解析】在编制利润表预算时，"销售成本"项目的数据，来自产品成本预算，故选项 B 的说法不正确；"所得税费用"项目的数据是在利润规划时估计的，并已列入现金预算。它通常不是根据"利润"和所得税税率计算出来的。因此，选项 D 的说法不正确。

精选练习题

一、单项选择题

1. 企业按弹性预算方法编制费用预算，预算直接人工工时为 10 万小时，变动成本为 60 万元，固定成本为 30 万元，总成本费用为 90 万元；如果预算直接人工工时达到 12 万小时，则总成本费用为(　　)万元。

A. 96　　B. 108

C. 102　　D. 90

2. 某企业财务经理让你编制直接材料预算，预计第四季度生产产品 10 000 件，材料定额单耗 50 千克，已知材料期初存量 10 000 千克，预计期末存量为 13 500 千克，材料单价为 85 元，假定材料采购货款有 60% 在本季度内付清，另外 25% 在明年 1 月初付清，15% 在明年一季度末付清，则本企业预计资产负债表年末应付账款应为(　　)万元。

A. 2 010　　B. 2 040.51

C. 3 637.79　　D. 1 711.9

3. 甲公司销售的产品都是采取赊销的方式，收款模式如下：销售当月收回 60%，售后第一个月收回 35%，售后第二个月收回 15%。在销售当月支付的顾客，将会得到 2% 的现金折扣。如果 1~4 月份的销售额分别为 220 000 元、200 000 元、280 000 元、260 000 元。公司 5 月 1 日的应收账款余额将会是(　　)元。

A. 107 120　　B. 143 920

C. 146 000　　D. 204 000

4. 预算期内正常的、可实现的某一业务量水平为唯一基础来编制预算的方法称为(　　)。

A. 零基预算　　B. 定期预算

C. 静态预算　　D. 滚动预算

5. 不受前期费用项目和费用水平限制，并能够克服增量预算方法缺点的预算方法是(　　)。

A. 弹性预算法

B. 固定预算法

C. 零基预算法

D. 滚动预算法

6. 能够使预算期间与会计年度相配合，便于考核预算的执行结果的预算是(　　)。

A. 连续预算

B. 定期预算

C. 滚动预算

D. 弹性预算

7. 下列营业预算中，通常不需要预计现金支出的预算是(　　)。

A. 生产预算

B. 销售费用预算

C. 直接材料预算

D. 制造费用预算

8. 下列关于全面预算内容的说法中，不正确的是（　　）。

A. 产品成本预算和现金预算是有关预算的汇总

B. 总预算指资产负债表预算，是全面预算的综合

C. 全面预算按其涉及的内容分为总预算和专门预算

D. 全面预算按其涉及的业务活动领域分为销售预算、生产预算和财务预算

9. 下列各项弹性成本预算中，计算工作量大，但结果相对较精确的编制方法是（　　）。

A. 公式法　　B. 列表法

C. 图示法　　D. 因素法

10. 某企业2017年第一季度产品生产量预算为1 500件，单位产品材料用量5千克/件，季初材料库存量1 000千克，第一季度还要根据第二季度生产耗用材料的10%安排季末存量，预算第二季度生产耗用7 800千克材料。材料采购价格预计12元/千克，则该企业第一季度材料采购的金额为（　　）元。

A. 78 000　　B. 87 360

C. 92 640　　D. 99 360

11. 某企业财务总监请你帮助编制现金预算。已知2017年11月初短期借款为1 000万元，年利率为6%，长期借款1 500万元，年利率8%，预计11月现金余缺为－550万元。该企业规定现金不足时，通过银行借款解决（现利率为6%），借款额为10万元的整数倍数，11月末现金余额要求不低于50万元。该企业每月支付一次利息，借款在期初，还款在期末，则应向银行借款的最低余额为（　　）万元。

A. 618.09　　B. 620

C. 550　　D. 750

二、多项选择题

1. 在编制生产预算时，计算某种产品预计生产量应考虑的因素包括（　　）。

A. 预计材料采购量

B. 预计产品销售量

C. 预计期初产品存货量

D. 预计期末产品存货量

2. 在下列各项中，属于滚动预算方法的滚动方式有（　　）。

A. 逐年滚动方式

B. 逐季滚动方式

C. 逐月滚动方式

D. 混合滚动方式

3. 甲公司正在编制全面预算，下列各项中，以生产预算为编制基础的有（　　）。

A. 直接人工预算

B. 销售预算

C. 变动制造费用预算

D. 直接材料预算

4. 某企业制造费用中的电力费用与机器人工密切相关，机器设备的正常生产能力为1 000万小时，此时也为最大生产能力。当生产能力利用程度为70%时，电力费用总额为1 200万元，每月的固定电力费用500万元，则下列说法正确的有（　　）。

A. 单位机器工时的变动电力费用为1元/小时

B. 当生产能力为90%时，电力费用总额为1 400万元

C. 如果需要机器工时1 100小时，则电力费用总额为1 600万元

D. 当生产能力为50%时，单位机器工时承担的电力费用2元/小时

5. 已知A公司在预算期间，销售当季度收回货款60%，下季度收回货款30%，下下季度收回货款10%，预算年度期初应收账款金额为28万元，其中包括上年第三季度销售的应收款4万元，第四季度销售的应收账款24万元，则下列说法正确的有（　　）。

A. 上年第四季度的销售额为60万元

B. 上年第三季度的销售额为40万元

C. 上年第三季度销售的应收款4万元在预计年度第一季度可以全部收回

D. 第一季度收回的期初应收账款为24万元

6. 下列关于全面预算中的资产负债表预算编制的说法中，正确的有（　　）。

A. 资产负债表期末预算数额面向未来，通常不需要以预算期初的资产负债表数据为基础

B. 通常应先编资产负债表预算再编利润表预算

C. 存货项目的数据，来自直接材料预算、产品成本预算

D. 编制资产负债预算的目的，在与判断预算反映的财务状况的稳定性和流动性

7. 下列预算中，能够直接为编制资产负债表预算“存货”项目年末余额提供数据来源的有（　　）。

A. 销售预算

B. 产品成本预算

C. 直接材料预算

D. 现金预算

8. 下列各项中，属于增量预算应用条件的有（　　）。

A. 未来预算期和费用变动是根据未来综合平衡的结果

B. 预算费用标准必须进行调整

C. 原有的各项开支都是合理的

D. 现有的业务活动为企业必需

9. 某公司2017年1~4月份预计的营业收入分别为220万元、350万元、380万元和460万元，当月销售当月收现70%，下月收现20%，再下月收现10%。则2017年3月31日资产负债表“应收账款”项目金额和2017年3月的销售现金流入分别为（　　）万元。

A. 149　　B. 358

C. 162　　D. 390

10. 下列预算中，属于财务预算的有（　　）。

A. 销售预算

B. 生产预算

C. 现金预算

D. 利润表预算

11. 某批发企业销售甲商品，第三季度各月预计的销售量分别为1 000件、1 200件和1 100件，企业计划每月月末商品存货量为下月预计销售量的20%。下列各项预计中，正确的有（　　）。

A. 8月份期初存货为240件

B. 8月份采购量为1 180件

C. 8月份期末存货为220件

D. 第三季度采购量为3 300件

三、计算分析题

1. 某公司2019年12月份销售额和2020年1~2月份的预计销售额分别为150万元、100万元、200万元。其他有关资料如下：

（1）收账政策：当月销售当月收现60%，其余部分下月收回。

（2）材料采购按下月销售额的80%采购。付款政策：当月购买当月付现70%，下月支付其余的30%。

（3）假设每月现金余额不得低于3万元，现金余缺通过银行借款来调整。

（4）借款年利率为12%，借款或还款的本金必须是5 000元的整倍数，利随本清，借款在期初，还款在期末。

（5）假设该企业销售的产品和购买的材料适用的增值税税率为17%。

（6）假设涉及赊销、赊购业务均通过“应收账款”和“应付账款”核算。

要求：

（1）计算确定2020年1月份销售现金流入量和购买材料的现金流出量。

（2）计算确定2020年1月31日资产负债表中“应收账款”和“应付账款”项目金额。

（3）假设2020年1月份预计的现金收支差额为-12.32万元，计算确定1月末的现金余额。

（4）假设2020年2月份预计的现金收支差额为7.598万元，计算确定2月末的现金余额。

2. A公司11月份现金收支的预计资料如下：

（1）11月1日的现金（包括银行存款）余额为13 700元，已收到未入账支票40 400元。

（2）产品售价8元/件。9月销售20 000件，10月销售30 000件，11月预计销售40 000件，12月预计销售25 000件。根据经验，商品售出后当月可收回货款的60%，次月收回30%，再次月收回8%，另外2%为坏账。

（3）进货成本为5元/件，平均在15天后付款。编制预算时月底存货为次月销售的10%加1 000件。10月底的实际存货为4 000件，应付账款余额为77 500元。

（4）11月份的费用预算为85 000元，其中折旧为12 000元，其余费用须当月用现金支付。

（5）预计11月份将购置设备一台，支出150 000元，须当月付款。

（6）11月份预交所得税20 000元。

（7）现金不足时可从银行借入，借款额为10 000元的倍数，利息在还款时支付。期末现金余额不少于5 000元。

要求：编制11月份的现金预算（请将结果填列在给定的“11月份现金预算”表格

中，分别列示各项收支金额）。

现金预算 单位：元

月 份	9	10	11	12
期初现金余额				
加：销售现金收入				
可供使用现金				
减：本月各项支出				
进货现金支出				
其他费用支出				
购置设备支出				
预交所得税				
支出合计				
现金多余或不足				
向银行借款				
还银行借款				
合计				
期末现金余额				

3. LZB公司是一零售业上市公司，请你协助完成2020年的盈利预测工作，上年度的财务报表如下：

利润表

2019年 单位：万元

营业收入	1 260
销货成本	1 008
毛利	252
经营和管理费用：	
变动费用（付现）	63
固定费用（付现）	63
折旧	26
营业利润	100
财务费用	10
利润总额	90
所得税	27
税后利润	63

资产负债表

2019年12月31日 单位：万元

货币资金	14	短期借款	200
应收账款	144	应付账款	246
存货	280	股本（发行普通股500万股，每股面值1元）	500
固定资产原值	760		
减：折旧	80	保留盈余	172
固定资产净值	680		
资产总额	1 118		
		负债及所有者权益总计	1 118

其他财务信息如下：

（1）下一年度的营业收入预计为1 512万元；

（2）预计毛利率上升5个百分点；

（3）预计经营和管理费的变动部分与营业收入的百分比不变；

（4）预计经营和管理费的固定部分增加20万元；

（5）购置固定资产支出220万元，并因此使公司年折旧额达到30万元；

（6）应收账款周转率（按年末余额计算）预计不变，上年应收账款均可在下年收回；

（7）年末应付账款余额与当年进货金额的比率不变；

（8）期末存货金额不变；

（9）现金短缺时，用短期借款补充，借款的平均利息率不变，借款必须是5万元的倍数；假设新增借款需年初借入，所有借款全年计息，本金年末不归还；年末现金余额不少于10万元；

（10）预计所得税为30万元；

（11）假设年度内现金流动是均衡的，无季节性变化。

要求：

（1）确定下年度现金流入、现金流出和新增借款数额；

（2）预测下年度税后利润；

（3）预测下年度每股盈利。

答案及解析

一、单项选择题

1. 【答案】C

【解析】本题考核弹性预算的应用。单位变动成本 $=60/10=6$（元/小时），如果直接人工工时为12万小时，则预算总成本费用 $=30+6\times12=102$（万元）。

2. 【答案】D

【解析】预计第四季度材料采购量 $=10\ 000\times50+13\ 500-10\ 000=503\ 500$（千克）；应付账款 $=503\ 500\times85\times40\%=1\ 711.9$（万元）。

3. 【答案】C

【解析】3 月的销售额 ×15% +4 月的销售额 ×40% =280 000 ×15% +260 000 ×40% =146 000（元）。

4.【答案】C

【解析】固定预算，又称静态预算，是指在编制预算时，按照某一固定的业务量（如生产量、销售量等）编制预算的方法。

5.【答案】C

【解析】零基预算方法的优点是：（1）不受已有费用开支水平的限制；（2）能够调动各部门降低费用的积极性；（3）有助于企业未来发展。零基预算方法的优点正好是增量预算方法的缺点。

6.【答案】B

【解析】滚动预算，又称连续预算或永续预算，是指在编制预算时，将预算期与会计年度脱离。而定期预算能够使预算期间与会计年度相配合，便于考核预算的执行结果。

7.【答案】A

【解析】选项 A，生产预算是唯一只反映实物量，不涉及价值量的预算，因此不涉及现金收支。

8.【答案】B

【解析】总预算指利润表预算和资产负债表预算，是全面预算的综合，所以选项 B 的说法不正确。

9.【答案】B

【解析】弹性成本预算编制的方法主要有公式法、列表法，其中列表法不需要对成本进行分解，比公式法误差要小些。

10.【答案】B

【解析】本题考查的是经营预算的编制。该企业第一季度材料采购的金额 =（1 500 ×5 +7 800 ×10% -1 000）×12 =87 360（元）。

11.【答案】B

【解析】假设借入 X 万元，则 11 月份支付的利息为 $1\ 000 \times 6\%/12 + 1\ 500 \times 8\%/12 + X \times 6\%/12$，则 $X - 550 - (1\ 000 \times 6\%/12 + 1\ 500 \times 8\%/12 + X \times 6\%/12) \geqslant 50$，则 $X \geqslant 618.09$，由于 X 为 10 万元的整数倍数，所以 X 最小为 620，即应向银行借款的最低额为 620 万元。

二、多项选择题

1.【答案】BCD

【解析】某种产品预计生产量 = 预计销量 + 预计期末存货量 - 预计期初存货量，可见预计生产量不需考虑材料采购量。

2.【答案】BCD

【解析】采用滚动预算法编制预算，按照滚动的时间单位不同可分为逐月滚动、逐季滚动和混合滚动。

3.【答案】ACD

【解析】生产预算是在销售预算的基础上编制的，所以销售预算不以生产预算为编制基础，选项 B 错误。

4.【答案】ABD

【解析】当生产能力利用程度为 70% 时，机器设备的工时 =1 000 ×70% =700（万小时），变动电力费用总额 =1 200 -500 =700（万元），则单位机器工时的变动电力费用为 700/700 =1（元/小时），所以选项 A 正确；当生产能力为 90% 时，电力费用总额 =1 ×1 000 ×90% +500 =1 400（万元），所以选项 B 正确；由于最大生产能力是 1 000 小时，因此如果需要机器工时超过 1 000 小时，还需要增加设备，此时各个数据就会发生变化，不再适用该模型，所以选项 C 不正确；则当生产能力为 50% 时，单位机器工时承担的电力费用 =1 +500/500 =2（元/小时），所以选项 D 正确。

5.【答案】ABC

【解析】本季度销售有 1 -60% =40% 在本季度没有收回，全部计入下季度初的应收账款中。上年第四季度的销售额的 40% 为 24 万元，因此，上年第四季度的销售额为 24 ÷40% =60（万元），其中的 30% 在第一季度收回（即第一季度收回 60 ×30% =18 万元），10% 在第二季度收回（即第二季度收回 60 ×10% =6 万元）；上年第三季度的销售额在上年第三季度收回货款 60%，在上年的第四季度收回 30%，到预计年度第一季度期初时，还有 10% 未收回，数额为 4 万元，因此，上年第三季度的销售额为 4/10% =40 万元，在预计年度第一季度可以全部收回。所以，第一季度收回的期初应收账款 =18 +4 =22（万元）。

6.【答案】CD

【解析】编制资产负债预算要利用本期期初资产负债表，根据销售、生产、资本等预算的有关数据加以调整编制，选项A错误；存货包括直接材料、在产品和产成品，所以选项C正确。资产负债表中的未分配利润项目要以利润预算为基础确定，选项B错误。编制资产负债预算的目的，在与判断预算反映的财务状况的稳定性和流动性。如果通过资产负债表预算的分析，发现某些财务比率不佳，必要时可修改有关预算，以改善财务状况，选项D正确。

7. 【答案】BC

【解析】"存货"项目年末数据直接来源为产品成本预算、直接材料预算。

8. 【答案】CD

【解析】增量预算方法的假定前提有：(1) 现有的业务活动是企业所必需的；(2) 原有的各项业务都是合理的。

9. 【答案】AB

【解析】本题的主要考核点是资产负债表"应收账款"项目金额和销售现金流入的确定。2017年3月31日资产负债表"应收账款"项目金额 = 350 × 10% + 380 × 30% = 149（万元）。2017年3月的销售现金流入 = 220 × 10% + 350 × 20% + 380 × 70% = 358（万元）。

10. 【答案】CD

【解析】财务预算是关于利润、现金和财务状况的预算，包括利润表预算、现金预算和资产负债表预算等。

11. 【答案】ABC

【解析】第三季度采购量不仅取决于销量，还要取决于期初、期末存量，所以选项D错误。

三、计算分析题

1. 【答案及解析】

(1) 2020年1月份销售现金流入量 = (150 × 40% + 100 × 60%) × (1 + 17%) = 140.4（万元）

2020年1月份购买材料现金流出量 = (100 × 80% × 30% + 200 × 80% × 70%) × (1 + 17%) = 159.12（万元）。

(2) 应收账款 = 100 × 40% × (1 + 17%) = 46.8（万元）

应付账款 = 200 × 80% × 30% × (1 + 17%) = 56.16（万元）。

(3) 2020年1月份借款 = 15.5（万元）

1月末的现金余额 = 15.5 − 12.32 = 3.18（万元）。

(4) 2020年2月份还款本金 = 4.5（万元）

2020年2月份还款利息 = 4.5 × 2% = 0.09（万元）

2月末的现金余额 = 7.598 − 4.5 − 0.09 = 3.008（万元）。

2. 【答案及解析】

月份	9	10	11	12
期初现金余额			13 700 + 40 400 = 54 100	
加：销售现金收入			160 000 × 8% + 240 000 × 30% + 320 000 × 60% = 276 800	
可供使用现金			54 100 + 276 800 = 330 900	
减：本月各项支出				
进货现金支出			[40 000 + (25 000 × 10% + 1 000) − 4 000] × 5 ÷ 2 + 77 500 = 176 250	
其他费用支出			85 000 − 12 000 = 73 000	
购置设备支出			150 000	
预交所得税			20 000	
支出合计			419 250	
现金多余或不足			(88 350)	
向银行借款			100 000	
还银行借款				
合计			100 000	
期末现金余额			11 650	

【说明】本题主要注意以下两点：

（1）企业已收到未入账支票40 400元，这表示企业实际的现金比账上的多，应该加到现金余额中；

（2）平均在15天后付款，这是一个非常模糊的概念，我们假设存货是均匀购入，款项也是均匀支付，所以，当期购货只需付现50%，下月付现50%。

3.【答案及解析】

（1）确定借款数额和利息：

现金流入：

应收账款周转率 = 1 260 ÷ 144 = 8.75（次）

期末应收账款 = 1 512 ÷ 8.75 = 172.8（万元）

现金流入 = 1 512 + 144 − 172.8 = 1 483.2（万元）

现金流出：

年末应付账款 = 1 512 ×（80% − 5%）× 246 ÷ 1 008 = 276.75（万元）

购货支出 = 1 512 × 75% + 246 − 276.75 = 1 103.25（万元）

费用支出 = 1 512 × 63 ÷ 1 260 +（63 + 20）= 158.6（万元）

购置固定资产支出：220（万元）

预计所得税：30（万元）

现金流出合计：1 511.85（万元）

现金多余或不足：− 14.65（万元）即（14 + 1 483.2 − 1 511.85）

加：新增借款的数额40（万元）

减：利息支出12（万元）即［10 ÷ 200 ×（200 + 40）］

期末现金余额：13.35（万元）。

（2）预计税后利润：

收入1 512（万元）

减：销货成本1 134（万元）即［1 512 ×（80% − 5%）］

毛利378（万元）

减：经营和管理费：

变动费用75.6（万元）即（1 512 × 63 ÷ 1 260）

固定费用83（万元）即（63 + 20）

折旧30（万元）

营业利润189.4（万元）

减：利息12（万元）

利润总额177.4（万元）

减：所得税30（万元）

税后利润147.4（万元）。

（3）每股收益 = 147.4 ÷ 500 = 0.29（元/股）。

【注意】新增借款40万元计算如下，设借款额为x；

$x = 10 + 14.65 + 10 + x \times 10/200$

$\therefore x = 36.47$，故借款40万元。

第十九章　责任会计

本章考情分析

本章属于非重点章，主要介绍部门层面的业绩评价指标。学习的目的是要求考生掌握各类责任中心的业绩评价方法。

从往年考试来看，题型主要以客观题为主，有时也会出小的计算分析题。近 3 年平均分值较少，为 2 分左右。

本章内容较为简单，考生学习时，在理解的基础上重点放在各类责任中心的考核指标应用和计算上，计算分析题的考点主要集中在责任中心业绩考核指标上。

本章教材变化

本章增加了利润中心考核指标的计算公式以及对三大责任中心的总结对比。

本章思维导图

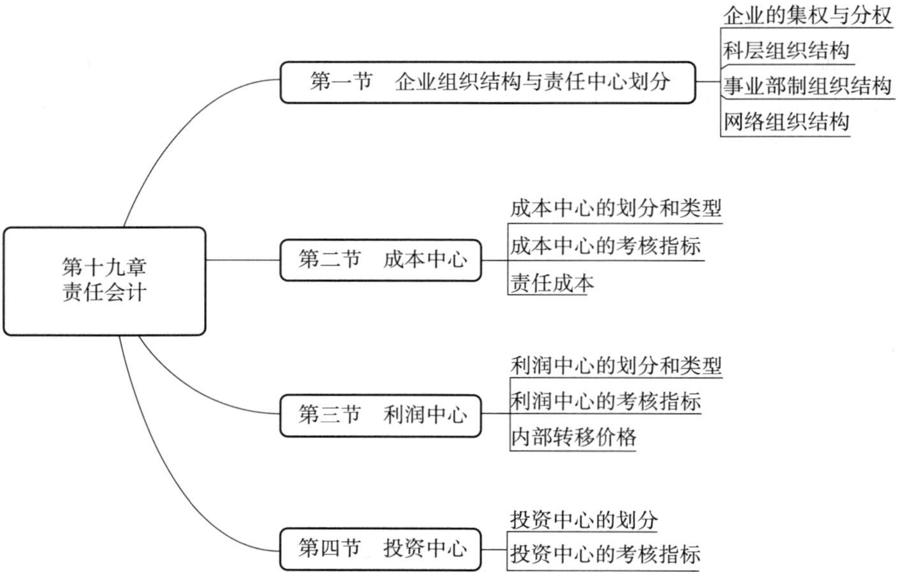

考点精讲及典型例题解析

第一节　企业组织结构与责任中心划分

1. 责任会计的含义

责任会计是指为适应企业内部经济责任制的要求，对企业内部各责任中心的经济业务进行规划与控制，以实现业绩考核与评价的一种内部会计控制制度。

2. 责任中心的划分

根据内部单位职责范围和权限大小，可以将其分为成本中心、收入中心、利润中心和投资中心。

一、企业的集权与分权（能力等级1）

集权	把企业经营管理权限较多集中在企业上层的一种组织形式
分权	把企业的经营管理权适当的分散在企业的中下层的一种组织形式

内容	优点	缺点
集权	提高决策效率；容易实现目标一致性；避免重复和资源浪费	容易形成高管的个人独裁，影响企业长远发展
分权	可以让高管将主要精力集中于重要事务；充分发挥下属的积极性和主动性；减少不必要的上下沟通，对下属权限内的事情迅速作出反应	可能产生与企业整体目标不一致的委托—代理问题

企业组织结构与其责任会计系统存在密切的关系，理想的责任会计系统应反映并支撑企业组织结构。

常见的组织结构包括：科层组织结构、事业部制组织结构、网络组织结构。

二、科层组织结构（能力等级1）

要点	说明
管理机构设置	（1）两类管理机构：直线指挥机构与参谋职能机构； （2）两类管理人员：直线人员（主体）与参谋人员（辅助）； （3）企业生产经营的决策权力主要集中在最高层的直线领导手中
优点	（1）各个职能部门目标明确，部门主管容易控制和规划； （2）同类专业员工一起共事、相互学习、增长技能； （3）内部资源较为集中，可减少不必要的重复和浪费
缺点	（1）部门之间的协调常会出现困难，使整个企业对外在环境的反应会比较迟钝； （2）员工只看到本部门的目标和利益，缺乏整体意识和创新精神

【例19－1】（多选题）下列属于科层组织结构特点的有（　　）。

A. 较多的管理层次

B. 控制幅度较宽

C. 有利于企业内部的控制

D. 对市场变化的反应较慢

【答案】ACD

【解析】科层组织结构是指具有一定规模的企业的内部有很多管理层次。在每个层次上，管理人员的控制幅度较窄。这种结构有利于企业内部的控制，但对市场变化的反应较慢。

三、事业部制组织结构（能力等级1）

要点	说明
含义	事业部制是一种分权的组织结构，把分权管理与独立核算结合在一起，在总公司统一领导下，按照产品、地区或者市场（客户）划分经营单位（即事业部）；事业部是在总公司控制下的利润中心，总公司以各事业部为单位制定利润预算。同时，各个事业部又是产品责任单位和市场责任单位，有自己的产品和独立的市场
特点	（1）在总公司之下，企业按照产品类别、地区类别或者顾客类别设置生产经营事业部； （2）每个事业部设置各自的执行总经理，每位执行总经理都有权进行采购、生产和销售，对其事业部的生产经营，包括收入、成本和利润的实现负全部责任； （3）总公司在重大问题上集中决策，各个事业部独立经营、独立核算、自负盈亏，是一个利润中心； （4）各个事业部的盈亏直接影响总公司的盈亏，总公司的利润是各个事业部利润之和，总公司对各个事业部下达利润指标，各个事业部必须保证对总公司下达的利润指标的实现

【例19－2】（单选题）下列各项中属于事业部制组织结构管理原则的是（　　）。

A. 集中经营

B. 分散决策
C. 创新决策
D. 集中决策
【答案】D
【解析】事业部制组织结构的管理原则是集中决策、分散经营、协调控制。

四、网络组织结构（能力等级1）

含义	它是一个由众多独立的创新经营单位组成的彼此有紧密联系的网络
主要特点	（1）分散性。它不是几个或几十个大的战略经营单位的结合，而是由为数众多的小规模经营单位构成的企业联合体，这些经营单位具有很大的独立性。 （2）创新性。最高管理层的管理主要集中在驱动创新过程，创新活动已由过去少数高层管理人员推动转变为企业基层人员的重要职责。 （3）高效性。在这种组织形式下，行政管理和辅助职能部门被精简。基层企业可以自主地根据具体的市场情况组织生产经营活动，快速地对市场作出反应。 （4）协作性。在这种组织形形式下，独立的小规模经营单位的资源是有限的，在生产经营中必须大量依赖与其他单位的广泛合作

第二节　成本中心

一、成本中心的划分和类型（能力等级1）

要点	说明
1. 含义	成本中心是指只对其成本或费用承担经济责任，负责控制和报告成本的责任中心
2. 特点	（1）成本中心的特点是这个中心往往没有收入，或者有少量收入，但不成为主要的考核内容。 （2）任何发生成本的责任领域，都可以确定为成本中心，大的成本中心可能是一个分公司、分厂，小的成本中心可以是车间、工段、班组
3. 类型	（1）标准成本中心。必须是所生产的产品稳定而明确，并且已经知道单位产品所需要的投入量的责任中心。通常典型代表是制造业工厂、车间、工段、班组等。 【提示】实际上任何一种重复性的活动都可以建立标准成本中心，只要这种活动能够计量产出的实际数量，并且能够说明投入与产出之间可望达到的函数关系。因此各行业都可建立标准成本中心。其基本特点：①产出能够计量；②投入产出之间存在函数关系。总体来看，作为标准成本中心，就是能够对其制定标准成本。 （2）费用中心。适用于那些产出不能用财务指标来衡量，或者投入和产出之间没有密切关系的单位。费用中心包括一般行政管理部门和研究开发部门等等。【提示】其特点：①产出不能使用财务指标衡量；②投入与产出之间的关系不密切

续表

【例19-3】（单选题）下列各项中，适合建立标准成本中心的单位或部门是（　　）。
A. 行政管理部门
B. 医院放射科
C. 企业研究开发部门
D. 企业广告宣传部门
【答案】B
【解析】标准成本中心，必须是所生产的产品稳定而明确，并且已经知道单位产品所需要的投入量的责任中心。医院放射科可以根据接受放射治疗的人数建立标准成本中心。

二、成本中心的考核指标（能力等级2）

类型	标准成本中心	费用中心
考核指标	是既定产品质量和数量条件下的标准成本。 不对生产能力的利用程度负责，而只对既定产量的投入量承担责任，即不对固定制造费用的闲置能量差异承担责任	通常使用费用预算来评价其成本控制业绩。 要结合费用中心的工作质量和服务水平作出有根据的判断

【例19-4】（2014年多选题）某生产车间是一个标准成本中心。下列各项标准成本差异中，通常不应由该生产车间负责的有（　　）。
A. 直接材料数量差异
B. 直接材料价格差异
C. 直接人工工资率差异
D. 固定制造费用闲置能量差异
【答案】BCD
【解析】直接材料数量差异是在材料耗用过程中形成的，因此通常应由该生产车间负责。直接材料价格差异是在采购过程中形成的，应由采购部门对其做出说明。直接人工工资率差异一般来说应归属于人事劳动部门管理。由于标准成本中心不对生产能力的利用程度负责（即不对实际产量负责），只对既定产量的投入量承担责任，所以标准成本中心不对固定制造费用闲置能量差异负责。

三、责任成本（能力等级 2）

（一）责任成本与可控成本

内容	说明
责任成本	是以具体的责任单位（部门、单位或个人）为对象，以其承担的责任为范围所归集的成本，也就是特定责任中心的全部可控成本
可控成本	（1）含义：是指在特定时期内、特定责任中心能够直接控制其发生的成本。 （2）可控成本应符合以下三个条件：①成本中心有办法知道将发生什么样性质的耗费；②成本中心有办法计量它的耗费；③成本中心有办法控制并调节它的耗费。 在理解可控成本时要把握两个要点： 第一，可控成本总是针对特定责任中心来说的。 第二，区别可控成本和不可控成本，还要考虑成本发生的时间范围。 从整个企业的空间范围和很长的时间范围来观察，所有成本都是人的某种决策或行为的结果，都是可控的。 （3）确定可控成本的三原则： 第一，假如某责任中心通过自己的行动能有效地影响一项成本的数额，那么该中心就要对这项成本负责。 第二，假如某责任中心有权决定是否使用某种资产或劳务，它就应对这些资产或劳务的成本负责。 第三，某管理人员虽然不直接决定某项成本，但是上级要求他参与有关事项，从而对该项成本的支出施加了重要影响，则他对该成本也要承担责任

【例 19－5】（2013 年多选题）判别一项成本是否归属责任中心的原则有（　　）。

A. 责任中心是否使用了引起该项成本发生的资产或劳务

B. 责任中心能否通过行动有效影响该项成本的数额

C. 责任中心是否有权决定使用引起该项成本发生的资产或劳务

D. 责任中心能否参与决策并对该项成本的发生施加重大影响

【答案】BCD

【解析】确定成本费用支出责任归属的三原则：第一，假如某责任中心通过自己的行动能有效地影响一项成本的数额，那么该中心就要对这项成本负责；第二，假如某责任中心有权决定是否使用某种资产或劳务，它就应对这些资产或劳务的成本负责；第三，某管理人员虽然不直接决定某项成本，但是上级要求他参与有关事项，从而对该项成本的支出施加了重要影响，则他对该成本也要承担责任。

【例 19－6】（2018 年多选题）可控成本通常应符合的条件有（　　）。

A. 可预知

B. 可控制

C. 可承受

D. 可计量

【答案】ABD

【解析】可控成本是指在特定时期内、特定责任中心能够直接控制其发生的成本。所谓可控成本通常应符合以下三个条件：（1）成本中心有办法知道将发生什么样性质的耗费；（2）成本中心有办法计量它的耗费；（3）成本中心有办法控制并调节它的耗费。

【例 19－7】（2017 年单选题）下列各项中，不属于划分成本中心可控成本的条件是（　　）。

A. 成本中心有办法弥补该成本的耗费

B. 成本中心有办法控制并调节该成本的耗费

C. 成本中心有办法计量该成本的耗费

D. 成本中心有办法知道将发生什么样性质的耗费

【答案】A

【解析】所谓可控成本通常应符合以下三个条件：（1）成本中心有办法知道将发生什么样性质的耗费；（2）成本中心有办法计量它的耗费；（3）成本中心有办法控制并调节它的耗费。所以选项 A 错误。

（二）可控成本与直接成本、变动成本的区别

区别	内容
区别一	对生产的基层单位来说，大多数直接材料和直接人工是可控制的，但也有部分是不可控的（如工长的工资）；最基层单位无法控制大多数的间接成本，但有一部分是可控的（如机物料消耗）

续表

区别	内容
区别二	对生产单位来说，大多数变动成本是可控的，但也有部分不可控（如按产量和实际成本分摊的工艺装备费）；与产量无关的酌量性固定成本都是可控的

责任成本计算、变动（边际）成本计算与制造成本计算的主要区别

项目	责任成本计算	变动成本计算	制造成本计算
核算目的	评价成本控制业绩	经营决策	按会计准则确定存货成本和期间损益
成本计算对象	责任中心	产品	产品
成本的范围	只包括各责任中心的可控成本	直接材料、直接人工和变动制造费用，有时还包括变动的管理费用	直接材料、直接人工和全部制造费用
共同费用的分摊原则	可控原则：即谁控制谁负责，不仅可控的变动间接费要分配给责任中心，可控的固定间接费也要分配给责任中心	只分摊变动成本，不分摊固定成本	谁受益、谁负担，而且要分摊全部间接制造费用

责任成本与标准成本、目标成本的区别与联系

比较	责任成本	标准成本	目标成本
区别	事后的计算、评价和考核	事先的成本计算	
区别		制定时分产品进行，事后对差异进行分析时才判别责任归属	事先规定目标时就考虑责任归属，并按责任归属收集和处理实际数据
联系	不管使用目标成本还是标准成本作为控制依据，事后的评价与考核都要求核算责任成本		

（三）制造费用归属和分摊方法

将发生的直接材料和直接人工费用归属于不同的责任中心通常比较容易，而制造费用的归属则比较困难。一般依次按下述五个步骤来处理：

步骤	内容
（1）直接计入责任中心	将可以直接判别责任归属的费用项目，直接列入应负责的成本中心。例如，机物料消耗、低值易耗品的领用等，在发生时可判别耗用的成本中心，不需要采用其他标准进行分配
（2）按责任基础分配	对不能直接归属于个别责任中心的费用，优先采用责任基础分配。 例如，动力费、维修费，如果成本中心能自己控制使用量，可以根据其用量来分配
（3）按受益基础分配	有些费用不是专门属于某个责任中心的，也不宜用责任基础分配，但与各中心的受益多少有关，可按受益基础分配。如按照装机功率分配电费
（4）归入某一个特定的责任中心	有些费用既不能用责任基础分配，也不能按受益基础分配，则考虑有无可能将其归属于一个特定的责任中心。例如，车间的运输费用和试验检验费用，难以分配到生产班组，不如建立专门的成本中心，由其控制此项成本，不向各班组分配
（5）不进行分摊	不能归属于任何责任中心的固定成本，不进行分摊。例如，车间厂房的折旧是以前决策的结果，短期内无法改变，可暂时不加控制，作为不可控费用

【例19－8】（多选题）根据不同情况将制造费用分摊落实到各成本责任中心的方法有（　　）。

A. 直接计入

B. 按责任基础进行分配

C. 按受益基础进行分配

D. 按承受能力基础进行分配

【答案】ABC

【解析】制造费用的分摊方法包括：(1) 直接计入责任中心；（2）按责任基础分配；(3) 按受益基础分配；(4) 归入某一特定的责任中心；(5) 不进行分摊。

第三节　利润中心

一、利润中心的划分和类型（能力等级 1）

要点	说明	
定义	利润中心是指对利润负责的责任中心。由于利润等于收入减去成本和费用，所以利润中心是对收入和成本都要承担责任的责任中心。 并不是可以计量利润的组织单位都是真正意义上的利润中心。从根本目的上看，利润中心是指管理人员有权对其供货的来源和市场的选择进行决策的单位	
类型	自然的利润中心	指可以直接向企业外部出售产品，在市场上进行购销业务
	人为的利润中心	在企业内部按内部转移价格出售产品

二、利润中心的考核指标（能力等级 2）

利润中心责任指标，主要是利润，在评价利润中心业绩时，至少有三种选择，即边际贡献、部门可控边际贡献、部门营业利润。

考核指标及计算公式	说明
边际贡献 = 营业收入 - 销货成本 - 变动费用	以边际贡献作为业绩评价依据不够全面，因为部门经理至少可以控制某些固定成本，并且在固定成本和变动成本的划分上有一定的选择余地。因此，业绩评价至少应包括可控制的固定成本
部门可控边际贡献 = 边际贡献 - 可控固定成本	以可控边际贡献作为业绩评价依据可能是最好的，它反映了部门经理在其权限和控制范围内有效使用资源的能力
部门营业利润 = 部门可控边际贡献 - 不可控固定成本	以部门营业利润作为业绩评价依据，可能更适合评价该部门对企业利润和管理费用的贡献，而不适合于部门经理的评价

【提示】尽管利润指标具有综合性，但仍然需要一些非货币的衡量方法作为补充，包括生产率、市场地位、产品质量、职工态度、社会责任、短期目标与长期目标的平衡等

【例 19 - 9】（2019 年单选题）某公司月销售收入为 50 万元，边际贡献率为 40%，该公司仅设 M、N 两部门，其中 M 部门变动成本为 26 万元，边际贡献率为 35%，下列各项中错误的是（　　）。

A. M 部门的边际贡献为 14 万元

B. M 部门的销售收入为 40 万元

C. N 部门的销售收入为 10 万元

D. N 部门的变动成本 6 万元

【答案】D

【解析】M 部门销售收入 = 26/(1 - 35%) = 40（万元），选项 B 正确；M 部门边际贡献 = 40 - 26 = 14（万元），选项 A 正确；N 部门销售收入 = 50 - 40 = 10（万元），选项 C 正确，N 部门变动成本 = 50 × (1 - 40%) - 26 = 4（万元），选项 D 错误。

【例 19 - 10】（2017 年单选题）甲部门是一个利润中心。下列各项指标中，考核该部门经理业绩最适合的指标是（　　）。

A. 部门边际贡献

B. 部门税后利润

C. 部门营业利润

D. 部门可控边际贡献

【答案】D

【解析】以可控边际贡献作为业绩评价依据可能是最好的，它反映了部门经理在其权限和控制范围内有效使用资源的能力。部门经理可控制收入以及变动成本和部分固定成本，因而可以对可控边际贡献承担责任。

【例 19 - 11】（单选题）部门营业利润等于（　　）。

A. 部门商品营业收入 - 商品变动成本 - 变动销售费用

B. 部门商品营业收入 - 商品变动成本 - 变动销售费用 - 可控固定成本

C. 部门商品营业收入 - 商品变动成本 - 变动销售费用 - 可控固定成本 - 不可控固定成本

D. 部门商品营业收入 - 商品变动成本 - 变动销售费用 - 可控固定成本 - 不可控固定成本 - 公司管理费

【答案】C

【解析】部门营业利润 = 部门商品营业收入 - 商品变动成本 - 变动销售费用 - 可控固定成本 - 不可控固定成本。注意公司管理费用是部门经理无法控制的成本，总部的管理

费用常采用销售百分比法、资产百分比法等来分配给各部门。

三、内部转移价格（能力等级2）

内部转移价格是指企业内部分公司、分厂、车间、分部等责任中心之间相互提供产品（或服务）、资金等内部交易时所采用的计价标准。

制订转移价格的目的
1. 防止成本转移带来的部门间责任转嫁，使每个利润中心都能作为单独的组织单位进行业绩评价
2. 作为一种价格引导下级部门采取明智的决策，生产部门据此确定提供产品的数量，购买部门据此确定所需要的产品数量

种类	含义	适用范围
价格型内部转移价格	是指以市场价格为基础制定的、由成本和毛利构成内部转移价格的方法	一般适用于内部利润中心
成本型内部转移价格	是指以标准成本等相对稳定的成本数据为基础，制定内部转移价格的方法	一般适用于内部成本中心
协商型内部转移价格	是指企业内部供求双方为使双方利益相对均衡，通过协商机制制定内部转移价格的方法	主要适用于分权程度较高的情形

【例19－12】（多选题）以下关于内部转移价格的表述中，正确的有（　　）。

A. 协商型内部转移价格一般不高于市场价

B. 协商型内部转移价格主要适用于分权程度较高的企业

C. 成本型内部转移价格是指以企业基期成本为基础加以调整计算的价格

D. 价格型内部转移价格不适合人为利润中心

【答案】AB

【解析】成本型内部转移价格是指以标准成本等相对稳定的成本数据为基础制定的内部转移价格，C表述错误；价格型内部转移价格一般适用于内部利润中心，无论人为利润中心还是自然利润中心都适用，选项D错误。

第四节　投资中心

一、投资中心的划分（能力等级1）

要点	说明
含义	是指某些分散经营的单位或部门，其经理所拥有的自主权不仅包括制定价格、确定产品和生产方法等短期经营决策权，而且还包括投资规模和投资类型等投资决策权
特点	投资中心的经理不仅能控制除公司分摊管理费用外的全部成本和收入，而且能控制占用的资产，因此，对于投资中心不仅要衡量其利润，而且要衡量其资产的投资回报率

【例19－13】（多选题）下列关于投资中心的考核与管理，正确的做法有（　　）。

A. 投资中心的重大决策活动必须经集团公司批准

B. 要充分调剂使用各投资中心的资产，而且不得实行有偿使用

C. 对各投资中心发生的共同成本，应按适当的标准进行分配

D. 各投资中心之间的权益必须划分清楚

【答案】CD

【解析】投资中心应该具有较大的决策权和独立性，有独立进行重大决策的权利；选项A不正确。为了划清各投资中心的责任，其他责任中心运用投资中心的资产必须实行有偿使用的办法。选项B不正确。

二、投资中心的考核指标（能力等级2）

1. 投资报酬率

要点	说明
公式	部门投资报酬率＝部门税前经营利润÷部门平均净经营资产
优点	（1）它是根据现有的会计资料计算的，比较客观； （2）可用于部门之间，以及不同行业之间的比较； （3）部门投资报酬率可以分解为投资周转率和部门税前经营利润率的乘积，并可进一步分解为资产的明细项目和收支的明细项目，从而对整个部门经营状况作出评价

续表

要点	说明
缺点	部门经理会放弃高于资本成本而低于目前部门投资报酬率的机会，或者减少现有的投资报酬率较低但高于资本成本的某些资产，使部门的业绩获得较好评价，但却伤害了企业整体的利益

2. 剩余收益

要点	说明
公式	部门剩余收益＝部门税前经营利润－部门平均净经营资产应计报酬 ＝部门税前经营利润－部门平均净经营资产×要求的报酬率
优点	①可以使业绩评价与企业的目标协调一致，引导部门经理采纳高于企业资本成本的决策； ②允许使用不同的风险调整资本成本。使剩余收益指标更加灵活，而投资报酬率评价方法并不区别不同资产，无法分别处理风险不同的资产
缺点	①这是一个绝对数指标，不便于不同部门之间的比较。 ②依赖会计数据的质量

3. 三个中心的比较

项目	应用范围	权利	考核范围	考核指标
成本中心	最广	可控成本的控制权	可控的成本、费用	标准成本中心：是既定产品质量和数量条件下的标准成本。费用中心：费用预算
利润中心	较窄	有权对其供货的来源和市场的选择进行决策的单位（经营决策权）	成本费用、收入、利润	边际贡献部门可控边际贡献部门税前经营利润
投资中心	最小	短期经营决策权、投资决策权	成本费用、收入、利润、投资效果（率）	部门投资报酬率剩余收益

【例 19－14】（2018 年多选题）作为评价投资中心的业绩指标，部门投资报酬率的优点有（　　）。

A. 可用于比较不同规模部门的业绩

B. 根据现有会计资料计算，比较方便

C. 可以使业绩评价与公司目标协调一致

D. 有利于从投资周转率以及部门经营利润率角度进行经营分析

【答案】ABD

【解析】用部门投资报酬率来评价投资中心业绩有许多优点：它是根据现有的会计资料计算的，比较客观，可用于部门之间以及不同行业之间的比较。部门投资报酬率可以分解为投资周转率和部门经营利润率两者的乘积，并可进一步分解为资产的明细项目和收支的明细项目，从而对整个部门经营状况作出评价。是相对数指标，可用于比较不同规模部门的业绩。

【例 19－15】（多选题）下列关于"以剩余收益作为投资中心业绩评价标准优点"的表述中，正确的有（　　）。

A. 便于按部门资产的风险不同，调整部门的资本成本

B. 计算数据可直接来自现有会计资料

C. 能够反映部门现金流量的状况

D. 能促使部门经理的决策与企业总目标一致

【答案】AD

【解析】计算剩余收益的资本成本不能从会计资料中得到，选项 B 不正确；剩余收益不能够反映部门现金流量的状况，选项 C 不正确。

【例 19－16】（2010 年多选题）剩余收益是评价投资中心业绩的指标之一。下列关于剩余收益指标的说法中，正确的有（　　）。

A. 剩余收益可以根据现有财务报表资料直接计算

B. 剩余收益可以引导部门经理采取与企业总体利益一致的决策

C. 计算剩余收益时，对不同部门可以使用不同的资本成本

D. 剩余收益指标可以直接用于不同部门之间的业绩比较

【答案】BC

【解析】剩余收益不可以根据现有财务报表资料直接计算，选项 A 不对。剩余收益是绝对指标，不能用于不同部门之间的业绩比较，选项 D 不对。

【例 19－17】（计算分析题）某公司下设

A、B两个投资中心。目前A投资中心的部门经营资产为4 000万元，经营负债2 000万元，投资税前报酬率为15%；B投资中心的投资税前报酬率为14%，剩余收益为200万元。该公司要求的投资税前报酬率为10%，公司所得税率25%。

要求：

（1）计算A投资中心的剩余收益；

（2）计算A投资中心的经济增加值；

（3）计算B投资中心的部门净经营资产；

（4）说明以投资报酬率、剩余收益和经济增加值作为业绩评价指标的优缺点。

【答案及解析】

（1）剩余收益＝(4 000－2 000)×(15%－10%)＝100（万元）。

（2）经济增加值＝(4 000－2 000)×15%×(1－25%)－(4 000－2 000)×10%×(1－25%)＝75（万元）。

（3）200＝净经营资产×(14%－10%)

则净经营资产＝5 000（万元）。

（4）投资报酬率指标优点：①它是根据现有的会计资料计算的，比较客观，可用于部门之间以及不同行业之间的比较；②有助于提高整个公司的投资报酬率；③部门投资报酬率可以分解为投资周转率和部门经营利润率两者的乘积，可以对整个部门的经营状况作出评价。

投资报酬率指标缺点：部门经理会放弃高于资本成本（用公司要求的投资税前报酬率表示）而低于目前部门投资报酬率的机会，或者减少现有的投资报酬率较低但高于资本成本的某些资产，使部门的业绩获得较好评价，但是伤害了公司整体利益。

剩余收益指标的优点：①可以使业绩评价与公司的目标协调一致，引导部门经理采纳高于公司资本成本（用公司投资税前报酬率表示）的决策；②可以对不同部门或者不同资产使用不同的风险调整资本成本。

剩余收益指标的缺点：①剩余收益指标是一个绝对数指标，不便于不同规模的公司和部门的业绩比较，使其有用性下降；②剩余收益和业绩评价质量依赖于会计数据的质量。

经济增加值指标的优点：①经济增加值是最直接与股东财富创造相联系的财务指标，追求更高的经济增加值就是追求更高的股东价值；②经济增加值不仅仅是一种业绩评价指标，还是一种全面财务管理和薪酬激励体制的框架。

经济增加值指标的缺点：①不具有比较不同规模公司业绩的能力；②经济增加值不能正确反映处于不同成长阶段公司的经营业绩；③在计算经济增加值时，对净利润的调整及资本成本的确定还存在许多争议。

精选练习题

一、单项选择题

1. 某生产车间是一个标准成本中心。为了对该车间进行业绩评价，需要计算的责任成本范围是（　　）。

A. 该车间的直接材料、直接人工和全部制造费用

B. 该车间的直接材料、直接人工和变动制造费用

C. 该车间的直接材料、直接人工和可控制造费用

D. 该车间的全部可控成本

2. 企业某部门本月营业收入10 000元，已销商品的变动成本6 000元，部门可控固定间接费用500元，部门不可控固定间接费用800元，分配给该部门的公司管理费用500元，最能反映该部门真实贡献的金额是（　　）元。

A. 2 200　　B. 2 700

C. 3 500　　D. 4 000

3. 下列内部业绩评价的指标中，考虑所得税的影响，能够使业绩评价与企业目标协调一致，并引导部门经理采纳高于企业资本成本的决策的指标是（　　）。

A. 部门投资报酬率

B. 部门营业利润

C. 部门经济增加值

D. 部门剩余收益

4. 投资中心的部门平均净经营资产为100 000元，资本成本率为20%，剩余收益为10 000元，则该中心的投资报酬率为（　　）。

A. 10%　　B. 20%

C. 30%　　D. 60%

5. 价格型内部转移价格一般适用于（　　）。

A. 内部成本中心

B. 内部利润中心

C. 投资中心

D. 分权程度较高的企业

6. 下列关于责任成本计算的说法中不正确的是（　　）。

A. 计算责任成本是为了评价成本控制业绩

B. 责任成本以责任中心为成本计算的对象

C. 责任成本计算的计算范围包括直接材料、直接人工和全部制造费用

D. 责任成本法按可控原则把成本归属于不同责任中心

7. 下列有关科层组织结构的表述不正确的是（　　）。

A. 科层组织结构是一种集权的组织结构

B. 直线指挥机构是科层组织结构的主体

C. 财务部门是科层组织结构的辅助

D. 科层组织结构下各个部门整体意识和创新精神强

8. 下列关于利润责任中心的说法中，错误的是（　　）。

A. 拥有供货来源和市场选择决策权的责任中心，才能成为利润中心

B. 考核利润中心的业绩，除了使用利润指标外，还需使用一些非财务指标

C. 为了便于不同规模的利润中心业绩比较，应以利润中心实现的利润与所占用资产相联系的相对指标作为其业绩考核的依据

D. 为防止责任转嫁，正确考核利润中心业绩，需要制定合理的内部转移价格

9. 在下列业绩评价指标中，最适合评价利润中心部门经理的是（　　）。

A. 部门可控边际贡献

B. 部门边际贡献

C. 部门税后经营利润

D. 部门税前经营利润

二、多项选择题

1. 甲公司将某生产车间设为成本责任中心，该车间食用材料型号为GB007；另外还发生机器维修费、试验检验费以及车间折旧费。下列关于成本费用责任归属的表述中，正确的有（　　）。

A. 型号为GB007的材料费用直接计入该成本责任中心

B. 车间折旧费按照受益基础分配计入该成本责任中心

C. 机器维修费按照责任基础分配计入该成本责任中心

D. 试验检验费归入另一个特定的成本中心

2. 下列表述中，正确的说法有（　　）。

A. 高层责任中心的不可控成本，对于较低层次的责任中心来说，一定是不可控的

B. 低层次责任中心的不可控成本，对于较高层次责任中心来说，一定是可控的

C. 某一责任中心的不可控成本，对另一个责任中心来说则可能是可控的

D. 某些从短期看属不可控的成本，从较长的期间看，可能又成为可控成本

3. 下列各项中，属于剩余收益优点的有（　　）。

A. 剩余收益可以使业绩评价与企业的目标协调一致

B. 剩余收益依赖于会计数据的质量

C. 剩余收益引导部门经理采纳高于企业资本成本的决策

D. 剩余收益允许使用不同的风险调整资本成本

4. 以下关于责任中心的表述中，正确的有（　　）。

A. 任何发生成本的责任领域都可以确定为成本中心

B. 任何可以计量利润的组织单位都可以确定为利润中心

C. 与利润中心相比，标准成本中心仅缺少销售权

D. 投资中心不仅能够控制生产和销售，还能控制占用的资产

5. 某公司投资一个项目，平均投资额500万元，持续时间1年，获取10%的报酬率，公司对该项目要求的回报率为10%。下列计算正确的有（　　）。

A. 会计利润为50万元

B. 会计利润为0

C. 剩余收益为50万元

D. 剩余收益为0

6. 下列有关事业部制的特点表述正确的有（　　）。

A. 事业部制是一种集权的组织结构

B. 每个事业部设置各自的执行总经理

C. 总公司的利润是各个事业部利润之和

D. 事业部通常为成本中心

7. 下列有关成本责任中心的说法中，正确的有（　　）。

A. 成本责任中心不对生产能力的利用程度负责

B. 成本责任中心不进行设备购置决策

C. 成本责任中心不对固定成本负责

D. 成本责任中心应严格执行产量计划，不应超产或减产

8. 以下关于责任中心的表述中，正确的有（　　）。

A. 任何发生成本的责任领域都可以确定为成本中心

B. 任何可以计量利润的组织单位都可以确定为利润中心

C. 与利润中心相比，标准成本中心仅缺少销售权

D. 投资中心不仅能够控制生产和销售，还能控制占用的资产

9. 甲车间为标准成本中心，按完全成本法进行产品成本计算，乙部门为费用中心，下列表述正确的有（　　）。

A. 甲车间超产或提前产出，要受到批评甚至惩罚

B. 甲车间不对固定制造费用耗费差异负责

C. 甲车间不对固定制造费用闲置能量差异负责

D. 乙部门的支出没有超过预算，说明该中心业绩良好

10. 下列成本中，属于生产车间可控成本的有（　　）。

A. 由于疏于管理导致的废品损失

B. 车间发生的间接材料成本

C. 按照资产比例分配给生产车间的管理费用

D. 按直线法提取的生产设备折旧费用

三、计算分析题

1. 已知某集团公司下设多个责任中心，有关资料如下：

资料1：

指标	A投资中心	B投资中心	C投资中心
部门税前经营利润（万元）	10 400	15 800	8 450
部门净经营资产平均占用额（万元）	94 500	145 000	75 500
规定的最低税前投资报酬率	10%		

资料2：D利润中心营业收入为52 000元，变动成本总额为25 000元，利润中心负责人可控的固定成本为15 000元，利润中心负责人不可控但应由该中心负担的固定成本为6 000元。

资料3：E利润中心的边际贡献为80 000元，负责人可控边际贡献为60 000元，利润中心部门营业利润为45 000元。

要求：

（1）根据资料1计算各个投资中心的下列指标：

①投资报酬率；

②剩余收益。

（2）根据资料2计算D利润中心边际贡献总额、可控边际贡献和部门营业利润总额。

（3）根据资料3计算E利润中心负责人的可控固定成本以及不可控但应由该利润中心负担的固定成本。

2. LZB公司为投资中心，下设甲乙两个利润中心，相关财务资料如下：

资料一：甲利润中心营业收入为38 000元，变动成本总额为14 000元，利润中心负责人可控的固定成本为4 000元，利润中心负责人不可控但应由该中心负担的固定成本为7 000元。

资料二：乙利润中心可控边际贡献30 000元，部门营业利润为22 000元。

资料三：D中心税前营业利润为35 000元，部门平均净经营资产为200 000元。D中心要求的税前报酬率12%，假设没有需要调整的项目。

要求：

（1）根据资料一计算甲利润中心的下列指标：

①利润中心边际贡献总额；

②利润中心可控边际贡献总额；

③利润中心部门营业利润。

（2）根据资料二计算乙利润中心负责人不可控但应由该利润中心负担的固定成本。

（3）根据资料三计算D公司的剩余收益。

3. 甲公司是一家上市公司，正对内部A、B投资中心进行业绩考核。2020年相关资料如下：

单位：元

	税前经营利润	平均经营资产	平均经营负债	要求的税前投资报酬率
A投资中心	153 000	1 350 000	75 000	10%
B投资中心	134 400	900 000	60 000	12%

要求：

（1）分别计算A、B两个投资中心的部门投资报酬率和部门剩余收益（结果填入下方表格中，不用列出计算过程）。

单位：元

		A投资中心	B投资中心
目前状态	部门投资报酬率		
	部门剩余收益		

（2）假定公司现有一投资机会，投资额20万元，每年可创造税前经营利润26 000元，如果A、B投资中心都可进行该投资，且投资前后各自要求的税前投资报酬率保持不变，计算A、B投资中心分别投资后的部门投资报酬率和部门剩余收益；分析如果公司分别采用投资报酬率和剩余收益对A、B投资中心进行业绩考核，A、B投资中心是否愿意进行该投资（结果填入下方表格中，不用列出计算过程）。

			A投资中心	B投资中心
投资后	部门投资报酬率	计算结果		
		是否投资		
	部门剩余收益	计算结果		
		是否投资		

（3）综合上述计算，分析部门投资报酬率和部门剩余收益作为投资中心业绩评价指标的优缺点。

答案及解析

一、单项选择题

1.【答案】D

【解析】责任成本是以具体的责任单位（部门、单位或个人）为对象，以其承担的责任为范围所归集的成本，也就是特定责任中心的全部可控成本。

2.【答案】B

【解析】此类题常考，有一定难度，是需要综合判断的小计算题，应在理解教材内容的基础上解题。（产品）边际贡献，未扣除部门可控固定成本，夸大了被考核者的业绩，一般不适合作为考核指标；（经理）可控边际贡献，已扣除（部门）可控固定成本，是考核部门经理业绩的最好指标；部门边际贡献已扣除（部门）不可控固定成本，更适合评价该中心对企业利润和管理费用的贡献；税前部门利润扣除了公司管理费用，缩小被考核者的业绩，一般不适合作为考核指标。故最能反映该部门真实贡献的是部门边际贡献。部门边际贡献＝部门本月营业收入－已销商品的变动成本－部门可控固定间接费用－部门不可控固定间接费用＝10 000－6 000－500－800＝2 700（元）。

3.【答案】C

【解析】部门投资报酬率为相对数指标，易导致次优化决策，选项A不是正确选项；部门营业利润与资本成本无关；剩余收益使用税前经营利润和投资税前报酬率计算，选项D不是正确选项。经济增加值使用税后净营业利润和加权平均资本成本计算。当税金是重要因素时，经济增加值比剩余收益可以更好地反映部门盈利能力。

4.【答案】C

【解析】10 000＝部门税前经营利润－100 000×20%

部门税前经营利润＝30 000（元）

投资报酬率＝30 000/100 000＝30%。

5.【答案】B

【解析】价格型内部转移价格，是指以市场价格为基础、由成本和毛利构成的内部转移价格，一般适用于内部利润中心。

6.【答案】C

【解析】责任成本计算的范围是各责任中心的可控成本。所以，选项C的说法不正确。

7.【答案】D

【解析】科层组织结构一般是一种相对集权的组织结构，选项A正确；科层组织结构下直线指挥机构是主体，参谋职能机构是辅助，参谋职能机构包括如研究开发部、人力资源部、财务部、营销部及售后服务部等，所以选项B和选项C正确。科层组织结构下各个部门只看到本部门的目标和利益，缺乏整体意识和创新精神。

8.【答案】C

【解析】从根本目的上看，利润中心是指管理人员有权对其供货的来源和市场的选择进行决策的单位，所以，选项A的说法正确；利润中心没有权力决定该中心资产的投资水平，不能控制占用的资产，所以，选项C的说法不正确；对于利润中心进行考核的指标主要是利润，除了使用利润指标外，还需要使用一些非财务指标，如生产率、市场地位等等，所以，选项B的说法正确；制定内部转移价格的一个目的是防止成本转移带来的部门间责任转嫁，所以，选项D的说法正确。

9.【答案】A

【解析】部门可控边际贡献反映了部门经理在其权限和控制范围内有效使用资源的能力。所以部门可控边际贡献是最适合评价利润中心部门经理的业绩评价指标。

二、多项选择题

1.【答案】ACD

【解析】参见教材相关内容。

2.【答案】ACD

【解析】成本的可控性与不可控性，随着条件的变化可能发生相互转化。低层次责任中心的不可控成本，对于较高层次责任中心来说，可能是可控的，但不是绝对的。

3.【答案】ACD

【解析】剩余收益指标优点：(1) 可以使业绩评价与企业的目标协调一致，引导部门经理采纳高于企业资本成本的决策；(2) 允许使用不同的风险调整资本成本。

4.【答案】AD

【解析】本题的主要考核点是有关各类责任中心的含义和特点。任何发生成本的责任领域都可以确定为成本中心，但并不是任何可以计量利润的组织单位都可以确定为利润中心，从本质上讲，只有当其管理人员有权对其供货的来源和市场的选择进行决策等广泛权力，而且可以计量利润的组织单位才可以确定为利润中心。与利润中心相比，标准成本中心的管理人员不仅缺少销售权，而且对产品的品种和数量也无权决策。投资中心不仅能够控制生产和销售，还能控制占用的资产。

5.【答案】AD

【解析】会计利润 $=500\times10\%=50$（万元），剩余收益 $=50-500\times10\%=0$。

6.【答案】BC

【解析】事业部制是一种分权的组织结构，选项A错误；各个事业部独立经营、独立核算、自负盈亏，是一个利润中心，选项D错误。

7.【答案】ABD

【解析】成本中心只对可控成本负责，固定成本也可能是可控成本。

8.【答案】AD

【解析】本题的主要考核点是有关各类责任中心的含义和特点。任何发生成本的责任领域都可以确定为成本中心，但并不是任何可以计量利润的组织单位都可以确定为利润中心，从本质上讲，只有当其管理人员有权对其供货的来源和市场的选择进行决策等权力，而且可以计量利润的组织单位才可以确定为利润中心。与利润中心相比，标准成本中心的管理人员不仅缺少销售权，而且对产品的品种和数量也无权决策。投资中心不仅能够控制生产和销售，还能控制占用的资产（即具有投资决策权）。

9.【答案】AC

【解析】标准成本中心必须按规定的质量、时间标准和计划产量来进行生产，这个要求是“硬性”的。完不成上述要求，成本中心要受到批评甚至惩罚。过高的产量，提前产出造成积压，超产以后销售不出去，同样会给企业造成损失，也应视为未按计划进行生产，选项A正确；标准成本中心不对生产能力的利用程度负责，而只对既定产量的投入量承担责任。如果采用完全成本法，成本中心不对闲置能量的差异负责，对于固定制造费用的其他差异要承担责任。选项 B 错误，选项 C 正确。一个费用中心的支出没有超过预算，也不能说明该中心业绩良好，因为该中心的工作质量和服务水平可能低于计划的要求，选项 D 错误。

10.【答案】AB

【解析】可控成本是指在特定时期内、特定责任中心能够直接控制其发生的成本。

三、计算分析题

1.【答案及解析】

(1) ①投资报酬率：

A 投资中心的投资报酬率 = 10 400/94 500 = 11.01%

B 投资中心的投资报酬率 = 15 800/145 000 = 10.90%

C 投资中心的投资报酬率 = 8 450/75 500 = 11.19%

②剩余收益：

A 投资中心的剩余收益 = 10 400 − 94 500 × 10% = 950（万元）

B 投资中心的剩余收益 = 15 800 − 145 000 × 10% = 1 300（万元）

C 投资中心的剩余收益 = 8 450 − 75 500 × 10% = 900（万元）。

(2) ①利润中心边际贡献总额 = 52 000 − 25 000 = 27 000（元）

②利润中心可控边际贡献 = 27 000 − 15 000 = 12 000（元）

③利润中心部门营业利润总额 = 12 000 − 6 000 = 6 000（元）。

(3) E 利润中心负责人可控固定成本 = 80 000 − 60 000 = 20 000（元）

E 利润中心负责人不可控但应由该利润中心负担的固定成本 = 60 000 − 45 000 = 15 000（元）。

【提示】剩余收益 = 部门平均净经营资产 ×(投资报酬率 − 资本成本)。

2.【答案及解析】

(1)

①利润中心边际贡献总额 = 38 000 − 14 000 = 24 000（元）

②利润中心可控边际贡献总额 = 24 000 − 4 000 = 20 000（元）

③利润中心部门营业利润 = 20 000 − 7 000 = 13 000（元）。

(2) 乙利润中心负责人不可控但应由该利润中心负担的固定成本 = 30 000 − 22 000 = 8 000（元）。

(3) D 公司的剩余收益 = 35 000 − 200 000 × 12% = 11 000（元）。

3.【答案】(1)

单位：元

		A 投资中心	B 投资中心
目前状态	部门投资报酬率	153 000/(1 350 000 − 75 000) = 12%	134 400/(900 000 − 60 000) = 16%
	部门剩余收益	153 000 − (1 350 000 − 75 000) × 10% = 25 500	134 400 − (900 000 − 60 000) × 12% = 33 600

(2)

单位：元

			A 投资中心	B 投资中心
投资后	部门投资报酬率	计算结果	(153 000 + 26 000)/(1 350 000 − 75 000 + 200 000) = 12.14%	(134 400 + 26 000)/(900 000 − 60 000 + 200 000) = 15.42%
		是否投资	投资	不投资
	部门剩余收益	计算结果	(153 000 + 26 000) − (1 350 000 − 75 000 + 200 000) × 10% = 31 500	(134 400 + 26 000) − (900 000 − 60 000 + 200 000) × 12% = 35 600
		是否投资	投资	投资

(3)

①用部门投资报酬率来评价投资中心业绩的优点：它是根据现有的会计资料计算的，比较客观，可用于部门之间以及不同行业之间的比较。投资人非常关心这个指标，公司总经理也十分关心这个指标，用它来评价每个部门的业绩，促使其提高本部门的投资报酬率，有助于提高整个公司的投资报酬率。部门投资报酬率可以分解为投资周转率和部门经营利润率两者的乘积，并可进一步分解为资产的明细项目和收支的明细项目，从而对整个部门经营状况作出评价。

缺点：部门经理会产生“次优化”行为，使部门的业绩获得较好评价，但却伤害了公司整体的利益。

②用部门剩余收益来评价投资中心业绩有的优点：主要优点是与增加股东财富的目标一致；可以使业绩评价与公司的目标协调一致，引导部门经理采纳高于公司资本成本的决策；允许使用不同的风险调整资本成本。

缺点：剩余收益指标是一个绝对数指标，因此不便于不同规模的公司和部门的比较，使其有用性下降。另一个不足在于它依赖于会计数据的质量。剩余收益的计算要使用会计数据，包括收益、投资的账面价值等。如果会计信息的质量低劣，必然会导致低质量的剩余收益和业绩评价。

第二十章　业绩评价

本章考情分析

本章属于非重点章，主要介绍企业业绩计量指标，内容较为简单，侧重业绩评价指标的理解及应用。

本章考试题型主要是客观题，有时也会出小的计算分析题。计算分析题的考点主要集中在经济增加值考核指标上。近 3 年平均分值在 2 分左右。

本章教材变化

本章删除了计算披露的经济增加值时所需调整的第三项即收购形成的商誉，其他内容没有实质性变动。

本章思维导图

- 第二十章 业绩评价
  - 第一节　财务业绩评价与非财务业绩评价
    - 财务业绩评价的优点与缺点
    - 非财务业绩评价的优点与缺点
  - 第二节　关键绩效指标法
    - 关键绩效指标法的含义
    - 关键绩效指标法的应用
    - 关键绩效指标法的优点和缺点
  - 第三节　经济增加值
    - 经济增加值的概念
    - 简化的经济增加值的衡量
    - 经济增加值评价的优点和缺点
  - 第四节　平衡记分卡
    - 平衡记分卡框架
    - 平衡记分卡与企业战略管理
    - 战略地图架构
    - 平衡计分卡与传统业绩评价系统的区别
    - 平衡计分卡应用简例
    - 平衡计分卡的优点和缺点

考点精讲及典型例题解析

第一节 财务业绩评价与非财务业绩评价

一、财务业绩评价的优点与缺点（能力等级1）

特点	说明
优点	（1）可以反映企业的综合经营成果； （2）容易从会计系统中获得相应的数据，操作简便，易于理解
缺点	（1）体现的是企业当期的财务成果，反映的是企业的短期业绩，无法反映管理者在企业的长期业绩改善方面所作的努力； （2）财务业绩是一种结果导向，即只注重最终的财务结果，而对达成该结果的改善过程欠考虑； （3）财务业绩通过会计数据考核，而会计数据根据公认会计原则产生，受到稳健性原则有偏估计的影响，可能无法公允地反映管理层的真正业绩

二、非财务业绩评价的优点与缺点（能力等级1）

特点	说明
优点	可以避免财务业绩评价只侧重过去、比较短视的不足，更体现长远业绩，更体现外部对企业的整体评价
缺点	一些关键的非财务业绩指标往往比较主观，数据的收集比较困难，评价指标数据的可靠性难以保证

【例20－1】（多选题）财务计量用于业绩评价的缺点在于（　　）。

A. 它是短期的业绩计量

B. 它忽视了管理层在改善方面的努力

C. 它忽视了不同发展阶段的差异

D. 它的可计量性和可比性弱

【答案】ABC

【解析】财务计量用于业绩评价有三个缺点：一是财务计量是短期的业绩计量，如果用来作为奖励制度的一部分，会鼓励没有长期价值的作业或行为。二是忽视价格水平的变化，使用历史成本的会计计量会歪曲经济现实。三是忽视公司不同发展阶段的差异。所以选项A、B、C正确。

第二节 关键绩效指标法

一、关键绩效指标法的含义

关键绩效指标法的含义	是指基于企业战略目标，通过建立关键绩效指标体系，将价值创造活动与战略规划目标有效联系，并据此进行绩效管理的方法
关键绩效指标含义	是对企业绩效产生关键影响力的指标，是通过对企业战略目标、关键成果领域的绩效特征分析，识别和提炼出的最能有效驱动企业价值创造的指标

二、关键绩效指标法的应用

应用方式	可以单独使用，也可以与经济增加值法、平衡计分卡等其他方法结合使用
应用对象	可以是企业，也可以是企业所属的单位（部门）和员工
应用程序	（1）制定以关键绩效指标为核心的绩效计划； （2）制定激励计划； （3）执行绩效计划与激励计划； （4）实施绩效评价与激励； （5）编制绩效评价报告与激励管理报告； 与其他业绩评价方法的关键不同是第一个程序

制定激励计划	（1）构建关键绩效指标体系。 【提示】分三个层次来制定关键绩效指标体系：企业、所属单位（部门）级、岗位（员工）级。关键绩效指标可以分为结果类和动因类
	（2）设定关键绩效指标权重。 【提示】权重分配应以企业战略目标为导向，反映被评价对象对企业价值贡献或支持的程度，以及各指标之间的重要性水平。①单项关键绩效指标权重一般设定在5%～30%之间；②对特别重要的指标可适当提高权重；③对特别关键、影响企业整体价值的指标可设立“一票否决”制度，即如果某项关键绩效指标未完成，无论其他指标是否完成，均视为未完成绩效目标
	（3）设定关键绩效指标目标值。 【提示】目标值确定可参考的标准：①行业标准或参考竞争对手标准；②企业内部标准；③企业历史经验值

【例20－2】（单选题）下列各项中不属

于制定以关键绩效指标为核心的绩效计划内容的是（　　）。

A. 构建关键绩效指标体系

B. 制定关键绩效指标

C. 设定关键绩效指标权重

D. 设定关键绩效指标目标值

【答案】B

【解析】制定绩效计划包括构建关键绩效指标体系、设定关键绩效指标权重、设定关键绩效指标目标值等。

三、关键绩效指标法的优点和缺点

优点	缺点
（1）使企业业绩评价与企业战略目标密切相关，有利于企业战略目标的实现； （2）通过识别价值创造模式把握关键价值驱动因素，能够更有效地实现企业价值增值目标； （3）评价指标数量相对较少，易于理解和使用，实施成本相对较低，有利于推广实施	（1）关键绩效指标的选取需要透彻理解企业价值创造模式和战略目标，有效识别企业核心业务流程和关键价值驱动因素； （2）指标体系设计不当将导致错误的价值导向和管理缺失

第三节　经济增加值

一、经济增加值的概念（能力等级2）

（一）含义及特点

要点	说明
含义	经济增加值（*EVA*）指从税后净营业利润中扣除包括股权和债务的全部投入资本成本后的所得。经济增加值表明，企业的盈利只有高于其资本成本（包括股权资本成本和债务资本成本）时才会为股东创造价值
基本公式	经济增加值 = 税后净营业利润 - 加权平均资本成本 × 平均资本占用
与剩余经营收益的区别	①在计算经济增加值时，需要对会计数据进行一系列调整，包括税后经营利润和净投资资本。 ②需要根据资本市场的机会成本计算资本成本，以实现经济增加值与资本市场的衔接；而剩余收益是根据投资要求的报酬率来计算，该投资报酬率可以根据管理的要求做出不同选择，带有一定主观性

（二）不同含义的经济增加值

1. 基本经济增加值

要点	说明
含义	基本经济增加值是根据未经调整的经营利润和总资产计算的经济增加值
公式	基本经济增加值 = 税后净营业利润 - 加权平均资本成本 × 报表总资产
评价	①由于“经营利润”和“总资产”是按照会计准则计算的，它们歪曲了公司的真实业绩。 ②相对于会计利润来说是个进步，它承认了股权资金的成本

2. 披露的经济增加值

要点	说明
含义	披露的经济增加值是利用会计数据进行十几项标准的调整计算出来的。这种调整是根据公布的财务报表及其附注中的数据进行的。 通常对内部所有经营单位使用统一的资本成本
典型的调整项目	典型的调整项目： ①研究与开发费用。经济增加值要求将其作为投资并在一个合理的期限内摊销。 ②战略性投资。会计将投资的利息（或部分利息）计入当期财务费用，经济增加值要求将其在一个专门账户中资本化并在开始生产时逐步摊销。 ③为建立品牌、进入新市场或扩大市场份额发生的费用。会计作为费用立即从利润中扣除，经济增加值要求把争取客户的营销费用资本化并在适当的期限内摊销。 ④折旧费用。会计大多使用直线折旧法处理，经济增加值要求对某些大量使用长期设备的公司，按照更接近经济现实的“沉淀资金折旧法”处理。前期折旧少，后期折旧多

【例20-3】（2016年多选题）在计算披露的经济增加值时，下列各项中，需要进行调整的项目有（　　）。

A. 研究费用

B. 资本化利息支出

C. 企业并购重组费用

D. 争取客户的营销费用

【答案】ACD

【解析】披露的经济增加值是利用公开会计数据进行十几项标准的调整计算出来的。

①研究与开发费用。②战略性投资。③为建立品牌、进入新市场或扩大市场份额发生的费用。④折旧费用。⑤重组费用。选项 ACD 是答案。

3. 特殊的经济增加值和真实的经济增加值

类型	说明
特殊的经济增加值	为了使经济增加值适合特定公司内部的业绩管理，还需要进行特殊的调整。这种调整要使用公司内部的有关数据，调整后的数值称为“特殊的经济增加值”。 （1）它是特定企业根据自身情况定义的经济增加值，是“量身定做”的经济增加值。 （2）这里的调整项目都是“可控制”的项目，即通过自身的努力可以改变数额的项目。 （3）调整结果使得经济增加值更接近公司的内在价值
真实的经济增加值	真实的经济增加值是公司经济利润最正确和最准确的度量指标。 （1）它要对会计数据做出所有必要的调整； （2）对公司中每一个经营单位都使用不同的更准确的资本成本

（三）经济增加值和剩余收益的联系与区别

（1）联系——都与投资报酬率相联系。

①剩余收益业绩评价旨在设定部门投资的最低报酬率，防止部门利益伤害整体利益；

②经济增加值旨在使经理人员赚取超过资本成本的报酬，促进股东财富最大化。

（2）区别：

区别	经济增加值	部门剩余收益
所得税处理	使用部门税后净营业利润和加权平均税后资本成本计算	使用部门税前经营利润和部门要求的税前投资报酬率计算
资本成本	与公司的实际资本成本相联系，是基于资本市场的计算方法，资本市场上权益成本和债务成本变动时，公司要随之调整加权平均资本成本	使用的部门要求的报酬率，主要考虑管理要求以及部门个别风险的高低

【例 20－4】（2019 年多选题）下列关于经济增加值的说法中，正确的有（　　）。

A. 经济增加值为正表明经营者为股东创造了价值

B. 经济增加值便于不同规模公司之间的业绩比较计算

C. 经济增加值使用的资本成本应随资本市场变化而调整

D. 经济增加值是税后净营业利润扣除全部投入资本的成本后的剩余收益

【答案】ACD

【解析】由于经济增加值是绝对数指标，不便于比较不同规模公司的业绩选项 B 错误。

【例 20－5】（2014 年计算分析题改编）甲公司是一家化工原料生产企业，生产经营无季节性，股东使用管理用财务报表分析体系对公司 2013 年度业绩进行评价，主要的管理用财务报表数据如下：

项目	2013 年	2012 年
资产负债表项目（年末）		
经营性流动资产	7 500	6 000
减：经营性流动负债	2 500	2 000
经营性长期资产	20 000	16 000
经营性资产合计	25 000	20 000
短期借款	2 500	0
长期借款	10 000	8 000
净负债合计	12 500	8 000
股本	10 000	10 000
留存收益	2 500	2 000
股东权益合计	12 500	12 000
利润表项目（年度）		
营业收入	25 000	20 000
税后经营净利润	3 300	2 640
减：税后利息费用	1 075	720
净利润	2 225	1 920

股东正在考虑采用如下两种业绩评价指

标对甲公司进行业绩评价：

（1）使用权益净利率作为业绩评价指标，2013年的权益净利率超过2012年的权益净利率即视为完成业绩目标。

（2）使用经济增加值作为业绩评价指标，净负债代表负债的平均水平，资本结构按照账面比例计算。已知无风险利率为4%，平均风险股票的报酬率为12%，2012年股东要求的报酬率为16%。

甲公司的企业所得税税率为25%。为简化计算，计算相关财务指标时，涉及的资产负债表数据均使用其各年年末数据，经济增加值计算没有需要调整的项目。

要求：

（1）如果采用权益净利率作为评价指标，计算甲公司2012年、2013年的权益净利率，评价甲公司2013年是否完成业绩目标；

（2）使用改进的杜邦分析体系，计算影响甲公司2012年、2013年权益净利率高低的三个驱动因素，定性分析甲公司2013年的经营管理业绩和理财业绩是否得到提高；

（3）如果采用经济增加值作为业绩评价指标，计算2013年普通股资本成本、加权平均资本成本和经济增加值。评价甲公司2013年是否完成业绩目标。（【提示】计算2013年普通股资本成本时，需要考虑资本结构变化的影响）

（4）指出权益净利率和剩余收益两种业绩评价指标中哪种业绩评价指标更科学，并说明原因。

【答案及解析】

（1）2012年的权益净利率＝1 920/12 000×100%＝16%

2013年的权益净利率＝2 225/12 500×100%＝17.8%

由于2013年的权益净利率高于2012年，因此，2013年完成了业绩目标。

（2）根据改进的杜邦分析体系，影响权益净利率高低的三个驱动因素分别为净经营资产净利率、税后利息率和净财务杠杆。

2012年净经营资产净利率＝2 640/20 000×100%＝13.2%

2013年净经营资产净利率＝3 300/25 000×100%＝13.2%

2012年税后利息率＝720/8 000×100%＝9%

2013年税后利息率＝1 075/12 500×100%＝8.6%

2012年净财务杠杆＝8 000/12 000＝0.67

2013年净财务杠杆＝12 500/12 500＝1

反映经营管理业绩的指标是净经营资产净利率，由于与2012年相比，2013年的净经营资产净利率并没有提高，所以，2013年的经营管理业绩没有提高。

反映理财业绩的指标是杠杆贡献率，由于与2012年杠杆贡献率＝（13.2%－9%）×0.67＝2.81%相比，2013年的杠杆贡献率＝（13.2%－8.6%）×1＝4.6%提高了，所以，2013年的理财业绩提高了。

（3）2012年的贝塔权益$\beta_{权益}$＝（16%－4%）/（12%－4%）＝1.5

2012年的贝塔资产$\beta_{资产}$＝1.5/［1＋（1－25%）×8 000/12 000］＝1

2013年的贝塔权益$\beta_{权益}$＝1×［1＋（1－25%）×（12 500）/12 500］＝1.75

2013年股东要求的权益报酬率＝4%＋1.75×（12%－4%）＝18%

2013年加权平均资本成本＝8.6%×50%＋18%×50%＝13.3%

2013年经济增加值＝3 300－25 000×13.3%＝－25（万元）。

由于2013年的剩余权益收益小于零，摧毁了股东财富，因此，2013年甲公司没有完成业绩目标。

（4）作为业绩评价指标，经济增加值比权益净利率更科学，原因是权益净利率以净收益为基础，没有考虑权益资本成本因素，不能反映权益资本的净收益。公司有了盈利，并不意味着为股东创造了价值。只有当部门的税后净营业利润大于对公司全部投资资本的成本时，才会为股东创造了价值，从这个意义上说，经济增加值更优。

二、简化的经济增加值的衡量（能力等级2）

要点	内容
1. 定义	是指企业税后净营业利润减去资本成本后的余额
2. 计算公式	经济增加值＝税后净营业利润－资本成本 ＝税后净营业利润－调整后资本×平均资本成本率 其中： 税后净营业利润＝净利润＋（利息支出＋研究开发费用调整项－非经常性损益调整项×50%）×（1－25%） 调整后资本＝平均所有者权益＋平均负债合计－平均无息流动负债－平均在建工程
3. 会计调整项目说明	（1）利息支出是指企业财务报表中"财务费用"项下的"利息支出"。 （2）研究开发费用调整项是指企业财务报表中"管理费用"项下的"研究与开发费"和当期确认为无形资产的研究开发支出。 （3）无息流动负债是指企业财务报表中"应付票据"、"应付账款"、"预收款项"、"应交税费"、"应付利息"、"应付职工薪酬"、"应付股利"、"其他应收款"和"其他流动负债（不含其他带息流动负债）"；对于"专项应付款"和"特种储备基金"，可视同无息流动负债扣除。 （4）在建工程是指企业财务报表中的符合主业规定的"在建工程"
4. 资本成本率的确定	（1）中央企业资本成本率原则上定为5.5%。 （2）对军工资产等通用性较差的企业，资本成本率定为4.1%。 （3）资产负债率在75%以上的工业企业和80%以上的非工业企业，资本成本率上浮0.5个百分点

续表

要点	内容
5. 其他重大调整事项	发生下列情形之一，对企业经济增加值考核产生重大影响的，国资委酌情予以调整： （1）重大政策变化； （2）严重自然灾害等不可抗力因素； （3）企业重组、上市及会计准则调整等不可比因素； （4）国资委认可的企业结构调整等其他事项

【例20－6】（单选题）根据暂行办法确定资本成本率时（　　）。

A. 中央企业资本成本率原则上定为5%

B. 对军工资产等通用性较差的企业，资本成本率定为5.1%

C. 对资产负债率在75%以上的工业企业和80%以上的非工业企业资本成本率通常会上浮

D. 中央企业资本成本率原则上由国务院统一确定

【答案】C

【解析】中央企业资本成本率原则上定为5.5%；对军工等资产通用性较差的企业，资本成本率定为4.1%；资产负债率在75%以上的工业企业和80%以上的非工业企业，资本成本率上浮0.5%个百分点。

【例20－7】（2015年综合题）甲公司是一家国有控股上市公司，采用经济增加值作为业绩评价指标。目前，控股股东正对甲公司2014年度的经营业绩进行评价。相关资料如下：

（1）甲公司2013年末和2014年末资产负债表如下：

单位：万元

项目	2014年末	2013年末	项目	2014年末	2013年末
货币资金	405	420	应付账款	1 350	1 165
应收票据	100	95	应付职工薪酬	35	30
应收账款	2 050	2 040	应交税费	100	140
其他应收款	330	325	其他应付款	140	95
存货	2 300	2 550	长期借款	2 500	2 500
固定资产	4 600	4 250	优先股	1 200	1 200
在建工程	2 240	1 350	普通股	5 000	5 000
			留存收益	1 700	900
合计	12 025	11 030	合计	12 025	11 030

（2）甲公司2014年度利润相关资料如下：

单位：万元

项目	2014年度
管理费用	1 950
其中：研究与开发费	360
财务费用	220
其中：利息支出	200
营业外收入	400
净利润	1 155

（3）甲公司2014年的营业外收入均为非经常性损益。

（4）甲公司长期借款还有3年到期，年利率8%；优先股12万股，每股面额100元，票面股息率10%；普通股β系数1.2。

（5）无风险报酬率3%，市场组合的必要报酬率13%。公司所得税税率25%。

要求：

（1）以账面价值平均值为权数计算甲公司的加权平均资本成本。

（2）计算2014年甲公司调整后税后净营业利润、调整后资本和经济增加值（注：除平均资本成本率按要求（1）计算的加权平均资本成本外，其余按国资委2013年1月1日开始施行的《中央企业负责人经营业绩考核暂行办法》的相关规定计算）。

（3）回答经济增加值作为业绩评价指标的优点和缺点。

【答案及解析】

（1）普通股权益资本成本 $=3\% + 1.2\times(13\% - 3\%) = 15\%$

长期资本账面平均值 $=\dfrac{2\ 500+2\ 500}{2}+\dfrac{1\ 200+1\ 200}{2}+\dfrac{(5\ 000+900)+(5\ 000+1\ 700)}{2}$

$=2\ 500+1\ 200+6\ 300$

$=10\ 000$（万元）

加权平均资本成本 $=8\%\times(1-25\%)\times\dfrac{2\ 500}{20\ 000}+10\%\times\dfrac{2\ 200}{10\ 000}+15\%\times\dfrac{6\ 300}{10\ 000}=12.15\%$。

（2）调整后的税后净营业利润＝净利润＋（利息支出＋研发费用调整项－非经常性损益×50%）×（1－所得税税率）＝＝1 155＋（200＋360－400×50%）×（1－25%）＝1 425（万元）

平均无息流动负债＝［（1 165＋30＋140＋95）＋（1 350＋35＋100＋140）］÷2＝1 527.5（万元）

平均在建工程＝（1 350＋2 240）÷2＝1 795（万元）

调整后的资本＝平均所有者权益＋平均负债－平均无息流动负债－平均在建工程

＝（12 025＋11 030）÷2－1 527.5－1 795＝8 205（万元）

2014年度的经济增加值＝税后净营业利润－调整后的资本×平均资本成本率

＝1 425－8 205×12.15%＝428.09（万元）。

（3）优点：经济增加值是最直接与股东财富的创造相联系的财务指标，追求更高的经济增加值就是追求更高的股东价值；经济增加值不仅仅是一种业绩评价指标，还是一种全面财务管理和薪酬激励体制的框架。

缺点：不具有比较不同规模公司业绩的能力；经济增加值不能正确反映处于不同成长阶段公司的经营业绩；在计算经济增加值时，对净利润的调整及资本成本的确定还存在许多争议。

三、经济增加值评价的优点和缺点（能力等级2）

特点	说明
优点	（1）经济增加值最直接的与股东财富的创造联系起来，在这个意义上说，它是唯一正确的业绩计量指标，它能连续地度量业绩的改进。 （2）经济增加值不仅仅是一种业绩评价指标，它还是一种全面财务管理和薪金激励体制的框架。经济增加值的吸引力主要在于它把资本预算、业绩评价和激励报酬结合起来了。 （3）在经济增加值的框架下，公司可以向投资人宣传他们的目标和成就，投资人也可以用经济增加值选择最有前景的公司。经济增加值还是股票分析家手中的一个强有力的工具
缺点	（1）仅对企业当期或未来1～3年价值创造情况进行衡量和预判，无法衡量企业长远发展战略的价值创造情况； （2）*EVA* 计算主要基于财务指标，无法对企业的营运效率与效果进行综合评价； （3）不同行业，不同发展阶段、不同规模等的企业，其会计调整项和加权平均资本成本各不相同，计算比较复杂，影响指标的可比性。 （4）计算经济增加值时，对于净收益的调整、资本成本的确定等尚存在许多争议，这些争议不利于建立一个统一的规范

第四节 平衡计分卡

一、平衡计分卡框架（能力等级1）

（一）平衡计分卡含义及框架

要点	说明
含义	平衡计分卡是指基于企业战略，从财务、客户、内部业务流程、学习与成长四个维度，将战略目标逐层分解转化为具体的、相互平衡的绩效指标体系，并据此进行绩效管理的方法。
框架	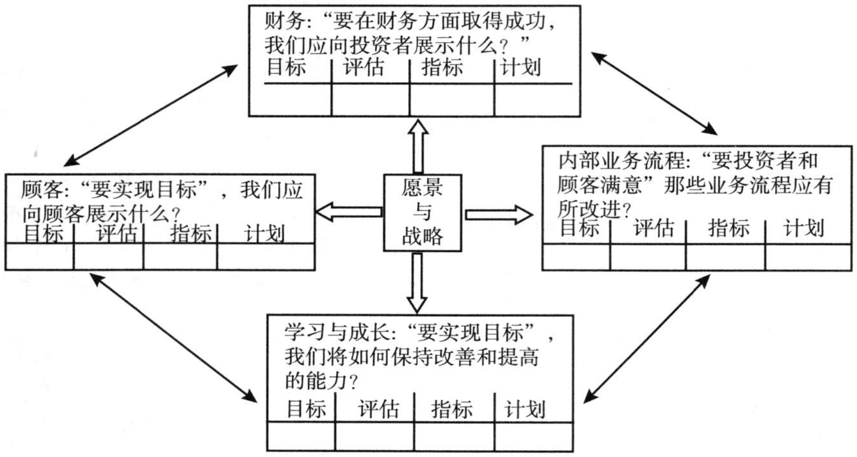

（二）平衡计分卡的四个维度

维度	目标	常用指标
财务维度	解决"股东如何看待我们"这一类问题	投资报酬率、权益净利率、经济增加值、息税前利润、自由现金流量、资产负债率、总资产周转率等
顾客维度	回答"顾客如何看待我们"的问题	市场份额、客户满意度、客户获得率、客户保持率、客户获利率、战略客户数量等
内部业务流程维度	着眼于企业的核心竞争力，解决"我们的优势是什么"的问题	交货及时率、生产负荷率、产品合格率、存货周转率、单位生产成本等
学习和成长维度	解决"我们是否能继续提高并创造价值"的问题	新产品开发周期、员工满意度、员工保持率、员工生产率、培训计划完成率等

【例20－8】（2017年多选题）甲公司用平衡计分卡进行业绩考评，下列各种维度中，平衡计分卡需要考虑的有（　　）。

A. 顾客维度　　B. 债权人维度

C. 股东维度　　D. 学习与成长维度

【答案】AD

【解析】平衡计分卡的目标和指标来源于企业的愿景和战略，这些目标和指标从四个维度来考察企业的业绩，即财务维度、顾客维度、内部业务流程维度、学习与成长维度。

（三）平衡计分卡的四个平衡

四个平衡	内容
外部与内部的平衡	外部评价指标（如股东和客户对企业的评价）和内部评价指标（如内部经营过程、新技术学习等）的平衡
成果与驱动因素的平衡	成果评价指标（如利润、市场占有率等）和导致成果出现的驱动因素评价指标（如新产品投资开发等）的平衡
财务和非财务的平衡	财务评价指标（如利润等）和非财务评价指标（如员工忠诚度、客户满意程度等）的平衡
短期和长期的平衡	短期评价指标（如利润指标等）和长期评价指标（如员工培训成本、研发费用等）的平衡

【例20－9】（2015年多选题）在使用平衡计分卡进行企业业绩评价时，需要处理几个平衡。下列各项中，正确的有（　　）。

A. 外部评价指标与内部评价指标的平衡

B. 财务评价指标与非财务评价指标的平衡

C. 定期评价指标与非定期评价指标的平衡

D. 成果评价指标与驱动因素评价指标的平衡

【答案】ABD

【解析】根据这四个不同的角度，平衡计分卡中的“平衡”包括外部评价指标（如股东和客户对企业评价）和内部评价指标（如内部经营过程、新技术学习等）的平衡；成果评价指标（如利润、市场占有率等）和导致成果出现的驱动因素评价指标（如新产品投资开发等）的平衡；财务评价指标（如利润等）和非财务评价指标（如员工忠诚度、客户满意程度等）的平衡；短期评价指标（如利润指标等）和长期评价指标（如员工培训成本、研发费用等）的平衡。

二、平衡计分卡与企业战略管理（能力等级1）

要点	说明
与战略的关系	（1）战略规划中所制定的目标是平衡计分卡考核的一个基准； （2）平衡计分卡又是一个有效的战略执行系统，通过说明愿景、沟通与联系、业务规划、反馈与学习等四个程序，使得管理者能够把长期行为与短期行为联系在一起
要求	（1）平衡计分卡的四个方面应互为因果，最终结果是实现企业的战略——围绕企业战略所建立的因果关系链，应当贯穿于平衡计分卡的四个方面； （2）平衡计分卡中不能只有具体的业绩衡量指标，还应包括这些具体衡量指标的驱动因素，否则无法说明怎样行动才能实现这些目标，也不能及时显示战略是否顺利实施； （3）平衡计分卡应该最终和财务指标联系起来，因为企业的最终目标是实现良好的经济利润

【例20－10】（多选题）为了使平衡计分卡同企业战略更好地结合，必须做到（ ）。

A. 平衡计分卡的四个方面应互为因果，最终结果是实现企业的战略

B. 平衡计分卡中不能只有具体的业绩衡量指标，还应包括这些具体衡量指标的驱动因素

C. 平衡计分卡应该最终和财务指标联系起来，因为企业的最终目标是实现良好的经济利润

D. 有效的平衡计分卡，要以学习与成长能力衡量指标为中心

【答案】ABC

【解析】一个有效的平衡计分卡，绝对仅仅是业绩衡量指标的结合，而且各个指标之间应该互相联系、互相补充，围绕企业战略所建立的因果关系链，应当贯穿于平衡计分卡的四个方面。选项D错误。

三、战略地图架构（能力等级1）

（一）战略地图架构的理解

要点	说明
理解	组织的战略主要说明如何设法为其股东、顾客创造出价值，战略地图则为战略如何连接无形资产与价值创造的流程提供了一个架构
架构	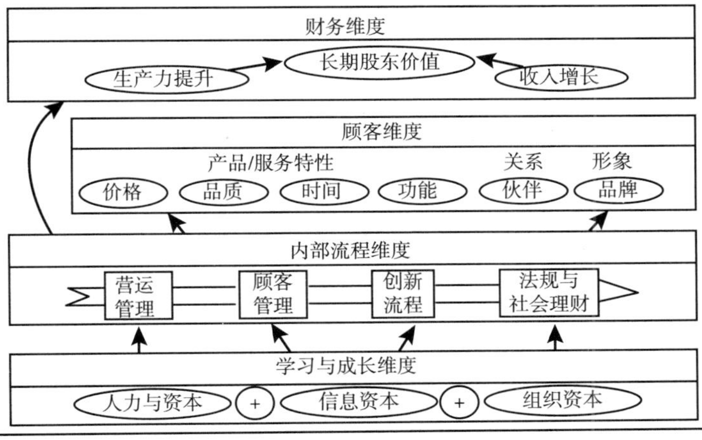

（二）战略地图的四个维度

维度	说明
财务维度	长短期对立力量的战略平衡——公司财务绩效的改善，主要利用收入的增长与生产力的提升两种基本途径
顾客维度	战略本是基于差异化的价值主张——价值主张界定了公司打算针对目标顾客群所提供的产品、价格、服务以及形象的独特组合，应能达到宣扬公司如何优于竞争者，或者显著不同于竞争者的目的
内部流程维度	价值是由内部流程（营运管理流程、顾客管理流程、创新管理流程和法规与社会流程）创造的——针对顾客的价值主张加以生产与交货；为财务层面中的生产力要件进行流程改善与成本降低的作业
学习与成长维度	无形资产（人力资本、信息资本和组织资本）的战略性整合。无形资产归纳为人力资本、信息资本和组织资本三类

四、平衡计分卡与传统业绩评价系统的区别（能力等级1）

两个评价系统的区别有：

（1）传统的业绩考核注重对员工执行过程的控制，平衡计分卡则强调目标制订的环节。

（2）传统的业绩评价与企业的战略执行脱节。平衡计分卡把企业战略和业绩管理系统联系起来，是企业战略执行的基础架构。

（3）平衡计分卡在财务、客户、内部流程以及学习与成长四个方面建立公司的战略目标。

（4）平衡计分卡帮助公司及时考评战略执行的情况，根据需要（每月或每季度）适时调整战略、目标和考核指标。

（5）平衡计分卡能够帮助公司有效地建立跨部门团队合作，促进内部管理过程的顺利进行。

【例20－11】（多选题）平衡计分卡与传统业绩评价系统的区别体现在（　　）。

A. 传统的业绩考核注重对员工执行过程的控制，平衡计分卡则强调采纳纠正措施

B. 传统的业绩评价只是企业战略执行的基础架构，而平衡计分卡把企业战略和业绩管理系统联系起来

C. 平衡计分卡在财务、客户、内部流程以及学习与成长四个方面建立公司的战略目标

D. 平衡计分卡能够帮助公司有效地建立跨部门团队合作，促进内部管理过程的顺利进行

【答案】CD

【解析】传统的业绩考核注重对员工执行过程的控制，平衡计分卡则强调目标制订的环节，选项A错误；传统的业绩评价与企业的战略执行脱节。平衡计分卡把企业战略和业绩管理系统联系起来，是企业战略执行的基础架构，选项B错误。

五、平衡计分卡的优点和缺点

优点	缺点
（1）战略目标逐层分解并转化为被评价对象的绩效指标和行动方案，使整个组织行动协调一致； （2）从财务、客户、内部业务流程、学习与成长四个维度确定绩效指标，使绩效评价更为全面完整； （3）将学习与成长作为一个维度，注重员工的发展要求和组织资本、信息资本等无形资产的开发利用，有利于增强企业可持续发展的动力	（1）专业技术要求高，工作量比较大，操作难度也较大，需要持续地沟通和反馈，实施比较复杂，实施成本高； （2）各指标权重在不同层级及各层级不同指标之间的分配比较困难，且部分非财务指标的量化工作难以落实； （3）系统性强，涉及面广，需要专业人员的指导、企业全员的参与和长期持续地修正完善，对信息系统、管理能力的要求较高

【例20－12】（计算分析题）中国台湾家具业曾在1990年前享誉世界。但随着环境变化和大陆开放后台湾产业外移，截至目前，留在台湾的家具生产厂家不到原来的30%，外销产值每年不到新台币15亿元；而内销市场由于IKEA、HOLA、特力屋等外国企业抢占50%以上份额，导致许多企业面临困境。于是很多企业纷纷引入平衡计分卡，希望帮助企业走出困境。

2012年台湾某家具公司年初的客户量为2 000个，年末的客户量为2 100个，2012年新增客户量为300个；2012年该公司为新增客户王先生提供的服务成本为5 000元，在该客户获得的净利润为400元。2012年平均每件家具的加工时间为40小时，检测时间为2小时，等待时间为3小时，移动时间为4小时。2012年年初的员工总数为820人，年末的员工总数为850人，补充人数为100人。

要求：

（1）回答平衡计分卡的目的；

（2）回答平衡计分卡考虑了哪些平衡；

（3）回答平衡计分卡的业绩评价指标包括几个大的层面；

（4）回答在顾客层面，需要设定哪些业绩指标；

（5）计算该家具公司2012年的客户保有率、客户获得率；

（6）计算该家具公司2012年针对新增客户王先生的利润率；

（7）计算2012年该家具公司的生产周期效率；

（8）计算2012年该家具公司的员工流失率。

【答案及解析】

（1）平衡计分卡的目的是提供一个综合的业绩评价框架，将企业的战略目标转化为一套条理分明的业绩评价体系。

（2）①考虑了财务业绩与非财务业绩的平衡；

②考虑了与客户有关的外部衡量以及与关键业务过程和学习成长有关的内部衡量的平衡；

③考虑了结果衡量（过去努力的结果）与未来业绩衡量的平衡。

（3）平衡计分卡的业绩评价指标包括四个大的层面，即财务层面、顾客层面、内部业务过程层面、学习和成长层面。

（4）在顾客层面，管理者需要首先确定细分市场和细分客户，然后设定相应的业绩指标来考核其业务单元开发并维持目标细分客户的能力。具体的业绩指标包括市场份额、客户保有和忠诚度、客户获得率、客户满意度、客户盈利性。

（5）客户保有率 $=(2\ 100-300)/2\ 000\times100\%=90\%$。

客户获得率 $=300/2\ 000\times100\%=15\%$。

（6）该客户利润率 $=400/5\ 000\times100\%=8\%$。

（7）生产周期效率 $=40/(40+2+3+4)=0.82$。

（8）员工流失率 $=100/(820+850)\times100\%=5.99\%$。

精选练习题

一、单项选择题

1. 在平衡计分卡业绩衡量方法中，下列（　　）属于潜在的领先指标。

A. 新客户开发率　B. 盈利率

C. 投资回报率　　D. 质量

2. 在计算经济增加值时，涉及的会计调整很多，其中经济增加值要求对某些大量使用机器设备的公司，按照更接近经济现实的是（　　）。

A. 偿债基金折旧法

B. 年数综合折旧法

C. 双倍余额折旧法

D. 沉淀资金折旧法

3. 利用会计数据进行几项标准的调整计算出来的经济增加值是（　　）。

A. 基本经济增加值

B. 披露的经济增加值

C. 定制的经济增加值

D. 真实的经济增加值

4. 公司经济利润最正确和最准确的度量指标是（　　）。

A. 基本经济增加值

B. 披露的经济增加值

C. 特殊的经济增加值

D. 真实的经济增加值

5. 为了使平衡计分卡同企业战略更好地结合，正确的是（　　）。

A. 平衡计分卡的四个方面应互为因果，最终结果是实现企业的业绩

B. 平衡计分卡中不能只有具体的业绩衡量指标，还应包括这些具体衡量指标的驱动因素

C. 平衡计分卡应该最终和非财务指标联系起来，因为企业的最终目标是顾客满意

D. 有效的平衡计分卡，要以学习成长能力衡量指标为核心

6. 下列关于经济增加值的说法中，错误的是（　　）。

A. 计算基本的经济增加值时，不需要对经营利润和总资产进行调整

B. 计算披露的经济增加值时，应从公开的财务报表及其附注中获取调整事项的信息

C. 计算特殊的经济增加值时，通常对公司内部所有经营单位使用统一的资金成本

D. 计算真实的经济增加值时，通常对公司内部所有经营单位使用统一的资金成本

7. 企业应用关键绩效指标法的程序中与其他业绩评价方法的关键不同点是（　　）。

A. 制定激励计划

B. 制定以关键绩效指标为核心的绩效计划

C. 实施绩效评价与激励

D. 编制绩效评价报告与激励管理报告

8. 下列属于利用平衡记分卡衡量财务维度的指标是（　　）。

A. 客户保持率　　B. 资产负债率

C. 存货周转率　　D. 员工保持率

二、多项选择题

1. 某公司为中央企业，平均资本成本率确定为（　　），2015 年实现的净利润 612 万元，财务费用中的利息支出 195 万元，“管理费用”项目下的“研究与开发费”和当期确认为无形资产的研究开发支出为 300 万元，本年无息流动负债 954 万元，上年无息流动负债 742.5 万元，平均所有者权益为 3 330 万元，平均负债合计为 4 140 万元，平均在建工程为 119.25 万元，其中包含的资本化利息为 19.25 万元，公司适用的所得税率为 25%，则按简化办法确定 2015 年的经济增加值为（　　）万元。

A. 4.5%　　B. 5.5%

C. 489.23　　D. 625.61

2. 下列关于关键绩效指标法表述正确的有（　　）。

A. 对特别关键、影响企业整体价值的指标可设立“一票否决”制度

B. 关键绩效指标法能够将价值创造活动与战略规划目标有效联系

C. 关键绩效指标法应单独使用，不能与经济增加值法、平衡计分卡等其他方法结合使用

D. 关键绩效指标法是企业绩效评价方法，其缺陷在于难以用于企业内部的部门业绩评价

3. 下列属于学习和成长维度指标的是（　　）。

A. 新产品开发周期

B. 员工保持率

C. 培训计划完成率

D. 存货周转率

4. 下列有关经济增加值特点表述正确的有（　　）。

A. 经济增加值直接与股东财富的创造相联系

B. 经济增加值的吸引力主要在于它把资本预算、业绩评价和激励报酬结合起来了

C. 经济增加值克服了投资报酬率处于成长阶段较低，而处于衰退阶段可能较高的缺点

D. 经济增加值的缺点是不具有比较不同规模企业的能力

5. 平衡计分卡方法因为突破了财务作为唯一指标的衡量工具，做到了多个方面的平衡。下列关于平衡计分卡特点的说法中，正确的有（　　）。

A. 企业战略的实施可以通过对平衡计分卡的全面管理来完成

B. 可以提高企业整体管理效率

C. 可以提高企业激励作用，扩大员工的参与意识

D. 可以使企业信息负担降到最少

6. 非财务计量与严格定量的财务计量指标相比的特点有（　　）。

A. 财务指标不能直接计量创造财富的活动，非财务计量可以直接计量创造财富活动的业绩

B. 财务计量是短期的计量，非财务计量可以计量公司的长期业绩

C. 可计量性和可比性强

D. 可计量性和综合性弱

7. 在平衡计分卡评价中既要考虑提高利润，又要注意新产品投资开发，这体现了（　　）。

A. 外部评价指标和内部评价指标的平衡

B. 成果评价指标和导致成果出现的驱动因素评价指标的平衡

C. 财务评价指标和非财务评价指标的平衡

D. 短期评价指标和长期评价指标的平衡

8. 根据公司公开的财务报告和公司内部的有关数据计算特殊的经济增加值时，需纳入调整的事项有（　　）。

A. 通过自身的努力可以改变数额的项目

B. 计入当期损益的争取客户的营销费用

C. 对会计数据做出所有必要的调整

D. 每一个经营单位基于各自不同的风险的资本成本

9. 按照平衡计分卡，着眼于企业的核心竞争力，解决“我们的优势是什么”的问题（　　）。

A. 可以利用的考核指标是顾客满意度指数

B. 属于内部业务流程维度的考核

C. 可以利用的考核指标是交货及时率、产品合格率等

D. 属于学习和成长维度的考核

10. 下列各项中，属于平衡计分卡内部业务流程维度业绩评价指标的有（　　）。

A. 息税前利润　　B. 资产负债率

C. 单位生产成本　D. 存货周转率

三、计算分析题

1. A公司是一家处于成长阶段的上市公司，正在对2020年的业绩进行计量和评价，有关资料如下：

（1）A公司2020年的营业收入为2 500万元，营业成本为1 340万元，销售及管理费用为500万元，利息费用为236万元。

（2）A公司2020年的平均总资产为5 200万元，平均金融资产为100万元，平均经营负债为100万元，平均股东权益为2 000万元。

（3）目前资本市场上等风险投资的权益成本为12%，税前净负债成本为8%；2020年A公司董事会对A公司要求的目标权益净利率为15%，要求的目标税前净负债成本为8%。

（4）A公司适用的企业所得税税率为25%。

要求：

（1）计算A公司的净经营资产净利率、权益净利率。

（2）计算A公司的披露的经济增加值。计算时需要调整的事项如下：为扩大市场份额，A公司2020年年末发生营销支出200万元，全部计入销售及管理费用，计算披露的经济增加值时要求将该营销费用资本化。

（3）与传统的以盈利为基础的业绩评价相比，剩余收益基础业绩评价、经济增加值基础业绩评价主要有什么优缺点？

2. 南大集团的全资子公司华中公司拥有独立的采购、生产、销售和资产购置处理权利，2019年华中公司资产的平均总额为4 000万元，其总资产营业利润率（营业利润/平均总资产，营业利润＝息税前利润）为20%，权益乘数为4，负债平均利率为10%，包括利息费用在内的固定成本总额为600万元，净财务杠杆为2.25，所得税税率为25%，南大集团根据资本市场的机会成本计算的加权平均税后资本成本为16%。

要求：

（1）南大集团应将华中公司作为何种责任中心进行考核？

（2）计算华中公司2019年的权益净利率、利息保障倍数、总杠杆系数；

（3）如果华中公司2020年打算不亏损，年度内普通股股数不会发生变动，销售量下降的最大幅度是多少？

（4）假设没有需要调整的项目，计算华中公司2019年的经济增加值；

（5）集团根据华中公司经济增加值考核指标确定华中公司员工薪酬，如果2020年行业平均投资报酬率下降，华中公司盈利能力和资产规模不变，华中公司员工收益将提高还是降低？

答案及解析

一、单项选择题

1.【答案】D

【解析】在平衡计分卡业绩衡量方法中，质量属于潜在的领先指标。

2.【答案】D

【解析】经济增加值要求对某些大量使用机器设备的公司，按照更接近经济现实的“沉淀资金折旧法”处理。这是一种类似租赁资产的费用分摊方法，在前几年折旧较少，而后几年由于技术老化和物理损耗同时发挥

作用需提取较多折旧的方法。

3.【答案】B

【解析】披露的经济增加值是利用会计数据进行几项标准的调整计算出来的，这种调整是根据公布的财务报表及其附注中的数据进行的。

4.【答案】D

【解析】真实的经济增加值是公司经济利润最正确和最准确的度量指标。（1）它要对会计数据做出所有必要的调整；（2）对公司中每一个经营单位都使用不同的更准确的资本成本。

5.【答案】C

【解析】因为商誉不走摊销这种方式，而是通过减值测试的方式进行处理。商誉的减值属于"有证据表明它的价值的确下降了"，所以不做调整。

6.【答案】B

【解析】平衡计分卡的四个方面应互为因果，最终结果是实现企业的业绩，选项A错误；平衡计分卡应该最终和财务指标联系起来，因为企业的最终目标是实现良好的经济利润，选项C错误；一个有效的平衡计分卡，绝对不仅仅是业绩衡量指标的结合，而且各个指标之间应该互相联系、互相补充，围绕企业战略所建立的因果关系链，应当贯穿于平衡计分卡的四个方面，选项D错误。

7.【答案】B

【解析】应用关键绩效指标法与其他业绩评价方法的关键不同是制定和实施以关键绩效指标为核心的绩效计划。

8.【答案】B

【解析】财务维度的指标包括投资报酬率、权益净利率、经济增加值、息税前利润、自由现金流量、资产负债率、总资产周转率等。选项A属于顾客维度的指标，选项C属于内部业务流程维度的指标。选项D属于学习和成长维度的指标。

二、多项选择题

1.【答案】BD

【解析】中央企业，平均资本成本率确定为5.5%。选项B正确。

税后净营业利润 = 净利润 +（利息支出 + 研究开发费用调整项）×（1 − 25%）= 612 +（195 + 300）×（1 − 25%）= 983.25（万元）

调整后资本 = 平均所有者权益 + 平均负债合计 − 平均无息流动负债 − 平均在建工程 = 3 330 + 4 140 −（954 + 742.5）/2 − 119.25 = 6 502.5（万元）

经济增加值 = 税后净营业利润 − 调整后资本 × 平均资本成本率 = 983.25 − 6 502.5 × 5.5% = 625.61（万元），选项D正确。

2.【答案】AB

【解析】关键绩效指标法可以单独使用，也可以与经济增加值法、平衡计分卡等其他方法结合使用，选项C错误；关键绩效指标法的应用对象可以是企业，也可以是企业所属的单位（部门）和员工，选项D错误。

3.【答案】ABC

【解析】选项D存货周转率属于内部业务流程维度的指标。

4.【答案】ABD

【解析】经济增加值也有许多和投资报酬率一样误导使用人的缺点，例如处于成长阶段的公司经济增加值较少，而处于衰退阶段的公司经济增加值可能较高。

5.【答案】ABCD

【解析】本题考核平衡计分卡的知识点。平衡计分卡的特点包括：（1）平衡计分卡为企业战略管理提供强有力的支持。（2）平衡计分卡可以提高企业整体管理效率。（3）注重团队合作，防止企业管理机能失调。（4）平衡计分卡可提高企业激励作用，扩大员工的参与意识。（5）平衡计分卡可以使企业信息负担降到最少。

6.【答案】ABD

【解析】财务指标不能直接计量创造财富的活动，只能计量这些活动的结果，不能说明财富是如何创造的。非财务指标，包括扩大市场份额、提高质量和服务、创新和提高生产力，都可以直接计量公司在创造财富的活动中所取得的业绩，选项A正确；财务计量是短期的计量，具有诱使经理人员为追逐短期利润而伤害公司长期发展的弊端，非财务计量指标关系到公司的长期盈利能力，可以引导经理人员关注公司的长远发展，选项B正确；非财务计量也有明显的缺点，包括综合性、可计量性和可比性等都不如财务计量，因此选项C错误，选项D正确。

7. 【答案】ABCD

【解析】平衡计分卡中的"平衡"包括外部评价指标（如股东和客户对企业的评价）和内部评价指标（如内部经营过程、新技术学习等）的平衡；成果评价指标（如利润、市场占有率等）和导致成果出现的驱动因素评价指标（如新产品投资开发等）的平衡；财务评价指标（如利润等）和非财务评价指标（如员工忠诚度、客户满意程度等）的平衡；短期评价指标（如利润指标等）和长期评价指标（如员工培训成本、研发费用等）的平衡。

8. 【答案】AB

【解析】计算特殊的经济增加值时，通常对公司内部所有的经营单位使用统一的资金成本，所以不用调整经营单位各自不同的资本成本。调整项目都是"可控制"的项目，即通过自身的努力可以改变数额的项目。

9. 【答案】BC

【解析】内部业务流程维度着眼于企业的核心竞争力，解决"我们的优势是什么"的问题。反映内部业务流程维度的指标包括交货及时率、生产负荷率、产品合格率、存货周转率、单位生产成本等。

10. 【答案】CD

【解析】反映内部业务流程维度常用指标有交货及时率、生产负荷率、产品合格率、存货周转率、单位生产成本等。选项A、B属于财务维度的评价指标。

三、计算分析题

1. 【答案及解析】

(1) 税后经营净利润 = (2 500 − 1 340 − 500) × (1 − 25%) = 495（万元）

税后利息费用 = 236 × (1 − 25%) = 177（万元）

净利润 = 495 − 177 = 318（万元）

平均净经营资产 = 5 200 − 100 − 100 = 5 000（万元）

净经营资产净利率 = 495/5 000 = 9.9%

权益净利率 = 318/2 000 = 15.9%。

(2) 市场基础的加权平均资本成本 = 12% × 2/5 + 8% × (1 − 25%) × 3/5 = 8.4%

调整后的税后经营净利润 = 495 + 200 × (1 − 25%) = 495 + 150 = 645（万元）

调整后的投资资本 = 5 000 + 150 = 5 150（万元）

披露的经济增加值 = 645 − 5 150 × 8.4% = 212.4（万元）。

(3) 剩余收益基础业绩评价的优点：

①剩余收益着眼于公司的价值创造过程。剩余收益理念的核心是获取超额收益，即为股东创造价值。

②有利于防止次优化。基于剩余收益观念，可以更好地协调公司各个部门之间的利益冲突，促使公司的整体利益最大化。

剩余收益基础业绩评价的缺点：

①不便于不同规模的公司和部门的业绩比较。剩余收益指标是一个绝对数指标，因此不便于不同规模的公司和部门的比较，使其有用性下降。

②依赖于会计数据的质量。如果资产负债表和损益表的数据不可靠，剩余收益也不会可靠，业绩评价的结论也就不可靠。

经济增加值基础业绩评价的优点：

①经济增加值最直接与股东财富的创造相联系。

②经济增加值不仅仅是一种业绩评价指标，它还是一种全面财务管理和薪金激励体制的框架。经济增加值的吸引力主要在于它把资本预算、业绩评价和激励报酬结合起来了。

③经济增加值还是股票分析家手中的一个强有力的工具。

经济增加值基础业绩评价的缺点：

①由于经济增加值是绝对数指标，它的缺点之一是不具有比较不同规模公司业绩的能力。

②经济增加值也有许多和投资报酬率一样误导使用人的缺点，例如处于成长阶段的公司经济增加值较少，而处于衰退阶段的公司经济增加值可能较高。

③不利于建立一个统一的规范。而缺乏统一性的业绩评价指标，只能在一个公司的历史分析以及内部评价中使用。

2. 【答案及解析】

(1) 应该作为投资中心考核。

(2) 权益乘数为4，则资产负债率为75%，2019年资产的平均总额为4 000万元，则负债的平均总额为3 000万元，股东权益的平均总额为1 000万元。

EBIT = 总资产的平均余额 × 总资产营业利润率 = 4 000 × 20% = 800（万元）

利息 I = 3 000 × 10% = 300（万元）

则，净利润 = (800 − 300) × (1 − 25%) = 375（万元）

2019年的权益净利率 = 375 ÷ 1 000 × 100% = 37.5%

2019年的利息保障倍数 = 800 ÷ 300 = 2.67

经营杠杆系数 = (EBIT + 固定成本)/EBIT = (800 + 600 − 300)/800 = 1.38

财务杠杆系数 = 800/(800 − 300) = 1.6

总杠杆系数 = 1.38 × 1.6 = 2.21。

（3）2020年打算不亏损，则说明每股收益变动率最大为 −100%。

总杠杆系数 = 每股收益变动率/销量变动率

销量最大变动率 = −100%/2.21 = −45.25%，即销售量下降的最大幅度为45.25%。

（4）净负债 = 2.25 × 1 000 = 2 250（万元）

经济增加值 = 调整后税后经营利润 − 加权平均资本成本 × 调整后的投资资本 = 800 × (1 − 25%) − (1 000 + 2 250) × 16% = 80（万元）。

（5）经济增加值 = 调整后税后净经营利润 − 加权平均资本成本 × 调整后的净投资资本，盈利能力和资产规模不变的情况下，调整后税后经营利润不变，如果行业平均投资报酬率下降，则加权平均资本成本下降，经济增加值增加，因此，员工收益应该提高。

第二十一章　管理会计报告

本章考情分析

本章属于非重点章。主要介绍了内部责任中心业绩报告、质量成本报告和质量绩效报告的相关内容。

本章考试题型主要是客观题，近 3 年考试平均分值 2 分。

考生在学习本章时，要理清管理会计报告的类型、格式和填制要求，会编制管理会计报告。重点是能对差异的原因进行分析，并提出改进的意见和建议，并且应尽可能予以数量化，特别注意客观题容易出题的地方。

本章教材变化

本章对利润中心业绩报告和投资中心业绩报告的项目名称进行了修订，其他内容无变化。

本章思维导图

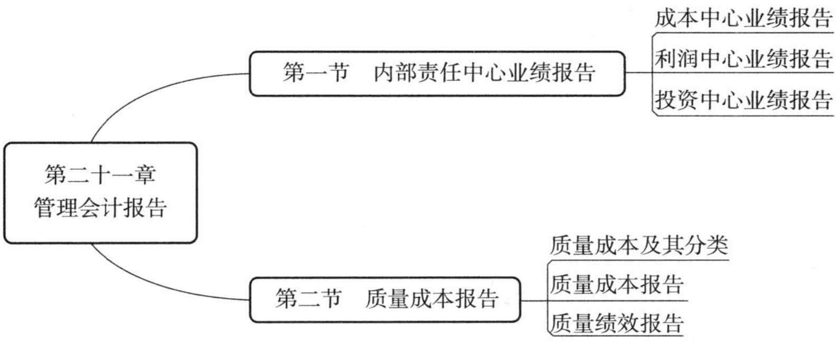

考点精讲及典型例题解析

第一节　内部责任中心业绩报告

管理会计报告是运用管理会计方法，根据财务和业务的基础信息加工整理形成的，满足企业价值管理需要或非营利组织目标管理需要的对内报告。管理会计报告的对象是一个组织内部对管理会计信息有需求的各个层级、各环节的管理者。

内容	说明
1. 业绩报告概述	（1）含义：业绩报告也称责任报告、绩效报告，它是反映责任预算实际执行情况，揭示责任预算与实际结果之间差异的内部管理会计报告。 （2）本质：是要得到一个结论即与预期的目标相比较，责任中心管理者干得怎样。 （3）业绩报告中应当传递出三种信息：1）关于实际业绩的信息；2）关于预期业绩的信息；3）关于实际业绩与预期业绩之间差异的信息。 （4）三个主要特征：1）报告应当与个人责任相联系；2）实际业绩应该与最佳标准相比较；3）重要信息应当予以突出显示

续表

内容	说明
2. 成本中心业绩报告	(1) 成本中心的业绩考核指标通常为该成本中心的所有可控成本，即责任成本。 (2) 成本中心的业绩报告，通常是按成本中心可控成本的各明细项目列示其预算数、实际数和成本差异数的三栏式表格。 (3) 成本中心的业绩报告逐级设置，自下而上即各成本中心从最基层的成本中心逐级向上汇编，直至最高层次的成本中心。 (4) 每一级的业绩报告，除最基层只有本身的可控成本外，都应包括本身的可控成本和下属部门转来的责任成本。 (5) 成本中心的各级经理人，就其权责范围编制业绩报告并对其负责部门的成本差异负责。 (6) 级别越低的成本中心，从事的经营活动越具体，其业绩报告涉及的成本项目分类也越详细。 (7) 根据成本绩效报告，责任中心的各级经理人可以针对成本差异，寻找原因对症下药，以便对成本费用实施有效的管理控制，从而提高业绩水平
3. 利润中心业绩报告	(1) 利润中心的考核指标通常为该利润中心的边际贡献、分部经理边际贡献和该利润中心部门边际贡献。 【提示】 ①边际贡献 = 营业收入 - 变动成本 分部经理边际贡献 = 边际贡献 - 经理人员可控的可追溯固定成本 部门边际贡献 = 分部经理边际贡献 - 分部经理不可控但高层管理部门可控的可追溯固定成本 ②通过实际与预算的对比，分别计算差异，据此进行差异的调查、分析产生差异的原因。分别列出指标的预算数、实际数及实际与预算的对比的差异数三栏式表格。 (2) 利润中心的业绩报告也是自下而上逐级汇编的，直至整个企业的息税前利润
4. 投资中心业绩报告	(1) 投资中心的主要考核指标是投资报酬率和剩余收益，补充的指标是现金回收率和剩余现金流量。 【提示】 投资报酬率 = 经营净利润/经营资产 经营净利润 = 部门可控利润 - 分配的共同成本 = 边际贡献（营业收入 - 变动成本）- 可控固定成本 - 分配的共同成本 经营资产 = 固定资产 + 营运资金 剩余收益 = 经营净利润 - 经营资产 × 投资人要求的最低报酬率 (2) 投资中心的业绩报告通常包含成本、收入和利润指标、投资报酬率、剩余收益等指标

【例 21－1】（2018 年单选题）编制利润中心业绩报告时，适合采用的格式是（　　）。

A. 净利润格式

B. 营业利润格式

C. 边际贡献格式

D. 综合收益格式

【答案】C

【解析】管理会计报告如果涉及会计业绩的报告，比如责任中心报告，其主要的报告格式应该是边际贡献格式。

【例 21－2】（多选题）下列关于成本中心的说法正确的有（　　）。

A. 成本中心的业绩考核指标通常为该成本中心的所有成本

B. 成本中心的业绩报告，通常采用三栏式表格

C. 成本中心的业绩报告逐级设置，自下而上

D. 每一级的业绩报告都应包括本身的可控成本和下属部门转来的责任成本

【答案】BC

【解析】成本中心的业绩考核指标通常为该成本中心的所有可控成本，即责任成本。所以，选项 A 不正确；成本中心的业绩报告，通常是按成本中心可控成本的各明细项目列示其预算数、实际数和成本差异数的三栏式表格。所以，选项 B 正确；成本中心的业绩报告逐级设置，自下而上即各成本中心从最基层的成本中心逐级向上汇编，直至最高层次的成本中心。所以，选项 C 正确；每一级的业绩报告，除最基层只有本身的可控成本外，都应包括本身的可控成本和下属部门转来的责任成本。所以，选项 D 不正确。

【例 21－3】（单选题）下列说法正确的是（　　）。

A. 利润中心的业绩报告是自上而下逐级汇编的

B. 投资中心的主要考核指标有投资报酬率和剩余现金流量

C. 利润中心的考核指标就是该利润中心部门边际贡献

D. 成本中心的各级经理人，就其权责范围编制业绩报告并对其负责部门的成本差异负责

【答案】D

【解析】利润中心的业绩报告也是自下而上逐级汇编的，所以选项 A 错误；投资中心的主要考核指标是投资报酬率和剩余收益，补充的指标是现金回收率和剩余现金流量，所以选项 B 错误；利润中心的考核指标通常为该利润中心的边际贡献、分部经理边际贡献和该利润中心部门边际贡献，所以选项 C 错误；成本中心的各级经理人，就其权责范围编制业绩报告并对其负责部门的成本差异负责，所以选项 D 正确。

【例 21－4】（多选题）投资中心的业绩报告中披露的考核指标有（　　）。

A. 投资报酬率

B. 剩余收益

C. 现金回收率

D. 剩余现金流量

【答案】ABCD

【解析】投资中心的业绩报告中披露的主要考核指标是投资报酬率和剩余收益，补充的指标是现金回收率和剩余现金流量。

第二节　质量成本报告

一、质量成本及其分类

质量成本是指企业为了保证产品达到一定质量标准而发生的成本，这一概念连接了企业管理中的生产技术与经济效益两个层面。

类别	要点说明
1. 预防成本	（1）含义：为了防止产品质量达不到预定标准而发生的成本，是为防止质量事故的发生，为了最大限度降低质量事故所造成的损失而发生的费用。 【提示】一般地，预防成本发生在产品生产之前的各阶段。 （2）内容：包括质量工作费用、标准制定费用、教育培训费用、质量奖励费用

续表

类别	要点说明
2. 鉴定成本	（1）含义：为了保证产品质量达到预定标准而对产品进行检测所发生的成本。 （2）举例：如原材料或半成品的检测、作业的鉴定、流程验收、检测设备以及外部批准等方面发生的检验费用。 （3）内容：包括检测工作的费用、检测设备的折旧、检测人员的费用
3. 内部失败成本	（1）含义：指产品进入市场之前由于产品不符合质量标准而发生的成本。 （2）内容：废料、返工、修复、重新检测、停工整修或变更设计等。 【提示】鉴定成本以及内部失败成本都是发生在产品未到达顾客之前的所有阶段
4. 外部失败成本	（1）含义：是指存在缺陷的产品流入市场以后发生的成本。 （2）举例。如产品因存在缺陷而错失的销售机会，问题产品的退还、返修，处理顾客的不满和投诉发生的成本。 【提示】外部失败成本一般发生在产品被消费者接受以后的阶段

【提示】

（1）质量是企业生存和发展之本。质量包括两层含义：一是设计质量；二是符合性质量。

（2）质量成本是指企业为了保证产品达到一定质量标准而发生的成本，这一概念连接了企业管理中的生产技术与经济效益两个层面。

（3）鉴定成本以及内部失败成本都是发生在产品未到达顾客之前的阶段；外部失败成本一般发生在产品被消费者接受以后的阶段。

（4）一般来说，企业能够控制预防成本和鉴定成本的支出，因此这两种成本属于可控质量成本；而无论是内部还是外部失败成本，企业往往无法预料其发生，并且一旦产生失败成本，其费用的多少往往不能在事前得到，因此失败成本属于不可控质量成本。

【例 21－5】（2019 年多选题）下列质量成本中，发生在产品交付顾客之前的有（　　）。

A. 鉴定成本

B. 预防成本

C. 内部失败成本

D. 外部失败成本

【答案】ABC

【解析】预防成本，鉴定成本以及内部失败成本都发生在产品交付客户之前。

【例 21－6】（2018 年单选题）下列各项中

属于质量预防成本的是（　　）。

A. 顾客退货成本

B. 废品返工成本

C. 处理顾客投诉成本

D. 质量标准制定费

【答案】D

【解析】选项A、C属于外部失败成本；选项B属于内部失败成本；选项D属于预防成本。

【例21-7】（2017年多选题）下列各项质量成本中，不属于内部失败成本的有（　　）。

A. 产品返工费用

B. 产品质量认证费用

C. 产品检测费用

D. 处理顾客不满和投诉发生的费用

【答案】BCD

【解析】内部失败成本是指产品进入市场之前由于产品不符合质量标准而发生的成本，这部分成本包括：废料、返工、修复、重新检测、停工整修或变更设计等。选项A属于内部失败成本。选项B属于预防成本；选项C属于鉴定成本；选项D属于外部质量成本。

二、质量成本报告

内容	说明
1. 含义	质量成本是指企业为了保证产品达到一定质量标准而发生的成本，这一概念连接了企业管理中的生产技术与经济效益两个层面。质量成本报告是企业组织完善质量成本控制的必要措施
2. 分类列示	质量成本报告按质量成本的分类详细列示实际质量成本，并向企业组织的经理人提供以下两个方面的重要信息： （1）显示各类质量成本的支出情况以及财务影响； （2）显示各类质量成本的分布情况，以便企业组织的经理人判断各类质量成本的重要性
3. 作用	通过了解这类信息，企业组织的经营管理人员就可以更有针对性地控制质量成本，改善成本结构
4. 列示方式	质量成本报告可以按各类质量成本项目分别列示。 企业组织也可以采用绘制统计图（比如饼形图、柱形图）或文字陈述的方式编制质量成本报告

三、质量绩效报告

类型	要点说明
1. 中期报告	（1）中期报告根据当期的质量目标（短期，通常为一年）列示质量管理的成效。 （2）企业期末编制质量绩效报告时，将实际质量成本与预算质量成本目标进行比较，确定其差异，分析差异产生的原因，明确应采取的改进措施
2. 长期报告	长期报告根据长期质量目标列示企业质量管理成效
3. 多期质量趋势报告	（1）多期质量趋势报告列示了企业实施质量管理以来所取得的成效。 （2）多期质量趋势报告的编制必须以多个期间企业组织的质量成本相关数据为基础，并绘出质量趋势图。 （3）趋势图可以采用坐标分析图、柱形比较图、折线图等多种方式，旨在向企业的经理人员评估其发展趋势是否合理，质量成本控制是否有效，以便做出相应的决策

【提示】质量绩效报告编制的目的是为了反映企业在质量管理方面所取得的进展及其绩效。

【例21-8】质量绩效报告一般有（　　）。

A. 短期报告

B. 多期质量趋势报告

C. 中期报告

D. 长期质量报告

【答案】BCD

【解析】为了反映企业在质量管理方面所取得的进展及其绩效，企业还需要编制质量绩效报告。企业质量绩效报告包括三种类型：（1）中期报告；（2）多期质量趋势报告；（3）长期报告。

精选练习题

一、单项选择题

1. 甲公司是一家家用电器生产企业。甲公司对消费者做出承诺：自消费者购买甲公司产品之日起7日内发现产品质量问题，消费者可以要求无条件全额退款或更换全新产品。消费者购买产品后7日内因质量问题发生的相关退、换货支出属于甲公司质量成本中的（　　）。

A. 预防成本

B. 鉴定成本

C. 内部失败成本

D. 外部失败成本

2. 在下列各项费用中，不属于质量预防成本的是（　　）。

A. 质量计划工作费用

B. 制定全面质量管理计划

C. 质量奖励费用

D. 保修费用

3. 下列选项中，属于预防成本的是（　　）。

A. 对采购的原材料进行质量检验

B. 对研制出的新产品进行质量测试

C. 申请 ISO9000 质量认证费用

D. 丰田公司免费召回汽车维修

4. 在下列各项费用中，不属于质量预防成本的是（　　）。

A. 质量计划工作费用

B. 质量审核费用

C. 保修费用

D. 工序控制费用

5. 反映产品或劳务对顾客要求的满足程度的质量是（　　）。

A. 设计质量

B. 研发质量

C. 生产质量

D. 符合性质量

6. 随着产品质量的提高（　　）。

A. 预防成本与鉴定成本出现下降的趋势，内部失败成本与外部失败成本也呈下降趋势

B. 预防成本与鉴定成本出现向上的趋势，内部失败成本与外部失败成本则呈下降趋势

C. 预防成本与鉴定成本出现向上的趋势，内部失败成本与外部失败成本也呈上升趋势

D. 预防成本与鉴定成本出现下降的趋势，内部失败成本与外部失败成本则呈上升趋势

7. 将期内质量改进项目的进展程度以图表的形式加以表达的报告是（　　）。

A. 短期质量成本报告

B. 多期趋势质量成本报告

C. 中期质量报告

D. 长期质量成本报告

8. 产品因存在缺陷而错失的销售机会，问题产品的退还、返修，处理顾客的不满和投诉发生的成本是（　　）。

A. 预防成本

B. 鉴定成本

C. 内部失败成本

D. 外部失败成本

9. 下列不属于利润中心业绩报告所应披露的业绩考核指标的是（　　）。

A. 中心的边际贡献

B. 中心的分部经理边际贡献

C. 中心的部门边际贡献

D. 中心的剩余收益

10. 下列不属于管理会计报告的特征的是（　　）。

A. 管理会计报告没有统一的格式和规范

B. 管理会计报告遵循结果导向

C. 管理会计报告提供的信息不仅仅包括结果信息，也可以包括过程信息

D. 管理会计报告如果涉及会计业绩的报告，其主要的报告格式应该是边际贡献格式

11. 顾女士购买了国内知名品牌手机一台随机配备的充电器在一星期内出现故障，为此手机厂商免费为顾女士更换了一个新的充电器，企业由此发生的费用属于（　　）。

A. 鉴定费用

B. 预防成本

C. 外部失败成本

D. 内部失败成本

二、多项选择题

1. 下列关于质量成本的说法中，正确的有（　　）。

A. 一般地，预防成本发生在产品生产之前的各阶段

B. 鉴定成本以及内部失败成本都是发生在产品未到达顾客之前的所有阶段且都属于可控成本

C. 外部失败成本一般发生在产品被消费者接受以后的阶段

D. 更高的预防支出最终将导致更低的总

质量成本

2. 下列属于投资中心的业绩报告中披露的考核指标有（　　）。

A. 投资报酬率

B. 剩余收益

C. 现金回收率

D. 剩余现金流量

3. 在下列四项说法中，正确的有（　　）。

A. 质量成本报告按质量成本的分类详细列示实际质量成本

B. 质量成本报告可以采用绘制统计图（比如饼形图、柱形图）或文字陈述的方式编制

C. 质量成本连接了企业管理中的生产技术与经济效益两个层面

D. 质量成本报告和质量绩效报告承担了如何将质量成本信息传递给企业经营管理者的重任

4. 下列属于管理会计报告的特征的有（　　）。

A. 管理会计报告没有统一的格式和规范

B. 管理会计报告遵循结果导向

C. 管理会计报告提供的信息不仅仅包括结果信息，也可以包括过程信息

D. 管理会计报告如果涉及会计业绩的报告，其主要的报告格式应该是边际贡献格式

5. 下列各项关于质量成本的表述，不正确的有（　　）。

A. 鉴定成本是为了防止产品质量达不到预定标准而发生的成本，是为防止质量事故的发生，为了最大限度降低质量事故所造成的损失而发生的费用

B. 鉴定成本以及内部失败成本都是发生的产品未到达顾客之后的所有阶段

C. 内部损失成本和外部损失成本与预防成本和鉴定成本是有关的

D. 鉴定成本、内部损失成本和外部损失成本与预防成本成反比

6. 从成本控制角度考察，质量成本可分为可控成本和结果成本，可控成本包括（　　）。

A. 预防成本

B. 内部失败成本

C. 外部失败成本

D. 鉴定成本

7. 下列各项中，属于外部失败成本的有（　　）。

A. 由于所生产的产品需要返工而发生的额外运输费

B. 缺陷产品的退回成本

C. 产品保修费用

D. 商誉的损失

8. ABC 公司制造部是一个成本中心，下设甲、乙两个分厂，甲分厂又下设甲 1 车间和甲 2 车间，乙分厂下设乙 1 车间和乙 2 车间，则该企业的业绩报告中的可控成本内容表述不正确的有（　　）。

A. 制造部的可控成本 = 甲分厂的责任成本 + 乙分厂的责任成本 + 制造部本身的可控成本

B. 甲分厂的可控成本 = 甲 1 车间的责任成本 + 甲 2 车间的责任成本 + 甲分厂本身的可控成本 + 制造部本身的可控成本

C. 乙分厂的可控成本 = 乙 1 车间的责任成本 + 乙 2 车间的责任成本 + 乙分厂本身的可控成本

D. 甲 1 车间的可控成本 = 甲分厂分配来的管理费用 + 车间本身的可控成本

9. 下列成本中属于不可控质量成本的有（　　）。

A. 预防成本

B. 鉴定成本

C. 内部失败成本

D. 外部失败成本

10. 下列各项中，属于质量成本的有（　　）。

A. 由于一项质量诉讼导致销售额的下降

B. 由于车床故障导致公司产品毁坏而发生的修理费

C. 支付给废品率最低生产小组的奖金

D. 质量评审费用

11. 关于管理会计报告的下列说法中正确的有（　　）。

A. 管理会计报告提供的信息不仅仅包括财务信息，也包括非财务信息

B. 成本中心的业绩报告通常是按成本中心可控成本的各明细项目列示其预算数、实际数和业绩差异数的三栏式表格

C. 利润中心的业绩报告是自下而上逐级汇编的，直至整个企业的息税前利润

D. 投资中心的业绩评价指标除了成本、收入和利润指标外，主要还是投资报酬率、剩余收益等指标

三、计算题

1. 某电子仪器公司是一家主要生产迷你型和微型计算机风扇的公司，作为质量改进的第一步，该企业收集了上一年的业务数据：

单位：万元

成本项目	金额
生产线检测	55
培训	120
退货	100
保修	68
预防性设备维修	20
回收已售产品	157
质量标准制定及奖励	67
废弃产品	30
作业中断	40
产品检测设备	88
产品责任赔偿	20
供应商评估	15
返工	35
到货原材料检测	25
因缺陷产品而发生诉讼费用	240

要求：企业上年的销售收入为 8 640 万元，编制一份质量成本报告。

质量成本项目	实际成本支出（元）	占质量成本总额比例	占销售额比例
预防成本：	—	—	—
预防成本合计			
鉴定成本：	—	—	—

续表

质量成本项目	实际成本支出（元）	占质量成本总额比例	占销售额比例
鉴定成本合计			
内部失败成本：	—	—	—
内部失败成本合计			
外部失败成本：	—	—	—
外部失败成本合计			
质量成本合计			

答案及解析

一、单项选择题

1.【答案】D

【解析】外部失败成本是指产品或服务在交付顾客之后，存在缺陷的产品流入市场以后发生的成本。如替换不合格零配件的料、工、费及责任赔偿成本。

2.【答案】D

【解析】质量预防成本是指用于预防产生不合格品与故障等所需的各种费用。主要包括：质量工作费用（质量工作费用包括为预防、保证和控制产品质量而制定的质量政策、目标、标准，开展质量管理所发生的办公费、宣传费、搜集情报费，以及编制手册、制定全面质量管理计划、开展QC小组活动、组织质量管理工作和工序能力研究等所发生的费用）、标准制定费用、教育培训费用、质量奖励费用等。选项D属于外部失败成本。

3.【答案】B

【解析】选项A和选项C属于鉴定成本；选项D属于外部失败成本。

4.【答案】C

【解析】质量预防成本是指用于预防产生不合格品与故障等所需的各种费用。主要包括：质量计划工作费用、质量教育培训费用、新产品评审费用、工序控制费用、质量改进措施费用、质量审核费用、质量管理活动费用、质量奖励费、专职质量管理人员的工资及其附加费等。选项C属于外部损失成本。

5.【答案】A

【解析】质量包括两层含义：一是设计质量，即产品或劳务对顾客要求的满足程度；二是符合性质量，即产品或劳务的实际性能与其设计性能的符合程度。

6.【答案】B

【解析】随着产品质量的提高预防成本与鉴定成本出现向上的趋势，内部失败成本与外部失败成本则呈下降趋势。

7.【答案】B

【解析】多期质量趋势报告列示了企业实施质量管理以来所取得的成效。多期质量趋势报告的编制必须以多个期间企业组织的质量成本相关数据为基础，并绘出质量趋势图。

8.【答案】D

【解析】外部失败成本是指存在缺陷的产品流入市场以后发生的成本，如产品因存在缺陷而错失的销售机会，问题产品的退还、返修，处理顾客的不满和投诉发生的成本。

9.【答案】D

【解析】选项D为投资中心的业绩考核指标。

10.【答案】B

【解析】管理会计报告应遵循问题导向而不是结果导向。

11.【答案】C

【解析】外部失败成本是质量不足产生的成本，即在项目或服务从企业转移到客户的过程之后识别出来的问题。产品质量投诉是由于顾客在使用产品的过程中发现问题而发生的，因此是产品转移到客户之后识别出来，因此产生的是外部失败成本。

二、多项选择题

1.【答案】ACD

【解析】本题考核质量成本的相关内容。质量成本可以分为企业内部失败成本、鉴定成本、预防成本、外部失败成本。其中鉴定成本和预防成本属于可控质量成本，而失败成本属于不可控质量成本。

2.【答案】ABCD

【解析】投资中心的业绩报告中披露的主要考核指标是投资报酬率和剩余收益，补充的指标是现金回收率和剩余现金流量。

3.【答案】ABCD

【解析】根据教材相关内容的表述可得到本题选项A、B、C、D均是正确答案。

4.【答案】ACD

【解析】管理会计报告应遵循问题导向而不是结果导向。

5.【答案】AB

【解析】预防成本是为了防止产品质量达不到预定标准而发生的成本，是为防止质量事故的发生，为了最大限度降低质量事故所造成的损失而发生的费用。选项A错误。鉴定成本以及内部失败成本都是发生的产品未到达顾客之前的所有阶段。选项B错误。全面质量管理质量成本模式是基于两个观点：一是预防成本和鉴定成本都服从管理层的影响或控制。在失败发生之前花钱预防比在失败发生之后再去检查产品或服务要好得多。二是内部损失成本和外部损失成本是预防和鉴定方面花费努力的结果。额外的预防努力将会减少内部损失成本，也可以减少外部损失成本。所以，选项C、D说法正确。

6.【答案】AD

【解析】一般来说，企业能够控制预防成本和鉴定成本的支出。

7.【答案】BCD

【解析】选项A属于内部失败成本。

8.【答案】BD

【解析】制造部和分厂的可控成本都应包括本身的可控成本和下属部门转来的责任成本，所以选项A和选项C正确，选项B错误。题设中的各车间是最基层，最基层只有本身的可控成本，选项D错误。

9.【答案】CD

【解析】预防成本和鉴定成本属于可控质量成本；内部失败成本和外部失败成本，属于不可控质量成本。

10.【答案】ABCD

【解析】质量成本是指企业为了保证产品达到一定质量标准而发生的成本，这一概念连接了企业管理中的生产技术与经济效益两个层面。质量成本报告是企业组织完善质量成本控制的必要措施。选项A、B、C、D均是答案。

11.【答案】ACD

【解析】成本中心的业绩报告，通常是按成本中心可控成本的各明细项目列示其预算数、实际数和成本差异数的三栏式表格。选项B不正确。

三、计算题

1.【答案及解析】

质量成本项目	实际成本支出（万元）	占质量成本总额比例	占销售额比例
预防成本：	—	—	—
培训	120	11.11%	1.39%
预防性设备维修	20	1.85%	0.23%
质量标准制定及奖励	67	6.20%	0.78%
供应商评估	15	1.39%	0.17%
预防成本合计	222	20.56%	2.57%
鉴定成本：	—	—	—

续表

质量成本项目	实际成本支出（万元）	占质量成本总额比例	占销售额比例
生产线检测	55	5.09%	0.64%
产品检测设备	88	8.15%	1.02%
到货原材料检测	25	2.31%	0.29%
鉴定成本合计	168	15.56%	1.94%
内部失败成本：	—	—	—
废弃产品	30	2.78%	0.35%
作业中断	40	3.70%	0.46%
返工	35	3.24%	0.41%
内部失败成本合计	105	9.72%	1.22%
外部失败成本：	—	—	—
退货	100	9.26%	1.16%
保修	68	6.30%	0.79%
回收已售产品	157	14.54%	1.82%
产品责任赔偿	20	1.85%	0.23%
因缺陷产品而发生诉讼费用	240	22.22%	2.78%
外部失败成本合计	585	54.17%	6.77%
质量成本合计	1 080	100.00%	12.50%

第三部分

跨章节综合题演练

一、综合题命题规律及解题方法指导

（一）命题规律

综合题主要考查考生对知识全面综合和系统运用能力。这类试题的特点是题材量大，实务操作性强，通常涉及几章的内容，往往要把几个知识考查点联系起来考查，通常带有案例分析的性质。由于涉及的内容多，一般要分成若干个步骤，所以，考生在考试时必须认真审题，仔细阅读题目中给出的资料、数据和具体要求，理解题意，思路要开阔，要善于将各知识点联系起来归纳与分析；通过全面系统地分析找出最终的解题思路。再者，综合题一般分为几个问，这往往也是解题过程的一种暗示，因此考生要按题目所问的顺序答题，同时要注意答题的前后因果关系的衔接和解题过程系统性。

（二）解题方法

1. 详细阅读试题

对于主观题，建议你阅读两遍。经验表明，这样做是值得的，读题是解题的首要步骤，正确的审题是答对的一半，而错误的审题则意味着“全军覆没”，其读题要领是：先从试题的要求读起，明确问题是什么类型的题型，用笔标注问题的关键信息和数据，看问题有无陷阱、误区和盲区；然后，带着问题去读题干资料，阅读时仍然用笔标注关键的有用信息，再对照问题与已知资料，一一作出分析、判断。解题时不要忽略或遗漏重要的关键步骤和中间结果，这样你一方面自己能准确理解题意，不至于忙中出错；另一方面，你还可能从试题中获取相关解题数据与信息。

2. 问什么答什么

不需要计算与本题要求无关的问题，计算写多了，难免出错。如果因为这样的错误而被扣分是很可惜的。有些考生，把不要求计算的也写在答卷上，以为这样能显示自己的知识，寄希望老师能给高分。而事实上恰恰相反，大多数阅卷老师通常认为这些考生，并没有掌握主要的计算要领，不喜欢这类“自作多情”的考生；再者，这既会占用你的答题时间，又影响你的考试心态。另外，还有一点要强调的，有的考生在计算出答案后不注意题目问题的回答，而白扔分。

3. 注意解题步骤

主观题每题所占的分数一般较多，判卷时，题目是按步骤给分的。如果答案仅有一个得数是不给分的，而我们有些考生对这个问题没有引起足够的重视，以致虽然会做但得分不全。这就是有些考生自以为考得很好，而成绩公布后却分数不高甚至还怀疑老师判卷有误的一个重要原因。

4. 尽量写出计算公式

算式包括：算的是什么、计算公式、计算数据的代入、计算过程、得数和计量单位。在评分标准中，是否写出计算公式是很不一样的。通常评分标准中可能只要求列出算式，计算出正确答案即可，这里有一点需要特别强调：如果算式正确，结果无误，是否有计算公式可能无关紧要；但要是你算式正确，只是由于代入的有关数字有误而导致结果不对，是否有计算公式就变得有关系了。因为你写出了计算公式，评卷人员认为你知道该如何做，是粗心或技术处理有误，有时会酌情给一些分。

5. 注意解题的计量单位

对于计算题、综合题的答案，考生一定要注意带上单位，并且单位一定要与题目的单位一致。比如：题目中的单位是元，那么答案就应是 780 000（元），而不应该是 78（万元）。或者题目中的单位是万元，那么答案就应是 78（万元），而不应该是 780 000（元）。另外，解题时还要注意得数是要求取整，是四舍五入，还是只进不舍的。

6. 要熟练运用计算器

财务管理上的计算要涉及数学和统计学知识，对一些计算数据，采用计算器计算，既避免了大量计算可能产生的错误，也能节约计算的时间。比如：一次性收付款的折现率、连续复利终值系数的计算 $\ln e \approx 2.7183$ 的计算；再如：β 回归预测法公式中：$\sum x^2$ $\sum y$ $\sum x$ $\sum xy$ 利用统计键的计算等，都要求考生在考场上熟练运用。

7. 认真检查答案，核对计算结果，注意回答要点的清晰性

计算综合题解答完毕，一定要认真进行检查。一是要按做题步骤顺序检查计算过程，尤其是对关键性的、比较复杂的数据要重新计算一遍，以免出错；二是要检查计算结果

有无明显不合理现象。比如，有人计算出来的流动比率高达 23 : 1，复利终值系数为 0.6209 等，这显然是不大可能的或不可能，只能说明计算有误；三是发现错误进行改正时，必须对错误发生以后的各个计算步骤依次进行改正，不能遗漏某些项目，否则依然不能避免最终的结果有误。另外，一定要注意回答要点的清晰性，尤其是小的主观问答题。

二、综合题演练

综合题 1. 已知 LZB 公司 2019 年和 2020 年的营业收入为 10 000 万元和 12 000 万元，税前经营利润为 600 万元和 580 万元，利息费用为 125 万元和 100 万元，平均所得税率为 30% 和 32%，2019 年的股利支付率为 60%。假定该公司的经营资产、经营负债与营业收入同比例增长，可动用的金融资产为零，货币资金全部为金融资产 2019 年末和 2020 年末的其他有资料如下：

单位：万元

项目	2019 年末	2020 年末
货币资金	180	220
交易性金融资产	80	60
可供出售金融资产	94	82
总资产	8 000	9 800
短期借款	460	510
交易性金融负债	54	48
长期借款	810	640
应付债券	760	380
总负债	4 200	4 800
股东权益	3 800	5 000

要求：

（1）计算 2019 年和 2020 年的税后经营利润、税后经营净利率。

（2）计算 2019 年和 2020 年末的净经营资产和净负债。

（3）计算 2019 年和 2020 年的净经营资产净利率、净经营资产周转次数、税后利息率、净财务杠杆、经营差异率、杠杆贡献率和权益净利率（资产负债表的数据用年末数）。

（4）对 2020 年权益净利率较上年变动的差异进行因素分解，依次计算净经营资产净利率、税后利息率和净财务杠杆的变动对 2019 年权益净利率变动的影响，并进一步说明影响其指标变动的主要因素。

（5）若该公司市场部门预计 2021 年销售增长 4%，预计 CPI 为 5.77%，在相关条件不变条件下，预测对外融资额（假定可动用的金融资产为零）？

（6）根据历史经验，如果资本市场比较宽松，公司的外部融资销售增长比为 0.3；资本市场紧缩，公司将不能到外部融资。假设公司计划 2021 年的营业净利率可达 4% 至 6% 之间，确定 LZB 公司 2021 年销售增长率可能的范围？

（7）针对（5）的状况，如果 LZB 公司狠抓资产管理和成本控制，估计 2021 年净经营资产周转次数提高 1 倍，营业净利率达到 6%，问 LZB 公司是否需要向外筹资？

【参考及答案】

（1）2019 年的税后经营利润 = 600 ×（1 − 30%）= 420（万元）

2020 年的税后经营利润 = 580 ×（1 − 32%）= 394.4（万元）

2019 年的税后经营净利率 = 420/10 000 × 100% = 4.2%

2020 年的税后经营净利率 = 394.4/12 000 × 100% = 3.29%。

（2）2019 年末的金融资产 = 180 + 80 + 94 = 354（万元）

2019 年末的经营资产 = 8 000 − 354 = 7 646（万元）

2019 年末的金融负债 = 460 + 54 + 810 + 760 = 2 084（万元）

2019 年末的经营负债 = 4 200 − 2 084 = 2 116（万元）

2019 年末的净经营资产 = 经营资产 − 经营负债 = 7 646 − 2 116 = 5 530（万元）

2019 年末的净负债 = 金融负债 − 金融资产 = 2 048 − 354 = 1 730（万元）

2020 年末的金融资产 = 220 + 60 + 82 = 362（万元）

2020 年末的经营资产 = 9 800 − 362 = 9 438（万元）

2020 年末的金融负债 = 510 + 48 + 640 + 380 = 1 578（万元）

2020 年末的经营负债 = 4 800 − 1 578 =

3 222（万元）

2020 年末的净经营资产 = 经营资产 - 经营负债 = 9 438 - 3 222 = 6 216（万元）

2020 年末的净负债 = 金融负债 - 金融资产 = 1 578 - 362 = 1 216（万元）。

（3）2019 年的净经营资产净利率 = 税后经营利润/净经营资产 × 100% = 420/5 530 × 100% = 7.59%

2020 年的净经营资产净利率 = 税后经营利润/净经营资产 × 100% = 394.4/6216 × 100% = 6.34%

2019 年净经营资产周转次数 = 营业收入/净经营资产 = 10 000/5 530 = 1.81（次）

2020 年净经营资产周转次数 = 营业收入/净经营资产 = 12 000/6 216 = 1.93（次）

2019 年的税后利息 = 125 ×（1 - 30%）= 87.5（万元）

2020 年的税后利息 = 100 ×（1 - 32%）= 68（万元）

2019 年的税后利息率 = 税后利息/净负债 × 100% = 87.5/1 730 × 100% = 5.06%

2020 年的税后利息率 = 税后利息/净负债 × 100% = 68/1 216 × 100% = 5.59%

2019 年的净财务杠杆 = 净负债/股东权益 = 1 730/3 800 = 0.46

2020 年的净财务杠杆 = 净负债/股东权益 = 1 216/5 000 = 0.24

2019 年的经营差异率 = 净经营资产净利率 - 税后利息率 = 7.59% - 5.06% = 2.53%

2020 年的经营差异率 = 净经营资产净利率 - 税后利息率 = 6.34% - 5.59% = 0.75%

2019 年的杠杆贡献率 = 经营差异率 × 净财务杠杆 = 2.53% × 0.46 = 1.16%

2020 年的杠杆贡献率 = 经营差异率 × 净财务杠杆 = 0.75% × 0.24 = 0.18%

2019 年的权益净利率 = 净经营资产净利率 + 杠杆贡献率 = 7.59% + 1.16% = 8.75%

2020 年的权益净利率 = 净经营资产净利率 + 杠杆贡献率 = 6.34% + 0.18% = 6.52%。

（4）2020 年权益净利率比 2019 年增加 = 6.52% - 8.75% = -2.23%。

变动影响因素	净经营资产净利率	税后利息率	经营差异率	净财务杠杆	杠杆贡献率	权益净利率	变动影响
2020 年的权益净利率	7.59%	5.06%	2.53%	0.46	1.16%	8.75%	
净经营资产净利率变动	6.34%	5.06%	1.28%	0.46	0.59%	6.93%	-1.82%
税后利息率变动	6.34%	5.59%	0.75%	0.46	0.35%	6.69%	-0.24%
净财务杠杆变动	6.34%	5.59%	0.75%	0.24	0.18%	6.52%	-0.17%

评价：2020 年权益净利率比 2019 年下降的主要原因是净经营资产净利率降低，使权益净利率减少 1.82%，因此，可以认为使企业的基础盈利能力出了问题，应继续分解净经营资产净利率，并采用连环替代法分析：

净经营资产净利率 = 税后经营净利率 × 净经营资产周转次数

2020 年净经营资产净利率 = 3.29% × 1.93 = 6.34%

2019 年净经营资产净利率 = 4.2% × 1.81 = 7.59%

合计 -1.25%

税后经营利润率下降 0.91% 的影响：

（3.29% - 4.2%）× 1.81 = -1.65%

净经营资产周次数上升 0.21 次的影响：

3.29% ×（1.93 - 1.81）= 0.40%

合计 = -1.65% + 0.40% = -1.25%

结论：2020 年净经营资产利润率比 2019 年减少的主要因素是税后经营利润率下降。

（5）2020 年公司的净经营资产/营业收入 = 1/净经营资产周次数 = 1/1.93 = 51.81%

2020 年营业净利率 =（394.5 - 68）/12 000 = 2.72%

2021 年销售名义增长率 =（1 + 4%）（1 + 5.77%）- 1 = 10%

2021 年公司对外筹资比 = 51.81% - 2.72%（1 + 1/10%）×（1 - 60%）= 0.3984

2021 年公司对外筹资额 = 12 000 × 10% × 0.3984 = 478（万元）。

（6）销售增长率的下限：营业净利率为 4% 且不能向外融资的内含增长率 g：

51.81% - 4%（1 + 1/g）×（1 - 60%）= 0

解得：$g=3.19\%$

销售增长率的上限：营业净利率为6%且外部融资比为0.3的销售增长率g：

$51.81\%-6\%\ (1+1/g)\times(1-60\%)=0.3$

解得：$g=12.36\%$。

故：LZB公司销售增长率的范围3.19%~12.36%。

（7）2021年净经营资产周次数＝1.93×2＝3.86（次）

2021年公司对外筹资比＝1/3.86－6%（1＋1/10%）×（1－60%）＝－0.49

由于对外筹资比－0.49＜0，所以，LZB公司不需要向外筹资。

【提示】本题的主要考查改进的财务报表分析与财务预测的综合分析。

综合题2. 中华公司准备开发一新型机器，预计每台机器价格为3万元时，每年可出售2 000台。为生产这种新型机器，公司预备在第一年初投资300万元，第二年初投资500万元建新厂房，建筑用地早已购得，当时购入价格100万元，目前无其他用途。设备在第1年年末总投资为1 000万元，在建设期末投产，项目建设期2年，项目投产时需经营营运资本650万元。为研制配套新产品已发生研究费用600万元，若此项目成立，研究开发费转化为无形资产在经营期内摊销；如该项目不成立，则此项目费用计入公司成本冲销利润。

项目的经营寿命期6年，经营期变动成本为销售额的65%，除折旧、摊销费外的固定成本为1 000万元。经预测，未来6年间通货膨胀率为8%。本项目的销售价格、变动成本、固定成本（除折旧、摊销）和经营营运资本均按8%的年增长率增长。

固定资产按税法规定的折旧年限：建筑物为20年，设备为8年，折旧期满资产净残值均为零，折旧方法为直线法。

公司适用所得税税率25%，项目筹资的加权平均资本成本（投资的必要报酬率）为11.11%。

预计项目寿命期末厂房的市场价格600万元，设备的市价100万元，土地不出售，留待公司以后使用。

请计算与回答：

（1）计算建设期现金流出量、经营期现金净流量、终结点非经营现金流入量。

（2）计算该项目的回收期、净现值和内含报酬率。

（3）计算该项目未考虑通货膨胀的实际现金流量为多少？此时的折现率是多少？计算其现值指数并评价财务可行性？

（4）计算该项目未考虑通货膨胀的内部收益率，请与（2）计算的实际内含报酬率比较判断哪一个较低，并说明其原因？

【参考答案】

（1）①建设期现金流出量：

单位：万元

建设期	项目/年末	0	1	2	合计
内容	建筑物	300	500		800
	设备		1 000		1 000
	净营运资本			650	650
	立项研究开发费的机会成本	600×25%＝150			150
	合计	450	500	1 650	2 600

②经营现金净流量：

单位：万元

经营期	3	4	5	6	7	8	L行次
销售量	2 000	2 000	2 000	2 000	2 000	2 000	1
销售价格	3	3.24	3.50	3.78	4.08	4.41	2
营业收入	6 000	6 480	6 998.4	7 558.3	8 162.9	8 816	3
变动、固定付现成本	4 900	5 292	5 715.46	6 172.6	6 666.4	7 199.7	4
无形资产摊销	100	100	100	100	100	100	5

续表

经营期	3	4	5	6	7	8	L行次
建筑物设备折旧	165	165	165	165	165	165	6
税前经营利润	835	923	1 018	1 120.7	1 231.5	1 351.3	7
所得税（25%）	208.8	230.8	254.5	280.2	307.9	337.8	8
税后经营利润	626.2	692.2	763.5	840.5	923.6	1 013.5	9
折旧与摊销	265	265	265	265	265	265	10
经营现金毛流量	891.2	957.2	1 028.5	1 105.5	1 188.6	1 278.5	11
经营营运资金增加	52	56.2	60.7	65.5	70.7	—	12
经营现金净流量	839.2	901	967.8	1 040	1 117.9	1 278.5	13

注：经营营运资金增加发生在各年初，故第8年末不发生。

③终结点非经营现金流量：

单位：万元

终结点非经营现金流量	建筑物	设备
变现清理净收益	600 −（600 −40 ×14）×0.25 =590 100 −（100 −2 × 125）×0.25 =137.5	
净营运资金回收	955.1 =650 +305.1	［注：∑L12（上表）合计］

（2）

①不含建设期的回收期 =3 +［2 600 −（772.4 +827.2 +886.4）］/ 950.4 =3.1（年）

含建设期的回收期 =2 +3.1 =5.1（年）。

②在考虑通货膨胀情况下：K =（1 +11.11%）（1 +8%）−1 =20%

NPV = −450 −500 ×（P/F，20%，1）−1 650 ×（P/F，20%，2）+839.2 ×（P/F，20%，3）+901 ×（P/F，20%，4）+967.8 ×（P/F，20%，5）+1 040 ×（P/F，20%，6）+1 117.9 ×（P/F，20%，7）+（1 278.5 +590 +137.5 +955.1）×（P/F，20%，8）=645.6（万元）。

③令：NPV = −450 −500 ×（P/F，IRR，1）−1 650 ×（P/F，IRR，2）+839.2 ×（P/F，IRR，3）+901 ×（P/F，IRR，4）+967.8 ×（P/F，IRR，5）+1 040 ×（P/F，IRR，6）+1 117.9 ×（P/F，IRR，7）+（1 278.5 +590 +137.5 +955.1）×（P/F，IRR，8）=0。

采用逐次测试法，查现值系数表，再利用内插法，求得 IRR =28.30%。

（3）若不考虑通货膨胀：

期初投资	2 600 万元	不变
每台售价	3 万元	各年相同

续表

变动、固定付现成本	6 000 ×65% +1 000 =4 900 万元	各年相同
净营运资本	650 万元	2 年末投入，此后各年无此项流出

经营现金净流量：

销售额	6 000 万元	（3 ~8 年）
变动、固定付现成本	4 900 万元	（3 ~8 年）
折旧与摊销	265 =（100 +165）万元	
税前经营利润	835 =（6 000 −4 900 −100 −165）万元	
税后经营利润	626.25 =835 ×（1 −25%）万元	
经营现金净流量	891.25 =626.25 +265 万元	
终结点非经营现金净流量	590 +137.5 +650 =1 377.5 万元	

在不考虑通货膨胀情况下，此时用11.11%做贴现率。

（4）

PI =891.25（P/A，11.11%，6）（P/F，11.11%，2）+1 377.5（P/F，11.11%，8）/

[450 + 500 × (P/F, 11.11%, 1) + 1 650 × (P/F, 11.11%, 2)] = 3 637.31/2 236.57 = 1.626

因为：PI > 1，所以，该项目具备财务可行性。

(5)

①令：NPV = − 450 − 500 × (P/F, IRR, 1) − 1 650 × (P/F, IRR, 2) + 891.25 (P/A, IRR, 6) (P/F, IRR, 2) + 1377.5 (P/F, IRR, 8) = 0

采用逐次测试法，查现值系数表，再利用内插法，求得 IRR = 25.25%。

②不考虑通货膨胀的内含报酬率为25.25%，而考虑通货膨胀的内含报酬率为25.24% [实际收益率 = (1 + 25.24%)/(1 + 8%) − 1 = 15.96%]，所以，考虑通货膨胀的实际内含报酬率低，其原因是折旧与摊销不随通货膨胀变化而变化，因此，折旧与摊销抵税减少，导致纳税额增长速度高于通货膨胀增长速度，从而降低项目的实际内含报酬率，并影响投资项目决策的正确性。

综合题 3. (1) 大华公司准备投资甲型高科技项目，预计该项目需固定资产投资1 000万元，可以持续五年，估计净残值为50万元。会计部门估计每年付现固定成本为60万元，变动成本是每件150元。营销部门估计各年销售量均为5万件，价格为250元/件。生产部门估计需要200万元的净营运资本投资；

(2) 项目适用的折现率为10%；

(3) 由于政府鼓励高科技产业，该公司免交所得税。

要求：

(1) 填写下表并计算项目的净现值：

单位：万元

时间	0	1	2	3	4	5
投资						
残值						
净营运资本投资						
营业收入						
变动成本						
付现固定成本						
现金净流量						

(2) 计算项目的净现值率、获利指数和等额年金。

(3) 假设题目中的现金流量和折现率均未考虑通货膨胀因素，通货膨胀率为4%，计算考虑通货膨胀因素之后的第4年的现金净流量和折现率，并据此计算第4年的现金净流量的现值。

(4) 计算利润为零的年销售量及此时的经营杠杆系数和销量的敏感系数。

(5) 分别计算营业现金流量为零、净现值为零的年销售量。

【参考答案】

(1)

单位：万元

时间	0	1	2	3	4	5
投资	−1 000					
残值						50
净营运资本投资	−200					200
营业收入		1 250	1 250	1 250	1 250	1 250
变动成本		750	750	750	750	750
付现固定成本		60	60	60	60	60
现金净流量		440	440	440	440	690

净现值 = − 1 200 + 440 × (P/A, 10%, 4) + 690 × (P/F, 10%, 5)

= − 1 200 + 440 × 3.1699 + 690 × 0.6209

= − 1 200 + 1 394.76 + 428.42

= 623.18 (万元)。

(2) 净现值率 = 623.18/1 200 × 100% = 51.93%

获利指数 = 1 + 51.93% = 1.52

等额年金 = 623.18/(P/A, 10%, 5) = 623.18/3.7908 = 164.39 (万元)。

(3) 第4年的现金净流量 = 440 × (F/P, 4%, 4) = 514.756 (万元)

第4年的折现率 = (1 + 10%) × (1 + 4%) − 1 = 14.4%

第4年的现金净流量的现值 = 514.756 × (P/F, 14.4%, 4)

= 440 × (P/F, 10%, 4) = 300.52 (万元)。

(4) 年折旧额 = (1 000 − 50)/5 = 190 (万元)

固定成本总额 (含折旧) = 60 + 190 = 250 (万元)

利润为零的销售量 = 250/(250 - 150) = 2.5（万件）

DOL = 5/(5 - 2.5) = 2 = 销量的敏感系数。

(5)

①付现固定成本为60万元。

营业现金流量为零的销售量 = 60/(250 - 150) = 0.6（万件）

②净现值为零的销售量：即预期未来现金净流量的现值等于原始投资流出的现值。

原始投资流出的现值 = 1 000 + 200 - (200 + 50) × 0.6209 = 1 044.775（万元）

年营业现金流量 × (*P/A*, 10%, 5) = 1 044.775（万元）

年营业现金流量 = 1 044.775/3.7908 = 275.608（万元）

$Q \times 250 - Q \times 150 - 60 = 275.608$

净现值为零的销售量 Q = 3.36（万件）。

综合题4. 某商业企业2020年有两种信用政策可供选用：甲方案预计应收账款平均周转天数为50天，其收账费用为0.2万元，坏账损失率为货款的3%。乙方案的信用政策为（2/10、1/20、*n*/90），预计将有40%的货款于第10天收到，30%的货款于第20天收到，其余30%的货款于第90天收到（前两部分货款不会产生坏账，后一部分货款的坏账损失率为该部分货款的3%），收账费用为0.15万元。假设该企业所要求的最低报酬率为10%。该企业按经济订货量进货，假设购销平衡、销售无季节性变化。商品的进货单价45元，售价90元，单位储存成本5元（含占用资金利息），一次订货成本100元。甲方案的年销售量4 000件；乙方案的年销售量4 500件。改变信用政策预计不会影响进货单价、售价、单位储存成本、一次订货成本等，所有销货假设均为赊销（一年按360天计算）。

要求：

(1) 计算甲、乙两方案毛利之差。

(2) 计算甲方案的下列指标：①应收账款的机会成本；②坏账成本；③按经济进货批量进货的相关最低总成本；④经济订货量；⑤达到经济进货批量时存货平均占有资金；⑥采纳甲方案的相关总成本。

(3) 计算乙方案的下列指标：①应收账款的机会成本；②坏账成本；③现金折扣成本；④按经济进货批量进货的相关最低总成本；⑤经济订货量；⑥达到经济进货批量时存货平均占用资金；⑦采纳乙方案的相关总成本。

(4) 计算甲、乙两方案相关总成本之差。

(5) 为该企业做出采取何种信用政策的决策，并说明理由。

【参考答案】

(1) 甲、乙两方案毛利之差 = (90 - 45) × (4 500 - 4 000) = 22 500（元）。

(2) 计算甲方案的相关成本：

①应收账款机会成本 = (90 × 4 000 ÷ 360) × 50 × 50% × 10% = 2 500（元）

②坏账成本 = 4 000 × 90 × 3% = 10 800（元）

③按经济进货批量进货的相关最低总成本 = 2 000（元）

④经济订货量 = 400（件）

⑤达到经济进货批量时存货平均占用资金 = (400 ÷ 2) × 45 = 9 000（元）

⑥采用甲方案的相关总成本 = 2 500 + 10 800 + 2 000 + 2 000 = 17 300（元）。

(3) 计算乙方案的相关成本：

①应收账款平均收账天数 = 10 × 40% + 20 × 30% + 90 × 30% = 37（天）

应收账款机会成本 = (90 × 4 500 ÷ 360) × 37 × 50% × 10% = 2 081.25（元）

②坏账成本 = 4 500 × 90 × 30% × 3% = 3 645（元）

③现金折扣成本 = 4 500 × 90 × 40% × 2% + 4 500 × 90 × 30% × 1% = 4 455（元）

④按经济进货批量进货的相关最低总成本 = 2 121.32（元）

⑤经济订货量 = 424.26（件）

⑥达到经济进货批量时存货平均占用资金 = (424.26 ÷ 2) × 45 = 9 545.85（元）

⑦采用乙方案的相关总成本 = 2 081.25 + 3 645 + 4 455 + 1 500 + 2 121.32 = 13 802.57（元）。

(4) 甲、乙两方案相关总成本之差 = 13 802.57 - 17 300 = -3 497.43（元）。

(5) 为该企业作出采取何种信用政策的决策，并说明理由。

因为乙方案与甲方案相比，增加毛利

22 500 元，同时节约成本 3 497.43 元，所以，企业应选用乙方案。

【提示】本题的主要考查应收账款与存货的综合决策。

综合题 5. 某公司年初有存货 7 200 万元，流动负债 6 000 万元，年末有存货 9 600 万元，流动负债 8 000 万元，非速动资产中只包括存货，全年总资产平均占用额 16 000 万元，拥有股本总额 5 000 万元，面值 10 元，年初速动比率为 0.8，年末流动比率为 1.5，全年存货周转率为 2.5 次，流动资产周转率为 4 次，权益乘数为 1.5，实现净利润 2 880 万元，假设公司所得税税率为 40%（为简化计算），借入资金平均利率为 15%。

分别计算：

（1）年初、年末流动资产。

（2）营业收入、营业成本。

（3）总资产周转次数、净资产收益率。

（4）公司上年营业净利率为 5%，总资产周转次数为 3.2 次，权益乘数为 1.2，运用连环替代法计算营业净利率变动、总资产周转次数变动以及权益乘数变动对净资产收益率的影响。

（5）利息保障倍数、总资产报酬率。

（6）假设公司营业成本均为变动成本，计算经营杠杆系数、财务杠杆系数和总杠杆系数。

（7）假设目前的资本结构为理想的结构，计划年度新增投资额 2 100 万元，运用剩余股利政策计算每股股利。

（8）公司预计股利每年增长 6%，公司股票 β 系数为 1.5，目前国债的收益率为 8%，股票市场平均收益率为 14%，分别计算投资者必要报酬率和每股股票价值。

【答案及解析】

（1）年初流动资产 = 0.8 × 6 000 + 7 200 = 12 000（万元）

年末流动资产 = 8 000 × 1.5 = 12 000（万元）。

（2）营业收入 = [(12 000 + 12 000)/2] × 4 = 48 000（万元）

营业成本 = (7 200 + 9 600)/2 × 2.5 = 21 000（万元）。

（3）总资产周转率 = 48 000/16 000 = 3（次）

净资产收益率 = (2 880/48 000) × 3 × 1.5 = 6% × 3 × 1.5 = 27%。

（4）上年净资产收益率 = 5% × 3.2 × 1.2 = 19.2%

差异 = 27% − 19.2% = 7.8%

具体分析：

由于营业净利润率变动对净资产收益率的影响为：(6% − 5%) × 3.2 × 1.2 = 3.84%

由于总资产周转率变动对净资产收益率的影响为：6% × (3 − 3.2) × 1.2 = −1.44%

由于权益乘数变动对净资产收益率的影响为：6% × 3 × (1.5 − 1.2) = 5.4%

全部因素对净资产收益率的影响为：3.84% − 1.44% + 5.4% = 7.8%。

（5）计算利息保障倍数、总资产报酬率：

资产负债率 = (1 − 1/1.5) = 33.34%

利息 = 16 000 × 33.34% × 15% = 800（万元）

EBIT = 2 880/(1 − 40%) + 800 = 5 600（万元）

利息保障倍数 = 5 600/800 = 7（倍）

总资产报酬率 = *EBIT*/总资产平均占用额 = 5 600/16 000 = 35%。

（6）计算 *DOL*、*DFL*、*DTL*

DOL = *M*/*EBIT* = (48 000 − 21 000)/5 600 = 4.82

DFL = *EBIT*/(*EBIT* − *I*) = 5 600/(5 600 − 800) = 1.17

DTL = *DOL* × *DFL* = 4.82 × 1.17 = 5.64。

（7）剩余股利 = 2 880 − 2 100 × 1/1.5 = 2 880 − 1 400 = 1 480（万元）

每股股利 = 1 480/(5 000/10) = 1 480/500 = 2.96（元）。

（8）计算投资者必要投资报酬率、公司股票投资价值：

必要投资报酬率 = 8% + 1.5（14% − 8%）= 17%

每股股票价值 = 2.96（1 + 6%）/(17% − 6%) = 28.52（元）。

综合题 6. 甲公司 2019 年初的负债及所有者权益总额为 10 000 万元，其中，债务资本为 2 000 万元（全部是按面值发行的债券，票面利率为 8%）；普通股股本为 2 000 万元（每股面值 2 元）；资本公积为 4 000 万元；留存收益 2 000 万元。2019 年该公司为扩大生产规模，需要再筹集5 000万元资金，有以下两个筹资方案可供选择：

方案一：全部通过增发普通股筹集，预计每股发行价格为10元；

方案二：全部通过增发债券筹集，按面值发行，票面利率为10%。

预计2019年可实现息税前利润1 500万元，固定经营成本1 000万元，适用的企业所得税税率为30%（为了简化计算）。

要求回答下列互不相关的问题：

（1）分别计算两方案筹资后的总杠杆系数和每股收益，并根据计算结果确定筹资方案；

（2）假如发行债券，债券的发行日为2019年1月1日，面值为1 000元，期限为3年，每半年付息一次，预计市场利率在2019年不会发生变化，计算债券在2019年4月1日的价值；

（3）如果甲公司股票收益率与股票指数收益率的协方差为10%，股票指数的标准差为40%，国库券的收益率为4%，平均风险股票要求的收益率为12%，计算甲公司股票的资本成本；

（4）如果甲公司打算按照目前的股数发放10%的股票股利，然后按照新的股数发放现金股利，计划使每股净资产达到7元，计算每股股利的数额。

【参考答案】

（1）增发普通股筹资方案下：

全年债券利息 = 2 000 × 8% = 160（万元）

总杠杆系数 =（1 500 + 1 000）/（1 500 − 160）= 1.87

增发的普通股股数 = 5 000/10 = 500（万股）

每股收益 =（1 500 − 160）×（1 − 30%）/（2 000/2 + 500）= 0.63（元）

增发债券筹资方案下：

全年利息 = 2 000 × 8% + 5 000 × 10% = 660（万元）

总杠杆系数 =（1 500 + 1 000）/（1 500 − 660）= 2.98

每股收益 =（1 500 − 660）×（1 − 30%）/（2 000/2）= 0.59（元）

由于增发普通股方案的每股收益高，总体风险低，所以，应该选择增发普通股方案。

（2）由于债券是按照面值发行的，所以，发行时的市场利率 = 票面利率 = 10%，

债券在2019年4月1日的价值 = 债券在2019年1月1日的价值 ×（F/P，5%，1/2）

= 1 000 ×（F/P，5%，1/2）= 1 024.70（元）。

（3）甲公司股票的 β 系数 = 10%/（40% × 40%）= 0.625

甲公司股票的资本成本 = 4% + 0.625 ×（12% − 4%）= 9%。

（4）新的股数 = 2 000/2 ×（1 + 10%）= 1 100（万股）

发放现金股利之后的净资产 = 1 100 × 7 = 7 700（万元）

现金股利总额 =（2 000 + 4 000 + 2 000）− 7 700 = 300（万元）

每股股利 = 300/1 100 = 0.27（元）。

综合题7. 环宇公司2019年度的财务报表的主要数据如下：

单位：万元

营业收入	1 000
税后利润	100
股利	40
留存收益	60
负债	1 000
股东权益（200万股，每股面值1元）	1 000
负债及股东权益总计	2 000

该公司2019年的股票市价为10元。

要求计算：

（1）2019年的可持续增长率。

（2）2019年的市盈率和市销率。

（3）若该公司处于稳定状态，其股权资本成本是多少？

（4）若该公司2019年的每股资本支出为0.8元，每股折旧0.6元，该年比上年营业流动资产每股增加0.2元。公司欲继续保持现有的财务比率和增长率不变，计算该公司股权价值。

（5）若A公司的市盈率和市销率与环宇公司相同。A公司的营业收入为3 000万元，净利润500万元，普通股股数为400万股。请分别用市价/净利比率模型和市价/收入比率模型评估A公司的价值。

【参考答案】

（1）营业净利率 = 100/1 000 = 10%

资产周转率 = 1 000/2 000 = 0.5

权益乘数 = 2 000/1 000 = 2

利润留存率 = 60/100 = 60%

可持续增长率 = 留存收益增加额/期初股东权益 = 60/(1 000 − 60) = 6.38%

或者：可持续增长率 = 营业净利率 × 资产周转率 × 权益乘数 × 利润留存率/(1 − 营业净利率 × 资产周转率 × 权益乘数 × 利润留存率) = 10% × 0.5 × 2 × 60%/(1 − 10% × 0.5 × 2 × 60%) = 6.38%。

（2）每股净利润 = 100/200 = 0.5（元）

市盈率 = 10/0.5 = 20

市销率 = 每股市价/每股营业收入 = 10/(1 000 ÷ 200) = 2。

（3）每股股利 = 40/200 = 0.2（元）

因为：在稳定状态下，股利增长率也就是可持续增长率，该企业属于固定成长股。

所以：股权资本成本 = 0.2 × (1 + 6.38%)/10 + 6.38% = 8.51%

解得：股权成本 = 8.51%。

（4）每股净投资 = (资本支出 − 折旧摊销 + 营业流动资产增加) × (1 − 负债率)

= (0.8 − 0.6 + 0.2) × (1 − 50%) = 0.2（元）

股权现金流量 = 每股净利润 − 每股净投资 = 0.5 − 0.2 = 0.3（元）

每股价值 = 下期股权现金流量/(股权资本成本 − 永续增长率)

= 0.3 × (1 + 6.38%)/(8.51% − 6.38%) = 14.98（元）

股权价值 = 200 × 14.98 = 2 996（万元）。

（5）用市价/净利比率模型进行评估：

A 公司的每股价值 = 环宇公司的市盈率 × A 公司的每股利润 = 20 × (500/400) = 25（元）

A 公司的股权价值 = 25 × 400 = 10 000（万元）

用市价/收入比率模型进行评估：

A 公司的每股价值 = 环宇公司的市销率 × A 公司的每股收入 = 2 × (3 000/400) = 15（元）

A 公司的股权价值 = 环宇公司的市销率 × A 公司的营业收入 = 2 × 3 000 = 6 000（万元）

或者：A 公司的股权价值 = 15 × 400 = 6 000（万元）。

综合题 8. 甲公司是一家制造业上市公司，生产 A、B、C 三种产品，最近几年，市场需求旺盛，公司正在考虑通过筹资扩大产能。2018 年，公司长期债务 10 000 万元，年利率 6%，流通在外普通股 1 000 万股，每股面值 1 元，无优先股。

资料一：A、B、C 三种产品都需要通过一台关键设备加工，该设备是公司的关键限制资源。

年加工能力 2 500 小时。假设 A、B、C 三种产品当年生产当年销售。年初年末无存货，预计 2019 年 A、B、C 三种产品的市场正常销量及相关资料如下：

	A 产品	B 产品	C 产品
市场正常销量（件）	400	600	1 000
单位售价（万元）	2	4	6
单位变动成本（万元）	1.2	1.6	3.5
单位限制资源消耗（小时）	1	2	2.5
固定成本总额（万元）	1 000		

资料二：为满足市场需求，公司 2019 年初拟新增一台与关键限制资源相同的设备，需要筹集 10 000 万元。该设备新增年固定成本 600 万元，原固定成本总额 1 000 万元照常发生，现有两种筹资方案可供选择。

方案 1：平价发行优先股筹资 6 000 万元，面值 100 元，票面股息率 10%，按每份市价 1 250 元发行债券筹资 4 000 万元，期限 10 年，面值 1 000 元，票面利率 9%。

方案 2：平价发行优先股筹资 6 000 万元，面值 100 元，票面股息率 10%，按每份市价 10 元发行普通股筹资 4 000 万元。

资料三：新增关键设备到位后，假设 A 产品尚有市场空间，其他条件不变，如果剩余产能不能转移，公司拟花费 200 万元进行广告宣传，通过扩大 A 产品的销量实现剩余产能的充分利用。

公司的企业所得税税率为 25%。

要求：

（1）根据资料一，为有效利用现有的一台关键设备，计算公司 A、B、C 三种产品的生产安排优先顺序和产量，在该生产安排下，公司的经营杠杆和财务杠杆各是多少？

(2) 根据资料二，采用每股收益无差别点法，计算两个方案每股收益无差别点的息税前利润，并判断公司应选择哪一个筹资方案。在该筹资方案下，公司的经营杠杆、财务杠杆、每股收益各是多少？

(3) 结合要求 (1)、(2) 的结果，需要说明经营杠杆、财务杠杆发生变化的主要原因。

(4) 根据资料三，计算并判断公司是否应利用该剩余产能。

【参考及解析】

(1) ①A 产品单位限制资源边际贡献 = (2 - 1.2)/1 = 0.8 (万元)

B 产品单位限制资源边际贡献 = (4 - 1.6)/2 = 1.2 (万元)

C 产品单位限制资源边际贡献 = (6 - 3.5)/2.5 = 1 (万元)

B 产品单位限制资源边际贡献 > C 产品单位限制资源边际贡献 > A 产品单位限制资源边际贡献，所以应先安排生产 B 产品，其次是 C 产品，最后生产 A 产品。

因为假设 A、B、C 三种产品当年生产当年销售。年初年末无存货，所以 B 产品的产量 = 销售量 = 600 (件)，C 产品的产量 = (2 500 - 600 × 2)/2.5 = 520 (件)，没有剩余加工能力，所以不生产 A 产品。

②边际贡献 = (4 - 1.6) × 600 + (6 - 3.5) × 520 = 2 740 (万元)

息税前利润 = 2 740 - 1 000 = 1 740 (万元)

税前利润 = 1 740 - 10 000 × 6% = 1 140 (万元)

经营杠杆系数 = 2 740/1 740 = 1.57

财务杠杆系数 = 1 740/1 140 = 1.53。

(2) ①[(*EBIT* - 10 000 × 6% - 4 000/1 250 × 1 000 × 9%) × (1 - 25%) - 6 000 × 10%]/1 000 = [(*EBIT* - 10 000 × 6%) × (1 - 25%) - 6 000 × 10%]/(1 000 + 4 000/10)

解得：*EBIT* = 2 408 (万元)

预计息税前利润 = (2 - 1.2) × 400 + (4 - 1.6) × 600 + (6 - 3.5) × 1 000 - 1 000 - 600 = 2 660 (万元)

预计息税前利润 2 660 万元大于每股收益无差别点的息税前利润 2 408 万元，所以应该选择财务杠杆大的方案 1 进行筹资。

②边际贡献 = 预计息税前利润 + 固定成本 = 2 660 + 1 000 + 600 = 4 260 (万元)

归属于普通股的税前利润 = 2 660 - 10 000 × 6% - 4 000/1 250 × 1 000 × 9% - 6 000 × 10%/(1 - 25%) = 972 (万元)

经营杠杆系数 = 4 260/2 660 = 1.6

财务杠杆系数 = 2 660/972 = 2.74

每股收益 = [(2 660 - 10 000 × 6% - 4 000/1 250 × 1 000 × 9%) × (1 - 25%) - 6 000 × 10%]/1 000 = 0.73 (元)。

(3) 因为新增一台与关键限制资源相同的设备，导致固定成本增加，所以会提高经营杠杆。

因为采用方案 1 进行筹资，增加固定性资本成本（利息费用和优先股股利），所以会提高财务杠杆。

(4) 公司 2019 年初拟新增一台与关键限制资源相同的设备，所以年加工能力 5 000 小时，按照市场正常销量生产后剩余的产能 = 5 000 - 400 × 1 - 600 × 2 - 1 000 × 2.5 = 900 (小时)

该剩余产能可以生产的 A 产品产量 = 900/1 = 900 (件)

息税前利润 = 900 × (2 - 1.2) - 200 = 520 (万元)

息税前利润大于 0，所以应利用该剩余产能。

综合题 9. 宏达公司运用标准成本系统计算产品成本，有关资料如下：

(1) 单位产品标准成本：

直接材料标准成本：5 千克 × 2 元/千克 = 10 元

直接人工标准成本：4 小时 × 3 元/小时 = 12 元

变动制造费用标准成本：4 小时 × 2.5 元/小时 = 10 元

固定制造费用标准成本：4 小时 × 1 元/小时 = 4 元

单位产品标准成本：10 + 12 + 10 + 4 = 36 元。

(2) 其他资料：

①原材料：期初库存原材料 100 千克，本期购入 2 000 千克，单价 2.1 元/千克，耗用 2 050 千克。

②在产品：期初在产品存货 40 件，原材

料为陆续投入，完工程度 50%；本月投产 500 件，完工入库 480 件；期末在产品 60 件，原材料为陆续投入，完工程度 50%。

③产成品：期初产成品存货 30 件，本期完工入库 480 件，本期销售 450 件。

本期耗用直接人工 2 100 小时，支付工资 6 620 元，支付变动制造费用 5 400 元，支付固定制造费用 1 900 元；生产能量为 2 000 小时。

（3）成本计算账户设置：

设置“原材料”“产成品”“生产成本”等存货账户，均按标准成本计价。成本差异账户设置 9 个：材料价格差异、材料数量差异、直接人工工资率差异、直接人工效率差异、变动制造费用效率差异、变动制造费用耗费差异、固定制造费用闲置能量差异、固定制造费用效率差异、固定制造费用耗费差异。

要求：

（1）计算产品标准成本差异（直接材料价格差异按耗用量计算，固定制造费用成本差异按三因素分析法计算，约当产量按加权平均法计算）；

（2）计算企业期末存货成本。

【参考答案】

（1）标准成本差异：

材料价格差异 =（2.1 − 2）× 2 050 = 205（元）

本月完成的约当产品 = 480 + 60 × 50% − 40 × 50% = 490（件）

材料数量差异 =（2 050 − 490 × 5）× 2 = −800（元）

人工工资率差异 =（6 620/2 100 − 3）× 2 100 = 320（元）

人工效率差异 =（2 100 − 490 × 4）× 3 = 420（元）

变动制造费用耗费差异 =（5 400/2 100 − 2.5）× 2 100 = 150（元）

变动制造费用效率差异 =（2 100 − 490 × 4）× 2.5 = 350（元）

固定制造费用耗费差异 = 1 900 − 2 000 × 1 = −100（元）

固定制造费用闲置能量差异 =（2 000 − 2 100）× 1 = −100（元）

固定制造费用效率差异 =（2 100 − 490 × 4）× 1 = 140（元）。

（2）期末存货成本：

原材料期末成本 =（100 + 2 000 − 2 050）× 2 = 100（元）

在产品期末成本 = 60 × 50% × 36 = 1 080（元）

产成品期末成本 =（30 + 480 − 450）× 36 = 2 160（元）

企业期末存货成本 = 100 + 1 080 + 2 160 = 3 340（元）。

综合题 10. G 公司是一家生产企业，2019 年度的资产负债表和利润表如下所示：

资产负债表

2019 年 12 月 31 日

编制单位：G 公司　　　　单位：万元

资产	金额	负债和股东权益	金额
货币资金（经营）	95	短期借款	300
交易性金融资产	5	应付账款	535
应收账款	400	应付职工薪酬	25
存货	450	应付利息	15
其他流动资产	50	流动负债合计	875
流动资产合计	1 000	长期借款	600
可供出售金融资产	10	长期应付款（经营）	425
固定资产	1 900	非流动负债合计	1 025
其他非流动资产	90	负债合计	1 900
非流动资产合计	2 000	股本	500
		未分配利润	600
		股东权益合计	1 100
资产总计	3 000	负债和股东权益总计	3 000

利润表

编制单位：G 公司　　2019 年　　单位：万元

项目	金额
一、营业收入	4 500
减：营业成本	2 250
销售及管理费用	1 800
财务费用	72
资产减值损失（经营）	12
加：公允价值变动收益（金融）	−5
二、营业利润	361
加：营业外收入	8
减：营业外支出	6
三、利润总额	363
减：所得税费用（税率 25%）	90.75
四、净利润	272.25

G 公司货币资金全部是经营活动必需的

资金，长期应付款是经营活动引起的长期应付款；利润表中的资产减值损失是经营资产减值带来的损失，公允价值变动收益属于交易性金融资产公允价值变动产生的收益。

G 公司管理层拟用改进的财务分析体系评价公司的财务状况和经营成果，并收集了以下财务比率的行业平均数据：

财务比率	行业平均数据
净经营资产净利率	16.60%
税后利息率	6.30%
经营差异率	10.30%
净财务杠杆	0.5236
杠杆贡献率	5.39%
权益净利率	21.99%

为进行 2020 年度财务预测，G 公司对 2019 年财务报表进行了修正，并将修正后结果作为基期数据，具体内容如下：

单位：万元

	2019 年（修正后基期数据）
利润表项目（年度）	
营业收入	4 500
税后经营净利润	337.5
减：税后利息费用	54
净利润合计	283.5
资产负债表项目（年末）：	
净经营性营运资本	435
净经营性长期资产	1 565
净经营资产合计	2 000
净负债	900
股本	500
未分配利润	600
股东权益合计	1 100

G 公司 2020 年的预计销售增长率为 8%，净经营营运资本、净经营性长期资产、税后经营净利润占营业收入的百分比与 2019 年修正后的基期数据相同。公司 2020 年税前借款利率预计为 8%，假定公司年末净负债代表全年净负债水平，利息费用根据年末净负债和预计借款利率计算。G 公司适用的所得税税率为 25%。

要求：

（1）计算 G 公司 2019 年度的净负债（年末数）、净经营资产（年末数）、税后经营净利润和金融损益。

（2）计算 G 公司 2019 年度的净经营资产净利率、税后利息率、经营差异率、净财务杠杆、杠杆贡献率和权益净利率，分析其权益净利率高于或低于行业平均水平的原因。

（3）预计 G 公司 2020 年度的实体现金流量、债务现金流量和股权现金流量。

【答案及解析】

（1）净负债 = 金融负债 − 金融资产 =（300 + 15 + 600）−（5 + 10）= 900（万元）

净经营资产 = 净负债 + 股东权益 = 900 + 1 100 = 2 000（万元）

税后经营净利润 = 净利润 + 税后利息费用 = 363 ×（1 − 25%）+（72 + 5）×（1 − 25%）= 330（万元）

金融损益 =（72 + 5）×（1 − 25%）= 57.75（万元）。

（2）净经营资产净利率 = 330/2 000 × 100% = 16.5%

税后利息率 = 57.75/900 × 100% = 6.42%

经营差异率 = 16.5% − 6.42% = 10.08%

净财务杠杆 = 900/1 100 = 0.82

杠杆贡献率 = 10.08% × 0.82 = 8.27%

权益净利率 = 16.5% + 8.27% = 24.77%

权益净利率高于行业平均水平的主要原因是杠杆贡献率高于行业平均水平，杠杆贡献率高于行业平均水平的主要原因是净财务杠杆高于行业平均水平。

（3）实体现金流量 = 税后经营净利润 − 净经营资产的净增加 = 337.5 ×（1 + 8%）− 2 000 × 8% = 204.5（万元）

税后利息费用 = 利息费用 ×（1 − 所得税率）= 900 ×（1 + 8%）× 8% ×（1 − 25%）= 58.32（万元）

净负债增加 = 900 × 8% = 72（万元）

债务现金流量 = 税后利息费用 − 净负债增加 = 58.32 − 72 = −13.68（万元）

股权现金流量 = 实体现金流量 − 债务现金流量 = 204.5 −（−13.68）= 218.18（万元）。

综合题 11. E 公司为一家上市公司，为了适应外部环境变化，拟对当前的财务政策进行评估和调整，董事会召开了专门会议，要求财务部对财务状况和经营成果进行分析，相关资料如下：

资料一：公司有关的财务资料如表5、表6所示：

表5 财务状况有关资料 单位：万元

项目	2020年12月31日	2021年12月31日
股本（每股面值1元）	6 000	11 800
资本公积	6 000	8 200
留存收益	38 000	40 000
股东权益合计	50 000	60 000
负债合计	90 000	90 000
负债和股东权益合计	140 000	150 000

表6 经营成果有关资料 单位：万元

项目	2019年	2020年	2021年
营业收入	120 000	94 000	112 000
息税前利润	*	200	9 000
利息费用	*	3 600	3 600
税前利润	*	3 600	5 400
所得税	*	900	1 350
净利润	6 000	2 700	4 050
现金股利	1 200	1 200	1 200

说明："*"表示省略的数据。

资料二：该公司所在行业相关指标平均值：资产负债率为40%，利息保障倍数（已获利息倍数）为3倍。

资料三：2021年2月21日，公司根据2020年度股东大会决议，除分配现金股利外，还实施了股票股利分配方案，以2020年年末总股本为基础，每10股送3股工商注册登记变更后公司总股本为7 800万股，公司2021年7月1日发行新股4 000万股。

资料四：为增加公司流动性，董事陈某建议发行公司债券筹资10 000万元，董事王某建议，改变之前的现金股利政策，公司以后不再发放现金股利。

要求：

（1）计算E公司2021年的资产负债率、权益乘数、利息保障倍数、总资产周转率和基本每股收益。

（2）计算E公司在2020年末息税前利润为7 200万元时的财务杠杆系数。

（3）结合E公司目前偿债能力状况，分析董事陈某提出的建议是否合理并说明理由。

（4）E公司2019年、2020年、2021年执行的是哪一种现金股利政策？如果采纳董事王某的建议停发现金股利，对公司股价可能会产生什么影响？

【参考答案】

（1）2021年资产负债率 = 90 000/150 000 = 60%

2021年权益乘数 = 150 000/60 000 = 2.5

2021年利息保障倍数 = 9 000/3 600 = 2.5

2021年总资产周转率 = 112 000/[(140 000 + 150 000)/2] = 0.77

2021年基本每股收益 = 4 050/(6 000 + 6 000 × 3/10 + 4 000 × 6/12) = 0.41（元/股）。

（2）财务杠杆系数 = 7 200/(7 200 − 3 600) = 2。

（3）不合理。资料二显示，行业平均资产负债率为40%，而E公司已达到60%，行业平均利息保障倍数为3倍，而E公司只有2.5倍，这反映了E公司的偿债能力较差，如果再发行公司债券，会进一步提高资产负债率，这会加大E公司的财务风险。

（4）从表6来看，E公司2019年、2020年和2021年三年的现金股利相等，这表明E公司这三年执行的是固定股利政策。由于固定股利政策本身的信息含量，稳定的股利向市场传递着公司正常发展的信息，有利于树立公司的良好形象，增强投资者对公司的信心，稳定股票的价格，如果采纳王某的建议停发现金股利，可能会导致公司股价下跌。

综合题12. 甲公司是一家化工原料生产企业，生产经营无季节性。股东使用管理用财务报表分析体系对公司20×3年度业绩进行评价，主要的管理用财务报表数据如下：

单位：万元

项目	20×3年	20×2年
资产负债表项目（年末）：		
经营性流动资产	7 500	6 000
减：经营性流动负债	2 500	2 000
经营性长期资产	20 000	16 000
净经营资产合计	25 000	20 000
短期借款	2 500	0
长期借款	10 000	8 000
净负债合计	12 500	8 000

续表

项目	20×3 年	20×2 年
股本	10 000	10 000
留存收益	2 500	2 000
股东权益合计	12 500	12 000
利润表项目（年度）:		
销售收入	25 000	20 000
税后经营净利润	3 300	2 640
减：税后利息费用	1 075	720
净利润	2 225	1 920

股东正在考虑采用如下两种业绩评价指标对甲公司进行业绩评价：

（1）使用权益净利率作为业绩评价指标，20×3 年的权益净利率超过 20×2 年的权益净利率即视为完成业绩目标。

（2）使用剩余权益收益作为业绩评价指标，按照市场权益成本作为权益投资要求的报酬率。已知无风险利率为 4%，平均风险股票的报酬率为 12%，20×2 年股东要求的权益报酬率为 16%。

甲公司的企业所得税税率为 25%。为简化计算，计算相关财务指标时，涉及的资产负债表数据均使用其各年年末数据。

要求：

（1）如果采用权益净利率作为评价指标，计算甲公司 20×2 年、20×3 年的权益净利率，评价甲公司 20×3 年是否完成业绩目标。

（2）使用改进的杜邦分析体系，计算影响甲公司 20×2 年、20×3 年权益净利率高低的三个驱动因素，定性分析甲公司 20×3 年的经营管理业绩和理财业绩是否得到提高。

（3）计算甲公司 20×2 年末、20×3 年末的易变现率，分析甲公司 20×2 年、20×3 年采用了哪种营运资本筹资政策。如果营运资本筹资政策发生变化，给公司带来什么影响？

（4）如果采用剩余权益收益作为业绩评价指标，计算 20×3 年股东要求的权益报酬率、20×3 年的剩余权益收益，评价甲公司 20×3 年是否完成业绩目标。（提示：计算 20×3 年股东要求的权益报酬率时，需要考虑资本结构变化的影响）

（5）指出权益净利率和剩余权益收益两种业绩评价指标中哪种业绩评价指标更科学，并说明原因。

【答案】

（1）20×2 年的权益净利率 = 1 920 ÷ 12 000 = 16%

20×3 年的权益净利率 = 2 225 ÷ 12 500 = 17.8%

20×3 年的权益净利率高于 20×2 年，甲公司 20×3 年完成业绩目标。

（2）

驱动因素	20×3 年	20×2 年
净经营资产净利率	= 3 300 ÷ 25 000 = 13.20%	= 2 640 ÷ 20 000 = 13.20%
税后利息率	= 1 075 ÷ 12 500 = 8.60%	= 720 ÷ 8 000 = 9.00%
净财务杠杆	= 12 500 ÷ 12 500 = 1	= 8 000 ÷ 12 000 = 0.67

20×3 年的净经营资产净利率与 20×2 年相同，公司的经营管理业绩没有提高。

20×3 年的税后利息率低于 20×2 年，净财务杠杆高于 20×2 年，公司的理财业绩得到提高。

（3）20×2 年末的易变现率 = （12 000 + 8 000 + 2 000 − 16 000） ÷ 6 000 = 1

20×3 年末的易变现率 = （12 500 + 10 000 + 2 500 − 20 000） ÷ 7 500 = 0.67

甲公司生产经营无季节性，年末易变现率可以视为营业低谷时的易变现率。

20×2 年采用的是适中型营运资本筹资政策。

20×3 年采用的是激进型营运资本筹资政策。

营运资本筹资政策由适中型改为激进型，短期借款在全部资金来源中的比重加大，税后利息率下降，公司收益提高，风险相应加大。

（4）权益资本成本 = 无风险利率 + 平均市场风险溢价 × $\beta_{权益}$

20×2 年的 $\beta_{权益}$ = （16% − 4%） ÷ （12% − 4%） = 1.5

$\beta_{资产}$ = 1.5 ÷ [1 + （1 − 25%） × （8 000/12 000）] = 1

20×3 年的 $\beta_{权益}$ = 1 × [1 + （1 − 25%） × （12 500/12 500）] = 1.75

20×3 年股东要求的权益报酬率 = 20×3

年的权益资本成本 =4% +1.75×8% =18%

20×3 年的剩余权益收益 = 净利润 - 股东权益 × 股东要求的权益报酬率 = 2 225 - 12 500×18% = -25（万元）

甲公司 20×3 年的剩余权益收益小于 0，没有完成业绩目标。

（5）权益净利率指标只重视收益，忽视了伴随收益的风险；没有考虑资本成本因素，不能反映资本的净收益。两者比较，剩余权益收益评价指标更科学。